DICCIONARIO
DE
POLÍTICA

ORLANDO GRECO

DICCIONARIO
DE
POLÍTICA

VE VALLETTA EDICIONES
2014

Greco, Orlando
  Diccionario de política. - 3a ed. - Florida : Valletta Ediciones, 2014.
  560 p. ; 21x15 cm.

  ISBN 978-950-743-363-4

  1. Ciencias Políticas. 2. Diccionarios. I. Título
  CDD 320.03

Diagramación y armado - *Sergio Garófalo*
Corrección - *María Florencia Abba*
Diseño de tapa - *Mercedes Valletta*

1ra edición, septiembre 2001
2da edición, mayo 2007
3ra edición, enero 2014

© **Valletta Ediciones S.R.L.**
  Laprida 1780 (1602) Florida
  Prov. de Buenos Aires - Rep. Argentina
  Tel/Fax: 005411-4796-5244 / 4718-1172
  E-mail: info@vallettaediciones.com
  www.vallettaediciones.com

A

A BENEFICIO DE BANDERA: hecho de navegar un buque de nación beligerante con la bandera de un Estado neutral.

A LA DERECHA: expresión que se usa para denotar a una persona, grupo o sector más conservador o reaccionario que los comparados u otros.

A LA IZQUIERDA: expresión que se utiliza para referirse a una persona o colectividad, etcétera para significar que son más radicales que los comparados u otros.

ABANDERADO: representante de un movimiento, rebelión o causa. Persona que lleva la bandera en actos o concentraciones públicas.◆ Se denominaba así a los grandes señores feudales que mantenían tropas a sus expensas.

ABANDERAMIENTO: inscripción de un buque extranjero en la matrícula nacional.◆ Alistamiento de gente en defensa de alguna causa.

ABANDERAR: matricular bajo la bandera de un Estado un buque extranjero.

◆ Proveerle los documentos que acreditan su bandera.

ABANDONISMO: política exterior de los Estados que se caracteriza por el abandono de territorios o posiciones políticas sin haber agotado previamente todas las posibilidades de acción política, militar o diplomática.

ABARRANCADERO: negocio o asunto del que no se puede salir fácilmente.

ABC: partido y organización secreta cubana, formada por un grupo reducido de profesionales, liderado por Joaquín Martínez Sáenz. Esta organización actuaba en forma incisiva contra el gobierno del presidente Gerardo Machado, quien había sido elegido presidente en 1925 y en 1928, después de la reforma de la Constitución para lograr su reelección; su gestión se convirtió en una verdadera dictadura. Por ello, los objetivos de la organización eran modificaciones fundamentales en la conducción gubernamental, a través de perturbaciones continuas.

ABDICACIÓN: acción y efecto de ceder o renunciar a una dignidad, pero esencialmente se refiere a la autoridad real llamada soberano y, aun dentro de este concepto, a la que ejercen los monarcas, bien compartiéndola con otros poderes o instructivos, como en los regímenes constitucionales, bien con carácter exclusivo, como en el caso de los reyes absolutos.

ABDICAR: ceder o renunciar a derechos, ventajas, opiniones, etcétera.

ABOGADO DEL ESTADO: profesional letrado que tiene por finalidad la defensa del Estado en juicio, el asesoramiento y la liquidación del impuesto de derechos reales.

ABOLICIÓN: acción y efecto de derogar, dejar sin vigencia una ley, costumbre, precepto, etcétera.

ABOLICIÓN DE LAS CLASES SOCIALES: afirmación de Karl Marx, quien sostenía que siempre había una clase dominante y una clase sometida y que, aunque sus nombres cambiaran, siempre un grupo poseía los medios de producción (clase dominante) y otro realizaba el trabajo (clase sometida o proletariado); propugnaba y pronosticaba la extinción de las clases sociales.

ABOLICIONISMO: doctrina de los abolicionistas, cuyo objeto es abolir la esclavitud enteramente. Tuvo su origen en el siglo XVIII, en Inglaterra; su líder fue William Penn. Aunque el término nació en los EEUU hacia 1835, las primeras actitudes abolicionistas aparecen a fines del siglo XVIII. La victoria de los antiesclavistas en la Guerra de Secesión (1865) supuso la abolición de la esclavitud en los EEUU.

ABOLICIONISTA: partidario de la abolición de una ley o costumbre. Se aplicó principalmente a los partidarios de la abolición de la esclavitud y de la trata de esclavos.

ABOLIR: anular, derogar.◆ Dejar sin efecto una ley, costumbre, precepto, etcétera.

ABORDAJE: ataque de la tripulación de un buque a otro, después de haberse aferrado a un costado.

ABORIGEN: originario del suelo en que vive.◆ Primitivo morador de un país.◆ Miembro de sociedades primitivas o habitante de un país o región desde su origen.

ABSENTISMO: costumbre de residir el propietario fuera de la localidad en la que radican sus bienes.◆ Falta de asistencia en la función que debe desempeñar un funcionario. Existe en el ámbito político, cuando no se concurre a los debates; en el laboral, cuando no se concurre al trabajo; y, en general, en todos los quehaceres de la vida económica, institucional, social y política.◆ Ausencia de las personas de la vida política del Estado e inasistencia de los votantes a las urnas electorales.◆ Ausentismo.

ABSOLUTISMO: régimen político en que el poder del Estado es ejercido por el soberano sin limitación jurídica alguna. El absolutismo predominó en Europa desde el siglo XVI hasta comienzos del XIX y contribuyó decisivamente a la centralización y a la unificación territorial de los países europeos.◆ Sistema de gobierno en que todos los poderes del Estado se encuentran concentrados en una persona que está por encima de la ley, puesto que de ella dimana ésta. No obstante, los monarcas absolutos de tipo europeo, contrariamente a los de tipo oriental que gobernaron en siglos pasados, no dejaron de tener algunas restricciones en su absolutismo, impuestas por la tradición y por la costumbre y, a veces, por la imposición directa de los gobernados. Por ello, no puede ser confundido con los regímenes totalitarios o dictatoriales.◆ Sistema de gobierno absoluto.◆ Estado absoluto en el cual el soberano tiene un poder sin límites; su contrario es el estado liberal *(N. Bobbio)*.◆ Forma de gobierno en al cual todo el poder del Estado está concentrado en un único individuo: el gobernante, cuya voluntad es ley. Todos los demás individuos están sometidos al gobernante, sin participar en su poder, el cual, por tal razón, es ilimitado y, en este sentido, absoluto. El absolutismo es sinónimo del despotismo, la dictadura y la autocracia (H. Kelsen).

ABSOLUTISTA: partidario del absolutismo. ◆ Perteneciente o relativo a esta forma de gobierno.

ABSTENCIÓN: actitud negativa en un proceso electoral.◆ Ver **Abstencionismo**.

ABSTENCIONISMO: doctrina por la que se defiende la abstención de votar en las elecciones populares. Es una actitud política manifiesta por el no ejercicio del voto. Para algunos, es una actitud emparentada con la falta de civismo.

ABULENCIA: en República Dominicana, falsedad, especulación o invención.

ABURGUESAMIENTO: acción y efecto de convertirse en burgués, de adoptar las conductas de los burgueses.◆ Burgués era antiguamente el habitante de Burgus, pequeña ciudad medieval en la que solían vivir los comerciantes, intelectuales y profesionales que conformaron la burguesía regional. Su filosofía de vida actual es que nada se modifique, que todo siga igual y que el orden social se mantenga inalterado. En la actualidad, se utiliza el término aburguesamiento en forma despectiva para referirse al proceso conservador de una persona que antes profesaba ideas progresistas.

ACADEMIA DE JURISPRUDENCIA: denominación que recibió, al fundarse, la Facultad de Derecho, en la Argentina.

ACAUDILLAR: gobernar y conducir de un modo personal los asuntos públicos pautando, incluso, las normas de comportamiento de un pueblo.

ACCIÓN: batalla, combate o pelea que se produce entre fuerzas poco numerosas.

ACCIÓN CATÓLICA: organización universal de la Iglesia Católica creada en 1922 por Pío XI en la encíclica *Ubi Arcano*. Su objetivo era la realización de los grupos católicos en la vida pública.

ACCIÓN CONCERTADA: punto de equilibrio entre un sistema capitalista y uno socialista o colectivista, con la finalidad de encontrar una concertación entre la planificación y la iniciativa industrial.

ACCIÓN COYUNTURAL: resoluciones o medidas de carácter accidental u ocasional, de corta duración, con el objeto de alcanzar determinado fin.

ACCIÓN DEMOCRÁTICA: partido político venezolano creado en 1940 por Rómulo Betancourt y por Rómulo Gallegos, en ese momento con el nombre de Partido Democrático Nacional, basado en las ideas y en los pensamiento de Haya de la Torre. Sus adeptos recibieron la denominación de "Adecos"; el partido estaba adherido a la Internacional Socialista.

ACCIÓN DIRECTA: aquella practicada por algunos grupos estudiantiles, por ciertos grupos étnicos y por determinados movimientos que utilizan la violencia. Los procedimientos son: terrorismo, secuestros, asalto de bancos y guerrillas, especialmente las urbanas.

ACCIÓN NACIONAL DE VENEZUELA: partido político venezolano de orientación democristiana. En 1945 fue absorbido por el COPEI, es decir, por el Comité de Organización Política Electoral Independiente.

ACCIÓN POLÍTICA: el hacer de los políticos.◆ Relación política.◆ Tiene por objeto generar la expresión de la simpatía con sus medios propios en su ámbito específico. Se le pide que supere las tensiones externas e internas y que conduzca a la colectividad, por vías pacíficas, a la superación de los conflictos y a la eliminación de la violencia civil o extranjera.

ACCIÓN POPULAR DE PERÚ: partido político peruano de carácter reformista constituido en 1956 e inspirado en la socialdemocracia; fue fundado por F.

Belaúnde Terry. Sus aspectos programáticos fundamentales eran la reforma agraria y la reforma a nivel empresarial. En 1968, fue derrocado por Juan Velazco Alvarado. Restablecida la democracia, triunfa en las elecciones de 1980. Sus medidas reformistas no lograron superar la crisis económica y en las elecciones de 1985 fue derrotado por el aprismo (APRA, Alianza Popular Revolucionaria Americana) de Alan García. Posteriormente, se sumó al Frente Democrático.

ACCIÓN PSICOLÓGICA: aquella que trata de explotar las dimensiones políticas y psicológicas de los pueblos, en función de su geografía social.

ACCIÓN SUBVERSIVA: aquella que es llevada a cabo por grupos con la intención de provocar o perturbar el orden político, el sistema de valores o un cambio socioeconómico o de estructuras.

ACCIÓN TÁCTICA: operación militar o naval llevada a cabo en el nivel de la estrategia operativa.

ACEFALÍA: situación jurídica que se presenta cuando falta un titular en el cargo más elevado del Poder Ejecutivo, aun cuando también se aplica a otros casos institucionales de análoga índole.◆ Sociedad, comunidad, secta, etcétera, que no tiene jefe.

ACÉFALO: sociedad, comunidad, etcétera, que no tiene jefe.

ACLAMACIÓN: la actuación inmediata a una multitud reunida que expresa un juicio con una actitud colectiva; pero no es esta forma considerada como jurídica.

ACNUR: ver **Alto Comisionado de las Naciones Unidas para Refugiados.**◆ *United Nations High Commissioner for Refugees.*◆ UNHCR.

ACOGIDO: delincuente que antiguamente se refugiaba en un templo, huyendo de la justicia, a la que era entregado previo juramento de que no sufriría pena de mutilación o muerte.

ACOMODACIÓN: cambios sufridos por las costumbres de individuos o grupos que se ponen en contacto y que se transmiten socialmente.

ACONTECIMIENTO: suceso notable de extraordinaria trascendencia. Generalmente, se utiliza para referirse a hechos que tienen influencias decisivas en la vida de los pueblos.

ACORAZADO: buque de guerra blindado y de grandes dimensiones.

ACRACIA: organización de la sociedad sin poderes opresivos ni ningún tipo de connotación de violencia.◆ Doctrina de los ácratas que niega la necesidad de un poder y una autoridad políticos.

ÁCRATA: partidario de la eliminación de toda autoridad.

ACRÓPOLIS: sitio más alto y fortificado de las ciudades griegas.◆ Parte más elevada de una ciudad o región.

ACTITUD: disposición relativamente persistente a presentar una reacción organizada de una cierta manera en relación con un objeto o una situación *(J. Meynaud* y *A. Lancelot).*◆ Designa la tendencia a una cierta conducta.

No debemos confundir actitud con comportamiento, que es la conducta considerada en sí misma. Es la explicación de la actitud.

ACTITUD POLÍTICA: concreción de una mentalidad política en los individuos y grupos sociales *(P. L. Verdú).*

ACTIVIDAD ECONÓMICA: comprende la producción, la venta y la distribución de bienes y servicios. Toda actividad humana que modifica el conjunto de medios útiles y escasos a disposición de un sujeto (individuo o grupo social) para los fines de la vida *(F. Valsecchi).*◆ Sucesión ordenada de actos humanos, individuales o colectivos, que utiliza los recursos a su alcance para satisfacer sus objetivos vitales.

ACTIVIDAD ECONÓMICA PRIMARIA: aquella que se halla directamente relacionada con la producción, la reproducción y la explotación de bienes de la naturaleza. Comprende los grandes sectores económicos de agricultura, ganadería, minería, caza, pesca y explotación forestal. La que realizan las industrias agropecuarias y extractivas.

ACTIVIDAD ECONÓMICA SECUN-DARIA: aquella vinculada con la transformación de las materias primas. Sus sectores componentes son las industrias de elaboración y la construcción. La que realizan las industrias manufactureras.

ACTIVIDAD ECONÓMICA TERCIARIA: aquella vinculada con la prestación de servicios, ya sea en forma colectiva o personal. Incluye gran cantidad de sectores económicos, entre otros: agua corriente, gas, electricidad, servicios sanitarios, comercio, banca, seguros, educación, seguridad, correos, comunicaciones, profesiones liberales y otros servicios particulares. La que realizan el transporte, el comercio y los diversos servicios.

ACTIVIDAD POLÍTICA: aquella encaminada a determinar lo que hay que imponer como regularidad, es decir, lo que hay que socializar o funcionalizar en la conducta humana para dotar a una sociedad dada de organización que asegure un plan de convivencia humana y que supone siempre una relación de poder.

ACTIVISTA: aquel que, integrado en un grupo político, religioso o étnico, trata de imponer sus ideas o lograr sus objetivos mediante la propaganda, recurriendo a la acción directa y, a veces, violenta.

ACTO DE INTERVENCIÓN: se aplica cuando por medio de la presión diplomática o de la acción militar, un Estado interfiere, a fin de imponer su voluntad, en asuntos interiores o exteriores de otro Estado con el cual se encuentra en estado de paz. No es un instrumento que puedan utilizar los Estados débiles contra los fuertes; es un arma que únicamente pueden esgrimir los poderes en ciertos casos.

ACTO DE MANDO: acto unilateral de un sujeto que manda algo. Por ser social, este tipo de acto está dirigido a otro. El otro es el sujeto a quien se manda algo.

ACTO DIPLOMÁTICO: manifestación de voluntad formulada por un Estado a otro. Este acto proviene únicamente del órgano que posee carácter representativo en el ámbito internacional; esto es, jefe del Estado o sus delegados, que son el ministro de Relaciones Exteriores y los agentes acreditados con plenipotencia ante un Estado extranjero o una conferencia internacional.

ACUARTELAR: obligar a la tropa a permanecer en el cuartel en previsión de alguna contingencia o alteración del orden público o por contingencias especiales que puedan incidir en lo político, social o económico.

ACUERDO: transacción que se lleva a cabo entre dos o más personas, grupos, organizaciones, instituciones o Estados sobre determinados temas, aspectos o situaciones; incluso, en algunos casos, sosteniendo posiciones opuestas. Se trata de alcanzar coincidencias mínimas o básicas para emprender acciones comunes, en conjunto. ◆ Reunión de una autoridad gubernativa con uno o algunos de sus inmediatos colaboradores o subalternos para tomar conjuntamente una decisión sobre asuntos determinados. Esta acepción es utilizada en México y en Colombia.◆ Confirmación de un nombramiento hecho por el Senado.

ACUERDO BILATERAL: tratado o convenio suscripto por dos partes.◆ Ver **Acuerdo**.

ACUERDO CHINO-RUSO: acuerdo histórico firmado en diciembre de 1999, en Beijing, entre China y Rusia, que puso fin a tres siglos de enfrentamientos a lo largo de 4000 km de frontera. Boris Yeltsin, por Rusia, y Jiang Zemin, por China, culminaron dicho acuerdo.

ACUERDO DE CAMP DAVID: el 17 de setiembre de 1978 se produjo un histórico acuerdo entre el presidente egipcio A. Sadat y el *premier* israelí M. Beguin, en presencia del anfitrión J. Carter. El pacto anticipó la firma de un acuerdo de paz entre Egipto e Israel, que finalmente se concretó en marzo de 1979.◆ Ver **Camp David**.

ACUERDO DE LOS POZOS: acuerdo preliminar para el proceso de paz en Colombia, entre las FARC y el gobierno, encabezado por Andrés Pastrana. Se denominó de esa forma por el lugar del sur colombiano donde se firmó el acuerdo.

ACUERDO ENTRE ECUADOR Y PERÚ: acuerdo firmado el 26 de octubre de 1998, en Brasil, entre Ecuador y Perú, culminando un proceso de negociación iniciado en 1995 con la declaración de Itamaraty. Este acuerdo puso fin a una controversia que subsistía desde 1830, que causó daño a los pueblos y los enfrentó bélicamente. Situación que afectó negativamente las posibilidades de colaboración entre ambos países y frenó su desarrollo económico y social, pese a la afinidad que los caracteriza y a la similitud de la comunidad étnica y cultural.

ACUERDO GENERAL SOBRE ARANCELES Y COMERCIO: ver **GATT**.

ACUERDO MARCO: tratado o acuerdo que se establece a través de negociaciones con uno o más países u organismos en una determinada actividad o campo.

ACUERDOS: decretos, resoluciones, medidas o disposiciones emanadas del Poder Ejecutivo gubernamental.

ACUERDOS DE ESQUÍPULAS: reuniones que suponían un paso más en el proceso de pacificación para la región centroamericana, foco de conflicto permanente, donde los intereses internacionales y regionales se enfrentan, provocando la desnaturalización global del área. Este proceso se inicia con otros encuentros entre los dignatarios de los distintos países centroamericanos en el marco de las relaciones internacionales. La primera reunión en Esquípulas (Guatemala) surge como alternativa a la inoperancia de Contadora. Un nuevo acuerdo a través del cual los presidentes de cinco países de América Central: Costa Rica, El Salvador, Guatemala, Honduras y Nicaragua, se comprometieron, en 1987, a impulsar un proceso de democratización y diálogo nacional en la zona, el fin de las hostilidades y la promoción de una democratización total y real.

ACULTURACIÓN: recepción y asimilación de elementos culturales de un grupo humano por otro. Es un proceso social a través del cual pueblos con distintas culturas, estrechamente vinculadas, funden sus integrantes culturales en nuevas formas que constituyen elementos de ambas pero con patrones inherentes a cada una. No se produce de forma aleatoria, sino siguiendo la ley de difusión cultural, que implica que los pueblos más evolucionados infunden más elementos culturales. En América, el proceso de aculturación no se produce exclusivamente como consecuencia de la conquista, ya que de los primeros pobladores hasta las altas culturas mesoamericanas y andinas, se sucedieron multitud de superposiciones y horizontes culturales, así como dominaciones de unos pueblos sobre otros, que tuvieron como consecuencia un alto proceso de aculturación, como sería el caso de la cultura azteca, del Imperio incaico, etcétera.

ACUMULACIÓN DE CAPITAL: proceso de concentración de capitales, en términos marxistas, que se da a través de la inversión de la plusvalía y su incorporación al capital original.

ACUMULACIÓN ORIGINARIA: Marx plantea que una de sus principales formas fue la expropiación de sus tierras a la población rural. Es un proceso histórico de disociación entre el productor y los medios de producción. Se llama originaria porque forma la prehistoria del capital y del régimen capitalista de producción.

ADALID: caudillo de gente de guerra. ◆ Guía y cabeza, o muy señalado individuo de algún partido o corporación.

ADELANTADO: quien poseía el efectivo gobierno y nombraba funcionarios en las ciudades que fundaba. Asimismo, como resabio de origen hispánico, ejercía funciones militares. En lo judicial, también poseía atribuciones. *(O. Bravo).*◆ Antiguamente, gobernador militar y político de una provincia fronteriza; en tiempo de paz, presidente o justicia mayor del reino o de una provincia o distrito y capitán general en tiempo de guerra.

"ADHOCRACIA": ausencia de jerarquía; es, por lo tanto, contrario a la burocracia. Generalmente, se utiliza en una organización en la cual todos los miembros tienen autoridad para la toma de decisiones.

ADMINISTRACIÓN PÚBLICA: acción del gobierno de dictar y aplicar las disposiciones necesarias para el cumplimiento de las leyes y para la conservación y el fomento de los intereses públicos, y de resolver las reclamaciones a que dé lugar lo mandado.

ADUANA: organismo estatal donde se tramitan las operaciones de importación y exportación que se realizan en el país, a fin de verificar tales operaciones en lo correspondiente a procedencia entre lo documentado y los bienes operados, llevar tales registros a efectos estadísticos, actuar de ente recaudador de tarifas aduaneras, que serían los derechos que se aplica a la importación y exportación de bienes y servicios. ◆ Dependencia pública destinada también al control del movimiento de personas que ingresan o salen de un país.

ADUANAS Y COMERCIO: Acuerdo General sobre Aranceles y Comercio. ◆ Ver **GATT.**

ADVENEDIZO: quien, teniendo los recursos o medios, trata o aspira ingresar en la clase superior.

ADVENTICIO: aporte a los pueblos en costumbres y civilizaciones, en oposición a todo aquello que les es natural y propio.

ADVERSARIO: conjunto de personas contrarias o enemigas.◆ Enemigo.◆ Rival.

AEE: ver **Área Económica Europea**.

AELC: ver **Asociación Europea de Libre Comercio.**

AERONAÚTICA: ciencia de la navegación aérea.

AEROPUERTO: estación o lugar de parada y arranque para los vehículos aéreos.

"AFFAIRE": término francés que se utiliza generalmente para referirse a un asunto escandaloso.

AFILIACIÓN: acción a través de la cual una persona o un grupo de personas adhiere a un partido político. También se refiere a la adhesión a otras instituciones u organismos representativos.

AFRICANISMO: influencia ejercida, principalmente en el mundo occidental, por las razas africanas y por sus lenguas, costumbres, arte, etcétera.

AFRICANISTA: persona que se dedica al estudio y al fomento de los asuntos concernientes al África.

AFROAMERICANISMO: el tráfico de esclavos africanos para el desarrollo de las principales zonas de América tuvo consecuencias económicas; pero además los africanos y sus descendientes contribuyeron a la conformación de culturas americanas. Los esclavos no perdieron totalmente el contacto con la cultura de su pasado.

AFRONEGRISMO: actitud cultural, política, etcétera, de defensa, adopción o recuperación de elementos afronegros, especialmente entre los países hispánicos de América.

AGENCIA CENTRAL DE INFORMACIÓN: ver **CIA**.

AGENCIA DE NOTICIAS CLANDESTINA: ANCLA.◆ Agencia de noticias creada en 1976 después del golpe militar en la Argentina. Su vigencia resultó efímera.

AGENCIA INTERNACIONAL DE LA ENERGÍA: AIE.◆ Organización mundial que reúne a los principales consumidores de energía.

AGENTE DE INTELIGENCIA: dependiente cuya función es buscar información a través de una fuente que puede ser persona, cosa o actividad con el objeto de que la Institución cumpla la misión a ella encomendada (I. Tellez Zamudio).

AGENTE DE POLICÍA: empleado subalterno de seguridad y vigilancia.

AGENTE DIPLOMÁTICO: funcionario que tiene por misión mantener las relaciones diplomáticas entre uno y otro Estado. Puede ser: embajador, ministro plenipotenciario, ministro residente, encargado de negocio, etcétera.

AGENTE DIPLOMÁTICO ESPECIAL: aquel que se nombra para una misión determinada, cumplida la cual cesan sus funciones.

AGENTE PROVOCADOR: toda persona que se infiltra en otro partido, organización o institución con el objetivo de generar o provocar conflictos y hechos disociadores y aprovechar, *a posteriori*, un rédito como consecuencia de la actividad generada.

"AGGIORNAMIENTO": italianismo muy difundido para hacer referencia a la acción de modernizar; es una actualización, una puesta al día o una renovación que se produce en el nivel social, político, militar, eclesiástico, etcétera, en una sociedad, país o región.

AGITACIÓN: acción y efecto de provocar o mover violentamente el ánimo o la inquietud política, social, económica o religiosa de un grupo o clase, ya sea en forma espontánea, ya planificada.

AGITADOR: persona o grupo que trata de perturbar los ánimos de la gente e incita a provocar actos de violencia en la sociedad con fines eminentemente políticos. Su objetivo es propugnar determinados cambios políticos, económicos y sociales.

AGITADOR PROFESIONAL: quien actúa en forma permanente y cuya función es engendrar –en los grupos o masas– ciertas actitudes con el propósito de alcanzar un objetivo determinado, apelando generalmente a aspectos emotivos.

ÁGORA: deliberaciones que antiguamente se efectuaban en Grecia, en plazas públicas, y que se constituían en verdaderas asambleas.

AGRARIO: perteneciente o relativo al campo. Aquel que en política defiende o representa los intereses de la agricultura. Todo lo que pertenece a la tierra como manifestación concreta de una actividad humana aplicada a ella, con miras a la obtención de productos, originarios o derivados del suelo.♦ Producción que incluye el cultivo de la tierra o agricultura.

AGRARISMO: conjunto de intereses referentes a la explotación agraria.♦ Corriente política que los defiende.♦ Agrarianismo.

AGREGADO DIPLOMÁTICO: el que servía en la última categoría de la carrera diplomática.

AGRESIÓN: ataque armado no provocado e invasión por la fuerza armada de un Estado traspasando las fronteras de un Estado.♦ Uso de la fuerza armada por un Estado contra la soberanía, la integridad territorial o la independencia política de otro Estado, o en cualquier otra forma incompatible con las Cartas de las Naciones Unidas o de la Organización de los Estados Americanos o con el tratado actual (Tratado Interamericano de Asistencia Recíproca).♦ Acto opuesto al derecho de otro.♦ Acometimiento injusto y/o violento contrario a la norma jurídica protectora de bienes e intereses individuales.♦ Ataque violento contra una persona.

AGRICULTURA: actividad desarrollada con el fin de obtener productos de la tierra o suelo. Ejemplo: siembra y cosecha de cereales utilizados para la alimentación humana y animal, siembra y cosecha de plantas para uso textil: algodón, lino.♦ Labranza o cultivo de la tierra.♦ Sector de la actividad económica que comprende la producción de cereales y de oleaginosas.

AGRUPACIÓN: conjunto de personas, países, etcétera, que se unen con objetivos comunes.♦ Unidad militar homogénea.

AGUAS JURISDICCIONALES: aguas que bañan las costas de un Estado y que están sujetas a su jurisdicción hasta cierto límite, determinado por el derecho internacional.♦ Aguas territoriales.

AGUAS TERRITORIALES: no forman parte del territorio estrictamente hablando; pero el Estado ejerce allí un derecho de policía y de vigilancia. La determinación de su extensión se ha vuelto muy difícil.♦ Parte del mar que se puede dominar desde la tierra *(Binkershok)*. Se ha vuelto anticuado con el desarrollo tecnológico.

AGUILITA: en México, agente de policía.

AIF: ver **Asociación Internacional de Fomento.**

AISLACIONISMO: tendencia política que se impuso en los EEUU en el período comprendido entre las dos guerras mundiales. Trataba de mantener al país alejado de los conflictos internacionales.◆ Movimiento de opinión que aboga por la no injerencia del Estado en los asuntos extranjeros. ◆ Doctrina y actitud política de un Estado de abstenerse de participar en controversias de índole internacional.

AJUSTICIAR: castigar al reo con la pena de muerte.◆ Llevar a cabo la sentencia de muerte emanada de un tribunal.

AL FATAH: Movimiento para la Liberación de Palestina, fundado en 1959 por Yasser Arafat. Su propuesta era alcanzar un Estado palestino con continuidad territorial y Jerusalén Este como capital.

ALADI: ver **Asociación Latinoamericana de Integración.**

ALALC: ver **Asociación Latinoamericana de Libre Comercio.**

ALARMA: señal o aviso que se da en un ejército o fuerza para disponer en forma inmediata el combate o la defensa. Se utiliza como sinónimo de alerta, que significa levantarse; implica "ponerse en guardia".

ALARMISMO: tendencia o corriente que exagera informaciones o noticias provocando excitación social.◆ Tendencia a exagerar alguna situación, hecho o circunstancia, provocando excitación.

ALCA: ver **Área de Libre Comercio de las Américas**; **Asociación de Libre Comercio de las Américas.**

ALCAIDE: hasta fines de la Edad Media, quien tenía a su cargo la guarda y la defensa de alguna fortaleza o castillo, bajo juramento o pleito homenaje.

ALCAIDE DE DONCELES: capitán del cuerpo que formaban los donceles o el que cuidaba de instruirlos para la milicia.

ALCALDE: presidente del ayuntamiento de cada pueblo o municipio, encargado de ejecutar sus acuerdos, dictar bandos para alcanzar un buen orden, salubridad y limpieza de la población, y cuidar de todo aquello relacionado con la policía urbana.◆ Juez ordinario que administraba justicia en algún pueblo y que presidía al mismo tiempo el Concejo.

ALCAZABA: construcción fortificada dentro de una población murada que sirve como refugio de la guarnición.

ALCÁZAR: residencia de príncipes o reyes, fortificada o no.

ALDEA GLOBAL: concepto que en la actualidad señala la conexión y la interacción que se produce a nivel mundial. Los medios de comunicación, el transporte y la revolución digital han unificado y provocado una verdadera mundialización o globalización, independientemente de los beneficios o intereses en juego. Los avances tecnológicos han transformado la cultura, convirtiendo al planeta en una aldea global.

ALFABETIZACIÓN: acción cultural tendiente a reducir la cantidad o la proporción de analfabetos a través de una campaña sistemática de enseñanza de lectura y escritura.

ALFARO-HULL, TRATADO DE: tratado de carácter general entre Panamá y los EEUU, firmado en 1936, mediante el cual se modificaban algunos aspectos del tratado suscripto en 1903. Se mantenía vigente el uso, la administración y la ocupación de la zona del canal. Los EEUU renunciaban a los derechos sobre ciertos terrenos y aguas vecinas.

ALFONSISMO: adhesión a la monarquía de alguno de los reyes españoles llamados Alfonso.

ÁLGIDO: momento o período crítico o culminante de algunos procesos políticos, sociales, etcétera.

ALGUACIL: gobernador de una ciudad o comarca, con jurisdicción civil y criminal.

ALIADO: país comprometido con otro por medio de una alianza o tratado.◆ Estado, país, clase, ejército, etcétera, que se une a otro para alcanzar un objetivo determinado.

ALIADOS: nombre con que comúnmente se designaba a los enemigos de Alemania.

ALIANZA: unión entre dos o más gobiernos, Estados, grupos, colec-tividades, clases, etcétera, con un objetivo o finalidad común o compartida. ◆ Unión, en virtud de un tratado, que los príncipes o Estados utilizaban para defenderse o atacar a los enemigos.◆ Generalmente, se utiliza con fines electorales, la unión de partidos políticos, sectores u organizaciones sociales.◆ Acción de aliarse dos o más naciones, gobiernos o personas.◆ En la Argentina, nucleamiento político que integraron la Unión Cívica Radical y el Frepaso, luego del gobierno de C. Menem.

ALIANZA ANTICOMUNISTA ARGENTINA: Triple A.◆ Organización paramilitar argentina fundada durante la presidencia de María Estela Martínez de Perón, entre 1974 y 1976, bajo las órdenes de José López Rega. Este grupo ultraderechista persiguió, torturó y asesinó a toda persona militante o simpatizante de izquierda y del peronismo revolucionario.

ALIANZA DEL PACÍFICO: en abril de 2011, Chile, Colombia, México y Perú constituyeron esta organización como un mecanismo de integración profunda e incluyente, con el objetivo principal de crear un espacio donde la libre movilidad de bienes, servicios, personas y capitales prospere.

ALIANZA NACIONAL LIBERTADORA: organización brasileña urbana de carácter radical constituida en 1934, liderada por el comunista Prestes. Su lema era: "Pan, Tierra y Libertad". Posteriormente, en 1935, fueron reprimidos violentamente ante una verdadera insurrección militar.

ALIANZA NACIONAL POPULAR: partido político colombiano, constituido en

1971. En 1974, perdió a su caudillo, Rojas Pinilla; su hija se ocupó de dirigirlo.

ALIANZA NOVENTA: los verdes; partido político alemán surgido de distintos movimientos ecológicos y pacifistas en 1980. Se fusionó en 1993 con el movimiento opositor de la ex República Democrática Alemana (RDA) y reúne poco menos de 50.000 miembros. Actúa en los *lander* de Hesse, Renania del Norte-Westfalia y Schleswig-Holstein en coalición con el SPD (Partido Social Demócrata).

ALIANZA NUEVA NACIÓN: ANN.◆ Agrupación constituida en Guatemala en 1999, que aglutinó a los partidos políticos de corte socialista.

ALIANZA PARA EL PROGRESO: compromiso contraído por los Estados americanos de asociarse en un esfuerzo común para alcanzar un proceso económico más acelerado y una más amplia justicia social para sus pueblos, respetando la dignidad del hombre y la libertad política. Este compromiso está contenido en la llamada "Carta de Punta del Este", aprobada el 17 de agosto de 1961 en la Asamblea de la Conferencia Interamericana Económica y Social celebrada en Punta del Este, Uruguay. La Alianza fue propiciada por John F. Kennedy. La Carta establecía objetivos que incluían la democratización, el crecimiento económico, una distribución más equitativa del ingreso, la reforma agraria, la estabilización de los precios de importación y exportación y una mejora en los servicios sanitarios. La Agencia para el Desarrollo Internacional, que administraba la Alianza, envió grandes sumas de dinero a las empresas de propiedad norteamericana mientras se negaba a las competidoras legales. Los gobiernos corruptos y los grandes propietarios de tierras y negocios también se beneficiaron.

ALIANZA POPULAR: partido político español, creado en 1976, de orientación ideológica conservadora; fue en sus inicios la unión de diversos grupos políticos; en 1978 se constituyó como un verdadero partido organizado.

ALIANZA POPULAR REVOLUCIONARIA AMERICANA: APRA.◆ Partido político peruano fundado en 1924 por Víctor Haya de la Torre. Su idea original era crear un partido continental, aunque su vigencia solamente fue en Perú. Movimiento de obreros que controló el sindicalismo peruano. Sus objetivos eran: la unificación económica y política de América Latina, la integración de la población indígena y una verdadera reforma social estructural. Llegó al gobierno en 1985 a través de Alan García.◆ Ver **Aprismo**.

ALIANZA RENOVADORA NACIONAL: partido político brasileño fundado en 1966; se constituyó en el brazo civil del poder militar. Luego del golpe militar de 1964, para los militares resultaba fundamental crear un partido político. Defendía los intereses de los sectores más conservadores, de carácter anticomunista. En 1979 fue disuelto por el presidente Figueiredo.◆ ARENA.

ALIANZA REPUBLICANA NACIONALISTA: ARENA.◆ Partido político salvadoreño de extrema derecha. Participó en las elecciones de 1982 y obtuvo la mayoría, aliado con otros partidos de similar tendencia política. Sus miembros eran componentes de las fuerzas armadas y/o de los escuadrones de la muerte.

ALIANZA REVOLUCIONARIA DEL CARIBE: organización guerrillera, fundada en 1983 en Guadalupe. Su finalidad principal era lograr la independencia de la isla.

ALIAS: término empleado en sentido peyorativo que se aplica generalmente a los delincuentes para designarlos por un nombre que no es el propio, sino una especie de seudónimo.

ALIENACIÓN: surge en el modo de producción capitalista a partir de la plusvalía. Frente al trabajador, la productividad de su trabajo se vuelve un poco ajena *(K. Marx)*.◆ Característica de la relación hombre-trabajo en la sociedad capitalista. Se produce como consecuencia de la desvinculación de los productos de su trabajo y de no reflejarse en el salario la plusvalía creada por el proceso de producción; el asalariado no puede sentir su trabajo como algo propio. En realidad, en la actualidad se la utiliza en toda la actividad humana y no solamente en el trabajo asalariado. Para Hegel, "es el estado del ser fuera de sí, por contraposición al ser 'en sí'". Es decir, sentimiento que la conciencia tiene de hallarse separada de la realidad a la cual pertenece.

ALIENACIÓN POLÍTICA: extrañamiento y/o separación de ciertos sectores (jóvenes, obreros, campesinos, intelectuales) de un sistema político establecido dados su organización, su funcionamiento y las bases socioeconómicas que lo sustentan *(P. L. Verdú)*.

ALJAMA: junta de moros o judíos.◆ Tributo que percibían los reyes de Castilla por cada moro o judío residente en sus estados.

"ALMA MATER": antiguamente, se llamaba así a la patria; actualmente, a la universidad.

ALMIRANTAZGO: consejo de la armada o alto tribunal.◆ Totalidad o conjunto de los almirantes de una marina. ◆ Consejo o alto tribunal de la armada que en algunos países se ocupa en forma total de todo aquello vinculado con la marina o, especialmente, con la guerra.

ALMOCADÉN: en la milicia antigua, significaba capitán o caudillo de tropa de a pie.

ALQUILADO: empleado público que se presta gustoso para realizar determinado trabajo deshonesto. Este término se utiliza en Venezuela.

ALTA MAR: espacio marítimo donde ningún Estado ejerce derechos de soberanía, pero todos pueden gozar de libertades tradicionales, reconocidas en la zona. Es decir, ningún Estado puede someter a su soberanía. Para *Podestá Costa,* es un bien de uso común.

ALTA TRAICIÓN: acto o falta cometida contra los supremos intereses de un país; ataque a la soberanía, Nación, seguridad o independencia del Estado. Aquella cometida contra la independencia del Estado, contra el soberano, la seguridad y el honor.

ALTERNANCIA: el ejercicio del poder de los funcionarios electivos del Estado está sometido a límites de tiempo, es decir, a un período, de forma tal que se abre la posibilidad de que los electores designen a diferentes personas de ideologías diversas para el ejercicio del mando. La ventaja que se obtiene es que el gobernante representa la tendencia ideológica presente en la sociedad.

ALTO: voz de mando para que la tropa cese su marcha.◆ Voz con que el centinela ordena a alguien que se detenga.

ALTO COMISIONADO DE LAS NACIONES UNIDAS PARA REFUGIADOS: ACNUR.◆ UNHCR.◆ Organismo creado por la Asamblea General de las Naciones Unidas, con sede en Ginebra, que desempeña un papel fundamental dentro del asilo político. Las Naciones Unidas elaboraron la Convención de 1951 sobre el Estatuto de los Refugiados y su protocolo de 1967 sobre los deberes y derechos del refugiado. Trabaja para resolver la situación de más de veintidós millones de refugiados en todo el mundo. Como organismo humanitario y estrictamente político, su tarea se concreta a partir de la implementación de proyectos de formación profesional orientada al empleo, al aprendizaje de idiomas y a la creación de microempresas para pequeños negocios.

ALTO MANDO: organización o persona que ejerce la potestad superior en la actividad militar.

ALTO PERÚ: terminología cultural e histórica que actualmente abarca el sur de Perú y algunas zonas de Bolivia.

ALTRUISMO: vínculo de solidaridad entre los seres humanos. Es el sentimiento opuesto al egoísmo.

ALVEARIZACIÓN: término originado por Marcelo T. de Alvear, presidente argentino entre 1922 y 1928. Amplios sectores de la población le adjudicaron un alejamiento de los principios de la Unión Cívica Radical, partido político que le permitió ser electo presidente, y un acercamiento a los sectores conservadores de la sociedad que habían sido desplazados del poder por el yrigoyenismo. En general, se emplea despectivamente para denunciar a sectores partidarios o no de un desplazamiento político hacia posiciones conservadoras o de derecha.

ALZAMIENTO: levantamiento o rebelión contra un gobierno constituido.

ALZARSE EN ARMAS: sublevación.

AMANUENSE: en Roma, esclavo hábil en escritura que ejercía funciones de secretario.

ÁMBITO POLÍTICO: espacio o marco geográfico en el que se desarrollan determinados acontecimientos o sucesos políticos.

AMENAZA: acción a través de la cual se da a entender que se quiere hacer mal a otro. Es la confrontación de una vulnerabilidad propia con una acción enemiga, llevada a cabo por uno o varios iniciadores.

AMÉRICA, DÍA DE LAS: ver **Día de las Américas.**

AMÉRICA LATINA: países americanos colonizados por españoles y portugueses o, más ampliamente, conjunto de todos los situados al sur de los EEUU◆ En estos países, se hablan lenguas de origen latino, que en el continente americano son español, portugués y francés.◆ Ver **Latinoamérica.**

"AMÉRICA PARA LOS AMERICANOS": ver **Doctrina Monroe.**

"AMERICAN LEGION": organización estadounidense de excombatientes, fundada en París en 1919.

AMERICANISMO: vocablo o giro propio de los americanos, principalmente de los de habla española.

AMERICANIZAR: comunicar las costumbres y la civilización americanas.

AMNISTÍA: disposición general con que el Estado renuncia a aplicar la pena correspondiente a determinados delitos que se darían por extinguidos.◆ Olvido de los delitos políticos, otorgado por la ley ordinariamente a cuantas sean las responsabilidades análogas entre sí.◆ Clemencia otorgada por el poder del Estado para todos los procesados o condenados o para ciertas categorías de ellos. Hace cesar la efectivización de la condena o disminuye sus efectos penales, e interrumpe los procedimientos en curso, extinguiendo el delito. Es distinto al indulto.◆ Forma de reconciliación política que se otorga, en algunas oportunidades, cuando se produce un cambio de gobierno. Puede estar referida a delitos de tipo político, económico o militar.

AMNISTÍA INTERNACIONAL: organización no gubernamental (ONG) humanitaria que trabaja para promover los derechos humanos en el marco de la *Declaración Universal de los Derechos Humanos* y de otros tratados internacionales. Fue creada por un abogado británico, Peter Benenson, en 1961. En julio de dicho año, se llevó a cabo la primera reunión de delegados de Bélgica, Reino Unido, Alemania, Irlanda, Suiza y los EEUU para implantar una agrupación permanente a nivel internacional en favor de la libertad de opinión y de religión. Su sede funciona en Londres. Esta institución independiente intenta proteger los derechos humanos por encima de todas las ideologías. Tiene representantes en todos los lugares del mundo y se sostiene económicamente con las donaciones de sus miembros y representantes. Cuando la organización recibe una denuncia de violación de los derechos humanos en algún lugar, envía misiones de investigación para verificar los hechos.

AMOTINAMIENTO: acción y efecto de alzar en motín a la gente, a la multitud. ◆ Levantamiento o sublevación de algún grupo social organizado.

ANALFABETISMO: falta de instrucción elemental en un país o región; se refiere especialmente al número de personas que no saben leer. Para la UNESCO, son analfabetos los mayores de quince años que no saben leer ni escribir en su propia lengua. Su distribución geográfica coincide con la del subdesarrollo, aspecto fundamental para profundizar en el tema.

ANÁLISIS POLÍTICO: examen de situaciones coyunturales con la finalidad de extraer consecuencias o efectos que permitan elaborar medidas para enfrentar acontecimientos políticos cercanos.

ANARCOSINDICALISMO: forma de anarquismo que otorga a los sindicatos un rol vital en la lucha reivindicativa por alcanzar los objetivos de la organización.

ANARQUÍA: del griego *an*, sin y *arke*, gobierno. De esto se deriva que anarquía significa *falta de gobierno* o *negación del gobierno.* Supone la ausencia de un gobierno organizado. Estado y situación de las interacciones y relaciones humanas en franca oposición a una autoridad fundamental aceptada o que prescinde de ella.◆ Estado de caos o desorden.◆ Falta de todo gobierno en un Estado.◆ Desorden, confusión por ausencia o flaquezas de la autoridad pública.

ANARQUISMO: posición doctrinaria que repudia al Estado y que rechaza toda justificación del mismo. La actitud inicial de esta corriente es espiritual. El Estado es un mal o un producto de la maldad o del pecado del hombre.◆ Con sus medios de lucha, o sea, el terrorismo, el atentado y el sabotaje, vuelve a caracterizar siempre toda primitiva forma burda de rebelión social. En Rusia, se encendió contra la violencia del zarismo.◆ Doctrina política que cree posible la convivencia sin daño de la libertad; en este sentido, no acepta una ordenación legal y económica en la que imperen fuerzas coactivas externas en beneficio de los llamados intereses sociales de la comunidad. Aboga por la abolición del Estado, el cual es considerado un peligro por su fuerza colectiva, y así sustituirían las asociaciones del pueblo. Basado en la fe, la libertad y la libre decisión del individuo, aparece, no obstante, con algunas variaciones.◆ En las postrimerías del siglo XVIII, especialmente en el siglo XIX y en las primeras décadas del siglo XX, aparece una doctrina basada en la abolición de toda forma de Estado o de gobierno y en la exaltación de la libertad del individuo. Movimiento político inspirado por esta doctrina. Tiene

en J. Proudhon a su principal representante. Es libertario y sus doctrinas más que referentes a la economía política son filosóficas; son pesimistas con respecto a la actualidad y optimistas en cuanto al porvenir. Proudhon está de acuerdo con los colectivistas en criticar la apropiación individual de los medios de producción; pero no tiene ninguna confianza en el Estado y desea suprimirlo; y cuando éste haya desaparecido, lo mismo que el capitalismo privado y la coacción pública, espera que en la sociedad libre las relaciones económicas actuarán en forma armónica. Tiene confianza en el progreso de la ciencia y de la relación humana.◆ Contrario a la autoridad. Negación de todo dominio de un hombre o de un grupo sobre otros hombres. Principio o teoría de la vida y de la conducta en la que la sociedad es concebida sin gobierno y sin coacciones. La armonía se obtendría sin sumisión a la ley u obediencia a la autoridad, mediante acuerdos voluntarios y espontáneos de los diversos grupos libremente conformados para las diversas necesidades y aspiraciones humanas y sustituirían al Estado con ventaja en todas sus funciones.◆ En la Argentina, en 1830, llegaron los primeros inmigrantes que difundieron las ideas anarquistas. Se oponían a la constitución de partidos políticos y a la concentración del poder en manos del Estado. Se autotitulaban "ciudadanos del mundo"; se eliminaban las fronteras.

ANARQUISMO LATINOAMERICANO: las distintas corrientes marxistas y anarquistas comenzaron a explicitarse simultáneamente con la aparición de la Primera Internacional de 1872. El anarquismo se opuso violentamente al socialismo marxista porque éste abogaba por la "dictadura del proletariado". Los anarquistas no usaban el término proletariado, sino el de explotado, en especial dentro del artesanado y las sociedades de escasa industrialización, como eran las hispanoamericanas y las del sur de Europa. A partir de la década de 1880, aparecen dos corrientes: una la componían los "antiorganizadores", discípulos de Stirn; la otra, los anarcosindicalistas, que se apoyaban en Bakunin y Kropotkin, o sea, el colectivismo anarquista y el comunismo anarquista. Los primeros se limitaron a sobrevivir, pero los segundos llevaron al anarquismo a su culminación apoyado en importantes federaciones sindicales, como la Federación Obrera Regional Argentina (FORA), la uruguaya, la chilena, etcétera.

ANARQUIZAR: propagar desorden, confusión en situaciones, actividades, etcétera, que requieren disciplina y orden.

ANCLA: ver **Agencia de Noticias Clandestina.**

ANDROCRACIA: situación social de predominio masculino generado en la fuerza física.

ANEXIÓN: acción y efecto de unir y agregar con relación a los territorios; tiene importancia en el ámbito del Derecho Internacional Público, puesto que se trata de la incorporación a un Estado de un territorio que hasta ese momento no estaba sujeto a su soberanía. La anexión puede ser legítima: como cuando recae sobre territorios nullius o cuando se deriva de convenios internacionales libremente pactados por las naciones cedente y cesionaria; o ilegítima: como cuando se ha obtenido por la violencia de las armas.

ANEXIONISMO: doctrina que estimula, favorece y defiende las anexiones y las incorporaciones de territorios.

ANEXIONISTA: partidario o defensor del anexionismo.

ANGLICANISMO: conjunto de doctrinas de la Iglesia reformada imperante en Inglaterra. Se originó al separarse este país de la obediencia a Roma, bajo el reinado de Enrique XIII. María Tudor restableció el catolicismo, pero la reina Isabel volvió a romper con el papado, asegurando la reforma y constituyéndose, como su padre, en jefe de la Iglesia de Inglaterra. Influido por los calvinistas, ha conservado la liturgia y la constitución jerárquica del catolicismo.

ANGLOAMERICANISMO: corriente y características de los ingleses nacidos en América.

ANGLOAMERICANO: perteneciente a ingleses y americanos o compuesto de elementos propios de los países de ambos.◆ Individuo de origen inglés, nacido en América. ◆ Natural de los EEUU de la América septentrional.

ANGLOSAJÓN: individuo descendiente de los pueblos germanos que invadieron Inglaterra en el siglo V.

ANGLOSAJONES: nombre genérico de los pueblos de lengua inglesa, derivado de las poblaciones germánicas que invadieron Inglaterra y fundaron la heptarquía.

ANIMISMO: creencia típica de los pueblos primitivos en la existencia de un alma en todas las cosas y en hacer de ellas un objeto de culto.

ANOMIA: carencia de normas o desviación importante con respecto a ellas. Es un estado de aislamiento del individuo o de desorganización de la sociedad debido a la falta, la incongruencia o la contradicción de las normas sociales.

"ANSCHLUSS": anexión de Austria al Tercer Reich. En 1933, los nacional-socialistas austríacos, que prácticamente constituían una delegación del Partido Nacional Socialista Alemán, fueron los máximos defensores de la unión y ganaron muchos adeptos. Ese mismo año, asumió como canciller en Austria Engelbert Dollfuss, un fascista cercano a Mussolini, que estableció un régimen muy parecido al alemán. En 1934, los nacionalsocialistas, con el apoyo de Hitler, encabezaron una insurrección durante la cual Dollfuss fue asesinado. Pero el levantamiento fue aplastado y Hitler debió resignarse durante un tiempo. Mientras tanto, Alemania continuaba armándose. Frente a la indiferencia de los aliados, Hitler y Mussolini dejaban de lado sus diferencias y el nuevo gobierno austríaco intentaba apaciguar a Alemania. Estas condiciones prepararon el terreno para la invasión. Desde Berlín se ordenó una ola de terrorismo contra los políticos e intelectuales que se oponían al *Anschluss*. El canciller austríaco fue llamado a Berlín, donde Hitler le exigió el nombramiento de sus adeptos en los puestos clave, en medio de una escena de furia y amenazas. ◆ Término de origen alemán para designar una anexión territorial.

ANSEA: ver **ASEAN**.

ANTAGONISMO: rivalidad, contrariedad, oposición habitual o circunstancial fundamentalmente en doctrinas.◆ Oposición de intelectuales de dos o más poderes políticos, militares o económicos.

ANTICLERICALISMO: animosidad contra todo lo que se relaciona con el clero.

ANTICLERICALISMO EN AMÉRICA LATINA: en la economía, en la sociedad y en la cultura latinoamericanas, la Iglesia Católica ha desempeñado un importante rol. El clero secular y el clero regular difundieron aun por la fuerza y, a veces, por la violencia, los principios sagrados del catolicismo. La defensa de la religión estuvo protegida por la Corona española.

ANTICOLONIALISMO: oposición a la política expansionista que ejerce un Estado con la finalidad de anexar a otro u otros países subdesarrollados o menos desarrollados y que posean riquezas o un interés geopolítico determinado. En realidad, es un rechazo a un colonizador que se apropia de un país en inferioridad de condiciones, que pasa a ser su dominado, tanto política como económicamente.

ANTICOMUNISMO: doctrina o procedimientos contrarios al comunismo.

ANTICONSTITUCIONAL: contrario a la Constitución de un Estado.

"ANTIDUMPING": se aplica cuando se trata de evitar el ingreso a un país de mercadería de otro país con precios inferiores a los que tiene en este último. Acción tendiente a proteger los mercados internos de la competencia del exterior.◆ Ver **Dumping**.

ANTIFASCISMO: tendencia o corriente que rechaza abierta y enfáticamente al fascismo.

ANTIGUBERNAMENTAL: contrario el gobierno constitucional.

ANTIGUO RÉGIMEN: denominación mediante la cual se designa al gobierno anterior a la Revolución Francesa y, en general, al sistema político estamental, inherente al feudalismo.◆ Bajo esta denominación, los revolucionarios franceses quisieron caracterizar al tipo de sociedad y al conjunto de instituciones políticas existentes antes de 1789, fecha en que la Revolución las abolió, dando paso al "Nuevo Régimen". Por extensión, se aplica hoy el concepto para aludir al orden de cosas que tenía realidad con anterioridad al tiempo de la burguesía y del sistema liberal *(F. Gutiérrez Contreras).*

ANTIIMPERIALISMO: movimiento político que trata de liberar a un país de la dependencia, ya sea política o económica, de otro.

ANTIMILITARISMO: concepción o doctrina contraria a la existencia de ejércitos permanentes en tiempo de paz.

ANTINAZI: contrario a la doctrina del nacionalsocialismo alemán.

ANTIPERSONALISMO: en la Argentina, expresión formal de una actitud ideológica conservadora que, desde la fundación, habría anidado en ciertos sectores radicales, impulsando las disidencias electoralistas de fines del siglo XIX y comienzos del XX. Dicha imagen tenía una ventaja adicional:

permitía anticipar el apoyo a Agustín P. Justo en 1932 y, dentro de la UCR tradicional, al unionismo de 1940 y la fórmula Tamborini-Mosca en 1946.

ANTIRREVISIONISTA: adversario del revisionismo de E. Bernstein en el campo socialista.

ANTIRREVOLUCIONARIO: contrario a la revolución.

ANTISEMITA: enemigo de la raza hebrea, de su cultura o de su influencia.

ANTISEMITISMO: doctrina o tendencia de los antisemitas. Idea de que hay una raza semita considerada como inferior a la raza aria y cuyos componentes, por eso mismo, han de ser hostigados. En realidad, el término semita se refiere a un grupo lingüístico y no específicamente a un grupo étnico. En sentido estricto, no existe en la ciencia antropológica una raza semita, como no hay propiamente una raza aria, pero sí hay lenguas semitas. Es decir, la denominación antisemitismo viene a ser la presentación en la forma de una pretendida doctrina racista de un prejuicio y un odio que tienen en realidad raíces religiosas. Esta doctrina o actitud contra los judíos tuvo su origen en Alemania en 1881; pero es necesario destacar que no va dirigido contra todos los semitas sino exclusivamente contra los judíos. Con el transcurso del tiempo, las motivaciones o argumentos se fueron modificando por otros de tipo social y político. La Alemania nazi fortaleció esta actitud y entre 1933 y 1945 se perpetró la muerte de seis millones de judíos.

"ANTITRUST": término utilizado fundamentalmente en los EEUU. Es una rama de la política económica y del derecho económico cuyo objeto fundamental de estudio son los monopolios y sus prácticas.

ANTROPOCENTRISMO: concepción filosófica que supone al hombre como centro del universo.

ANTROPOCRACIA: gobierno del hombre.

ANTROPOLOGÍA: estudio de las razas humanas, casi exclusivamente en relación con su constitución física: caracteres cuantitativos del hombre (estatura, diámetro craneano, etc.) y cualitativos (color de la piel, cabello, etc.).◆ Ciencia del conocimiento del hombre, vinculada a la biología o a la ciencia natural y a la filosofía.

ANTROPOLOGÍA POLÍTICA: rama de la antropología que se ocupa del análisis, estudio e investigación de las sociedades y sus sistemas políticos desde los tiempos primitivos hasta la actualidad.

ANTROPOMORFISMO: creencias o doctrinas que conciben a Dios con atributos humanos. Es característico de las religiones primitivas y politeístas.

ANZUS: pacto de ayuda y seguridad entre los EEUU, Nueva Zelanda y Australia, celebrado en setiembre de 1951.

AÑO POLÍTICO: año civil.

APARATO: literalmente, aparato de Estado, en tanto que se concibe como una maquinaria económica, administrativa, jurídica y política compuesta de aparatos. En la tradición de la política rusa y soviética, se usaba para señalar a los que vivían alrededor del aparato de Estado; y a los burócratas, generalmente a los miembros del Partido Comunista, se los llamaba *apparatchiki.*

"APARTHEID": en español, separación. Término originado en Sudáfrica. Política de segregación racial practicada en la República de Sudáfrica y abolida oficialmente en 1991. La Asamblea General de las Naciones Unidas discutió el problema en 1962 y la condenó como un atentado a los derechos del hombre. En este sistema de segregación y discriminación social institucional, la población sudafricana se dividía en grupos de acuerdo con su color: negros (africanos), blancos (europeos), mestizos e indios. Los sudafricanos negros, aproximadamente el 73% de la población, carecían de derechos y libertades fundamentales. Este sistema de dominación político-económico y segregación racial era de una crueldad increíble. Nelson Mandela, abogado, se había embarcado en las primeras huelgas anti-apartheid. Había renunciado al trono de su tribu para adherir al hoy gobernante Congreso Nacional Africano, desde el cual inició una campaña de resistencia contra el gobierno afrikaner junto con Albert Luthuli, Walter Sisulo y su amigo Oliver Tambo. A fines de los cincuenta, Mandela organizó Lanza de Nación, un grupo que actuó como brazo armado del ANC (Congreso Nacional Africano, en inglés, African National Congress). En la clandestinidad, y bajo el sobrenombre de "Pimpinela Negra", fue capturado por la policía de seguridad en 1962. Junto con otros líderes negros, fue condenado a cadena perpetua en 1964, torturado y confinado a la prisión de Roben Island, desde donde rechazó varias ofertas de libertad a cambio de la renuncia a su causa. El presidente Frederik de Klerk liberó a Mandela en 1990. Juntos compartieron el Premio Nobel de la Paz 1993 y encabezaron el proceso político que desembocó en los primeros comicios democráticos de Sudáfrica en 1994. Mandela triunfó con casi el 63 % de los votos. La avanzada edad del líder lo llevó a su renuncia a volver a postularse en 1999. Los devotos de Mandela adoran su "pragmatismo, realismo, cortesía y sencillez"; y sus críticos lo tildan de "autocrático". El gobierno no pudo cumplir con muchas de sus promesas: crecimiento, empleo y distribución. Mandela falleció el 5 de diciembre de 2013.

APARTIDISMO: consiste en la inexistencia de partidos políticos, de manera absoluta cuando los partidos no existen ni siquiera sociológicamente como simples agrupamientos de índole política; o bien de manera relativa, cuando si bien existen sociológicamente, no tienen el reconocimiento legal como tales, que le otorga la personalidad jurídico-política con todos los derechos y deberes inherentes (S. V. Linares Quintana).

APÁTRIDA: toda aquella persona que carece de nacionalidad. Puede ser por no haber tenido nunca nacionalidad o por haber renunciado a la que se tenía sin adquirir otra nueva, por haber sido privado de ella por determinación legal de la autoridad, ya sea por un acto individual derivado de circunstancias vinculadas con el nacimiento o con el casamiento o por una violación de las leyes de su país que lleva implícita dicha sanción; por un acto colectivo, consecuencia de la transferencia de un territorio, de medidas de guerra aplicadas a los antiguos súbditos de Estados beligerantes, de la transformación del régimen político social de sus países de origen. ◆ Apólida.

APEC: ver **Asociación de Cooperación Económica Asia-Pacífico**.

APÓLIDA: ver **Apátrida**.

APOLITICISMO: indiferencia, desinterés o rechazo hacia la política. A veces, se utiliza como una actitud o recurso deliberado y organizado con la finalidad de "despolitización" de la sociedad o de sectores importantes de ésta.

APOLÍTICO: ajeno a la política, que no tiene ideas políticas.

APOLOGÍA: discurso o escrito elogioso a favor de alguien o de algo.

APOTEGMA: sentencia breve y aguda.

APOTEGMA PERONISTA: máxima del gobierno peronista argentino: primero, la Patria; después el Movimiento y, finalmente, los Hombres.

APRA: Alianza Popular Revolucionaria Americana. ◆ Ver **Aprismo**.

APREMIO ILEGAL: delito contra la libertad individual que consiste en que el funcionario imponga a los presos que guarda severidades o vejaciones indebidas.

APRISMO: denominación que recibe la doctrina del partido político Alianza Popular Revolucionaria Americana y el partido político en sí, fundado por Víctor Haya de la Torre en el Perú, en 1924.

AQMI: Al Qaeda en el Magreb Islámico surgió como tal a juicios de 2007, a partir del Grupo Salafista para la Predicación y el Combate (GSPC), a su vez escindido hacia 1998 del Grupo Islámico Armado (GIA) argelino que se había formado a comienzos de los noventa.

ARBITRAJE: resolución de una diferencia entre Estados a través de una decisión jurídica de uno o más árbitros o de un tribunal, aparte del Tribunal Internacional de Justicia, elegidos por las partes. Como no hay ninguna autoridad política central sobre los Estados soberanos y como ningún tribunal internacional puede ejercer jurisdicción sobre ellos sin su consentimiento, un Estado no puede, como regla general, requerir a otro a comparecer ante un tribunal con el objeto de resolver una controversia entre ellos, en la forma en que los individuos pueden obligar a cualquiera a litigar según el derecho interno al cual están sometidos *(E. Oppenheim).*

ARBITRAJE INTERNACIONAL: en el derecho internacional, práctica que establece que dos o más naciones en litigio someten sus controversias al dictamen de otro país o de un tribunal internacional, al haber fallado las negociaciones entre las partes o encontrarse en vía muerta.

ARBITRISTA: individuo que genera o inventa proyectos o planes empíricos o disparatados para aliviar los males políticos o mejorar la hacienda pública.

ARCHIPIÉLAGO: grupo de islas, incluidas partes de islas, las aguas que las conectan y otros elementos naturales, que estén tan estrechamente relacionados entre sí que tales islas, aguas y elementos naturales formen una entidad geográfica, económica y política intrínseca o que históricamente hayan sido considerados como tal.

ARCHIPIÉLAGO GULAG: suceso ocurrido el 12 de octubre de 1939 en el mar de Ojotsk, cuando casi mil presos políticos murieron ahogados o ametrallados por la policía estalinista, que quiso asegurarse de que ninguno de ellos sobreviviera al naufragio. Los Gulags eran campos de trabajo en Siberia donde enviaban a los disidentes. La KGB consiguió ocultar la trágica odisea del buque de carga "Indiguirka", perteneciente a la temida policía política estalinista.

ARCHIVO MITROJIN: Vassily Mitrojin, un archivista de la KGB (la antigua policía secreta soviética) que en 1992 escapó a Londres, entregó al MI-5 (contraespionaje británico) una lista con los nombres de ciudadanos del Reino Unido que trabajaban para Moscú. Entre ellos había desde una anciana simpatizante comunista hasta dos parlamentarios laboristas, pasando por un policía que seducía mujeres que ocupaban altos cargos con el fin de sonsacarles información. Estos archivos revelaron nombres de ciudadanos británicos e italianos que actuaron como espías para los servicios de inteligencia soviética durante la Guerra Fría.

ARCONTE: magistrado ateniense en la Grecia Antigua. Tenía a su cargo la presidencia de las elecciones y el sorteo de los magistrados.

ÁREA DE DESARROLLO: zona que recibe ayuda económica, desgravaciones o exenciones impositivas o incentivos, es decir, ventajas que faciliten la baja del nivel de desempleo e incrementar, mejorar o emprender la actividad industrial, comercial o agropecuaria. Normalmente, se logra a través de asistencia estatal.◆ Región de desarrollo.

ÁREA DE LIBRE COMERCIO DE LAS AMÉRICAS: ALCA.◆ Asociación de Libre Comercio de las Américas.

ÁREA ECONÓMICA: espacio específico que se considera dotado de una cierta unidad económica.

ÁREA ECONÓMICA EUROPEA: AEE.◆ Unión de la Asociación Europea de Libre Comercio y la Unión Europea (Comunidad Europea). Es una profundización de viejos vínculos comerciales que permiten ampliar los beneficios económicos. Está compuesta por diecisiete países y su objetivo es extender a todos los países miembro la libre circulación de bienes, personas, servicios y capitales. Esta unión rige a partir del 1 de enero de 1994.◆ Ver **Unión Europea; Euro**.

ARENA: Alianza Republicana Nacionalista (El Salvador).◆ Alianza Renovadora Nacional (Brasil).

ARENGA: discurso generalmente de tono elevado y solemne, pronunciado con el fin de enardecer los ánimos y exaltar las pasiones y los sentimientos. Se refiere al sentimiento más que al raciocinio, la sensibilidad espiritual es el eje central de la cuestión.

ARGENTINIDAD: calidad de lo que es peculiar de la República Argentina.

ARIFICACIÓN: en Alemania, proceso que procuraba la pureza racial del país, despojándola de cualquier influencia no aria. Con ese propósito, se aprobaron leyes que prohibieron a los judíos la posesión de propiedades de distinto tipo. De un día para el otro, los propietarios judíos recibían la visita de agentes oficiales con órdenes de hacerse cargo de la propiedad y entregarla a manos arias. El damnificado era obligado a firmar la autorización que legalizaba el atropello a cambio de sumas irrisorias. Así, muchas empresas de exitosa trayectoria económica pasaron a ser controladas por interventores tan arios como incapaces, que las llevaron a la quiebra.

ARISTOCRACIA: gobierno en que sólo ejercen el poder las personas más notables del Estado.◆ Clase social.◆ Clase noble de una nación.◆ Clase que sobresale de las demás por alguna circunstancia.◆ Forma de gobierno en que solamente ejercen el poder las personas más notables del Estado, o bien, gobierno de una minoría conformada por los mejores.◆ Forma de gobierno en la que el poder se encuentra en manos de aquellos que por su nacimiento, riqueza, inteligencia o moral son superiores. Desde la Edad Media, la palabra se ha empleado para indicar la clase de los nobles y de los privilegiados.◆ Se aplica cuando la clase superior existente niega a los individuos de las demás clases sociales el derecho a votar y a intervenir en el gobierno y se reserva para sí tal derecho, como un privilegio. ◆ Uno de los principales problemas que plantea la perspectiva aristocrática es dónde se encuentran las garantías o los criterios que permiten calificar sin lugar a dudas a algunos como "los mejores". Junto con esto se presenta el problema de que, aun siendo los miembros de ese grupo dominante los mejores en el momento de acceder al poder, no hay garantías de que lo sigan siendo en el futuro. Aparece entonces el peligro de que aun una auténtica aristocracia degenere en una forma corrompida de gobierno, como la oligarquía, donde gobierna también un número pequeño, pero que no está compuesto por los mejores (G. Santiago y V. Zorzut).

ARISTOCRACIA OBRERA: conjunto de miembros de la dirigencia sindical que, con el objeto de mantener los privilegios jerárquicos propios de la posición que poseen, pactan con los factores de poder, tratan de conservar el *statu quo* y se transforman en verdaderos burócratas.

ARISTÓCRATA: miembro o partidario de la aristocracia.

ARISTODEMOCRACIA: gobierno formado por aristocracia y por democracia.

ARITMÉTICA POLÍTICA: denominación dada por William Petty en el siglo XVIII a los trabajos de relación y síntesis de datos numéricos relativos a las estadísticas.

ARMA: instrumento defensivo u ofensivo que se utiliza para detener o alcanzar algo.◆ Parte principal de los ejércitos combatientes.◆ Profesión militar o milicia.

ARMA BLANCA: arma ofensiva de hoja de acero.

ARMA DE FUEGO: aquella que se carga con pólvora.

ARMADA: conjunto de fuerzas navales de un Estado.◆ Conjunto de buques marítimos de un Estado.

ARMADA INVENCIBLE: flota compuesta por ciento veintisiete navíos, enviada por Felipe II contra Inglaterra en 1558; fue destruida por la acción de la flota inglesa y por una tempestad.

ARMAMENTISMO: política que aboga por el desarrollo intensivo de los aprestos bélicos, ya sea con propósitos de ataque o de defensa.

ARMAMENTISTA: referente a la industria de armas de guerra.◆ Partidario de la política de armamentos.

ARMAMENTO: conjunto de armas para el servicio de un cuerpo militar.◆ Prevención de todo lo necesario para la guerra.

ARMAS QUÍMICAS: se entiende conjunta o separadamente: a) las sustancias químicas tóxicas o sus precursores, salvo cuando se destinen a fines no prohibidos, siempre que los tipos y las cantidades de que se trate sean compatibles con esos fines; b) las municiones o los dispositivos destinados de modo expreso a causar la muerte o lesiones mediante las propiedades tóxicas de las sustancias especificadas; o c) cualquier equipo destinado de modo expreso a ser utilizado directamente en relación con el empleo de esas municiones o dispositivos especificados.

ARMISTICIO: acuerdo para la suspensión de las hostilidades pactado entre dos o más pueblos o ejércitos beligerantes en espera de un tratado de paz; tregua; es decir, tiene un carácter temporal. Constituye un estado transitorio entre la guerra y la paz, que se transforma en definitivo cuando ésta adquiere realidad, se reanudan las hostilidades en caso contrario.◆ Suspensión de hostilidades.

ARRIBISMO: ambición y deseo de alcanzar rápido y a través de cualquier medio la cumbre del poder o riqueza.

ARRIBISTA: aquella persona que progresa en la vida por medios rápidos y sin escrúpulos.◆ Individuo ambicioso y carente de escrúpulos, capaz de cualquier cosa por llegar a la cima del poder, la riqueza o la fama *(A. García).*

ARTESANADO: sistema industrial vigente durante la Edad Media y en el que prevalecía el trabajo manual. El principio de división del trabajo, personalización de las tareas, pequeña o nula influencia tecnológica, conforman los elementos fundamentales de este sistema.

ARTESANÍA: clase social conformada por los artesanos.

ARTESANO: persona que desarrolla una actividad, arte u oficio, imponiéndole un sello personal o distintivo.

ARTILLERÍA: arte de construir, mantener y usar todas las armas, máquinas y municiones de guerra.◆ Morteros, tren de cañones y otras máquinas de guerra que tiene un buque o un ejército.

ASALARIADO: trabajador que presta servicios bajo relación de dependencia y que percibe una retribución o salario, como una contraprestación de la dación de su aporte a las tareas asignadas como consecuencia del contrato de trabajo o relación laboral.◆ Salariado.

ASALTO AL CUARTEL DE MONCADA: intento de copamiento al cuartel de Moncada, en las afueras de Santiago de Cuba, el cual era una verdadera fortaleza. El asalto fue un símbolo de la rebelión, del inicio de la insurrección liderada por Fidel Castro. La masacre resultó inevitable, pero aquel 26 de julio de 1953, si bien se caracterizó por un desastroso fracaso militar, fue el primer grito de guerra de la Revolución Cubana.

ASAMBLEA: en un sentido lato, es una reunión con determinadas características: a) supone cierta homogeneidad de público, reunido por algún interés común; b) generalmente, tiene un objetivo operativo y práctico.

ASAMBLEA CONSTITUYENTE: aquella investida de la función de elaborar y promulgar una constitución. Puede estar conformada por el propio Congreso o por una asamblea autónoma elegida exclusivamente para elaborar y promulgar la Constitución, que se disuelve inmediatamente después de la promulgación.

ASAMBLEA LEGISLATIVA: reunión conjunta de la Cámara de Diputados y de la Cámara de Senadores en los casos previstos constitucionalmente.

ASAMBLEA NACIONAL: órgano colegiado típico de determinado Estado Parlamentario; está constituida por los legisladores elegidos por sufragio universal directo.◆ Cortes.◆ Parlamento. ◆ Cámara.◆ Congreso.

ASEAN: Asociación de Naciones del Sudeste Asiático.◆ ANSEA.◆ Organización regional fundada en 1967 con la orientación de los EEUU, cuyo principal objetivo era la contención del comunismo. Constituyó la primera experiencia de integración en el área de influencia de los tigres asiáticos. Está conformada por Brunéi, Filipinas, Indonesia, Malasia, Singapur, Tailandia, Vietnam, Laos y Myanmar (ex Birmania). Inicialmente, estuvo compuesta por dos países alineados a los EEUU, Filipinas y Malasia, y tres países no alineados. Brunéi se incorporó en la década de los ochenta. De los cinco miembros permanentes del Consejo de Seguridad de las Naciones Unidas (China, los EEUU, Francia, el Reino Unido y Rusia), así como de Australia y el Japón, la ASEAN logró que se concertarán los Acuerdos de París relativos a Camboya en octubre de 1991. Dos años más tarde, bajo la supervisión de las Naciones Unidas, con la mayor fuerza de mantenimiento de la paz de la historia, Camboya celebró sus primeras elecciones democráticas. Entretanto, los países de la ASEAN lograron que sus economías crecieran en medida enorme, con frecuencia a un ritmo superior al 10 %. Tras la solución de la cuestión de Camboya y el establecimiento de la Zona de Libre Comercio de la ASEAN en enero de 1993, la ASEAN ha avanzado hacia la integración comercial. Hasta entonces, se habían reducido los aranceles de la mayoría de los productos manufacturados.

ASEDIO: ver **Bloqueo.**

ASEIDAD: atributo de Dios, por el cual existe por sí mismo o por necesidad de su propia naturaleza.

ASIGNACIÓN: delegación de pago.◆ Indicación de pago.◆ Monto o cantidad por sueldo o por otro concepto. Suma de dinero autorizado con un destino determinado.

ASILO: vocablo que deriva del latín *asylum*, de procedencia griega; significa local inviolable, refugio. Así expresa inmunidad de jurisdicción; representa el amparo ofrecido a una persona perseguida en un lugar (refugio) o territorio donde no pueda ser perseguido. ◆ Ver **Derecho de asilo**.

ASILO DIPLOMÁTICO: aquel que tiene lugar cuando el alojamiento del asilado se efectúa en oficinas de una representación diplomática extranjera.

ASILO MARÍTIMO: se aplica cuando un navío de guerra procura refugio en un puerto neutral en el plazo de 24 horas.

ASILO POLÍTICO: amparo.◆ Protección que otorga una nación a las personas que huyen de otros países por motivos de índole política.

ASILO TERRITORIAL: se aplica cuando un Estado otorga a un individuo o un grupo de individuos amparo dentro de su jurisdicción territorial por la eminencia de daño a la integridad física del otorgado. Este instituto ha sido reconocido por todas las civilizaciones de la antigüedad. En realidad, es un derecho del Estado a admitir dentro de su territorio a las personas que juzgue conveniente; ésta es la opinión dominante de las Convenciones Internacionales. Una corriente doctrinaria importante sostiene que los Estados deben considerarla como un deber y los hombres, como un derecho.

ASISTENCIA SOCIAL: programas de ayuda a los sectores más vulnerables de la sociedad. Se ocupan de los indigentes por el hecho de serlo y, además, porque la sociedad tiene un compromiso ético con ellos.

ASISTENCIALISMO: doctrina que defiende que nada hay que hacer en términos de reformas estructurales y que reduce toda acción social a la aplicación de paliativos. Es adecuado y plausible ejercer una actividad asistencial en favor de los pobres, en tanto y en cuanto, en forma paralela, se elaboren instrumentos que ataquen las causas de la pobreza y de la marginalidad.

ASOCIACIÓN CIVIL: asociación constituida para desarrollar actividades en la esfera de los intereses privados, como por ejemplo, culturales, científicos, deportivos, etcétera.

ASOCIACIÓN DE COOPERACIÓN ECONÓMICA ASIA-PACÍFICO: APEC. ◆ Responsable de la mitad de la producción mundial. Discute propuestas para convertirse en una zona de libre comercio. Conformada en 1989 y está compuesta por: Australia, Brunéi, Canadá, Corea del Sur, China, los EEUU, Filipinas, Hong-Kong, Indonesia, Japón, Malasia, México, Nueva Zelanda, Papúa-Nueva Guinea, Singapur, Tailandia, Taiwán, Chile,Perú, Rusia y Vietnam.

ASOCIACIÓN DE IDEAS: conexión mental entre ideas, imágenes o representaciones, por su semejanza o contraste.

ASOCIACIÓN DE LIBRE COMERCIO DE LAS AMÉRICAS: ALCA.◆ Proyecto de constitución de un área de libre comercio en América que se extendería desde Alaska hasta Tierra del Fuego.

ASOCIACIÓN DE NACIONES DEL SUDESTE ASIÁTICO: ANSEA.◆ Ver **ASEAN.**

ASOCIACIÓN EUROPEA DE LIBRE COMERCIO: EFTA.◆ *European Free Trade Association.*◆ Bloque económico conformado en el año 1959 por los siguientes países: Austria, Dinamarca, Gran Bretaña, Noruega, Portugal, Suecia y Suiza, cuya finalidad fue eliminar los derechos de aduana y las restricciones comerciales mutuas. Algunos países dejaron este grupo al incorporarse a la Unión Europea.◆ AELC.

ASOCIACIÓN INTERNACIONAL DE FOMENTO: AIF.◆ Filial del Banco Internacional de Reconstrucción y Desarrollo (BIRD), creada en 1960 con el objeto de financiar el progreso económico de los países subdesarrollados. Considera los proyectos cuya financiación no interesa al capital privado y que tampoco pueden realizarse mediante préstamos del BIRD. Es una institución que compone el Banco Mundial. Este último es responsable de la administración y de la junta de Gobernadores; la junta de Directores Ejecutivos y el Presidente del Banco actúan de oficio.

ASOCIACIÓN LATINOAMERICANA DE INTEGRACIÓN: ALADI.◆ Organismo constituido en Montevideo, Uruguay, en el año 1980, con el objetivo de crear mecanismos de interacción económico-comercial. Está formada por: la Argentina, Estado Plurinacional de Bolivia, Brasil, Chile, Colombia, Cuba, Ecuador, Perú, Paraguay, México, República Bolivariana de Venezuela, Uruguay y Panamá. Esta asociación entró en vigencia el 18 de marzo de 1981. El 26 de agosto de 1999, Cuba se convirtió en miembro pleno de la Asociación.◆ Este organismo reemplazó a la ALALC.

ASOCIACIÓN LATINOAMERICANA DE LIBRE COMERCIO: ALALC.◆

Organismo reemplazado en 1980 por la ALADI.◆ El Tratado de Montevideo es firmado el 18 de febrero de 1960, inicialmente por la Argentina, Brasil, Chile, México, Paraguay, Perú, Uruguay, y ratificado por los mismos países en 1961. El Tratado creaba una zona de libre comercio, como primera y modesta etapa del proceso integracionista, ya que los países signatarios se comprometían a crear un mercado común latinoamericano y a unir sus esfuerzos de modo tal de obtener una complementariedad y una integración crecientes de sus economías. ◆ Ver **Asociación Latinoamericana de Integración**.

ASOCIACIONISMO: movimiento social partidario de crear asociaciones cívicas, políticas, culturales, etcétera.◆ Multiplicidad de asociaciones y de grupos intermedios entre el individuo y el Estado, espontáneamente constituidos sin presión estatal, en los cuales se desenvuelve la mayor parte de la vida de los ciudadanos y la que más les afecta, porque se refiere a sus cuestiones personales y familiares. La defensa tocquevilliana de las asociaciones intermedias coincide con el pluralismo social, ya que este último reivindica la importancia de tales grupos que no son criaturas del Estado, pues su nacimiento ha sido espontáneo y sus funciones y poderes no dimanan de él.

ASUNTOS INTERNACIONALES: relaciones entre grupos, entre grupos e individuos y entre individuos que afectan de modo esencial a la sociedad internacional como tal *(G. Schwarzemberger)*.

ASUNTOS PÚBLICOS: denominación genérica que engloba el interés por el asunto o la práctica de los asuntos que tienen que ver con la administración pública, el interés público, las políticas públicas y, en general, el gobierno de la economía y de la sociedad.

ATAQUE ARMADO: acción militar contra un territorio, navíos o aeronaves.

ATAQUE EXTERIOR: guerra internacional que pone en peligro el orden constitucional, la integridad territorial y la soberanía del país.

ATENTADO: procedimiento abusivo de cualquier autoridad.◆ Agresión violenta por razones políticas.

ATENTADO A LA AMIA: el 18 de julio de 1994, en Buenos Aires, en el barrio de Once, se produjo un grave atentado cuando alguien hizo explotar el edificio donde funcionaba la mutual judía, con su gente dentro. El saldo de ochenta muertos y casi trescientos heridos conformó un testimonio desgarrador.

ATENTADO A LA EMBAJADA DE ISRAEL: el 17 de marzo de 1992, se produjo un atentado con explosivos a la embajada de Israel en Buenos Aires, en el que mueren veintidós personas y más de cien resultan heridas.

ATENTADO A LAS TORRES GEMELAS: el 26 de febrero de 1993 se produjo en las Torres Gemelas de Nueva York. Las torres del World Trade Center, las más altas de Nueva York ocupaban el segundo lugar entre las más altas del mundo. Más de 1000 heridos y seis muertos fueron la consecuencia del atentado.

ATRINCHERAMIENTO: conjunto de trincheras o toda obra de fortificación pasajera o de campaña.

AUC: ver **Autodefensas Unidas de Colombia.**

"AUCTORITAS": capacidad de ser autor de acciones. El autor es propiamente la fuente, el instigador, el artífice de toda formación social. Es la titular de la vis política.

AUDIENCIA: acto de oír los soberanos u otras autoridades a las personas que exponen, reclaman o solicitan algo.

AUSCHWITZ: término con el que algunos autores condensan el máximo de horror que el hombre es capaz de generar. Uno de los filósofos que con mayor énfasis sostuvo que Auschwitz marcaba un punto de inflexión para la humanidad fue Adorno, para quien la cultura, después de Auschwitz no es más que basura (G. Santiago y V. Zorzut).

AUSTRAL: unidad monetaria de la Argentina desde el 15 de mayo de 1985 hasta el 31 de marzo de 1991. Equivalente a mil pesos argentinos.

AUSTRO-HÚNGARO: ver **Imperio.**

AUSTROMARXISMO: palabra usada para designar a los intelectuales teóricos austríacos de tendencia marxista que, a partir de 1914, basados en la filosofía de Karl Marx, formularon una ética política vinculada con el enfoque de Kant. Corriente que, sirviéndose del vocabulario marxista, planteaba que el objetivo de la sociedad seguía siendo la "sociedad sin clases", pero que dicha sociedad no se realiza por medio de la lucha de clases, sino que adviene, ya que es necesaria, por sí misma.

AUTARQUÍA: política caracterizada por llevar a la práctica conductas de autosuficiencia en la actividad económica, reduciendo a una mínima expresión las transacciones comerciales con otras partes. Poder para gobernarse a sí mismo. Condición o calidad del ser que no necesita de otro para su propia subsistencia o desarrollo. Significa Estado que se basta a sí mismo económicamente; se trata de una situación que no resulta de una necesidad sino que ha sido voluntariamente creada. País que debe bastarse a sí mismo y privarse de intercambios económicos con los demás. No obstante, ni los más fuertes adeptos a esta posición creen en este aislamiento. ◆ Conjunto de reglas económicas cuyo objetivo tiende a lograr la independencia de un país con respecto a otro u otros. Es decir, se requiere una autosuficiencia económica. Para la concepción clásica, es la facultad de gobierno propio y jurídicamente corresponde a la descentralización administrativa.◆ Organismo estatal que cubre sus gastos con ingresos propios, que no depende del Presupuesto Nacional, Provincial o Municipal. ◆ Gobierno y administración propios, pero que no llega a ser autonomía. El organismo autárquico tiene su propia organización descentralizada, designa sus propias autoridades, provee sus propios cargos y hasta dispone de sus recursos financieros; pero todo ello con sujeción a una norma constitucional o legal que fija el alcance de su independencia o autarquía. ◆ Situación de autosuficiencia económica en una determinada región. Significa "Estado que se basta a sí mismo".

AUTARQUÍA ABSOLUTA: tiene un carácter utópico y resulta imposible llevar a la práctica.

AUTARQUÍA RELATIVA: consiste en limitar al máximo las relaciones con el exterior, pero sin excluirlas totalmente.

AUTARQUÍA TERRITORIAL: se aplica cuando la actuación de la entidad autárquica se limita a una circunscripción geográfica delimitada y la entidad dispone de una competencia general de carácter local *(J. C. Cassagne).*

AUTOCONSUMO: producción destinada únicamente al consumo de quienes la generan.◆ En la actualidad, existe este sistema en países subdesarrollados.

AUTOCRACIA: sistema de gobierno en el cual la voluntad de una sola persona es la ley suprema.◆ Poder supremo del Estado, especialmente cuando el poder supremo de legislar reside jurídicamente en un solo hombre *(C. A. Quintero).*

AUTÓCRATA: persona que ejerce autoridad ilimitada.

AUTÓCTONO: pueblo o persona originario del mismo país en que vive.

AUTODEFENSAS UNIDAS DE COLOMBIA: AUC.◆ Grupo ilegal colombiano, paramilitar, cuya finalidad es frenar y eliminar a los grupos guerrilleros y sus apoyos.

AUTODETERMINACIÓN: decisión de los pueblos acerca de su futuro político sin ningún tipo de condicionamiento. ◆ Libre decisión de los pobladores de una unidad territorial acerca de su futuro estado político.◆ Contrario al colonialismo.

AUTOGESTIÓN: sistema de organización de una empresa según el cual los trabajadores participan activamente en todas las decisiones sobre su funcionamiento y actividad económica.

AUTOGOBIERNO: sistema de administración de algunas unidades territoriales de un país que han alcanzado la autonomía.

AUTONOMÍA: facultad de un Estado o comunidad humana de gobernarse a sí misma mediante sus leyes propias y autoridades elegidas de su seno. Estado que goza de entera independencia política. Potestad que dentro del Estado pueden gozar municipios, provincias, regiones u otras entidades suyas, para regir intereses peculiares de su vida interior, mediante normas y órganos de gobierno propios. Darse leyes a sí mismo. Característica de la persona jurídica pública política. Facultad inherente a algunos entes públicos de organizarse jurídicamente, de darse derecho propio, el cual no sólo es reconocido como tal por el Estado sino que, además, es adoptado por éste para integrar su propio sistema jurídico y declararlo obligatorio como sus propios reglamentos y leyes *(Zanobini).* El hecho de que una colectividad determine por sí misma todas o parte de las reglas de derecho que la regirán. Es el aspecto positivo de la independencia.◆ Capacidad de darse sus propias instituciones (autonomía política); todo ello con sujeción a un orden jurídico-político superior, sea éste autonómico o soberano.

AUTONOMÍA ESTATAL: se refiere al grado de autonomía del Estado con respecto a los grupos, los partidos políticos, el poder económico, los sindicatos y otros factores políticos.

AUTONOMÍA UNIVERSITARIA: implica no sólo la libertad académica y de cátedra de las casas de altos estudios, sino la facultad que se les concede de redactar por sí mismas sus estatutos, determinando el modo en que se gobernarán y designarán su claustro docente, personal, administrativo y sus autoridades. Sin embargo, la jurisprudencia tiende últimamente a admitir que ésta no impide que otros órganos controlen la legitimidad de sus actos, ya que las decisiones universitarias no escapan al ámbito de aplicación de las leyes de la Nación ni confieren privilegios a los integrantes de sus claustros.

AUTOPRÉSTAMO: operación efectuada, generalmente a nivel internacional, por empresas de un país que solicitan crédito a empresas o bancas extranjeras con el objeto de lograr ventajas financieras y/o fiscales. Normalmente, se recurre a las empresas ubicadas en los paraísos fiscales, a la casa matriz, etcétera. Es decir, son meros movimientos contables.

AUTOPROTECCIÓN: derecho que puede considerarse como una extensión del derecho de autodefensa a una persona moral que es el Estado. Es una reacción contra los peligros que amenazan el propio territorio del Estado, desde el territorio de otro Estado, colocando énfasis en el carácter subsidiario de dicha institución.

AUTORIDAD: potestad que en cada pueblo ha establecido su Constitución para que lo rija y gobierne, ya dictando leyes, ya haciéndolas observar, ya administrando justicia.◆ Poder que posee una persona sobre otra que le está subordinada.◆ Facultad, potestad.◆ La diferencia con el poder se resuelve con la distinción entre poder de derecho y el poder de hecho *(N. Bobbio)*.

AUTORIDAD CARISMÁTICA: aquella basada en los dones personales y excepcionales de un individuo. Se caracteriza por la devoción directa de los sujetos a la causa de un hombre y por su confianza en su sola persona, en la medida en que ella se distingue por cualidades atractivas, por el heroísmo o por otras particularidades esenciales que hacen al jefe.

AUTORIDAD CIRCUNSTANCIAL: aquella que resulta directamente de un acontecimiento. No es posible dejar que el Estado desaparezca.

AUTORIDAD NACIONAL PALESTINA: creada en mayo de 1994, a través de un acuerdo firmado en El Cairo. La base se encuentra en la *Declaración de Principios* firmada en Washington, el 13 de setiembre de 1993, entre Israel y la Organización para la Liberación de Palestina (OLP), que prevé un período de transición de gobierno propio en la Franja de Gaza y Cisjordania. Israel acordó transferir ciertas responsabilidades a esta autoridad. En 1996, Yaser Arafat asumió la presidencia por haber sido el jefe de la OLP.◆ Ver **Organización para la Liberación de Palestina.**

AUTORIDAD PALESTINA: Autoridad Nacional Palestina.

AUTORIDAD RACIONAL: se impone en virtud de la creencia en la validez estatutaria de una "competencia" positiva basada sobre reglas establecidas racionalmente.

AUTORIDAD TRADICIONAL: aquella que surge de las costumbres consagradas por su validez inmemorial y por el hábito, arraigado en el hombre, de respetarlas. Tal es el poder tradicional que el patriarca o el señor rural ejercían en otras épocas.

AUTORITARIO: partidario extremo del principio de seguridad.◆ Que se funda exclusivamente en la autoridad.

AUTORITARISMO: estilo de gobierno de acuerdo con el cual se imponen las decisiones públicas sin deliberación, negociación o persuasión, sino únicamente como un acto de autoridad pública.◆ Sistema basado en la sumisión total e incondicional a la autoridad.◆ Es la forma de Estado no democrática; pero, estrictamente, es una especie que, sin llegar a la agudeza del totalitarismo, acentúa fuertemente al poder sobre los demás elementos del Estado; o sea, impone su autoridad asfixiando la libertad y la natural expansión de los individuos. Es el Estado que lo puede todo, aquel cuyo poder se reputa ilimitado, que no tiene una función servicial *(G. Bidart Campos).*

AUTORITARISMO BUROCRÁTICO MILITAR: está dominado por una coalición entre las Fuerzas Armadas y los sectores tecnócratas y burocráticos. Dicha coalición controla suficientemente el gobierno permitiéndole incluir o excluir a otros grupos. Se caracteriza por la existencia de escasos canales de participación, cuando existen, ya que a los gobernantes les interesa un proceso de "despolitización" de la población y de lograr una apatía de la ciudadanía por el proceso de poder. La legitimidad del régimen tiene un carácter mixto, donde se combinan la tradición, la legalidad y el carisma, jugando este último un rol menor, ya que los líderes del autoritarismo burocrático militar son personalidades sin brillo ni atractivo popular *(H. Nogueira Alcalá)*

AUTORITARISMO DE MOVILIZACIÓN: se canaliza a través del partido autoritario, el cual asume roles importantes dentro del régimen, constituye el canal de movilización y participación privilegiada de un sector de la ciudadanía y el canal establecido para acceder a la elite política autoritaria. Si existen otros canales de participación, ellos estarán dominados y serán dependientes del partido. Este tipo de régimen autoritario se encuentra preferentemente en los países recién independizados del dominio extranjero, donde se ha buscado la estabilización del poder a través de un partido que aglutine todos los sectores proindependientistas.

AUTORITARISMO ESTATISTA ORGÁNICO: influencia que ejercen diversos grupos generados por un Estado a los cuales se les permite participar en el proceso político. Aquí la participación política es controlada por el Estado y realizada a través de las estructuras "orgánicas" ; por ello se habla de "estatismo orgánico" basado en intereses, rechazando la existencia de partidos políticos y el conflicto total. Se caracteriza por la tendencia oligárquica en la dirección de los grupos, la no responsabilidad de los líderes de dichos grupos ante la comunidad nacional y sus organizaciones de base *(H. Nogueira Alcalá).*

AVIACIÓN: sistema de locomoción aérea mediante aparatos más pesados que el aire.

AXIOMA: verdad evidente que no necesita demostración.

AYATOLLAH: entre los chiítas islámicos, título de una de las más altas autoridades religiosas. Los chiítas islámicos constituyen una secta minoritaria dentro del islamismo. El ayatolláh es una persona similar, pero no igual al sacerdote o rabino.

AYUDA EXTERNA: prestación económica o financiera, tecnológica, comercial, alimentaria que un país recibe del exterior. Ésta puede provenir de otro país y/o de un organismo internacional. La implementación de la ayuda normalmente es condicionada.◆ Cooperación que recibe un país de un organismo internacional o bien de otro u otros países. Normalmente, se brinda bajo determinadas condiciones que influyen en las decisiones político-económicas del país deudor.◆ Ver **Plan Marshall**.

AYUNTAMIENTO: en España, corporación formada por el alcalde y los concejales para administrar y representar al municipio.

B

"BADER MEIN HOFF": organización armada alemana de ideología marxista-maoísta, con características anárquicas, que actuó en la década de los años setenta en Alemania Federal.

BAGDAD, PACTO DE: ver **Pacto de Bagdad**.

BAHAÍSMO: movimiento o corriente religiosa islámica sectaria. Se origina en la antigua doctrina islámica de los ciclos proféticos que se extendió durante el siglo XX por Europa, América y Asia.

BAHÍA DE LOS COCHINOS: en abril de 1960, el presidente de los EEUU, Eisenhower, el entonces vicepresidente Nixon y el jefe de la CIA, Allan Dulles, llegaron a la conclusión de que era necesario enfrentar al gobierno cubano hasta las últimas consecuencias. Un año después, luego de diversos análisis y acuerdos, el 14 de abril de 1961, una fuerza mercenaria, de algo menos de mil quinientos hombres, fue embarcada desde Nicaragua hacia Cuba. Menos de setenta y dos horas después del desembarco en territorio de Cuba, la invasión fue completamente derrotada y más de mil mercenarios quedaron prisioneros del gobierno cubano. Las equivocaciones de la CIA, según un informe especial que investigó el fracaso, fueron errores en materia de información; desarrolló su propio juego al margen de organismos estatales, llegando a engañarlos, y traicionó, mintió y llegó a hacer prisioneros a los exiliados cubanos.

BAJAMAR: el fin del reflujo del mar.

BAJOS FONDOS: clase social o zona donde prevalece la mala vida.

BALANZA COMERCIAL: refleja los movimientos de importación y exportación de bienes con otros países. El saldo es favorable o positivo cuando las exportaciones superan las importaciones, mientras que el saldo es negativo o desfavorable cuando las importaciones superan las exportaciones. Forma parte de la balanza de pagos.◆ Diferencia entre el total de exportaciones y de importaciones de un país en un período determinado.◆ Estado comparativo de la importación y exportación de artículos mercantiles de un país.◆ Balanza de comercio. ◆ Balance comercial.◆ Balanza de mercaderías.

BALANZA DE PAGOS: documento contable que registra sistemáticamente el conjunto de transacciones económicas de un país con el resto del mundo durante un período determinado. Estado comparativo de los cobros y los pagos exteriores de una economía nacional por todos los conceptos, como intereses de empréstitos o de valores particulares, fletes, derechos de patentes, turismo, etcétera. Comprende la balanza comercial y también los movimientos por ingresos y egresos de divisas y oro. Entre los primeros, existen los cobros por intereses por préstamos, cobro de seguros, ingresos por turismo, fletes efectuados por transportes de bandera nacional y entrada de capitales. Con respecto a los egresos, comprende los mismos conceptos pero en dirección inversa. El saldo negativo de esta balanza, usualmente, debe ser cancelado mediante la entrega de metálico, acuñado en lingotes o en divisas fuertes (dólar, yen, libra esterlina, lira italiana, franco francés, franco suizo, marco alemán). En forma excepcional, se ha aceptado a algunos países el pago mediante bienes de su producción. También es de uso corriente el endeudamiento externo para cancelar tales déficits.◆ Documento contable que suministra la lista de todas las transacciones económicas que han sido realizadas durante un período de tiempo dado, generalmente un año, entre un país y el exterior. Desde el punto de vista de la naturaleza de las operaciones (transacciones económicas), la balanza (o balance) de pagos se divide en dos grandes grupos de cuentas: a) balance (o balanza) de operaciones corrientes y b) balance de operaciones de capital. Al primer grupo también se lo conoce como la "cuenta corriente" y al segundo, con el nombre de "Cuenta de capital" *(A. Digier).*

BALANZA DE SERVICIOS: aquella que registra los flujos monetarios debidos a servicios realizados por el país al resto del mundo (ingresos o exportaciones) o del resto del mundo al país considerado (pagos o importaciones) *(Mochón* y *Beker).*◆ Grupo de cuentas que reúne el mayor número de transacciones en el mundo de los negocios. Algunas cuentas de este grupo están directamente relacionadas con la magnitud de la balanza comercial; tales son: *Fletes y Seguros de Transporte de Mercaderías,* así como todos los otros servicios ligados a estas operaciones.

BALANZA DE TRANSFERENCIA: registra los flujos de ingresos y pagos que se realizan sin contrapartidas. *(Mochón y Beker).*

BALCANIZACIÓN: concepción y acción de Estados imperialistas, coloniales o neocoloniales que signifique fraccionar territorios, sea a nivel continental, subcontinental o regional, con la finalidad de conformar distintos y pequeños países y que facilite el dominio o la hegemonía de potencias extranjeras. Es decir, se produce como una desintegración, división que posibilita un dominio más simple. La utilización política del término proviene de la región europea: los Balcanes. Compuesta esta zona por Croacia, Macedonia, Montenegro, Rumania, Serbia, Albania, Grecia, Bulgaria y Turquía. Con el correr del tiempo, se produjo una verdadera desintegración.

BALFOR, DECLARACIÓN DE: ver **Sionismo.**

BALIA: dictadura electiva y temporal que se implantaba en algunas ciudades de Italia en el siglo XV para terminar con las luchas civiles.

BALÍSTICA: ciencia que estudia el alcance y la dirección de los proyectiles. Nació con la aparición de las armas de fuego.

BALÍSTICA DE EFECTOS: estudia los efectos que se producen cuando los proyectiles alcanzan el blanco.

BALÍSTICA ESPACIAL: parte de la balística que se ocupa del estudio de los movimientos de los cohetes a través de la atmósfera y del espacio exterior a ella.

BALÍSTICA EXTERNA: estudia las leyes que rigen el movimiento del proyectil en toda su trayectoria.

BALÍSTICA INTERNA: estudia el movimiento de los proyectiles dentro del cañón hasta el momento en que salen de la boca del arma.

"BALLOTTAGE": ver **Balotaje**.

BALOTAJE: se usa para definir el resultado de una elección en la que ninguno de los candidatos obtiene la mayoría absoluta, lo que da lugar a una nueva votación.◆ Cuando en la elección regida por el principio de mayoría absoluta ningún partido alcanza más de la mitad de votos exigida para el tiempo, la elección se repite en una segunda vuelta, limitándose normalmente en esa etapa a una opción entre los dos (a veces tres) partidos que en la primera vuelta tuvieron mayor número de votos. Proviene del derecho francés. En castellano, se llama doble vuelta, para diferenciarla del escrutinio a "una sola vuelta", en la que la elección se resuelve según el resultado del primer y único acto comicial.◆ Segunda vuelta.

BANCA: asiento en el Parlamento, obtenido por las elecciones.◆ Conjunto de bancos y banqueros.

BANCADA: fracción partidista en un parlamento. Normalmente se refiere al lugar donde se sientan los diputados, senadores y, en general, todos los componentes de un cuerpo colegiado.

BANCARROTA: desastre, ruina, descrédito de un sistema o una doctrina.◆ Quiebra o cesación de un negocio.

BANCO ÁRABE LATINOAMERICANO: creado en 1977, con sede en Lima, conforma una entidad multinacional con participaciones financieras árabes y latinoamericanas.

BANCO CENTRAL: institución bancaria que regula y controla el sistema bancario. Este organismo, si bien suele ser estatal, en algunos países tiene independencia con respecto al Poder Ejecutivo en lo que concierne a la emisión de dinero y a las políticas de crédito y redescuentos. Mientras que, en otros países, actúan de acuerdo con las políticas definidas por las autoridades económicas. Es un banco de bancos. Por lo general se reconocen cuatro clases de funciones: a) control de la emisión de billetes, en base a respaldo metálico o divisas fuertes; b) banco de bancos. Los bancos comerciales actúan con respecto al Banco Central como sus clientes con ellos, entregando sus depósitos y solicitando en forma temporaria préstamos o redescuentos para cubrir déficits; c) banco del gobierno. Actúa como agente bancario del gobierno; d) otras funciones. Interviene en la compra y venta de divisas; realiza operaciones de mercado abierto; actúa como financista y fija la tasa de redescuento. En algunos países, el Banco Central carece de potestad para emitir dinero. Por. ej.: Panamá, Ecuador, El Salvador, Liberia, etc.

BANCO CENTRAL EUROPEO: organismo ejecutivo del Sistema Europeo de los Bancos Centrales, con sede en Francfort, Alemania. Se inauguró el 30 de junio de 1998. A partir del 1 de enero de 1999 tiene a su cargo la aplicación de la política monetaria europea. Éste sucede al Instituto Monetario Europeo. Tiene como función el mantenimiento de la estabilidad de los precios, o sea, controlar la inflación, para lo cual debe definir y poner en práctica la política monetaria única. El Banco está dirigido por un comité ejecutivo, compuesto por un presidente con ocho años de mandato, un vicepresidente y cuatro consejeros. ◆ Ver **Sistema Europeo de los Bancos Centrales**.

BANCO CENTROAMERICANO DE INTEGRACIÓN ECONÓMICA: constituido en 1960 tiene su sede en Tegucigalpa. Está compuesto por: Costa Rica, Guatemala, El Salvador, Nicaragua y Honduras; tiene como finalidad principal la cooperación y el desarrollo de la región centroamericana.

BANCO DE DATOS: base de datos.

BANCO EUROPEO DE INVERSIONES: tiene por misión contribuir, recurriendo al Mercado de Capitales y utilizando sus propios recursos, al desarrollo equilibrado y armonioso del Mercado Común en interés de la comunidad. Es la institución financiera de la Unión Europea, que concede créditos a largo plazo para inversores de capital que promuevan el desarrollo económico y la integración equilibrada de la Unión. No es un banco en el que se deposita dinero, sino un banco que proporciona una mejora de la calidad de vida a millares de ciudadanos.◆ Ver **Unión Europea.**

BANCO EUROPEO PARA LA RECONSTRUCCIÓN Y EL DESARROLLO: BERD.◆ Banco con sede en Londres y fundado en 1990 por treinta países. El esquema que este organismo internacional generalmente utiliza es, en primer lugar, ayuda humanitaria; luego, fondos para la reconstrucción y, por último, créditos de largo plazo para aplicar reformas de apertura económica.

BANCO INTERAMERICANO DE DESARROLLO: BID.◆ Con sede central en Washington, es un organismo internacional creado el 30 de diciembre de 1959, con el objeto de incentivar y acelerar el desarrollo económico de los países de América Latina. Actualmente, cuenta con la adhesión de cuarenta y cuatro países. Posee dos fuentes de recursos propios: los recursos ordinarios de capital y un fondo para operaciones especiales.

BANCO INTERNACIONAL DE PAGOS: *Bank for International Settlements.*◆ BIS.◆ Entidad financiera decana de los organismos multilaterales, fundada en 1930. Es una especie de Banco Central de Bancos Centrales. Aunque, entre otras cosas presta dinero y toma depósitos, lo hace normalmente entre bancos centrales. Está ubicado en Basilea, Suiza. Unos ochenta y cinco bancos centrales de todo el mundo operan hoy con depósitos. Tienen en conjunto algo más de cien millones de dólares colocados. Desde su fundación, se incorporaron los bancos centrales de Alemania, Bélgica, Francia, Gran Bretaña, Italia y Japón. Luego, se agregaron Holanda, Suecia y Suiza, así como tres accionistas privados: J. P. Morgan, el Citibank y el *First National Bank of Chicago*. Los franceses y los belgas distribuyeron, también, parte de su cuota entre algunos inversores privados de sus respectivos países. Hoy, el 16 % de su capital pertenece a inversores privados. La institución tiene treinta y dos accionistas incluyendo, entre ellos, los bancos centrales europeos. La unificación monetaria de la Unión Europea hará que este organismo pierda importancia. ◆ Banco de Ajustes Internacionales.◆ Banco de Basilea.

BANCO INTERNACIONAL DE RECONSTRUCCIÓN Y DESARROLLO: BIRD.◆ Banco Mundial.◆ BIRF.◆ Ver **Banco Internacional de Reconstrucción y Fomento**.

BANCO INTERNACIONAL DE RECONSTRUCCIÓN Y FOMENTO: BIRF.◆ BIRD.◆ Creado juntamente con el Fondo Monetario Internacional (FMI), en la conferencia financiera y monetaria de las Naciones Unidas celebrada en Bretton Woods, comenzó a operar en el año 1946. Son países miembros del BIRF todos aquellos que forman parte del FMI. Llamado también Banco Mundial, su objeto es promover las inversiones privadas en el extranjero por medio de garantías o de participación en préstamos y otras inversiones realizadas por particulares, cuando no se disponga de capitales privados en condiciones razonables, complementar la inversión privada, facilitando recursos financieros con destino a fines productivos. Los aportes de capital de los socios son simila-

res a las cuotas del FMI. El banco es dirigido por: 1) Junta de Gobernadores, 2) Directores Ejecutivos y 3) Director Gerente. Las formas que adopta el Banco para otorgar préstamos son, de acuerdo con *Serra Quiroga* y *Vicchi Frúgoli*, las siguientes: 1) mediante concesión de préstamos directos o participación en ellos con fondos propios, de capital o servicios; 2) concediendo préstamos directos o participando en ellos, con fondos levantados en el mercado de un miembro o tomados en préstamo por el Banco y 3) mediante la garantía total o parcial de préstamos concedidos por inversionistas privados por los conductos corrientes.◆ Banco Mundial. ◆ Banco Internacional de Reconstrucción y Desarrollo.

BANCO MUNDIAL: Banco Internacional de Reconstrucción y Fomento.◆ BIRF.◆ Banco Internacional de Reconstrucción y Desarrollo.◆ BIRD.

BANCOCRACIA: influencia abusiva de la banca en la administración de un estado.

BANDA: grupo de personas armadas.◆ Parcialidad o número de personas que favorece y sigue el partido de alguno.

BANDA DE LOS CUATRO: término de oprobio con que las autoridades bautizaron el cuarteto responsable de los excesos que se produjeron en China, en la Revolución Cultural, entre 1966 y 1976. Los cuatro eran: Zhang Chunqiao, Wang Hongwen, Yao Wenyuan y Jiang Qing, esposa de Mao.

BANDA ORIENTAL: denominación histórica que recibían las posesiones españolas ubicadas al este del Uruguay y con la que hoy se menciona a la República Oriental del Uruguay.

BANDEIRA: en Brasil, antiguamente, compañía organizada para la exploración y la conquista.

BANDEIRANTE: miembro de una bandeira, agrupación exploradora y colonizadora del Brasil.

BANDERA: insignia de tela, fijada por uno de sus lados a un asta, cuyo color o escudo indica la nación a la que pertenece. En realidad, representaría el símbolo sagrado de una nación soberana. ◆ También se la utiliza como identificación de zonas, regiones o partidos políticos.

BANDO: edicto o mandato publicado de orden superior.◆ Proclama.◆ Orden.◆ Facción.◆ Partido.◆ Parcialidad.

BÁRBAROS: nombre que dieron los griegos y los romanos a aquellos pueblos que no hablaban su idioma y que vivían fuera del ámbito cultural clásico.

BARRAQUISMO: advenimiento de las barricadas como fenómeno urbano que se produce en las grandes ciudades. Las condiciones de habitabilidad son muy precarias y no siempre están contenidas dentro de las normas legales. En realidad, son una consecuencia de las condiciones de marginalidad que se manifiestan en las grandes ciudades.

BARRERAS ADUANERAS: son así llamadas las políticas comerciales de un gobierno sobre aranceles de importación y exportación con el fin de establecer un nivel de protección que impida a la competencia externa perjudicar la producción nacional.◆ Barreras arancelarias.

BARRICADA: parapeto realizado con distintos elementos, automóviles, bolsas de arena, adoquines, etcétera, a modo de obstáculo, para no permitir el acceso o el paso del contrincante. Generalmente, este tipo de protección ha sido utilizado por los movimientos populares revolucionarios. ◆ Diario que fue el órgano de prensa de la revolución sandinista en la década de los '80; cerró sus puertas en enero de 1998 por graves problemas financieros y por supuestas desinteligencias en la cúpula del Frente Sandinista de Liberación Nacional. Con este cierre concluyó un ciclo en la historia de Nicaragua. Su aparición se produjo el 25 de julio de 1979; sus páginas dieron el sustento ideológico a los revolucionarios que derrocaron la dictadura de Anastasio Somoza, cuya dinastía sojuzgó al país por décadas.◆ Ver **Barraquismo**.

BASE DE DATOS: gran almacén de información, clasificada con arreglo a determinados criterios, grabada en soporte magnético y cuyo contenido puede ser consultado mediante un ordenador que disponga de programas informáticos idóneos para buscar la información deseada por el usuario y ponerla a su disposición en un lenguaje natural *(E. Molina).*◆ El conjunto de informaciones pertinentes y no redundantes sobre un determinado tema y gestionado por un conjunto de programas apropiados *(J. Pérez Luño).*◆ Banco de datos.

BASE DE OPERACIONES: región de la cual un ejército en campaña extrae los recursos para sostener la lucha.◆ Lugar en el cual se prepara, entrena y concentra un ejército para la guerra.

BASE NAVAL: puerto o lugar costero en el que las fuerzas navales se concentran y preparan para navegar y/o combatir.

BASTIMENTO: provisión de alimentos a una ciudad, regimiento, etcétera.

BATALLA: combate, acción bélica entre dos armadas o ejércitos.◆ Agitación o inquietud interior del ánimo.

BATALLA CAMPAL: batalla decisiva entre dos ejércitos llevada a cabo en terreno que permite abarcar la totalidad de las acciones u operaciones. ◆ Combate que se da en campo raso.

BATALLÓN: unidad de una misma arma o cuerpo, compuesta por varias compañías y al mando de un jefe militar.

BAUTISMO DE FUEGO: acto por el cual se produce el ingreso en un combate por primera vez.

"BEHAVIOR": palabra inglesa que significa la conducta que adopta un individuo frente al medio social.◆ Término aplicado por la sociología norteamericana.

"BEHAVIORISMO": tendencia de la psico-sociología que atiende solamente a la conducta de los seres estudiados. ◆ Conductismo.

BEYLICATO: gobierno del bey.

BELICISMO: tendencia o corriente que promueve conflictos armados.

BELIGERANTE: potencia, nación, etcétera, que está en guerra.◆ Ello no implica intervención militar en la confrontación, sino que alcanza con haber firmado la declaración de guerra.

BENEFICENCIA: toda acción que favorece a alguien que necesita ayuda. En la actualidad, tiende a asumir formas más organizadas y trata de morigerar los problemas sociales específicos que derivan de la escasez de recursos económicos. Normalmente, se instrumenta mediante el conjunto de entidades sin fines de lucro.

BENELUX: sigla de la unión aduanera entre Bélgica, Holanda y Luxemburgo, establecida por el Convenio de Londres en 1944 y completada por una unión económica promovida por el Tratado de La Haya en 1958.

BENTHAMISMO: concepción basada en las ideas de Jeremías Bentham, filósofo, jurista y economista inglés, fundamentalmente mediante una serie de proposiciones: 1) todo lo que los seres humanos universalmente desean de la vida puede reunirse como el mayor monto posible de felicidad alcanzable, o suma de placeres, eludiendo en lo posible la desdicha, el dolor o lo desagradable; 2) la buena conducta, justa o ideal de la vida es sencillamente la inteligente, que extrema el placer y minimiza el dolor experimentado a consecuencia de las acciones, las elecciones de las personas; 3) el problema social es simplemente el de disponer de tal manera las instituciones y las leyes de la sociedad y las relaciones y las acciones recíprocas entre sus miembros, que el curso de acción más benéfico para cada uno de ellos sea siempre el más benéfico también para los demás y que todas las acciones perjudiciales para los otros vayan acompañadas de penalidades disuasivas en perjuicio de su autor; 4) que esto puede lograrse creando y aplicando una ciencia exacta de ética, jurisprudencia y política, usando como instrumento maestro un "cálculo de felicidad" (de Bentham) de las actividades relativas de placer y dolor que deben esperarse como resultado de diferentes acciones públicas y privadas y, por lo tanto, del molde de todas las acciones requeridas para lograr "la mayor felicidad del mayor número". ◆ Sistema ético-jurídico de Bentham, fundador del utilitarismo. En éste afirma que en la esfera pública y en la privada, es moral todo lo que es útil y viceversa; con lo que niega la universalidad y la inmutabilidad de la moral.

BEY: gobernador de una ciudad, distrito o región del Imperio Turco. ◆ Título honorífico.

BICAMERAL: se aplica cuando el Poder Legislativo está compuesto por dos cámaras. Generalmente, la Cámara de Diputados y la Cámara de Senadores. ◆ Sistema de organización política de un país que atribuye a dos cámaras la potestad de dictar leyes, contrariamente a lo que sucede en el sistema unicameral, en que esa facultad corresponde a una sola. Las ventajas y las desventajas de uno y otro régimen son muy discutidas doctrinariamente, pero es indudable que en la mayoría de las constituciones prepondera el sistema bicameral, integrado por el Senado o Cámara Alta (Cámara de los Lores en Inglaterra) y por la Cámara de Diputados o de Representantes. ◆ Existencia de dos cámaras o asambleas parlamentarias en un sistema constitucional.

BICAMERALISMO: sistema constitucional de un Estado que tiene dos cámaras o asambleas. ◆ El sistema bicameral, en cierta medida, responde a la tónica general delimitadora del liberalismo, que introduce la división en dos ramas dentro del mismo legislativo para conjurar el despotismo parlamentario y, por consiguiente, al menos históricamente, existe una primacía determinante del factor político; en las federaciones modernas, en cambio, para *Lucas Verdú*, predominan fundamentalmente las razones técnicas y organizadoras. ◆ Ver **Bicameral**.

BID: ver **Banco Interamericano de Desarrollo.**

BIEN COMÚN: bien cuya propiedad no es atribuible privativamente a ningún sujeto, pero cuyo uso puede ser de cualquiera. ◆ El conjunto de condiciones de la vida social que hace posible a cada uno de sus miembros el logro más pleno y más fácil de su propia perfección. Es el fin que centra la vida de la sociedad civil o comunidad política, anima la autoridad del gobierno y da sentido a la ley como instrumento de acción del poder y del orden político (*L. Sánchez Agesta*). ◆ Persecución del mismo como uno de los criterios para distinguir el buen gobierno del mal gobierno (N. Bobbio). ◆ El orden justo, estable y seguro para la vida suficiente y virtuosa de una comunidad (Santo Tomás).

BIEN POLÍTICO: cohesión de un grupo por la buena armonía de sus miembros.

BIENES PRIVADOS DEL ESTADO: aquellos que pertenecen al Estado general o a los Estados particulares (provinciales o municipales). Son bienes privados del Estado general o de los Estados particulares: 1) Todas las tierras que, situadas dentro de los límites territoriales de la República, carecen de otro dueño; 2) Las minas de oro, plata, cobre, piedras preciosas y sustancias fósiles, no obstante, el dominio de las corporaciones o particulares sobre la superficie de la tierra; 3) Los bienes vacantes o mostrencos y los de las personas que mueren sin tener herederos; 4) Los muros, plazas de guerra, puentes, ferrocarriles y toda la construcción hecha por el Estado y todos los bienes adquiridos por el Estado o por los Estados por cualquier tipo; 5) Las embarcaciones que diesen en las costas de los mares o ríos de la República, sus fragmentos y los objetos de su cargamento, sean de enemigos o de corsarios.

BIENES PÚBLICOS DEL ESTADO: aquellos que fija la ley como pertenecientes al Estado general, provincias o comunas, de acuerdo con la legislación de cada país. Quedan comprendidos entre los bienes públicos:
1) Los mares territoriales hasta la distancia que determine la legislación especial, independientemente del poder jurisdiccional sobre la zona contigua;
2) Los mares interiores, bahías, ensenadas, puertos y ancladeros;
3) Los ríos, sus cauces, las demás aguas que corren por cauces naturales y toda otra agua que tenga o adquiera la aptitud de satisfacer usos de interés general, comprendiéndose las aguas subterráneas, sin perjuicio del ejercicio regular del derecho del propietario del fundo de extraer las aguas subterráneas en la medida de su interés y con sujeción a la reglamentación;
4) Las playas del mar y las riberas internas de los ríos, entendiéndose por tales la extensión de tierra que las aguas bañan o desocupan durante las altas mareas normales o las crecidas medias ordinarias;
5) Los lagos navegables y sus lechos;
6) Las islas formadas o que se formen en el mar territorial o en toda clase de río o en los lagos navegables, cuando ellas no pertenezcan a particulares;

7) Las calles, plazas, caminos, canales, puentes y cualquier otra obra pública construida para utilidad o comodidad común;
8) Los documentos oficiales de los poderes del Estado;
9) Las ruinas y los yacimientos arqueológicos y paleontológicos de interés científico.

BILATERALISMO: acuerdos terminados entre dos países o grupos económicos. Indudablemente, se produce una restricción importante con respecto a la división internacional del trabajo. Comenzó en 1929 con la Gran Depresión y constituyó una fase histórica de las relaciones internacionales en la cual predominaron los acuerdos bilaterales, ya sea para el intercambio de mercancías o para los pagos.

BILLETEAR: en Ecuador, pasar dinero para sobornar a funcionarios públicos.

BIMETALISMO: fija los precios nacionales de dos metales, por ejemplo, oro y plata, y liga la oferta de dinero a los *stocks* nacionales de ellos. Prácticamente, no existe rastro del mismo.◆ Sistema monetario que posee como patrones el oro y la plata conforme con una relación determinada.

BIOPODER: elemento clave para el desarrollo del capitalismo, ya que consigue que los cuerpos se inserten, como meras maquinarias en el aparato productivo (G. Santiago y V. Zorzut).

BIOPOLÍTICA: término que en Foucault alude a la forma en que el poder tomó en consideración, a partir del siglo XVII, a la población como su objeto. Surgen, entonces, una serie de mecanismos tendientes a controlar a los individuos en tanto que componentes de una población. Se trata de actuar sobre los nacimientos, las muertes, la tasa de reproducción, la ecología, la vejez, la enfermedad, etc. (G. Santiago y V. Zorzut).

BIPARTIDISMO: sistema político con predominio de dos partidos que compiten por el poder o se turnan en él.◆ Sistema político basado en la existencia de dos grandes partidos que, generalmente, se alternan en el poder de acuerdo con la voluntad de los electores, expresada libremente en las elecciones. Es importante destacar que en este sistema está el partido que tiene el poder, el gobierno, y el que está en la oposición, el cual debe realizar una tarea de control de gestión y efectuar las críticas pertinentes.

BIPARTITO: convenio suscripto entre dos potencias que consta de dos partes.

BIPOLARIZACIÓN: concentración del poder militar, político, económico, etcétera, en las manos de dos super-potencias. ◆ Se aplica cuando en un sistema político democrático la vida de un régimen se encuentra cincunscripta en dos coaliciones, movimientos o partidos.

BIRD: Banco Internacional de Reconstrucción y Desarrollo.◆ Ver **Banco Internacional de Reconstrucción y Fomento.**

BIRF: ver **Banco Internacional de Reconstrucción y Fomento.**

BIZANTINISMO: corrupción por lujo en la vida social o por ornamentación excesiva en el arte.

"BLACK OUT": expresión inglesa que se utiliza para referirse a la ausencia de comentarios o informaciones que se autoimpone un gobierno o administración gubernamental con respecto a un acto o hecho que directa o indirectamente pueda afectarlo.

BLANQUEO DE DINERO: accionar avieso consciente y directamente dirigido a ocultar el origen delictivo de una suma de dinero y darle apariencia de legitimidad; ese paso, el de la conversión o transformación del activo, es la esencia del blanqueo. Es decir, se refiere a aquella conducta que tiene como finalidad ocultar el origen, el destino o la titularidad de dichos activos. Este dinero negro no es solamente de la droga, sino que proviene también de otros actos, como juego ilegal, terrorismo, corrupción estatal, tráfico de órganos, contrabando, compraventa de menores y secuestros extorsivos.

"BLITZKRIEG": en alemán, guerra relámpago. ◆ Es un tipo de ataque militar utilizado durante la Segunda Guerra Mundial por los alemanes, que consiste en lanzar ofensivas en masa por aire y tropas mecanizadas que afrontan y rodean al enemigo, aturdiéndolo y obligándolo a diversificar sus elementos defensivos en forma tal que su núcleo es incapaz de sostener los impactos agresivos.

BLOQUE: combinación o acuerdo temporario de grupos o partidos políticos para el logro de algún fin común. Es muy común su formación en los parlamentos.◆ Alianza entre distintos partidos políticos que, a pesar de sus diferencias doctrinarias y/o programáticas, se unen para luchar por algún objetivo determinado o bien para gobernar.

BLOQUE HISTÓRICO: término utilizado por Antonio Gramsci para referirse a la unidad orgánica de la infra y de la superestructura y resultante de las prácticas hegemónicas de las clases. La noción de hegemonía es el principio articular diferencial de los elementos de una formación social.

BLOQUE MONETARIO: conjunto de países o Estados cuyas monedas están íntimamente vinculadas o ligadas a una moneda común no convertible en oro.

BLOQUE NACIONAL: en España, grupo monárquico creado en 1934, encabezado por J. Calvo Sotelo; aspiraba a captar otras fuerzas políticas, pero en la práctica fue un fracaso.

BLOQUEO: medida excepcional, generalmente con motivos de acciones bélicas, que adoptan los países para impedir el movimiento de dinero en efectivo o por intermedio de cuentas bancarias y evitar su salida al extranjero, sin previo control.◆ Fuerza marítima que bloquea.◆ Se aplica cuando se inmoviliza por una autoridad competente una suma o crédito, privando a su dueño de disponer de ella total o parcialmente por cierto tiempo.◆ Acción y efecto de interrumpir la prestación de un servicio, por la interposición de un obstáculo o por sometérselo a un exceso de demanda.◆ Obstrucción por buques de guerra en la proximidad de la costa enemiga o en una parte de ella, con el objeto de impedir la entrada o la salida de buques o aviones de todos los países. No debe confundirse con el asedio, aunque puede tener lugar al mismo tiempo que éste. Mientras el asedio tiene por finalidad la captura de la plaza asediada, el bloqueo pretende simplemente interceptar toda relación y, especialmente relación comercial por mar entre la costa y el mundo en su totalidad.

BLOQUEO COMERCIAL: se aplica cuando el bloqueo se declara simplemente con el objeto de aislar la costa de toda relación con el mundo exterior, sin que tengan lugar operaciones militares en la orilla.

BLOQUEO ESTRATÉGICO: se aplica cuando el bloqueo forma parte de otras operaciones militares dirigidas contra la costa que se bloquea, o si se declara con el objeto de cortar los suministros de las fuerzas enemigas en la orilla.

BLOQUEO PACÍFICO: aquel que consiste en impedir, por medio de la fuerza armada, las comunicaciones con un puerto o las costas de un país al cual no se declaró la guerra, pero que se pretende obligar a proceder de cierto modo *(A. Llanés Torres).*◆ También se denomina usualmente "bloqueo comercial".

BLOQUEO POLÍTICO: cerco político.

BLOQUES DE ESTADOS: formación de grupos de Estados en el seno del sistema de las Naciones Unidas y a consecuencia de ella.

BÓERES: colonos de origen holandés establecidos en Sudáfrica, en la República de Transvaal. Mantuvieron una cruenta guerra contra los británicos, que pretendían intervenir en los yacimientos descubiertos unos años antes.

La lucha, a pesar de la derrota, despertó grandes simpatías en el mundo.

BOGOTAZO: revolución que se produjo en abril de 1948, en Bogotá, Colombia. El estallido se produjo con motivo del asesinato del dirigente radical Jorge E. Gaitán, durante la IX Conferencia Interamericana. Dirigida por el partido radical, fue apoyada por el proletariado de la capital y causó una guerra civil no declarada en todo el país. La reacción popular produjo incendios, destrucciones y grandes tumultos, que no acabaron en revolución por falta de dirección efectiva del movimiento.◆ Gaitanismo

BOICOT: lucha industrial entre distintos países, consistente en hacer el vacío a determinados productos.◆ Negativa de los obreros a realizar trabajos para un patrono distinto del suyo que tenga conflicto con sus propios obreros o que esté en relaciones con otro que los tiene. Colectivamente, se caracteriza por la decisión de un sindicato que prohíbe a sus afiliados realizar trabajos para una empresa rechazada por el sindicato. El *label* era un medio de boicotear los productos fabricados por empresas que daban a sus obreros un trato desconsiderado. ◆ Denominación que recibe el hecho de aislar o excluir de toda relación comercial a un individuo o una sociedad por vía de represalia de los consumidores o proveedores contra quienes abusan de su situación en grave perjuicio de los demás. Tiene su origen en la actitud adoptada por los agricultores irlandeses en el último tercio del siglo XIX contra el capitán Charles Cunningham Boycott, quien les subarrendaba las tierras arrendadas por él a Lord Earn, en condiciones tan duras y onerosas que motivaron la enemistad de aquéllos. Mantuvieron un aislamiento durante varias semanas, lo que impidió encontrar sirvientes y obreros; no se pudo comprar nada, ni aun a precios altísimos. ◆ Lucha industrial entre distintos países, que consiste en hacer el vacío a ciertos productos.

BOLCHEVIQUE: partidario del bolchevismo. ◆ Comunista ruso.

BOLCHEVIQUISMO: terminología de carácter histórico dentro del comunismo ruso. Durante la convención del partido social demócrata obrero de 1903, se manifestaron dos corrientes: una que sostenía que la simple adhesión era suficiente para conceder voto sobre la política del grupo y otra que, encabezada por Lenín, insistía en que sólo podían considerarse miembros los que pertenecieran orgánicamente, pagaran las cuotas, trabajaran activamente y aceptaran las decisiones políticas tomadas, aunque hubieran votado en contra. Por el retiro de algunos delegados, perdió Plekanov el apoyo de su sector y ganó la tesis de Lenín. Por un corto tiempo, los bolcheviques (mayoritarios) mantuvieron, a su pesar, cierta vinculación con los mencheviques (minoritarios). Lenín, haciendo uso de una propaganda efectiva, consiguió ahondar la ruptura entre ambas facciones y adoptar el término "bolcheviques" para el partido que iniciaba su actividad política.◆ Bolchevismo.◆ Ver **Menchevique**.

BOLCHEVISMO: bolcheviquismo.

BOLETA: cédula para votación u otros usos.

BOLSA: reunión oficial de los que operan con efectos públicos.◆ Caudal o dinero de una persona.◆ Establecimiento público en el que se reúnen comerciantes, banqueros, agentes y especuladores, a fin de concertar o cumplir diversas operaciones.◆ Reducto físico donde se realizan transacciones en función de operaciones de títulos valores, sean privados o públicos.◆ Sitio donde se reúnen los comerciantes para realizar operaciones con mercaderías, títulos, metales o monedas; resulta de ello el precio o la cotización corriente de plaza.

BOLSA DE COMERCIO: entidad gremial, empresaria, de carácter civil, con funciones específicas. Entre las más importantes, podemos mencionar la autorización, la suspensión y la cancelación de la cotización de valores. Es un organismo distinto del Mercado de Valores.◆ Mercado abierto dedicado a la negociación de títulos, valores públicos y privados, obligado al cumplimiento de normas legales para operar.◆ Establecimiento dentro del cual se realiza la intermediación bursátil a través de un agente, miembro de bolsa. El reglamento interno de las bolsas debe contener garantías suficientes para asegurar la veracidad de las cotizaciones y la transparencia de las negociaciones efectuadas en su recinto, así como la operación con títulos lícitos, autorizados y emitidos conforme a las disposiciones que dicta la ley. En los EEUU, el organismo que regula el cumplimiento de estas disposiciones es la Comisión Nacional de Valores y Bolsas. En México, en Bolivia y en la Argentina, es la Comisión Nacional de Valores *(V. Camargo Martín).*◆ Donde se efectúa la contratación de valores mobiliarios. Se trata de las acciones, obligaciones, bonos, títulos del Estado y, en general, cuanto representa un título que da derecho, sea a una parte de capital de una empresa, sea al pago

de un interés por la representación del capital prestado y cuyo término de vencimiento está de acuerdo con las condiciones de la emisión. Los compradores de valores mobiliarios son, en general, quienes desean hacer una inversión de ahorro y deben utilizar al llamado agente de bolsa.◆ Mercado de comercio; reunión periódica de los comerciantes y los agentes de comercio; para facilitar y realizar operaciones mercantiles y brindar la seguridad y la legalidad correspondientes, se celebran toda clase de operaciones de comercio.

BONAPARTISMO: corriente, tendencia, partido o unión política de los bonapartistas.◆ Forma de gobierno personal, pertenece a la categoría del cesarismo, auténtico descubrimiento de la teoría política del S. XIX.

BONAPARTISTA: partidario de Napoleón Bonaparte o del Imperio y dinastía fundados por él.

BONO: certificado que produce interés.◆ Certificado o documento que otorga a su titular un derecho creditario a participar en las utilidades de una sociedad anónima, sin poseer los derechos políticos y patrimoniales comunes a las acciones. El titular del bono no adquiere la calidad de socio, sino que su derecho se limita exclusivamente a una participación en las utilidades. Es un simple documento de crédito.

"BOOM": auge o actividad inesperada.

"BORDEREAUX": liquidación del importe.

BOTÍN: conjunto de las armas, provisiones y demás efectos de una plaza o de un ejército vencido y de los cuales se apodera el vencedor.◆ Despojo que se concedía a los soldados o que éstos tomaban directamente en el campo o en playas enemigas, como premio de conquista.◆ Conjunto de objetos, armas y bienes de los que se apropia el vencedor, después de un combate, quitándoselos al ejército vencido o a sus integrantes.

"BOXER": término inglés que se utilizó para referirse a un partido político religioso que se constituyó en China para exterminar a los europeos.

BRACERO: jornalero, peón o campesino sin tierra, normalmente vinculado con las zonas menos desarrolladas.

BRACEROS MEXICANOS EN LOS EEUU: trabajadores que cruzan la frontera, legal o ilegalmente, para trabajar en tareas agrícolas por un mayor salario y tener la posibilidad de quedarse allí.

BRAHMANISMO: sistema religioso y social de los hindúes ortodoxos, interpretado y mantenido por los brahmanes. Se caracteriza por un sistema de castas y un panteísmo diversificado. Se considera la primera etapa definida en la evolución hacia el hinduismo. ◆ Tendencia, corriente o doctrina religiosa que reconoce a Brahma, uno de los dioses superiores del hinduismo, como dios supremo.

BRECHA INFLACIONARIA: se aplica cuando el nivel de gasto agregado excede el nivel de pleno empleo, lo cual genera una presión alcista en los precios.

BRETTON WOODS: ciudad de New Hamphsire, EEUU, en la cual se constituyó un Banco Internacional de Reconstrucción y Desarrollo y un Fondo Monetario Internacional durante la presidencia de Roosevelt. Generalmente, se los denomina Instituciones de Bretton Woods.

BRIGADAS INTERNACIONALES: terminología utilizada para referirse a unidades militares formadas por voluntarios de diversos países que combatieron al lado del ejército de la República durante la Guerra Civil Española.

BRIGADAS ROJAS: organización terrorista italiana de inspiración marxista-leninista que actuó activamente en la década de 1980, cuyas operaciones, extorsiones, secuestros y asesinatos constituyeron su estrategia. En 1978, tras el secuestro y posterior asesinato del líder de la democracia cristiana, Aldo Moro, fueron perseguidos y encarcelados por las fuerzas de seguridad y luego fue desarticulado dicho grupo.

BRULOTE: embarcación cargada de materiales combustibles para incendiar los buques enemigos.

BUDISMO: conjunto de doctrinas formuladas unos quinientos años a. de C. por Gautama Buda, que después se convirtieron en religión. La salvación no tiene más base que la conducta personal ajustada a las elevadas exigencias morales de la doctrina. Su doctrina está basada en los sermones de Buda a sus discípulos, que fueron transmitidos de unas generaciones a otras.

BUENOS OFICIOS: interposición amistosa de una tercera potencia que trata de llevar a los Estados litigantes a un acuerdo, es decir, acerca a las partes sin ofrecer una solución específica.

BULO: patraña, infundio; es decir, noticia que se difunde con algún objetivo.

"BUNDESRAT": componente del Poder Legislativo Federal de Alemania. Cámara de representación territorial, compuesta por representantes de los gobiernos de los Länders, en razón proporcional al número de habitantes de ellos, con un mínimo de tres y un máximo de cinco delegados.

"BUNDESTAG": Parlamento Federal alemán compuesto por 662 diputados, elegidos por un sistema de representación proporcional personalizada. Es uno de los componentes del Poder Legislativo Federal alemán.

"BUNKER": tipo de fortificación militar. ◆ Palabra alemana que significa refugio fortificado.◆ Personas o grupos que ejercitan ideologías caducas y que viven aislados y radicalizados en sus conceptos, sentimientos e ideas. ◆ Ultraderecha.◆ Actividades políticas reaccionarias.

BUQUE DE GUERRA: aquel que pertenece a un Estado y que se construye con fines miliatares.

BUQUE MERCANTE: aquel de persona o empresa particular y que se emplea en la conducción de pasajeros y de mercaderías.

BUQUES PRIVADOS: aquellos afectados a servicios no estrictamente oficiales; por ejemplo, buque mercante.

BUQUES PÚBLICOS: aquellos afectados únicamente a un servicio oficial y no comercial; por ejemplo, buque de guerra.

BURGUÉS: relativo al natural o habitante de un burgo.◆ Miembro de la burguesía. ◆ Persona de posición económica desahogada. Se utiliza en contraposición a proletario. Son típicos de ella los trabajadores de saco y corbata que, aunque esencialmente asalariados, adoptan la manera de vivir y la ideología de la burguesía.

BURGUESÍA: en la teoría marxista, clase social capitalista.◆ Conjunto de personas poseedoras de los medios de producción y distribución de la riqueza.◆ Se utiliza para denominar a los profesionales, funcionarios públicos, etcétera, en contraposición a proletariado, la clase desprovista de medios de producción y que sólo dispone de sus brazos. Apareció como clase en Europa. Industriales y comerciantes que se agruparon alrededor de los castillos medievales y fundaron así pueblos y burgos. Constituía una clase intermedia entre los siervos y la nobleza. Apareció como fuerza política definida en Francia como consecuencia de la Revolución de 1789. Durante ésta, el término adquirió significación moral, política y económica, puesto que fue el nombre de la clase intermedia entre la nobleza y la clase trabajadora. Con el desarrollo del capitalismo moderno ha adquirido una mayor importancia.

BURGUESÍA NACIONAL: sector de la burguesía de América Latina que, totalmente contrapuesta por intereses a la burguesía agraria o terrateniente, basa su fuente de riquezas en la propiedad de los medios de producción urbano-industriales. Esta burguesía se desarrolló a partir de la crisis mundial de 1930, la cual, al paralizar el funcionamiento del sistema económico internacional en el que las economías latinoamericanas se hallaban insertas como agro-exportadoras, generó las condiciones para iniciar un proceso de sustitución de importaciones que, a su vez, generaría un incipiente desarrollo de una burguesía local y de un proletariado urbano.

BURGUESISMO: modo de pensar y de actuar en lo que se refiere a la propiedad, la distribución de la riqueza y las cuestiones sociales.

BUROCRACIA: gobierno o administración de funcionarios.◆ Se utiliza este término para denominar aquellos sistemas de gobierno o administración cuyas decisiones parten de funcionarios que pretenden una excesiva intervención en las actividades privadas, sin atender los deseos y las necesidades de los mercados, ya sea porque las suplen sobre la base de modelos teóricos o porque simplemente no las tienen en cuenta.◆ Conjunto de funciones y trámites destinados a la ejecución de una decisión administrativa, principalmente de carácter político.◆ Clase social que forman los empleados públicos, de todas las jerarquías.◆ En su significación positiva, es el nombre que se da a un grupo de seres humanos que, organizados para ello, realizan, sobre la base de reglamentos y de órdenes, una actividad determinada, y también a dicha actividad, independientemente de quienes la realizan, o a ambas cosas, el grupo y la actividad, a la vez. En esta acepción es como decir administración *(M. J. López).*◆ De acuerdo con su función específica, y a la luz de la experiencia histórica, por definición y por esencia constituye la parte subordinada, servidora, de la organización estatal. Su actividad es reglada, carece de iniciativa, no dirige y no conduce.

BUROCRACIA ESTATAL: conjunto de funcionarios responsables de la administración de los programas públicos en los distintos niveles de gobierno. La burocracia es la base permanente del Estado y es independiente de los políticos que tienen el liderazgo político; aunque en ocasiones, algunos burócratas pueden acceder a puestos políticos.

BURÓCRATA: empleado de dedicación exclusiva o alto funcionario de un buró con presupuesto separado e identificable *(W. Niskanen).*◆ Persona que pertenece a la burocracia.

"BURQA": símbolo de la opresión de la mujer afgana. Vestimenta tradicional islámica que debía cubrir el cuerpo de la mujer de punta a punta.

BURSÁTIL: concerniente a la Bolsa, a las operaciones que en ella se hacen y a los valores cotizables.

C

CABECILLA: persona que está a la cabeza de un movimiento o grupo político o social.

CABILDEAR: gestionar con actividad y maña para ganar las voluntades de un cuerpo colegiado o de una corporación.

CABILDO: organismo encargado del gobierno municipal. Lo integraban los alcaldes, que ejercían funciones judiciales de primera instancia *(O. Bravo)*.

CABILDO ABIERTO: convocatoria a una amplia reunión a la cual se invitaba al sector más caracterizado del vecindario. ◆ Ver **Cabildo**.

CABOTAJE: navegación o tráfico que hacen los buques entre los puertos de su Nación sin perder de vista la costa.◆ Transporte aeronáutico mediante pago, entre puntos de un mismo Estado.

CACIQUE: persona que en una comunidad, pueblo o comarca ejerce excesiva influencia en asuntos políticos o administrativos.

CACIQUISMO: dominación o influencia de los caciques. En la actualidad, se utiliza en Latinoamérica para designar formas de liderazgo basadas en el clientelismo político. Generalmente, está encabezado por una personalidad fuerte con una organización cerrada, donde las decisiones bajan únicamente del líder.◆ Despotismo.◆ Tiranía.

CAÍDA DE ALLENDE: el golpe de Estado que acabó con el gobierno del presidente socialista Salvador Allende tuvo lugar el 11 de setiembre de 1973. La Junta Militar Chilena que derrocó al régimen constitucional fue liderada por el general Augusto Pinochet. La experiencia socialista se había iniciado el 3 de noviembre de 1970, cuando el gobierno de la Unidad Popular tomó el poder, al que había llegado a través del voto en las elecciones realizadas el 4 de setiembre de ese año. La Unidad Popular era una coalición en la que convivían izquierdistas moderados con otros más radicalizados, provenientes en especial del Partido Comunista. El Parlamento de Chile ratificó a Allende como el nuevo jefe de Estado durante una sesión realizada el 24 de octubre de 1970. El nuevo gobierno venía a suceder al encabezado por el demócrata cristiano Eduardo Frei.

CALLEJÓN SIN SALIDA: falta de alternativas o soluciones de un problema político o de una negociación.

CÁMARA: cada uno de los cuerpos colegisladores en los gobiernos representativos.

CÁMARA ALTA: aquella que representa a provincias, regiones, instituciones o grupos sociales.◆ En los EEUU, el Senado presta conformidad a los nombramientos de altos funcionarios designados por el presidente y también a la política exterior.◆ Cámara de Senadores. ◆ Ver **Senado**.

CÁMARA BAJA: aquella que representa directamente a los ciudadanos en cuanto a individuos.◆ Diputados.◆ Cámara de Diputados.

CÁMARA DE DIPUTADOS: Cámara popular.◆ Órgano deliberante, Poder Legislativo único, en un régimen unicameral; o compartido, en un régimen bicameral.◆ Cámara baja.◆ Cámara de representantes.

CÁMARA DE INDIAS: tribunal formado por ministros del Consejo de Indias para asuntos relacionados con los dominios de ultramar.

CÁMARA DE LOS COMUNES: componente del Parlamento Británico integrado por 650 diputados que reciben el nombre de *Members of Parliament*, elegidos por sufragio universal, por distritos uninominales, por un sistema electoral mayoritario uninominal a una vuelta. Cada circunscripción electoral elige un solo diputado, cuya vigencia

en el cargo es de cinco años. El presidente de la Cámara se denomina orador y es elegido por los dos principales partidos británicos. Equivale a la Cámara de Diputados en los países democráticos.

CÁMARA DE LOS LORES: componente del Parlamento Británico y una de las últimas cámaras aristocráticas que quedan en el mundo; está formada por miembros hereditarios y por miembros vitalicios nombrados por la corona a propuesta del gobierno.◆ Equivale a Cámara de Senadores o Senado en los países democráticos.◆ Ver **Lord**.

CÁMARA DE REPRESENTANTES: Cámara baja en los EEUU conformada por 435 miembros que se eligen cada dos años, en función del número de habitantes de cada Estado. ◆ Cámara baja.◆ Cámara popular. ◆ Cámara de Diputados.

CÁMARA DE SENADORES: Senado.

CÁMARA POPULAR: Cámara de Diputados.◆ Cámara de representantes. ◆ Cámara baja.

CAMARADA: en determinados partidos políticos y sindicatos, correligionario o compañero.

CAMBIO SOCIAL: proceso histórico que tiende a transformar la estructura de una sociedad. Este cambio tiene dos alternativas, una en forma progresiva, más lenta y a largo plazo, y la otra mediante cambios violentos, revolucionarios. La diferencia que aparece generalmente en estas circunstancias es que los cambios se hacen con tiempo o con sangre.

CAMERAL: ciencia que en el siglo XVI se dedicaba al análisis y al estudio de las cuestiones fiscales de los gobiernos y que contribuyó al desarrollo de la Economía Política.◆ Ciencia precursora de la Economía Política que se creó en el siglo XVI y que tenía como finalidad estudiar, proteger, incrementar y administrar los recursos fiscales y económicos necesarios para ejecutar y llevar adelante un plan de gobierno. La denominación proviene de la "camera", donde los reyes francos guardaban sus tesoros; sus fundamentos los desarrollan muchos autores alemanes.◆ Todo lo referente a la cámara, es decir, a la administración de gastos e ingresos de un príncipe.

CAMERALISMO: ver **Cameral**.

"CAMP DAVID": lugar de descanso de los presidentes de los EEUU en el parque de la montaña Catoctin, Maryland, cerca de Washington, DC. Lo inauguró Franklin D. Roosevelt en 1942 con el nombre de Shangri La. En 1945, Harry Truman lo convirtió en lugar oficial y en 1953 Dwight Eisenhower lo rebautizó Camp David por el nombre de su nieto, quien luego se casaría con Julie, la hija menor de Richard Nixon.

CAMPAÑA ELECTORAL: actividad desarrollada en las democracias, consistente en un conjunto de actos técnicamente preparados para presionar a la opinión pública hacia la votación de un candidato determinado.

CAMPAÑA PSICOLÓGICA: aquella en la que las acciones psicológicas se realizan en tiempo de paz.

CAMPESINOS: labradores y ganaderos rurales; el excedente de su trabajo es transferido a un grupo dominante que lo emplea para asegurar su propio nivel de vida y que lo distribuye a grupos sociales que no trabajan la tierra. Están a merced de los mercados de la ciudad, porque ellos entregan el excedente de sus productos agrícolas y obtienen mercancías que no pueden confeccionar por sí mismos *(E. Gorostiaga)*.

CAMPO DE CONCENTRACIÓN: lugar donde se alojan los detenidos por razones políticas, religiosas o étnicas, o bien los prisioneros de guerra.

CANAL DE PANAMÁ: el 31 de diciembre de 1999 el último soldado estadounidense se retiró de Panamá. Vasco Nuñez de Balboa fue el primer europeo en cruzar el istmo de Panamá y divisar el Pacífico. Posteriormente, el rey Carlos V de España ordenó un estudio para construir el canal. En 1821, Panamá se independizó de España y pasó a jurisdicción colombiana. En 1880, Colombia le entrega al conde Ferdinand de Lesseps, la concesión para construir el canal. Este personaje ya había ejecutado el canal de Suez. La empresa, después de 8 años, se declaró en quiebra y 20000 obreros murieron durante ese lapso. Luego de negociaciones fallidas con los franceses, Estados Unidos apoyó a la burguesía panameña y a promover la independencia de Colombia, que se concretó en 1903, mediante diez millones de dólares. Panamá concedió a EEUU a perpetuidad la soberanía sobre el canal. El 15 de agosto de 1914, EEUU inauguró el canal. La obra produjo 5600 muertos. En 1968 el General Omar Torrijo derrocó a Arnulfo Arias, esposo de la posterior presidenta de la nación. La tansmisión del canal responde a los acuerdos Carter-Torrijos alcanzados en 1977.

CANASTA FAMILIAR: nivel de gastos de consumo que realiza una familia tipo, generalmente en el término de un mes.

CANCILLER: en algunos Estados europeos, jefe o presidente del gobierno. ◆ Ministro de Relaciones Exteriores. ◆ Personal superior de embajadas y consulados.

CANCILLERÍA: centro superior diplomático a través del cual se conduce la política internacional o exterior.◆ Ministerio de Relaciones Exteriores.

CANDIDATO: del latín *candidatus* (vestido de blanco).◆ Entre los romanos, aquellos que buscaban una posición en las altas esferas del gobierno se vestían con un ancho manto blanco abierto. Abierto para mostrar sus cicatrices y blanco como símbolo de fidelidad y humildad.◆ Persona a quien, mediante representación anterior o propuesta autorizada por electores, se reconoce el derecho a intervenir por sí o por apoderados en las operaciones de una elección popular.

CANDIDATOS CON PORTACIÓN DE APELLIDO: cuando se colocan en las listas de elecciones a parientes del mismo apellido.

CANDIDATOS DE OPINIÓN: personas que simpatizan a la ciudadanía en general; posición lograda gracias a un morboso equilibrio entre ideas elementales genéricas o mentirosas y la falta absoluta de ellas.

CANDIDATOS TESTIMONIALES: en las elecciones son dirigentes que figuran en una boleta aunque no tienen ninguna intención de ocupar el cargo para el cual solicitan el voto.

CANDIDATURA: persona con derecho a intervenir por sí o por apoderados en las operaciones de una elección popular. ◆ Aspiración a cualquier honor o cargo, o a la propuesta para él.

CANTIDAD DE DINERO: oferta monetaria.

CANTÓN: país, región.◆ Cada una de las divisiones administrativas del territorio de ciertos Estados: Suiza, Francia, etcétera. Su principio es la autonomía local. Es soberano en la medida en que la Constitución Federal no limite sus atribuciones. Cada uno posee su propia Constitución, sus órganos gubernamentales y su legislación.

CANTONALISMO: sistema político que aspira a dividir al Estado en cantones casi independientes.◆ Ver **Cantón**.

CAOS POLÍTICO: confusión o desorden que se produce por una constante inestabilidad política que impide la conformación de un gobierno que posea un poder real y consolidado.◆ Desconcierto político.

CAPITALISMO: sistema de organización social que se expresa de manera diversa en cada país, en virtud de muchos factores: sus recursos, su tradición histórica, el reparto del poder, su tamaño. Está claro que estos factores se combinan conformando diversos tipos. Algunos son de alto desarrollo y en ellos el capitalismo libera la fuerza de crecimiento, el cambio técnico, la capacitación de los recursos humanos, la acumulación de capital, la industrialización. Esto ocurre en los países avanzados. Pero otros quedan insertos, de manera subordinada, en el conjunto de reglas de juego que establecen los países líderes. Esto es lo que el economista

Raúl Prebisch llamó "la periferia" *(A. Ferrer).*◆ Formación histórica compleja y variada que tiene tres notas esenciales: 1) la diferenciación entre quienes aportan medios materiales y quienes contribuyen con servicios personales al proceso productivo; es decir, en los términos corrientes, la separación entre la propiedad del capital y el trabajo; 2) la propiedad privada del capital; 3) la atribución al capital de la función empresaria con respecto al proceso productivo; esto es, la iniciativa, la coordinación y la dirección del proceso, con los beneficios o las pérdidas que resultan de sus fluctuaciones *(J. H. Olivera).*

CAPITALISMO DE ESTADO: en la ex URSS, se denominaba así el período revolucionario en el curso del cual el Estado soviético había nacionalizado las empresas, pero sin haber conseguido el ingreso dentro del sistema socialista.◆ Forma de organización económica en la que el aparato del Estado es el propietario, el director y el gestor de las empresas y en la que existe un control en su propio beneficio.

CAPITALISMO DEPENDIENTE: aquel que se da en el sistema económico de un país periférico o subdesarrollado que se encuentra en una relación de subordinación con respecto a un país central o desarrollado.◆ Sistema económico vigente en los países emergentes (subdesarrollados, o en vías de desarrollo), que tiene una relación de dependencia con respecto a los países desarrollados o industrializados. Esta dependencia se da dentro de países capitalistas, en los cuales uno impone condiciones y otro es el sujeto pasivo, quien debe aceptarlas.

CAPITALISMO LIBERAL: sistema en el cual el poder de decisión, al menos teóricamente, no se basa en una persona o en un organismo específico, sino en la propiedad privada del capital o de los medios de producción y en la libertad de contratación entre las partes intervinientes en el proceso económico.

CAPITALISMO MONOPOLISTA: sus orígenes, con las características que prevalecen en nuestros días, pueden ubicarse en la segunda mitad del siglo XIX y, más específicamente, a partir de 1870. Entre 1860 y 1870 se pueden observar ciertos monopolios e intentos que constituyeron los gérmenes de su desarrollo posterior. Después de la crisis de 1873, comienza a acelerarse el proceso que, con los vaivenes propios de la evolución del sistema capitalista, alcanza carácter a comienzos del siglo XX. Este proceso, aunque bajo diversas formas, se observa en los EEUU, Gran Bretaña, Francia, Alemania y, posteriormente, en Japón. Es decir, el nacimiento del siglo XX encontró a la economía mundial en pleno auge y desarrollo del capitalismo monopolista. Ello significó, en cuanto a la propiedad de los bienes de capital, su concentración en pocas y enormes fortunas. En cuanto al mercado, implicó la liquidación de la competencia entre empresas, para pasar al dominio de ámbitos más vastos por parte de aquellos gigantes, que comenzaron a fijar los precios a su arbitrio. En el orden internacional, comenzó la política de exportación de capitales (inversiones extranjeras), lo que a su vez conforma la base de un profundo dominio económico, social y político de las extensas zonas del mundo colonial y semicolonial por parte de las naciones metropolitanas. ◆ Ver **Monopolio.**

CAPITALISMO POPULAR: según una corriente de economistas, situación en la cual la posesión del capital empresarial, que se expresa generalmente a través de las sociedades anónimas, se encuentra entre las amplias capas sociales de la población. El acceso a estas sociedades se produce mediante la adquisición de acciones.◆ Término normalmente teórico con el cual se quiere designar la participación de sectores populares en el capital social de las empresas.

CAPITALISMO REGLAMENTARIO: término acuñado por J. Lajugie, mediante el cual el Estado asume un rol intervencionista, ya sea para proteger a los consumidores de los abusos de los monopolios, ya sea para proteger a los trabajadores de los excesos de las empresas; es decir, actúa como un regulador dentro del sistema.

CAPITALISTA: inherente o propio del capital o capitalismo.◆ Persona que aporta un capital a un negocio o a una empresa para obtener un rendimiento o beneficio.◆ Propietario de un capital que vive de su renta.◆ Arrendador de fondos.◆ Según Karl Marx, es la clase que reúne a quienes se apropian del capital y de los elementos de producción, y que mantiene su privilegio y su dominio mediante la explotación del obrero.

CAPITULACIÓN: convenio en que se estipula la rendición de un ejército, una plaza o un punto fortificado. No supone forzosamente un cese general de hostilidades y presupone algo más que una tregua.

CAPITULAR: pactar.◆ Entregarse una plaza de guerra o un cuerpo de tropas bajo determinadas condiciones.

CARACAZO: el 27 de febrero de 1989, miles y miles de caraqueños, entre desposeídos, desencantados y hambrientos, bajaron de los cerros para tomar por asalto, saquear y desvalijar los mercados, las tiendas y los supermercados. Había estallado el "Caracazo": más de mil detenidos fue el resultado de la represión policial y militar contra una manifestación espontánea, sin líderes ni organización, que se levantó contra las severas medidas de ajuste implementadas por el entonces presidente Carlos Andrés Pérez, siguiendo los designios del FMI. Habían pasado sólo veinticinco días de la asunción de Pérez, quien llegaba por segunda vez al Palacio de Miraflores, sostenido en el recuerdo de los años de gloria de su primer gobierno (1974-1979), en el que nacionalizó el petróleo y el hierro, y luchó con éxito contra el desempleo. Un día después del comienzo de la revuelta, anulaba las garantías constitucionales, anunciaba el toque de queda por tiempo indefinido y suspendía la vigencia de seis artículos de la Constitución, referidos a la libertad de expresión, entre otros. Si bien nadie sabía cómo sucedió, todos conocían el porqué. El aumento en el precio de combustible en un 83 % y de las tarifas del transporte público en un 30 % arrastró hacia arriba los precios de los artículos de primera necesidad. Ya por la tarde de aquel 27 de febrero, las autoridades se vieron desbordadas, mientras el humo de los autos incendiados llegaba hasta la Casa de Gobierno. El alza de las tarifas sólo magnificó un progresivo deterioro de la economía desde principios de la década, cuando el precio del crudo comenzó a bajar y las finanzas del país se agobiaron con el peso de la deuda externa. Los 8000 millones de dólares que el país recibió en 1988 por sus exportaciones petroleras representaban menos de la mitad de lo que había percibido en 1981, el mejor año de la bonanza. El programa de choque de Pérez y del FMI tenía como objetivo atenuar el peso de la deuda externa de 33000 millones de dólares y la creciente inflación, que en 1988 había trepado al 70 % anual, una cifra inusual para Venezuela. Pero, en realidad, no todo fue consecuencia de la precaria situación económica y financiera del país. El sistema político venezolano, sustentado en el bipartidismo encarnado por la socialdemócrata Acción Democrática y por el democristiano COPEI, tras la caída de Marcos Pérez Jiménez en 1958, comenzaba a resquebrajarse. La consolidación de esas oligarquías políticas que se enquistaron en el poder y encumbraron a una clase dirigente con desmedidas ambiciones personales −en una explosiva mezcla de clientelismo y de nepotismo− ayudaron a encender la mecha de la revuelta, aplacada a punta de fusiles y de tanques, en un país militarizado: Caracas debió recibir el refuerzo de diez mil soldados para aplacar tanta furia.

CARAPINTADA: término aplicado en la Argentina para designar a los jefes y a los subalternos militares que se rebelaban contra sus mandos naturales y pintaban sus caras, a manera de los combatientes, para pasar inadvertidos en el campo de batalla.

CARAVANA DE LA MUERTE: comitiva militar que en octubre de 1973, en Chile, produjo los homicidios de cincuenta y siete personas y dieciocho secuestros de prisioneros políticos ejecutados ilegalmente. Por este hecho fue enjuiciado A. Pinochet.

CARCAMÁN: persona de muchas pretensiones y pocos méritos.

CARICOM: ver **Comunidad del Caribe**.

CARISMA: don de gracia que tienen algunas personas para atraer o seducir con su presencia o su palabra. Además, generalmente cuentan con cualidades extraordinarias de tipo personal que funcionan como polo de atracción, separado de lo racional.

CARLISMO: partido político que nació en el siglo XIX para defender los derechos de Don Carlos María de Borbón y de sus descendientes a la Corona de España.

CARRERA ARMAMENTISTA: carrera para lograr la hegemonía del poder bélico.

CARRETÓN: carro pequeño a modo de un cajón abierto, con dos o cuatro ruedas, que puede ser arrastrado por una caballería.

CARTA BLANCA: facultad que se da a una autoridad o a un negociador para que obre discrecionalmente, sin ningún tipo de condicionamiento.

CARTA CONSTITUCIONAL: Constitución política de una nación.

CARTA CREDENCIAL: documento o similar que acredita a un representante diplomático oficialmente ante el presidente o el jefe de Estado de otro país.

CARTA DE CIUDADANÍA: título mediante el cual un extranjero acredita haber logrado la nacionalidad en otro país, generalmente de su residencia.◆

Carta de naturalización.◆ Carta de nacionalidad.

CARTA DE DERECHOS Y DEBERES ECONÓMICOS DE LOS ESTADOS: resolución de la Asamblea de las Naciones Unidas que data del mes de junio de 1974. Surge a raíz de la necesidad de establecer normas obligatorias que rijan en forma sistemática y universal las relaciones económicas entre los Estados. Está destinada a promover la seguridad económica colectiva para el desarrollo, en particular, de los países subdesarrollados, con estricto respeto de la igualdad soberana de cada Estado y mediante la cooperación de toda la comunidad internacional. Esta carta subraya, además, la importancia de asegurar condiciones apropiadas para el ejercicio de relaciones económicas normales entre todos los Estados, independientemente de las diferencias de sistemas sociales y económicos, así como para el pleno respeto de los derechos de todos los pueblos. También contempla la necesidad de robustecer los instrumentos de cooperación económica internacional como medios para consolidar la paz en beneficio de todos.

CARTA DE LA ORGANIZACIÓN DE LAS NACIONES UNIDAS: ONU.◆ Firmada en la ciudad de San Francisco, EEUU, el 26 de junio de 1945. Mediante ésta, los Estados signatarios se comprometen, básicamente, a preservar a las generaciones venideras del flagelo de la guerra. Asimismo, deciden aunar sus esfuerzos para reafirmar la fe en los derechos fundamentales del hombre, creando las condiciones bajo las cuales pueda mantenerse la justicia, promoverse el progreso social y elevarse el nivel de vida de los individuos, dentro de un concepto más amplio de libertad.

CARTA DE LA ORGANIZACIÓN DE LOS ESTADOS AMERICANOS: Carta de la OEA.◆ Ver **Apéndice**.

CARTA DE LA ORGANIZACIÓN DE UNIDAD AFRICANA: organización con sede en Addis Abeba, Etiopía. La Carta fue suscripta el 25 de mayo de 1963 y sus propósitos u objetivos fundamentales son: a) promover la unidad y la solidaridad; b) defender la soberanía y la independencia territorial; c) profundizar la cooperación entre sus integrantes; d) eliminar toda forma de colonialismo; e) lograr la armonización de las políticas culturales, diplomáticas, de comunicaciones, de transporte, educacionales, tecnológicas, de defensa y de seguridad. Existen principios básicos: igualdad soberana de todos los Estados, no intervención en los asuntos internos de los Estados, solución pacífica de las controversias y ratificación de una política no alineada a ningún bloque.

CARTA DE LAS NACIONES UNIDAS: estatuto del sistema mundial de paz y seguridad aprobado en la Conferencia de las Naciones Unidas celebrada en San Francisco, California, en 1945, para crear la Organización Internacional. ◆ Ver **Apéndice**.

CARTA DE NACIONALIDAD: carta de ciudadanía.◆ Carta de naturalización.

CARTA DE NATURALIZACIÓN: carta de ciudadanía.◆ Carta de nacionalidad.

CARTA DE SAN SALVADOR: acta de constitución de la Organización de

Estados Centroamericanos (ODECA), suscripta el 14 de octubre de 1951 en El Salvador, por los ministros de relaciones exteriores de Costa Rica, El Salvador, Guatemala, Honduras y Nicaragua. Sus objetivos principales fueron fortalecer los vínculos que unen a los Estados miembro y lograr la solución pacífica de sus diferendos y una verdadera ayuda económica regional.

CARTA DEL ATLÁNTICO: declaración conjunta realizada el 14 de agosto de 1941, por Roosevelt, presidente de los EEUU, y por Churchill, primer ministro de Gran Bretaña, después de la entrevista celebrada por ambos en el Atlántico, a bordo del acorazado inglés "Príncipe de Gales", en la cual expresaban ciertos principios comunes de la política de ambos países.

CARTA MAGNA: conjunto de prerrogativas otorgadas por el rey a los nobles. ◆ Constitución.

CARTA ORGÁNICA: norma fundamental de un partido político, en cuyo carácter rigen los poderes, los derechos y las obligaciones partidarias y a la cual sus autoridades y afiliados deben ajustarse.

CARTA PASTORAL: exhortaciones o instrucciones que dirige un prelado a sus diocesanos por escrito.

CARTAS: típicos documentos medievales; son actos unilaterales realizados por el monarca en cuya virtud concedía ciertas libertades o prerrogativas, revistiendo la característica de un acto graciable *(O. Bravo).*

CÁRTEL: acuerdo convenido entre empresas con el fin de controlar el mercado de un producto, por el cual

se establecen precios mínimos, condiciones de venta o un reparto de mercados. Bajo esta forma, las empresas mantienen su individualidad; la monopolización afecta sólo la parte comercial o la organización federativa que permite la subsistencia de empresas individuales que solamente renuncian, al incorporarse a ésta, a una parte de su autonomía industrial o comercial *(J. Seoane).*◆ Asociación entre empresas en la cual cada una conserva su autonomía y su individualidad en forma efectiva; la fusión no es tan marcada. Generalmente, agrupa empresas de idéntica producción y su principal objetivo es eliminar la competencia y realizar la comercialización de sus productos en las mejores condiciones posibles, fijando un precio uniforme de venta y repartiéndose entre ellas las zonas comerciales. Forma específica con que se denomina a un mercado oligopolítico cuando existe acuerdo oligopolístico entre todos los oligopolistas, que puede adoptar diversas maneras y abarcar distintos aspectos del mercado. Es empleado para acuerdos entre los distintos *trusts* y, sobre todo, se refiere a productos determinados con alcance internacional. En este tipo de acuerdos, las distintas corporaciones mantienen una relativa independencia, subordinando a una autoridad común aspectos tales como la fijación de cuotas de producción, el reparto de mercados, la fijación de precios y de cantidades. En Alemania, el equivalente de los *trusts* anglosajones fueron los cárteles (aunque generalmente no implicaban la cesión absoluta de todos los derechos a una sociedad madre, sino más bien un acuerdo permanente donde cada una de las sociedades mantenía cierta libertad en su funcionamiento).

CARTELIZACIÓN: acuerdo para fijar frenos entre distintas empresas, normalmente hacia arriba.

CARTERA: jefe o titular de un ministerio.

CASA BLANCA: residencia oficial del presidente de los EEUU.

CASA DE MONEDA: organismo responsable de la emisión de dinero.

CASA DE ORANGE: Casa Real de Holanda.

CASA ROSADA: Casa de Gobierno, en Buenos Aires, República Argentina.

CASO CABEZAS: José Luis Cabezas, reportero gráfico, fue asesinado el 25 de enero de 1997, en Pinamar, provincia de Buenos Aires. Previamente, había sido secuestrado. Ocho de los acusados recibieron condena perpetua.

CASO MARÍA SOLEDAD: brutal asesinato ocurrido en Catamarca (República Argentina), de la adolescente María Soledad Morales, el 10 de septiembre de 1990. El escándalo de una investigación sospechosa de parcialidad con el poder político y social de la provincia terminó provocando el fin de la hegemonía política de la familia Saadi, un final ratificado con el correr del tiempo. El cuerpo de María Soledad Morales, de 17 años, apareció en un zanjón en las afueras de San Fernando del Valle de Catamarca, Catamarca, República Argentina. Luego de buscarla durante cincuenta y tres horas, fue encontrada violada y desfigurada, a tal extremo que su padre sólo pudo identificarla por una vieja cicatriz en una de sus muñecas. Posteriormente, se comprobó que había fallecido por una dosis letal de cocaína que le dieron a la fuerza. Sus padres y la comunidad local se pusieron al frente de las "marchas del silencio", repetidas en ochenta y tres oportunidades. La presión social fue tan determinante que jueces, liderazgo político y diputados, sospechados de complicidad o parcialidad, quedaron simbólicamente pulverizados y otros, en la cárcel.

CASO MATTEOTI: abogado y secretario del partido socialista italiano que fue asesinado; su cadáver se encontró el 16 de agosto de 1924 en un bosque cercano a Roma. El 30 de mayo, el diputado había sellado su destino cuando pronunció un memorable discurso en la Cámara de Diputados. Allí denunció los negociados del régimen, el chantaje y la actuación de las bandas fascistas que golpeaban y torturaban a los opositores y quemaban estudios de profesionales. Cuando terminó de hablar, Matteoti sabía que estaba condenado y dijo proféticamente: "Ahora prepárenme el elogio fúnebre". Los asesinos vigilaron sus pasos y lo secuestraron el 10 de junio. Dos días después, Mussolini, que pretendía no tener nada que ver con el asesino, hizo llamar a la viuda del diputado, Velia Titta. Entonces le aseguró que le devolvería a su marido sano y salvo, mientras que en un cajón de su escritorio se encontraba un jirón ensangrentado de la camisa de Matteoti, que era la prueba de que su orden había sido cumplida. Veintidós años después de la caída de Mussolini, la causa se reabrió, se probó la participación directa de Mussolini y los criminales fueron condenados.

CASTA: grupo que tiene una base religiosa; la religión determina la mentalidad y la conducta de los miembros de cada una de las castas. Es un producto de la religión.

CASTRISMO: doctrina inspirada y elaborada por el régimen cubano y, en especial, por las ideas de F. Castro. Esta corriente política se extendió por diversos países de América Latina, propugnando la llegada al poder de las clases populares a través de la lucha armada. Quizás la muerte de E. Guevara, en Bolivia, limitó su expansión.

"CASUS BELLI": situación de hecho que provoca una guerra.

CATACLISMO: gran trastorno en el orden social, político o económico a nivel nacional, regional o internacional.

CATEGORÍA ESTÉTICA: resultado de la aplicación del simbolismo al campo político. En virtud de ello se intenta representar plásticamente, según un principio significativo, la configuración externa de la convivencia política *(P. L. Verdú).*

CATERVA: multitud de personas o cosas consideradas en grupo, pero sin concierto o de poco valor e importancia.

CAUDILLAJE: mando o gobierno de un caudillo.◆ Conjunto o sucesión de caudillos.◆ Época del predominio histórico de los caudillos.

CAUDILLISMO: gobierno de un caudillo o sistema de caudillaje.

CAUDILLO: gobernante que domina a un pueblo en forma tiránica sin responder a ninguna de las formas clásicas de gobierno.◆ Jefes militares que han intentado, mediante actos revolucionarios, apoderarse del ejercicio

de la autoridad.◆ Quien dirige alguna comunidad o cuerpo.

CAUSA JUSTA: operación realizada por tropas estadounidenses que invadieron Panamá en diciembre de 1989. El ingreso de veinticinco mil soldados y la muerte de cuatrocientos sesenta civiles panameños y graves daños a más de diez mil personas justificaron a los EEUU para proceder a la detención y el posterior traslado a dicho país del General Manuel Noriega. Éste había estudiado en la Academia Militar y fue reclutado por la CIA. En el momento de ser apresado, era el presidente de Panamá. En 1981, tras la muerte de O. Torrijos, jefe de las fuerzas armadas, Noriega se hizo cargo del Canal de Panamá con el aval de los EEUU Posteriormente, en 1982, forzó la renuncia del presidente A. Royo, apoyando la candidatura de N. Barletta, proclamado presidente en elecciones poco transparentes. Barletta debió dimitir en 1985 por la presión de Noriega, quien se hizo cargo del gobierno. Acusado por jefes militares panameños de tráfico de drogas, fue trasladado a los EEUU en 1992 y condenado a cuarenta años de prisión por lavado de dinero y tráfico de drogas.

CAUTIVERIO: privación de la libertad; encarcelamiento.

CAZA DE BRUJAS: persecución debida a prejuicios sociales, raciales o políticos.

CBU: en la Argentina, identificación de una cuenta corriente o de una cuenta de caja de ahorros.

CEAO: ver **Comunidad Económica de África Occidental**.

CECA: ver **Comunidad Europea del Carbón y el Acero.**

CEEA: ver **Comunidad Europea de la Energía Atómica.**

CEI: ver **Comunidad de Estados Independientes.**

CÉLULA: unidad básica o elemental de una estructura.◆ Grupo reducido pero muy bien organizado de militantes políticos que, generalmente, poseen objetivos determinados.

CENÁCULO: reunión de gente de artes y letras.

CENSO: padrón o lista de la población de un pueblo, un municipio o una nación.◆ En la antigua Roma, se censaba al pueblo listando sus propiedades con el objetivo principal de aplicar tasas.◆ Verificación numérica periódica, en todo un país, de la cantidad de habitantes, sexo, edades, estado civil, educación, etcétera, así como también de un sector productivo o de una región.◆ También se puede realizar por actividades.

CENSO ECONÓMICO: relevamiento de toda la actividad productiva y comercial de bienes y servicios de una región o de un país.◆ En la Argentina, es el relevamiento de toda la actividad de producción y de comercialización de bienes y servicios (excepto la agropecuaria, que tiene un censo propio). Lo realiza el Instituto Nacional de Estadística y Censos y las Direcciones Provinciales de Estadística, que conforman el Sistema Estadístico Nacional. Tienen a su cargo recopilar, sistematizar y brindar a la sociedad datos relevantes para el desenvolvimiento del país. El objetivo es saber qué bienes y servicios se producen, cuántos, dónde y con qué recursos. La generación de la información es reservada.

CENSO ELECTORAL: lista de ciudadanos con derecho a votar.

CENSURA: examen previo de manifestaciones del pensamiento, con el objeto de impedir la difusión de ideas o noticias perjudiciales para el orden público o contrarias a las buenas costumbres.

CENTRAL NACIONAL SINDICALISTA: organización sindical española de carácter vertical y corporativo fundada en 1938 por el gobierno de Franco. En el año 1976, fue reconvertida en la Asociación Institucional de Servicios Socioprofesionales, en carácter de organismo estatal.

CENTRALISMO: sistema de organización de un Estado, cuyas decisiones gubernamentales son únicas y proceden de un mismo centro, independientemente de las diferencias culturales, étnicas, etcétera, de sus convivientes. ◆ Sistema en que la acción política, organizativa y administrativa está concentrada en un gobierno central que asume las funciones y toma decisiones por los organismos locales.

CENTRALISMO DEMOCRÁTICO: forma de funcionamiento de las organizaciones comunistas cuyo postulado fundamental impuesto por Lenín consistía en: "la máxima libertad en la discusión y la más estricta unidad en la acción".

CENTRALISTA: relativo a la centralización política o administrativa.

CENTRALIZAR: hacer que varias cosas dependan de un poder central.◆ Asumir, el poder público, facultades atribuidas a organismos locales.

CENTRISMO: conjunto de tendencias políticas cuyas ideologías se ubican entre la derecha y la izquierda.◆ Tendencia o corriente política moderada de izquierda o de derecha. Generalmente, se identifica con reformismo liberal.

CENTRISTA: simpatizante o partidario de una política de centro.

CENTRO: partido o corriente política cuyas doctrinas lo sitúan en un lugar intermedio entre la derecha y la izquierda.◆ Agrupación o tendencia política cuya ideología es intermedia entre la de derecha y la de izquierda.

CENTRO DE LAS NACIONES UNIDAS PARA LOS ASENTAMIENTOS HUMANOS: CNUAH.◆ Hábitat.◆ Centro cuya sede funciona en Nairobi, Kenya; constituye el núcleo de coordinación para el desarrollo de los asentamientos humanos; dispone las medidas encaminadas a estimular y mejorar la vivienda de los pobres a nivel mundial. Este órgano colabora con los países y las zonas con problemas de asentamientos y promueve una cooperación mundial. Posee cincuenta y ocho miembros. Se estableció el primer lunes de octubre de cada año como el Día Mundial del Hábitat.

CENTROAMÉRICA: área continental e insular que une América del Norte y América del Sur.

CENTUVIRO: cada uno de los cien ciudadanos que en la antigua Roma asistían al pretor urbano en los juicios.

CEPAL: ver **Comisión Económica para América Latina y el Caribe.**

CERCANO ORIENTE: región geográfica ubicada entre el sureste europeo, Asia Oriental y África a la que pertenecen los siguientes países: Arabia Saudí, Bahréin, Chipre, Emiratos Árabes Unidos, Irak, Irán, Israel, Estado de Palestina, Jordania, Kuwait, Líbano, Omán, Catar, Siria, Turquía y normalmente se incluye a Egipto (aunque pertenece a África del Norte). También, algunos incorporan a Armenia, Azerbaiyán y Georgia.◆ Próximo Oriente.

CERCO POLÍTICO: bloqueo político. ◆ Asedio, rodeo o bloqueo político que se le aplica a un país, ciudad, etcétera.

CEREMONIA: lo que se hace con todo el aparato y la solemnidad que corresponde. ◆ Lo que se hace por cumplir con otro.

CEREMONIAL: perteneciente o relativo al uso de las ceremonias.◆ Serie o conjunto de formalidades para cualquier acto público o solemne

CESARISMO: sistema de gobierno en el cual una persona sola asume y ejerce todos los poderes públicos.◆ Despotismo. ◆ Caudillaje.◆ Régimen despótico que ejerce un individuo, elegido democráticamente por el pueblo, identificando sus intereses personales y su política personal con los intereses populares.◆ Intervención estatal en actividades que no le competen al Estado e incremento del poder ejecutivo de éste sobre los demás poderes. ◆ Implica la maximización de las tres dimensiones de control social ligadas al ejercicio de la autoridad: centralización geográfica (centralismo), predominio del ejecutivo sobre un legislativo débil o inexistente (ejecutivismo) y represión de formas organizativas independientes y de sus expresiones por la prensa (represión). Son tres dimensiones conceptualmente independientes, aunque a menudo van juntas. Muchos politólogos sostienen que en este tipo de sistema, la construcción de una nueva sociedad surge a raíz de un intenso subdesarrollo y la necesidad de enfrentar las presiones desestabilizadoras del exterior; justifican un gobierno expeditivo capaz de tomar decisiones rápidas.

CFI: ver **Corporación Financiera Internacional.**

CGT: Confederación General del Trabajo. ◆ En la Argentina, central obrera creada el 27 de setiembre de 1930 y que fue un pilar fundamental en el posterior proyecto peronista. La central estaba destinada a nuclear a todas las organizaciones sindicales del país. Su estatuto fundacional convocaba a los trabajadores a organizarse para conquistar mejores condiciones de trabajo y remuneraciones, hacerse respetar por la parte patronal y bregar por la emancipación del pueblo productor. Para ubicar los primeros antecedentes, es necesario remontarse a las agrupaciones obreras, surgidas en 1857: la Asociación Tipográfica Bonaerense y la Unión Tipográfica de 1878. El propósito de estas entidades era la reivindicación de los derechos del trabajador en medio de las más brutales condiciones de explotación que caracterizaban a la época.

CGT DE LOS ARGENTINOS: la Confederación General del Trabajo (CGT) de la Argentina se fracturó en distintas oportunidades; pero nunca las posturas fueron tan antagónicas como en

1969. Durante el llamado "onganiato" se fundó esta organización, que nucleaba los gremios "antivandoristas" liderados por Raimundo Ongaro. Enfrentada con el gobierno militar que presidía Juan Carlos Onganía, adoptó un programa de liberación nacional, de subversión frente a lo existente.

CHÁCHARA: abundancia de palabras inútiles.

CHANCILLERÍA: importe de los derechos que se pagaban al canciller por su oficio.

CHAUVINISMO: tipo extremo y, por tanto, fanático, de sentimiento nacionalista. Supone una afirmación exclusiva de los valores nacionales y la subvaloración sistemática de todas las otras naciones.◆ Término que proviene de N. Chauvin, personaje que se caracterizaba por su ardor patriótico.◆ Exaltación desmedida de lo nacional frente a lo extranjero.◆ Chovinismo.

CHAVISMO: corriente política encabezada por el presidente de la República Bolivariana de Venezuela Hugo Chávez. En 1992, intentó sin éxito derrocar al gobierno constitucional de Carlos Andrés Pérez, siendo coronel de las Fuerzas Armadas venezolanas. En 1998, en elecciones abiertas logra el mandato popular e implementa un sistema basado en la reforma política, en la disminución de la pobreza y en el exterminio de la corrupción. Tildado por la oposición de demagogo, autoritario y amante del comunismo, ha llevado adelante políticas teóricamente autónomas, con proyección internacional y decisiones estatistas que reemplazarían la iniciativa privada. El incremento del precio del petróleo le generó a su gobierno una notable liquidez y una gran acumulación de las reservas. Hugo Chávez Frías falleció el 5 de marzo de 2013 y fue reemplazado por Maduro.

CHECA: comité de policía secreta en la Rusia soviética. Acrónimo ruso para designar la policía secreta hasta 1922.◆ Chela.

CHECHENIA: parte del territorio ruso desde el siglo XVI; es una de las ochenta y nueve repúblicas que conforman la Federación Rusa. El 1 de noviembre de 1991, se proclamó la independencia de Chechenia, desconocida por Moscú, creándose la Guardia Nacional, embrión del Ejército chechenio.

CHELA: checa.

CHERNOBYL: ciudad ucraniana en la que el 28 de abril de 1986 se produjo un grave accidente nuclear. Científicos escandinavos detectaron altos niveles de radiación en el aire. Gradualmente, a medida que pasaron las siguientes semanas, la ex Unión Soviética reveló que había habido un gran accidente en el reactor nuclear de Chernobyl, Ucrania. El sistema de enfriamiento había funcionado mal y provocó el derretimiento de combustible de uranio. Gases de hidrógeno se liberaron e inflamaron, causando una explosión que liberó grandes cantidades de uranio. Años después, los niveles de radiación aún se consideraban altos e inseguros en un radio de 60 km y hubo un dramático aumento de enfermedades de tiroides, anemia, cáncer y problemas inmunológicos en la población local.

CHICANO: ciudadano de los EEUU perteneciente a la minoría de origen mexicano allí existente.◆ Movimiento reivindicador del libre desarrollo de la cultura peculiar de esta minoría y del goce total de sus derechos civiles y políticos.

CHUSMA: término usado en forma despectiva para referirse a una muchedumbre de gente, populacho o grupos de la más baja extracción social y moral.

CIA: *Central Intelligence Agency.*◆ En los EEUU, Agencia Central de Inteligencia o información que tiene el valor de servicio secreto de información o espionaje. Organismo creado el 26 de julio de 1947, durante el gobierno de Truman, en reemplazo de la *Office of Strategic Services*, en la que trabajaron algunos de los principales asesores de Kennedy. Según Gregorio Selser: "La ley estableció que las cinco funciones primordiales fueran: 1) asesorar al Consejo Nacional de Seguridad sobre los asuntos de espionaje; 2) formular recomendaciones al Consejo Nacional de Seguridad para actividades de coordinación e inteligencia de los departamentos y agencias del gobierno; 3) correlacionar y evaluar los datos de inteligencia y proveer a su adecuada divulgación dentro de los organismos gubernamentales a quienes tocara estar enterados de ello; 4) desempeñar servicios 'adicionales' en beneficio de los organismos de espionaje ya existentes; 5) desempeñar otras funciones y deberes relacionados con el espionaje o inteligencia que pudieran ser ordenados por el Consejo Nacional de Seguridad". En 1949, se le ampliaron los poderes que ya poseía. Se la eximió de la obligación de publicar los nombres de sus funcionarios, sus gastos, sus presupuestos, las tareas que realizaba, etcétera. Tiene un poder casi ilimitado, un fabuloso presupuesto y debe rendir de cuentas a un núcleo muy restringido de miembros del gobierno. El sistema de espionaje estadounidense se asienta sobre el Consejo Nacional de Seguridad (*National Security Council*) y la CIA; esta última es una pieza clave dentro de este engranaje; pero además, existe una serie de servicios de inteligencia que responden a las distintas armas y organismos estatales. Su objetivo inicial fue crear una organización que le acercara al presidente información ya analizada. En épocas de prestigio fue apodada como "la Agencia" y luego "el poder dentro del poder". Sus miembros fueron magnates, banqueros, falsificadores, guionistas, atletas, etcétera. Para una agencia cuyo nombre se define por la inteligencia, es decir, por la capacidad general de plantear y resolver problemas, la impotencia en la cuestión cubana ha terminado descolocándola entre los propios norteamericanos.

CICLO ECONÓMICO: secuencia más o menos regular de recuperaciones y recesiones de la producción real en torno a la senda tendencial de crecimiento de la economía *(Mochón y Beker).*

CICLO INSTITUCIONAL: proceso cíclico vital de una organización o una institución en el que se distinguen cuatro períodos: 1) de organización inicial; 2) de funcionamiento eficaz; 3) de formalismo; 4) de decadencia y reorganización.

CICLO SECULAR: variación de aumento o disminución, por encima o por debajo de una línea de tendencia, en la que se requiere un siglo o más para que se produzca un cambio.

CIENCIA ECONÓMICA: ciencia que se dedica al estudio y al análisis de los fenómenos económicos.◆ Aquella ciencia que examina la parte de la acción social e individual que está más estrechamente ligada al logro y al empleo de los requisitos materiales del bienestar *(A. Marshall).*◆ Ciencia que estudia el comportamiento como una relación entre fines y medios escasos que poseen usos alternativos *(Lord Robbins).* ◆ Como ciencia teórica, consiste en la reflexión sobre la naturaleza y las causas del orden económico; es decir, de lo ordenado por un saber práctico. Consiste en la ciencia positiva que estudia lo económico en tanto sea un fenómeno determinado por ciertas constantes o leyes. Un saber práctico es aquel cuyo objeto inmediato es la dirección de una conducta. ◆ La disciplina intelectual que estudia la economía y que tiene por objeto sistematizar la observación, la clasificación y el análisis de los fenómenos económicos, procurando detectar y explicar las relaciones de causalidad existentes entre ellos. Parte de la observación de los hechos y los actos económicos; procede a su clasificación, según sus características y periodicidad, y luego, mediante el análisis económico, interpreta y valora los hechos y actos que constituyen su materia, extrayendo conclusiones en cuanto a las relaciones de causalidad que puedan existir entre ellos *(W. Beveraggi Allende).*

CIENCIA POLÍTICA: producto de un conjunto de contribuciones, reflexiones, análisis, de los fenómenos políticos madurados cabalmente en el curso de la experiencia política occidental *(G. Pasquino).*◆ En un sentido lato y no técnico, indica cualquier estudio de los fenómenos y de las estructuras políticas, conducido con sistematicidad y rigor, apoyado sobre un amplio y cuidadoso examen de los hechos, expuestos con argumentos racionales *(N. Bobbio)*.◆ Estudia su objeto en términos empíricos, o sea, lo que es en la realidad, como también en términos normativos o prescriptos, es decir, lo que se considera un "deber ser" o que debe ser, cómo son aparentemente las cosas en la realidad y cómo nos parece que deberían ser *(C. Strasser)*. Estudia los fenómenos relacionados con el fundamento, la organización, el ejercicio, los objetivos y la dinámica del poder en la sociedad *(P. L. Verdú)*.◆ Estudio de los fenómenos políticos con la metodología de las ciencias empresariales *(N. Bobbio)*.

CISMA POLÍTICO: división o separación en el seno de un partido, un movimiento o una agrupación política.

CIUDADANÍA: estatus eminentemente formal, capaz de seguir al individuo donde quiera que se encuentre, que lo caracteriza, respecto de los no ciudadanos, mediante un complejo de derechos específicos (políticos, de protección diplomática, etc.) y deberes (de obediencia y fidelidad al Estado, prestación de servicio militar, etc.), que depende, frecuentemente, en mínima parte, de la voluntad del individuo y que puede, a veces, también acompañarse de otra ciudadanía extranjera (doble nacionalidad).

CIUDADANO: natural o vecino de una ciudad. Quien posee los derechos para formar parte del gobierno de un país.◆ Quien es capaz de gobernar y de ser gobernado *(Aristóteles)*. ◆ Persona que ha adquirido la ciudadanía por reunir los requisitos de nacionalidad y edad.

CÍVICO: ciudadano, patriótico.

CIVILIDAD: celo por las instituciones y los intereses de la patria.◆ Sociabilidad, urbanidad.

CIVILISMO: término utilizado en América para referirse a un sistema político que preconiza la necesidad de un gobierno nacional de paisanos y no de militares.

CIVILIZACIÓN: nivel de cultura intelectual y de progreso material, social y espiritual, alcanzado por la humanidad entera o por un pueblo en particular. Es un conjunto de resultados culturales que abarca expresiones políticas, religiosas, científicas, etcétera, comunes a diversas sociedades o manifestaciones del hombre y la conquista de una sociedad específica.

CIVISMO: cuidado y celo por los intereses y las instituciones de una nación. Es la actuación consciente y esclarecida del ciudadano en el seno de la comunidad, mediante el cumplimiento de sus deberes de ciudadano y de su esfuerzo en contribuir para el progreso de su país.

CLAN: palabra de origen escocés que quiere decir familia. Los romanos usaban la palabra *gens* para designar grupos sociales de composición más o menos parecida. Sin embargo, no es una familia, ni siquiera una familia patriarcal de tipo primitivo. Es más bien una agrupación de familias, con vínculos de parentezco entre sí, real o ficticio, y con una comunidad con base religiosa *(C. A. Quintero)*.

CLAQUE: grupo de personas pagadas para aplaudir. Es común en concentraciones o manifestaciones en las que los concurrentes reciben dádivas.

CLASE DIRIGENTE: dentro de la clase gobernante, son los titulares de formas de posesión de poder y los que ejercen las actividades que exteriorizan la voluntad del Estado e integran "la clase política". Operan como instrumento técnico de la clase gobernante, organizándose internamente de modo oligárquico.

CLASE DOMINADA: clase gobernada.

CLASE DOMINANTE: aquella que incluye a todos aquellos que poseen el poder y que lo ejercen directa o indirectamente.

CLASE GOBERNADA: aquella que incluye a todos los que no participan en el poder o que están subordinados.

CLASE GOBERNANTE: en sentido amplio, abarca a los individuos y los grupos poseedores de varias posiciones que, de hecho, son capaces de asegurar un predominio (posesión de armas, del suelo, de bienes muebles o de lo que podría llamarse patrimonio espiritual) *(C. Mortati).*

CLASE MEDIA: capa social que ideológicamente responde a tendencias moderadas, conservadoras y que, generalmente, posee cierto "oxígeno" económico.

CLASE OBRERA: capa social baja o trabajadora, que padece generalmente estrecheces económicas.

CLASE PASIVA: denominación que generalmente reciben en forma oficial los desocupados, los jubilados, los pensionados, los inválidos, etcétera, que gozan de algún haber pasivo.

CLASE POLÍTICA: aquella formada por un conjunto ideal de individuos; los ocupantes de las posiciones superiores y medio-superiores de las instituciones de la sociedad (Fuerzas Armadas, Iglesia, Gobierno, etc.).◆ Gobierna y cogobierna dentro de un proceso por partes formales y partes informales de "división del trabajo" y de más o menos lenta "circulación de las élites", según los períodos *(C. Strasser).* ◆ Constitución de un grupo de personas, expresa y casi totalmente dedicadas a la política, que tengan conciencia de ello y que tengan efectivamente el mando en sus manos. Es el nervio de la acción política formalizada por el Derecho. La clase política es pública y notoria. Su quehacer político es responsable, en cuanto se concreta en diversos programas y en diversas organizaciones políticas. Unas veces tiene el poder oficial y otras, el poder de control del poder. Ocupa diversos puestos de mando en todos los niveles y sectores de la comunidad merced a diversos procedimientos (elección, captación, etc.). Está abierta a una renovación permanente de sus cuadros y practica el diálogo interno.

CLASE SOCIAL: toda parte de una comunidad que se halla separada del resto por su estatus social.◆ Situación de vida que es común a un gran número de hombres, integrada por intereses económicos de posesión de bienes o de lucro que se establecen en las condiciones de un mercado de bienes y trabajo *(M. Weber).*

CLASISMO: actitud despreciativa hacia las clases sociales inferiores. Parcialidad tomada frente a una clase social determinada.

CLASISTA: característico de una clase social, o bien, partidario de las diferencias de clase.◆ A veces, se utiliza este término para designar a una persona de la clase alta o a quien pretende aprovecharse de prebendas que no le corresponden.

CLEPTOCRACIA: término que se utiliza para referirse a los regímenes o los gobiernos minados por la corrupción, a través de funcionarios que ocupan cargos en beneficio propio o de su partido.

CLERICALISMO: denominación que se utiliza para denotar la excesiva influencia del clero en los asuntos políticos.

CLERO: conjunto de clérigos, de órdenes tanto mayores como menores, incluso los de la primera tonsura.◆ Clase sacerdotal de la Iglesia Católica.

CLIENTELISMO: procedimiento que se utiliza para captar, a través de un sistema de consenso y simpatías, una estrecha relación entre un caudillo o dirigente que reclama el apoyo electoral de un grupo, generalmente generoso numéricamente, concediendo prebendas, puestos o cargos en un gobierno posterior.◆ Protección con que los poderosos patrocinan a los que se acogen a ellos.

CLUB DE PARÍS: organismo creado en 1962 con el objeto de facilitar al Fondo Monetario Internacional disponibilidades para socorrer a países subdesarrollados. Esta organización, técnicamente, era el Acuerdo General de Préstamos. La composición original era: Alemania, Bélgica, Canadá, los EEUU, Francia, Gran Bretaña, Holanda, Italia, Japón y Suecia.

CLUB DE ROMA: institución fundada en 1968 por el italiano A. Peccei, cuyo objetivo es el apoyo y la ayuda al estudio y a la investigación de los problemas inherentes a la humanidad. A su vez, recibe colaboraciones de un gran número de fundaciones.

CLUB POLÍTICO: grupo ideológico dotado de una organización flexible y de un conjunto de adheridos reducido, que le permite operar con cierta agilidad, para difundir sus ideas y propuestas sin participar, por lo general, en elecciones y en el Parlamento, pero con la intención de llegar al poder estatal *(P. L. Verdú).*

CNUDI: Comisión de las Naciones Unidas para el Derecho Internacional.

COALICIÓN: liga, confederación.◆ Asociación circunstancial militar y política de varios países para operar o actuar en forma coordinada frente a un enemigo común.

COALICIÓN PARTIDARIA: acuerdo, más o menos permanente, entre dos o más partidos con el objetivo de incrementar su fuerza frente a otros para obtener, en la competición interpartidista, el poder estatal.

COCHE-BOMBA: símbolo del terrorismo internacional; originariamente, se usaba la expresión auto-bomba; luego, se reemplazó.

COEXISTENCIA PACÍFICA: expresión que denota un tipo de relación entre naciones o grupos, en el cual cada una renuncia a cualquier actitud que pueda perturbar la paz interna de la otra. Lo expuesto está íntimamente vinculado con las relaciones entre el bloque comunista y las naciones occidentales; resultó originariamente de una célebre polémica entre los dirigentes comunistas.

COGESTIÓN: participación de los trabajadores en la dirección de una empresa. En el plano doctrinal y en el legislativo, se acrecientan los avances hacia una socialización de las empresas privadas, más allá de lo que pueda ocurrir. Para algunos, los fundamentos de este instituto son de orden moral y político, pues hace desaparecer el estado de subordinación y dependencia de los trabajadores, elevándolos a la condición de colaboradores libres, responsables y permanentes del empresario, llevándole sus incentivos y aspiraciones, experiencias y opiniones, lo que redunda en beneficio para toda la empresa.

COHESIÓN POLÍTICA: relación política que se da mediante una verdadera atracción de integrantes de un grupo o de una comunidad política. Es una verdadera integración política.

COLABORACIONISTA: quien colabora o presta su colaboración a un régimen político enemigo de su nacionalidad o antipatriótico.

COLECTIVISMO: doctrina que tiende a eliminar la propiedad privada y a transferirla a la colectividad.◆ Ver **Colectivismo económico.**

COLECTIVISMO ECONÓMICO: supresión o extinción de la propiedad privada individual de los medios de producción y su transferencia a la colectividad con el objeto de su futura utilización.◆ Sistema económico en el cual los medios de producción constituyen una propiedad colectiva y se elimina la propiedad privada.◆ Sistema económico basado sobre la propiedad social de los medios de producción, denotando como propiedad social la que pertenece al Estado o a cooperativas de trabajadores o consumidores. La propiedad es estatal y la cooperativa, en efecto, es la forma del control socialista o colectivista sobre los instrumentos de producción *(J. H. Olivera)*.◆ Doctrina que defiende la propiedad pública y tiende a suprimir la propiedad privada, transferirla a la colectividad y confiar al Estado la distribución de la riqueza.

COLEGIADA: forma de gobierno en la cual el órgano o el Poder Ejecutivo se puede formar siempre con más de un individuo, de las siguientes maneras: a) un hombre y un grupo de hombres; b) dos hombres; c) más de dos hombres, también llamada "directorial" *(G. Bidart Campos)*.

COLEGIO ELECTORAL: asamblea o reunión de electores comprendidos legalmente en un mismo grupo para ejercer su derecho de acuerdo con las leyes.

COLEGIO MILITAR: escuela, instituto y/o cosa destinada a la institución y la educación de los jóvenes que se dedican a la milicia.

COLISIÓN: pugna u oposición de ideas, intereses, principios, entre determinadas personas o grupos.

COLONATO: antiguo régimen de explotación del suelo según el cual el propietario terrateniente instala en una tierra a un colono que la explota bajo su vigilancia. En la mayoría de los casos, el colono no puede percibir más que una parte de la cosecha o de ciertas cosechas o productos de la aparcería.

COLONIALISMO: política que tiende a la conquista y la explotación de las colonias. ◆ El 14 de diciembre de 1960, la Asamblea General de las Naciones Unidas proclamó la Declaración sobre la Concesión de la Independencia a los Países y Pueblos Coloniales. En ella, se afirma que la sujeción de los pueblos a la dominación y a la explotación extranjeras constituye una denegación de los derechos humanos fundamentales, es opuesta a la Carta y compromete la promoción de la paz y la cooperación mundiales, y que en los territorios en fideicomiso y no autónomos y en todos los demás territorios que no han logrado aún su independencia, deberán tomarse inmediatamente medidas para traspasar todos los poderes a los pueblos de esos territorios, sin condiciones ni reservas, en conformidad con su voluntad y sus deseos libremente expresados, y sin distinción de raza, credo ni color, para permitirles gozar una libertad y una independencia absolutas. Al verificar cada año la situación de los territorios no autónomos, la Asamblea General ha reafirmado que la continuación del colonialismo en todas sus formas y manifestaciones es incompatible con la Carta, con la Declaración Universal de Derechos Humanos y con la Declaración sobre Descolonización.◆ Expansión de Estados con un poderío y desarrollo por encima de los países o territorios que anexan, sea por motivos económicos, políticos y/o estratégicos. Generalmente, la anexión se produce a través de invasiones, es decir, por la fuerza. No obstante ello, en los últimos tiempos, los métodos de dominación son más sofisticados, a través de la

economía o de la política.◆ Política expansiva llevada a cabo por un Estado con el objeto de incorporar territorios de otros países con menor desarrollo pero que poseen potencialmente riquezas de envergadura. Este tipo de política implica la existencia de un país colonizador y de un país dominado. La relación de subordinación se da a nivel político y económico.

COLONIZACIÓN: acción y efecto de adoptar un territorio para recibir pobladores, favoreciendo el desarrollo y la utilización de los productos locales.

COMANDO CAMILO TORRES: grupo dirigido por un sacerdote colombiano devenido en guerrillero y muerto en combate. Éste sería el embrión de Montoneros. Sus banderas eran: peronismo, socialismo y lucha armada.

COMECON: institución designada con esta sigla en reemplazo de *Council for Mutual Economic Assistance*. Para algunos también denominada CAEM (Consejo de Asistencia de Economía Mixta o Ayuda Económica Mutua). Un comunicado de la publicación oficial del Partido Comunista (1918-1991) PRAVDA (en ruso, verdad) del 25 de enero de 1949 anunció su creación, pero ninguna otra indicación permitió establecer si se firmó verdaderamente un acuerdo. A los seis Estados fundadores, la U.R.S.S., Polonia, Hungría, Checoslovaquia, Bulgaria y Rumania, se añadieron en febrero de 1949, Albania, y en 1950, la República Democrática Alemana. Observadores de países no miembros participaban irregularmente en los trabajos del Consejo o de sus órganos de trabajo, entre los que se destacaron Yugoslavia, Corea, Vietnam del Norte, China y Cuba, para incorporarse posteriormente la mayoría como Estados miembros. La asamblea estaba formada por representantes de cada Estado miembro, que se reunían dos veces por año en una de las capitales y era, en principio, el órgano superior del Consejo y fijaba su programa y presupuesto. El objetivo de este organismo, con sede en Moscú, era la cooperación económica y, específicamente, brindar: 1) asistencia técnica e intercambio tecnológico; 2) organización multilateral de los recursos y de las necesidades; 3) facilidades en los pagos multilaterales; 4) ayuda para la creación de vías de comunicación entre los países miembros. Este antiguo mercado común de los países comunistas de Europa del Este fue disuelto el 28 de junio de 1991.

COMICIOS: asamblea del pueblo en Roma que se hacía para resolver aspectos de la vida colectiva.◆ Actos electorales.◆ Reuniones.

COMINFORM: Oficina de Informaciones de los Partidos Comunistas de Europa.◆ Organización creada en 1947 para el intercambio de informaciones entre los países comunistas de la U.R.S.S., Polonia, Checoslovaquia, Hungría, Rumania, Bulgaria, Yugoslavia, Italia, Francia y, en un segundo período, Holanda y Albania. Tuvo su sede en Belgrado y luego en Bucarest. Sustituyó al COMINTERN, disuelto en 1943. A su vez, el COMINFORM se disolvió en 1956. Palabra compuesta por las abreviaturas *Kom* (comunista) e *Inform* (información).

COMINTERN: Tercera Internacional Comunista. ◆ Palabra compuesta por las abreviaturas *Kom* (comunista) e *Intern* (internacional), que designa la organización del partido comunista de todos los países o Tercera Internacional Comunista, creada en 1919 y disuelta en 1943.

COMISIÓN DE LAS NACIONES UNIDAS PARA EL DERECHO INTERNACIONAL: CNUDI.◆ Establecida por la Asamblea General de 1947 para promover el desarrollo progresivo del derecho internacional y su codificación. La Comisión, que se reúne anualmente, está integrada por treinta y cuatro miembros elegidos por la Asamblea General por períodos de cinco años.

COMISIÓN ECONÓMICA PARA AMÉRICA LATINA Y EL CARIBE: CEPAL. ◆ Organismo de las Naciones Unidas fundado en 1948, con sede en Santiago de Chile. Su función básica es asesorar a los gobiernos en planes de desarrollo agrario e industrial.

COMISIÓN EUROPEA: gobierno de la Unión Europea. Está compuesta por veinte personas; éstas deben ser independientes, no proceder por indicación de sus partidos políticos y ser nombradas por los Estados miembros, por cinco años. El presidente es elegido entre los veinte, por consenso entre los jefes de gobierno de los quince países que integran la Unión Europea. La comisión diseña e implementa la legislación común de la Unión Europea y vigila el cumplimiento de los tratados firmados.

COMISIÓN INTERAMERICANA DE DERECHOS HUMANOS: CIDH.◆ Organismo de la OEA, con sede en Washington.

COMISIÓN NACIONAL SOBRE LA DESAPARICIÓN DE PERSONAS: ver **CONADEP**.

COMITÉ: comisión de personas.◆ Delegación.◆ Centro cívico o político. ◆ Grupo de personas que conduce o dirige un partido político.

COMITÉ DE CRISIS: grupo de personas con especialización en diferentes campos que coordinan sus diversas destrezas para lograr un objeto común durante una situación crítica. Tiene un presidente o un jefe que es director general de todas las estrategias, planes y acciones durante la crisis *(H. L. Yrimia).*

"COMMONWEALTH OF NATIONS": ver **Comunidad Británica de Naciones.**

CÓMO SE VOTA: el procedimiento vigente en la mayor parte de los países latinoamericanos es similar para todos ellos. Existen muy pocas diferencias; la secuencia es la siguiente: 1) El elector entrega su documento de identidad en la mesa correspondiente. El presidente verifica que sus datos coincidan con los del padrón. 2) El presidente le entrega un sobre abierto y firmado por él y lo invita a pasar al cuarto o recinto privado. 3) En él, el elector coloca su voto en el sobre y lo cierra. Es necesario que haya boletas de todos los candidatos. En caso de faltar alguno, se debe reclamar al presidente de mesa sin mencionar a qué partido corresponde. 4) Deposita su voto en la urna y el presidente debe constatar que el sobre es el mismo que él entregó. 5) El voto se registra en el documento y en el padrón. En aquél, queda la constancia de voto, fechada, sellada y firmada.

COMPAÑERO: el que, estando o no afiliado a un partido político, asociación, etcétera, colabora con él o participa de sus ideas.◆ Denominación que reciben, en la Argentina, todos aquellos militantes o simpatizantes del Movimiento Nacional Justicialista.

COMPETENCIA: disputa o contienda por la conquista de un mercado.◆ Se aplica cuando en un mercado existe un gran número de oferentes y de demandantes y en el que ninguna empresa puede alterar el precio de mercado.◆ Aptitud de una autoridad pública para realizar actos jurídicos.◆ Concurso de precios y ofertas.◆ Esfuerzo de una o más partes que actúan independientemente, para obtener la preferencia de una tercera en los términos más favorables. La libertad de acción y el afán de beneficio personal son dos aspectos básicos. En cuanto una persona o una empresa obtienen ganancias superiores a lo normal, otros individuos o empresas ingresan al mercado, de manera tal que abaratan el producto y redistribuyen las ganancias. ◆ Forma de mercado, de una actividad o de un proceso social.◆ No debe ser entendida como simple coexistencia de un gran número de firmas en un mercado; sino que, más bien, habrá de referirse a la habilidad y a la voluntad de los productores para invadir con éxito los mercados ajenos. ◆ Medida de jurisdicción asignada a un órgano del Poder Judicial, que consiste en la determinación genérica de los asuntos en los cuales es llamado a conocer, en razón de la materia, la cantidad y el lugar.

COMPETENCIA IMPERFECTA: se aplica, en una industria o grupo de industrias, siempre que cada vendedor se enfrenta con una curva de demanda que no es horizontal y ejerce, en consecuencia, el grado de control sobre el precio *(P. Samuelson).*◆ Se trata de una clase de competencia donde existen muchos vendedores diferenciados, con pocos o muchos productores, con muchas diferencias reales o imaginarias en el producto; generalmente, rige en el comercio al por menor.◆ Se refiere a los mercados en los que no existe competencia perfecta, porque al menos un vendedor (o un comprador) es suficientemente grande para influir en el precio de mercado y, por lo tanto, tiene una curva de demanda (o de oferta) de pendiente negativa. Este tipo de competencia se refiere a cualquier tipo de imperfección: el monopolio puro, el oligopolio o la competencia monopolística *(P. Samuelson).* ◆ Ver **Competencia monopolística**.

COMPETENCIA MONOPOLÍSTICA: estructura del mercado en la que hay muchos vendedores que ofrecen bienes que son sustitutivos cercanos, pero no perfectos. En este tipo de mercado, cada empresa puede influir, en cierta medida, en el precio de su producto *(P. Samuelson).*◆ Ver **Competencia imperfecta**.

COMPETENCIA PERFECTA: tipo de mercado en el que: 1) hay muchos demandantes y muchos oferentes de productos físicamente idénticos; 2) los demandantes y los oferentes están perfectamente informados sobre los precios a los cuales están teniendo lugar las transacciones del período; 3) ningún demandante ni oferente individual se cree capaz de influir en el precio variando sus compras o ventas *(R. Clower – J. Due).*◆ Para considerar un mercado como de competencia perfecta, éste deberá cumplir, necesariamente, con cada una de las siguiente condiciones: 1) gran número de demandantes y oferentes; 2) producto homogéneo; 3) libre movilidad de los recursos; 4) conocimiento perfecto.

COMPLOT: acuerdo o confabulación entre dos o más personas, generalmente contra el Estado o las autoridades legalmente constituidas.◆ Trama o intriga.

COMPORTAMIENTO: forma de ser o de actuar del individuo que responde así a un estímulo exterior.◆ Ver **Actitud**.

COMPORTAMIENTO ACTIVO: se aplica cuando existe acción.

COMPORTAMIENTO PASIVO: se aplica cuando existe una opinión.

COMPORTAMIENTO POLÍTICO: comportamiento social caracterizado por el tipo de relaciones inter-humanas que constituyen la trama dinámica de la relación fundamental de mando y obediencia.◆ Exteriorización de una actitud política susceptible de comprobación y medidas estadísticas *(P. L. Verdú).*◆ Manifestación de actitudes políticas; en última instancia, todos los acontecimientos políticos son resultado de las actitudes de los individuos. Las pautas de voto traducían actitudes políticas *(Stuart Rice).*◆ Ver **Actitud.**

COMPROMISARIO: representante de los electores primarios para votar en elecciones de segundo o posterior grado.◆ Persona designada para negociar o discutir en nombre de un grupo, partido o movimiento.

COMPROMISO HISTÓRICO: pacto histórico llevado a cabo por un conjunto de personas que se unían para lograr determinados fines a cuya realización se comprometían.

COMUNA: conjunto de individuos que viven en total comunidad económica, sexual, etcétera, al margen de las convenciones sociales.◆ Forma de organización económica y social fundada en la propiedad colectiva, con exclusión total de los valores tradicionales. ◆ División del área urbana de un municipio.

COMUNA DE PARÍS: denominación que recibieron los dos cuerpos que, en ocasiones distintas, gobernaron la ciudad de París. La primera se implantó al inicio de la Revolución Francesa y la segunda, en marzo de 1871.

COMUNALISMO: sistema de propiedad de la tierra, abastecimientos u otros objetos, que se opone al de la propiedad privada o individual.◆ Teoría de gobierno basada en un máximo de autonomía para todos los grupos minoritarios locales.

COMUNEROS: nombre de una sociedad secreta española que surgió en el seno de la masonería en 1821.◆ Denominación de un grupo de paraguayos que, dirigidos por Antequera, gobernador y justicia mayor de Asunción, se sublevó en 1721, pidiendo mayores libertades y derechos para los cabildos. Antequera fue encarcelado y ejecutado.

COMUNICACIÓN: término que deriva de *communis*: común. Es un intento de instaurar una "comunidad" entre el emisor y el receptor por medio del mensaje.

COMUNICADO: nota o declaración concisa que se da a conocer a la opinión pública a través de los medios de comunicación, generalmente, por un gobierno, partido político, movimiento o grupo.

COMUNIDAD: congregación de personas que conviven y se someten a ciertas reglas.

COMUNIDAD BRITÁNICA DE NACIONES: *Commonwealth of Nations.*◆ Asociación de Estados y territorios de colonización británica. Son Estados independientes y soberanos, cada uno de ellos responsables de sus propias políticas, que se consultan y cooperan en los asuntos de interés común para sus pueblos y para la promoción de la comprensión internacional y la paz mundial. Jurídicamente, quedó definida en el Estatuto de Westminster en 1931. La *Declaración de Principios del Commonwealth* fue suscrita por los jefes de gobierno de los Estados miembros en Singapur, el 22 de enero de 1971. Con sede en Londres, la Comunidad se inició prácticamente en 1840, cuando Inglaterra otorgó a Canadá el ejercicio del gobierno propio bajo el nombre de "Dominio de Canadá". Posteriormente siguieron: Australia, Nueva Zelanda y Sudáfrica; descriptos como comunidades autónomas dentro del Imperio Británico, con igual estatus. La comunidad se consolidó con el ingreso de India y Pakistán en 1947, luego hubo más incorporaciones. Los miembros plenos de la Comunidad son cuarenta y nueve: veintidós monarquías y veintisiete repúblicas *(U. Figueroa Plá)*. No constituye una alianza ni una federación. El órgano superior son los Primeros Ministros reunidos, lo que sucede anualmente en Londres. Entre otros, figuran: Canadá, India, Reino Unido, Pakistán, Mauricio y Bangladés. No tiene un estatuto escrito. El derecho consuetudinario es la norma de conducta; la costumbre, los precedentes y los textos que se van explicitando en las sucesivas reuniones, constituyen su normativa. Dentro de la *Commonwealth* se pueden distinguir: 1) países independientes: tienen la categoría de miembros de la Comunidad y son Estados soberanos e independientes, por ejemplo, Canadá, Australia, etcétera; 2) dependencias de la Corona: son las islas anglonormandas y la Isla de Man; 3) colonias simples: aquellos directamente administrados por el gobierno británico; por ejemplo, Gibraltar, Barbados, etcétera; 4) colonias con dependencias, como Mauricio; 5) protectorados y Estados protegidos, como Islas Salomón; 6) condominio: es decir, cuando se reparten entre dos la responsabilidad administrativa; por ejemplo, las Nuevas Hébridas, entre Reino Unido y Francia; 7) territorios bajo fideicomiso, como Maurú, bajo fideicomiso de Australia y Nueva Zelanda; 8) territorios en arriendo: como lo fue la Isla de Hong Kong, cedida por China en virtud del Tratado de Mankín en 1842 y ampliado por Pekín en 1860 y 1898. En 1997 volvió a China.

COMUNIDAD CHIÍTA: comunidad iraquí oprimida.

COMUNIDAD DE ESTADOS INDEPENDIENTES: CEI.◆ Bloque constituido por las ex repúblicas soviéticas. Estudia la creación de un mercado común, proyecto difícil debido al caos de la transición del comunismo a la economía libre, pero posible por la interdependencia histórica y por el uso del rublo como moneda. Sus componentes son: Armenia, Azerbaiyán, Bielorrusia, Kazajstán, Kirguistán, Moldavia, Rusia, Tayikistán, Ucrania y Uzbekistán.

Turkmenistán abandonó el organismo y se convirtió en miembro asociado. Su sede está en Viena, Austria y su fundación fue en 1991.

COMUNIDAD DEL CARIBE: CARICOM. ◆ Tratado firmado en Chaguaramas en julio de 1973, originariamente por Barbados, Guyana, Jamaica y Trinidad y Tobago, denominados los países grandes. Posteriormente, se agregaron ocho países de menor desarrollo económico relativo, ellos son: Antigua y Barbuda, Belice, Dominica, Granada, Montserrat, San Cristóbal y Nieves, Santa Lucía y San Vicente y las Granadinas. La finalidad del grupo fue establecer en forma progresiva un mercado común mediante las siguientes pautas: a) un programa de liberación comercial; b) la fijación de un arancel externo común; c) el establecimiento armónico de políticas; d) la compatibilización de los incentivos tributarios a la industria.

COMUNIDAD ECONÓMICA DE LOS ESTADOS DE ÁFRICA OCCIDENTAL: CEDEAO.◆ Bloque fundado en 1975, que se creó con el objeto de enfrentar las dificultades surgidas debido al subdesarrollo económico y a los conflictos políticos y tribales de la región. Su sede está en Uadadugú (Burkina Faso)Está compuesta por: Benín, Burkina Faso, Cabo Verde, Costa de Marfil, Ghana, Guinea, Guinea-Bissau, Liberia, Malí, Níger, Nigeria, Senegal, Sierra Leona y Togo.

COMUNIDAD EUROPEA DE LA ENERGÍA ATÓMICA: CEEA.◆ Ente constituido mediante el Tratado de Roma en 1957. Su objetivo fundamental radicaba en la utilización coordinada de las técnicas, los descubrimientos nucleares y la producción de energía atómica en gran escala.

COMUNIDAD EUROPEA DEL CARBÓN Y EL ACERO: CECA.◆ Organismo con el que se inicia el proceso de integración económica de los seis países que conformaban la "Pequeña Europa". Esta comunidad sentó las bases con una certeza y una visión de futuro realmente envidiable. La declaración original fue el 9 de mayo de 1950 y fue acogida con satisfacción al responder afirmativamente a la invitación del gobierno francés. El 20 de junio, se abrió la Conferencia encargada de elaborar el tratado en el que participaron Alemania Federal, Bélgica, Francia, Italia, Luxemburgo y los Países Bajos. El 18 de abril de 1951, en París, firmaron el Tratado y, posteriormente, el 25 de julio de 1952, entró en rigor. La CECA se basaba en la idea fundamental de crear un mercado común limitado a las materias del acero y del carbón y a la consecución de unos objetivos comunes. El Tratado utilizó por primera vez el término supranacional; es decir, un término que sirvió para edificar un tipo de organización a la que se han transmitido, por los Estados miembros facultades soberanas que tradicionalmente se reservaban. Tenía personalidad jurídica internacional, órganos legislativos y judiciales, facultades soberanas escindidas de los Estados miembros, y los órganos de la Comunidad tomaban sus decisiones en general por mayoría de votos y, salvo el Consejo de Ministros, las personas que componían los órganos actuaban con plena independencia de los Estados. El período de vigencia del Tratado era de cincuenta años, por ello, ya no la tiene.

COMUNIDAD INTERNACIONAL: conjunto de pueblos y de razas que existen en el planeta.◆ Actividad de la raza humana, que trasciende las fronteras del Estado - Nación y se conecta a un mundo global de interacciones, conjuntamente con intenciones y organizaciones que desarrollan un orden internacional.

COMUNIDAD ORGANIZADA: idea desarrollada por Juan D. Perón que constituyó el despliegue de su propia filosofía política y que busca un equilibrio entre el individuo y lo social.

COMUNIDAD POLÍTICA: se aplica cuando una comunidad se refiere a la dimensión total del hombre, que es ser persona, y en cuanto esa personalidad se refiere a la totalidad de los proyectos humanos en un determinado nivel histórico.

COMUNIDADES CAMPESINAS: expresión rural de grandes civilizaciones preindustriales con estructuras de clases y complejidad económica, en las cuales se han desarrollado el comercio, las artes y los oficios especializados; el dinero circula de mano en mano y las tendencias del mercado constituyen la coronación de muchos esfuerzos del productor.

COMUNISMO: doctrina económica social opuesta al individualismo y a sus manifestaciones sobre el respeto a la propiedad privada, la familia y la religión. Sustenta la colectivización de los medios de producción y la subordinación de los bienes y los derechos a las necesidades del Estado, representante del interés general. Proviene de los conceptos de riqueza enunciados en las teorías económicas de algunos filósofos griegos, como Licurgo, Platón, Pitágoras, Epicuro, y avanza hacia diversas teorías utópicas, entre las que se destacan la de Tomás Moro y la de Tomás Campanella. En el siglo XVIII, se pretende llevarlo a la práctica de carácter político, que luego sirve de base a Marx y las teorías de Engels.◆ Hoy se entiende de manera corriente como el marxismo interpretado por los políticos rusos que realizaron la revolución de 1917 y que, con el nombre de bolchevismo, han aplicado en su país *(C. A. Quintero)*.

COMUNISMO LIBERTARIO: comunismo de tendencia anarquista, inspirado en las doctrinas de Bakunin y Kropot.◆ Ver **Libertario**.

CONADEP: Comisión Nacional sobre la Desaparición de Personas. Organismo creado en la Argentina mediante el decreto 187 del 15 de diciembre de 1983. Su objetivo fue intervenir activamente en el esclarecimiento de los hechos relacionados con la desaparición de personas ocurridos en el país, averiguando su destino o paradero, así como también toda otra circunstancia relacionada con su localización. El 29 de diciembre de dicho año, fue elegido su presidente, por unanimidad, el escritor Ernesto Sábato.

CONCEJAL: quien representa la voluntad del pueblo de la comuna o del municipio para la solución de los problemas y el mejoramiento integral del conglomerado urbano que lo elige.◆ Edil.◆ Representante.

CONCEJALÍA: en algunos países, oficio a cargo del concejal.◆ Cada uno de los departamentos asignados a un concejal.

CONCEJO: municipio.◆ Ayuntamiento. ◆ Sesión realizada por los miembros de un Concejo.

CONCEJO DELIBERANTE: parte del gobierno municipal en algunos países de América, conformada por el cuerpo de concejales.

CONCEJO MUNICIPAL: corporación administrativa de origen constitucional y de elección popular que funciona en un municipio.

CONCENTRACIÓN: se aplica cuando los poderes de decisión se encuentran reunidos en los órganos superiores de la administración pública, o bien, cuando la agrupación de las facultades decisorias se opera en los órganos directivos de las entidades estatales descentralizadas *(J. C. Cassagne)*.

CONCENTRACIÓN ECONÓMICA: la palabra concentración abarca el movimiento que genera el crecimiento de las organizaciones económicas con el objetivo de aumentar el poder de control en los mercados. Se da a través de un proceso de absorción o unión de empresas que posibilita desarrollar la economía de escala.◆ Proceso económico que se caracteriza por el engrandecimiento de una unidad económica a expensas de otras menores, a las cuales absorbe.

CONCERTACIÓN: mecanismo mediante el cual, dos o más gobiernos actúan conjuntamente en el plano estatal, por lo general a nivel diplomático y con fines políticos, frente a otros actores individuales o colectivos *(J. G. Tokatlian).*

CONCIENCIA CÍVICA: conocimiento reflexivo y responsabilidad por las instituciones e intereses de la patria.

CONCIENCIA COLECTIVA: conjunto de representaciones, ideas, creencias e ideales comunes a una sociedad.

CONCIENCIA DE CLASE: conocimiento real de la clase social a la que se pertenece.◆ Actitud que predomina en un conjunto de individualidades de pertenecer a un mismo grupo social, con unos intereses comunes que predisponen a la creación de organizaciones para su defensa conjunta.◆ Reconocimiento de sus intereses como clase social de acuerdo con la posición en el proceso de producción *(K. Marx).*

CONCIENCIA NACIONAL: lucha del pueblo argentino por su liberación. En este sentido, el interés por la historia es la conciencia de la libertad como necesidad. Esta conciencia es colectiva pese a que sus formulaciones conscientes surjan de mentes individuales. A esta conciencia histórica se han resistido y resisten otras fuerzas. La falta de unidad nacional, estimulada durante más de un siglo por el imperialismo y por la clase terrateniente, ha contado y cuenta con aliados: el carácter pluri-racial y la división en clases de la población argentina, factores que han ejercido una efectiva influencia a través del sistema educativo de la oligarquía, en la visión cultural apócrifa de vastos sectores sociales sobre el país argentino *(J. J. Hernández Arregui.)*

CONCIENCIA POLÍTICA: concepción o visión global que tiene un conjunto

social o parte de él sobre el poder, sus instituciones, sus relaciones sociales y metodológicas aplicables.

CONCIENCIA "TRADEUNIONISTA": convicción de la necesidad de agruparse en uniones, de luchar contra empresarios y de arrancar al gobierno tal o cual ley necesaria para los trabajadores.

"CONCIENTIZACIÓN": neologismo utilizado en lugar de concienciación, que significa políticamente una acción tendiente a despertar en el pueblo la conciencia de su dignidad, de sus derechos y del contraste entre sus derechos y la situación de miseria e injusticia a la que está reducido.

CONCILIACIÓN: procedimiento para resolver una controversia mediante la sumisión a una comisión de personas cuya tarea es dilucidar los hechos (generalmente después de oír a las partes y de esforzarse en llevarlas a un acuerdo) y redactar un informe que contenga propuestas de arreglo, pero que no tiene el carácter obligatorio de una decisión judicial o de una sentencia.

CONCLUSIÓN: inferencia cuya verdad es derivada de ciertas premisas mediante reglas lógicas. Representa la síntesis de los resultados obtenidos a través de un proceso de investigación.

CONDOMINIO: se aplica cuando dos o más Estados gobiernan un territorio. Ejemplo: Nuevas Hébridas es gobernado por más de setenta años por Inglaterra y Francia.

CONDUCCIÓN ESTRATÉGICA: dirigencia del total de las fuerzas puestas en juego en la guerra.

CONDUCTA COLECTIVA: tipo de comportamiento social que en virtud de la naturaleza se pone de manifiesto en la importancia de temas tales como muchedumbres, populachos, pánicos, manías, furores de baile, determinaciones repentinas y unánimes, conducta masiva, opinión pública, propaganda, modas, novedades, cambios sociales, revoluciones y reformas *(H. Blumer)*.

CONFEDERACIÓN: unión permanente de Estados independientes, basada en un pacto acordado para defenderse de otra o de otras potencias y asegurar la paz interior de sus territorios *(Jellinek)*.◆ Unión de Estados semiindependientes, o semisoberanos, con una autonomía y una autarquía totales en el ámbito interno de sus territorios, para unificar sus aduanas, su comercio exterior, sus monedas, la capacidad de legislar en el 90 % de la normativa económica y la totalidad de sus normativas penales, civiles y procesales *(A. Pellet Lastra)*.

CONFEDERACIÓN DE ESTADOS: asociación de Estados soberanos que conservan integralmente su autonomía y su personalidad internacional para ciertos fines especiales que son, generalmente, los siguientes: la mantención de la paz entre los Estados confederados, la defensa de éstos y la protección de los intereses comunes *(A. Llanés Torres)*.◆ Uniones entre Estados en las que se pretenden una coordinación en un plano de igualdad, absoluta o relativa. Pueden ser "uniones personales" o "uniones reales".

CONFEDERACIÓN DE NACIONALIDADES INDÍGENAS: CONAIE.◆ Organización ecuatoriana que nuclea a los indígenas del país y que se caracteriza por su voluntad combativa y por haber llevado a cabo un verdadero levantamiento. Su crecimiento se debió, además de su lucha, al descrédito que sufrieron los partidos políticos tradicionales.

CONFERENCIA: reunión de representantes de gobiernos o Estados para tratar asuntos diversos de interés colectivo. En realidad, es una fuente del derecho internacional; permite sustituir las disputas por la negociación y ello es aplicable a los aspectos políticos, económicos, militares, etcétera.

CONFERENCIA DE LAS NACIONES UNIDAS SOBRE COMERCIO Y DESARROLLO: UNCTAD.◆ Órgano principal de la Asamblea General en la esfera del comercio y el desarrollo. Tiene ciento setenta y nueve Estados miembros y su Secretaría está asentada en Ginebra, Suiza. El mandato de este organismo consiste en promover el comercio internacional, en particular el de los países en desarrollo, con miras a acelerar su crecimiento económico.

CONFERENCIAS INTERAMERICANAS: nombre que reciben las reuniones internacionales entre naciones americanas. Se llevaron a cabo desde 1889 hasta la creación de la OEA.

CONFINAMIENTO: acción y efecto de recluir a alguien dentro de límites o destinarlo a una residencia obligatoria. ◆ Para que se le impone a un condenado y que le obliga a vivir en un lugar distinto al de su domicilio.

CONFISCACIÓN: acción de incautarse los bienes de una persona por parte del Estado.

CONFLICTO: embate violento entre dos fuerzas opuestas en su acepción social; tiene especial acogida en una visión dialéctica de la historia, divulgada mediante la doctrina marxista. Según ésta, el conflicto es el gran acelerador de la historia en el sentido de la llegada de la sociedad comunista.

CONFLICTO DE SIERRA LEONA: feróz guerra civil que provocó más de diez mil muertos desde 1991 en Sierra Leona, antigua colonia británica ubicada en el extremo occidental del Golfo de Guinea, sobre el Océano Atlántico. Tiene 72.000 km². Sólo el 20 % de su población es alfabeta y el ingreso per cápita es de U$S 120. De sus cinco millones de habitantes, cientos de miles están aislados por los enfrentamientos, que sacuden fundamentalmente a la capital, Freetown. Esta lucha la llevan adelante las tropas leales al presidente constitucional Ahmed Kabbah, respaldado por varios países de África Occidental, y los rebeldes del Frente Revolucionario Unido (FRU), liderados por Foday Sankoh, un ex fotógrafo que dice tener poderes sobrenaturales y que está actualmente encarcelado, tras su condena a muerte por alta traición y por haber creado el FRU. Los rebeldes quieren una democracia agraria y el socialismo revolucionario. Con el apoyo de mercenarios de Liberia, pretenden también liberar a su jefe. Este conflicto apareció en 1991, cuando el jefe guerrillero creó el FRU. Luchó contra los sucesivos regímenes que dominaron el país hasta que, en mayo de 1997, con la ayuda de militares rebeldes, derrocó al presidente Kabbah, a quien acusó de corrupto. Luego, en mayo de 1998, el mandatario fue repuesto en su cargo, tras la ofensiva de una fuerza de intervención de la Comunidad Económica de Estados de África Occidental.

CONFLICTO EN IRLANDA DEL NORTE: conocida como el Ulster, Irlanda del Norte es una provincia británica ubicada al norte de la República de Irlanda. Su capital es Belfast. En sus 14.000 km² viven 1.570.000 personas, de mayoría protestante y minoría católica. Las diferencias son ancestrales y se remontan a la llegada de los ingleses a Irlanda en 1171. Pero el conflicto comienza a perfilarse en 1600, cuando se hizo efectiva la ocupación británica del Ulster, con la confiscación de tierras de los campesinos católicos a favor de inmigrantes, en su mayoría escoceses protestantes. En 1703, sólo el 5 % de las tierras estaba en manos de católicos, víctimas de un sistema de discriminación. El odio se terminó de materializar con la independencia de Irlanda en 1921, que se hizo efectiva en 1937, de la que el Ulster no pudo participar, quedando bajo el control de la corona británica. Los católicos nacionalistas buscan la reunificación de la provincia con la República de Irlanda. Los protestantes unionistas persisten en mantener la unión con Gran Bretaña. El abuso y la explotación en contra de los católicos impulsó, a principios de este siglo, el surgimiento de grupos dispuestos a terminar la unión con Gran Bretaña por la fuerza, entre ellos los "Sinn Fein" y su brazo armado, el Ejército Republicano Irlandés (IRA). En la Pascua de 1916, mientras en el continente se sucedía la Primera Guerra Mundial, se registró en Dublín, capital de Irlanda, un levantamiento armado. Pero fracasó y sus autores fueron ejecutados. En 1969, sobrevino el desorden civil y el IRA se consolidó como el reflejo de la resistencia católica armada pro republicana. Ante una autoridad local desbordada, Londres envió al Ejército. El 30 de enero de 1972, las tropas británicas en el Ulster abrieron fuego contra una pacífica manifestación por la defensa de los derechos humanos. Murieron catorce personas. Este hecho quedó registrado en la historia como "Domingo Sangriento". En 1996, la tregua pareció posible con el inicio de las negociaciones de paz, alentadas por el presidente de los EEUU, Bill Clinton. La llegada del laborismo a Gran Bretaña abrió un nuevo horizonte; y por primera vez en casi treinta años, protestantes unionistas y católicos nacionalistas se sentaron, en octubre de 1997, a la mesa de negociaciones. En abril de 1998, sellaron la paz.

CONFUCIONISMO: cuerpo de ideas y prácticas basadas en antiguas creencias chinas y respaldadas por la autoridad del filósofo Confucio (551-479 a de C.). Puso énfasis en el orden moral y la observancia de la familia y las relaciones sociales, obediencia, autoridad y respeto, y el cumplimiento de normas éticas permanentes e inviolables.

CONFUSIÓN ABSOLUTA DE PODERES: supone la existencia en el Estado de un órgano único que acumula numerosas funciones: no existe más que un solo órgano gubernamental en el Estado y todos los demás tienen únicamente carácter administrativo (S. V. Linares Quintana).

CONFUSIÓN RELATIVA DE PODERES: es frecuente y ocurre cuando los órganos gubernamentales están estrechamente subordinados los unos a los otros, de manera que uno solo de ellos está investido el poder de decisión (S. V. Linares Quintana).

CONGRESO: junta de varias personas para deliberar sobre algún tema determinado.◆ En algunos países, conjunto de órganos integrantes del Poder Legislativo, por lo general Cámara de Diputados y Cámara de Senadores. ◆ La Cámara de Diputados y el resto de los órganos legislativos reciben el nombre de Asamblea, Parlamento, Cortes, Dieta, etcétera.◆ Reunión de gobernantes, delegados y representantes de diversas naciones para tratar cuestiones que afectan a todos.

CONGRESO NACIONAL: en la Argentina, edificio que alberga los recintos de deliberaciones de diputados y senadores. Comenzó a construirse en 1898 y se inauguró en 1906. Sin embargo, las obras recién se terminaron en 1946. Tiene fachadas clasicistas de corte grecorromano y está decorado con estatuas, emblemas y bajorrelieves. Su color original era gris claro con vetas rosadas. El corazón del viejo edificio es de ladrillos y recién para el centenario de la Revolución de Mayo, en 1910, fue recubierto con piedra.

CONJURA: verificación de una nota característica del pensamiento político, con arreglo a la normativa y técnica de toda conjura, a saber: entendimiento y confabulación entre varias personas para eliminar, conforme a un plan, a una persona o a varias que ejercen una potestad.

CONMOCIÓN INTERIOR: levantamiento, tumulto o alteración del orden en una región o pueblo que pongan en peligro inminente la paz y el orden constitucional.

CONMUTACIÓN DE PENAS: reducción de una condena; es una de las herramientas constitucionales que tiene un presidente cuando toma la decisión política de beneficiar a un preso. Es un perdón parcial. También puede estar referida a su gravedad; por ejemplo, sustituir la pena de muerte por la de reclusión perpetua.

CONQUISTAR: incorporar o ganar, mediante una operación de guerra, un territorio, una población, etcétera.

CONOCIMIENTO: conjunto de exposiciones ordenadas de fechas e ideas, que presentan un juicio razonado o un resultado experimental, que se transmite a otros a través de algún medio de comunicación bajo una forma sistemática *(D. Bell)*.

CONSEJO: corporación consultiva encargada de informar al gobierno sobre determinadas materias.◆ Cuerpo consultivo de compañías particulares.

CONSEJO DE COOPERACIÓN PARA LOS ESTADOS ÁRABES DEL GOLFO: conocido como el Consejo de Cooperación del Golfo, fue creado el 25 de mayo de 1981 por los jefes de Estado de Arabia Saudita, Bahréin, Kuwait, Omán, Catar y Emiratos Árabes Unidos. Organización cuyo propósito es lograr una coordinación, integración y cooperación en todos los problemas y actividades económicas, sociales y culturales. La sede de este organismo está en Riad, Arabia Saudita. Existe un Consejo Supremo conformado por todos los jefes de Estado, que se reúne anualmente; su presidencia es rotativa. Esta organización acordó establecer

en 1983 una Corporación de Inversiones del Golfo, compuesta por los seis Estados miembros.

CONSEJO DE ESTADO: alto cuerpo consultivo que entiende en los negocios más graves e importantes del Estado. Ha existido en distintas épocas y con atribuciones diversas.

CONSEJO DE GABINETE: en Panamá, reunión del Presidente de la República, quien la preside, o del encargado de la Presidencia, con los vicepresidentes de la República y los ministros de Estado.

CONSEJO DE GUERRA: tribunal compuesto de generales, jefes u oficiales que, con la asistencia de un asesor jurídico, entiende en las causas de la jurisdicción militar.

CONSEJO DE MINISTROS: cuerpo de ministros del Estado.◆ Organismo formado por los ministros de cada área, como Economía o Relaciones Exteriores, de los países de la Unión Europea. ◆ Reunión de los ministros para tratar la gestión o los negocios de Estado, generalmente presidido por el Jefe de Gobierno.

CONSEJO DE REGENCIA: entidad española de la época franquista destinada a reemplazar al Jefe de Estado en caso de ausencia, incapacidad o muerte. En 1978, cuando comenzó a regir la nueva Constitución, desapareció.

CONSEJO DE SEGURIDAD: máximo organismo con funciones ejecutivas de la ONU. Su función esencial es asegurar la paz y la seguridad mundial. Está habilitado para aplicar sanciones y arbitrar el uso de la fuerza para la resolución de conflictos internacionales. Está compuesto por cinco representantes o miembros permanentes, que cuentan con poder de veto; además, lo integran representantes no permanentes de otras diez naciones, que provienen de los cinco continentes y que rotan en sus asientos cada dos años.

CONSEJO DE SEGURIDAD DE LAS NACIONES UNIDAS: creado en 1945, junto con el resto de la ONU, refleja la composición del mundo al terminar la Segunda Guerra Mundial, ya que las cinco potencias vencedoras: EEUU, Rusia, Francia, Gran Bretaña y China, se aseguraron un puesto vitalicio. Es el órgano ejecutivo con más poder de la ONU, pues examina la principal función de la organización: mantener la paz y la seguridad internacionales. Es el organismo encargado de regular la paz mundial. De sus quince miembros, sólo cinco son permanentes y con derecho a veto: EEUU, Gran Bretaña, Francia, Rusia y China.

CONSEJO DEL MERCADO COMÚN: órgano superior del Mercosur, responsable de la conducción política y de las decisiones que aseguren el cumplimiento de los objetivos del Mercosur, manteniendo la misma jerarquía y funcionamiento del Tratado de Asunción.

CONSEJO ECONÓMICO Y SOCIAL: órgano de la Organización de las Naciones Unidas que coordina la labor económica y social del organismo y de las instituciones vinculadas con éste. Está integrado por cincuenta y cuatro miembros y suele celebrar dos períodos de sesiones de organización y un período de sesiones sustantivo. El período de sesiones sustantivo incluye

una reunión especial de alto nivel, en la cual se examinan importantes cuestiones económicas y sociales. El Consejo recomienda y dirige las actividades encaminadas a fomentar el crecimiento económico de los países en desarrollo, administrar sus proyectos, promover el respeto de los derechos humanos, poner fin a la discriminación contra las minorías, difundir los beneficios de la ciencia y la tecnología y promover la cooperación mundial en esferas concretas.

CONSEJO EPISCOPAL LATINOAMERICANO: organismo fundado por el Vaticano en 1958, para analizar, profundizar y coordinar las actividades de la Iglesia en el área latinoamericana. Su constitución o integración se conformó a través de los representantes de las conferencias episcopales de cada país.

CONSEJO EUROPEO: consejo formado por los quince jefes de Estado o Gobiernos de la Unión Europea. Es el máximo órgano político, pero ahí no se vota, sino que se llega a acuerdos políticos por unanimidad.

CONSEJO INTERAMERICANO ECONÓMICO Y SOCIAL: organismo perteneciente a la OEA, compuesto de un representante titular, de la más alta jerarquía, por cada Estado miembro, y que tiene como finalidad promover la cooperación entre los países americanos, con el objeto de lograr un desarrollo económico y social acelerado.

CONSEJO NÓRDICO: organismo establecido el 16 de marzo de 1952, con sede en Estocolmo, formado por Dinamarca, Islandia, Noruega y Suecia. Finlandia se incorporó en 1955. El

Tratado de Helsinki de 1962 le dio un nuevo impulso y una nueva dimensión al introducir la cooperación en todas las actividades para desarrollar los ámbitos culturales, sociales, económicos y de comunicaciones. Posteriormente, se suscribieron acuerdos selectivos para promover áreas específicas, como transporte, medio ambiente, etcétera. La finalidad de este Consejo fue establecer un tipo de cooperación entre los Parlamentos, tener un foro institucionalizado en el que los Parlamentos se puedan consultar, así como también los gobiernos, en materias que puedan significar la adopción de una acción conjunta, individual o colectiva.

CONSEJO NÓRDICO DE MINISTROS: con sede en Copenhague, Dinamarca, fue establecido en el Tratado de Helsinki, el 23 de marzo de 1962, y modificado en 1971, 1979, 1983 y 1985. El objetivo es contar con una estructura institucional para el fomento de la cooperación escandinava de una manera más amplia que la del Consejo Nórdico. Sus miembros son los Secretarios de Estado en las carteras de Cooperación de Dinamarca, Finlandia, Islandia, Noruega y Suecia. También forman parte los representantes de los poderes ejecutivos de Groenlandia, de las Islas Faeroe y de las Islas Aland.

CONSENSO: consentimiento que otorga la oposición a una decisión o política del gobierno.

CONSERVADURISMO: corriente de personas o partidos políticos que connota una actitud que instintivamente reacciona contra los cambios; por ello, muchas veces se los denomina reaccionarios. El conservador ejerce una función moderadora que choca con las corrientes renovadoras, tiene

actitudes y hábitos emergentes de sus principios y de la organización social en la cual se desarrolló.

CONSPIRACIÓN: participación en un delito político o, más específicamente, acción de unirse secretamente algunos contra su superior o contra los poderes del Estado.

CONSPIRACIÓN DE LOS IGUALES: doctrina de G. Babeuf (1760-1797). primer revolucionario social moderno; hizo suya la causa del pueblo trabajador en una sola idea dominante: la igualdad general. Las ideas se las proporcionó la filosofía de la Ilustración; las armas, en cambio, la revolución. Partía de la igualdad política como condición previa a la social; por ello fue considerado el jefe de la "conspiración de los iguales".

CONSTELACIÓN DE PODER: una constante de la realidad política sin que importe el carácter del régimen político. En todo régimen, aun en los más autocráticos, el poder político no está constituido exclusivamente por el que ejercen los ocupantes nominales o visibles de los cargos o roles del gobierno; sino que siempre hay alguien detrás. Esos actores invisibles despliegan, por sí mismos, acciones de poder, sea de carácter religioso, militar, económico, sindical, de la prensa, etcétera, y también, específicamente, político *(M. J. López)*.

CONSTITUCIÓN: cuerpo de normas jurídicas fundamentales del Estado, relativas a la institución, la organización, la competencia y el funcionamiento de las autoridades públicas, a los deberes, derechos y garantías de los individuos y al aseguramiento del orden jurídico que por ella se establece.◆ Orden jurídico básico que estructura la vida política de la Nación, en la medida en que asegura la organización del Estado en función de la libertad, la igualdad y la dignidad de sus habitantes *(O. Bravo).*◆ Ordenación fundamental que dicta normativa e institucionalmente, la organización y el ejercicio del poder político y los derechos y las libertades básicas de la persona y de sus grupos, en vistas al bienestar social *(P. L. Verdú).*◆ Sistema de normas establecidas o de reglas convencionales que regulan las relaciones entre los detentadores y los destinatarios del poder, así como la respectiva interacción de los diferentes detentadores del poder en la formación de la voluntad estatal *(K. Loewenstein).* ◆ Derecho fundamental que organiza una unidad social de vida política y que formaliza jurídicamente una organización de poder y un orden social.

CONSTITUCIÓN DISPERSA: aquella no escrita.

CONSTITUCIÓN ESCRITA: constitución formal.◆ Constitución codificada.

CONSTITUCIÓN FLEXIBLE: aquella susceptible de ser modificada con relativa facilidad.◆ La que se puede reformar mediante una ley común de acuerdo con el procedimiento ordenado de sanción de leyes.

CONSTITUCIÓN FORMAL: conjunto de normas que se sistematizan en la unidad de un cuerpo o código legal, que se considera super ley porque es suprema y está por encima de todas las otras normas.

CONSTITUCIÓN HISTÓRICA: aquella que se forma de manera lenta y que gradualmente se desarrolla más por la fuerza de necesidades materiales que por el predominio de doctrinas políticas determinadas *(C. A. Quintero).*

CONSTITUCIÓN MATERIAL: modo de estar ordenado y estructurado un Estado.◆ Constitución real.

CONSTITUCIÓN NO ESCRITA: aquella que no presenta sus normas en una unidad codificada sino sueltas, sea a través de varias leyes, sea a través de las costumbres, etcétera *(G. Bidart Campos).*

CONSTITUCIÓN NOMINAL: aquella jurídicamente válida; pero como la dinámica del proceso político no se adapta a sus disposiciones, la Constitución carece de realidad existencial *(S. Linares Quintana).*

CONSTITUCIÓN NORMATIVA: aquella cuyas normas dominan el proceso político o, a la inversa, en la cual el proceso del poder se adapta a las normas constitucionales y se somete a ellas *(S. Linares Quintana).*

CONSTITUCIÓN POLÍTICA: en Chile, se considera como primera Constitución el Reglamento Constitucional Provisorio de 1812. Posteriormente, se destacan las siguientes constituciones: Constitucion Provisoria de 1818; la de 1923; la de 1925, que refuerza las facultades del Órgano Ejecutivo, llamada Constitución Moralista (Juan Engaña); la de 1928, llamada Constitución Liberal (José Joaquín de Mora); la de 1833, que establece el régimen de gobierno presidencial; y la de 1980, que establece un régimen de gobierno presidencial con ejecutivos vigorizados, consagra nuevos derechos fundamentales y sus respectivos mecanismos de protección constitucional, y crea órganos con rango constitucional (Tribunal Constitucional, Banco Central, Tribunal Calificador de Elecciones, etc.).◆ Normativa suprema de un Estado, en cuyas disposiciones se ponen las bases fundamentales de su organización jurídico-política. Las normas constitucionales adoptan la forma y la estructura del Estado, reconocen y garantizan los derechos de las personas, implantan los mecanismos para su protección efectiva y concreta, y para el ejercicio pacífico de las libertades dentro del marco jurídico legal.

CONSTITUCIÓN REAL: constitución material.

CONSTITUCIÓN RÍGIDA: aquella que exige un procedimiento o una formalidad especial, generalmente complicado, que dificulta las innovaciones.◆ La que no se puede reformar mediante una ley, sino siguiendo un procedimiento especial que es distinto del de las leyes *(G. Bidart Campos)*.

CONSTITUCIÓN SEMÁNTICA: formalización de la existente situación del poder político, beneficio exclusivo de los detentadores del poder fáctico, que disponen del aparato coactivo del Estado.

CONSTITUCIÓN TEÓRICA: aquella elaborada en un momento dado de la historia de un país y bajo la inspiración de determinadas doctrinas acerca de los fines y las funciones del Estado *(C. A. Quintero)*.

CONSTITUCIONALISMO: "ismo" jurídico-político que precede, acompaña y justifica las revoluciones burguesas surgidas contra el absolutismo del Antiguo Régimen; establece las instituciones liberales y desemboca en la perspectiva democrática. Puede aplicarse el término al mundo socialista, pero subrayando la ideología y las bases socioeconómicas muy distintas que lo fundamentan *(P. L. Verdú)*.

CONSTITUCIONALISMO COMO MOVIMIENTO JURÍDICO-BURGUÉS: el constitucionalismo moderno es fundamentalmente escrito; aparece en documentos o instrumentos constitucionales sistematizados y articulados (declaraciones de derechos, cartas constitucionales, constituciones). Son instrumentos que garantizan los derechos y las libertades de la burguesía mediante la limitación del poder real con la técnica de la separación de poderes, la creación de parlamentos representativos de la clase burguesa y la garantía de la igualdad formal ante la ley y del derecho de propiedad privada.

CONSTITUCIONALISMO COMO TENDENCIA TEÓRICA: organización política del Estado dentro de cauces constitucionales, es decir, el sometimiento del poder político a la Constitución (separación de poderes, más derechos y libertades básicas). La concesión del sufragio a sectores más amplios del pueblo hasta convertirse en universal se debe a la obra de varias generaciones de pensadores, políticos y juristas.

CONSTITUYENTE: persona elegida como miembro de una asamblea constituyente.

CÓNSUL: persona autorizada en una población de Estado extranjero a proteger a las personas y los intereses de aquellos individuos de la nación que lo designa.◆ Cada uno de los dos magistrados que tenían en la República romana la autoridad máxima.

CONSULADO: tribunal en materia comercial para juzgar los delitos de orden comercial y fomentar las empresas comerciales y marítimas.◆ Lugar o territorio en que un cónsul ejerce su autoridad.◆ Cargo de cónsul de una potencia.

CÓNSULES: órganos permanentes del Estado para sus relaciones económicas, comerciales, mas no políticas, ante otros Estados *(C. Díaz Cisneros)*.

CONSULTA ELECTORAL: comicios.

CONSULTA POPULAR: indagación que tiene por objeto que el pueblo se pronuncie acerca de ciertas normas o medidas de política. La consulta puede ser vinculante o no vinculante *(C. Collautti)*.◆ Instrumento de participación popular en virtud del cual las autoridades someten a consideración del pueblo diferentes cuestiones. Generalmente, los términos referéndum y plebiscito aparecen como sinónimos. Algunos autores sostienen que *referendum* es una consulta popular destinada a que el pueblo ratifique o rechace una norma ya elaborada con o sin aplicación, mientras que el segundo es una consulta tendiente a que el pueblo se pronuncie acerca de alguna gran decisión política que debe tomarse, como por ejemplo, celebrar o no un tratado de paz.

CONSULTA POPULAR NO VINCULANTE: aquella consulta popular cuya decisión final no es obligatoria para los organismos gubernamentales y a la cual no es obligatorio concurrir a sufragar.

CONSULTA POPULAR VINCULANTE: aquella consulta popular obligatoria; es decir, que la decisión final debe ser adoptada por los organismos gubernamentales. Además, resulta también obligatoria la emisión del sufragio.

CONSUMISMO: conducta o actitud repetida, constante e indiscriminada con respecto al consumo de cosas o bienes no absolutamente necesarios.

CONTENIDO DEL CONSTITUCIONALISMO: junto con los temas clásicos (limitación del poder, garantía de derechos y libertades), aparecerán sucesivamente la institucionalización de las soluciones federales, de las realidades socioeconómicas (trabajo, ahorro, sindicalismo, derecho de huelga, cogestión, nacionalizaciones, socializaciones, comités económico-sociales) y políticas (partidos), de factores ideológicos (demoliberalismo, socialismo), filosófico-religiosas (protección de creencias religiosas y de convicciones filosóficas a favor de objetores de conciencia). El partido o los partidos se constitucionalizarán intentando superar el formalismo decimonónico *(P. L. Verdú)*.

CONTINENTALISMO: sistema que corresponde a nuestros días y que se está imponiendo en el mundo; vale decir, una democracia integrada, donde cada uno hace su vida con toda amplitud y toda libertad, pero luchando para que la comunidad se realice y haciendo posible que en esa comunidad de avanzada cada uno pueda, de acuerdo con sus condiciones y esfuerzos, realizarse a sí mismo *(J. D. Perón)*. ◆ Ver **Universalismo.**

CONTINUISMO: disposición existente en la que el poder de un político, un régimen o un sistema se extiende sin indicios de modificación o de renovación.

CONTRABLOQUEO: en el plano de la guerra marítima, conjunto de operaciones destinadas a restar eficacia al bloqueo enemigo o a destruir el armamento requerido que se utiliza para conservarlo.

CONTRACTUALISMO: doctrina iusnaturalista (Hobbes, Rousseau, Gracio), según la cual la existencia del Estado como organismo jurídico y político unificador de los individuos presupone un contrato, expreso o tácito, entre los particulares, que señala el paso del estado de naturaleza al estado de civilización.◆ Enfoque para analizar el Estado desde una perspectiva que lo considera como el resultado de un contrato social que firman los principales actores económicos, sociales y políticos.

CONTRARREVOLUCIÓN: movimiento político destinado a combatir una revolución o a destruir sus resultados y reimplantar las instituciones económicas y políticas anteriores. Es decir que, en realidad, es una revolución en sentido contrario.

CONTRAS: denominación que recibían las fuerzas contrarrevolucionarias nicaragüenses conformadas por somocistas, paramilitares y mercenarios organizados militarmente y financiados por los EEUU Efectuaban invasiones desde Honduras y Costa Rica, a raíz del triunfo sandinista de 1979.◆ Miembros de la resistencia nicaragüense.

CONTRATO SOCIAL: acuerdo que establecen los miembros de la sociedad sobre los principios básicos que guían la relación entre gobernantes y gobernados. ◆ Tamaño del presupuesto público, tasas marginales máximas de impuestos, prioridades del gasto público, etcétera.◆ Obra cumbre de Jean Jacques Rousseau, escrita en 1762, en la que configura una estructura democrática. Puesto que los hombres han creado el Estado para preservar su libertad, al pueblo corresponde ser el depositario del poder y a los gobernantes, constituirse en meros funcionarios suyos. Las leyes deben ser aprobadas por todos y la soberanía del pueblo –absoluta, indivisible e intransferible– debe manifestarse a través de la voluntad general, que tiende al bien común y a la justicia. Pero sólo existe libertad en la igualdad y en la aceptación de esa voluntad general, no siempre idéntica a la "voluntad de todos" (suma de voluntades particulares y egoístas) y que, a veces, puede ser ostentada por una minoría en representación de la totalidad.

CONTROL DE CAMBIOS: política cambiaria instrumentada por la autoridad monetaria de un país con el fin de controlar, en una situación de escasez, el uso de divisas extranjeras. Esta instrumentación comprende la apropiación, por parte del Banco Central, de las divisas que provienen de la exportación y la entrega, mediante restricciones rigurosas; de divisas para las importaciones. A consecuencia de ello, se establece un tipo de cambio oficial, y la libertad de compra y venta de divisas queda revocada, y las operaciones se pueden efectuar sólo mediante el Banco Central.◆ Es un tipo de cambio fijo, pero fijado arbitrariamente por el gobierno nacional por intermedio de su actividad monetaria, quien, a la vez, monopoliza el control de la oferta monetaria; existe la obligación de todo receptor de divisas desde el exterior, cualquiera sea su origen, de liquidar sus divisas ante la autoridad monetaria al tipo de cambio fijado por el Estado (A. Digier).

CONTROL DE LA NATALIDAD: expresión utilizada por Margaret Sanger, estadounidense, a principios del siglo XX. Esta mujer enfrentó la miseria y la ignorancia y comenzó a tomar conciencia de la relación entre pobreza, fertilidad incontrolada y alta tasa de mortalidad materno-infantil. Sus ideas progresistas y revolucionarias la llevaron a editar una revista llamada *La mujer rebelde*, que más tarde se convirtió en *Revista del control de la natalidad*. También se dedicó a enviar por correo material de tipo didáctico que explicaba a las mujeres las maneras de evitar el embarazo. Pero existía en el país una ley aprobada en 1873, conocida como "ley Comstock", nombre de un furioso puritano de la época que consideraba ilegal el envío de material pornográfico por correo. Una Corte federal entendió que la literatura sobre anticoncepción era obscena y Margaret fue procesada, aunque el caso se dio por concluido dos años después. Sin embargo, debió enfrentar los tribunales, por razones parecidas, otras dos veces. Sanger fundó la Liga de Control de la Natalidad y en 1927, organizó la primera Conferencia Mundial de Población, que se realizó en Suiza. Hasta pocos años antes de su muerte, ocurrida en 1966, trabajó por el control de la natalidad en la India y en otros países superpoblados de Oriente.

CONTROL OBRERO: limitación que padecen los empresarios a su libertad empresaria, impuesta por sus subordinados, al exigir su participación en la dirección de la industria o en la sanción de los actos de autoridad relativos a ésta.

CONTROL SOCIAL: conjunto de mecanismos mediante el cual una sociedad mantiene el equilibrio relativo de sus estructuras y de su organización y garantiza en el tiempo su identidad consigo misma. El control social no debe ser rígido de manera que impida los procesos de movilidad del cambio social.

CONTROLAR: establecer la conformidad de una cosa; sólo puede establecerse en relación con otra cosa que hace de "patrón" ideal, de forma y de modelo. Como dice C. Eisenmann, un control es la operación que consiste en verificar si los objetos concretos son conformes o no al esquema ideal de un objeto correcto tal como lo describe una norma. Un control es, esencialmente, una verificación de la conformidad de los objetos a un modelo, a un tipo, a una norma. Se trata, por tanto, según Bergerón, "de una operación espiritual, de un juicio (...), que presupone la preexistencia de principios, valores, criterios, formulados o tácitamente admitidos, que expresan la razón de ser del acto de control, que dan la medida exacta y la informan en el sentido aristotélico-escolástico". El control político –como todo control– no puede ser más que un control social, es decir, necesita una pluralidad de agentes y una serie de valores de apreciación que son sociales. La relación social política fundamental entre gobernantes y gobernados es, al hablar del sistema político, la de demanda-respuesta. El control supone la imposición de esa respuesta y su posterior verificación. El control es un proceso funcional directamente relacionado con la función de gobierno. Es una forma de participación que reduce el ámbito de discrecionalidad. Es, por tanto, toda capacidad de influir y de limitar la acción del titular de un poder. Si el gobierno es impulsión, el control es participación, verificación y limitación *(Sánchez Agesta)*.

CONTROLES CONSTITUCIONALES PRIMARIOS: aquellos que se ejercen sobre los hombres. Se concretan en el nombramiento y en la revocación de los titulares de los órganos.

CONTROLES CONSTITUCIONALES SECUNDARIOS: aquellos que se ejercen sobre los actos.

CONTROVERSIAS POLÍTICAS INTERNACIONALES: discusiones en las que las partes basan su reclamación o alegato en diferencias relativas a conflictos de intereses, y como tales, políticas y no justiciables.

CONUCO: pedazo de tierra próximo a los ingenios y cafetales cubanos que los "amos" concedían a los "esclavos" para que, en provecho propio, cultivaran o criaran animales.

CONURBANO: zonas aledañas a las grandes capitales, compuestas por grandes núcleos poblacionales.

CONVENCIÓN: asamblea que dentro de un país se reúne para redactar o modificar una Constitución. Entonces, se trata de una Convención Constituyente. ◆ Asamblea o junta de los representantes del pueblo que concentra todos los poderes del Estado o, por lo menos, el Legislativo y el Ejecutivo.

CONVENCIÓN COLECTIVA DE TRABAJO: aquella escrita entre dos o más asociaciones gremiales, representantes, por un lado, de la parte patronal o empleadora y, por el otro, de la parte obrera o sindical, con el fin de establecer condiciones de trabajo y salariales que obligarán a los firmantes a cumplir. Estas convenciones se concretan entre asociaciones empresariales y gremiales que comprenden una actividad específica.◆ La manifestación más significativa del pluralismo jurídico en virtud de la cual el Estado acepta a su lado, para la creación del derecho, a los grupos sociales interesados en la salvaguardia y en la representación de los intereses de sus miembros singulares *(J. Borrajo Dacruz)*. Lo que el Estado acepta a su lado es la representación gremial y la representación patronal. El Estado homologa.◆ Convenio celebrado entre uno o más patronos y un sindicato, una federación o una confederación de sindicatos de trabajadores, con el objeto de determinar condiciones generales del trabajo o de reglamentarlo *(Ley General del Trabajo Boliviana)*. ◆ Negociación colectiva.◆ Convenio colectivo de trabajo. ◆ Contrato colectivo de trabajo.

CONVENCIÓN CONSTITUYENTE: ver **Convención**.

CONVENCIÓN DE VIENA SOBRE RELACIONES CONSULARES: firmada el 24 de abril de 1963. Se apoya, básicamente, en similares propósitos a los de la Convención de Viena sobre Relaciones Diplomáticas; reconoce privilegios e inmunidades a fin de garantizar a las oficinas consulares el eficaz desempeño de sus funciones en nombre de sus Estados respectivos.

CONVENCIÓN DE VIENA SOBRE RELACIONES DIPLOMÁTICAS:

celebrada el 18 de diciembre de 1961. En su redacción han sido tenidos en cuenta los propósitos y los principios de la Carta de las Naciones Unidas relativos a la igualdad soberana de los Estados, al mantenimiento de la paz y de la seguridad internacionales y al fomento de las relaciones de amistad entre las naciones. Versa sobre las relaciones, los privilegios y las inmunidades diplomáticas; y estiman una contribución al desarrollo de las relaciones amistosas entre las naciones, prescindiendo de sus diferencias de regímenes constitucionales y sociales.

CONVENCIÓN INTERNACIONAL:

una de las formas que suele asumir un tratado entre dos o más países. Se aplica generalmente a los acuerdos internacionales de contenido distinto al de la política y de menor solemnidad que los tratados.

CONVENIO ANDRÉS BELLO:

en enero de 1970, en Bogotá, al realizarse la Primera Reunión de Ministros de Educación de la Región Andina, se redactó y firmó el Convenio que entró en vigencia el 24 de diciembre de dicho año. Lo celebraron los mismos países que formaron parte del Acuerdo de Cartagena: Bolivia, Colombia, Chile, Perú y Venezuela, a los que se le agregan hoy, Panamá y España; se encuentra abierto al ingreso de nuevos miembros. El propósito original fue acelerar el desarrollo integral de los países mediante esfuerzos mancomunados en la integración y desarrollo equilibrado de los procesos educativos, culturales, tecnológicos y científicos.

CONVERGENCIA DEMOCRÁTICA:

frente que agrupa en Haití a los partidos políticos de la oposición.

CONVERTIBILIDAD:

simple plan de estabilización con anclaje cambiario. Porque crece la deuda crece el déficit fiscal.◆ Cambio libre de moneda de un país por moneda de otro u otros países. A estos efectos, en los países de libre convertibilidad, es el mercado el que regula el valor o tipo de cambio de una moneda con respecto a la otra; o bien puede haber cierta intervención estatal para garantizar ciertos límites a la cotización. Este término era también utilizado para significar la posibilidad de cambiar la moneda circulante por el metal que respaldaba su emisión, que en general era el oro. Con respecto a la libre convertibilidad de la moneda por oro, este sistema ha sido abandonado por la totalidad de los países, al igual que el sistema de patrón oro.◆ En la Argentina, a partir del 1 de abril de 1991, se cambia el signo monetario, convirtiendo diez mil australes en un peso y se declara la convertibilidad del peso con el dólar norteamericano a una paridad o tasa de cambio uno por uno (tipo de cambio fijo determinado por una ley).◆ Facultad que tiene una moneda de poder ser transformada o convertida libremente en oro o en otra divisa, sin ninguna traba o dificultad, pudiéndose disponer también libremente de las divisas que resulten de esta conversión. Es ésta, básicamente, la verdadera convertibilidad, aunque después, por la intervención de los elementos oficiales de los países, en forma de contingentes controles y restricciones, haya quedado anulado o disminuido en forma tal que se transforma en convertibilidad parcial, limitada o controlada.

CONVICTO: reo a quien legalmente se probó un delito, aunque no lo haya confesado.

COOPERACIÓN ECONÓMICA INTERNACIONAL: serie de generalidades abstractas que se predican continuamente desde hace mucho tiempo, sin resultados concretos apreciables y cuyas perspectivas futuras de materialización no son particularmente halagüeñas *(W. Beveraggi Allende).*

COOPERACIÓN SUR: acercamiento e indicios de cooperación que compete sobre todo a los países subdesarrollados, por lo cual ellos deben inspirar y llevar a cabo los programas. En un hecho político de posguerra, en la desconolización, se encuentra la causa impulsora de muchos países que obtuvieron su independencia política, pero no económica. Se fue desarrollando en forma más sistematizada en las conferencias realizadas dentro y fuera del marco de las naciones. Pero a pesar de las inquietudes y exposiciones la realidad indica que aún no existe un bloque homogéneo, sólido e integrado

COOPERATIVA: entidad fundada en el esfuerzo propio y la ayuda mutua para organizar y prestar servicios; reúne los siguientes caracteres: 1) tiene capital variable y duración ilimitada; 2) no pone límite estatutario al número de asociados ni al capital; 3) concede un solo voto a cada asociado, cualquiera sea el número de sus cuotas sociales, y no otorga ventaja ni privilegio alguno a los iniciadores, fundadores y consejeros, ni preferencias a parte alguna del capital; 4) reconoce un interés limitado a las cuotas sociales, si el estatuto autoriza aplicar excedentes a alguna retribución al capital; 5) cuenta con un número mínimo de diez asociados, salvo las excepciones que expresamente admitiera la autoridad de aplicación y lo previsto para las cooperativas de grado superior; 6) distribuye los excedentes en proporción al uso de los servicios sociales; 7) no tiene como fin principal ni accesorio la propaganda de ideas políticas, religiosas, de nacionalidad, región o raza, ni impone condiciones de admisión vinculadas con ellas; 8) fomenta la educación cooperativa; 9) prevé la integración cooperativa; 10) presta servicios a sus asociados y a no asociados en las condiciones que, para este último caso, establezca la autoridad de aplicación; 11) limita la responsabilidad de los asociados al monto de las cuotas sociales suscritas; 12) establece la irrepartibilidad de las reservas sociales y el destino desinteresado del sobrante patrimonial en casos de liquidación.

COOPERATIVISMO: tendencia o doctrina favorable a la cooperación en el orden económico y social.

CORCHETE: ministro inferior de justicia encargado de prender a los que cometen delitos.

CORDOBAZO: levantamiento popular producido el 29 de mayo de 1969, en Córdoba, Argentina, bajo el gobierno militar de Juan Carlos Onganía. Hizo crisis el descontento popular por el programa económico del ministro de economía, Adalbert Krieger Vasena. Los obreros y los estudiantes fueron los abanderados de la protesta popular, que marcó el final de la dictadura del general Onganía.

CORPORACIÓN: sujeto concreto o agrupación representada.

**CORPORACIÓN ANDINA DE COMER-
CIO:** su convenio constitutivo fue
suscripto en Bogotá el 7 de febrero de
1968. Tiene su origen en la Declaración de Bogotá de 1966, de los presidentes de Colombia, Chile y Venezuela
y de los enviados de Ecuador y Perú.
Su objetivo es impulsar el proceso de
integración subregional y encontrar
una equitativa distribución racional de
las inversiones dentro del área. Sus
funciones son: a) proporcionar directa
o indirectamente la asistencia financiera y técnica necesaria para la preparación y la ejecución de proyectos
multinacionales o de cooperación; b)
favorecer el otorgamiento de garantías
de suscripción de acciones; c) promover la captación y la movilización de
recursos en condiciones favorables;
d) realizar estudios destinados a
identificar oportunidades de inversión
y dirigir y preparar los proyectos correspondientes. El capital accionario
está compuesto por diversos tipos de
acciones que pueden ser adquiridas
por los Estados miembros y por las instituciones y las personas autorizadas.

**CORPORACIÓN FINANCIERA IN-
TERNACIONAL:** CFI.◆ Institución
vinculada con el Banco Mundial,
creada el 20 de julio de 1956. Es una
entidad jurídica separada y sus recursos son distintos de los del Banco.
Sus objetivos son: colaborar con la
financiación de empresas privadas que
contribuyan al desarrollo; relacionar
las oportunidades de inversión; estimular las inversiones productivas en
los países miembro. El presidente del
Banco Mundial actúa de oficio como
Presidente de la Junta de Directores.
La Asamblea de Gobernadores se
conforma con los gobernadores y los
suplentes del Banco Mundial, que

representan a los países miembros.
Es decir, sus órganos directivos están
compuestos por las mismas personas
que las del Banco. Su capital también
lo percibe de los aportes que realizan
los Estados; puede adquirir participaciones en empresas privadas.

CORPORATIVISMO: doctrina o sistema
político y social que propugna la intervención estatal en la solución de conflictos laborales, a través de la creación
de corporaciones profesionales que
nucleen o agrupen a los empresarios o
trabajadores. El fundamento radica en
la representación de la sociedad en las
agrupaciones corporativas o profesionales. Es decir, es un sistema social y
económico basado en los gremios de
trabajo.◆ Conjunto de las instituciones
que agrupan bajo la ley mayoritaria y
la fiscalización del Estado a las empresas de una misma industria o de una
misma rama económica.

CORRIENTE DE PARTIDO: tendencia
intrapartidista que intenta dominar los
puestos clave del partido y establecer
sus directrices programáticas y tácticas; se considera auténtica representación del todo *(P. L. Verdú).*

CORRUPCIÓN: soborno.◆ Acción
y efecto de sobornar a un juez o a
cualquier persona, con dádivas o de
otra manera. Políticamente, tiene una
enorme trascendencia.

**CORTE INTERNACIONAL DE JUSTI-
CIA:** organismo judicial principal de las
Naciones Unidas. Todos los miembros
de las Naciones Unidas son, automá-
ticamente, partes en el Estatuto de la
Corte Internacional. Las decisiones de
la Corte son jurídicamente obligatorias
en tres casos: si las partes reconocen

la jurisdicción forzosa de la Corte, si han acordado dirimir su litigio ante la Corte y si son parte en un tratado que las obliga a agregar sus conflictos sometiéndolos a la Corte. Posee su sede en La Haya y está integrada por quince magistrados elegidos por la Asamblea General y el Consejo de Seguridad en votaciones independientes.

CORTE PENAL INTERNACIONAL: organismo cuyo estatuto es conocido como el Tratado de Roma. La Corte funciona desde el 1 de julio de 2002 en La Haya. El estatuto fue sucripto por ciento treinta y nueve países, ratificado por noventa y dos, entre ellos la Argentina; tiene dieciocho jueces, elegidos por un mandato de nueve años. No castigará los crímenes de lesa humanidad anteriores al 2002. La creación de un Tribunal de estas características formó parte de la agenda de la Organización de las Naciones Unidas desde 1948, pero la masacre de Ruanda y de la ex Yugoslavia aceleró su proceso de creación. El primer paso trascendente fue en 1998, cuando se aprobó en la Conferencia de Plenipotenciarios de Roma. El ámbito de esta Corte difiere del Tribunal Internacional de Justicia, carece de competencia para imponer la pena de muerte. Aquél resuelve casos entre Estados y no entre individuos.

CORTE SUPREMA DE JUSTICIA: órgano máximo y supremo del Poder Judicial. Según su propia jurisprudencia, "Suprema" significa que sus decisiones son finales, lo que significa ser el tribunal de última instancia en el país, por lo que ningún otro puede revocarlas; es la intérprete final de la Constitución y de las garantías constitucionales *(M. de Ruiz).*◆ Con respecto a las con-

diciones exigidas a los miembros de este órgano, ellas son: ser abogado de la Nación con ocho años de ejercicio como mínimo y reunir las cualidades requeridas para ser senador.

COSMOLOGÍA: ciencia de las leyes que gobiernan el mundo físico.

COSMOPOLITA: persona que considera como patria suya el mundo entero.

COSMOPOLISMO: perspectiva que se desentiende de las diferencias entre estados o naciones y que considera que los hombres son "ciudadanos del mundo".

COSMOPOLITISMO: tendencia a considerar como patria propia todos los países.

COSTUMBRE: principal fuente del Derecho Internacional Público al acontecer la descentralización de la sociedad internacional; constituye la fuente más antigua del Derecho Internacional.

COSTUMBRE INTERNACIONAL: se origina por el hecho de que algunos Estados se comportan de una misma forma ante una relación que a ellos afecta; tal conducta, cuando es continuada y un número notorio de Estados la adopta visiblemente y sin oposición por los demás, se transforma en una aquiescencia internacional, entra a formar parte de las reglas que gobiernan la generalidad de los Estados y se torna obligatoria como regla de derecho *(Podestá Costa - J. M. Ruda).*

COYA: mujer del emperador, señora soberana o primera entre los antiguos peruanos.

COYUNTURA: oportunidad para hacer algo.◆ Distintas circunstancias y factores que componen o rodean una situación.

CRAC: quiebra, hundimiento económico-financiero.

"CRACKERS": aquellos que asaltan un sistema informático para destruirlo, sustraer información y recaudar o extorsionar por dinero.

"CRATOPOLÍTICA": se aplica cuando se despliega una acción para conseguir y alcanzar un ámbito de señorío o de poder concreto.

CRECIMIENTO ECONÓMICO: proceso de incremento de la producción de una economía a través de un período. Se mide, generalmente, por el Producto Bruto Interno, cuyo ritmo de crecimiento puede dar una idea aproximada de la expansión económica, pero no su calidad y sus consecuencias para el bienestar de la población.

CRÍMENES DE GUERRA: actos realizados por los gobiernos y por los ejércitos beligerantes, que quiebran las más elementales normas de humanidad, así como las reglas de la guerra aceptadas por convenios internacionales o por costumbres establecidas.

CRIOLLO: hijo de padres europeos, nacido en cualquier otro lugar de la tierra.◆ Americano descendiente de europeos.◆ Negro nacido en América, de padres africanos.

"CRIPTOCOMUNISTA": neologismo que se utiliza para designar a aquellos comunistas que permanecen ocultos o que no revelan su ideología.

"CRIPTOCRACIA": neologismo que se utiliza para referirse a un gobierno o a una autoridad que se ejerce en forma oculta.

CRIPTOGRAFÍA: arte de escribir con clave secreta o de una forma enigmática.

CRISIS DE GOBERNABILIDAD: dificultad del Estado para satisfacer las demandas crecientes, con escasos recursos económicos y financieros y con una inestable situación política e institucional.

CRISIS DE LOS MISILES: suceso que estalló el 22 de octubre de 1962, que estuvo a punto de arrastrar al mundo a una tercera guerra mundial. Las dos superpotencias, los EEUU y la U.R.S.S., mantuvieron un estado de coexistencia conocido como Guerra Fría, que se basó en el equilibrio del armamento militar. Después del triunfo de la Revolución Cubana, en 1959, los EEUU y Cuba comenzaron a alejarse, hasta que este país se alineó políticamente con la Unión Soviética. Para compensar los misiles instalados por los estadounidenses en Turquía, al otro lado de la frontera soviética, y como una forma de proteger a Cuba de una posible invasión, el primer ministro Nikita Kruschev decidió la instalación de misiles con cabeza nuclear en la nación del Caribe. Los misiles empezaron a llegar en setiembre de 1962 y la operación de traslado fue seguida por la CIA y confirmada a través de fotografías aéreas tomadas en sectores de la Isla. En esta fecha, el presidente John Kennedy informa a su país sobre el descubrimiento de los misiles soviéticos y en su discurso anunció un estricto bloqueo a todo embarque de equipo militar a Cuba y afirmó que cualquier proyectil nuclear disparado desde allí demandaría una respuesta en represalia sobre la Unión Soviética. Mientras en Cuba se organizaba una movilización popular, barcos de guerra rusos avanzaban hacia la zona del bloqueo y efectivos estadounidenses se aprestaban para un ataque. Pero Kruschev y Kennedy iniciaron tratativas para evitar el conflicto. Kruschev anunció en Moscú que los misiles iban a ser retirados. A cambio, Kennedy ordenó sacar los misiles de Turquía que, en realidad, eran obsoletos.

CRISIS DEL SUDESTE ASIÁTICO: los aspectos críticos que produjeron esta crisis fueron, en primer lugar, la crisis iniciada en Tailandia el 3 de julio de 1999, que se esparció por todo el mundo, pero en ningún lugar fue tan crítica como en su región de origen; la devaluación promedio de las monedas de esa zona hasta febrero de 2000 rozó el 77 %. En segundo lugar, en la magnitud de la crisis tuvo mucho que ver el perverso mecanismo de las devaluaciones competitivas que los países del sudeste asiático adoptaron, en respuesta desesperada a la caída del Baht Tailandés, para no perder terreno en el comercio exterior. Y por último, Europa, organizada en un bloque que durante años ha consensuado las políticas económicas de sus miembros con vistas a la convergencia monetaria prevista para 1999, absorbió el impacto con un costo mucho menor.

CRISIS DEL TREINTA: el 29 de octubre de 1929 dio paso a la crisis mundial del año 30. La tercera década del siglo XX representó para los EEUU un auge especulativo sin precedentes. Eran tiempos de decadencia para el tercer

ciclo macroeconómico del capitalismo. El crac de 1929 sobrevino cuando el Down-Jones industrial superó los 216 puntos, al cabo de una megaburbuja de treinta y seis meses que lo influyó un 116 %. Desde 1924, la Reserva Federal mantenía tasas tan bajas que comprar acciones en "reporto" se hizo imparable. Se había adoptado esa política para mantener la economía europea. Los EEUU emitían dólares para evitar que un colapso dejase a media Europa y a China en manos de la U.R.S.S.

CRISIS POLÍTICA DEL SISTEMA CAPITALISTA: crisis en el manejo de otra crisis. Designa la incapacidad de la actividad estabilizadora del Estado para regular los momentos críticos y las implicaciones surgidas de la interrelación entre los subsistemas económico, político y social.

CRITICISMO HISTORICISTA: sometimiento a un continuo examen crítico de toda verdad, incluidos los propios principios del método.

CRUZ GAMADA: esvástica.

CRUZ ROJA INTERNACIONAL: asociación que tuvo origen el 29 de octubre de 1863, en Ginebra, cuando se realizó la primera conferencia de representantes de distintos países europeos. El proyecto era de un comerciante, Henry Dunant, nacido en Suiza en 1828. Consistía en crear una asociación que cuidara de los heridos en tiempos de guerra. En la reunión se acordó como símbolo una cruz roja sobre un fondo blanco, los colores de la bandera de la Confederación Suiza invertidos. Este símbolo implicaba un lugar neutral de batalla, donde se atendería a los heridos y que debería ser respetado por los bandos en conflicto. Henry Dunant, Premio Nobel de la Paz, paradójicamente, terminó abandonado en un asilo.

CUARTA INTERNACIONAL: asociación internacional de trabajadores creada por León Trotsky en 1938, luego de ser expulsado de la ex URSS. Pero luego de su asesinato, tras la relativa influencia en algunos países, como México, Bolivia y España, perdió vigencia.

CUARTELADA: alzamiento militar.

CUARTO ESTADO: ver **Estado llano.**

CUARTO OSCURO: generalmente, habitación en la cual ingresa el votante para elegir libremente a los candidatos que se postulan. Solo, frente a las boletas que contienen los nombres impresos de todos los postulantes de todos los partidos o similares, elige una, la introduce en el sobre, vuelve a la mesa y allí lo deposita en una urna, en presencia de las autoridades del comicio, quienes proceden a reintegrarle su documento sellado y firmado, lo cual es suficiente constancia de haber votado.

CUERNO DE ÁFRICA: hasta el 24 de mayo de 1993, Etiopía y Eritrea formaban un solo país. Una guerra estalló en mayo de 1988, cuando Eritrea invadió tres zonas del área de frontera pendiente de delimitación. Desde entonces, comenzaron una guerra por el control de una franja desértica sin valor estratégico, de unos 400 km^2. Pero el telón de fondo es el acceso al Mar Rojo, que los etíopes perdieron cuando Eritrea se independizó de Etiopía, quedándose con toda la costa. Etiopía es diez veces más grande que Eritrea, cuya superficie es similar a la provincia de Catamarca, en la Argentina. A pesar de los llamados de la comunidad internacional para poner fin al conflicto por la negociación, la guerra continúa con períodos de ofensivas y otros de observación, con un saldo de decenas de miles de muertos, seiscientos mil desplazados y economías devastadas. La guerra entre dos de los países más pobres del mundo, azotados por duras sequías que diezman las posibilidades de economías que se sustentan en una atrasada agricultura, tiene imprevisibles consecuencias para todo el continente africano, dividido por sucesivas derivaciones de las viejas fronteras coloniales que en muchos casos han quedado poco claras.

CUERPO CONSULAR: todos los funcionarios consulares de un país.

CUERPO DIPLOMÁTICO: todos los diplomáticos de un país ante un mismo Estado.

CUERPO ELECTORAL: conjunto o suma de ciudadanos con derecho electoral activo; es nada más que una pluralidad de hombres, que no componen ninguna unidad distinta y ninguna persona jurídica *(G. Bidart Campos).* ◆ Sujeto auxiliar del Estado o del poder, ya que participa en la designación de los gobernantes o en la expresión de opiniones políticas a través de las formas llamadas semidirectas.

CULTO A LA PERSONALIDAD: veneración profunda que se genera a los altos mandatarios de un Estado; generalmente, este tipo de sublimación se produce en los regímenes dictatoriales.

CULTURA: herencia social de un grupo determinado de individuos.◆ Manera integral de vivir y no tan sólo en un cuadro superficial de costumbres. La cultura moldea vigorosamente los sentimientos, las acciones y las percepciones del hombre, en su adaptación gradual al mundo.◆ Desde el punto de vista sociológico, es la totalidad de lo que aprenden los individuos como miembros de una sociedad, es un modo de vida, de acción, de sentimiento. La cultura es aprendida y compartida. Los hombres no heredan la mayor parte de sus pautas habituales de comportamiento sino que las adquieren en el curso de sus vidas.◆ Mecanismo destinado a proveer al hombre de medios de subsistencia, protección, ofensa y defensa, regulación social, ajuste cósmico y recreación. Pero para satisfacer estas necesidades del hombre se requiere energía. De allí que la función principal de la cultura sea embridar y dominar la energía a fin de que pueda ser puesta a trabajar al servicio del hombre *(L. A. White).*

CULTURA DE MASAS: serie de actividades y objetos, tales como los entretenimientos, los espectáculos, la música, los libros, las películas; sin embargo, se la ha identificado con el contenido típico de los medios masivos de comunicación, en especial con el material espectacular de entretenimiento y ficción que proporcionan. Se distingue por dos características fundamentales: su amplia popularidad y un especial atractivo para las clases trabajadoras en las sociedades industriales, y la producción y la difusión masivas.

CULTURA DEMOCRÁTICA: esfuerzo por combinar unidad y diversidad, libertad e integración; pues la democracia no puede ser la reducción del ser humano únicamente a su condición de ciudadano, sino que ha de reconocerlo como individuo libre pero perteneciente a distintas colectividades económicas y culturales.

CULTURA NACIONAL: base espiritual de la unificación de un país, sin que se anulen en su seno las oposiciones de clase, participación común en la misma lengua, en los usos y costumbres, organización económica, territorio, clima, composición étnica, vestidos, utensilios, sistemas artísticos, tradiciones arraigadas en el tiempo y repetidas por las generaciones, bailes, representaciones folclóricas primordiales, etcétera, que por ser creaciones colectivas, nacidas en un paisaje y en una asociación de símbolos históricos, condensan las características espirituales de la comunidad entera, sus creencias morales, los sistemas de la familia, etcétera. La cultura de un pueblo deriva de un conjunto de factores materiales y espirituales, más o menos estables y permanentes, aunque en estado de lenta movilidad, internamente conexos y en sí mismos indivisibles; o, mejor aún, configurados de un modo único por el genio creador de la colectividad nacional *(J. J. Hernández Arregui).*u Toda cultura se inspira en el pueblo y en su ámbito geográfico y espiritual.

D

DAMA DE HIERRO DE ORIENTE: Song Mei-ling, nacida en una familia rica de China antes de finalizar el siglo XIX, fue una de las últimas figuras políticas del siglo XX. Viuda de Chiang Kai-shek, ejerció un enorme poder en China. Luchó incansablemente contra el comunismo chino. Antes de casarse, el general tuvo que renunciar al budismo para acceder a la religión de su mujer: el cristianismo. En 1933, Chiang Kai-shek se apoyó en la iglesia para lanzar una campaña contra sus opositores, a los que llamaba "los bandidos rojos". Su esposa lideró el aspecto propagandístico. Las vinculaciones familiares le permitieron a Song Mei-ling abrir una serie de bancos, que captaron casi el 60 % de los fondos depositados en la economía china. Posteriormente, su marido cayó como prisionero por sus propios hombres, que querían establecer una alianza estratégica con Mao Zedong. El objetivo era combatir a los invasores japoneses. Ella actuaba como traductora y operaba con los EEUU; pero en 1949, Mao, con el apoyo de Rusia, los derroca y terminan huyendo a la Isla de Taiwan. Su misión fue crear un país capitalista. Siguió a paso firme hasta 1970, año en que los EEUU decidieron acercarse a China. Al morir su esposo en 1975, se traslada definitivamente a Manhattan y fallece el 22 de octubre de 2003, luego de haber vivido en tres siglos.

DAR AUDIENCIA: admitir el rey, sus ministros u otras autoridades, a los sujetos que tienen que exponer, reclamar o solicitar alguna cosa.

DARWINISMO: teoría expresada por el inglés Charles Darwin, según la cual la evolución de las especies se produce en virtud de una selección natural de individuos, debido a la lucha por la existencia, y es perpetuada por la herencia.

DE DERECHA: partidario del mantenimiento o la conservación de una situación dada o vigente.

DE IZQUIERDA: partidario de cambios sociales profundos y reales.

DEA: *Drug Enforcement Administration.* ◆ Agencia especializada en el control de drogas, que funciona en los EEUU y fue creada en 1973.

DECENVIRATO: dignidad, empleo de decenviro.◆ Duración de ese empleo.

DECENVIRO: cada uno de los diez magistrados romanos que compusieron las Leyes de las Doce Tablas. Durante algún tiempo, gobernaron la República en lugar de los cónsules.

DECISIÓN POLÍTICA: conformadora de la comunidad, de importancia nacional, de valor capital para el futuro nacional, extraordinaria (fuera de la rutina); es decir, constituye un acto que implica creación o cambio significativo en la vida de un pueblo y marca nuevos derroteros. La esencia se encuentra en un creador y conductor, que es precisamente lo que permite calificarla de política.

DECLAMACIÓN: discurso dicho con fuerza, vehemencia, actitud crítica, contra personas, funcionarios o actos de gobierno. Este tipo de pronunciación generalmente es de oposición política.

DECLARACIÓN DE AUSTRIA: declaración firmada por Jörg Haider, ultranacionalista austríaco, y por Wolfgang Schüssel, conservador austríaco, en la que "Austria acepta su responsabilidad en los crímenes del régimen nacionalsocialista" del Tercer Reich.

DECLARACIÓN DE BALFOUR: ver **Sionismo**.

DECLARACIÓN DE DERECHOS DE VIRGINIA: documento emitido en 1776, en Virginia, EEUU, en el que se estableció la igualdad de todos los hombres en cuanto a su libertad e independencia, así como la existencia de derechos de los que no pueden ser privados: la soberanía del pueblo, el derecho del pueblo a instituir el gobierno más beneficioso al interés común y a reformarlo o absorberlo cuando no cumpla dicha finalidad, la inexistencia de privilegios, el derecho electoral, el derecho a la libertad de cultos, etcétera.

DECLARACIÓN DE DERECHOS Y GARANTÍAS: principios constitucionales que definen la estructura fundamental del Estado, los derechos políticos e individuales que son inherentes a los ciudadanos y las normas y disposiciones necesarios para impedir su ruptura.

DECLARACIÓN DE FILADELFIA: documento que contiene los propósitos de la OIT (Organización Internacional del Trabajo) establecidos en su constitución y reafirmados en la *Declaración de Filadelfia* de 1944, a través de la cual se reconoce a la OIT la obligación de promover entre las naciones programas que permitan la conservación del empleo y la elevación de los niveles de vida, el empleo de los trabajadores en tareas para las cuales sean aptos, la creación de medios para su formación profesional, una justa distribución de los frutos del progreso y un salario mínimo vital, el reconocimiento efectivo del derecho al contrato colectivo y la cooperación de empresas y de trabajadores, la extensión de la seguridad social, la protección de la vida y de la salud de los trabajadores y la garantía para éstos de iguales oportunidades educativas.

DECLARACIÓN DE GUERRA: acto mediante el cual se da por finalizada la relación pacífica entre dos o más países, con el objeto de dirimir sus discordias por la fuerza de las armas.

DECLARACIÓN DE INTENCIONES: declaración programática a nivel nacional en la que un gobierno, movimiento o partido expone los medios y los objetivos a lograr.

DECLARACIÓN DE LOS DERECHOS DEL HOMBRE Y DEL CIUDADANO: fue adoptada por la Asamblea Nacional en Francia, en 1789, en los primeros momentos del proceso revolucionario; consagra los derechos naturales (vida, propiedad, etc.), la libertad y la igualdad, la soberanía nacional y la separación de los poderes.

DECLARACIÓN DE PRINCIPIOS: acuerdo firmado el 15 de febrero de 2000 entre la Santa Sede y la Organización para la Liberación Palestina (O.L.P.), que sirve de base jurídica para futuros convenios que regulen el estatus de la Iglesia en los territorios bajo la soberanía de la autoridad palestina, que preside Yasser Arafat. Es una manifestación de intenciones y objetivos de carácter público que buscan alcanzar determinada alianza u organización regional fijando para ello las líneas a desarrollar.

DECLARACIÓN UNIVERSAL DE LOS DERECHOS DEL HOMBRE: compromiso que contiene la carta de las Naciones Unidas; conforma una obligación vinculante para todos los miembros de las Naciones Unidas y se complementa con la *Declaración Universal de los Derechos del Hombre*, de 1948, la cual constituye un ideal común del que todos los pueblos y países deben ocuparse y preocuparse de su cumplimiento. "Toda persona, como miembro de una sociedad, tiene derecho a la seguridad social y a obtener, mediante el esfuerzo nacional y la cooperación internacional, habida cuenta de la organización y los recursos de cada Estado, la satisfacción de los derechos económicos, sociales y culturales indispensables a su dignidad y al libre desarrollo de su personalidad..."; en estas líneas, la *Declaración Universal de los Derechos del Hombre* establece el aspecto más importante de los derechos humanos.◆ Ver **Apéndice**.

DECLARACIONES DE DERECHOS: documentos solemnes que proclaman derechos y libertades humanos delimitadores del poder político.

DECRETO: acto de los órganos ejecutivos que determina los modos de aplicación de las leyes y las particularizan en concreto *(G. Del Vecchio)*.◆ Resolución o mandato de autoridad competente.

DECRETO LEY: disposición de carácter legislativo que es promulgada por el Poder Ejecutivo y que no es sometida al órgano adecuado, en virtud de alguna excepción originada en gobiernos de facto.

DECRETO REGLAMENTARIO: interpretación del Poder Ejecutivo Nacional sobre una ley. Dicha interpretación no puede modificar la ley ni ir más allá de lo que ésta pueda decir.

DECRETOS DELEGADOS: aquellas normas generales dictadas por el Poder Ejecutivo, en virtud de una delegación expresa de atribuciones que realiza el Poder Legislativo. A tales fines, éste debe establecer, a través de una ley, las bases sobre las cuales deberá asentarse la norma, así como el plazo dentro del cual deberá efectuarse su dictado. En la legislación argentina, sólo pueden versar sobre materias de emergencia y administración exclusivamente.

DEDOCRACIA: práctica de designar personas a dedo en virtud de la autoridad que se ejerce.

DEFENSA NACIONAL: aglutinación o concentración de todas las fuerzas espirituales y materiales de un país, con el objeto de alinearse frente a las amenazas de un adversario, real o potencial, interno o externo, para enfrentarse u oponerse en tiempo y forma a todo tipo de agresión, encubierta o no.◆ Conjunto de una organización que incluye a las fuerzas armadas (aire, tierra y mar), con el objeto de proteger la integridad de los territorios, prever ataques extranjeros y velar por la seguridad nacional.

DEFENSOR DEL PUEBLO: figura de origen escandinavo. Constitucionalmente, es un órgano independiente con autonomía funcional, dotado de inmunidades y privilegios. Su objeto es la defensa y la protección de los derechos humanos y demás derechos, garantías e intereses tutelados por la Constitución y las leyes frente a la autoridad de la administración y el control de las funciones administrativas públicas.◆ "Ombudsman".

DEFENSORÍA DEL PUEBLO: órgano independiente, instituido en el ámbito del Congreso de la Nación, que actúa con plena autonomía funcional sin recibir instrucciones de ninguna autoridad. Su misión es la defensa y la protección de los derechos humanos y los demás derechos, garantías e intereses tutelados en la Constitución y en las leyes, ante hechos, actos u omisiones de la administración y el control del ejercicio de las funciones administrativas públicas. El Defensor del Pueblo tiene legitimación procesal.

DÉFICIT: término latino tomado del francés, que comenzó a usarse a fines del siglo XVIII en el ámbito económico, con el sentido de diferencia negativa de egresos e ingresos.◆ Se aplica cuando los costos totales de una explotación superan los ingresos de la misma.

DÉFICIT ESTRUCTURAL: aquel que se deriva de las modificaciones en el nivel de gastos públicos o tipos de impuestos, y que también existiría en una situación de pleno empleo; se lo puede denominar déficit exógeno.

DÉFICIT PRIMARIO: resultado de restar al déficit total los pagos por intereses.

DEFLACIÓN: situación económica por la cual el nivel general de precios tiende a la disminución. Esto se presenta en forma coyuntural y excepcional. Los precios no varían todos en la misma dirección o en proporciones exactas.◆ Reducción deliberada de la oferta de dinero en un intento de reducir los precios. Los efectos en la economía son generalmente negativos: depresión y desempleo.◆ Fase en que la mayoría de los precios descienden *(P. Samuelson).*◆ Reducción de la circulación fiduciaria que conlleva un descenso generalizado de los precios y una revalorización de la moneda.

DEFLACTOR: índice de precios con el que se convierte una cantidad nominal en otra real.

DELEGACIÓN: acción y efecto de delegar; confiar una persona a otra la misión de tomar a su cargo la realización de ciertas tareas ante un tercero, que asuma ciertas responsabilidades o bien realice una prestación a favor de dicho tercero, quien recibe las acciones como si proviniesen de la persona que delegó tales responsabilidades.

DELEGACIÓN TITULADA: se aplica cuando el delegado funda su promesa en una referencia a la relación de provisión o a la relación de valor.

DELFÍN: título que se otorgaba al primogénito del rey de Francia.◆ Persona que potencialmente sucederá a otro en el cargo.

DELITO DE LESA MAJESTAD: aquel que, en la monarquía, se comete contra la vida del monarca.

DELITO DE OPINIÓN: nombre otorgado por la doctrina a la conducta que los estados totalitarios penalizan para reprimir injustamente el ejercicio de la libertad de emitir juicios u/y opinar.

DELITO POLÍTICO: aquel que se comete por motivaciones que afectan la seguridad o el orden del Estado, sus poderes o autoridades, para la defensa de una idea relacionada con el régimen de gobierno.

DELITOS DE TOTALITARISMO: serie de medidas de diversos tipos, en proceso de desarrollo, de contenido variado, sin calificación específica de cada tipo de acción y cuyos caracteres desbordan los marcos comunes de los delitos de traición, sedición, espionaje, etcétera, y que se agrupan bajo el rubro genérico indicado, aunque algunas de dichas medidas no reúnen los requisitos formales de las figuras delictivas modernas.

DEMAGOGIA: práctica política que consiste en ganarse con halagos el favor popular. En general, es una actitud oportunista que utilizan los políticos al ofrecer soluciones engañosas, utópicas y con una absoluta carencia de realismo, al dirigirse al pueblo con el objetivo de dominarlo y medrar a expensas de él.◆ Adulación a las clases económicamente indefensas para motivarlas o estimularlas a alcanzar o a perseguir sus aspiraciones, aunque existan imposibilidades reales para su concreción, ignorando las consecuencias de tal conducta.◆ Surge cuando la ley ha perdido su soberanía *(Aristóteles)*.◆ Halago a la plebe para hacerla instrumento de la propia ambición política.◆ Dominación tiránica de la plebe; éste es el sentido académico del término.

DEMAGOGO: generalmente se utiliza para referirse al caudillo o cabeza de una facción popular.◆ Quien expone ideas en las que no cree o una planificación que no puede ejecutar, a sabiendas o no, con el objeto de atraer a sus seguidores reales o potenciales. ◆ Líder, caudillo o jefe de un sector que actúa demagógicamente.

DEMANDA DE DINERO: proporción de riqueza que los agentes económicos desean en forma de dinero *(Mochón y Beker)*.

DEMANDA DE DIVISAS: aquella conformada por lo que generan los importadores nacionales, los gastos de los turistas nacionales que van al extranjero y los inversores nacionales en el resto del mundo.

DEMOCRACIA: régimen político que institucionaliza la participación de todo el pueblo en la organización y en el ejercicio del poder mediante la intercomunicación continuada entre gobernantes y gobernados, el respeto de los derechos y las libertades de los individuos y de sus grupos y el establecimiento de condiciones económico-sociales con igualdad de oportunidades para todos *(P. L. Verdú)*.◆ Forma de gobierno encantadora, anárquica y pintoresca, pues establece una especie de igualdad tanto entre iguales como entre desiguales *(Platón)*. ◆ Gobierno de la multitud rectamente orientada.◆ Organización liberadora y personalizadora en la justicia y la igualdad, fecunda por la solidaridad fraterna.◆ Se da cuando el ciudadano tiene la oportunidad de aceptar o rechazar a las personas que en libre competición por el voto del electorado aspiran a obtener el poder *(J. Schumpeter)*. ◆ Justicia con libertad.◆ República.◆ Sistema en el que el poder no está en manos de unos pocos, sino de la mayoría *(Tucídides)*.

DEMOCRACIA BIPARTIDISTA: modelo democrático en el que contienden dos partidos políticos. No hay amplia gama de opciones.

DEMOCRACIA COMO DESARROLLO: modelo que permite el despliegue de la personalidad del individuo.

DEMOCRACIA COMO EQUILIBRIO: modelo que permite el resultado de la concurrencia de élites que se disputan el predominio.

DEMOCRACIA COMO PARTICIPACIÓN: modelo que no se basa en el mercado capitalista y que lleva hasta sus últimas consecuencias los postulados y los valores de la libertad *(C. Macpherson)*.

DEMOCRACIA COMO PROTECCIÓN: modelo entendido como escudo de

los ciudadanos frente a los abusos del poder.

DEMOCRACIA CRISTIANA: su origen fue en 1891, luego de la aparición de la encíclica *Rerum Novarum,* del pontífice León XIII, que estimulaba y alentaba la acción de los católicos en el ámbito social. Como partido político, se extendió a distintos países. En algunos, por ejemplo en Italia, se transformó en un nuevo partido con ideología de centro, conformándose como el Partido Popular Italiano. Como partido político se ha extendido en toda Europa Occidental y en América Latina.

DEMOCRACIA DIRECTA: aquella en la que el pueblo se reúne, físicamente, en un mismo lugar y adopta todas las leyes, y, si es posible, todas las decisiones que afecten al Estado *(J. Cadart)*. Régimen en que el propio pueblo se gobierna a sí mismo.◆ Se caracteriza por el hecho de que la función legislativa, al igual que las principales funciones ejecutivas y judiciales, es ejercida por los ciudadanos en masa, reunidos en asamblea. Tal organización únicamente resulta posible dentro de las comunidades pequeñas y en condiciones sociales sencillas. Según Frank Kelsen, sólo tienen el carácter de democracias directas las constituciones de algunos pequeños cantones suizos.◆ Democracia pura.

DEMOCRACIA DIRIGIDA: aquella que aspira a encontrar dirección en los jefes y a lograr el consentimiento mediante la discusión. La dirección y la democracia son dos términos que se consideran inseparables. Según Sukarno: "la democracia sola puede degenerar en liberalismo; la dirección exclusiva puede desembocar en dictadura fascista".

DEMOCRACIA FORMAL: aquella que en su aspecto externo posee los tres poderes. En los actos eleccionarios en que el pueblo es convocado para elegir a sus representantes, no siempre hay libertad en cuanto a la selección previa de tales representantes sino que se impone, en definitiva, no la voluntad del pueblo, sino la de cada partido político; la división de los poderes es meramente aparente y no real, habida cuenta que el Poder Ejecutivo es el que determina la marcha y la orientación de los otros dos poderes y la política toda del Estado. Todo se detiene en la forma y nada penetra en la sustancia. Existe un Poder Ejecutivo tan fuerte que detenta el verdadero poder del Estado en todas sus manifestaciones y extensión. Los otros poderes del Estado carecen de la independencia propia y natural que les permita cumplir con los fines que la Constitución les tiene asignados y reservados; se halla sometido, por así decirlo, al Poder Ejecutivo. La democracia pierde significación y valor, y se convierte en realidad en una democracia formal, que no es otra cosa que una verdadera dictadura, con la consecuente pérdida por parte del pueblo de su libertad y de todos los otros derechos fundamentales *(G. Sofía).*◆ Se utiliza en contraposición a "democracia plena".

DEMOCRACIA GOBERNADA: régimen en el que el pueblo es, indiscutiblemente, soberano porque es el dueño de la obra realizada por la institución estatal.

DEMOCRACIA GOBERNANTE: régimen en el que se considera a la masa capaz de prescindir de los intermediarios que les proporcionaba la democracia gobernada; ella va unida a una interpretación intervencionista de la función del poder *(G. Burdeau).* Es una democracia de lucha, donde el pueblo gobierna.

DEMOCRACIA INDIRECTA: régimen en el que el pueblo dicta las leyes por medio de mandatarios elegidos al efecto.◆ Ver **Democracia Representativa**.

DEMOCRACIA INDIVIDUALISTA: régimen propio de la Revolución Francesa y producto de la burguesía; intenta destruir a los otros estamentos y controlar la vida toda del país en beneficio propio: soberanía nacional, electorado-función y sufragio censatario *(J. Ferrando Badía).*

DEMOCRACIA INORGÁNICA: la que está basada en la doctrina roussoniana de la voluntad general, entendido como voluntad del cuerpo moral que surge del "contrato social" y que resuelve matemáticamente los intereses individuales en el interés común, sí que también las voluntades individuales se equilibran y resuelven en virtud de la igualdad en la voluntad general, la cual es recta y justa de suyo, pues por su carácter general no puede ningún particular sin que lo sean todos.

DEMOCRACIA LABORAL: aquella que teoriza la democracia sin (se observa) suficiente o adecuada referencia a sus articulaciones necesarias con la sociedad y el Estado *(C. Strasser).*

DEMOCRACIA LIBERAL: democracia de una sociedad capitalista de mercado.◆ Sociedad en la cual todos sus miembros tienen igual libertad para realizar sus capacidades *(J. Stuart Mill).*

DEMOCRACIA MIXTA: ver **Democracia semidirecta**.

DEMOCRACIA ORGÁNICA: nombre con el que se designa a determinadas imitaciones más o menos claras de las representaciones corporativas o institucionales, o a una mezcla de las dos. Ambas tienden a asegurar la coordinación de la voluntad y el interés del pueblo con quien lo representa, entendiendo desde luego al pueblo, no como una unidad abstracta como la "voluntad general" roussoniana, sino como una unidad orgánica y concreta que desenvuelve su vida en los grupos en que se halla ordenado en la vida social.

DEMOCRACIA PARTICIPATIVA: conjunto de mecanismos e instancias que poseen los ciudadanos y las comunidades para incidir en las estructuras estatales y en las políticas públicas sin requerir necesariamente la representación partidista, gremial, de algún sector hegemónico. En realidad, es un ideal social que articula lo individual y lo colectivo, lo ético y lo político.

DEMOCRACIA PLENA: aquella en la que la soberanía reside verdaderamente en el pueblo, sea cuando la ejerce directa o indirectamente, por medio de sus representantes, con una división tripartita de poderes: ejecutivo, legislativo y judicial. En este tipo de democracias, los tres poderes del Estado son realmente independientes y la persona humana es respetada en la totalidad de sus atributos, al tiempo que el pluralismo de ideas y de pensamientos se canaliza a través de diferentes partidos políticos, con bases programáticas también diferentes *(G. Sofía)*.◆ Democracia sustancial. ◆ Se

utiliza en contraposición a "Democracia formal".

DEMOCRACIA PLENARIA: aquella que se integra en un partido que gobierna y en otro que aspira con fundamento a sucederlo.

DEMOCRACIA PLURALISTA: aquella que implica el reconocimiento de la existencia de una pluralidad de grupos sociales intermedios entre el individuo y el Estado.

DEMOCRACIA POPULAR: régimen político inspirado en la ideología marxista-leninista correspondiente a la etapa de transición del Estado y la sociedad burgueses a la sociedad sin clases, mediante la edificación del socialismo por un partido socialista unificado (comunistas y socialistas asimilados) y hegemónico y con el apoyo del ejército y de la diplomacia soviéticos. Yugoslavia y Rumania siguen su propio camino, dada su independencia con respecto a la posición soviética *(P. L. Verdú)*.

DEMOCRACIA PURA: democracia directa.

DEMOCRACIA REPRESENTATIVA: aquella que implica la participación de los ciudadanos en el proceso político con el fin de elegir a sus representantes, a través del proceso electoral, sin tener ninguna injerencia directa en las decisiones; se presume que son el querer de la nación. Democracia en la cual la función legislativa es ejercida por un parlamento de elección popular, y las funciones administrativa y judicial, por funcionarios que son también nombrados por elección. De acuerdo con la definición tradicional, un gobierno es representativo cuando y en la medida en que sus funcionarios reflejan, mientras se encuentren en el poder, la voluntad del cuerpo de electores, y son responsables ante dicho cuerpo.◆ Democracia indirecta.

DEMOCRACIA REPRESENTATIVA Y PARLAMENTARIA: aquella que se desarrolla indirectamente, a través de representantes y de un parlamento, que ejerce su poder político.

DEMOCRACIA SEMIDIRECTA: aquella que se caracteriza por una combinación equilibrada de técnicas de democracia representativa y de democracia directa, superando los problemas del mandato imperativo. Permite al pueblo tomar las decisiones políticas más importantes que afectan al Estado, por medio del plebiscito o referéndum; las otras son adoptadas por las autoridades ejecutivas y legislativas, elegidas por el pueblo (gobierno y parlamento), las cuales están sometidas al control permanente del pueblo a través de las diferentes técnicas de plebiscito o referéndum.◆ Democracia mixta.◆ Combinación de instituciones de democracia representativa con instituciones de democracia directa.

DEMOCRACIA SOCIAL: doctrina o corriente que unifica la organización democrática del Estado con la socialización de la economía, eliminando las clases.

DEMOCRACIA SUSTANCIAL: democracia plena.

DEMOGRAFÍA: estudio de las poblaciones humanas; quienes se dedican a esa área reciben el nombre de demógrafos. ◆ Ciencia que estudia los fenómenos poblacionales. La po-

blación es un elemento propio e indispensable de los Estados.◆ Estudio de estadísticas básicas, como la edad, los nacimientos, las muertes y la ubicación de la población. Los cambios pueden afectar profundamente la actividad económica en general. Se ocupa de la población en un sentido dinámico, estudia y analiza los recursos desde distintos ángulos: el ideológico, el social, etcétera.◆ Ciencia social que se ocupa de las leyes vinculadas con la concentración, la distribución y las variaciones cualitativas y cuantitativas de la población.◆ Estudio estadístico de la población.

DEMOGRAFÍA FORMAL: demografía pura.

DEMOGRAFÍA PURA: se limita a la medición de las tendencias de la fertilidad, la mortalidad y las migraciones y de su influencia sobre el volumen y el crecimiento de la población.◆ Demografía formal.

DEMOSCOPIA: conjunto de métodos mediante sondeos y/o entrevistas para conocer e indagar acerca de las opiniones, los deseos y las voluntades de un grupo o población generalmente sobre aspectos políticos, económicos y/o sociales.

DENSIDAD DE POBLACIÓN: número de individuos de una región o zona en relación a la extensión de ésta.

DEONTOLOGÍA: ciencia o tratado de los deberes o de las normas morales.

DEPARTAMENTO: cada una de las partes en que se divide un territorio.

DEPAUPERACIÓN: término utilizado para referirse al empobrecimiento o debilitamiento político, social o económico de la población.

DEPENDENCIA: unidad territorial que se encuentra bajo el poder de otro Estado; generalmente, no es una anexión institucionalizada.◆ Subordinación a un poder mayor.◆ Oficina pública o privada dependiente de otra superior. ◆ Negocio.

DEPENDENCIA ECONÓMICA: modelo de interpretación de la realidad económica, según el cual en el mundo capitalista actual existen áreas dominantes, o centros, y otras dependientes, o periferia. La dependencia de las áreas periféricas afecta las inversiones y la tecnología, así como las obliga a especializarse en la producción de materias primas y a importar productos elaborados caros, lo que crea un intercambio comercial desigual y desfavorable para los países periféricos. El resultado es una distancia cada vez mayor entre países ricos y pobres; es más, el crecimiento económico de éstos está subordinado al de aquéllos. ◆ Situación de un país cuya economía se encuentra sometida a las perspectivas y necesidades de otra u otras economías nacionales. Generalmente, es la característica de países importadores de productos manufacturados y exportadores de materias primas.◆ Subordinación, sujeción de uno o más países (periféricos) con respecto a otro u otros países (centrales). Esta situación refleja, mediante el deterioro de los términos de intercambio, un progresivo deterioro en el desarrollo económico de los países dependientes. El modelo de sustitución de importaciones de tipo industrial tiende a aniquilar las industrias de estos países.

DEPORTAR: desterrar a alguien a un lugar, por lo regular extranjero, y confinarlo allí por razones políticas o como castigo.

DEPRECIACIÓN DE UNA MONEDA: con respecto a otra, supone que aumenta la tasa de cambio, de forma que es necesario entregar más pesos por cada unidad de moneda exterior.

DEPRESIÓN ECONÓMICA: situación económica que se caracteriza por la caída constante de la actividad económica, con el consiguiente resultado de reducción de salarios, de precios y de niveles de inversión, ahorro y consumo.

DERECHA: el 5 de mayo de 1789 nacieron dos términos básicos y amplios dentro de la política. El nacimiento de "derecha" e "izquierda" nos remonta a Francia, en un momento de una aguda, pertinaz y difícil situación económica. A los problemas económicos y financieros se les adicionaron los enormes privilegios del clero, la aristocracia y la debilidad del rey Luis XVI, que no encontraba una solución. Frente a dicha crisis, éste decidiría convocar a los Estados Generales, el 5 de mayo, invitando a los representantes de la nobleza y del clero a tomar asiento a la derecha del trono y a los representantes del pueblo, constituidos en su mayoría por comerciantes y empresarios, a su izquierda. Durante semanas, los tres Estados deliberaron inútilmente, sin llegar a ninguna conclusión; el mayor motivo de disputas se centró sobre la manera de votar. La nobleza y el clero, que se apoyaban mutuamente, querían que se votara por estamento o bloque, y la burguesía apoyaba el voto por cabeza. Sufragando por bloque, la "derecha" estaba destinada a ganar siempre porque de allí salían dos votos contra el único voto de la burguesía. Entonces la "izquierda", con el apoyo de algunos nobles y sacerdotes simpatizantes, abandonó la reunión y constituyó la Asamblea Nacional. Los miembros más radicalizados de esa asamblea, Robespierre, Danton y Marat, se sentaron a la izquierda en el nuevo recinto de reunión, exigiendo la abolición de los privilegios, garantías para los derechos básicos de los franceses y una monarquía constitucional.◆ Este término tiene su origen en la Revolución Francesa, durante la cual se colocaban siempre a la derecha del presidente de la Asamblea constituyente quienes defendían las posiciones más conservadoras.◆ Se refiere a la colectividad política más moderada. No obstante, el contenido ha ido modificándose a través del tiempo.◆ Conjunto de personas que profesan ideas conservadoras.◆ Ver **Izquierda**.

DERECHO: conjunto de normas de conducta humana, establecidas por el Estado, con carácter obligatorio y conforme a la justicia *(G. Borda).*◆ Conjunto de reglas establecidas para regir las relaciones de los hombres en sociedad, teniendo como objetivo el logro de la justicia, o bien para el cumplimiento de fines comunes.◆ Conjunto de principios, preceptos y reglas a que están sometidas las relaciones humanas en toda sociedad civil y a cuya observancia pueden ser compelidos los individuos por la fuerza.◆ Ciencia que estudia estos principios y preceptos.◆ Acción que se tiene sobre una persona o cosa.◆ Orden social justo *(J. Llambías).*◆ Es una ciencia que abarca un conjunto amplio de comportamientos sociales, conformada por la sistematización y la coherencia de conocimientos que giran alrededor de los conceptos de justicia y moral, obtenidos gracias al empleo de los métodos apropiados para las ciencias sociales *(J. J. Prado).*◆ Facultad de hacer o exigir todo aquello que la ley o la autoridad establece a nuestro favor, o que el dueño de una cosa nos permite en ella.◆ Conjunto de normas que tienen el tipo de unidad a que nos referimos cuando hablamos de un sistema *(H. Kelsen).*◆ Norma coercible de la conducta humana.

DERECHO A SER ELEGIDO: derecho fundamental de toda persona que posea la calidad de ciudadano en ejercicio a ser designada mediante elección en aquellos cargos públicos de su país para los cuales llene los requisitos exigidos para cada caso.

DERECHO AERONÁUTICO: conjunto de normas jurídicas que regulan la circulación y, en general, la actividad aérea.◆ Parte del derecho que regula las aeronaves y los aeropuertos, al personal de servicio en ambos y los contratos que se realizan con ellos, como objeto propio o como instrumento o elemento de la navegación aérea. ◆ Es el conjunto de principios y normas de derecho público y privado, de orden interno e internacional, que rigen las instituciones y las relaciones jurídicas nacidas de la actividad aeronáutica o modificadas por ella *(A. Videla Escalada).*

DERECHO CONSTITUCIONAL: rama del derecho público interno que estudia las normas y las instituciones relativas a la organización y al ejercicio del poder del Estado y a los derechos y libertades básicos del individuo y de sus grupos, en una estructura social. Las normas del derecho público atienden a situaciones y relaciones en las cuales necesariamente, o sea, en virtud del contenido de sus normas e instituciones, aparece implícita la participación del Estado o de sus auxiliares, a diferencia de lo que ocurre con las normas e instituciones del derecho privado, que conciernen a situaciones y relaciones en las cuales tal participación es sólo eventual *(Biscaretti Di Ruffia).*◆ Es la ciencia de las reglas jurídicas según las cuales se establece, se ejerce y se transmite el poder político *(T. Fernández).* ◆ El derivado de la Constitución. ◆ Consiste en una rama del derecho público que se ocupa del tratamiento y el análisis del conjunto de derechos y garantías reconocidos por la Constitución Nacional, así como de la estructura y la organización del Estado fijadas en su texto.

DERECHO CONSTITUCIONAL COMO DERECHO POLÍTICO: interrelación que da en la medida en que las estructuras y los factores socio-políticos impregnan al derecho constitucional, calificándolo. Así, las ideologías políticas, las fuerzas políticas (partidos, sindicatos, grupos de presión, etc.) condicionan y relativizan las normas y las instituciones constitucionales *(P. L. Verdú).*

DERECHO DE AFILIACIÓN: derecho fundamental de todo ciudadano en ejercicio de afiliarse a los partidos o movimientos políticos de su país.

DERECHO DE ASILO: tuvo su origen en la antigua Grecia, donde se consideraba un crimen capturar a una persona o apoderarse de una cosa puesta bajo la protección de una divinidad en un templo o altar. De esta forma, fueron consagrados como asilos para los perseguidos cierto número de templos, en cuyo recinto el fugitivo se consideraba seguro. Cuando los romanos conquistaron los territorios griegos, no suprimieron el derecho de asilo, pero lo restringieron considerablemente. En la actualidad, de acuerdo con las normas del derecho internacional público, se otorga a los dirigentes políticos la posibilidad de refugiarse en las representaciones diplomáticas de otros países que lo admitan y de las cuales no pueden ser sacados sin el consentimiento del representante diplomático. No todos los países reconocen este derecho.◆ Concesión a aquellos extranjeros que sean perseguidos por su acción en pro de los derechos del pueblo trabajador, por luchar en favor de la liberación nacional, de la liberación del trabajo científico o de los principios democráticos. ◆ Dentro del derecho internacional público, se prevé la posibilidad de que únicamente los delincuentes políticos se refugien en los locales de las representaciones diplomáticas de otros países que lo admitan y de los cuales no pueden ser sacados sin consentimiento del representante diplomático. Es una consecuencia de la discutida ficción de extraterritorialidad diplomática.

DERECHO DE AUTODETERMINA- CIÓN: facultad que tiene una nación de organizarse conforme a sus deseos; tiene derecho a organizar su vida según los principios de la autonomía y tiene derecho a separarse por completo. La nación es soberana y todas las naciones son iguales en derechos *(J. Stalin).*◆ Ver **Principio de autodeterminación**.

DERECHO DE GENTES: se basa en el hecho de ser todos humanos, común a todos los hombres y pueblos.

DERECHO DE HUELGA: es, normalmente, una de las formas de lucha de la cual se sirven los trabajadores para la solución de conflictos que surgen entre ellos y los empresarios para la formación o la modificación de las condiciones de la relación de trabajo *(E. Battaglini)*.

DERECHO DE PETICIONAR A LAS AUTORIDADES: facultad constitucional que tiene toda persona física o jurídica de solicitar, demandar o requerir, en forma individual o colectiva, a los funcionarios que ocupan cargos gubernamentales para que produzcan determinados actos u omisiones *(G. Badeni)*.

DERECHO DE PROPIEDAD: uno de los derechos naturales o imprescriptibles del hombre. No excluye la facultad del Estado de expropiar bienes privados por motivo de utilidad pública.◆ El concepto social del derecho en relación con la propiedad consiste en que ésta debe prestar una función social.

DERECHO DE RESISTENCIA A LA OPRESIÓN: derecho que tiene toda la sociedad de hombres dignos y libres para defenderse contra el despotismo e, incluso, destruirlo *(C. Sánchez Viamonte)*.

DERECHO DE SUFRAGIO: derecho que el individuo tiene de participar en el procedimiento electoral, mediante la emisión de su voto *(F. Kelsen)*.

DERECHO ELECTORAL: en un sentido objetivo, aquel que regula la actividad electoral en cuanto a sus sujetos, a su objeto, a los sistemas, etcétera. Subjetivamente, designa la potencia de determinados sujetos para votar o para ser testigos *(G. Bidart Campos)*.

DERECHO INTERNACIONAL: conjunto de normas que rigen las relaciones entre varios Estados o entre individuos de varios Estados.◆ Conjunto de normas jurídicas que regulan las relaciones entre los sujetos de la comunidad internacional *(R. Vinuesa)*.◆ Derecho de gentes.

DERECHO INTERNACIONAL DE EXTRANJERÍA: aquel que rige la condición de aquel extranjero que, a pesar de seguir siendo considerado como nacional de su Estado de origen, haya establecido su residencia en forma permanente en otro Estado.

DERECHO INTERNACIONAL HUMANITARIO: derecho de origen convencional consuetudinario o por tratado que impone a los Estados o entidades partes de un conflicto armado internacional o interno, una restricción de medios bélicos para lograr los objetivos militares por razones humanitarias (D. Villarroel y J. González Ibañez).

DERECHO INTERNACIONAL PRIVADO: conjunto de normas jurídicas que regulan las interrelaciones entre sujetos del derecho privado, en las que existen uno o varios elementos extraños al derecho interno de un Estado *(R. Vinuesa)*.◆ Se ocupa de las relaciones o de las situaciones jurídicas vinculadas con particulares, en que existe algún elemento esencial (domicilio, nacionalidad, etc.) que las conecta con la aplicación de normas jurídicas extranjeras.

DERECHO INTERNACIONAL PÚBLICO: rama del derecho que se encarga del estudio de las relaciones entre los Estados soberanos, sea entre el Estado Nacional y los Estados extranjeros o de éstos entre sí.

DERECHO MARÍTIMO: conjunto de reglas jurídicas referentes a los diversos derechos y obligaciones que surgen de la navegación y, en especial, del transporte de pasajeros y mercaderías en buques.◆ Derecho de navegación.

DERECHO POLÍTICO: rama del derecho público interno que estudia las normas y las instituciones reguladoras de los poderes estatales y de las libertades fundamentales en un contexto histórico y sociopolítico.◆ El derecho político es el derecho fundamental que organiza una unidad social en razón del bien común; contiene no sólo la organización de los poderes públicos o de las instituciones de gobierno, sino todos los principios que regulan la posición del individuo, de la familia, de la propiedad y, en general, de todos los elementos que definen un orden de vida en razón del bien común. Pero sólo con este carácter de principios del orden, de simientes, cuyo desarrollo corresponde ya a otras ramas del derecho. Comprendido así, el derecho político vale tanto como derecho constitucional.◆ Es la constitución de una unidad política.◆ Según Montesquieu, el derecho político se halla contenido en las leyes que fijan la relación entre gobernantes y gobernados.◆ Sánchez Agesta considera que la unidad de objeto de una ciencia puede definirse por un sistema de problemas y, en ese sentido, el derecho político, pese a que es natural que la especialización científica haya fraccionado en sistemas diversos los varios contenidos parciales de la ciencia política clásica, "puede y debe hacer una consideración orgánica de sus problemas fundamentales en la que se ofrezcan como un sistema los conceptos matrices de esas parciales".◆ Lo político es una realidad jurídico-política. Por

tanto, lo político cuenta en su seno con condiciones básicas que posibilitan el hacer político concreto y con elementos (principios) definidores de la realidad política. El resultado dialéctico entre tales condiciones y principios es el régimen político de un pueblo en un momento dado. Por todo lo cual, el derecho político, como ciencia de la realidad política, tiene por objeto el estudio de los regímenes políticos concretos *(J. Jiménez de Parga).*◆ El que contiene las normas de la organización del Estado, estableciendo la forma de gobierno y los poderes que lo componen y sus relaciones.◆ Todo aquel perpetrado contra el orden político estatal; lo fundamental en ese delito es que el bien jurídico ofendido tenga fondo político *(E. Llanés Torres).* ◆ Ver **Derechos políticos.**

DERECHO POLÍTICO COMO DERECHO CONSTITUCIONAL: el derecho político encuentra en el constitucional, en cierta medida, su verificación jurídica, es decir, en él, cabe hablar de una dogmática jurídica (la constitucional) *(P. L. Verdú).*

DERECHOS DEL HOMBRE: ver **Derechos humanos.**

DERECHOS HUMANOS: facultades de los seres humanos para hacer legítimamente todo lo que conduce a la realización personal con el bien común. Sus características fundamentales son: 1) universales, porque son inherentes a cada uno y a todos los seres humanos; 2) inalienables, porque nadie puede privar de ellos a ninguna persona; 3) inviolables, ya que ninguna persona o institución puede violentar o atropellar tales derechos, estableciéndose la garantía de su restablecimiento y la sanción de los infractores; 4) indivisibles, porque constituyen una unidad.◆ Son los derechos fundamentales que el hombre posee por el hecho de ser hombre, por su propia naturaleza y dignidad: derechos que le son inherentes y que no nacen de una concesión de la sociedad política, sino que deben ser garantizados y consagrados por ésta. Para la UNESCO, "los derechos humanos son una protección de manera institucionalizada de los derechos de la persona humana contra los excesos de poder cometidos por los órganos del Estado y de promover paralelamente el establecimiento de condiciones humanas de vida, así como el desarrollo multidimensional de la personalidad humana". Otro enfoque sobre los derechos es la propuesta de Enrique Pérez Luño, que considera los derechos humanos como un conjunto de facultades e instituciones que, en cada momento histórico, concretan las exigencias de la dignidad, la libertad y la igualdad humanas, las cuales deben ser reconocidas positivamente por los ordenamientos jurídicos a nivel nacional e internacional. A esta concepción adhiere también Salvador Alemany Verdaguer. Con el correr del tiempo, la concepción filosófica de los derechos humanos se ha ido transformando y en la actualidad, el desafío es su promoción universal para que exista una correlatividad entre la letra y la realidad. Es decir, los derechos humanos deben ser realmente efectivos, convalidados por la práctica y no quedarse en la mera enunciación o descripción de principios ideales o abstractos. No debe existir un mundo dividido, sectores con plenitud de derechos y otros con absoluto cercenamiento o carencia de los mismos. El gran desafío es la concreción de una estructura material y espiritual que alcance a la humanidad de todas las tierras, libre de miedo y de necesidades insatisfechas y que pueda acceder a una vida digna.◆ Derechos del hombre. ◆ Ver **Apéndice**.

DERECHOS POLÍTICOS: derechos conferidos a los ciudadanos de participar en la dirección de los asuntos públicos, de votar y ser elegidos en elecciones periódicas auténticas y de tener acceso, en condiciones generales de igualdad, a las funciones públicas de su país.◆ Desde el punto de vista del derecho societario, se trata de aquellos otorgados por las acciones con derecho a voto de su titular, que consisten en la facultad de discutir y opinar sobre determinada cuestión dentro del ámbito de una asamblea (derecho a deliberar), para posteriormente participar en la decisión a adoptar, a través del voto (derecho de voto). Para los titulares de aquellos títulos que hubiesen sido emitidos sin este último derecho, si bien no gozan en principio de la facultad de votar, salvo en aquellas circunstancias especificadas por la ley, subsiste el derecho a la deliberación.

DEROGAR: anular, abolir alguna cosa establecida como ley o costumbre.

DERROCHE: acción de malgastar dinero, bienes o valores.◆ Uso incorrecto de los recursos utilizados para la producción de bienes que satisfacen menos necesidades que las que se habrían podido cubrir con una adecuada asignación.◆ Despilfarro.

DERROTISMO: tendencia a propagar el desaliento en el propio país con noticias o ideas pesimistas acerca del resultado de una guerra o de otro acontecimiento.

DERRUMBE DE LA SUPERPOTENCIA COMUNISTA: la renuncia de Mijaíl

Gorbachov, último líder de la Unión Soviética, selló el 26 de diciembre de 1990 el derrumbe de la Unión Soviética. Aquel Estado creado en 1917 por Lenin se había desintegrado en repúblicas independientes y Rusia se volcó al capitalismo bajo el gobierno de Boris Yeltsin, primero, y de Putin después.

DESABASTECIMIENTO: carencia de determinados productos en locales comerciales o en una población.

DESACATO: amenaza, provocación o injuria que se dirige contra un funcionario público en el ejercicio de sus funciones. La pena se agrava en el caso de autoridades de alto nivel (presidente, gobernador, juez, etc.).

DESAFUERO: privación del fuero o exención de que se goza, por haberse cometido algún delito que permite ejercitar dicho acto.

DESAFUERO PARLAMENTARIO: hecho que priva a algún legislador del fuero que lo ampara.

DESAMORTIZACIÓN: manos muertas. ◆ Acción de dejar libres los bienes inmuebles de las manos en que no circulan.◆ Suceso que se dio en forma violenta con la Reforma Religiosa.

DESAPARECIDOS: consecuencia de la aplicación de la técnica de terrorismo de Estado y de presión sobre la sociedad, extendida y puesta en práctica por las dictaduras militares de algunos países latinoamericanos. Consiste no sólo en la detención, la tortura y el asesinato del individuo, sino en su desaparición física de forma tal que, a los efectos de una investigación, la persona no existe ni queda constancia de ella a partir de

un momento determinado, y el Estado queda exento de responsabilidad ante tal hecho.

DESAPODERAMIENTO: acción y efecto de quitar a alguien el poder que se le había dado para el desempeño de un encargo o una administración.◆ En la quiebra, el fallido queda desapoderado del pleno derecho de sus bienes existentes a la fecha de la declaración de la quiebra y de los que adquiera hasta su rehabilitación. Impide la ejercitación de los derechos de disposición y administración.◆ Institución del derecho comercial; imposibilidad del comerciante concursado de realizar actos de disposición sin la autorización del síndico.

DESARME: eliminación total de todo elemento beligerante militar, así como la prohibición absoluta de ciertas armas en particular.◆ Reducción de armamentos para evitar la guerra entre naciones.

DESARROLLISMO: movimiento que entiende el desarrollo como un cambio de las estructuras internas de una sociedad que facilite o posibilite la superación del subdesarrollo y el despegue económico, e inicie la modernización. ◆ El subdesarrollo, como una etapa del desarrollo, sirvió como punto de partida para iniciar una acción voluntarista cuyo cometido principal fue procurar inversiones de capital nacional y extranjero para acelerar el progreso tecnológico y la modernización de la economía.

DESARROLLO: fase de la evolución económica de un país caracterizada por un aumento en el bienestar general de sus habitantes.◆ Es un proceso que se manifiesta a través de modificaciones en la naturaleza, la cuantía y el uso de los recursos económicos disponibles y en cambios en la cuantía y en la naturaleza de los bienes obtenidos durante éste. Es decir, el desarrollo supone aumentos de la actividad económica y en el ingreso real y una diversificación productiva a la vez. Es un proceso que se caracteriza por el crecimiento permanente de la capacidad económica para producir bienes diversificados.◆ Aplicación de los conocimientos científicos y tecnológicos para crear productos nuevos o modificar los existentes, de manera que cubran mejor las necesidades técnicas y económicas establecidas.

DESARROLLO ECONÓMICO: crecimiento económico acompañado de cambios sustanciales en las estructuras económicas. Específicamente, supone un aumento de la magnitud del sector secundario de la economía y la consiguiente disminución de la importancia relativa del sector primario. ◆ Proceso de crecimiento de la producción o, más propiamente, de la producción *per capita*; es necesario que el aumento sea proporcional o más que proporcional al aumento de la población, ya que el objeto final de la economía es la satisfacción de las necesidades humanas, y la población está, aparentemente, destinada a incrementarse sin cesar *(W. Beveraggi Allende)*. ◆ Es el resultado combinado de un aumento de la inversión, del adelanto tecnológico y de la educación y el perfeccionamiento técnico de los recursos humanos. A partir de estos elementos, el desarrollo se caracteriza por suscitar un incremento general de la productividad de la economía *(M. Lascano)*.

DESARROLLO INTEGRAL: desarrollo que compromete a todo ser humano con todos los seres humanos y al servicio de la promoción humana en su relación esencial con la naturaleza.

DESARROLLO POLÍTICO: orientación adoptada por el Estado-aparato, con la cooperación del Estado-comunidad, que utiliza positivamente sus recursos humanos, materiales e institucionales, para conseguir el bienestar general, la consolidación nacional y la libre participación de los ciudadanos en la determinación de las directrices comunes según los postulados de justicia *(P. L. Verdú)*.

DESCAMISADO: término utilizado, por analogía con los *sans-culots* de la Revolución Francesa, para designar a los trabajadores argentinos en los períodos peronistas.

DESCENTRALIZACIÓN: acción y efecto de descentralizar.◆ Se produce por el proceso de delegación de autoridad en los diferentes subordinados. Esta delegación debe ser completa, clara y suficiente.◆ Se aplica cuando las facultades públicas se distribuyen entre diversos organismos.◆ Dispersión del poder del gobierno central hacia otros niveles del gobierno.

DESCENTRALIZAR: transferir parte de las funciones que antes ejercía el gobierno supremo del Estado.

DESCLASADO: personaje dramático en el cual se produce una distorsión desgarradora entre sus aspiraciones y la realidad. Al haber perdido su fortuna, lucha desesperadamente por salvar las apariencias.

DESCOLONIZACIÓN: gran proceso de descolonización cuyo puntapié inicial fuela Independencia india en 1947. Una primera fase se había registrado tras la Primera Guerra Mundial. Los colonos británicos en el África negra se independizaron a partir de 1956; otro tanto ocurrió en Asia. Francia desmanteló su imperio africano y se retiró de Vietnam; Bélgica, Portugal y Holanda se sumaron a este proceso.◆ Proceso de liquidación del sistema colonial en el mundo y de creación de Estados independientes en los antiguos territorios dependientes *(E. J. Osmanczyk).*

DESCOLONIZAR: no es una simple transferencia geográfica del centro de decisiones. Es desmantelar el sistema colonial en lo político, administrativo, cultural, financiero y económico.

DESEMBARCO: operación militar que consiste en instalarse por la fuerza en una playa ocupada por el enemigo.

DESEMPLEO: mano de obra desocupada en forma involuntaria por cuanto no encuentra ocupación laboral a un nivel de salario determinado.◆ En un sentido más amplio, se da idéntica denominación al factor capital, ahorro, tierra y otros factores o recursos productivos que están ociosos o sin aplicación.◆ Carencia de empleo entre quienes desean tener un puesto de trabajo.

DESESTALINIZACIÓN: conjunto de medidas actitudes que se tomaron en la URSS y en otros países del este de Europa contra Stalin y su política. Los primeros cambios se produjeron en 1956. Kruschev procedió a reorganizar el partido y se llevó a cabo una autocrítica formal de la política exterior.

DESGOBERNAR: generar confusión en el buen orden del gobierno.

DESGOBIERNO: carencia de gobierno, desorden.

DESIDEOLOGIZACIÓN: apaciguamiento de los conflictos con explicación ideológica.

DESINTEGRACIÓN REGIONAL: se aplica cuando se produce un proceso rápido y tajante de ruptura y disolución de vínculos y relaciones políticas y económicas.

DESMILITARIZACIÓN: acción y efecto de suprimir la organización o el carácter militar de una colectividad o una sociedad. ◆ Desguarnecimiento de tropas e instalaciones militares en una región o territorio de acuerdo con un pacto internacional o similar.

DESMONETIZACIÓN DE LA ECONOMÍA: abandono del metal como elemento componente de la moneda en un sistema monetario.◆ Acción y efecto de abolir el empleo de un metal para la acuñación de moneda.◆ Reducción de los recursos monetarios como porcentajes del PBI.◆ Reducción de dinero y depósitos en poder del público.

DESNACIONALIZACIÓN: acción y efecto de privar del carácter nacional a una cuestión, una corporación, por la adquisición de extranjeros. A veces se emplea como una conversión a la propiedad privada de empresas controladas por el Estado.

DESNUTRICIÓN: depauperación del organismo ocasionada por trastornos de nutrición.◆ Según el informe de la FAO, la línea de desnutrición está marcada por aquellos que consumen menos de dos mil calorías diarias. La cifra de aquellos que pasaban hambre, en el 2013, es de ochocientos cuarenta y dos millones.

DESOBEDIENCIA: se aplica cuando la obediencia falta totalmente; cuando la desobediencia es total, general y absoluta, la relación de mando falla y se extingue.

DESOBEDIENCIA CIVIL: acción y efecto de no hacer lo que ordenan las leyes o los superiores de parte de la población civil de una sociedad o país.◆ Rebelión pacífica o resistencia pasiva de carácter colectivo. Ejemplo de ello es la emprendida por Gandhi para conseguir la emancipación de la India de Gran Bretaña.◆ Uno de los modos posibles de ejercer el derecho de resistencia (N. Bobbio).

DESOCUPACIÓN: ociosidad, falta de ocupación. En muchos países, existe un seguro de desempleo.

DESOCUPADO: persona que no tiene ocupación, pero que la busca.

DESORDEN: confusión y alteración de orden circunstancial que de continuar llevaría a un país a un estado caótico.

DESPILFARRO: gasto excesivo, derroche.

DESPOBLACIÓN: falta de gente para poblar una región o un país, que se produce por diversas causas: exceso de mortalidad, emigración, descenso de natalidad, etcétera.

DESPOLITIZACIÓN: evoca una pasividad global, que concierne a los hombres, en cambio la politización está referida a las instituciones. ◆ No es

el desinterés por todo aquello que se refiere a la preocupación política, sino al rechazo a participar en la acción política, según las formas de la democracia representativa (G. Burdeau).

DESPOTISMO: forma de gobierno que ejerce una sola persona con una autoridad absoluta no limitada por las leyes.◆Todo lo que la individualidad humana soporta es despotismo, sea cual fuere el nombre con que vaya disfrazado *(J. Stuart Mill).*◆ Autoridad absoluta, no limitada por las leyes; también, abuso de autoridad, poder o fuerza en el trato con las demás personas.

DESPOTISMO ILUSTRADO: variante significativa del absolutismo monárquico; se inspira en las doctrinas filosófico-políticas de los pensadores franceses del siglo XVIII, en las ideas de la Ilustración y en el deseo de fomentar la cultura y la prosperidad de los súbditos.◆ Forma a través de la cual los gobernantes utilizan su cultura para ejercer un cierto y determinado paternalismo en favor del pueblo gobernado. En realidad, es un despotismo basado en: todo para el pueblo, pero sin el pueblo.

DESPOTIZAR: tratar o gobernar en forma despótica.◆ Tiranizar.

DESREGULACIÓN: eliminación de normas legales vinculadas con la competencia entre empresas.◆ Supresión de una serie de normas que impiden la provisión de bienes y servicios por agentes económicos privados o públicos distintos de quienes hoy detentan el monopolio de hecho y, básicamente, la libertad de fijación de tarifas.

DESTIERRO: castigo que consiste en echar o expulsar a una persona de un territorio determinado para que resida fuera del mismo.

DESTINO MANIFIESTO: doctrina acuñada en los EEUU y que tuvo su origen en la "Doctrina Monroe", cuando algunos intelectuales norteamericanos creyeron que el predominio de los EEUU en el continente americano era explicable por el común pasado colonial. Es decir, el Destino Manifiesto vendría a ser una suerte de providencialismo que le asigna a los EEUU un rol rector en el Nuevo Mundo desde su temprana independencia en 1776.

DESTITUCIÓN POPULAR: instrumento de participación popular en virtud del cual la población decide la expulsión de funcionarios, como consecuencia de lo cual queda revocado el mandato de los mismos.

DESTRONAR: echar a uno del trono.

DESTRUCCIÓN CREATIVA: teoría de Joseph Schumpeter, quien consideraba necesario que aquellas industrias y empresas con tecnologías estancadas y con total indiferencia frente a las necesidades humanas se enmohecieran lentamente hasta extinguirse, o bien, que se consumieran lentamente en llamas.

DESVIACIONISMO: tendencia y actitud que se aparta de la línea política o del movimiento al cual se pertenece.◆ Corriente o doctrina que se aparta de una determinada ortodoxia.

DETENIDOS DESAPARECIDOS: asesinados por las distintas dictaduras en América Latina durante la década de 1970, cuyos cuerpos no aparecieron jamás, salvo los restos detectados en fosas comunes.

DETERMINISMO: sistema filosófico que subordina las determinaciones de la voluntad humana a la voluntad divina. ◆ Sistema que admite la influencia irresistible de los motivos.

DETERMINISMO ECONÓMICO: materialismo histórico.

DETERMINISMO GEOGRÁFICO: teoría según la cual el hombre es el resultado de las influencias que el medio ejerce sobre él.

DETERMINISMO SOCIAL: teoría según la cual se percibe a la sociedad como causa de los sucesos o fenómenos de la vida de relación.

DEUDA EXTERNA: endeudamiento externo que se da como una constante en la historia económica de América Latina. Fundamentalmente, se debe a la enorme presión ejercida sobre los países latinoamericanos por la maquinaria financiera de las naciones industrializadas y por la evasión de capital por parte de la oligarquía, que ha preferido colocar su dinero en los circuitos financieros internacionales antes que fomentar las inversiones en sus respectivos países.

DEUDA INTERNA: deudas privadas y públicas con acreedores del país y que, generalmente, se paga en moneda nacional.

DEUDA PÚBLICA: obligación que asume o contrae un Estado con los prestamistas como consecuencia de un empréstito.◆ Aquella que el Estado reconoce mediante títulos que devengan interés y que puede ser amortizable o consolidada.◆ Deuda del tesoro.

DEVALUACIÓN: pérdida de valor de una moneda con respecto a otra, utilizada como medida de referencia. La devaluación puede efectuarse en forma automática como consecuencia de los mecanismos del mercado o bien puede ser el resultado de una acción deliberada de la autoridad monetaria. También mediante decisiones de organismos gubernamentales se puede proceder a devaluaciones conocidas como encubiertas, las cuales se efectúan mediante variaciones en los niveles de gravámenes o subsidios aduaneros, cuyo efecto final es el aumento de la tasa de cambio.

DÍA "D": en la Segunda Guerra Mundial, día marcado para iniciar la invasión de los aliados a Europa. Originalmente, se había fijado para el 5 de junio de 1944, pero por las pésimas condiciones del tiempo se pasó al 6 de junio. La "D" simplemente significaba día. Tres millones de soldados y oficiales de las fuerzas aliadas y once mil barcos y aviones cruzaron el Canal de la Mancha. El comandante en jefe de todas las fuerzas fue el general norteamericano Dwight Eisenhower (1890-1969), que luego sería presidente de los Estados Unidos desde 1953 y hasta 1961. Los alemanes se rindieron el 7 de mayo de 1945.

DÍA DE LA DESCOLONIZACIÓN: instaurado por decreto del gobierno boliviano el 12 de octubre de 2011, y quedó establecido en el calendario pertinente.

DÍA DE LA LEALTAD: en la Argentina, el 17 de octubre de 1945, miles de personas habitantes de Buenos Aires y lugares aledaños marcharon pacíficamente reclamando la libertad del coronel Juan Domingo Perón. La multitud autoconvocada en forma inesperada consagró a partir de ese momento a Perón como un verdadero líder que terminó con el dominio de los partidos tradicionales. A partir de entonces, aparece un movimiento político de masas que marcaría una impronta en la historia argentina.

DÍA DE LAS AMÉRICAS: el 14 de abril de 1890, se fundó, en una reunión en Washington, la actual Organización de los Estados Americanos, cuyo organismo permanente, la Unión Panamericana, estableció el día de la fundación como Día de las Américas, símbolo de la confraternidad continental.

DÍA DEL ENTIERRO: en la Argentina, en tiempos de Juan Manuel de Rosas, martes de carnaval, día en el cual los vecinos colgaban un muñeco de paja y tela, llamado "Judas", que terminaba quemado. El muñeco tenía muchas veces la figura de algún unitario enemigo de Rosas. La ceremonia se hacía en la plaza Monserrat, donde se reunían las tropas de carretas que traían productos del interior y participaba especialmente la gente que vivía en los innumerables ranchos de paja de los alrededores y la población de la llamada "Calle del Pecado".

DÍA DEL NIÑO ÁRABE: fue fijado el 1 de octubre por la Liga Árabe, en homenaje al pequeño palestino Mohamed al Durrah, muerto por disparos de las tropas israelíes, cuando se refugiaba junto a su padre tras un bloque de cemento en la Franja de Gaza el 1 de octubre de 2000.

DÍA INTERNACIONAL DE LA NO VIOLENCIA: ver **Las Mariposas**.

DIALÉCTICA: ciencia filosófica que trata del raciocinio y de sus leyes, formas y modos de expresión. Comenzó en Grecia como el arte del diálogo y pasó a ser un método de demostración de las tesis por una clasificación lógica de los conceptos y su rigurosa distinción, capaz de conducir a las ideas generales o primeros principios.

DIÁLOGO NORTE - SUR: relación Norte - Sur.

DIARQUÍA: sistema de gobierno en el cual dos personas ejercen el poder.◆ Autoridad ejercida por dos personas, poderes o instituciones con una división previamente acordada.◆ Forma de gobierno en la cual el poder supremo es ejercido por dos príncipes que ejecutan paralelamente el mando.

DICTABLANDA: término acuñado por Hugo Banzer, militar boliviano que entre 1971 y 1978, lideró en su país un régimen autoritario. Posteriormente, en 1997 fue proclamado presidente. El significado estaba dirigido a calificar su propio régimen dictatorial. Según él, en su última etapa, estaba reconciliado con la sociedad. Falleció en 2002, sin poder finalizar su mandato presidencial.

DICTADOR: quien asume todos los poderes de un Estado.◆ Persona que abusa de su autoridad o trata con dureza a los demás sin ningún tipo de limitación.◆ Quien se arroga o recibe todos los poderes extraordinarios y los ejerce sin ningún tipo de limitaciones.

DICTADURA: concentración del poder en un órgano constitucional. Es, pues, una concentración excepcional del poder político, en todas sus dimensiones, que tiende a la perpetuidad *(P. L. Verdú).*◆ Sistema en el que una persona o un pequeño grupo de personas ejerce el poder sin ningún tipo de limitación en la legislación, negando los derechos políticos y ciudadanos. Desaparece toda forma legal de oposición organizada.◆ Gobierno que, cuando existen condiciones excepcionales, deja al margen el ordenamiento jurídico para ejercer la autoridad de un país.

DICTADURA DEL PROLETARIADO: expresión utilizada por el marxismo para referirse a la clase oprimida cuando llegue al poder con la finalidad de eliminar a la clase burguesa. El objetivo es la eliminación de la sociedad clasista mediante la socialización de los bienes de producción y asegurar la eliminación de la clase burguesa. El camino idóneo para alcanzar dicha meta es el partido único conformado por la vanguardia más esclarecida de los obreros para alcanzar una sociedad sin clases.

DICTATORIAL: arbitrario, no sujeto a normas.

DIETA: retribución fijada para los representantes de Cámaras legislativas. ◆ Estipendio que se da a los que ejecutan algunas comisiones o encargos por cada día que se ocupan de ellos o por el período que demoran en ejecutarlos.

DIEZMO: prestación en frutos y ganados que los fieles entregaban a la Iglesia para el ejercicio del ministerio eclesiástico y que consistía en la décima parte del total producido.◆ Derecho, normalmente el 10 %, del valor total de las mercaderías que se pagaba al rey.

DIFAMACIÓN: acción de desacreditar o infamar a una persona.

DIGNIDAD: comportamiento decoroso, acorde con los deberes que impone una conducta recta. Compostura externa y forma que traduce la sensación del propio valor e impone respeto.

DIGNIDAD DE LA PERSONA HUMANA: cada persona humana es una unidad que se estructura en un ser corporal biológico, psíquico, racional y moral cuyo comportamiento obedece a la realización de valores a los cuales adhiere cada persona. Estas características hacen que la persona sea libre y consciente de su libertad, y sea capaz de decidir y elegir. Toda persona es única e irrepetible, no obstante todos los seres humanos nacen iguales.

DIGRESIÓN: parte en que un orador o escritor se aparta del asunto. Es una ruptura del hilo del discurso con algo vagamente relacionado, muy común en los políticos.

DIMENSIÓN POLÍTICA: estructura de la organización, ejercicio y dinámica del poder en una sociedad.

DIMISIÓN: renuncia, abandono de un cargo o cosa que se posee. Dicho de empleos y comisiones.

DINA: Dirección de Inteligencia Nacional de Chile.◆ Temible policía secreta chilena del general Augusto Pinochet.

DINÁMICA MACROECONÓMICA: estudia el proceso de ajuste de las variables económicas en respuesta a las perturbaciones *(Mochón* y *Beker).*

DINASTA: señor o príncipe que reinaba bajo la dependencia o el consentimiento de otro soberano.

DINASTÍA: familia en cuyas personas se perpetúa la influencia política, cultural, económica, etcétera; en general, el verdadero poder.◆ Serie de príncipes soberanos pertenecientes a una familia.

DINERO: elemento difundido y aceptado como medio de cambio y medida de valor para ser entregado en pago de bienes y servicios o como cancelación de deudas y obligaciones. La creación del dinero en la antigüedad surge como una necesidad para poder realizar intercambio de bienes, por cuanto el mecanismo del trueque ofrecía grandes complicaciones, como por ejemplo la necesaria simultaneidad de necesidades de los productos ofertados por ambas partes. Por otra parte, este sistema impedía la relación de valor entre las distintas cosas objeto del intercambio. Es así que en forma espontánea fue surgiendo un bien aceptable por la gente como medio de cambio y de valor. Con el transcurso del tiempo, el dinero fue cumpliendo las siguientes funciones: a) La más importante: actuar como *medio de cambio*; ser aceptado en toda clase de intercambio comercial como medio de pago. b) *Medida de valor*, a los efectos de establecer comparaciones entre el valor de distintos bienes y servicios en referencia a un valor patrón. Actuar como unidad de cuenta. c) *Medio de pago,* que permite cancelar deudas y obligaciones, sea en el presente como en un futuro. d) *Medio de atesoramiento*. Debe permitir su almacenamiento manteniendo, en el transcurso del tiempo, tanto su valor de cambio como su condición física, es decir, que no sea deteriorable *(C. Martínez).*◆ Conjunto de cosas, objetos físicos o derechos, poseídos por el público y aceptados comúnmente como instrumento de cambio en los usos a que normalmente se los consagra *(Angell).*◆ Medio establecido por la ley o la costumbre para el pago de las deudas *(Hawtrey).*

DINERO BANCARIO: el generado por la actuación de algunos de los intermediarios financieros capacitasdo para ello *(Mochón* y *Beker).*

DINERO LEGAL: aquel emitido por una institución que monopoliza su emisión.

DINERO PAGARÉ: medio de cambio utilizado para saldar deudas de una empresa o persona *(Mochón* y *Beker).*

DIPLOMACIA: manera de conducir los asuntos exteriores de los sujetos de derecho internacional, utilizando medios pacíficos y, principalmente, la negociación.◆ Conjunto de conocimientos y principios necesarios para conducir con acierto los negocios públicos entre los Estados.◆ Aplicación del conjunto de reglas que deben seguir los gobernantes en sus relaciones con los ciudadanos y con los otros Estados.◆ Servicio de los Estados en sus relaciones internacionales.◆ Conocimiento o ciencia de las relaciones e intereses de unas naciones con otras.

DIPLOMACIA ABIERTA: diplomacia fundada en el respeto recíproco.

DIPLOMACIA DE UN ESTADO: instrumento principal con que el Estado lleva adelante su política exterior.

DIPLOMACIA DEL "GARROTE": diplomacia lanzada por T. Roosevelt a principios del siglo XX, por la cual los EEUU colocaron gobiernos títeres en el Caribe y propiciaron la aparición de Panamá con la finalidad de construir en 1914 el Canal.

DIPLOMÁTICA: estudio científico de los diplomas y otros documentos, tanto en sus caracteres internos como externos, especialmente para establecer su falsedad o autenticidad.

DIPLOMÁTICO: funcionario de un gobierno que interviene en las relaciones internacionales. Generalmente, los diplomáticos provienen de institutos, universidades o escuelas.

DIPUTACIÓN: ejercicio del cargo de diputado.◆ Conjunto de diputados.◆ Embajada.

DIPUTACIÓN PROVINCIAL: corporación elegida para dirigir y administrar los intereses de una provincia.

DIPUTADO: ciudadano que legisla, proponiendo la conformación de nuevas leyes.◆ Persona nombrada por elección popular como representante en una cámara legislativa, nacional, regional o provincial.

DIPUTADO A CORTES: de acuerdo con algunas constituciones, cada una de las personas nombradas directamente por los electores para componer la Cámara única o la de origen más popular cuando hay Senado.

DIPUTADO PROVINCIAL: el elegido por una provincia o distrito para que lo represente en la diputación provincial.

DIRIGENCIA: conjunto de dirigentes políticos, sindicales, etcétera.

DIRIGENTE: que dirige.

DIRIGISMO: corriente o tendencia del gobierno o de cualquier autoridad a controlar una o más actividades.

DISCIPLINA: la probabilidad de encontrar obediencia para un mandato por parte de un conjunto de personas que, en virtud de actitudes arraigadas, sea pronta, simple o automática *(Max Weber)*.

DISCIPLINA MILITAR: normas que regulan la actividad de la milicia, basadas en la jerarquía.

DISCIPLINA POLÍTICA: observancia de disposiciones y ordenamientos de un movimiento o un partido político.

DISCONTINUIDAD CONSTITUCIONAL: se aplica cuando la violación de las instituciones-norma, además de importar la "no vigencia" o el cambio, definitivo o transitorio, de instituciones políticas, en contra o al margen de las instituciones-norma vigentes, no encuentra remedio o reparación en la aplicación de estas últimas.

DISCRECIONAL: potestad gubernativa que se da en las funciones que no están regladas.

DISCRIMINACIÓN: acción y efecto de brindar trato de inferioridad a una persona, un grupo o una colectividad por razones religiosas, sociales, políticas, económicas, etcétera.◆ Diferencias entre los ingresos provocadas por características personales que no están relacionadas con el rendimiento en el puesto de trabajo, especialmente las que están relacionadas con el sexo, la raza o la religión *(P. Samuelson)*.

DISCRIMINACIÓN CONTRA LA MUJER: toda distinción, exclusión o restricción basada en el sexo, que tenga por objeto o por resultado menoscabar o anular el reconocimiento, el goce o el ejercicio de la mujer, independientemente de su estado civil, sobre la base de la igualdad del hombre y la mujer, de los derechos humanos y de las libertades fundamentales en las esferas política, económica, social, cultural y civil o en cualquier otra esfera.

DISCURSO: doctrina, ideología.◆ Serie de términos o frases empleada para expresar lo que se piensa o se dice.

DISCURSO POLÍTICO: exposición sobre algunos temas que se pronuncia en público y, generalmente, en forma vehemente con el objeto de atraer a los concurrentes y a los potenciales adeptos.

DISTENSIÓN: relación entre las grandes potencias basada más en el reconocimiento mutuo de terrenos de interés común que en la política de enfrentamiento, hostilidad y conflicto *(Oleg Zinam)*.

DISTRITO: cada una de las demarcaciones en que se subdivide un territorio o una población determinada con el objeto de distribuir y ordenar el ejercicio de los derechos civiles y políticos.

DISTRITO ELECTORAL: extensión territorial en la cual los votos de los electores son la base para la distribución de los escaños entre los candidatos, con independencia de los votos que se hayan emitido en otros lugares del país *(G. Burdeau)*.

DISUASIÓN: estrategia cuya finalidad es rechazar o impedir que una potencia enemiga tome la iniciativa en una guerra, por miedo a los riesgos catastróficos que ocurrirían en caso de resultar ganadora.◆ Capacidad de crear en el adversario el desistimiento de un propósito.

DISYUNTIVA SOCIAL: conflicto de objetivos de la política con el resultado de que un objetivo puede ser atendido sólo a costa del sacrificio de otro.

DIVISA: moneda extranjera referida a la unidad del país de que se trata.◆ Depósitos o instrumentos de crédito en monedas extranjeras.

DIVISIÓN DE PODERES: si bien el poder es único e indivisible, lo que se divide y se separa son los órganos que ejercen el poder y las funciones que se encomiendan a esos órganos. Es decir, se podría hablar más de reparación que de decisión. A cada órgano con su masa de competencias suele denominárselo "poder": Poder Legislativo, Poder Ejecutivo y Poder Judicial. La decisión es separación orgánica (de órganos) y funcional (de funciones) dentro de un mismo poder (que es el poder político o poder del Estado). La separación orgánica y funcional está destinada a actuar como un freno recíproco entre los distintos "poderes" y a originar en sus relaciones un mecanismo de equilibrio y contrapeso. Se trata de balancearlos entre sí para que no se desborden. El sistema divisorio funciona de alguna manera como una técnica de control recíproco entre los distintos órganos o poderes separados

(G. Bidart Campos). ◆ Precepto constitucional en el cual se basa el Estado federal; el principio de la pluralidad de los centros de poder soberanos, coordinados entre sí, en todo el territorio de la federación, que otorgan al gobierno central una cantidad mínima de poderes para garantizar la unidad política y económica.◆ Tendencia que propugna la separación de los Poderes Judicial, Legislativo y Ejecutivo para que un gobierno actúe en forma eficaz.

DIVISIÓN DEL TRABAJO: en ningún sector del esfuerzo humano aparece más evidente que en el arte de la guerra. Desde los tiempos más remotos, los ejércitos han sido divididos en unidades especializadas, entre las que figuraban los arqueros, la infantería, la caballería y la intendencia. Estas divisiones militares se mantuvieron sin cambio alguno durante siglos y su efectividad se ponía de manifiesto a través de su empleo coordinado en la estrategia y táctica de un jefe. Los clásicos también se refirieron a la división del trabajo y Cicerón, por ejemplo, la llamaba la base de la civilización. Siglos más tarde, Adam Smith, en su famoso libro *Investigación sobre las riquezas de las Naciones* (1776), se ocupó extensamente de esta cuestión y utilizó como ejemplo la fabricación de una aguja. Un producto al parecer tan insignificante requería varias operaciones para quedar elaborado. La división del trabajo tiene dos aspectos a distinguir: por un lado, la parcelación o distribución de las tareas dentro de una empresa, etapas, partes, etcétera, y, por otro, la especialización o división del trabajo social que hace que unos sean contadores, plomeros, etcétera.◆ Las ventajas son: a) economía en el tiempo, b) economía de equipos de trabajo, c) tareas adaptadas a cada capacidad, d) mejoramiento del trabajo, e) agilización de las labores, f) incremento de la productividad, g) beneficios para el aprendizaje. Entre los inconvenientes figuran: monotonía del trabajo, reducción de la personalidad del trabajador, limitación para conseguir nuevos empleos y, en algunos casos, cercenamiento de la actividad intelectual. ◆ Consiste en dividir y agrupar las actividades de la organización para contribuir al logro de los objetivos.◆ Especialización de los individuos en diferentes actividades laborales.

DOBLE VUELTA: ver **Balotaje**.

DOCTRINA: conjunto de principios y preceptos sistematizados y analizados científicamente.◆ Opinión de autores o la que sostiene la mayor parte de ellos.

DOCTRINA BETANCOURT: pronunciamiento de política internacional expresada por Rómulo Betancourt, presidente de Venezuela durante el período 1959 - 1964, sobre el no reconocimiento de los gobiernos de facto. Es decir, manifestada no mantener relaciones diplomáticas ni comerciales con gobiernos no legitimados por el voto de los pueblos y propugnar en la OEA que los regímenes de usurpación sean excluidos de la comunidad jurídica regional.

DOCTRINA BREZHNEV: doctrina sostenida por Leonid Brezhnev, líder ruso que embarcó a la Unión Soviética en una verdadera carrera armamentista. Esta doctrina se basaba en utilizar el territorio de sus países satélite para instalar misiles con cabezas nucleares múltiples que apuntaban hacia los países occidentales de la OTAN y alentó movimientos revolucionarios en distintos países. Es decir, los países comunistas estababan autorizados en nombre de la fraternal solidaridad que los unía para actuar militarmente en los países de su bloque que se vieran amenazados por movimientos contrarrevolucionarios.

DOCTRINA CARTER: promulgada por el ex presidente de los EEUU, Jimmy Carter, mediante el planteo de una nueva estrategia de política internacional con respecto al Golfo Pérsico. Todo intento de cualquier fuerza externa para ganar el control de la región del Golfo Pérsico era considerado como una agresión contra los vitales intereses de los EEUU, y dicha agresión debía ser repelida por todos los medios necesarios, incluso la fuerza militar.

DOCTRINA COMÚN: opinión sobre determinado tema que comúnmente sostiene la mayor parte de los autores que han escrito sobre él.

DOCTRINA DE LA DISUASIÓN: acción de impedir que una potencia adversa tome la decisión de emplear las armas, mediante la adopción de una serie de medidas que constituyan una amenaza suficiente o capaz de minar psicológicamente al enemigo una vez calculados y comparados los riesgos y beneficios. El factor esencial de la disuasión se centra en la creación de incertidumbre y en la habilidad para aumentarla o, por lo menos, mantenerla.

DOCTRINA DE LA SEGURIDAD NACIONAL: doctrina inspirada básicamente en el pensamiento estratégico norteamericano y aplicada por las fuerzas armadas de casi todos los países latinoamericanos en el plano interno. Mayor eficiencia en la conducción social, protección de fronteras, cuidado del orden interno, control de la potencial insurgencia, constituyeron los aspectos básicos de la doctrina. Las fuerzas armadas debían ser los custodios de la seguridad nacional de su país. Todo cambio social respondía a modelos comunistas. El derrocamiento de Allende en Chile y el Proceso de Reorganización Nacional en la Argentina, fueron algunas de sus consecuencias.

DOCTRINA DRAGO: el 29 de diciembre de 1902, Venezuela acababa de salir de una guerra civil en la que las compañías extranjeras habían participado activamente a favor de alguno de los bandos. Frente a una grave crisis financiera, el presidente venezolano suspendió por ley el pago de la deuda externa. Inglaterra, Alemania e Italia, que eran los países acreedores afectados, organizaron una flota combinada y bombardearon los puertos venezolanos de La Guayra y Maracaibo, destruyendo las naves ancladas. Además, bloquearon el puerto Cabello, tomaron por asalto la aduana y se incautaron todos los bienes que encontraron. Ante esta situación, Luis María Drago, ministro de Relaciones Exteriores del presidente argentino J. A. Roca, envió una nota al gobierno de los EEUU para que, haciendo uso de su influencia política, se pusiera fin a la agresión contra Venezuela. En sus tramos fundamentales la carta afirmaba: "...no puede haber expansión territorial europea en América ni opresión de los pueblos de este continente, porque una desgraciada situación financiera pudiese llevar a algunos de ellos a diferir el cumplimiento de sus compromisos. En una palabra, el principio que quisiera ver reconocido es el que la deuda pública no puede dar lugar a la intervención armada y menos a la ocupación material del suelo de las naciones americanas por una potencia europea...". La posición argentina, conocida como "Doctrina Drago", no tuvo aplicación inmediata, pero fue posteriormente convertida en norma jurídica de efecto internacional.

DOCTRINA EISENHOWER: política expuesta por el presidente de los EEUU, D. Eisenhower, el 5 de enero de 1957, con respecto a la relación con Oriente Medio. Tres fueron los aspectos básicos formulados: 1) ayuda militar a los gobiernos de la región que lo requirieran; 2) utilización de las fuerzas armadas estadounidenses con el objeto de asegurar la independencia de cualquier nación de la zona que fuese agredida por un país comunista; 3) colaboración de los EEUU en el desarrollo económico de aquellas naciones.

DOCTRINA ESTRADA: doctrina expuesta por el mexicano Genaro Estrada, político que sostenía que cuando un régimen era derrotado no consideraba preciso ni necesario reconocer a los nuevos gobernantes, porque se mantienen los vínculos vigentes en virtud de que las relaciones diplomáticas existen más genuinamente entre las naciones que entre los regímenes.

DOCTRINA LARRETA: fue propuesta por Eduardo Larreta, Ministro de Relaciones Exteriores, en 1944; según esta doctrina, no sólo negarían reconocimiento a gobiernos que alcanzaran el poder por la fuerza, como cualquier modalidad golpista, sino que también sería promovida una intervención colectiva en dichos gobiernos, objetivando restablecer el ordenamiento jurídico constitucional. Por tratarse de una doctrina intervencionista, no repercutió en el mundo jurídico y mucho menos en el mundo político de los Estados *(E. Llanés Torres)*.

DOCTRINA MONROE: declaración efectuada por el presidente de los EEUU, James Monroe, en 1823 ante el Congreso. En el mensaje o declaración, ante un intento de la Santa Alianza por intervenir en América, Monroe señaló que los EEUU no aceptarían que las potencias europeas colonizaran nuevos territorios en América ni que pretendieran recuperar por las armas aquellos que habían declarado su independencia. El Senado estadounidense posteriormente legisló en el sentido de que esa "doctrina" debía mantenerse como una política exclusiva de los EEUU y que sólo a ellos les correspondía definir, interpretar y aplicar. Los EEUU no intervinieron para impedir en 1830 la ocupación de las islas Malvinas por Inglaterra ni el bloqueo a México y a la Argentina en 1938, ni en otras situaciones similares. Para los norteamericanos, América significa los EEUU◆ Movimiento o corriente política que tuvo su inicio en los EEUU durante la presidencia de James Monroe, en 1823. En realidad, el autor intelectual fue John Quincy Adams, quien redactó una declaración independiente. Los continentes americanos, por la libre e independiente condición que han asumido y mantenido, no serán considerados en adelante como objetos de una futura colonización por ninguna potencia extranjera. El creciente desarrollo de EEUU, a partir de 1904, estimuló y profundizó una redefinición de su derecho en la intervención en la política de América

Latina. A través del tiempo, se transformó en una verdadera justificación de este imperialismo. A ella se acopló la doctrina de la seguridad nacional.◆ Declaración de propósitos destinada, en el siglo XIX, a proteger a los países recién aparecidos en Latinoamérica de potenciales o posibles ataques o invasiones extranjeras. Se expandió y sirvió como pretexto o justificación de intervenciones armadas en América, para facilitar el ingreso de capitales estadounidenses en áreas o sectores convenientes a los intereses de los inversionistas. Además, se utilizó, en concordancia con lo expuesto anteriormente, la eliminación de las barreras aduaneras. El lema básico y distintivo de esta doctrina es "América para los americanos". Las intervenciones le garantizaron a los EEUU la seguridad que requerían los mercados y los capitales estadounidenses.

DOCTRINA SOCIAL DE LA IGLESIA: conjunto de exigencias sociales de la fe para la vida del hombre en comunidad.

DOCTRINA TOBAR: pronunciamiento formulado por el diplomático ecuatoriano Tobar en 1907. Establece, como prerrequisito para el reconocimiento de un gobierno, la demostración por parte de éste de cierto consenso popular. Sorensen cuestiona dicha teoría y realiza serias objeciones. Sostiene que la legalidad constitucional del gobierno de otro Estado constituye una intervención en los asuntos internos de ese Estado. Se basa en la falsa presunción de que una forma de gobierno, una vez establecida, permanece sacrosanta o inmutable. Pero esto, continúa, difícilmente se confirma en la práctica de los Estados ni tiene fundamento alguno en el derecho internacional, que reconoce el derecho de un pueblo a alterar, por cualquier medio, incluso por la fuerza, la forma de gobierno con la cual vive.

DOCTRINA WILSON: ideada por Woodrow Wilson en 1913; según esta doctrina no procede el reconocimiento de aquellos gobiernos caracterizados como ilegítimos.

DOCTRINARIO: sistema ecléctico o transaccional que concibe la soberanía como repartida en una especie de facto entre el pueblo y el rey.◆ Cuando se hace radicar en la inteligencia humana el principio de la soberanía y aplica fórmulas abstractas y *a priori* a la gobernación de pueblos.

DOCTRINARISMO: movimiento surgido en Francia durante la Restauración, entre 1814 y 1830, como reacción a la política absolutista de derecho divino y a la soberanía del pueblo.

DOCTRINAS PERSONALISTAS: conjunto de doctrinas políticas en las cuales el eje de sus postulados es el individuo, la persona humana *(J. Resnik).*

DOGMA: punto básico o fundamental de una doctrina filosófica o religiosa.

DOGMATISMO: método que hace descender el conocimiento de la verdad no demostrada racionalmente a la *verita di fede* (la verdad de la fe: dogma). ◆ Conjunto de proposiciones que se tienen por principios innegables de una ciencia.◆ Presunción de los que quieren que sus aseveraciones sean tenidas por verdades inconcusas.

DÓLAR: moneda estadounidense creada el 2 de abril de 1792. Al cumplirse el segundo mandato de George Washington, se decidió que el dólar fuese la moneda del país. Al principio se lo acuñó sólo bajo la forma de monedas porque el gobierno tenía escasa confianza en el papel, que había sufrido una constante depreciación durante el período colonial. El Senado dispuso que aquellas primeras monedas, que eran de plata, debían llevar en una cara la efigie del presidente con su nombre y apellido. Pero sobre la marcha se cambió de idea y se ordenó que fuera una imagen que representara la Libertad. Era demasiado tarde y llegaron a circular algunas monedas en las que se ve a Washington y a su esposa. La aparición de los billetes es muy posterior; data de 1862, de la época de la Guerra de Secesión, y fueron emitidos por orden del Congreso. La palabra dólar, que es también el nombre de la moneda de otros países, tiene una larga historia que se remonta al siglo XVI. Entonces, la familia Schlick era dueña de unas ricas minas de plata en el territorio de Bohemia, en Europa central. Con la plata fabricaban unas piezas conocidas como "Joachines Thaler". Después se las llamó solamente *thaler*, que pasó a ser *dales* y por fin dólar. El billete actual es un ligero papel que mide alrededor de 15 por 6 centímetros y cuya composición de papel y tinta es un secreto de Estado. La materia prima que se utiliza para fabricarlos es una mezcla de trapos y retazos más caolín y resina. Se calcula que la vida útil de un billete es de, aproximadamente, dieciocho meses. Hay distintos tipos de dólares, de acuerdo con el país de que se trate y tenga ese tipo de moneda.

DOLARIZACIÓN: masiva tendencia a comprar dólares con el fin de proteger los ingresos particulares de la depreciación de la moneda local. El uso del dólar, y no de otra moneda, está estrechamente vinculado al hecho de estar bajo la órbita de los EEUU y su dependencia económico-financiera.◆ Sistema monetario que implementan determinados países, a través del cual se reemplaza el signo monetario de cada país por la moneda dólar. Ejemplos: Panamá, Ecuador y El Salvador.

DOMINACIÓN: señorío que tiene sobre un territorio el que ejerce la soberanía.◆ La probabilidad de encontrar obediencia a un mandato de determinado contenido entre personas dadas *(Max Weber)*.

DOMINANTE: persona que quiere avasallar a otras y de las que no soporta que la contradigan.

DOMINIO: territorio sujeto a un Estado.◆ Tierra o Estado que un soberano o una república tiene bajo su dominación.

DOMINIO AÉREO: derecho de supremacía y soberanía que los Estados poseen sobre el espacio aéreo *(E. Llanés Torres).*◆ Columna de aire situada encima del territorio de un Estado *(P. Vedross)*.

DOMINIO DEL ESTADO: derecho que posee el Estado sobre su territorio, considerado como uno de los elementos que participan del carácter institucional del Estado *(J. Singer)*.

DOMINIO EMINENTE: facultad inherente a la soberanía para guardar en su territorio la causa pública en relación con los derechos de propiedad privada.

DOMINIO FLUVIAL: comprende todo curso de agua, tanto aquel que nace y muere dentro de los límites del territorio de un Estado como aquel que, atravesándolo, se encuentre bajo su soberanía.

DOMINIO INTERNACIONAL: derecho de una nación a usar su suelo, a percibir sus productos, a disponer de sus territorios con exclusión de las otras naciones y a mandar en él como poder soberano independiente de todo poder exterior. Derecho que crea, para los otros Estados, la obligación correlativa de no poner obstáculo al empleo que haga la nación propietaria de su territorio y de no arrogarse ningún derecho de mando sobre este mismo territorio.

DOMINIO LACUSTRE: jurisdicción que el Estado ejerce sobre los lagos *(E. Llanés Torres)*.

DOMINIO MARÍTIMO: aquel que comprende el mar territorial, las aguas interiores y la zona contigua *(E. Llanés Torres)*.

DOMINIO PÚBLICO: aquel que, bajo la salvaguarda del Estado, tienen todas las cosas útiles que no pueden ser objeto de apropiación. El que pertenece al Estado.

DOMINIO TERRESTRE: aquel compuesto por el suelo y el subsuelo del espacio geográfico determinado por sus fronteras *(E. Llanés Torres)*.

DONCEL: mancebo que, habiendo en su niñez servido de paje a los reyes, pasaba a servir en la milicia, en la que los donceles formaban un cuerpo con ciertas prerrogativas.

DOXOMETRÍA: investigación o estudio de la opinión mediante la técnica de los sondeos. Tiene un carácter o sentido más restringido que la demoscopia. ◆ Ver **Demoscopia**.

"DRAW BACK": reintegro total o parcial de los gravámenes de importación abonados sobre bienes destinados a la exportación al momento de la misma. Son aquellos que gravaron a estas mercaderías, sea a los productos contenidos en las mercaderías exportadas, sea a los consumidos durante su producción.◆ Régimen en virtud del cual se restituyen, total o parcialmente, los importes que se hubieran pagado en concepto de tributos interiores, así como los que se hubieran podido pagar en concepto de tributos por la previa importación para consumo de toda o parte de la mercadería que se exportare para consumo a título oneroso, o bien por los servicios que se hubieran prestado con relación a dichas mercaderías *(M. Bibiloni)*.

DROGODEPENDENCIA: uso habitual de estupefacientes, al que el drogadicto no se puede sustraer.

DUALISMO: concepción que plantea la existencia de dos principios que rigen un determinado aspecto de la realidad.

DUCADO: territorio bajo jurisdicción del duque.

"DUCE": jefe, conductor, caudillo.◆ Denominación que los fascistas italianos le dieron a Benito Mussolini.

DUMA: Cámara baja del Parlamento ruso.◆ Asamblea legislativa de la Rusia imperial.◆ Cada uno de los concejos municipales de Rusia.

"DUMPING": práctica comercial, generalmente de aplicación en el comercio internacional, que consiste en vender mercaderías a precios por debajo de un nivel determinado en áreas específicas, percibiendo la diferencia entre el precio recibido y el precio de mercado mediante un subsidio, como consecuencia de un tratamiento preferencial, por lo general, en virtud de una protección gubernamental. Por lo común, las ventas en las áreas protegidas remuneran los gastos indirectos de producción y los fijos, y las ventas en las otras áreas son realizadas *a dumping*, como modo de recuperar los costos directos.

DUUNVIRATO: régimen político en el que el gobierno estaba encomendado a duunviros.

DUUNVIRO: cada uno de los distintos magistrados de la antigua Roma.◆ Cada uno de los dos presidentes de los decuriones en las colonias y en los municipios romanos.

E

ECLOSIÓN: movimientos culturales, políticos, históricos, psicológicos que se producen o manifiestan súbitamente.

ECOLOGÍA: ciencia que estudia los organismos vivos y su relación con el medio ambiente. No se puede dañar la ecología; se daña el medio ambiente. ◆ Estudio de la relación de los organismos o de los grupos de organismos con su medio.◆ Ciencia que estudia las relaciones de los seres vivos entre sí y con su entorno.◆ Ciencia de la contaminación.◆ Ciencia que estudia la relación entre los seres vivientes y el medio natural en que se encuentran. ◆ Estudio de todas las relaciones de todos los organismos con todos sus medios. No se limita a los animales ni a las plantas. No es una disciplina restringida. En su pura esencia es amplia *(Taylor)*.

ECOLOGISMO: denominación genérica de los movimientos de defensa de la naturaleza que tienen como fin la convivencia pacífica y el aprovechamiento racional de los recursos naturales.

ECONOMATO: agrupación de carácter mutualista, que se constituye bajo la forma de simple asociación, cooperativa o entidad privada para suministrar mercaderías o servicios a gremios obreros o de empleados.◆ Almacén establecido para que se surtan de él determinadas personas, o abierto al público en general, donde los consumidores pueden comprar los bienes con más economía que en las tiendas.

ECONOMÍA: ciencia que se ocupa de las cuestiones que surgen en relación con la satisfacción de las necesidades de los individuos y de la sociedad. ◆ Es la ciencia que estudia la asignación más conveniente de los recursos escasos de una sociedad para la obtención de un conjunto ordenado de objetivos *(Mochón* y *Beker)*. ◆ En un sentido amplio, se refiere a la actividad que administra los recursos aplicados a procesos productivos tendientes a obtener bienes y servicios para satisfacer las necesidades humanas.◆ Conjunto de actividades que permiten al hombre adquirir los medios escasos con que satisfacer sus necesidades.◆ Ciencia que estudia la forma de satisfacer múltiples necesidades de los hombres que se enfrentan con bienes y servicios cuya disponibilidad no es ilimitada o infinita, sino que son escasos.◆ Ciencia que estudia las interrelaciones entre la especie humana y el hábitat natural (planeta Tierra) donde desarrolla sus actividades y del que obtiene los recursos que emplea en forma directa o transformándolos en bienes y servicios con los cuales satisface sus múltiples necesidades *(A. Digier).*◆ Estudia la evolución de la producción social desde sus formas inferiores a sus formas superiores; la aparición, el desarrollo y la desaparición de los regímenes sociales, fundados sobre la explotación del hombre por el hombre *(Academia de Ciencias de la URSS).*◆ La economía política o economía es el estudio del género humano en los asuntos ordinarios de la vida; examina aquella parte de la actividad individual y social más íntimamente ligada a la consecución y al uso de los factores materiales del bienestar *(A. Marshall).*◆ La economía como ciencia positiva, como ciencia que trata de determinar uniformemente leyes adecuadas para prever y, por tanto, "dominar" acontecimientos reales *(M. Friedman).*◆ Conjunto de mercados relacionados entre sí, incluidos mercados de trabajo, de bienes, etcétera, organizados en forma libre, centralizada, planificada o mixta. También se involucra a otras actividades ajenas al mercado, por ejemplo: organizaciones sin fines de lucro, entidades benéficas, asociaciones patronales, etcétera.◆ Conjunto de hechos y actos relacionados con la subsistencia y el bienestar del hombre en el orden material de la vida *(W. Beveraggi Allende).*◆ Administra los bienes y recursos. Planifica el discreto empleo del dinero; señala la mejor aplicación de las energías y jerarquiza las necesidades físicas o psíquicas imprescindibles *(J. Olivera).*◆ Método científico aplicado a la experiencia cotidiana. Está fundamentado en su aplicación a problemas reales y sus temas de investigación son examinados de tal forma que pongan a prueba la habilidad de quienes tratan de aplicar su conocimiento a las circunstancias presentes.◆ Estudio de la aplicación de ciertos recursos escasos a diferentes fines.◆ Estudio de la manera en que los hombres y la sociedad utilizan, haciendo uso o no del dinero, unos recursos productivos "escasos" para obtener distintos bienes y distribuirlos para su consumo presente o futuro entre las diversas personas y grupos que componen la sociedad *(P. Samuelson).*◆ Literalmente significa ley u orden de la casa. El adecuado gobierno de la casa comprende la debida administración de todo lo que es necesario para la vida de los que son parte de esa comunidad. El fin de esta administración es el fin del gobierno familiar. El orden económico es propio e inseparable de toda sociedad humana. ◆ Palabra que deriva del griego *oikonomike* (*oikós* = todo lo que uno posee; *monos* = administración), en el sentido empleado por los griegos. Significa el acto de administrar prudente y sistemáticamente el patrimonio familiar. Sin embargo, Aristóteles, que se interesaba sobre todo en la obtención de un ingreso para el Estado, usaba con frecuencia la expresión "economía política". Por ese motivo, al final de la Edad Media, cuando resurgió con gran fuerza la preocupación por el tema y los estadistas estudiaban el arte de hacer a los pueblos ricos y autosuficientes por medio de reglas jurídicas nacionales, se familiarizó la expresión "economía política" *(J. M. Ferguson).* ◆ Ciencia que trata de la conducta humana ante el fenómeno de la escasez.

ECONOMÍA CAPITALISTA: economía cuyas actividades productivas se basan en la propiedad privada de los bienes de producción y en la libre contratación laboral.◆ Ver **Capitalismo.**

ECONOMÍA CERRADA: modelo teórico económico aplicado en un país que no mantiene relaciones con otros países o las mantiene en su mínima expresión.

ECONOMÍA CLÁSICA: ideas, creencias y conceptos económicos acuñados y desarrollados aproximadamente desde 1770 hasta 1930. Se denominó clásica por poseer una orientación económica definida, concreta y por haber transmitido una sistematización económica en coincidencia con el esplendor económico de Inglaterra.◆ Las características fundamentales de la escuela clásica son: 1) el enfoque económico normalmente fue un análisis de la oferta; 2) el método utilizado fundamentalmente fue el abstracto-deductivo; 3) el factor básico de la producción es el trabajo que genera *a posteriori* la riqueza; 4) "la mano invisible" actúa como un mecanismo emergente de las leyes naturales; 5) se generó un papel o lugar propio e independiente para la economía; 6) la división del trabajo desarrolla el avance tecnológico y la ampliación de los mercados; 7) la retribución de los factores de producción (trabajadores, capitalistas y terratenientes) son: la renta del suelo, el salario del trabajo y el beneficio del capital; 8) toda intervención del exterior, sea del Estado o de los particulares, en el funcionamiento de la economía era indeseable, ya que el regulador era "la mano invisible".

Los representantes más relevantes de esta escuela son: Adam Smith, David Ricardo, Juan B. Say, Thomas Malthus y J. Stuart Mill.◆ La línea del liberalismo económico, cuyo más ilustre representante fue Adam Smith (1723-1790), sostenía trabajo y libertad. Este escocés conoció a Quesnay y trabajó en la obra que le ha dado prestigio, fama y la capitanía de la escuela liberal: *Investigación sobre la riqueza de las naciones,* aparecida en 1776. Llega a la economía a través de temas morales y filosóficos. En el aspecto económico, parte del trabajo para la explicación de los precios y las rentas. La teoría del valor trabajo como fundamento del precio ya había tenido sus antecedentes en Petty y en Locke. Pero Smith la enriquece con otras dos acepciones que lo completan: el uso (hecho objetivo) y el cambio (aspecto subjetivo). De todas formas, el trabajo es la referencia primaria: "El trabajo ha sido el primer precio, la moneda pagada por la compra primitiva de todas las cosas". Esto le permite atacar la idea de los fisiócratas sobre la esterilidad de la industria, y de ciertos servicios, y criticar también su teoría sobre la formación de las rentas.

ECONOMÍA CONTROLADA: conjunto de decisiones que conforman un sistema económico que se refiere a qué, cuánto, cuándo y cómo producir. Generalmente, funciona bajo un gobierno autoritario.

ECONOMÍA DE ENCLAVE: se caracteriza por basarse en la extracción de minerales concentrados en pocos puntos del territorio y directamente explotados por empresas extranjeras para su exportación inmediata.

ECONOMÍA DE PLANTACIÓN: aquella centrada en la utilización de una gran cantidad de mano de obra agrícola que trabaja directamente para firmas extranjeras, sin intermediarios nativos entre la actividad productiva y los beneficios de las grandes empresas.

ECONOMÍA DE TRUEQUE: aquella cuya actividad económica de intercambio se basa exclusivamente en mercancías, excepto en moneda. Es decir, el valor se expresa en función de otros bienes.

ECONOMÍA DEL BIENESTAR: sostiene que el bienestar de una comunidad depende no sólo del monto del ingreso per cápita, sino de la forma en que el ingreso está distribuido entre todos los componentes de esa comunidad. Teoría económica que estudia la evolución de los principios de maximización del bienestar social.

ECONOMÍA DOMINANTE: aquella que ejerce alguna influencia o dominio sobre otra u otras economías.

ECONOMÍA INFORMAL: economía oculta; aquella economía que se desarrolla al margen de las normas legales (impositivas, previsionales, aduaneras, etc.) vigentes en un país.◆ Algunos autores la denominan economía negra.◆ Son transacciones económicas no declaradas con el objeto de evadir impuestos o porque están centradas en actividades ilegales. ◆ Economía subterránea.

ECONOMÍA OCULTA: economía informal. ◆ Economía negra.◆ Economía subterránea.

ECONOMÍA POLÍTICA: disciplina que se ocupa del estudio de la asignación de los recursos necesarios para la satisfacción de las necesidades humanas y de los mecanismos de funcionamiento de las estructuras sociales para efectuar la asignación de los bienes y servicios.◆ Estudio de las distintas estructuras de retribución entre las que la sociedad puede (y, por lo tanto, debe) elegir: ¿cómo funcionan dichos mecanismos en un sistema existente o imaginable –los derechos legales, determinados mercados, los impuestos y las subvenciones, los decretos y las obligaciones, etcétera– en la configuración de las oportunidades de los individuos?, y ¿en qué medida tienden a funcionar bien o mal? La economía política es el estudio de los efectos de algunos mecanismos y sistemas de mecanismos utilizados (y utilizables) por las sociedades para gestionar su economía social *(E. Phelps).*◆ Ciencia social que estudia la conducta humana referente a la relación entre fines y medios escasos susceptibles de usos alternativos *(B. Cornejo).*

ECONOMÍA SOCIAL: para algunos autores, la economía social es un procedimiento keynesiano de salida de la crisis, porque la utilización de organizaciones de tipo cooperativo y microempresario sirvió para incitar a ciertos actores a reorganizar con sus propios recursos las actividades productivas en crisis, y permite al Estado ocuparse prioritariamente de otras grandes operaciones de reestructuración industrial. Esto está relacionado, en parte, con las dimensiones de la economía social de cada país, con el crecimiento del sector informal y con la estructura industrial de cada rama de actividad, así como con la tensión entre la economía política dominante, las políticas del Estado hacia el sector cooperativo informal y la concepción prevaleciente desde comienzos del siglo XX del movimiento cooperativo socialista. Es notable que en los países desarrollados, el propio Estado se ocupó de apoyar la reestructuración de este sector de la economía social o de la conversión del sector cooperativo en sociedades-empresas para facilitar la transformación de los vínculos de este tipo de unidad productiva con los procesos de reestructuración del Estado. El renacimiento cooperativo en los países centrales se debe a que este tipo de establecimientos permite mejor que otros lograr una confluencia entre las nuevas experimentaciones y las organizaciones cooperativas nacidas a comienzos del siglo, bajo el dogma socialista. Socialmente, la cooperativa tiene una doble lógica: por un lado, es reaccionaria al modelo capitalista y, por el otro, sostiene una lógica de adaptación funcional a ese tipo de producción. Esta característica impone por sí misma un marco regulatorio que contiene por definición una regla de distribución y una regla de un solo derecho a voto por miembro. De manera que estos marcos regulatorios de las entidades económicas tienen efectos sobre mecanismos de regulación del mercado de productos y de empleo. Para los autores franceses y canadienses, las cooperativas, tomadas como modelo típico de esta franja de la economía, pueden afrontar un nuevo modelo de compromiso social para con el Estado y para con otras empresas con mayor posibilidad de suplir al Estado en algunas políticas sociales y generar empleo o mecanismos de comercialización más apropiados para la adaptación a la crisis. En el modelo español, por ejemplo, se trata de ampliar y afianzar la fase mercantil de la cooperativa.

ECONOMÍA SOCIAL DE MERCADO: sistema basado en una economía de mercado que garantiza la competencia admitiendo la intervención del Estado con el objeto de eliminar el monopolio y restablecer un equilibrio en el cual puedan desarrollarse empresas pequeñas, medianas y grandes en un mercado competitivo. Sus fines apuntan al bienestar del individuo en general.

ECONOMICISMO: disposición de asignar a la economía la explicación mecánica de todos los fenómenos que se producen en el ámbito de las relaciones sociales.

ECONOMISMO: doctrina que concede, a los factores económicos, predominio sobre los hechos históricos de distinta índole.

ECOPOLÍTICA: política de los bienes y recursos en relación con su ambiente circundante.◆ Política económica.

ECU: *European Currency Unit.*◆ Unidad Monetaria Europea.◆ Unidad de cuenta de la Unión Europea, ex Comunidad Económica Europea.◆ Ver **Euro**.

EDIL: concejal.

EFECTO TANZI - OLIVERA: Vito Tanzi publicó, en 1977, un *paper* del FMI titulado *Inflation, Lags in Collection and the Real Value of Tax Revenue*. En 1964, el economista argentino Julio Olivera lo explicó en una publicación de la Universidad de Oxford titulado *On Structural Inflation and Latin America´s Structuralism*. En honor a ambos economistas, que lo elaboraron en forma independiente, el "efecto Tanzi" pasó a llamarse "efecto Tanzi - Olivera". Rudiger Dornbusch y Stanley Fischer lo explican así: a medida que aumenta la tasa de inflación, la recaudación real obtenida mediante impuestos disminuye. La razón es que existen desfasajes entre el cálculo o la determinación del impuesto y su pago. Por ejemplo, considerando que las personas pagan sus impuestos respecto a la renta que ganaron el año anterior, si la persona ganó $ 50.000 deberá pagar en una determinada fecha un impuesto de $ 10.000. Si, en tanto, los precios se han multiplicado por diez, el valor real de los impuestos es sólo la décima parte de lo que debería ser, por lo que el déficit presupuestario puede hacerse incontrolable rápidamente.

EFECTO VODKA: a partir de julio de 1998, el gobierno ruso declaró la cesación de pagos de su deuda externa y en agosto, devaluó.

EFEMÉRIDES: conjunto de hechos notables que merecen recordarse y celebrarse cada vez que se cumple su aniversario.

ÉFOROS: magistrados de la Antigua Esparta. Eran cinco, elegibles entre los ciudadanos con independencia de su posición social o económica. Alcanzaron gran poder con el correr del tiempo, podían verificar o controlar no solamente los actos públicos o privados de los ciudadanos, sino también la conducta de los propios reyes.

EFTA: ver **Asociación Europea de Libre Comercio.**

EJE: término que denota una coincidencia ideológica entre el fascismo italiano y el nazismo alemán. Surgió del acuerdo secreto alemán-italiano de 1936, confirmado en 1937 y sancionado en 1939, mediante el Pacto de Acero, y robustecido en 1940 por el Tratado Tripartito de Berlín. Se disolvió cuando Italia solicitó el armisticio.

EJÉRCITO: conjunto de las fuerzas militares de una nación, especialmente las terrestres. En la antigüedad, fueron ya conocidos los ejércitos permanentes.

EJÉRCITO DE LIBERACIÓN NACIONAL: grupo guerrillero de izquierda, fundado en 1965 por Fabio Vásquez, un ex militante del Partido Liberal. Es famoso por sus ataques en áreas petroleras y refinerías de Colombia. Su principal líder fue el sacerdote español Manuel Pérez, muerto en 1998 y reemplazado por Nicolás Rodríguez. Segundo grupo guerrillero en importancia, muy estructurado, utiliza material de tecnología moderna, cuenta con cinco mil combatientes y aseguró que iniciará negociaciones de paz paralelamente a las FARC.◆ ELN.

EJÉRCITO INDUSTRIAL DE RESERVA: elevada cantidad de mano de obra disponible por el capital y a bajo costo, ya sea para comenzar con una industrialización real de un país o bien para superar alguna fase de crisis dentro de los ciclos económicos.

EJÉRCITO POPULAR DE LIBERACIÓN: EPL.◆ Grupo guerrillero colombiano de inspiración maoísta. Fue fundado en 1967 y es el menor de los grupos guerrilleros; cuenta con quinientos hombres. La mayoría de los militantes del EPL depuso las armas y retornó a la vida civil después de un acuerdo con el gobierno en 1990.

EJÉRCITO REPUBLICANO IRLANDÉS: IRA.◆ Ver **Conflicto en Irlanda del Norte.**

EJÉRCITO REVOLUCIONARIO DEL PUEBLO: ERP.◆ Grupo guerrillero marxista-leninista que alcanzó gran trascendencia en la década de 1970 en la Argentina. Su máximo líder era Roberto Santucho.

EL BAILE DEL CHINO: *hit* de la campaña fujimorista en el Perú, en las elecciones de abril de 2000, que significaba una suerte de tecno-cumbia que obligaba a todos a mover las caderas. Los actos de la campaña electoral de Fujimori conformaron una mala copia de los programas de entretenimientos, más que una exposición de sus planes gubernamentales para acceder a su tercer mandato presidencial.

EL CABO DE BOHEMIA: el 1 de febrero de 1933, Adolfo Hitler asumió las funciones de canciller. El anciano presidente von Hindenburg nombró a Hitler titular del gobierno, obligado por el enorme poder que éste había adquirido, aunque lo despreciaba y lo llamaba el Cabo de Bohemia. Pocas horas antes de dirigir su primer mensaje, Hitler había ordenado la disolución del Parlamento. El día 4 de febrero, lanzó una ordenanza destinada a "proteger al pueblo", que le sirvió para purgar la policía y la administración y cerrar diarios opositores. Los servicios de información quedaron en manos del Partido Nacionalsocialista y se prohibió el acceso a las universidades de los adversarios políticos. Se inició una furiosa persecución contra los judíos, realizada por bandas armadas, y se ordenó el boicot a sus comercios. El 27 de febrero de ese año los nazis incendiaron el Reichstag (Parlamento), pero culparon a los comunistas para tener una excusa que justificara la represión.

"EL CAPITAL": obra cumbre de Karl Marx en la cual expone sus concepciones sociales y económicas y las críticas y contradicciones del sistema.

EL ESTADO SOY YO: frase histórica y trascendente pronunciada por Luis XIV, que representó el símbolo de la autocracia más radical.

EL GRAN SATÁN: denominación que reciben los EEUU por parte de algunos países del mundo árabe, por ejemplo, Irán.

EL MARTILLO Y LA HOZ: emblema de la antigua Unión Soviética; fue símbolo de la unión de los trabajadores industriales y los de la tierra.

EL OBISPO DE LOS POBRES: labor pastoral de permanente defensa de los derechos humanos con un perfil de iglesia progresista, cercana a los más humildes, desarrollada por Monseñor Helder Camera. El arzobispo emérito de Recife, capital del Estado de Pernambuco, fundó la poderosa Confederación Nacional de los Obispos de Brasil y el Consejo Episcopal Latinoamericano en un proceso eclesiástico de renovación que comenzó en los años 1950. Es todo un símbolo de una generación de sacerdotes y religiosas que defendían el acercamiento de la Iglesia a los pobres y fue uno de los importantes padres de la Teología de la Liberación.

EL PADRE DE LOS POBRES: modo en que se llamó a Getulio Vargas. Cuando se supo de su suicidio en agosto de 1954, la población salió a la calle a protestar contra los enemigos del "Padre de los pobres". Hubo batallas callejeras e incendios, especialmente en Río de Janeiro. Vargas asumió el gobierno en 1930 en forma provisional no constitucional. Ello llevó a los políticos de San Pablo a encabezar una revuelta, una revolución constitucionalista que aparentemente era producto de grupos de la oligarquía paulista que ansiaban recuperar el poder. En 1934, Vargas asume en forma constitucional, pero es derrocado en 1945. Más tarde, en 1950, volvió a gobernar el país. Produjo notables transformaciones, legitimó el voto universal y dotó a su país de bases industriales. En agosto de 1954, agobiado por las presiones y abandonado por sus amigos, en plena soledad se suicidó.

EL PALACIO DEL ORO: denominación irónica que recibió el edificio del Congreso argentino en sus comienzos, en virtud de haber aparecido presuntas irregularidades en su construcción.

EL PENTÁGONO: sede del Departamento de Defensa de los EEUU, marginado en 1943 y su forma es un pentágono.

EL PERSEGUIDO: periódico que con más éxito expresó el pensamiento de los anarquistas en la Argentina. La denominación del periódico denunciaba la persecución policial que padecían los miembros del movimiento y todos los que expresaban un pensamiento progresista a favor de los asalariados. El periódico, aparecido en 1890, se publicó durante siete años y la tirada alcanzaba los cuatro mil ejemplares.

EL PRECURSOR: caballero, aventurero y transgresor venezolano, Francisco de Miranda, nacido en Caracas en 1750. Combatió por la libertad de América. En Londres, fundó la Gran Reunión Americana, grupo masónico que congregó a muchos revolucionarios americanos.

"EL PRÍNCIPE": obra cumbre de Nicolás Maquiavelo, en la cual expone lo que debe ser un gobernante y muestra de qué manera los soberanos pierden el poder o lo van disminuyendo. Es un observador, no un predicador. Considera que sus opiniones son aplicables, que están vigentes en todo lugar y que sirven para interpretar hechos de todos los tiempos.◆ No es un libro académico, sino la obra de "posición política inmediata", un manifiesto de partido, fundado sobre una concepción "científica" del arte político. La política, para Maquiavelo, aparece como técnica del dominio de las pasiones encaminada a la fundación de comunidades religiosas y políticas y por los caudillos militares: Moisés, Rómulo.

EL PROCESO: el 24 de marzo de 1976, las fuerzas armadas argentinas derrocaron a María Estela Martínez de Perón. La crisis política, económica y social del país, sacudido por la guerrilla y el terrorismo de extrema derecha, había llevado a la casi descomposición del sistema político. Fue un golpe anunciado. Lo que no estaba anunciado era lo que vino: la más sangrienta dictadura militar que recuerda la historia argentina, que dejó alrededor de treinta mil desaparecidos.

EL SALVADOR DE LA PATRIA: denominación muy utilizada para referirse a Rafael Leónidas Trujillo, dictador dominicano que por más de treinta años sometió a su país mediante el crimen y la corrupción. Además, se consideraba el campeón de la paz mundial y líder egregio. A tanto llegó su influencia, que la capital de la República Dominicana pasó a llamarse Ciudad Trujillo. En

1930, encabezó un golpe de Estado contra el presidente Horacio Vázquez y a partir de entonces inició un "reinado" de tres décadas con el apoyo de los EEUU, que más tarde iban a contribuir a su caída. Trujillo afianzó su poder mediante la persecución, la tortura, el encarcelamiento y la muerte de los opositores. Si bien de alguna manera impulsó el desarrollo del país, lo hizo a costa del empobrecimiento general y su enriquecimiento personal.

EL 23–F: ver **Tejerazo.**

ELECCIÓN: procedimiento utilizado para designar en el interior de la sociedad a los gobernantes; de ella nace la dicotomía entre gobernantes y gobernados, ya que los primeros son elegidos por los segundos.◆ Constituye el procedimiento más corriente mediante el cual el pueblo elige a sus representantes, quienes asumirán el gobierno en su nombre y representación. Las condiciones –universalidad y secreto– garantizan la expresión auténticamente democrática de las elecciones.◆ Emisión de votos para elegir cargos políticos.

ELECCIONES DIRECTAS: aquellas en las que los electores participan de un modo inmediato en la designcaión de los funcionarios electivos del Estado. ◆ Elección de primer grado.

ELECCIONES INDIRECTAS: aquellas en las cuales los votantes designan un cuerpo electoral restringido, el mismo que se encarga de elegir funcionarios de naturaleza electiva de una segunda elección.

ELECCIONES PARTIDARIAS INTERNAS: aquellas llevadas a cabo internamente por los partidos políticos, que deben practicar en su vida interna el sistema democrático a través de elecciones periódicas, para la nominación de autoridades, mediante la participación de afiliados de conformidad con las prescripciones de su carta orgánica.

ELECCIONES PRIMARIAS ABIERTAS: expresión utilizada en los EEUU, único país donde se las usa para seleccionar candidatos a legisladores nacionales. Para presidente se utiliza una convención. Durante la segunda mitad del siglo XIX, los candidatos eran elegidos por convenciones estaduales. Cualquier persona puede votar en la interna de un partido.

ELECCIONES PRIMARIAS CERRADAS: aquellas en las cuales cualquier persona puede votar en la interna de un partido; solamente se requiere registrarse como nuevo simpatizante (no afiliado) de ese partido o bien, en algunos Estados, quienes manifiestan bajo juramento que, por ejemplo, su intención de buena fe es votar por ese partido en la siguiente elección.

ELECCIONES SUPER ABIERTAS: se usan en los EEUU en tres Estados. Cualquier persona puede votar en las internas partidarias simultáneas, en un acto único; se puede votar por precandidatos de distintos partidos para que luego compitan por distintos cargos.

ELECTOR: persona, individual o colectiva, que posee los requisitos exigidos por las normas legales vigentes para ejercitar el derecho a voto en las elecciones políticas de un Estado.

ELECTORADO: conjunto de electores de un país o una circunscripción.

ELECTORADO ACTIVO: cuerpo electoral. ◆ Se compone de ciudadanos con derecho a sufragio.

ELECTORADO PASIVO: conjunto de individuos que, para determinado cargo o función, tienen capacidad de ser elegidos o designados.

ELECTORALISMO: consideración de razones exclusivamente electorales en la política de una agrupación o un partido. Tendencia excesiva a los actos electorales en el funcionamiento de una sociedad política. Se considera a las elecciones como un fin en sí mismo.

ELECTORALISTA: aquello cuya finalidad es la propaganda electoral.

ELEMENTO DE PODER: todo factor o situación social que otorga la capacidad de determinar el comportamiento humano estableciendo una relación de mando y obediencia.

ÉLITE: lo que se denomina metafóricamente la flor o a la crema.◆ Quienes tienen los índices más elevados en su esfera de actividad *(W. Pareto)*.◆ Grupo selecto, minoritario, rector, por su posición social o poder.◆ Sinónimo de minoría rectora. Para algunos sociólogos, la acción social viene explicada por la pugna entre estas minorías y las masas *(F. Gutiérrez Contreras)*.

ÉLITE POLÍTICA: aquella que comprende a los dirigentes de un cuerpo político. Los dirigentes incluyen la dirección y las formaciones sociales, de las que salen normalmente los jefes, a los que se concede responsabilidad durante una generación dada. En otras palabras, la élite política designa a los altos jerarcas *(H. Lasswell)*.

ELITISMO: estructura o sistema que favorece a las élites.

ELN: Ejército de Liberación Nacional.

ELUSIÓN: tratar de tributar lo menos posible dentro del marco legal. Se trata de apelar a formas o estructuras diferentes de las convencionales, con tal de dar a un hecho imponible una investidura diferente sin alterar por ello su real naturaleza.

EMANCIPACIÓN: independencia de las colonias. Se utiliza comúnmente para referirse a los países de América y África que se independizaron formalmente a partir del siglo XVIII.

EMBAJADA: conjunto de empleados que el embajador tiene a sus órdenes y de otras personas de su comitiva oficial.◆ Comunicación, mensaje para tratar algún asunto de importancia. Generalmente, se refiere a los que se envían los jefes de Estado, recíprocamente, por medio de sus embajadores.

EMBAJADOR: representante de un Estado, con carácter de ministerio público, cerca de una potencia extranjera; goza de ciertas preeminencias con respecto a los demás ministros. Agente diplomático de primera clase que representa al Estado, al presidente, al jefe de Estado y del gobierno que lo designa en otro Estado.◆ Emisario, mensajero para tratar algún aspecto importante.

EMBARGO: prohibición del comercio y transporte de armas u otros efectos vinculados con la guerra, ordenado por un gobierno.

EMBARGO DE BUQUES: prohibición decretada por un gobierno para impedir, generalmente por causa de guerra, hostilidades o represalias, la salida de las naves que se encuentren en sus puertos

EMBLEMA: figura, acompañada de una leyenda, que se adopta como distintivo de una persona o una colectividad.

EMIGRACIÓN: movimiento de salida de un país.◆ Acción y efecto de emigrar. ◆ Conjunto de habitantes de un país que trasladan su domicilio a otro por tiempo ilimitado o, en ocasiones, temporalmente.

EMIR: príncipe árabe o caudillo.

EMIRATO: territorio que gobierna y tiempo que dura la gestión del emir.

EMPERADOR: jefe supremo de un imperio. Se otorgó, en Roma, el nombre de *imperator* por los soldados a sus jefes victoriosos, pero el título se perdía después del desfile triunfal en la ciudad.

EMPERATRIZ: soberana de un imperio. ◆ Mujer del emperador.

EMPIRISMO: procedimiento o sistema basado en la rutina o la práctica. Sostiene que la experiencia es la única base del conocimiento humano.

EMPODERAMIENTO: categoría que implica la posibilidad junto con la ciudanización de hacer valer los derechos frente a terceros, sean éstos muy poderosos o no. En un sentido amplio, es entendido como la expansión de la libertad de elegir y de actuar; significa aumentar la autoridad y el poder del individuo sobre los recursos y las decisiones que afectan su vida. Se relaciona con el poder, cambiando las relaciones a favor de aquellos que con anterioridad tenían escasa autoridad sobre sus propias vidas. Contiene dos aspectos centrales: control sobre los recursos y control sobre la ideología (creencias, valores, etc.).

EMPORIO: lugar donde se concentran, para comerciar, personas de distintas nacionalidades.

EMPRESA: organización en la cual se coordinan el capital y el trabajo y que, valiéndose del proceso administrativo, produce y comercializa bienes y servicios en un marco de riesgo, en el cual el beneficio es necesario para lograr su supervivencia y su crecimiento. ◆ Iniciación en cualquier actividad comercial que genere riesgos.◆ Toda actividad mercantil con fines de lucro, cualquiera sea su forma jurídica. ◆ Organización instrumental de medios personales, materiales e inmateriales, ordenados bajo una dirección para el logro de fines económicos o benéficos. ◆ Como factor de producción, es un ente inmaterial que representa el esquema e impulso organizativo, directivo y administrativo, destinado a coordinar los demás factores de la producción y a obtener de ellos un máximo rendimiento *(W. Beveraggi Allende)*. ◆ Ente donde se combinan los insumos para la fabricación de bienes y servicios.◆ Firma.

EMPRESA DE ECONOMÍA MIXTA: Ver **Sociedad de Economía Mixta**.

EMPRESA TRANSNACIONAL: sociedad multinacional dirigida y poseída por personas de orígenes nacionales diferentes. Por este hecho, las decisiones escapan a la óptica nacional *(R. Robinson)*.◆ Empresa sin nacionalidad que sólo responde a sus propios objetivos o intereses por sobre los objetivos o intereses de las economías nacionales en las que desarrollan sus actividades *(A. Digier)*.

EMPRESARIO: persona que posee y conduce una empresa. En su decisión está lograr los medios para producir los bienes que desea vender y proceder a su venta.◆ Persona capaz de coordinar los factores de producción con el más bajo costo y el mayor rendimiento. ◆ En la Argentina, el organismo de control tributario considera empresario a una persona física o una sucesión indivisa titular de un capital que, a nombre propio y bajo su responsabilidad jurídica y económica, asume con intención de lucro la prestación habitual de servicios técnicos, científicos o profesionales, y organiza, dirige y solventa, con ese fin, el trabajo.◆ Persona que combina los insumos, los recursos materiales, el trabajo y el capital para producir bienes y servicios con la finalidad de obtener ganancias.◆ Quien dirige una empresa por sí o por medio de otras personas y con el cual se relacionan jurídicamente los trabajadores, cualquiera sea la participación que las leyes asignen a éstos en la gestión y en la dirección de la empresa.◆ Quien ejerce profesionalmente una actividad económica organizada para el fin de la producción o del intercambio de bienes o servicios. La actividad económica es una actividad creadora de riqueza y, por ello, de bienes y servicios patrimoniales valorables.

EMPRÉSTITO: operación financiera que realiza el Estado y también las entidades de carácter público, con la cual obtienen fondos y la promesa de reembolso, con los que satisfacen necesidades públicas, comprometiéndose al pago de un interés determinado más el monto recibido.

ENCARGADO DEL EJECUTIVO: título del funcionario público que de acuerdo con lo establecido en la Constitución ejerce por vía de encargo, como reemplazante o sustituto el cargo presidencial.

ENCÍCLICA: carta o misiva dirigida por el Papa a todos los obispos del orbe católico.

ENCICLOPEDISMO: conjunto de doctrinas profesadas por los autores de la *Enciclopedia* publicada en Francia entre 1751 y 1766 y por los escritores que sostuvieron sus conceptos. A pesar de las discrepancias, sus autores y partidarios coincidieron, por lo general, en la confianza del poder de la razón contra la autoridad de la tradición y de los dogmas religiosos, en el respeto a los resultados de la experiencia, en el interés por los problemas sociales y políticos, en la confianza en el progreso cultural, etcétera.

ENCLAVE: territorio de una región, zona o nación que se encuentra en otra región, zona o nación vecina.

ENCOMIENDA: en el régimen legal de los indios, adjudicación a un español de familias de indios, que se colocaban bajo su protección con la obligación de convertirlos al cristianismo. El encomendero podía aprovechar el trabajo personal de los indios o recibir de éstos un tributo.

ENCUESTA: acopio de datos y/o informaciones obtenidas mediante cuestionarios o consultas difundidas entre personas, referentes a costumbres, estados de opinión, propósitos electorales, actitudes de los consumidores, niveles económicos o cualquier otro aspecto de la actividad humana.

ENFITEUSIS: derecho real por el cual una persona tiene prerrogativa para el uso y el goce de un bien inmueble en forma vitalicia o por un plazo extenso, a cambio del pago de un canon al propietario, que por lo general es el Estado, quien conserva el derecho de propiedad.

ENFOQUE: manera de comprender los puntos esenciales de un asunto o problema; es decir, manera de acometer o de abordar un tema.

ENMIENDA: reforma, modificación o revisión de una norma o un proyecto mediante un debate.

ENTENTE: inteligencia, acuerdo, pacto, fundamentalmente en las relaciones internacionales.◆ Alianza de las potencias que actuaron juntas en la Primera Guerra Mundial contra Alemania, Austria, Bulgaria y Turquía.

ENTENTE "PETITE": liga defensiva de Checoslovaquia, Rumania y Yugoslavia después de la Primera Guerra Mundial.

ENTES ECONÓMICAMENTE VINCULADOS: aquellos que, a pesar de ser jurídicamente independientes, reúnen alguna de las siguientes características: 1) tuvieren vinculación significativa de capitales; 2) tuvieren, en general, los mismos directores, socios o accionistas; 3) se tratare de entes que, por sus especiales vínculos, debieran ser considerados como una organización económica única.

ENTRADA NETA DE CAPITALES: referida a un país, es la magnitud del superávit de su cuenta de capital y la salida de capitales en la magnitud de su déficit *(Mochón* y *Beker).*

EPISCOPADO: conjunto de obispos de una nación o del mundo católico.◆ Duración y época del gobierno de un obispo.

EPISCOPALISMO: doctrina de los canonistas que aceptan la potestad episcopal y rechazan la supremacía pontificia.

EPISTEMOLOGÍA SOCIAL: parte de la sociología que trata de esclarecer las relaciones de comprensión y de conocimiento entre los componentes de una sociedad.

EQUILIBRIO DE PODERES: ver **División de poderes**.

ERP: ver **Ejército Revolucionario del Pueblo**.

ESCAÑO: puesto ocupado por un diputado o senador en el Congreso.

ESCATOLOGÍA: doctrina de los fines últimos, sea del hombre o del mundo. Postrimería.◆ Tratado de cosas excrementicias.

ESCENARIO: conjunto de circunstancias o situaciones que se consideran alrededor de un hecho o suceso.

ESCISIÓN POLÍTICA: separación o división que se produce en un partido o movimiento por un grupo de militantes que, por estar en desacuerdo con la línea política, forman un nuevo partido, movimiento o grupo.

ESCLAVITUD: sujeción excesiva por la cual se ve sometida una persona a otra, o a un trabajo u obligación.◆ Estado de esclavo.◆ Servidumbre, yugo, sometimiento.◆ Institución general y hereditaria en el mundo antiguo. El trabajo de los esclavos fue una base económica fundamental. Esta institución social estuvo muy difundida en Grecia y en Roma. Los esclavos venían al mundo con esta condición por ser hijos de esclavos o se veían reducidos a este estado por varias causas. En el mercado, los esclavos con mayor instrucción se cotizaban a un valor mayor que aquellos que no la tenían. Los esclavos instruidos eran tratados por sus dueños con atención, esmero y respeto. Con el correr del tiempo, se fue atemperando la dureza del trato hacia los esclavos. En la actualidad, al menos teóricamente, se ha abolido la esclavitud.◆ Bajo este régimen ciertos individuos son propiedad de otros hombres y están obligados a trabajar para su dueño. En la antigüedad, era el régimen corriente de trabajo, en virtud de la concepción según la cual el trabajo manual es indigno del hombre libre *(E. Chinoy).*

ESCLAVO: persona que se encuentra bajo dependencia absoluta de otra y que no posee ningún tipo de libertad.

ESCOLÁSTICA: denominación dada a la filosofía cristiana desarrollada en la Edad Media. En la misma el razonamiento está al servicio de la fe.

ESCRACHE: término utilizado en la Argentina que significa acción y efecto de poner en evidencia a alguien y/o de arrojar algo con fuerza contra alguien o su propiedad. Es decir, sacar a la luz lo que permanece oculto.

ESCRUTINIO: recuento y análisis de los votos de una elección que hace la autoridad estatal competente.◆ El recuento y análisis de los votos de una elección que hace la autoridad estatal competente.

ESCUADRONES DE LA MUERTE: grupos de pistoleros a sueldo que, organizados y pagados por partidos políticos de extrema derecha o por particulares, asesinan a personalidades destacadas del mundo político de izquierda, líderes sindicales o estudiantiles, defensores de los derechos humanos, etcétera.

ESCUDO: arma defensiva que se llevaba en el brazo y que prácticamente cubría el cuerpo o gran parte de él.

ESCUELA DE DICTADORES: ver **Escuela de las Américas.**

ESCUELA DE LAS AMÉRICAS: academia militar fundada por los EEUU para el entrenamiento de militares y policías de otros países, ubicada en Panamá y conocida también como Escuela de Dictadores. Fundada en 1946, pasó por sucesivas etapas. Al principio, su tarea consistía en conformar cuadros para combatir la influencia soviética, dentro del marco de la Guerra Fría. En la década de 1960, después del triunfo de la Revolución Cubana, sus objetivos cambiaron y se centraron en el aniquilamiento de posibles movimientos guerrilleros. Fue entonces cuando su metodología alcanzó niveles de terror, en contradicción con los más elementales derechos humanos. Según revelaciones dadas a conocer por el Pentágono en 1996, la Escuela utilizó manuales en inglés y en español en los que se aprobaban las torturas, las ejecuciones y la extorsión para combatir la guerrilla. Por la escuela pasaron más de sesenta mil militares, muchos de ellos de América Latina. Para tener una idea de la calidad de la enseñanza y de la razón por la que fue llamada Escuela de dictadores o de asesinos, basta nombrar algunos de los alumnos que pasaron por sus aulas. Allí estudiaron el militar argentino Leopoldo Galtieri, condenado y destituido por violación a los derechos humanos y por su responsabilidad en la Guerra de Malvinas; el fallecido coronel salvadoreño Roberto D´Aubuisson, jefe de los escuadrones de la muerte de El Salvador y autor del asesinato de seis sacerdotes jesuitas; el dictador boliviano Hugo Banzer Suárez y el narcotraficante panameño Manuel Noriega. En 1984, como consecuencia de los tratados sobre el Canal de Panamá, la Escuela de las Américas fue trasladada a Fort Bening, Georgia.

ESENCIALES: grupos de la sociedad (clases) que históricamente se encuentran en disposición de asumir el poder y la dirección de las otras clases, como, por ejemplo, la burguesía y el proletariado *(A. Gramsci).*

ESLOGAN: denominación que se utiliza políticamente en la propaganda de campaña electoral, en la cual se desea expresar una voluntad, un deseo o una necesidad y que, generalmente, revela originalidad y humor.

ESNOBISMO: exagerada admiración por todo lo que está de moda.

ESPACIO AÉREO: conjunto de capas atmosféricas que gravitan sobre la costra terrestre y la superficie del mar territorial. En realidad, es inseparable del territorio del Estado y donde alcanza la soberanía en su sentido vertical.

ESPACIO POLÍTICO: lugar en el cual se desarrolla la actividad política y donde el poder debe resolver los problemas sociales emergentes.

ESPACIO VITAL: se utiliza para designar la necesidad que tiene un Estado de desarrollar su actividad política en un espacio geográfico suficiente. Esta suficiencia de su dimensión física puede depender de varias cosas: de la densidad de su población, de su economía y sus recursos naturales, de su propia ideología política (según sea totalitaria, imperialista, expansiva, etc.). La pretendida necesidad geográfica de dilatación se conecta con el maquiavelismo político y desemboca en la absorción de territorios ajenos, sea por anexión, invasión, conquista, etcétera. Hay que tener cuidado con el mito político de que el encuadramiento territorial de un Estado permite legítimamente el despliegue total de su potencialidad para salir de la clausura geográfica y superar la mentada asfixia que lo comprime dentro de su propio territorio. La tesis del espacio vital suficiente no puede usarse totalmente desvinculada de la ética y de la justicia, ni ser un criterio supremo o absoluto en desmedro de la independencia de los demás Estados *(G. Bidart Campos).*

ESPARTAQUISMO: movimiento que apareció en 1916, como el ala izquierda del partido socialdemócrata alemán y cuyos fundadores fueron Karl Liebknecht y Rosa Luxemburg; lo transformaron en 1918 en partido comunista. Posteriormente, en enero de 1919, el movimiento espartaquista dirigió una insurrección armada que fue sofocada rápidamente. Como consecuencia de ésta, los grupos al servicio del gobierno asesinaron a Liebknecht y a Luxemburg.

ESPECULACIÓN: actividad emprendida en la compra y venta de bienes, títulos, valores, monedas, metales, etcétera, con el fin de obtener un lucro muy por encima del beneficio normal, aprovechando ciertas circunstancias que posibilitan el logro de amplios márgenes de beneficio. En esencia, es comprar barato y vender caro. Se caracteriza por representar operaciones de muy alto riesgo, aunque también es posible que el especulador manipule ciertas condiciones para concretar su maniobra. ◆ Operación comercial que se practica con ánimo de obtener lucro.◆ Acción y efecto de especular. ◆ Actividad que consiste en aprovechar las fluctuaciones en los precios, con el fin de obtener beneficios a corto plazo. ◆ Acto de asumir un alto riesgo, sin tener en cuenta los ingresos a la preservación del capital, con el objeto de obtener grandes ganancias de capital. Cuanto más corto es el período en el cual se desea obtener dicha ganancia, más especulativa es la inversión.◆ Consiste en aprovechar la diferencia de precio que existe de un período a otro. Cuando se anticipa que el precio de un producto va a subir, el especulador compra el producto lo guarda y lo vende cuando sube; si se espera que baje el precio del producto, el especulador solicita prestada una cantidad de ese producto, la vende al precio más alto y compra cuando el precio haya bajado.

ESPIONAJE: tarea a través de la cual los Estados o los individuos intentan obtener información reservada, de interés privado o nacional, utilizando para ello moderna tecnología y procedimientos secretos.◆ Actividad desplegada por espías que están al servicio de un Estado.

ESPÍRITU CIENTÍFICO: búsqueda de leyes naturales invariables a través de la observación de los hechos. Para Comte, consistía en ver para prever.

ESPONTANEÍSMO: una de las características de los movimientos anarquistas.

ESQUEMATISMO: conjunto de esquemas empleados por un autor para hacer más perceptibles sus ideas.◆ Procedimiento esquemático para la exposición de doctrinas.

ESQUIROL: obrero que entra a trabajar en reemplazo de un huelguista.

ESTABILIDAD: seguridad que depende de muchos factores que se detallan a continuación: 1) legitimidad de los regímenes políticos, 2) partidos políticos y su comportamiento ante la sociedad, 3) erradicación de la violencia, 4) comportamiento y conducta de los factores de poder. Esta enumeración no es taxativa, sino enunciativa.

ESTABILIDAD INSTITUCIONAL: permanencia, en el tiempo, de las instituciones. Implica una continuidad jurídica. ◆ Vigencia persistente de las "instituciones-norma", es decir, el cumplimiento y la aplicación de aquéllos en cada caso.

"ESTABLISHMENT": grupo de poder, clase o círculo que gobierna una nación, una institución, etcétera.

ESTADIDAD: corriente política que pretende la incorporación de Puerto Rico a los EEUU como un nuevo Estado de la Unión. El momento de mayor auge de esta idea fue durante los años precedentes a la Constitución del Estado Libre Asociado, en 1952.

ESTADISTA: político o gobernante de prestigio por su experiencia, conocimiento y visión estratégica con respecto a las autoridades públicas.

ESTADO: desde el punto de vista sociológico, es una unidad de asociación de hombres asentados en un territorio, dotado de poder originario de mando.◆ Desde el punto de vista jurídico, es una corporación de un pueblo asentado en un territorio; es una corporación territorial dotada de poder originario de mando.◆ Es la personificación del orden jurídico total.◆ Grupo de individuos que detentan una fuerza destinada a crear y a dirigir los servicios públicos. Su elemento esencial es, pues, la mayor fuerza, la imposición o la posibilidad de imposición coactiva *(L. Duguit).*◆ Organización jurídica (de derecho) y política (forma de gobierno) de un pueblo y un país determinado. Es, puede decirse, el vínculo jurídico obligado y necesario entre todos los habitantes de un territorio. Por eso necesita, a su vez, el supremo imperio dentro de las fronteras nacionales *(F. Uzal).*◆ No es sólo un ordenamiento jurídico de un grupo humano sino que, en sí mismo, como organización, es también sujeto de derecho.◆ Forma política de organización de la convivencia territorialmente compartida *(G. Bidart Campos).* ◆ Ente político organizado en forma de régimen político; si entre los cuatro elementos que lo componen (población, territorio, poder y gobierno) hay uno —el gobierno— que importa una estructura de órganos que ejercen las funciones del poder, las formas de Estado serán las formas de organización del Estado mismo, mientras las formas de gobierno serán únicamente las formas de organización del elemento gobierno *(G. Bidart Cam-*

pos). ◆ Organización institucional jurídica (por tanto, inclusiva de su régimen político) fundamental y más global de una sociedad, que impone. ◆ Obtiene acatamiento de la población válida al efecto de poder (coerción) y autoridad (legitimidad). Dos aclaraciones: a) digo organización en el triple sentido de orden, estructura y aparato; b) desde luego, hay tipos varios tanto de autoridad como de poder, y combinaciones diversas de autoridad y poder *(C. Strasser).* ◆ Sociedad territorial, jurídicamente organizada, con poder soberano, que persigue el bienestar general.◆ Organización constante y permanente con cualquier forma histórica que haya tenido o tenga. Es el producto de la politicidad natural del hombre.◆ Comunidad organizada políticamente en un territorio determinado. En relación al poder, es el poder institucionalizado. ◆ Desde el punto de vista de sus elementos constitutivos, el Estado se integra por: 1) el elemento geográfico, el territorio; 2) el elemento humano, la población y, 3) el elemento jurídico, el gobierno. Estos tres elementos son básicos, pues si faltara alguno de ellos no existiría Estado, aunque podría existir una Nación. El ejemplo clásico fue el de la Nación judía antes de que se fundara el Estado de Israel, ya que hasta ese momento carecía de un territorio determinado.◆ Asociación de tipo institucional que en el interior de un territorio ha tratado con éxito de monopolizar la coacción física legítima como instrumento de dominio y reúne a dicho objeto los medios materiales de explotación en manos de sus directores, pero habiendo expropiado para ello a todos los funcionarios de clase autónomos, que anteriormente dependían de aquéllos por derecho propio, y colocándose a sí mismo en el lugar de ellos, en la cima suprema *(M. Weber)*. ◆ Organización que debe reunir cuatro condiciones o capacidades: 1) institucionalizar su autoridad, lo que está relacionado con el atributo weberiano del "monopolio de la creación física legítima"; 2) diversificar su control para poder crear instituciones que sean obedecidas; 3) internalizar una identidad colectiva, es decir, que permita la construcción de una identidad nacional; 4) externalizar su poder, lo que implica ser reconocido como Estado por los demás Estados *(O. Oszlak).*◆ Indica lo que los griegos llamaron *polis*, los romanos *res pública*, y lo que un gran pensador político, Jean Bodin, medio siglo después de Maquiavelo, llamara *république.*◆ Sociedad conformada por un grupo humano que vive en comunidad sobre un territorio determinado, cuya estructura de poder está ocupada por una clase dirigente y reglada por normas constitucionales. Tiene por finalidad lograr el bien común y proyectarse con identidad propia en la comunidad internacional *(A. Pellet Lastra).*◆ Institución política que reclama, con buen resultado, el poder supremo sobre un territorio definido. Esta pretensión se puede sostener cuando el Estado monopoliza efectivamente el uso de la fuerza física en un determinado territorio.◆ Organización de un grupo social sedentario mediante un orden jurídico servido por un cuerpo de funcionarios y definido y garantizado por un poder jurídico autónomo y centralizado que tiende a realizar el bien común *(C. Schmitt).*◆ Jellinek sostiene la teoría de las dos facetas del Estado: por un lado, el Estado aparece como formación social y, por otro, es una corporación jurídica. Aun cuando Jellinek considera el Estado como un valor categórico, es

consciente de la necesidad de limitarlo para ser coherente con su rechazo del absolutismo estatal y posibilitar los derechos públicos subjetivos sin recurrir al fundamento extrajurídico (derecho natural) y extraestatal de éstos. Para ello construye la ingeniosa teoría de la autolimitación del Estado. Aunque el Estado lo puede todo, se autolimita, y de este modo se juridifica. Esta tesis se aplica, además, al ámbito externo para explicar la naturaleza del derecho internacional. ◆La organización de poder político dentro de una comunidad nacional, mediante instituciones y objetivos que declaran el derecho y lo sostienen, conservando el orden mediante una dirección política y un cuadro administrativo diferenciado *(C. Fayt).*◆ La más alta y comprensiva forma de comunidad no perceptible para los sentidos, pero real para el espíritu, que nos revela una existencia común humana sobre la existencia individual (F. de los Ríos).

ESTADO APARATO: conjunto de órganos al servicio de los tres poderes (Ejecutivo, Legislativo, Judicial) que desempeñan las funciones públicas correspondientes.

ESTADO ARCHIPIÉLAGO: Estado constituido totalmente por uno o varios archipiélagos y que podría incluir otras islas.

ESTADO AUTOCRÁTICO: aquel cuyos titulares del poder prescinden de una investidura por parte del pueblo en forma real o establecen mecanismos de carácter ficticio que sólo concuerdan formalmente con los democráticos; el poder se concentra en un líder o una élite y se ejerce por un órgano o un conjunto homogéneo de ellos, cuyas articulaciones impiden el despliegue real de controles jurídicos interorgánicos que garanticen la limitación del poder y el respeto de los principios y las normas del Estado de derecho *(G. De Vergottini)*. Los regímenes autocráticos llegan a ser totalitarios cuando los gobernados se insertan en el proceso político a través de un partido único sostenido por una ideología coherente y totalizadora.

ESTADO AUTORITARIO: se aplica cuando el Estado, para defenderse de los partidos que procuran la subversión –hasta por la violencia– del orden existente e instaurar un nuevo régimen distinto al consagrado en la Constitución, es constreñido a limitar algunos derechos fundamentales de los ciudadanos y a prohibir toda actividad política y propagandística de determinada ideología –fascismo, comunismo, etc.– que son declaradas fuera de la ley *(P. Virga)*.◆ Se inspira en el postulado de que ciertas minorías (élites) son superiores a las masas y de que el jefe posee cualidades excepcionales que justifican la concentración en sus manos de todos los poderes. Se reducen las libertades y sus garantías. El interés de la colectividad, interpretado por los más capaces, debe prevalecer sobre los intereses singulares. El derecho constitucional es una técnica de la autoridad.◆ Forma de Estado autocrático que rechaza los principios y las soluciones organizativas del Estado de derecho democrático.◆ Régimen político con un pluralismo político limitado y no responsable, en el que no existe una ideología elaborada que lo guíe, sino que hay mentalidades distintas; tampoco existe una movilización intensa ni extensa, salvo en algunos puntos de

su desarrollo, en los cuales un líder o un pequeño grupo ejerce el poder dentro de límites difusos pero, de hecho, bastante predecibles *(J. Linz)*. ◆ Ver **Estado no democrático**.

ESTADO BENEFACTOR: Estado que le da gran importancia al logro del bienestar social. Es el Estado del Bienestar. ◆ Estado Benevolente.◆ Consiste en un conjunto de instituciones públicas supuestamente destinado a elevar la calidad de vida de la fuerza de trabajo o de la población en su conjunto y a reducir las diferencias sociales ocasionadas por el funcionamiento del mercado.◆ Estado que asume o desarrolla un rol activo en la configuración de la sociedad y de la economía a través de distintas técnicas operativas, respondiendo a razones ideológicas y pragmáticas. ◆ Estado social.

ESTADO BENEVOLENTE: Estado Benefactor.

ESTADO CAPITALISTA: se presenta como la encarnación de la voluntad popular del pueblo-nación y, si bien puede ser definido como el "Comité de negocios de la burguesía", logra ocultar su carácter de clase en el nivel de las instituciones políticas. En este sentido, la delimitación ideológica de la autonomía de la esfera política respecto de lo económico es, tal vez, la característica más relevante del Estado liberal. Además, es necesario señalar que el Estado no representa directamente los intereses económicos de las clases dominantes sino sus intereses políticos.

ESTADO COMPACTO: Estado que no tiene un territorio separado, sino que constituye un cuerpo completo.

ESTADO COMUNIDAD: conjunto de individuos y grupos intermedios entre la sociedad y los poderes públicos, caracterizado por la espontaneidad para satisfacer necesidades comunes.

ESTADO CONTINENTAL: Estado unido territorialmente a cualquiera de los grandes continentes que forman el globo terráqueo. Ejemplo: Argentina, España, etcétera.

ESTADO CONTRACTUAL: concepción del Estado como un contrato social que se entabla entre gobernados y gobernantes; los gobernados admiten la coerción, la disminución de la libertad, el pago de los impuestos y, en general, los costos atribuibles a las acciones del gobierno, a cambio de los beneficios derivados de un orden constitucional legal que les permita llevar a cabo sus actividades económicas, apropiarse del fruto de su trabajo con certeza y contar con la provisión de bienes públicos.

ESTADO CORPORATIVO: Estado reaccionario, totalitario, conforme con la definición del "Duce": "Todo en el Estado, nada fuera del Estado, nada contra el Estado", según la filosofía gentiliana del "Estado ético" y la afirmación inicial de la *Carta del Lavoro*: "...la Nación italiana... es una unidad moral, política y económica que se realiza integralmente en el Estado fascista". El Estado totalitario era ya, en 1929, una construcción formalmente coherente pero realmente inestable. Los fascistas moderados preconizaron una restauración parcial y limitada de la libertad conservando las estructuras reaccionarias establecidas. Otros, en cambio, defendieron la extensión totalitaria, mediante la participación de las masas, pasando del Estado na-cionalista al Estado fascista.◆ Sistema que propugna organizar una sociedad basándose en bases profesionales y dejando de lado aspectos de política territorial. Para ello es necesario la eliminación del sufragio universal directo y secreto, del Parlamento y de los partidos políticos. Es decir, se produce una transformación total. El Parlamento corporativo, constituido por sindicatos, asociaciones empresarias, profesionales, etcétera, tiene un peso fundamental.

ESTADO DE ALARMA: situación oficialmente declarada de grave inquietud para el orden público, que implica la suspensión de las garantías constitucionales.

ESTADO DE ASAMBLEA: reunión de milicias convocadas por las autoridades competentes para someterlas al régimen militar.

ESTADO DE BIENESTAR: Estado que respondió a motivaciones de índole político-social, basado en derechos garantizados jurídicamente e incorporados como derechos adquiridos en la conciencia de la población, con el objetivo de lograr una redistribución que pretende posibilitar el acceso de amplios sectores de la población al consumo de bienes y recursos

ESTADO DE CONMOCIÓN INTERIOR: estado de excepción instituido por la normativa constitucional, cuya declaratoria procede en caso de grave perturbación del orden público, cuando tenga un carácter peligroso.

ESTADO DE DEMOCRACIA CLÁSICA: aquel que se basa en el deseo de autogobierno; su principio jurídico es el gobierno de la mayoría respetando los derechos de las minorías; su derecho constitucional es concebido como técnica de la libertad.

ESTADO DE DEMOCRACIA PROGRESIVA: parte del primado de los factores económicos-sociales sobre las normas jurídicas. Su derecho constitucional es una simple técnica para realizar la revolución social.

ESTADO DE DERECHO: sistema jurídico positivo que tiende hacia el perfeccionamiento integral del hombre y hacia la paz, el orden y la justicia social, reconociendo y garantizando de un modo particular al individuo la plenitud de sus derechos fundamentales, los que puede ejercer y hacer valer dentro del Estado y contra el Estado mismo *(G. Sofía).*◆ Aquel que limita la acción estatal mediante su sometimiento al Derecho, el reconocimiento de la separación de poderes (Legislativo, Ejecutivo, Judicial), la jerarquía normativa (Constitución, ley, decretos, órdenes), los derechos de los individuos y sus grupos (partidos, sindicatos, etc.) y la responsabilidad política y administrativa de los gobernantes con respecto a los gobernados. El Estado liberal de Derecho fue su primera manifestación institucional en el siglo XIX *(P. L. Verdú).*◆ Estado caracterizado por el acatamiento a un orden jurídico cuyo marco externo o límite está fijado por la Constitución Nacional. Ésta es el producto de poder extraordinario, denominado poder constituyente, en un acto también extraordinario, llamado acto constituyente, realizado por una asamblea o un congreso extraordinario al que se le da el nombre de asamblea, congreso o convención *(V. García Costa).*◆ Aquel en el cual se reconoce a los ciudadanos la titularidad de derechos públicos subjetivos, con posición jurídica activa para hacerla valer ante el Estado; tales son los derechos civiles, los derechos políticos y los derechos fundamentales *(P. Virga).*

ESTADO DE EXCEPCIÓN: término que se utiliza en varios países como estado de alarma.

ESTADO DE GUERRA: situación de una población en tiempo de guerra, cuando la autoridad civil resigna sus funciones en la autoridad militar.◆ Estado por motivo de orden público, aun sin guerra.◆ Es un estado de odio y de destrucción; en consecuencia, manifestar de palabra o por medio de actos un propósito preconcebido y calculado contra la vida de otro hombre, no habiéndose dejado llevar ni de la pasión ni del arrebato, nos coloca en un estado de guerra con aquel contra quien hemos declarado semejante propósito. Es este caso, nos expondremos a que nos arrebate la vida ese adversario o quienes se unen a él para defenderlo y hacen suya la causa de aquél; porque es razonable y justo que yo tenga derecho a destruir aquello que me amenaza con la destrucción. Por la ley fundamental de la naturaleza, el hombre debe defenderse en todo lo posible; cuando le es imposible salvarlo todo, debe darse la preferencia a la salvación del inocente, y se puede destruir a un hombre que nos hace la guerra o que ha manifestado odio contra nosotros, por la misma razón que podemos matar a un lobo o a un león. Esa clase de hombres no se somete a los lazos de la ley común de la razón ni tiene otra regla que la de la fuerza y la violencia; por ello pueden ser tratados como fieras, es decir, como criaturas peligrosas y dañinas que acabarán seguramente con nosotros, si caemos en su poder *(J. Locke).*

ESTADO DE NATURALEZA: idea de Hobbes según la cual el hombre se desenvolvía originariamente en un "estado de naturaleza" en el cual los individuos vivían enfrentados unos contra otros, en condiciones de vida miserables, en las cuales la creatividad humana era costosa e inviable. Término utilizado por Baruch Spinoza (1632- 1677); es un estado de ilegalidad y el derecho natural de cada uno acaba en el Estado político.

ESTADO DE NECESIDAD: situación de grave peligro o extrema necesidad en cuyo urgente remedio se excusa o se disculpa la infracción de la ley y la lesión económica del derecho ajeno.

ESTADO DE POLICÍA: aquel en el cual los súbditos cesan de ser objetos de un poder de disposición del soberano, reconociéndose a los mismos derechos subjetivos *(P. Virga).*

ESTADO DE PREVENCIÓN: la menos grave de las situaciones anormales reguladas por la legislación de orden público.

ESTADO DE SITIO: regulación jurídica de excepción en virtud de la cual se suspenden parcial y transitoriamente las garantías constitucionales para proteger el orden público de un levantamiento interno o una agresión externa, o bien por fenómenos naturales de una magnitud que justifican tal decisión.◆ Estado de guerra.

ESTADO DE TRÁNSITO: Estado con o sin costa marítima, situado entre un Estado sin litoral y el mar, a través de cuyo territorio pasa el tráfico en tránsito.

ESTADO DEMOCRÁTICO DE DERECHO: pretende ser la síntesis del Estado liberal de Derecho y del Estado social de Derecho mediante la sustitución de los fundamentales neocapitalistas del Estado social de Derecho por otros nuevos colectivizados.

ESTADO DEPENDIENTE: Estado que está subordinado a otro en cuanto a todos o a la mayor parte de los atributos de la soberanía exterior. Son Estados dependientes los Estados protegidos o protectorados y los Estados vasallos.◆ Ver **Estado vasallo; Estado protegido.**

ESTADO DEPREDADOR: la escuela de la elección pública le atribuye al Estado un papel depredador de la riqueza social. Se basa en que la intervención del Estado genera una pérdida irrecuperable de la eficiencia y el bienestar social; por ello, se dice que el Estado es una organización depredadora de una parte del excedente económico.

ESTADO DISGREGADO: aquel cuyo territorio se encuentra separado por grandes distancias marítimas.

ESTADO EMPÍRICO: cada Estado concreto que realmente ha existido o existe, con su individualidad y singularidad propias, con su grupo humano, su territorio, su poder, su gobierno, su orden jurídico, etcétera.

ESTADO EXTENDIDO: aquel al que le asignan funciones y objetivos más amplios que en la concepción del liberalismo económico, adicionando actividades productivas directas, de promoción del bienestar social, de pleno empleo y, en general, de desarrollo económico. La institución posee objetivos distintos a los de los grupos sociales, políticos y económicos.

ESTADO FALLIDO: aquel en el que el gobierno carece de control efectivo sobre su territorio, no es percibido como legítimo por una gran parte de la población, no provee seguridad interna o servicios públicos básicos a sus ciudadanos y carece del monopolio en el uso de la fuerza.

ESTADO FEDERAL: se define por comparación con el confederal. La federación requiere ser constituida por una norma vinculante entre las provincias o Estados miembros; pero, a diferencia de la confederación, no se limita a la defensa y la política exterior o a arbitrar litigios interestaduales, sino que constituye una unión más fuerte, técnicamente indisoluble, sin derecho de recesión, en la cual coexisten el Estado federal con los Estados miembros que lo integran, delegándole a aquél numerosas facultades, estableciendo algunas facultades concurrentes y conservando un máximo de facultades no delegadas *(A. Pellet Lastra).*◆ Organización peculiar del espacio político. Ahora bien, en cuanto estructuración también de la convivencia política, no puede limitarse del lado organizador, sino que está condicionado por un techo ideológico o una fórmula política que le da un sentido u orientación determinada; de esta suerte, el Estado federal se concreta singularmente y aparece como Estado federal republicano o monárquico en la dicotomía clásica y, actualmente, se califica como Estado federal democrático, liberal o socialista *(P. L. Verdú).*◆ Estado compuesto, a

su vez, por varios Estados. La norma vinculatoria entre los Estados miembros es la Constitución. Estos Estados no tienen una vinculación inmediata con la comunidad internacional.

ESTADO IDEAL: anida el propósito de encontrar el modelo de Estado perfecto, sea con puro propósito especulativo de conocimiento, sea como un propósito práctico de lograr que la unidad política progrese, mejore, se transforme, se perfeccione *(G. Bidart Campos).*

ESTADO INDEPENDIENTE: aquel que dispone de las atribuciones necesarias, tanto desde el punto de vista nacional como desde el internacional, para regir su propia comunidad política. En otros términos, es el que dispone de soberanía exterior e interior.◆ Estado soberano.

ESTADO INSULAR: Estado aislado por el mar. Ejemplo: Japón, Cuba, etcétera.

ESTADO LIBERAL: aquel basado en la teoría de la división de poderes, que permite el accionar de toda la maquinaria estatal, que se encuentra controlada por la ley. Se presenta como un tipo de organización política perfectamente coherente con el capitalismo. Una sociedad de individuos libres que compiten en el mercado por su bienestar en el marco de una democracia restringida. Es decir, desde una óptica liberal, el Estado cumple un objetivo: excluir cualquier tipo de traba para alcanzar la autonomía de los mercados.

ESTADO LIBRE ASOCIADO: denominación adaptada en 1952, que designa a Puerto Rico como Estado bajo la dependencia de los EEUU. En inglés es *commonwealth*. Puerto Rico carece de soberanía; las decisiones trascendentales emanan del Congreso de los EEUU La Constitución de Puerto Rico tiene forma republicana y está dividida en las ramas básicas (legislativa, ejecutiva y judicial). Todos los funcionarios y empleados de este Estado deben prestar juramento de fidelidad a la Constitución de los EEUU y a la Constitución de Puerto Rico.

ESTADO LLANO: conjunto del pueblo desposeído de bienes económicos, de un nivel social adecuado. Esta denominación se generó en Francia durante las monarquías. Se empleaba en contraposición a las clases privilegiadas desde el punto de vista político, social y económico de los regímenes monárquicos. También se lo llamó el tercer estado. En la Francia prerrevolucionaria, existían tres clases: la nobleza, el clero y el tercer estado. Además, existía un cuarto estado compuesto por los menesterosos, que no tenían ningún tipo de derecho.

ESTADO MARÍTIMO: aquel que tiene acceso al mar, ya sea insular o continental.

ESTADO MAXIMIZADOR: aquel que posee una conducta maximizadora de beneficios. Es decir, el Estado maximizará el presupuesto, el empleo público y otros indicadores que representen un crecimiento de la dimensión estatal.

ESTADO MAYOR: cuerpo de oficiales encargados en los ejércitos de informar técnicamente a los jefes superiores, distribuir las órdenes y procurar y vigilar su cumplimiento.

ESTADO MEDITERRÁNEO: aquel rodeado completamente por tierra. No tiene acceso al mar. Ejemplo: Bolivia, Paraguay.

ESTADO MÍNIMO: aquel que asigna un rol secundario a la economía. La corriente liberal económica le asigna al Estado una intervención mínima. Únicamente, debe ocuparse de la defensa y la seguridad, de la protección de los derechos de propiedad, de observar el cumplimiento de las leyes con el objeto de mantener y promover la libertad económica y política, la competencia y la eficiencia, para alcanzar la maximización de la utilidad individual.

ESTADO MONOPÓLICO: aquel que tiene un poder exclusivo en determinadas áreas: defensa y seguridad, cobro de impuestos, provisión de ciertos bienes y, en muchos casos, tiene el monopolio de la violencia legítima.

ESTADO-NACIÓN: soberanía dirigida por una sola nación. En realidad, es más que nada una creación ideológica. El concepto está referido a la formación de un poder político correctamente conformado con una cultura, un lenguaje y una identidad.

ESTADO NACIONAL: forma de Estado que mejor corresponde a las relaciones modernas, la que más fácilmente puede realizar las tareas que le son propias. Pero no todos los Estados pueden alcanzar esa forma; incluso los Estados nacionales arrastran aún secuelas del viejo Estado multinacional. Pero también hay Estados que han seguido siendo multinacionales. Se trata de Estados que, por alguna razón, han tenido una configuración retrasada o anormal *(K. Kautsky)*.

ESTADO NACIONALISTA: aquel basado en la autonomía y en la defensa de los intereses de una nación, en la cual posee una intervención directa y determinante en las decisiones políticas, económicas y culturales.

ESTADO NO DEMOCRÁTICO: aquel en el que falta el reconocimiento de la libertad y de los derechos del hombre; ese "no reconocimiento" puede consistir en una restricción que comprime o puede llegar a su total negación. Lo primero se da en un Estado autoritario y lo segundo, en un Estado totalitario.
◆ Ver **Estado totalitario**

ESTADO NOVO: régimen político implantado en Brasil, en 1937, por Getulio Vargas. Luego de dar un golpe de Estado, revocó la Constitución de 1934 y promulgó una nueva que respondía a los modelos fascistas europeos. Significó un compromiso entre la oligarquía y la burguesía industrial.

ESTADO NUCLEAR: aquel que forma el "corazón" de una civilización (*S. Huntington*). Después de haber sido europeo por muchos siglos, el Estado nuclear de la civilización occidental hoy son los EEUU. El estado nuclear de la civilización ortodoxa es Rusia. La misma función cumple la India respecto de la civilización hindú. Japón es el Estado nuclear de su propia civilización.

ESTADO ÓPTIMO: aquel que alcanza sus objetivos con el más bajo costo y con una asignación de recursos eficiente que permita una verdadera justicia social que, en realidad, implica la eficiencia económica canalizada a través de una equitativa distribución de la riqueza.

ESTADO PATRIMONIAL: aquel típico de la época feudal, en el cual tanto el elemento material (territorio), como el elemento personal (pueblo), se consideraban formando parte del patrimonio del soberano, el cual podía disponer de ellos tanto por acto entre vivos como por causa de muerte *(P. Virga)*.

ESTADO PERFECTO: de acuerdo con la concepción platónica, es un Estado ideal vinculado más con aspectos teoréticos que empíricos.

ESTADO PROTEGIDO: la soberanía interior es ejercida por él, pero limitada por la acción que desempeña un gobernador, un comisionado o un jefe militar establecido por el Estado protector; y la soberanía exterior pasa a manos de éste, aun cuando continuara en el poder el jefe del Estado local.

ESTADO REGIONAL: sistema vertebrado de pluralidad de centros de decisión político-legislativos y jurídicamente normativizados *(J. Ferrando Badía)*.

ESTADO SIN LITORAL: aquel que no tiene costa marítima.

ESTADO SOBERANO: ver **Estado independiente.**

ESTADO SOCIAL DE DERECHO: consecuencia lógica e histórica del mismo Estado sometido a normas. Se abre hoy a una nueva fase de su desarrollo en virtud de su propia dinámica interna: el Estado de Justicia o el Estado democrático de Derecho. Las instituciones políticas del Estado Social de Derecho se caracterizan por: 1) un fortalecimiento del poder estatal; 2) un reforzamiento del poder del gobierno;

3) una creciente burocratización; 4) la aparición de un nuevo poder, de naturaleza muy discutida: la tecnocracia; 5) un sometimiento expreso o tácito a la planificación económica y social (coordinación ministerial, regionalización, etc.).◆ En el Estado social de Derecho, subyace el criterio del respeto a la justicia social.

ESTADO TOTALITARIO: aquel cuyo poder "lo puede todo" porque ideológicamente el fin del Estado totalitario lo abarca todo. En él, para el logro de algunos fines considerados prominentes frente a los demás fines de Estado (verbigracia, engrandecimiento del Estado nacional, dictadura del proletariado, etc.), los ciudadanos son encuadrados bajo una rígida disciplina; particularmente, la libertad inherente a los derechos fundamentales y a los derechos políticos es consentida sólo limitadamente con referencia a una ideología única; solamente puede actuar un partido único o sólo pueden elegirse candidatos de una determinada corriente política *(P. Virga)*.◆ Se basa como criterio identificador, desde el ángulo de los gobernados, en que éstos solamente pueden participar del proceso político a través de un solo canal, el partido único, el cual está orientado por una ideología totalizante que controla y regula todos los aspectos de la vida de las personas *(H. Nogueira Alcalá)*.◆ Ver **Estado no democrático**.

ESTADO UNITARIO: forma de Estado que se caracteriza por la centralización política, o sea que la facultad de legislar está concentrada y reservada a un único Poder Legislativo, que es el nacional, el cual emite sus productos normativos en el centro del poder instalado en la capital del reino o de la república de que se trate.◆ Constituye una horma de Estado que se caracteriza por la centralización política, o sea que la competencia legislativa está reservada a los órganos centrales, de tal modo que, si existen autoridades locales, la descentralización consiguiente sólo alcanza la ejecución de la actividad estatal.◆ Aquel en el cual la organización constitucional responde a la triple unidad del soberano, del poder estatal y de los gobernantes; además, el poder estatal es uno en su fundamento, en su estructura y en su ejercicio.◆ Aquel que presenta un solo centro de impulsión política y un conjunto único de instituciones de gobierno. En esta forma política, el poder es uno en su estructura, en su elemento humano y en sus límites territoriales.

ESTADO VASALLO: normalmente evoluciona hacia la independencia. Ejerce soberanía interior, aunque a veces con restricciones; pero reconoce, en cuanto a asuntos exteriores, determinada subordinación.

ESTADO VATICANO: técnicamente, no es un Estado; pero por cuestiones de índole jerárquica, formal y de respeto, se lo llama como tal a esta extensión de cuarenta y cuatro hectáreas enclavadas en Roma. Políticamente, no puede considerárselo como Estado; pero la dimensión papal y la jefatura máxima de la Iglesia Católica son causales determinantes para mantener dicho estatus.

"ESTAJANOVISMO": en los países socialistas, método de trabajo fundado en el estudio racional del mismo con vistas a aumentar la producción. Recibe este nombre del ruso Stajanov, que en las minas del Donetz, en 1935, batió repetidas veces el récord de producción.

ESTALLIDO SOCIAL: sentimiento y manifestación repentina y violenta de un sector o una parte de una sociedad, generalmente ocurrida por el descontento en el nivel de vida.

ESTAMENTO: grupo social endógamo con costumbres y tradiciones peculiares, propias, cuyo fundamento es la división del trabajo y el aspecto jurídico dentro de una estructura social dada. Muchos autores la han considerado como una posición intermedia entre la casta y la clase social actual.

ESTANCO: monopolio de la producción o venta de algún producto otorgado por el Estado en arrendamiento o gestionado directamente por éste.

ESTASIOLOGÍA: estudio de los partidos políticos en su estructura organizativa, su doctrina, su radio de influencia y su práctica política. El término fue introducido por M. Duverger.

ESTATIFICACIÓN: proceso mediante el cual se produce la transferencia o el traspaso de las empresas productoras de bienes y servicios privados a manos del sector público de la economía de un país.

ESTATISMO: tendencia política, social o filosófica que exalta la plenitud del poder y la preeminencia del Estado sobre los diferentes órdenes y entidades. ◆ Tendencia que exalta la plenitud del poder y la preeminencia del Estado.◆ Forma de la organización política en la que el Estado ejerce directamente una parte o el conjunto de las funciones económicas. ◆ Concepción o régimen político en el que el Estado es la suprema realidad y el principio absoluto del derecho.

ESTATUS: posición que una persona ocupa en el contexto social. ◆ Posición en el sistema determinada por un conjunto de roles. Es decir, el conjunto de roles, incorporaciones personales de funciones potenciales en la dinamicidad de las relaciones sociales que el actor entabla, define su estatus en el seno de una estructura y sistema *(J. Ferrando Badía).* ◆ Posición de una persona o de un grupo dentro de una jerarquía de personas o grupos. La lucha por alcanzar un estatus superior, ese gran objetivo que divide a los hombres, es el fin de la mitad de los trabajos que se producen en la vida humana. ◆ Posición social que encuadra a un individuo o a un grupo en el marco de una sociedad; es el lugar que ocupa en la sociedad. ◆ Posición social en virtud de la cual un individuo adquiere prestigio y poder *(Maciver).*

ESTATUTO: conjunto de normas básicas por las cuales se gobierna el Estado. ◆ Ordenamiento jurídico eficaz a través del cual están sometidas las personas en relación con la nacionalidad del territorio.

ESTATUTO DE AUTONOMÍA: lineamiento jurídico específico a través del cual un Estado concede determinado tipo de autogobierno a una de sus regiones o similares.

ESTATUTO DEL PODER: aquel que establece la urdimbre política del Estado; señala la pauta o regla; define las situaciones; determina el papel, el rol de los actores políticos, sus funciones y competencias, en el complejo de la relación de poder. La Constitución da a todo ello forma jurídica: hace de las relaciones de poder, relaciones jurídicas. Surge del intento de racionalizar el Estado sometiéndolo a Derecho *(T. Fernández)*.

ESTILO DE UNA CIENCIA POLÍTICA NACIONAL: conjunto de matices y significaciones estéticas que se deducen de los temas analizados y del modo peculiar de considerarlos por los autores representativos de cada país.

ESTRATEGA: ver **Estrategia.**

ESTRATEGIA: del griego *strates*, ejército, y *agein*, conducir. También significa, en la acepción griega de la palabra, general o jefe.◆ Arte de dirigir las operaciones militares para conseguir la victoria.◆ Arte de conducir los ejércitos en el teatro de guerra de forma tal de imponer la propia voluntad al enemigo o conseguir su aniquilamiento. La finalidad de la estrategia es llegar a la batalla en las mejores condiciones. Se basa en un conjunto de principios que hacen, de su aplicación adecuada, el acierto de la conducción. El estratega es el arquitecto; el táctico es el albañil.◆ Base para el proceso decisorio y, como herramienta de trabajo, supedita la organización y la información, delineando actividades y asignando recursos para lograr objetivos. Elimina la improvisación, pero nunca es definitiva, sino que está continuamente en revisión, buscando el equilibrio entre objetivos y recursos. ◆ En términos militares, implica despliegue; se ha adoptado en el mundo económico para designar la aplicación práctica o el desarrollo de métodos que conduzcan a obtener los objetivos fijados por la empresa.◆ Arte de dirigir operaciones o asuntos determinados.

Políticas globales para la toma de decisiones que tienen influencia en la eficacia y en la eficiencia, en el largo plazo, en un ente.

ESTRATEGIA POLÍTICA: plan de operaciones, comportamientos políticos concertados y combinados, para conquistar y conservar el poder *(M. J. López).*◆ Arte de vencer, es decir, de apoderarse del mando *(L. Trotsky).*

ESTRATIFICACIÓN SOCIAL: sistema que implica la situación en un orden jerárquico de las diversas posiciones sociales existentes en el colectivo humano del cual se trata.

ESTRATO: conjunto de personas que comparten, en una sociedad determinada, un mismo estatus.

ESTRUCTURA: conjunto de relaciones y proporciones que caracterizan una economía dada y rigen su funcionamiento en un período largo. Las variables estructurales condicionan el funcionamiento de las variables de coyuntura o las variables de período corto.◆ Diagrama definido de las tareas y de la autoridad formales dentro de una organización. ◆ Equivale a ordenar, disponer; significa, por lo tanto: orden, disposición, configuración; es decir, forma de ser o estar. Es distribución y orden de las partes de una cosa.◆ Disposición de las partes que forman un todo, por oposición a su función *(Lalande).*◆ Decimos que hay una estructura (bajo su aspecto más general) cuando los elementos están reunidos en una totalidad y presentan ciertas propiedades como totalidad y cuando las propiedades de los elementos dependen, completa o parcialmente, de estos caracteres de la totalidad *(J. Piaget)*.◆ Representa el sistema de relaciones internas estables, características de una realidad social dada, entendida según el principio lógico de la prioridad del todo sobre las partes.◆ Es la ley arquitectónica de la estabilidad en la dinámica del sistema; en cuanto defiende la estabilidad, la permanencia y la duración de las situaciones y las relaciones sociales de un complejo social *(T. Fernández Miranda)*.

ESTRUCTURA ECONÓMICA: proporciones y relaciones que caracterizan a un conjunto económico localizado en el espacio y en el tiempo *(F. Perroux)*. ◆ Se caracteriza por la permanencia y por constituirse como consecuencia de procesos no reversibles, cuya modificación sólo se puede obtener en el mediano o largo plazo; de tal manera que, producida dicha modificación, no hay posibilidad alguna de volver a la situación anterior.

ESTRUCTURA POLÍTICA: conjunto de elementos interdependientes que configuran, organizan y encauzan, con relativa permanencia, los diferentes procesos políticos. La integran: las formas, las instituciones y los grupos políticos.◆ Estructura de la urdimbre política; es decir, su cuadro de duración y estabilidad *(T. Fernández Miranda)*. ◆ Se refiere a los hechos políticos y consiste en la red o urdimbre que configura el sistema de las relaciones de poder que condiciona el comportamiento de los sujetos y de los actores políticos, individuos o grupos, defendiendo su posición, su estatus y sus roles, en una sociedad política determinada en espacio y tiempo concretos.

ESTRUCTURA SOCIAL: elemento de un régimen político que alude al modo arquitectónico que configura la sociedad política. El régimen político comunista se basa sobre una estructura social diferente de la que sirve de apoyo a una monarquía constitucional.

ESTRUCTURALISMO: tendencia o corriente de pensamiento que pretende explicar la realidad económica colocando el énfasis en las interrelaciones y en las tensiones de todo tipo de los distintos agregados. Exponentes de esta corriente fueron: R. Prebisch, C. Furtado, entre otros.

ESVÁSTICA: cruz que posee cuatro brazos acodados, similar a la letra *gamma* mayúscula correspondiente al alfabeto griego, que se ha utilizado fundamentalmente como símbolo político, racista o religioso. A través de muchos años, como símbolo del sol, del infinito, de continua actividad creadora y también como elemento decorativo en América, China, Egipto, Grecia y en la Península Escandinava. Comenzó a utilizarse entre los grupos nacionalsocialistas alemanes porque era de origen hindú y, según la doctrina racial, este motivo ario simbolizaba la superioridad de esa raza. Las tropas que ocuparon Berlín, en 1920, en su abortado golpe contra la República, llevaban la esvástica en sus cascos. En 1933, con el ascenso de Hitler al poder, se incorporó a los colores de la bandera nacional una esvástica negra dentro de un círculo blanco, y se consideró ésta la bandera oficial, desde 1935 hasta 1945, del Tercer Reich.◆ Escudo del régimen nazi en Alemania.◆ Cruz gamada.

ETA: *Euskadi Ta Askatasuna.*◆ País Vasco y Libertad.

"ETHOS": valores encarnados en la vida de la gente; por ejemplo: la fortaleza que necesita cada uno para superar una crisis, la paciencia para soportar las limitaciones, el don de reordenar el deseo hacia bienes inmateriales cuando la penuria cancela los proyectos de bienestar. Es la raíz de la democracia, no es una abstracción: es la creación de las personas concretas de las familias de las iglesias, de los formadores de opinión. Pero hay otro *ethos* que amenaza a la democracia: es el generado por las tecnoestructuras, si pretende reemplazar al de las personas. La vida emotiva pluripersonal puede ser sustituida por la televisión o por otros espejismos, es decir que el bien y el mal pueden dejar de percibirse como vivencias de un orden moral objetivo para ser prefabricados por las estructuras.◆ Conjunto de rasgos culturales típicos que diferencian e individualizan a un grupo de otros.

ÉTICA: parte de la filosofía que se ocupa de la moral.◆ Ciencia del comportamiento personal, del conocimiento de la conducta del individuo, de la moral.◆ Trata de las costumbres y de la moralidad de los diversos pueblos.

ETIQUETA: ceremonial que se observa en los palacios y en los actos públicos solemnes.

ETNIA: pueblo o linaje.◆ Agrupación humana definida por afinidades culturales e históricas que se conformó mediante años o siglos de convivencia. Tiene un sentido distinto al de raza, que se funda especialmente en la identidad de los rasgos físicos.

ETNOCENTRISMO: palabra acuñada en 1907, que representa una concepción del mundo a partir del punto central y la circunstancia de una etnia. Es una convicción de los componentes de una colectividad de que la suya, en la que se recrean, es más importante o superior a las demás, a las que, en última instancia, desprecian.◆ Tendencia a absolutizar los patrones culturales propios del grupo al cual se pertenece.

ETNOGRAFÍA: descripción científica de los usos y costumbres de los pueblos.

ETNOLOGÍA: rama de la antropología que se dedica al estudio comparado de los pueblos y de sus respectivas culturas pasadas y presentes.

ETOCRASIA: sistema de gobierno basado únicamente en normas morales.

ETOGRAFÍA: descripción de las costumbres, las tradiciones y las pasiones humanas.

ETOLOGÍA: ciencia que estudia las costumbres, las tradiciones y los caracteres.

EUGENESIA: aplicación de los principios genéticos para un mejoramiento de la calidad hereditaria de los planteles humanos.

EURATOM: Comunidad Europea de la Energía Atómica.◆ CEEA.

EURO: moneda única que se creó en algunas naciones europeas a partir del 1 de enero de 1999. Es un complemento indispensable para el mercado único europeo. El flujo de bienes y mercancías en monedas de distintas denominaciones implica, en la actualidad, enormes gastos y, consecuentemente, pérdidas. Los países de la zona euro son sólo doce. Las condiciones para ingresar eran: 1) inflación y tasas de interés no superiores a 1,5 y a 2 puntos, respectivamente, al promedio de los tres países con índices más bajos; 2) déficit y deuda pública no superiores al 3 % y al 60 %, respectivamente; 3) permanencia durante dos años en el mecanismo que pone piso y techo a las paridades cambiarias entre las distintas monedas. Todos los billetes y las monedas tienen un diseño común. El Banco Central Europeo fija una única política monetaria. ◆ Ver **Eurolandia**; **Unión Europea.**

EUROCOMUNISMO: tendencia del movimiento comunista defendida por partidarios que actúan en países capitalistas europeos que rechaza el modelo soviético.◆ Corriente del movimiento comunista desarrollada entre 1970 y 1986, especialmente en Italia y en España, caracterizada por el distanciamiento respecto de las posiciones de soberanía limitada por la plena aceptación del juego democrático y el rechazo a la dictadura del proletariado.

EUROCOMUNISTA: partidario del eurocomunismo.

EURODIPUTADO: diputado del Parlamento de la Unión Europea.

EURODIVISA: divisa o moneda extranjera negociada o invertida en un país europeo.

EURODÓLAR: expresión utilizada, aproximadamente desde 1961, por los banqueros anglosajones, para calificar así a los depósitos monetarios en dólares o convertibles en dólares en filiales de bancos americanos, de bancos europeos y extra-europeos.◆ Balances en dólares fuera de los EEUU Se utilizan para otorgar créditos a empresas o a particulares fuera de los EEUU

EUROLANDIA: zona compuesta en la actualidad por: Alemania, Austria, Bélgica, España, Grecia, Finlandia, Francia, Países Bajos, Irlanda, Italia, Luxemburgo, Portugal, Chipre, Estonia, Malta, Eslovaquia y Eslovenia. Letonia ingresó el 1 de enero de 2014 que a partir del 1 de enero de 2002 comenzó a circular como moneda y billetes, provocando la gran revolución monetaria de la historia. La divisa común europea dejó de ser virtual y contable para florecer en los billetes y monedas del euro. En realidad, euro es un nombre mitológico, que en la antigüedad griega personificaba al viento del sudeste, hijo de Eos (Aurora) y Astro. La Santa Sede, San Marino, Andorra y Liechtenstein no pertenecen a la Unión Europea pero adoptaron el euro. Con la aparición firme del euro culminó un proceso de unidad europea de casi cincuenta años y la unión política y monetaria consagrada en el Tratado de Maastricht de 1992. Como denominación, el euro fue bautizado en una conferencia realizada en Madrid el 15 y 16 de diciembre de 1995. El nombre "ecu" fue rechazado por Alemania, ya que sonaba parecido a vaca en alemán. El 1 de enero de 1999, el euro se convirtió en la moneda única europea pero sólo a los efectos contables y financieros.◆ Ver **Unión Europea**.

EURO	
Moneda	**Billetes**
1 centavo	5 euros
2 centavos	10 euros
5 centavos	20 euros
10 centavos	50 euros
20 centavos	100 euros
50 centavos	200 euros
1 euro	500 euros
2 euros	

EUROMISILES: política de bloques que desencadenó la carrera armamentista entre la URSS y los EEUU; multiplicó los riesgos de confrontación nuclear entre la OTAN y el Pacto de Varsovia en un escenario bélico privilegiado: Europa.

EUROPEÍSMO: tendencia que estimula la unidad económica, política, cultural e institucional de todos los Estados europeos.

EUROPEÍSTA: partidario de la unidad europea o de su hegemonía en el mundo.

EUROPOL: organismo creado en 1995, por los países de la Unión Europea, que conforma la "Oficina Europea de Policía". Sus funciones fundamentales son combatir la delincuencia y, especialmente, el terrorismo y el narcotráfico. En cierta manera, constituye el FBI de Europa.

"EUSKADI": nombre nacionalista del País Vasco.

"EUSKADI TA ASKATASUNA": País (o Patria) Vasco y Libertad.◆ ETA.◆ Organización política y militar vasca creada en 1959. Su origen es un núcleo de estudiantes nacionalistas radicales aglutinados en torno a una publicación, Ekin (Acción). Sus premisas básicas son la reunificación y la independencia del País Vasco bajo una forma de gobierno socialista. En el 2011 el grupo abandonó la lucha armada.

EVASIÓN FISCAL: acción y efecto de eludir el pago de impuestos. Maniobra que realiza un contribuyente recurriendo a medios ilícitos con el fin de no pagar el impuesto en su justa medida. Ejemplo: ocultación de mercaderías compradas sin comprobantes de operaciones.◆ Evasión tributaria. ◆ Ver **Elusión**.

EVENTO: eventualidad, hecho imprevisto.

EVOLUCIÓN: transformación o desarrollo de ideas o teorías.

EVOLUCIONISMO: movimiento cuyas ideas trascendieron el marco biológico y se aplicaron a la interpretación de todos los fenómenos, modelando la orientación mental y entrando en la psicología humana como una verdad definitiva. Es la posición o visión que se hace del eje central de la concepción del mundo y el principio fundamental de análisis que se aplica, además de la filosofía, a otras disciplinas.

EXCEDENTE ECONÓMICO: diferencia que resulta de restar de la producción el consumo; para ello es necesario que la producción sea mayor que el consumo. Ello provoca un ahorro. A nivel macroeconómico, es la acumulación que se presenta en una sociedad.

EXEQUÁTUR: se designa así el pase que da la autoridad civil de un Estado a las bulas y los rescriptos pontificios para su observancia.◆ Autorización que otorga el jefe de un Estado a los agentes extranjeros para que, en su territorio, puedan ejercer las funciones propias de sus cargos.

EXILIO: mecanismo de escape usado por quienes no han encontrado en su tierra los medios básicos para su organización vital ni para la práctica de sus derechos ciudadanos. En América Latina, se ha convertido en una especie de destierro velado que se ha practicado desde siempre. Pero en realidad, es una expulsión de alguien de un territorio.◆ Expatriación forzada de personas por motivos políticos o religiosos. También se entiende por tal, el lugar donde vive el exiliado.

EXIMBANK: institución financiera estadounidense especializada en la financiación de las exportaciones de ese país.

ÉXODO: emigración de un pueblo o de una muchedumbre de personas.

EXOTISMO: tendencia a imitar o a exaltar ideologías o costumbres foráneas.

EXPANSIONISMO: tendencia que preconiza la expansión voluntaria y consciente de un área, ideología, actividad etcétera.

EXPATRIACIÓN: extrañamiento del territorio de un Estado por motivos políticos y/o por motivos de delitos comunes; es decir, es más amplio que el de exilio.

EXPATRIARSE: hacer salir de la patria. ◆ Abandonar uno su patria.

EXPEDICIÓN: despacho, bula, indulto de la curia romana.◆ Envío de buques o unidades militares fuera de las fronteras nacionales para lograr un objetivo determinado, que puede ser un objeto estratégico.

EXPLOTACIÓN: plusvalía; es decir, diferencia existente entre el valor social del trabajo y la reproducción de ese valor a través del intercambio.◆ Abuso que se produce en beneficio de uno con respecto a otra persona o de una situación.◆ Conjunto de elementos de un negocio o comercio.

EXPORTACIÓN: acción y efecto de vender mercancías al exterior.

EXPROPIACIÓN: acto mediante el cual se priva a alguien de la propiedad de un bien con arreglo a la ley. En este aspecto, nadie puede ser privado de su propiedad sino en virtud de sentencia fundada en ley; la expropiación por causa de utilidad pública debe ser calificada por ley y previamente indemnizada.

EXTERMINIO DE HAITIANOS: el dictador dominicano Leónidas Rafael Trujillo Molina (1891- 1961), en 1937 ordenó el exterminio de todos los residentes haitianos en el territorio dominicano, provocando una masacre en la que murieron más de veinte mil inmigrantes; el país fue sancionado por diversos Estados extranjeros. Trujillo pagó una indemnización al gobierno haitiano de $ 750.000.

EXTRADICIÓN: vocablo que deriva del latín *ex* (fuera de) y *traditio* (entrega). Es un instituto jurídico de vital importancia en la relación entre los Estados, que consiste en el proceso mediante el cual un Estado forzado por su norma penal requiere y es agraciado con la entrega por las autoridades de otro Estado, del criminal que se refugió en aquel territorio, con la intención y la finalidad de ser juzgado y sancionado por las autoridades competentes del Estado requisante. Se regula generalmente a través de acuerdos o convenios bilaterales o multilares. A pesar de generar, a veces, interpretaciones de diversa índole, no se concede por delitos políticos y/o religiosos.

EXTRADICIÓN EJECUTORIA: aquella requerida para obligar al individuo a la cumplir la pena a la que fue condenado. ◆ Exhorto.

EXTRADICIÓN INSTRUCTORIA: aquella requerida con la finalidad de someter al individuo a un proceso de delincuencia criminal instituida o imputada al sujeto.

EXTRADICIÓN PASIVA: a quien es dirigido el pedido de extradición.

EXTRATERRITORIAL: lo que se halla fuera del territorio de la propia jurisdicción.

EXTRATERRITORIALIDAD: derecho, privilegio o prerrogativa que emerge de una ficción jurídica que considera el domicilio de diplomáticos extranjeros, o naves de guerra, como si estuviesen ubicados en su lugar de origen, fuera del territorio donde se encontraren. Por lo tanto, son sometidos a sus propias normas legales.◆ Inmunidad que exime a ciertas personas de la jurisdicción del Estado en que se encuentran.◆ Situación de excepción en lo que se refiere a la aplicación del derecho de un Estado con respecto al territorio. Se habla de ese modo como si estuviera en el territorio de otro Estado. A veces, algunos entienden que se trata más de inmunidad de los agentes diplomáticos.

EXTREMISMO: tendencias políticas a adoptar ideas extremas, especialmente en política.◆ Posiciones extremas, exageradas y generalmente vinculadas a acciones de fuerza.◆ Profesar ideas radicales, así como propugnar la adopción de medidas violentas o extremas para resolver una determinada situación.

EXTREMISTA: partidario de ideas extremas, fundamentalmente en política.

EXTREMO ORIENTE: Lejano Oriente.

EZEIZA: localidad bonaerenses donde se produjo una masacre en 1973 en la Argentina, al retornar el General Perón y aparecer triple "A".

EZLN: ejército Zapatista de Liberación Nacional; Zapatismo.◆ Ver Zapatismo.

F

FABIANISMO: doctrina o movimiento que nació en 1883, en Inglaterra, con el propósito de lograr una mayor justicia social, suavizando los rigores del capitalismo. Es la base del Partido Laborista británico. El nombre fue tomado del general romano Fabio, famoso por sus campañas contra Aníbal. Los fabianos han influido sobre los acontecimientos en Gran Bretaña, estimulando la investigación en las esferas de las relaciones laborales y trabajando en pro de la legislación social a través de las organizaciones políticas existentes. Los dogmas básicos de este credo fueron introducidos en Alemania, con el nombre de "revisionismo", por Eduardo Bernstein.◆ También se lo ha denominado socialismo administrativo.

FACCIÓN: grupo de personas alzado en armas; en general, se refiere a un grupo violento que no respeta la ley, comete desafueros y realiza actos de vandalismo.

FACTOR DEMOGRÁFICO: ver **Población**.

FACTORES DE LA PRODUCCIÓN: una organización económica capitalista se puede dividir en sectores que se diferencian entre sí de acuerdo con la posición que ocupan en el proceso productivo. Cada uno de estos sectores será un factor de producción o factor productivo y tendrá un tipo de remuneración específico, distinto del resto *(González y Tomasini).*

Factor	Remuneración
Tierra Renta	
Trabajo	Salario o sueldo
Capital	Interés
Empresario	Beneficio

Para la teoría económica marxista, el único factor productivo es el trabajo.◆ Recursos productivos.◆ Llamados también recursos, son los variados agentes humanos y materiales que se utilizan conjuntamente en la producción de bienes (mercancías y/o servicios). Las primeras escuelas distinguieron tres factores productivos: 1) la tierra, la naturaleza o el suelo, 2) el trabajo, 3) el capital. Modernamente, se han admitido dos más: 4) la empresa y 5) la ideación o el aporte intelectual *(O. R. Gavidia).* ◆ Factores productivos.

FACTORES DE PODER: fuerzas políticas cuya actividad está dirigida únicamente sobre las decisiones políticas.

FACTORÍA: empleo y encargo del factor.◆ Fábrica o establecimiento industrial. ◆ Establecimiento de comercio, especialmente situado en un país extranjero o alejado de la metrópoli y destinado, en principio, al intercambio de productos y, posteriormente, a la salida de éstos y de otras mercaderías. ◆ Establecimiento comercial, generalmente emplazado en un país extranjero y destinado, en principio, al intercambio de productos y, luego, a la salida. En sus orígenes, estos establecimientos fueron edificios donde, temporal o permanentemente, se recibía a los agentes o representantes de los comerciantes extranjeros, a los que se denominan factores.

FALANGE ESPAÑOLA TRADICIONALISTA: agrupación política española fundada por José Primo de Rivera, que con el nombre ulterior de Falange Española y Tradicionalista de las Jons, constituyó el partido único dominante en España después de la Guerra Civil (1936-39). El jefe de Estado es, a la vez, jefe natural de este movimiento de estructura jerárquica, con un secretario nacional, una junta política, un consejo nacional y el caudillo como jefe.

FALANGE ESPAÑOLA Y TRADICIONALISTA DE LAS JONS: organización política, desarrollada en España, que fue el resultado de una fusión en 1934 de las Juntas de Ofensiva Nacional Sindicalista (Jons) con la Falange Española y de la posterior unificación en 1937, proclamada por Franco, con la Comunión Tradicionalista. Desde dicha unificación la jefatura la tuvo Franco.

FALANGE FRANCESA: grupo neofascista que operó en Francia en la década de 1950.

FALANGE NACIONAL: agrupación política nacida en 1938, originada en la Juventud Conservadora chilena, con un ideal doctrinario basado en el socialcristianismo; es el antecedente inmediato del Partido Demócrata Cristiano chileno.

FALANGISMO: gran movimiento de masas fundado en España en 1933 por José Primo de Rivera. Ideología y corriente propias de Falange Española. ◆ Ver **Falange Española Tradicionalista**.

"FALUN GONG": secta semirreligiosa fundada en 1992 en China, por un ex recluta del ejército conocido como Li Hongzhi, actualmente residente en los EEUU y ex empleado público. Según la agrupación, la cantidad de adherentes asciende a cien millones. Su pensamiento es una conjugación de algunas doctrinas del taoísmo y del budismo, analizada junto con la práctica de ejercicios respiratorios y lentos movimientos corporales. Además, predica contra la corrupción, la ambición y la influencia extranjera.

FANÁTICO: aquel que conduce a sus extremas consecuencias la ética de las intenciones.

FANATISMO: apasionamiento de quien defiende una creencia, una causa o un partido; llega, en algunos casos, a la intolerancia o exaltación. Se expresa normalmente como una adhesión irracional a concepciones políticas, sociales, etcétera.

FAO: *Food and Agriculture Organization.* ◆ Organización de las Naciones Unidas para la Agricultura y la Alimentación. ◆ Organismo de las Naciones Unidas especializado en temas de nutrición y desarrollo de los recursos alimenticios.

FAP: Fuerzas Armadas Peronistas.

FAR: Fuerzas Armadas Revolucionarias.

FARC: Fuerzas Armadas Revolucionarias de Colombia; grupo guerrillero más importante que opera en dicho país.◆ Ver **Fuerzas Armadas Revolucionarias de Colombia**.

FASCISMO: gran movimiento político de masas surgido en Italia, fundado en 1919 por Benito Mussolini y basado en la defensa de un Estado totalitario, corporativo, expansionista y represor de los derechos humanos elementales. Esta organización de carácter nacionalista constituyó el fundamento del Estado entre 1922 y 1945; con el apoyo de los industriales del norte de Italia conquistaron sindicatos y Municipios. ◆ Considerado genéricamente como el régimen político del gran capital italiano en época de crisis. Se explica como elaboración sincrética de un hombre: Benito Mussolini. Este movimiento subordinó siempre la teoría a la acción, y de aquí su enorme pobreza ideológica, pobreza típica del sincretismo hecho a la medida del "Duce". La doctrina se basaba en minorías llamadas a mandar y mayorías sometidas a la obediencia. Las clases inferiores debían admitir como una evidencia ineludible el ejercicio del poder por las minorías selectas. El Estado es la encarnación de las minorías rectoras, abarca toda la vida social y a él han de subordi-narse todas las libertades políticas y todos los derechos del individuo, cuya virtualidad desaparece en el grupo. "Todo dentro del Estado, nada fuera del Estado", fórmula que sintetizaba todo un pensamiento. Se exaltaba la acción directa y violenta contra los enemigos y adversarios, y se hacía de la guerra y de la lucha el instrumento de acción política.

FASCISTA: perteneciente o relativo al fascismo.

FAVELA: viviendas construidas con materiales de baja calidad y de desecho, que conforman barrios alrededor de las grandes ciudades brasileñas y en las cuales habita, en condiciones míseras, la población más pobre y desfavorecida. Ocupan los llamados "morros" en las ciudades del litoral brasileño.

FBI: Oficina Federal de Investigaciones. ◆ Federal Bureau of Investigation. ◆ Organismo responsable de la seguridad interna de los EEUU Es la principal agencia federal de investigación.◆ Su misión es proteger y defender a EEUU de los ataques terroristas, preservarlo de las operaciones de espionaje, combatir la corrupción pública y proteger los derechos civiles. Tiene más de 30.000 empleados.

FECUNDIDAD: capacidad biológica para la reproducción.

FEDERACIÓN: Estado federal.◆ Entidad conformada por los elementos federados.

FEDERACIÓN SINDICAL MUNDIAL: asociación creada en 1945, siendo constituida por las grandes centrales sindicales de 91 países.

FEDERALISMO: unión política de varias comunidades mediante una dualidad organizadora (órganos federales y órganos federados) y la utilización de dos elementos del Estado: pueblo y territorio, tanto por las comunidades miembros como por la unión resultante. El federalismo garantiza, mediante un ordenamiento constitucional común, los ordenamientos, las competencias y las peculiaridades de las comunidades miembros, así como la igual participación política de todas ellas en el ámbito federal, que se impone en las materias comunes.◆ Forma de organización política que vincula a unidades políticas distintas en un sistema político global y permite que, al mismo tiempo, cada una mantenga su integridad política fundamental. Este resultado se logra mediante una distribución del poder entre el gobierno general o central y los gobiernos constitutivos, que tiene por objeto proteger la existencia y la autoridad de todos los gobiernos.◆ Sistema político basado en el reparto de poder y de competencias entre una organización estatal central y otras subordinadas a ella con un margen amplio de actuación. El Estado federal es un Estado propio y no una confederación de Estados, por cuanto los componentes que lo integran están sometidos a una misma Constitución, aunque cada uno de ellos se rija, además, por una Constitución propia.◆ Doctrina política contraria al unitarismo del Estado, que propone el régimen federal como la mejor forma de gobierno.

FEDERATIVO: sistema de varios Estados que, rigiéndose cada uno por leyes propias, están sujetos en ciertos casos a las decisiones de un gobierno central.

FEMINISMO: corriente o tendencia que busca la emancipación de la mujer luchando por la igualdad de derechos entre los sexos. Pero ésta se encuentra en la actualidad integrada dentro de una emancipación social a través de una toma de conciencia política.

FENÓMENOS SOCIALES: aquellos hechos que surgen del desarrollo de los hombres en sociedad.

FERTILIDAD: realización efectiva y proliferativa de una población.

FETICHISMO DE LA MERCANCÍA: término empleado por Karl Marx en *El Capital*. El carácter misterioso de la forma mercancía estriba, pura y simplemente, en que proyecta ante los hombres el carácter social del trabajo de éstos como si fuese un carácter material de los propios productos de su trabajo, un don natural social de estos objetos y como si, por tanto, la relación social que media entre los productores y el trabajo colectivo de la sociedad fuese una relación social establecida entre los mismos objetos, al margen de sus productores. Se cree que el intercambio que se produce es de dinero, de cosas, a cambio de alguna mercancía que no expresa las relaciones sociales de producción. Es decir que en el fondo lo que se intercambia entre los productores es el trabajo.

FEUDAL: sistema medieval de gobierno y de organización de la propiedad.

FEUDALES: bienes concedidos por el rey o por los grandes señores a sus fieles, en pago de los servicios prestados de carácter militar. En el feudo, el señor tenía todos los poderes. El sistema feudal fue difundido en Europa por los franceses en el siglo VIII y sólo fue definitivamente barrido por la vía de la revolución burguesa. El feudo se caracterizaba por un tipo particular de economía que buscaba producir en sus dominios todo lo que le era necesario. Por eso, los intercambios eran limitadísimos y los campesinos se hallaban indisolublemente ligados a la tierra que cultivaban, en condición de siervos de la gleba *(A. Gramsci)*.

FEUDALISMO: el sistema de producción giraba alrededor de la economía natural de subsistencia concentrada en la familia campesina, abarcando la totalidad del proceso económico, desde la siembra, la cosecha, la cría del ganado y la elaboración de la materia prima, hasta el consumo directo dentro de la misma unidad económica. La plena autonomía hubiera asegurado a cada una de esas unidades de trabajadores un ciclo económico cerrado, vale decir, la inversión de todo lo producido en consumo y almacenamiento, sin permitir que quedaran excedentes para colocar o para entregar en forma de tributo fuera de ellas.◆ Sistema feudal de gobierno y de organización de la propiedad.◆ Sistema de gobierno y de organización de la propiedad, nacido en la Edad Media, que consistía en la subdivisión de tierras entre varios sectores que poseían dominio sobre ellas y sobre las personas que las habitaban, dependiendo a su vez de otros magnates más poderosos o de un soberano, al cual debían rendir homenaje. Abarca el conjunto de los derechos feudales y el abuso que se hacía de tales derechos. Deriva de dos palabras germanas que significan "propiedad dada en recompensa". ◆ Sistema bajo el cual el estatus económico y la autoridad estaban asociados con la tenencia de la tierra y en el que el productor directo (que a su vez era poseedor de algún terreno) tenía la obligación, basada en la ley o en el derecho consuetudinario, de dedicar cierta parte de su trabajo o de su producción en beneficio de su superior feudal. El rasgo diferencial de esta forma de explotación es que la sanción que la respalda, aunque reforzada y perpetuada, es, en cierto modo, una "compulsión extra-económica" *(M. Dobb)*.◆ Sistema que nació en Europa en tiempos de la caída del Imperio Romano. Aparece para satisfacer una necesidad de los seres humanos y de las comunidades, como es la protección ante los ataques ocasionados por desórdenes internos y amenazas externas. En retribución por la protección ofrecida por individuos poderosos, los dependientes brindaban sus servicios o sometían sus tierras.

FEUDATORIO: quien estaba investido de un feudo y obligado a oblar por él.

FEUDO: contrato a través del cual los grandes señores y soberanos otorgaban tierras o rentas en usufructo y el que las recibía se obliga a conservar fidelidad de vasallo y prestación de servicios personales.

FEUDO ABIERTO: aquel que el señor podía recuperar por falta del cumplimiento del vasallo.

FEUDO DE CÁMARA: aquel conformado en salario anual de dinero sobre bienes inmuebles del señor.

FIDELIDAD: fe o lealtad que una persona deposita en otra.

FILIBUSTERO: en los EEUU, componente del Congreso que solamente trata de efectuar una obstrucción en la acción legislativa.

FILOSOFÍA POLÍTICA: aquello que permite apreciar los hechos relativos a la vida pública.◆ Aquella que está directamente vinculada con la naturaleza fundamental de sus fines.◆ Rama de la filosofía dedicada a estudiar los fundamentos, el funcionamiento y los efectos de las diferentes formas de gobierno, reales o ideales, la circulación del poder en la sociedad, tanto en lo que respecta al hombre considerado como individuo como desde una perspectiva social, y diversos problemas vinculados a la vida del hombre en sociedad (G. Santiago y V. Zorzut).

FINANZAS PÚBLICAS: conjunto de normas técnicas y jurídicas y de recursos fiscales relativo a la actividad económica y financiera del Estado. Tienen por objeto examinar cómo el Estado obtiene sus ingresos y efectúa sus pagos. A veces, se utiliza como sinónimo de hacienda pública. En la consideración de este tema, existen diversas doctrinas, tales como: a) *financiera clásica:* tiende a restar importancia al papel del Estado en la actividad económica, para poner énfasis en el aspecto individual de las finanzas, concebidas como la actividad económica de los individuos destinada a la satisfacción de una categoría especial de necesidades; b) *financiera alemana de fines del siglo XIX y principios del XX:* destaca el papel del Estado como protagonista de la actividad financiera y le asigna el rol de productor de servicios públicos y de redistribuidor de riquezas; c) *keynesiana:* considera al Estado como sujeto regulador de la actividad financiera, y relega a un papel secundario la función de productor de bienes y servicios. ◆ Disciplina científica que estudia la actividad económica del Estado tendiente a adecuar los recursos financieros escasos de la administración pública a los fines múltiples de la vida colectiva.

Su objeto es el aspecto funcional de la actividad económica del Estado, que se manifiesta mediante el presupuesto de gastos e ingresos. ◆ Ver **Hacienda pública**.

FISIOCRACIA: doctrina económica nacida en la segunda mitad del siglo XVIII en Francia, como reacción al mercantilismo. Estableció como principios básicos: la libre iniciativa individual y el retiro del Estado de la vida económica del pueblo. El *laisser faire, laisser passer* resultó su sentencia básica. La agricultura era el fundamento de la felicidad económica. ◆ La escuela fisiocrática se considera como la primera de las escuelas económicas por haber sido la que presentó por primera vez una concepción sistemática de la economía. Su fundador fue el Dr. Francois Quesnay, médico, quien sostenía que en el cuerpo social existe una circulación de la riqueza análoga a la circulación de la sangre en el cuerpo humano. Los fisiócratas sostenian que la economía descansa sobre dos concepciones: el Orden Natural y el producto neto. El Orden Natural es la base de todo el sistema fisiocrático y consiste en la creencia en que hay un orden providencial al cual los seres humanos tienen que conformarse y que, para conocerlo, no hay más que seguir la propia conciencia, la cual dicta la existencia de leyes naturales, que son superiores a las leyes humanas, y verdaderas en todos los tiempos y pueblos. Las bases de este orden natural son el respeto a la propiedad privada y la libertad de los individuos. La segunda concepción fisiocrática es la del Producto Neto. Según ella, la sociedad se divide en tres clases: 1) la clase productora, conformada por los agricultores; 2) los propietarios; 3) la clase estéril constituida por comerciantes, industriales y profesionales. De estos tres, la única que es productora es la clase agrícola y solamente ella da un producto neto, igual a la diferencia entre las riquezas cosechadas y las riquezas invertidas en las siembras para obtener las cosechas. La tercera clase no es inútil, pero el valor de lo que crea es igual tan sólo a los valores consumidos, por ello no dejan producto neto. Es decir, los industriales se limitan a transformar los productos y los comerciantes, a hacerlos circular; pero ambas clases no producen. Los propietarios constituyen la base misma del orden natural porque su derecho a la propiedad es intangible, ya que procede del trabajo que han hecho sobre la tierra.

FISIOCRATISMO: gobierno de la naturaleza. Surge como reacción contra el mercantilismo. Considera la tierra como eje de la economía y el desarrollo, propugna el libre juego de los recursos naturales y asigna al Estado el papel de árbitro moderador encargado de garantizarlo. Su máximo representante es Francois Quesnay (1694-1774), médico de Luis XV. En su obra *Fisiocracia, o gobierno de la naturaleza* (1768), afirma que sólo la agricultura es productiva y considera que tanto la industria como el comercio son estériles. En diversas colaboraciones en la *Enciclopedia* (1792), defiende también las teorías fisiocráticas Robert Jacques Turgot, ministro de Hacienda de Luis XVI.

FLEXIGURIDAD: neologismo que utilizan algunos organismos internacionales (OIT, OCDE, etc.), acuñado en 1997 por el holandés Ton Wilthagen, que denota la idea de compatibilizar los niveles de protección social con la desregulación laboral, es decir, estabilidad o acceso rápido a un nuevo empleo o garantía de un ingreso con la vigencia de la flexibilidad laboral.

FMI: ver **Fondo Monetario Internacional**.

FMLN: Frente Farabundo Martí para la Liberación Nacional.◆ Grupo guerrillero que prosperó en 1979 cuando tomaron el poder los sandinistas en Nicaragua. Se llamaba así en memoria del líder comunista de ese nombre, que en 1932 pretendió implantar en el país una república soviética. Entonces el general Maximiliano Hernández, ministro de Defensa, se hizo cargo del poder mediante un golpe de Estado, fusiló a Farabundo Martí y ordenó una amplia represión. A partir de entonces, el ejército adquirió un inusitado protagonismo en la sociedad salvadoreña. En 1989, la Democracia Cristiana se vino abajo y dio paso a la derechista ARENA (Alianza Republicana Nacionalista), con Alfredo Cristiani como presidente. En ese momento se convocaron elecciones presidenciales en la vecina Nicaragua, por lo que el FMLN lanzó una "ofensiva final" en las inmediaciones de la capital, San Salvador, que fracasó, dejando un saldo de seis mil guerrilleros y más de cuatro mil soldados y cientos de civiles muertos. Un grupo de militares de extrema derecha dio muerte por "ideológicamente culpables" a seis jesuitas de Centroamérica. Con los acuerdos de paz auspiciados por la ONU y ratificados a comienzos de 1992 en Ciudad de México, los líderes de la guerrilla habían asumido el fin de la violencia y aceptado la lucha puramente política dentro de la legalidad, para ejercer, en palabras del presidente español Felipe González, que asistía al acto, "una oposición democrática al gobierno democrático de Alfredo Cristiani, presidente constitucional de la República". En las primeras elecciones a las que concurrió el FMLN, las municipales de 1991, la formación guerrillera obtuvo un 16 % de los votos, que fueron aumentando en las presidenciales siguientes, ganadas por los candidatos de ARENA, en 1994 y 1999, hasta conseguir en las últimas el 29 %, en coalición con la Unión Social Cristiana.

FONDO DE LAS NACIONES UNIDAS PARA LA INFANCIA: ver **UNICEF**.

FONDO DE POBLACIÓN DE LAS NACIONES UNIDAS: UNFPA. ◆ Organismo subsidiario de la Asamblea General desde 1969. El UNFPA es actualmente el más importante proveedor de asistencia a los países en desarrollo en cuestiones de población. Su función es contribuir a formar la capacidad suficiente para atender las necesidades en materia de población y salud reproductiva, promover la comprensión de los factores de población (tales como el crecimiento demográfico, la fecundidad, la mortalidad, la estructura por edades, la distribución espacial, la migración y otros); ayudar a los gobiernos a elaborar programas y proyectos de población y prestar asistencia financiera para su ejecución.

FONDO DE REPTILES: fondos secretos de diversos ministerios que se utilizan para fines poco transparentes y no confesables, generalmente emparentados con la corrupción.

FONDO MONETARIO INTERNACIONAL: FMI. ◆ *International Monetary Fund.* ◆ Organismo internacional creado en 1945 para los siguientes fines: 1) promover una cooperación monetaria internacional que proporcione un mecanismo de consulta y colaboración de problemas monetarios internacionales; 2) facilitar la expansión y el crecimiento equilibrado del comercio internacional y contribuir de esta manera a que se alcancen y mantengan altos niveles de ocupación y de ingresos reales, así como el desarrollo de todas las fuentes productivas de los miembros, como fin principal de la política económica; 3) promover la estabilidad cambiaria; mantener, entre los Estados miembros, regímenes cambiarios ordenados y evitar depreciaciones competidoras de cambios; 4) ayudar al establecimiento de un sistema de pagos multilaterales en las transacciones corrientes que realicen los países miembros y a la eliminación de las restricciones cambiarias que estorben el crecimiento del comercio mundial; 5) infundir confianza en los países asociados poniendo a su disposición los recursos generales del Fondo bajo las garantías adecuadas y dando la oportunidad de que corrijan los desequilibrios de sus balanzas de pago sin necesidad de recurrir a medidas que perjudiquen la prosperidad nacional o internacional; 6) teniendo en cuenta lo anterior, reducir la duración y la intensidad del desequilibrio de las balanzas de pagos de los países miembros.

FONDOS "OFF SHORE": fondos comunes cuyo domicilio está en los llamados centros financieros *off shore.* ◆ Paraísos fiscales. ◆ Ver **Plazas financieras off shore**.

"FOREIGN OFFICE": ministerio británico de Asuntos Exteriores.

FORJA: Fuerza de Orientación Radical de la Joven Argentina. ◆ Agrupación cuyos fundadores eran militantes del

radicalismo, entre los que figuraban: Homero Manzi, Arturo Jauretche, Manuel Ortiz Pereyra, Luis Dellepiane, Oscar Meana y Juan Alvarado. Al principio, se exigía que los participantes fueran afiliados al radicalismo; pero más tarde, se sumaron extrapartidarios, como el escritor Scalabrini Ortiz. Cinco años antes, Yrigoyen había sido derrocado por un golpe de Estado y su muerte se había producido en 1933. Comenzaba en ese año el período que el periodista José Luis Torres llamó la "década infame", signada por el fraude y la corrupción. La creación de FORJA fue un intento de reacción contra la dependencia económica y la injusticia social. A través de su manifiesto expresaba: "Somos una Argentina colonial, queremos ser una Argentina libre". Acusados simultáneamente de marxistas, nazis y proyanquis, en el mismo año de su aparición los miembros de FORJA arrojaron volantes donde declaraban: "Ni conservadores, ni socialistas, ni radicales, ni comunistas, ni fascistas pueden decir al pueblo la verdad sobre la tragedia que vive la Patria". Su ideología se definía dentro de un nacionalismo popular. Con los escasos medios que poseían, se lanzaron a una campaña de denuncias que dejaron al descubierto los manejos realizados, por ejemplo, en el tratado sobre la comercialización de carne con Inglaterra y en la política del petróleo. La vida de FORJA se extendió durante diez años y en 1945 se autodisolvió para integrarse al recién nacido Movimiento Justicialista. ◆ Movimiento ideológico surgido de la crisis de la U.C.R., acelerada a raíz de la muerte de H. Yrigoyen; un intento de recuperar el partido para las ideas que el caudillo había puesto en marcha en su larga carrera de conductor. El nombre del movimiento se inspira en una frase de Yrigoyen: "Todo taller de Forja parece un mundo que se derrumbó". Los rasgos tipificadores del movimiento son los siguientes: 1) un retorno a la doctrina nacionalista, aunque vacilante, de Yrigoyen, filiada, en el orden de las conexiones históricas, a las antiguas tradiciones federalistas del país anteriores a 1852; 2) retoma en su contenido originario los postulados ideológicos de la Reforma Universitaria de 1918; 3) su pensamiento no muestra influencias europeas; 4) sostiene la tesis de la revolución hispanoamericana en general y argentina en particular, asentada en las masas populares; 5) es un movimiento ideológico de la clase media universitaria de Buenos Aires; 6) en su posición antiimperialista enfrenta tanto a Gran Bretaña como a los EEUU, en un doble enfoque nacional y latinoamericano *(J. J. Hernández Arregui).*
◆ La declaración de principios del movimiento fue aprobada en junio de 1935. En dicho año, también aparece el primer semanario de FORJA. Era un pequeño volante escrito a máquina. En él se expresaba: "Sentir y obrar como argentinos. Sólo FORJA salvará al país".

FORMA DE ESTADO: se utiliza para designar el grado de descentralización y consiguiente centralización, con asiento o base territorial, existente en un Estado; por ejemplo: Estado federal, Estado unitario.

FORMA DE GOBIERNO: complejo de los atributos idóneos para caracterizar un Estado en lo que concierne a uno de sus elementos constitutivos: el gobierno.◆ Cada uno de los modos de establecer quién o quiénes deben ser ocupantes de los cargos de gobierno y, en su caso, cómo deben ejercerlos. Es de carácter perceptivo, ya que traduce las instituciones normadas o regladas

(M. J. López).◆ En sentido estricto, alude al examen de la organización de los poderes públicos y las relaciones existentes entre ellos; vale decir, los procedimientos técnicos según los cuales la voluntad del Estado toma forma jurídica y es aplicada al interior de la sociedad. Lo que caracteriza esta manera de ver las formas políticas es que sólo considera la estructura formal del Estado, al describir y analizar los órganos que en el ejercicio de sus respectivos poderes tienen a su cargo la realización de sus funciones estatales.

FORMA POLÍTICA: configuración del ejercicio y organización del poder político, según una interpretación ideológica en una estructura social.◆ Configuración jurídica del ejercicio, la organización y la distribución del poder, según una interpretación ideológica en una estructura social.

FORMA POLÍTICA, EXPRESIVIDAD DE LA: capacidad de manifestar significativamente la interconexión y la dinámica de los factores socioeconómicos e ideológicos que inciden y condicionan.

FORMAS DE ESTADO: aquellas que se dan dentro de cada tipo de Estado. El Estado esclavista de la Antigüedad revistió varias formas: un despotismo de tipo persa o egipcio, una tiranía de tipo helénico y un imperio de tipo romano. El Estado burgués puede ser, bien una democracia occidental, bien un régimen fascista *(J. Ferrando Badía).*

FORO DE LAS ISLAS DEL PACÍFICO: organismo político-económico constituido por los Estados independientes y los territorios que no gozan del ejercicio de la soberanía externa de la región. El Foro se reunió por primera vez el 5 de agosto de 1971, en Wellington, Nueva Zelanda. Los países miembros son Australia, Fiyi, Nauru, Papúa Nueva Guinea, Tonga, las Islas Cook, Kiribati, Nueva Zelanda, Samoa, Tuvalu, las Islas Marshall, Micronesia, Niue, Palau, las Islas Salomón y Vanuatu. Anteriormente se denominaba Foro del Pacífico Sur.

FORTUNA: postulado conceptual y metodológico utilizado por Maquiavelo para interpretar la realidad contemporánea. ◆ Ver **"Virtu"**; **"Necessita"**.

FRACCIONALISMO: método mediante el cual los partidos pudieron soportar las tensiones sociales sin desaparecer. La permanencia de los partidos se logra a costa de constituir verdaderas federaciones de partidos, pero manteniendo la identificación tradicional.

FRANCMASONERÍA: organización de personas que adhieren a la fraternidad universal; se dividen en grupos, denominados logias, se reconocen a través de signos y emblemas y dependen de una organización central. En realidad, es una organización secreta, filantrópica, de carácter universal que se estableció en América, España, Italia y Alemania. Su lema es Libertad, Igualdad, Fraternidad.

FRANCOTIRADOR: guerrillero.

FRANJA DE SEGURIDAD: zona que el ejército israelí controlaba en el sur del Líbano.

FRANQUEAR: dar libertad al esclavo.◆ Otorgar algo con generosidad y liberalidad.

FRANQUISMO: régimen político existente en España desde el final de la Guerra Civil, 1939, hasta 1975. Sus aspectos fundamentales fueron la concentración política y militar siguiendo los lineamientos de los Estados autoritarios y fascistas de los años 1930 y 1940: rechazo a la democracia liberal al sistema de partidos, suspensión de los derechos y garantías individuales, supervaloración del Estado y sus intereses. La muerte del dictador Franco, en 1975, fue el fin del sistema *(N. Saleño)*.

FRATERNIDAD HUMANA: amor mutuo o disposición generosa que inclina al hombre a hacer a los otros lo que quisiera que hagan con él. Es un sentimiento generoso, íntimamente afín con la filantropía y el altruismo.

FRAUDE: consiste en falsear el resultado electoral, sea volcando los padrones o impidiendo votar a los ciudadanos, haciendo figurar en las constancias escritas un resultado ampliamente favorable al gobierno; en segundo lugar, consiste en llevar al país hacia un régimen dictatorial sofocando todas las libertades, suprimiendo toda opinión que disienta con el gobierno, intimidando a la ciudadanía, cerrando medios de comunicación, sindicatos, etcétera.

FREJULI: Frente Justicialista de Liberación. ◆ Frente que pretende mentalizar los desvíos de las distintas fuerzas que en lo interno y en lo externo se esfuerzan por desviar política o ideológicamente la marcha de un país que no sólo anhela cumplir su destino sino que pretende hacerlo dentro de la evolución natural que la humanidad está marcando para un futuro lleno de amenazas y peligro *(J. D. Perón)*. Este frente se constituyó para enfrentar las elecciones de la Argentina en 1973.

FRELIMO: Frente de Liberación de Mozambique.◆ Movimiento político-militar fundado como consecuencia de la unión en Mozambique, de tres grupos nacionalistas que, en 1962, se unieron para luchar por el logro de la independencia. Recién en 1974, negociando con Portugal, logró su independencia, proclamada el 25 de junio de 1975.

FRENTE AMPLIO: organización política uruguaya de izquierda, formada en 1971 por Líber Seregni. Un frente compuesto por socialistas, comunistas, demócrata-cristianos y tupamaros. Su líder fue un aglutinador de las fuerzas de izquierda. En realidad, fue un símbolo del proceso de transición de una izquierda violenta a una democrática. ◆ Ver **Tupamaros**.

FRENTE DE ACCIÓN POPULAR: en Chile, combinación política formada en 1956 por el Frente Nacional del Pueblo y el Bloque Democrático–Socialista. Pertenecieron a él los partidos: Socialista Popular, Socialista de Chile, Democrático del Pueblo, Democrático de Chile y Comunistas. En 1958, proclamó la candidatura presidencial de Salvador Allende. A fines de 1961, integraron el FRAP los partidos Socialista, Comunista, Radical, Democrático Nacional y Alianza Nacional de Trabajadores. En 1964, volvió a postular la candidatura de S. Allende *(G. Urzúa)*.

FRENTE DE LIBERACIÓN DE MOZAMBIQUE: FRELIMO.

FRENTE DE LIBERACIÓN NACIONAL: FLN.◆ Movimiento de Liberación Argelino fundado en 1945, que declaró la guerra a Francia, hasta lograr la independencia en 1962.

FRENTE FARABUNDO MARTÍ PARA LA LIBERACIÓN NACIONAL: ver **FMLN.**

FRENTE JUSTICIALISTA DE LIBERACIÓN: ver **FREJULI.**

FRENTE NACIONAL DE LIBERACIÓN DE ANGOLA: FNLA.◆ Movimiento político militar de Angola, fundado en marzo de 1962 por Holden Roberto.

FRENTE POPULAR: conjunto de fuerzas de izquierda y de centro izquierda para detener el avance del fascismo. Esta política populista se dio en varios países: Francia, España, Chile, etcétera, en distintas épocas y con distintas propuestas.◆ Alianza electoral con proyección al control político, utilizada en varios países.

FRENTE REPUBLICANO GUATEMALTECO: FRG.◆ Partido político de Guatemala.

FRENTE REVOLUCIONARIO UNIDO: grupo guerrillero de Sierra Leona, liderado por Foday Sankoh, señalado como el "Señor de los Diamantes".◆ Ver **Conflicto de Sierra Leona.**

FRENTE SANDINISTA DE LIBERACIÓN NACIONAL: FSLN.◆ Partido político nicaragüense de orientación izquierdista, fundado en Tegucigalpa en 1961. Surge como una organización revolucionaria que utiliza la guerrilla para derrocar a A. Somoza.

FRONTERA: línea divisoria entre el territorio de dos Estados. Delimita la extensión de la soberanía y los territorios afectados por las normas legales de cada Estado.

FRONTERA MARÍTIMA: aquella que establece la distinción entre la orilla del mar, las aguas territoriales y alta mar.

FUERO: norma, código o ley establecido en una ciudad, municipio, región, clase social, etcétera, en la Edad Media, en el cual figuraban las excusiones y privilegios que se otorgaban.

FUERO MUNICIPAL: garantía escrita que un monarca o un señor poderoso concedía a las poblaciones de las ciudades y villas fundadas para servir de barrera al avance de los musulmanes.

FUERZA: uno de los elementos del poder. Éste usa la fuerza y el temor a ésta. Juega un papel decisivo en el que interviene un sinfín de factores psicológicos que contribuyen, de hecho, al aumento y a la eficacia de la misma fuerza.

FUERZA DE CHOQUE: unidad militar que, por instrucción y armamento, suele utilizarse en la ofensiva.

FUERZA DE ORIENTACIÓN RADICAL DE LA JOVEN ARGENTINA: ver **FORJA.**

FUERZA MILITAR: aquella que deriva de los hombres y de los medios de lucha o combate que posee un ejército o similar.

FUERZA POLÍTICA: toda formación social que intenta establecer, mantener o transformar el orden jurídico fundamental relativo a la organización y al ejercicio del poder político según una interpretación ideológica de la sociedad. Los estudios recientes de Ciencia Política y de Derecho Constitucional han subrayado la importancia que tienen las fuerzas políticas en la configuración y en el funcionamiento del Estado contemporáneo *(P. L. Verdú).*

FUERZA PÚBLICA: aquella conformada por agentes de seguridad encargados de mantener y conservar el orden público. De acuerdo con cada país, reciben distintas denominaciones, pero el concepto es el mismo.

FUERZAS ARMADAS PERONISTAS: FAP.◆ Grupo guerrillero peronista de izquierda que inició sus acciones en la década de 1960. Su líder máximo era "Envar El Kadre".

FUERZAS ARMADAS REVOLUCIONARIAS: FAR.◆ Grupo guerrillero peronista de izquierda que actuó en la década de 1970 y que, posteriormente, se incorporó al grupo Montoneros. Uno de sus líderes era Roberto Quieto.

FUERZAS ARMADAS REVOLUCIONARIAS DE COLOMBIA: FARC.◆ El grupo guerrillero más activo y también el más antiguo de América Latina. Fundado en 1964 con ideas prosoviéticas, cuenta con quince mil combatientes. Su principal líder es Manuel Marulanda, conocido como Tirofijo. Exigen, entre otras cosas, la reforma agraria, la aplicación del 50 % del presupuesto en el área social y una reforma en las FF.AA. Tiene presencia en todo el país y lucha en una geografía hostil de selva y montaña, ideal para la guerra de guerrillas.

FUERZAS DE CHOQUE: unidades militares que por su instrucción y armamento suelen emplearse en la ofensiva.

FUERZAS PARAMILITARES: aquellas que imitan a los militares en cuanto a su estructura, disciplina y operatoria.

FUERZAS SOCIALES: amplios conjuntos organizados que actúan sobre la vida social, dominando, modificando o manteniendo su estructura: la Iglesia, los sindicatos, los partidos políticos, etcétera.

FUERZAS VIVAS: clases y grupos impulsores de la actividad y de la prosperidad en una sociedad o comunidad.

FUGA DE CAPITALES: salida de capitales nacionales y su colocación en los circuitos financieros exteriores; se realiza en América Latina con tal intensidad que puede afirmarse que se ha producido una auténtica descapitalización de la economía latinoamericana. Con la progresiva globalización económica, el capital ha dejado de tener nacionalidad, buscando únicamente los mayores beneficios.

"FÜHRER": término alemán que significa conductor, director, líder o caudillo. Título que poseía A. Hitler, en 1934, por ser el jefe supremo del partido nacionalsocialista alemán.

"FUJIMORAZO": en Perú, el 5 de abril de 1992 el presidente Alberto Fujimori, en alianza con las fuerzas armadas, protagonizó un autogolpe de Estado. Clausuró el Congreso, intervino el Poder Judicial e instauró un gobierno de emergencia y reconstrucción nacional tras suspender las garantías constitucionales. Aquel 5 de abril de 1992, los tanques se apostaron desde la medianoche ante los edificios públicos mientras comandos militares pusieron bajo sutil prisión domiciliaria a los presidentes de las cámaras del Congreso. No hubo resistencia popular; pero esa misma madrugada, el ex presidente social demócrata, Alan García, escapó de su casa para asilarse en la embajada de Colombia, al ser informado que un comando iba a detenerlo. Entonces la gente salió a las calles a respaldar la insurrección presidencial, argumentando que la oposición –con mayoría en el Congreso– tenía maniatado al gobierno. Fujimori fundamentó su acción en la necesidad de asumir el control del país para iniciar la lucha contra los grupos armados, sobre todo contra la organización maoísta Sendero Luminoso. Ello desembocaría en la recaptura, en 1992, de Víctor Polay, jefe del Movimiento Revolucionario Túpac Amaru (MRTA), que había escapado de la cárcel; luego, en la detención y condena a cadena perpetua de Abimael Guzmán, líder fundador del grupo maoísta Sendero Luminoso, que hasta ese momento había tenido en jaque al gobierno. El autogolpe generó rechazó en la comunidad internacional. El gobierno de "emergencia y reconstrucción nacional" creó una legislación excepcional para luchar contra las organizaciones armadas. Se crearon tribunales especiales de jueces que cubrían sus rostros para evitar venganzas y leyes que permitían acusar sin mayores pruebas a presuntos terroristas. El argumento fundamental consistía en que los parlamentarios –doscientos cuarenta entre ambas Cámaras, de los cuales sólo cuarenta y seis eran oficialistas– obstaculizaban su programa político. Ese parlamento opositor mantenía a raya al mandatario y a sus aliados de las fuerzas armadas, debido a una investigación sobre espionaje telefónico y la denuncia de corrupción contra la familia presidencial. Fujimori decidió ejecutar el golpe de Estado alegando que los parlamentarios trababan su gestión y los vinculó con el narcotráfico y con el terrorismo, al sostener

que la mayoría obstruía sus iniciativas legislativas tendientes a combatir esos problemas. La Asamblea Constituyente, que se encargó de redactar una Carta Magna a la medida del programa neoliberal y del modelo re-reeleccionista de Fujimori, estuvo constituida por treinta y cuatro oficialistas (42 %) de un total de ochenta parlamentarios. En las elecciones de 1995, los oficialistas ganaron una amplia mayoría del nuevo Congreso unicameral: setentaiún parlamentarios (59 %) de un total de ciento veinte. El dominio del ámbito legislativo le permitió a Fujimori copar el Poder Judicial, el Tribunal Constitucional, el Jurado Nacional de Elecciones y la Fiscalía de la Nación, entre otros. En noviembre de 2000, Fujimori huyó hacia Japón. Durante su administración tuvo en Vladimiro Montesinos al personaje más influyente del régimen. Acusado de corrupción, secuestros, torturas, asesinatos, etcétera, huyó de Perú, pero fue encontrado y entregado por el gobierno de Venezuela en junio de 2001. Lo denominaban, el "Rasputín" del fujimorismo.◆ Fujimorismo.

FUJIMORISMO: corriente política encabezada por Alberto Fujimori, quien alcanzó la presidencia de Perú en 1990, en segunda vuelta, derrotando a Mario Vargas Llosa. En abril de 1992, con el apoyo del ejército, disolvió el Parlamento y en 1993, ganó en un plebiscito para reformar la Constitución.◆ Ver **Fujimorazo**.

FUNCIÓN DE GOBIERNO: es la de obrar discrecionalmente para el bien público y el contenido de este poder discrecional se refiere normalmente, a los que se refieren al equilibrio de poder constitucionalmente establecidos y su coordinación unitaria.

FUNCIONARIO: dependiente del Estado que desarrolla funciones públicas y que tiene responsabilidades y obligaciones de orden administrativo, civiles y penales.

FUNCIONARIO DE DERECHO: aquel que ocupa el empleo y realiza el acto convenientemente investido para ello. Dicho funcionario invoca una investidura legítima y en el momento en que ha obrado continuaba siendo dicho título válido y eficaz *(G. Jéze).*

FUNCIONARIO DE HECHO: aquel que, en ciertas circunstancias, también de hecho, ocupa el cargo y realiza el acto dotado de una investidura irregular *(G. Jéze).*

FUNCIONES ELEMENTALES DEL ESTADO: funciones primarias del Estado.

FUNCIONES ESPECIALES DEL ESTADO: aquellas que implican prestación de servicios o satisfacción de necesidades colectivas por parte del Estado. ◆ Funciones ministrantes.◆ Funciones concurrentes.

FUNCIONES PRIMARIAS DEL ESTADO: funciones comunes a todos los Estados primitivos y rudimentarios. Son aquellos que se derivan del fin del Estado de: 1) conservar su integridad territorial y política manteniendo relaciones apropiadas con los demás Estados; 2) conservar el orden interno, mantener relaciones adecuadas con sus súbditos y entre ellos; y 3) imponer contribuciones *(C. A. Quintero).*

FUNCIONES PÚBLICAS: aquellas que desempeñan los órganos del poder público y sus funcionarios o agentes en representación de aquéllos y que

deben regirse por las normas legales de cada Estado.

FUNDACIÓN: persona jurídica de carácter privado que se constituye mediante el aporte patrimonial de una o más personas, cuyo objeto fundamental es el bien común, el interés público y que no tiene propósito de lucro. Las características fundamentales de las fundaciones son: a) personas jurídicas independientes en forma absoluta de la persona del fundador; b) no deben subsistir exclusivamente de asignaciones del Estado y su funcionamiento requiere la autorización de la autoridad competente; no requieren pluralidad de personas; c) el fundador no puede ser uno de los favorecidos directos de la fundación porque se destruiría su espíritu y razón de ser; d) tienen carácter de perpetuidad; e) el capital inicial debe posibilitar razonablemente el cumplimiento de los objetivos propuestos; f) es imprescindible un acto constitutivo escrito; g) la denominación social debe contener el tipo societario adoptado por el ente, es decir: la palabra fundación. ◆ Documento en el que constan las cláusulas de una institución de mayorazgo, etcétera.

FUNDAMENTALISMO: movimiento protestante que surgió en los EEUU, en 1895, de carácter conservador, que rechaza la crítica bíblica moderna en beneficio de la infalibilidad literal o verbal de la Biblia. ◆ Las tendencias posmodernas suelen identificarlo con intolerancia, sosteniendo que los peligros más grandes corridos por la humanidad no se han debido a la falta de valores fuertes, sino precisamente, al intento de imposición de éstos por la fuerza a aquellos que no lo compartan.

FUNDAMENTALISTAS: grupos que consideran su propio dogma religioso como único y verdadero y no dudan en aplicar cualquier método, sin descartar la violencia, para extender su doctrina.

FUSILAMIENTO: acto de ejecutar a una persona o a un grupo a través de una descarga de fusilería.

FUSILAMIENTOS DE JOSÉ LEÓN SUÁREZ: el 10 de julio de 1956 se produjo, en la Argentina, el levantamiento del general peronista Juan José Valle contra la Revolución Libertadora que derrocó a Perón. Como consecuencia, hubo veintisiete muertos (dieciocho militares y nueve civiles); los hechos ocurrieron en el Gran Buenos Aires, específicamente en la localidad de José León Suárez.◆ Ver **Levantamiento de José León Suarez.**

FUSILAMIENTOS DE TRELEW: el 22 de agosto de 1972, en Trelew, República Argentina, luego de un intento de fuga fueron fusilados diecinueve guerrilleros prisioneros en la base naval Almirante Zar.

FUSIÓN: unión de dos o más empresas mediante la adquisición por parte de una de ellas del patrimonio o de los patrimonios de la otra u otras. Se considera que hay fusión cuando dos o más sociedades se disuelven, sin liquidarse, para constituir una nueva; o cuando una ya existente incorpora a otra u otras que, sin liquidarse, son disueltas. Como consecuencia de esto, el efecto es que la nueva sociedad o la incorporante adquiere la titularidad de los derechos y las obligaciones de las sociedades disueltas, produciéndose la transferencia total de sus respectivos patrimonios al inscribirse, en el Registro Público de Comercio, el acuerdo definitivo de fusión y el contrato o estatuto de la nueva sociedad o el aumento de capital que hubiere tenido que efectuar la incorporante.◆ Amalgamación.◆ Combinación.

G

G-20: grupo de países industrializados y emergentes compuesto por 19 países y la Unión Europea. Los países son: Arabia Saudita, Australia, Canadá, EEUU; India, Rusia, Sudáfrica, Turquía, Argentina, Brasil, México, Alemania, Francia, Italia, Reino Unido, China, Corea del Sur, Indonesia y Japón. Es un foro de consultas y de cooperación con aspectos financieros.

GABINETE: ministerio o conjunto de ministros; es decir, institución política que equivale a los ministros de una nación como su autoridad colectiva y con la conducción de un presidente de gobierno.◆ Consejo de ministros o ministerio que se desempeña en los regímenes parlamentarios y constitucionales en las distintas actividades o asuntos del Estado.◆ Totalidad de los ministros de un gobierno y su presidente.

GAITANISMO: ver **Bogotazo**.

GAMADA: ver **Esvástica**.

GAMONALISMO: forma de poder practicada por "señores" sobre grupos o sectores sociales que dependen de su jurisdicción económica, política, cultural y social en general, fundamentalmente en la zona andina. Los gamonales eran los dueños de las haciendas y formaban un grupo heterogéneo, compuesto por fracciones de variado poder económico y, muchas veces, enfrentadas entre sí.

GANGA: en Puerto Rico, pandilla callejera de mala reputación.

GARANTÍAS CONSTITUCIONALES: instrumentos jurídico-formales que tutelan el libre y seguro desenvolvimiento del individuo en una estructura social, cuyos procesos se realizan espontáneamente conforme a la ley de la oferta y de la demanda, de suerte que la orientación de dichos procesos no depende ya de instituciones que imperativamente los determinen o encaucen (gremios o corporaciones) o cuyo sentido tropiece con instituciones que gozan de una situación económica superior previamente establecida, nobleza, mayorazgos y vinculaciones, sino sólo de quienes dispongan de los medios de producción o de mayor capacidad de bienes y dinero.

GASTO DE REPRESENTACIÓN: asignación suplementaria a determinados cargos del Estado para su desempeño de acuerdo con las circunstancias.◆ Haberes que reciben determinados funcionarios de alta jerarquía.

GASTOS PÚBLICOS: aquellos que efectúa el Estado para satisfacer los requerimientos inherentes al desarrollo de sus funciones.

GATT: abreviatura de la frase en inglés *General Agreement on Tariffs and Trade*, que significa "Acuerdo General sobre Aranceles y Comercio". Surgió en 1947 por decisión de veinticuatro naciones reunidas en Bretton Woods (New Hampshire). Su finalidad fue solucionar los graves problemas y la depresión creados en el comercio mundial por el proteccionismo que empezó a imperar en la década de 1930, por medio de la liberalización del comercio internacional y de la creación de un mecanismo de flexibilización de las barreras aduaneras. En síntesis, es un contrato entre casi ciento veinte países que representan en conjunto más del 90 % del comercio mundial. El objeto del contrato es eliminar barreras comerciales y proporcionar un ambiente seguro al comercio mundial. Desde su creación ha tenido siete rondas o reuniones, que se detallan a continuación:
1) *1947, Ronda Ginebra:* en esta reunión se llegaron a concretar cuarenta y cinco mil acuerdos se redujeron aranceles en productos manufacturados y agrícolas.
2) *1948, Ronda Annecy; 1951, Ronda Torquay-Francia:* en estas dos reuniones, básicamente se admitieron nuevos miembros, en tanto que los miembros originales acordaron trece mil reducciones arancelarias más.
3) *1956, Ronda Ginebra:* en esta reunión se discutió fundamentalmente la admisión de Japón, que fue objetada por varios países que temían el efecto que los bajos salarios japoneses podían ocasionar. Por esta razón, y sobre la base del artículo XXXV del Tratado, varios países fueron autorizados a no hacer concesiones al Japón, situación que se mantuvo hasta 1960.
4) *1960-1962, Ronda Dillon:* esta reunión tuvo como resultado un 10 % de reducción en los aranceles de las exportaciones norteamericanas y una reducción general de aranceles equivalente a 40 mil millones de dólares.
5) *1963-1967, Ronda Kennedy:* esta reunión, considerada como una de las más efectivas, concretó reducciones arancelarias para productos no agrícolas de alrededor del 35 %. Asimismo, se acordó una reducción del 20 % para productos de la agricultura.
6) *1973-1979, Ronda Tokio:* sus resultados fueron mínimos y sólo se hicieron acuerdos sobre procedimientos de negociación.
7) *1986, Ronda Uruguay:* comenzó con dos grandes objetivos. El primero de ellos: procurar evitar nuevas presiones proteccionistas que debiliten el comercio unilateral ante medidas que estaban siendo adoptadas por algunos países afectados, sobre todo, por la deuda internacional; el segundo objetivo era una puesta al día con relación a ciertas áreas (cuyo examen debía reverse) que no habían sido consideradas hasta el momento, tales como productos agrícolas, servicios, inversiones internacionales y patentes de propiedad intelectual. Una de las características fundamentales se refiere a la cláusula de la nación más favorecida; ello significa que si se bajan los aranceles para un país, todas las naciones participantes pasan en forma automática a recibir el mismo tratamiento.◆ A partir de 1995, se transforma en la *Organización*

Mundial del Comercio. ◆ Por un lado, es un código de normas y, por otro, un foro de negociación de aranceles y de las cuestiones comerciales. Como finalidad fundamental, el Acuerdo persigue la reducción sustancial de los aranceles aduaneros y la eliminación del trato discriminatorio, basado en el origen de los productos. Es un sistema multilateral de comercio integrado por más de un centenar de países *(A. Fratalochi* y *G. Zunino).*

GAULLISMO: movimiento político creado y liderado en Francia por Charles De Gaulle. Fundó en 1947 el partido RPF *(Rassemblement du Peuple Francais).*

GENDARME: en México, guardia o agente de policía.◆ En la Argentina, policía que tiene a cargo la vigilancia y la custodia de las fronteras.◆ En Francia, guardia civil.

GENDARME DE MUNDO: denominación otorgada a los EEUU, durante el período de 1946 a 1973, en el sentido político estratégico de garantizar la seguridad y la independencia de sus aliados.

GENERACIÓN DEL 80: generación que apareció en la Argentina a mediados del siglo XIX. Desarrolló una sobresaliente acción intelectual, política y docente y recibió una influencia decisiva del pensamiento europeo. El positivismo, la filosofía científica, el darwinismo, etcétera; fueron determinantes de esta generación.

"GENERAL AGREEMENT ON TARIFFS AND TRADE": Acuerdo General sobre Aranceles y Comercio.◆ Ver **GATT.**

GENOCIDIO: cualquiera de los actos mencionados a continuación, perpetrados con la intención de destruir, total o parcialmente, a un grupo nacional, étnico, racial o religioso: a) matanza de miembros del grupo; b) lesión grave a la integridad física o mental de los miembros del grupo; c) sometimiento intencional del grupo a condiciones de existencia que hayan de acarrear su destrucción física, total o parcial; d) medidas destinadas a impedir los nacimientos en el seno del grupo; e) traslado, por la fuerza, de niños del grupo a otro grupo.◆ Exterminio de gran parte de la población de una comunidad nacional. Lo practicaron, por ejemplo, los turcos en Armenia y los nazis con los judíos.◆ Eliminación o destrucción intencional de grupos nacionales, religiosos, raciales o étnicos.

GENOCIDIO ARMENIO: genocidio cometido en la entonces Turquía Otomana cuando se victimizó a la minoría armenia entre 1915 y 1916. El gobierno otomano obligó a los armenios a abandonar las casas que habitaban desde tiempos inmemoriales. En carácter de deportados, los obligaron a cruzar montañas y desiertos en cruenta marcha hacia su forzada relocalización. Muchos murieron de hambre, enfermedades o cansancio a lo largo del camino, otros fueron asesinados. Se calcula que murieron 650.000 personas.

GEODESIA: arte de medir la tierra.◆ Ciencia matemática que tiene por finalidad la figura y la magnitud del globo terrestre o de gran parte de él.◆ Ciencia que se ocupa de la forma geométrica y de las dimensiones de la Tierra.

GEOGRAFÍA: ciencia que estudia los fenómenos que ocurren en la superficie terrestre.

GEOGRAFÍA POLÍTICA: aquello que considera las relaciones del suelo y del Estado.◆ Rama de la geografía humana que estudia las sociedades organizadas en Estados y que se interesa en su realización y desarrollo.

GEOPOLÍTICA: ciencia de las relaciones de ámbito mundial de los procesos políticos.◆ Disciplina que se ocupa de la conducción política de los Estados en virtud de los factores geográficos y que en esa forma vincula, a su vez, el medio físico con la política internacional. El verdadero precursor de la geopolítica fue F. Ratzel, cuyas investigaciones realizadas fueron los fundamentos que rigen la relación entre el espacio y los Estados. La define como la ciencia que concibe al Estado como un organismo geográfico o como fenómeno en el espacio; el Estado como tierra, país, territorio, porque las ideas fundamentales de R. Kjelen responden a su concepción organicista del Estado, que se manifiesta por medio del territorio, el pueblo, la economía, la sociedad y el gobierno. Por tanto, la geopolítica consiste en la influencia de los factores geográficos, en el más amplio sentido de la palabra, sobre el desarrollo político y la vida de los pueblos y de los Estados. ◆ Ciencia del Estado como organismo geográfico y, significativamente, como Poder *(R. Kjelen)*.◆ Estudio de la política en relación con la geografía *(Roucek)*.◆ La política en relación con la totalidad de lo geográfico, no como desnudo contorno de acciones físicas, sino como tensión vital con otros Estados, también existentes y actuantes. ◆ Se dedica a estudiar la influencia que el territorio juega sobre el Estado y sobre el régimen político, así como la relación que los fenómenos políticos guardan con el espacio físico. Es decir, se trata de descubrir y describir los factores geográficos que inciden en la actividad política.

GERONTES: los veintiocho ciudadanos que en la antigua Esparta, elegidos por el pueblo, constituían el Consejo de Ancianos.

GERONTOCRACIA: gobierno de los viejos.◆ Dominio de los ancianos en un grupo social. En realidad, proviene de las sociedades salvajes en las cuales los ancianos conformaban un grupo organizado.

GESTA: conjunto de hechos memorables de algún pueblo o personaje.

GESTAPO: policía secreta estatal del régimen hitleriano, creada en 1933.◆ Organizaciones policiales que emplean métodos inhumanos o violentos.

"GHETTO": barrios medievales en los que vivían los judíos y dentro de los cuales, al anochecer, quedaban confinados. Luego de la Revolución Francesa se abolieron todos los *ghettos* en Europa; pero con Hitler, en 1939, este sistema de confinamiento resurgió, especialmente en Polonia y en Austria.◆ Zonas urbanas o rurales habitadas por personas que sufren algún tipo de discriminación social, étnica, etcétera.◆ Gueto.

GINECOCRACIA: gobierno de las mujeres.◆ Dominio que ejerce la mujer tanto en el orden familiar como en un régimen político.

GLADIADORES: quienes en los juegos públicos romanos luchaban a muerte; eran esclavos destinados a tal fin, condenados a muerte, o bien bárbaros entrenados para ello.

GLEBA: ver **Siervos de la gleba**.

GLOBALIZACIÓN: transformación del tiempo y del espacio propiciada por la revolución de la comunicaciones, los transportes y la informática. Constituye un proceso contradictorio y conflictivo, que ha generado nuevas formas de producción, distribución, consumo y transmisión de ideas y valores. Para algunos, es la etapa superior del imperialismo, una forma más sofisticada y sutil de dominación.◆ Una de las ideas que se sugiere es que éste es un fenómeno nuevo, y no lo es. La globalización del siglo pasado probablemente fue tanto o más importante que la actual, y la experiencia argentina, en la segunda mitad del siglo XIX, es uno de los ejemplos más notables. El otro elemento que llamamos globalización, como fuerzas aparentemente inmanejables de la realidad, en gran parte son marcos regulatorios impuestos por los países centrales, en materia comercial, en el sector financiero, en la propiedad. ◆ La integración de la economía mundial *(N. Chomsky).*◆ Conjunto de mecanismos aceleradores del intercambio financiero, tecnológico, comunicacional, económico y político. ◆ Política económica dirigida a unificar el campo económico mediante un conjunto de medidas jurídico-políticas destinadas a combatir todos los límites, todos los obstáculos, en la mayoría de los casos ligados al Estado-nación, a esta extensión. Lo que define, precisamente, la política neoliberal inseparable de la verdadera propaganda económica, que le confiere una parte de su fuerza simbólica jugando con la ambigüedad de la nación *(P. Bourdieu).* ◆ Mundialización.

GLOBO DE ENSAYO: expresión que se utiliza cuando toma estado público una propuesta, una noticia o una idea. Se analizan y observan las reacciones que se producen como consecuencia de dicha exteriorización. Normalmente, se utilizan los medios masivos de comunicación para obtener las reacciones sobre la información generada.

GOBERNABILIDAD: estado de equilibrio dinámico entre las demandas sociales y la capacidad de respuesta gubernamental *(A. Camou).* Es decir, la posibilidad de conducir un Estado dentro de las vicisitudes que se produzcan cotidianamente y con un adecuado funcionamiento institucional. ◆ Ejercicio efectivo y continuado del poder político.

GOBERNACIÓN: gobierno.◆ Ejercicio de gobernar.

GOBERNADOR: jefe máximo de una provincia, una zona o un territorio.◆ Que manda.◆ Quien dirige o manda con autoridad.

GOBERNANTE: aquella persona que gobierna un país o es parte de un gobierno.

GOBERNAR: dirigir, mandar o conducir con autoridad una organización, una institución, un territorio o un país.

GOBIERNO: elemento constitutivo del Estado; es decir, es un componente suyo. Organización mediante la cual se formula o manifiesta la voluntad del Estado.◆ Conjunto de órganos y autoridades que ejercen el poder del Estado mediante el derecho.◆ Complejo de puestos y roles estatales de mando y administración; sus ocupantes toman y ejecutan las decisiones estatales *(C. Strasser).*◆ Conjunto de individuos o, más exactamente, conjunto de las instituciones de los órganos que rigen el Estado. Vincula y dirige coercitivamente las múltiples voluntades sometidas. No obstante, no puede identificarse el gobierno con el Estado, que se constituye por otros diversos elementos institucionales, aparte de su compleja organización gubernativa.◆ Tiempo que dura el mando o autoridad del gobernador.◆ Dirección o manejo de todos los asuntos que conciernen de igual modo a todo el pueblo y que es sostenido por el pueblo mediante los impuestos *(H. Fiske).*

GOBIERNO ABSOLUTO: aquel en el cual los poderes se hallan reunidos en una sola persona o cuerpo, sin limitación.

GOBIERNO DE COALICIÓN: aquel compartido por representantes de distintos partidos políticos y destacadas personalidades de carácter independiente, generalmente con la finalidad de aglutinarse ante algún suceso, acontecimiento o situación, grave, peligrosa e incierta.

GOBIERNO DE CONCERTACIÓN NACIONAL: aquel en el que participan todos los partidos políticos (o su mayoría) con la finalidad de sacar al país de una situación comprometida o grave.

GOBIERNO DE DERECHO: el que vive bajo el imperio de una constitución consuetudinaria o escrita que regula su organización *(M. Prelot).*◆ Gobierno *de jure.* Nombre con el que se designa aquel gobierno que accede al poder como consecuencia del cumplimiento de los procedimientos y los mecanismos establecidos en la Constitución Nacional.

GOBIERNO DE FACTO: aquel que ejerce los poderes públicos con infracción de la *superlegalidad* (formal o material) constitucional. Entran en el concepto

no sólo los casos en que los poderes públicos se asumen con infracción de los procedimientos legales previstos para la investidura, sino también aquellos otros que se ejercen con infracción constitucional, no obstante la legitimidad de origen *(Fueyo Álvarez).*◆ Gobierno que ilegalmente obtiene la posesión y el control de un Estado o país, desapoderando al legítimo gobierno legal y manteniéndose por la fuerza y las armas contra la voluntad del legítimo gobierno legal, cuyos poderes declara ejercer *(A. Constantineau).* ◆ Gobierno de hecho. Todo gobierno que no es de derecho, es decir, que no tiene derechos consagrados y reconocidos por una ley positiva.◆ Aquel que no ha recibido la consagración formal de la consulta popular regular, constitucional *(F. Larnaude).* ◆ Gobierno en el que el poder es tachado de irregular *(H. Noel).* ◆ Se trata de una doble constatación: en primer lugar, que el gobierno en cuestión no tiene ningún fundamento constitucional; en segundo lugar, que se trata efectivamente de un gobierno.

GOBIERNO DE HECHO: ver **Gobierno de facto.**

GOBIERNO "DE JURE": ver **Gobierno de derecho.**

GOBIERNO DESPÓTICO: aquel en que los tres poderes, es decir, Ejecutivo, Judicial y Legislativo, están concentrados en una sola persona.

GOBIERNO FEDERAL: ver **Federalismo.**

GOBIERNO INVISIBLE: aquel poder político que no está limitado al poder del Estado, sino que en él intervienen los diversos grados de influencia política.

Para A. Alonso Piñeiro, al lado de la constelación del poder, vale decir, junto al poder político estatal "desplegado por sus titulares jurídicamente establecido, coexisten factores del poder político que usualmente se manejan desde las penumbras, los cuales influyen sobre los ocupantes nominales de los cargos".

GOBIERNO LIBRE: aquel en que los tres poderes, es decir, Ejecutivo, Judicial y Legislativo, son ejercidos por órganos distintos.

GOBIERNO PARLAMENTARIO: gobierno en el cual el Poder Ejecutivo es ejercido por un gabinete encabezado por un primer ministro, elegido de entre sus miembros por el Poder Legislativo.

GOBIERNO PROVISIONAL: aquel que se conforma tras el derrocamiento de un régimen. Su mandato es limitado y su finalidad es convocar a elecciones con el objeto de legitimar el nuevo poder.

GOBIERNO QUISLING: expresión originada por el gobierno constituido en 1940 por el noruego Quisling durante la ocupación alemana. Hace referencia al tipo de gobierno que impone el vencedor al país que ocupa, en lugar del gobierno legal.

GOBIERNO REPRESENTATIVO: aquel en el cual la nación asiste a la formación de las normas legales o leyes a través de sus genuinos representantes. ◆ Aquel en el que, al menos el órgano legislativo, es popularmente elegido.

GOBIERNO TÍTERE: aquel que se pliega a los objetivos de una potencia poderosa o que ejercita una política servil dictada por otro país hegemónico.

GOBIERNO TOTALITARIO: inherente a una dictadura o Estado totalitario.

GOBIERNO UNITARIO: aquel que corresponde a un Estado simple o centralizado.

GOBIERNOS DIVINOS: gobiernos teocráticos.

GOBIERNOS HEROICOS: gobiernos de los notables, que significa de los "más fuertes". Todos los privilegios civiles estaban comprendidos dentro de las órdenes reinantes de los propios héroes, mientras que a los plebeyos, considerados de origen animal, solamente se les permitía el gozo de la vida y de la libertad naturales *(G. Vico)*.

GOBIERNOS HUMANOS: debido a la homogeneidad de la naturaleza inteligente, que es propia de la naturaleza humana, las leyes tratan equitativamente a todos, porque nacen libres en sus ciudades. Son populares cuando todos o la mayor parte constituyen las fuerzas populares de la ciudad, gracias a las cuales ellos son los señores de la libertad popular. Son monarquías cuando los monarcas igualan a todos los sujetos con sus leyes y, siendo los monarcas los únicos en tener en sus manos la fuerza de las armas, solamente ellos ocupan una posición civil especial *(G. Vico)*.

GOBIERNOS TEOCRÁTICOS: para los griegos, gobiernos en los cuales se creía que los dioses ordenaban todo; fue la edad de los oráculos, la más antigua de todas las cosas que se leen en la historia *(G. Vico)*.◆ Gobiernos divinos.

"GODISMO": tendencia política y social basada en las ideas conservadoras que se defendían en el siglo XIX en Venezuela.

GOLILLA: nombre que se dio a los paisanos en oposición a los militares.

GOLPE DE ESTADO: recurso político utilizado normalmente por las clases dominantes para mantener su hegemonía en el poder. Se ha convertido en una alternativa de gobierno. Es ejecutado por las fuerzas militares, por presiones ejercidas normalmente por grupos económicos y/o intereses extranjeros. En algunos casos puede proceder de decisiones internas de los militares, vinculados con proyectos, en muchos casos, de corte populista. Es decir, se presentan como una alternativa intermedia entre posiciones de extrema derecha y de extrema izquierda. ◆ Medida grave y violenta que toma uno de los poderes del Estado, usurpando las atribuciones de otro.◆ Deposición de los ocupantes de los cargos del gobierno e, inclusive, en la producción de cambios institucionales, sin intervención popular y mediante actos efectuados por personas que también son ocupantes de cargos del gobierno o que, como en el caso de las fuerzas armadas, están jerárquicamente subordinadas a aquéllos.◆ Se detiene y localiza en un mero cambio del elenco gobernante; es también violento, pero no cambia al régimen en sí mismo, sino que destituye a los titulares del poder y los reemplaza por otros *(G. Bidart Campos)*. ◆ Golpe de fuerza.◆ Putsch.

GOLPE DE FUERZA: golpe de Estado. ◆Generalmente llamado *putsch*, para distinguirlo mejor de la insurrección anónima: es como ella, de origen privado. Este tipo de situación fáctica hoy no tiene aplicación, pues ningún grupo puede en forma privada y sin algún tipo de apoyo exterior realizar una acción así.◆ Ver **Golpe de estado**.

GOLPE DE OPINIÓN: cuando la fuerza de los gobernados rechaza la acción del gobernante obligándolo a renunciar al poder.

GOLPE INSTITUCIONAL: cuando en la tradicional forma de organización tripartita de poder, una de las ramas del poder absorbe a las otras o a una de ellas.

GOLPE MILITAR CHILENO: golpe cuya planificación arrancó en setiembre de 1970, en los EEUU, para derrocar a Salvador Allende. Ante la posibilidad de que un gobierno "marxista" tomara el poder en Santiago, el presidente Richard Nixon autorizó entonces que la CIA hiciera todo lo posible para "impedir su llegada al gobierno o lo quitara del poder" tras su asunción, el 3 de noviembre de ese año. En el operativo estuvo involucrado directamente el entonces consejero de Seguridad Nacional, Henry Kissinger. El primer esbozo del complot contra Allende fue bautizado con el nombre en código de "Proyecto Fubelt". La primera reunión de los grupos de inteligencia encargados del asunto fue presidida por Richard Helms, entonces director de la CIA. En los '70, una investigación del Congreso determinó que Nixon, Kissinger y la CIA habían apoyado y financiado el golpe. Lo que se desconocía era la dimensión de ese respaldo. Los documentos desclasificados que se publicaron años más tarde arrojaron algo más de luz sobre el delicado asunto.◆ Ver **Caída de Allende**.

GOLPE PALACIEGO: derrocamiento de un gobierno constituido, por parte de alguno de sus miembros o colaboradores, es de carácter civil.

GOLPISMO: costumbre de resolver las demandas populares con golpes de Estado. Ha generado una ideología de protección política pregonada por sectores de la derecha latinoamericana con fines de preservar el *statu quo* mediante la incitación al golpe militar o golpismo.

GOLPISTA: quien da un golpe de Estado.

GOU: Grupo Obra de Unificación del Ejército.◆ Logia creada en la Argentina en 1943, compuesta por un sector nacionalista del ejército argentino.

GPU: *Gosudarstvennoye Politickeskoye Upravlenie.*◆ Policía secreta rusa que sucedió a la Cheka en 1922 y que a su vez fue sucedida por la KGB o Servicios de Seguridad del Estado.

GRAFITO: el mensaje escrito más informal, generalmente anónimo y cuyo uso perdura dejando su impronta en los muros y baños públicos. Es un grito en la pared, que suele responder a la necesidad de expresión ante algún tipo de represión.

GRAN CHACO: región compuesta por regiones de Bolivia, de Paraguay y de la Argentina.

GRAN COLOMBIA: Estado sudamericano conformado por S. Bolívar, entre 1819 y 1830, que reunió a Colombia, Ecuador y Venezuela.

GRAN ESPACIO: mega-espacio.

GRAN MURALLA CHINA: una de las Siete Maravillas del Mundo; se empezó a construir en el siglo V antes de Cristo y se terminó en el XVI para tratar de frenar las invasiones mongoles.

GRAN POLÍTICA: política que define y establece los objetivos nacionales.

GRANDES POTENCIAS: se caracterizan por su alto grado de desarrollo económico y tecnológico. La disponibilidad de armas nucleares no les basta para conferirles una autonomía política. El arma nuclear es sólo eficaz si se dispone de medios masivos "de entrega", como flota de bombarderos de gran radio de acción. Su seguridad y economía dependen de sus relaciones con una superpotencia.

GRAPO: Grupos de Resistencia Antifascista Primero de Octubre.

"GREENPEACE": organización internacional que lucha por la salud del planeta; fue fundada el 15 de septiembre de 1971 por doce militantes de distintos países que partieron de Vancouver, Canadá, para llegar cerca de las costas de Alaska e impedir que los EEUU realizaran las pruebas nucleares que habían programado efectuar allí. Las pruebas fueron suspendidas. Paulatinamente, la organización fue creciendo hasta contar en la actualidad con millones de miembros. Desde el cuartel general instalado en Amsterdam, se dirigen las acciones directas que son la característica de la organización. Sus naves se han cruzado en el camino de los buques que transportan desperdicios tóxicos, han tratado de impedir la casa de ballenas y la matanza de focas. Los principios de la organización se oponen, lógicamente, a los intereses económicos de muchas empresas y gobiernos, y aunque las batallas son por la paz, a veces terminaron en duros enfrentamientos. En 1985, la nave insignia de Greenpeace, "Rainbow Warrior", fue hundida por un comando secreto francés por medio de minas magnéticas, en medio de una campaña contra las armas nucleares. En la acción murió el fotógrafo Fernando Pereira. Sin embargo, Greenpeace continuó su accionar, dirigido al principio a los países industrializados y que hoy abarca todo el mundo.

GREGARIO: el que sigue con servilismo las ideas y las iniciativas de otro.

GREGARISMO: tendencia que se da en los pueblos a seguir las tendencias y las iniciativas ajenas. Concepto ligado íntimamente en sus causas y efectos al colonialismo.

GREMIALISMO: manifestación del maquinismo y de la concentración que, en la mayoría de los casos, constituye más un medio de acción de las facciones políticas que un auténtico asociacionismo obrero.◆ Tendencia o corriente dispuesta a conformar el dominio de los gremios.

GREMIO: conjunto o corporación de personas de un mismo oficio o profesión. ◆ Corporación formada por los maestros, oficiales y aprendices de una misma profesión u oficio, regida por ordenanzas o estatutos especiales. ◆ Conjunto de individuos que tienen un mismo ejercicio, profesión o estado social.◆ Proviene de una corporación formada por maestros, oficiales y aprendices.

GREY: conjunto de personas de una misma zona, nación o raza.

GRINGO: extranjero, especialmente de habla inglesa o de lengua no española. En algunos países, se utiliza para referirse a los estadounidenses.

GRITO DE ALCORTA: primera huelga agraria realizada en la Argentina. El 25 de junio de 1912, se produjo un movimiento que marcaría el futuro de la actividad agraria. Muchos de los inmigrantes llegados entre fines del siglo XIX y principios del XX se instalaron en el campo para trabajar las tierras, que recibían mediante un contrato de "aparcería". Las condiciones del contrato, formuladas en el más puro estilo del liberalismo económico, suponían en igualdad de condiciones al propietario de las tierras y al trabajador. Pero la realidad era distinta: debían pagar con una parte de la cosecha, entregada en el galpón del propietario y haciéndose cargo de transporte. El propietario vendía también las bolsas para los granos, proporcionaba las máquinas de trillar y, en muchos casos, hasta los útiles de labranza. Pero cuando llegaba el momento de entregar la cosecha, todo esto se descontaba y el chacarero, que ya arrastraba deudas desde el principio, se encontraba sin un centavo. Aunque las cosechas fueran buenas, los inmigrantes no conseguían salir de la miseria. Como reacción ante tanta injusticia, un grupo formado por trescientos colonos, en su mayoría de origen italiano, se reunió en la *Sociedad Italiana de Alcorta*, un pueblo de la provincia de Santa Fe. Reclamaban un cambio profundo en las condiciones de los contratos: muy pronto el movimiento se extendió por noventa localidades del sur de Santa Fe y del noroeste de la provincia de Buenos Aires. Durante casi cuatro meses, más de tres mil chacareros se negaron a trabajar los campos, en protesta contra la explotación de los terratenientes y comerciantes de la zona. El resultado de aquel movimiento fue la creación de la Federación Agraria Argentina, fundada pocos meses después.

GRULLADA: alguaciles y corchetes que escoltaban a los alcaldes cuando iban de ronda.

GRUPO: agrupación o conjunto de hombres, estén◆ organizados o no *(G. Bidart Campos).*◆ Conjunto de personas o cosas ubicadas en un lugar determinado o que poseen características similares o comunes.

GRUPO ANDINO: acuerdo de integración subregional suscripto en el Palacio de San Carlos de Bogotá, el 26 de mayo de 1969, por Estado Plurinacional de Bolivia, Colombia, Chile, Ecuador y Perú. Venezuela se sumó al grupo en 1973 y se retiró en el 2006 y Chile se retiró en 1976. Su mayor novedad atañe a los siguiente aspectos: programa de liberación comercial, que utiliza procedimientos de desgravación automática e irreversible; el arancel externo común, que debía elaborarse en un plazo de diez años; la armonización de políticas económicas y los planes de desarrollo con miras a llegar a la planificación conjunta del área, y la programación conjunta.

GRUPO CAIRNS: bloque de los países agroexportadores que no aplican subsidios a la producción o al comercio. Integran este grupo: la Argentina, Australia, Brasil, Canadá, Chile, Colombia, Estado Plurinacional de Bolivia, Perú, Sudáfrica, Costa Rica, Guatemala, Pakistán, Paraguay, Indonesia, Malasia, Nueva Zelanda, Filipinas, Tailandia y Uruguay.

GRUPO DE CONTADORA: grupo formado el 9 de enero de 1983 entre los gobiernos de Panamá, Colombia, México y Venezuela, en la isla de Contadora, Panamá. El objetivo era encontrar la pacificación de Centroamérica. Colombia logró reunir a los cancilleres de Nicaragua, Costa Rica, Honduras, El Salvador y Guatemala en el verano de 1983. En 1984, se llegó a un acuerdo escrito para lograr la pacificación; pero ante la oposición de los EEUU, ésta quedó en el camino. En 1985 se creó un grupo de apoyo, compuesto por Perú, la Argentina, Brasil y Uruguay. El grupo entregó el Acta de Paz y Cooperación, y se fijó el 6 de junio de 1986 para firmarla. Se suspendieron las negociaciones ante la escalada de conflictos y el reconocimiento de la falta de condiciones para firmar acuerdos sobre seguridad mientras continuara la agresión contra Nicaragua. Al final, este grupo sólo fue un foro para el intercambio de ideas.

GRUPO DE INTERÉS: conjunto de individuos que tienen un interés común; ese grupo social puede estar organizado en forma de institución, asociación, persona jurídica, etcétera, y puede no estar organizado.

GRUPO DE INTERÉS ECONÓMICO: grupo conformado entre dos o más personas, físicas o morales, por una duración determinada, con miras a poner en funcionamiento todos los medios propios para facilitar o para desarrollar la actividad económica de sus miembros, a mejorar o acrecentar los resultados de esta actividad. Contrato entre dos o más personas físicas o jurídicas, por el cual se organizan con la finalidad de facilitar o desarrollar la actividad económica de sus miembros o mejorar o acrecer los resultados de esa actividad. El grupo no da lugar por sí mismo a la obtención de distribución de ganancias entre sus asociados e, incluso, puede establecerse sin capital y constituye una persona jurídica. Está legislado en algunos países.

GRUPO DE LA DECLARACIÓN DE DAMASCO: grupo compuesto por: Siria, Egipto, Arabia Saudita, Kuwait, Omán, Qatar, Bahrein y los Emiratos Árabes Unidos. Los ministros de economía de este grupo anunciaron la creación de un mercado común al concluir una ronda de negociaciones en el centro turístico de Latabia o Latakia en 1997.

GRUPO DE LOS DIEZ: conjunto de países desarrollados compuesto por los EEUU, Gran Bretaña, Japón, Alemania, Francia, Bélgica, Italia, Holanda, Canadá y Suecia, que firmaron con el FMI un acuerdo mediante el cual asumieron el compromiso de aportar préstamos a la institución.

GRUPO DE LOS OCHO: grupo constituido por la Argentina, México, Colombia, Panamá, Uruguay, Venezuela, Brasil y Perú, como un apoyo al Grupo de Contadora, con el objeto de abarcar un mayor espacio diplomático para lograr la paz en Centroamérica. Su primera reunión se realizó en 1987 en Acapulco, México. ◆ Grupo de diputados que dejaron el Partido Justicialista Argentino en 1989 y formaron un grupo parlamentario independiente. Ellos fueron: G. Abdala, D. Alessandro, J. P. Cafiero, L. Brunatti, F. Caviglia, J. Ramos, M. Fontela y C. Chacho Álvarez. ◆ Ver **G-8.**

GRUPO DE LOS QUINCE: foro internacional, de carácter informal, integrado por 19 países en vías de desarrollo, que

desde 1989 intenta sin éxito convertirse en un interlocutor del Tercer Mundo frente al Grupo de los 8, que reúne las potencias industriales de Occidente. Aunque nació durante la cumbre de presidentes del Movimiento de Países No Alineados de Belgrado, en 1989, no todos sus miembros son no alineados. El grupo está formado por Argelia, la Argentina, Brasil, Chile, Egipto, India, Indonesia, Jamaica, Malasia, México, Nigeria, Perú, Sri Lanka, República Bolivariana de Venezuela, Irán, Kenia y Zimbabue (ex Rhodesia del Sur).

GRUPO DE LOS 77: en la Conferencia de Bandung, Indonesia, en abril de 1955, el tratamiento del desarrollo económico y cultural fue relevante, al igual que el neutralismo y el colonialismo. La Conferencia se declaró favorable a la cooperación económica entre los Estados afroasiáticos. Además, se ocupó de expresar la estrecha vinculación entre el colonialismo y el atraso socioeconómico. América Latina estuvo ausente en Bandung en 1955, y en 1962, tuvo una incipiente participación. En dicha oportunidad, la invitación solamente fue aceptada por Bolivia, Brasil, Cuba y México. Posteriormente, Latinoamérica le otorgó gran importancia y llegó a Ginebra con gran empuje. Concretamente comenzó a funcionar en 1964. Estos grupos regionales integran el Grupo de los 77, que en su conjunto representan al mundo en desarrollo, o también llamado el Tercer Mundo en lo económico. En lo político, generalmente se denomina Tercer Mundo a los integrantes del Movimiento de Países no Alineados. El número de países hoy alcanza a 130.

GRUPO DE LOS SIETE: constituido por siete grandes potencias industrializadas: los EEUU, Japón, Alemania, Francia, Gran Bretaña, Canadá e Italia. En realidad, con la incorporación de Rusia se trataría del grupo de los ocho. ◆ Ver **Grupo de los ocho.**

GRUPO DE LOS TRES: bloque económico conformado por Colombia, México y Venezuela.◆ G–3.◆ Fundado en 1989, este grupo se constituyó con el objeto de fijar lineamientos generales y recomendaciones sobre el potencial de cooperación, integración económica y concentración política. Debe constituirse en un mecanismo activo para la integración latinoamericana y caribeña.

GRUPO DE LOS 24: grupo de Londres.◆ Grupo conformado por algunos países latinoamericanos, europeos y Japón, cuyo objeto fue apoyar a Colombia para que alcanzara la paz.

GRUPO DE PRESIÓN: cualquier formación social, permanente y organizada, que intenta, con éxito o sin él, obtener de los poderes públicos la adopción, la derogación o, simplemente, la no adopción de medidas (legislativas, administrativas o judiciales) que favorezcan o, al menos, no perjudiquen sus ideas o intereses, sin que su intento suponga en principio una responsabilidad política del grupo presionante en caso de lograr su pretensión *(P. L. Verdú).*◆ Pluralidad o conjunto de individuos que en beneficio propio o de sus miembros influye activamente en una organización o en una actividad pública.◆ Aquella asociación que ejerce influencia, sin ocupar lugar alguno en la estructura estatal y dejando al margen únicamente a la prensa, dadas las especiales características de ésta.◆ Conjunto de personas con intereses afines, fundamentalmente de índole económica, que organizan operaciones o acciones simultáneas sobre la opinión pública y el gobierno con la finalidad de obtener beneficios reales y concretos.◆ Grupos organizados para la defensa de intereses propios, de naturalezas diversas, y que actúan sobre los órganos responsables de Estado para obtener beneficios *(T. Brandao Cavalcanti).*

GRUPO DE RÍO: grupo constituido el 18 de diciembre de 1986 y cuyos objetivos son: ampliar y sistematizar la cooperación política; examinar las cuestiones internacionales de interés de sus gobiernos y concertar posiciones comunes en los foros internacionales; promover el mejor funcionamiento y la coordinación de los organismos latinoamericanos de cooperación e integración; impulsar iniciativas para mejorar, mediante el diálogo y la cooperación, los vínculos interamericanos; estimular los procesos de cooperación e integración; explorar los campos de cooperación para el desarrollo. Lo integran doce Estados: la Argentina, Bolivia, Brasil, Chile, Colombia, Ecuador, México, Panamá, Paraguay, Perú, Uruguay y Venezuela. Conforme a la Declaración de Caracas del 12 de octubre de 1990, asisten, como observadores a las reuniones, un representante de los países de América Central (Mercado Común Centroamericano, integrado por sus Estados) y otro por parte de la Comunidad del Caribe (CARICOM), constituido por trece Estados y dos países observadores, ampliándose así la representatividad y reiterándose la vocación integracionista y el carácter democrático del grupo de Río. Este Grupo ha llevado a cabo siete reuniones cumbre entre 1987 y 1993. La última reunión, en Santiago de Chile, los días 15 y 16 de octubre de 1993, dio lugar a una "declaración" que, entre otras consideraciones, expresa una reafirmación del compromiso de las partes "con la democracia y la vigencia del estado de derecho"; "que la integración en América Latina y el Caribe es plenamente compatible con el proceso de apertura externa" de sus países; y con respecto a la preservación del medio ambiente, "reafirmamos nuestra determinación de promover el desarrollo sostenible...". ◆ G–R.

GRUPO DE VISEGRADO: grupo integrado por Polonia, Hungría, la República Checa y la República Eslovaca. Esta integración, realizada en 1993, se efectuó con el objeto de mejorar y ampliar la cooperación entre dichos Estados.◆ Se percibe generalmente como un organismo de seguridad, como un medio de integración, con la esperanza de que la seguridad nacional incluya la capacidad de evolucionar democráticamente con pacíficas transferencias de poder mediante elecciones.

GRUPO ESPARTACO: grupo constituido en Alemania, en 1916, por Rosa Luxemburg, que intentaba tomar el poder en nombre del proletariado y en contra de la socialdemocracia que gobernaba en ese momento. Rosa Luxemburgo nació en Polonia en 1871; en su juventud debió abandonar su país, perseguida por la policía a causa de sus actividades políticas. La militancia política de Rosa Luxemburgo dentro del comunismo tuvo un sello personal que la enfrentó con los grandes líderes, incluso con Lenin. Su defensa de las libertades individuales y de la necesidad de un programa republicano no fue del agrado del régimen soviético. También sostuvo una posición antibelicista durante la Primera Guerra Mundial.

Aunque no estaban de acuerdo en ese momento con la rebelión, en los primeros días de enero, los obreros berlineses se lanzaron a las calles y ocuparon oficinas y diarios. El gobierno envió entonces al ejército, que inició una dura represión al golpear a cientos de dirigentes y matarlos a balazos; el cuerpo de Rosa fue arrojado a las aguas del canal Lendwern. Sus asesinos recibieron el perdón en nombre de la paz, dentro de un panorama que auguraba la tragedia del nazismo.

GRUPO G-7: ver **Grupo G-8.**

GRUPO G-8: grupo creado en 1975 con el propósito de coordinar la política monetaria mundial. Sus miembros son: Estados Unidos, Francia, Reino Unido, Alemania, Italia, Canadá, Japón y la Federación de Rusia. En 1997 pasó a denominarse G-8 con la incorporación de la Federación de Rusia.

GRUPO ISLÁMICO ARMADO: GIA.◆ Movimiento insurgente radical de Argelia y protagonista de hechos relevantes.

GRUPO MERCADO COMÚN: órgano ejecutivo del Mercosur, compuesto por dieciséis miembros, cuatro titulares y cuatro suplentes por país, designados por sus respectivos gobiernos, entre los cuales deben constar necesariamente representantes de los ministerios de Relaciones Exteriores, ministerios de Economía (o sus equivalentes) y de los Bancos Centrales.

GRUPO POLÍTICO: partido político.◆ Conjunto de personas que responde a determinada ideología o a similares objetivos políticos.

GRUPO SOCIAL: pluralidad de personas en situación estable, uniforme y formal de interacción activa o potencial, que se cristaliza en un sistema de valores interiorizados y, por ende, compartidos, y se traduce en actitudes y comportamientos comunes *(M. Duverger)*. ◆ Conjunto cultural diferenciado, típico. Conjunto de personas que persiguen intereses u objetivos comunes que pueden ser de distinta naturaleza (familiares, educacionales, sociales, etc.). Es la ciudad más pequeña dentro de la cual se produce la acción del hombre de tratar con los demás; cada una actúa a su manera. Existe en cuanto la gente comparte valores que le son comunes y cuando sus papeles sociales se entrelazan estrechamente.

GRUPO TERRORISTA: toda organización estructurada de más de dos personas, establecida durante cierto período y que actúa de manera concertada con el fin de cometer delitos terroristas. La pena máxima establecida para castigar el delito de terrorismo no podrá ser inferior a quince años de cárcel (Unión Europea).

GRUPO URUPABOL: bloque regional integrado por Uruguay, Paraguay y Bolivia; se institucionalizó el 29 de mayo de 1981. Los tres países conformaron una estrategia compartida; su sede se había establecido en Asunción. Esta organización jurídica internacional había fijado como objetivos: 1) intensificar el intercambio cultural, científico y artístico entre sus miembros; 2) coordinar la representación de las partes en el Banco Interamericano de Desarrollo y en otros organismos financieros internacionales; 3) estudiar proyectos y realizar acciones de interés común; 4) tender hacia el mejoramiento de las comunicaciones y telecomunicaciones.

GRUPOS DE PRESIÓN: todos los grupos que actúan sobre la opinión y los poderes públicos sin que sean de ninguna manera partidos políticos.◆ Ministros, asociaciones, sindicatos o sociedades que, para defender los intereses comunes de sus miembros, se esfuerzan por todos los medios a su alcance, directos o indirectos, para influir en la acción gubernamental y la iniciativa, así como para orientar a la opinión pública.◆ Ver **Grupo de presión.**

GRUPOS DE RESISTENCIA ANTIFASCISTA PRIMERO DE OCTUBRE: GRAPO.◆ Organización política española, que desde 1976 ha llevado a cabo numerosos atentados, secuestros, actos de violencia, en especial en Madrid, en Cataluña y en Galicia.

GRUPOS IMPERSONALES: grupos secundarios.

GRUPOS PERSONALES: grupos primarios.

GRUPOS PRIMARIOS: aquellos que actúan de una manera directa y constante, modelando las actitudes y la conducta de sus miembros. Las personas que integran estos grupos conviven íntimamente. Son personas a las que se oye y se ve habitualmente "cara a cara". Ejemplo: familia, amigos, etcétera. Coexisten paralelamente o se coordinan entre sí.

GRUPOS SECUNDARIOS: aparecen superpuestos o jerarquizados sobre los primeros. Tienen vínculos formales de incorporación (el acto formal de inscripción, el fichero de socios que no se conocen entre sí). Por ejemplo, un partido o una organización sindical de carácter nacional.◆ Grupos impersonales.

GRUPÚSCULO: denominación con la que se designa a grupos políticos, generalmente de izquierda, de una fuerza numérica menor.

GUARANÍ: unidad monetaria de Paraguay creada en 1943.◆ Raza de los guaraníes.◆ Lengua oficial de Paraguay.

GUARDIA: conjunto de soldados que defienden un puesto o una persona.

GUARDIA DE HONOR: aquella que se pone a las personas, porque corresponde en función al cargo o dignidad.

GUARDIA NACIONAL: milicia nacional. ◆ Organización militar característica de Centroamérica y del Caribe, que se constituye a través de sugerencias estadounidenses y como frente integrante del sistema de seguridad extraterritorial de los EEUU Ejemplos típicos fueron: la Guardia Nacional Panameña antes de que el General Torrijos la convirtiera en un ejército nacional y la Guardia Nacional Nicaragüense en la época de Somoza.

GUBERNAMENTAL: respetuoso del gobierno o favorecedor del principio de autoridad.

GUBERNISTA: partidario de la política gubernamental.

GUERRA: contienda entre dos o más Estados mediante sus fuerzas armadas, con el objeto de vencer a la otra parte e imponerle aquellas condiciones de paz que estime el vencedor. Es un hecho reconocido y regulado en muchos puntos, pero no establecido por el Derecho Internacional.◆ Es una contienda, o sea, una lucha violenta mediante el uso de la fuerza armada.◆ Continuación de la política por otros medios; entre el órgano encargado de la política y el encargado de la guerra debe existir, antes, durante y después de la misma, el entendimiento más absoluto.◆ Lucha armada entre dos o más naciones o entre bandos de una misma nación.◆ Situación de aquellos que procuran ventilar sus diferencias por la vía de la fuerza *(Gracio)*.◆ Estado en que las naciones sostienen o conquistan sus derechos por la fuerza *(L. Riquelme)*.◆ Contienda entre Estados iguales para sostener por la fuerza el derecho *(R. Taparelli)*.

GUERRA CIVIL: lucha que tienen entre sí los habitantes de un pueblo o una nación.◆ Lucha armada que se produce entre los habitantes del mismo pueblo o país.

GUERRA CIVIL ESPAÑOLA: el 17 de julio de 1936, en Marruecos, estalló una sublevación militar que dio origen a la cruenta guerra civil que duró hasta 1939 y que provocó la muerte de más de un millón de personas. La guerra finalizó con la rendición de Madrid el 28 de marzo de 1939.

GUERRA CIVIL INTERNACIONAL: reconocimiento por un tercer Estado que debe tratar al gobierno constituido y a los rebeldes según el derecho de neutralidad.

GUERRA CIVIL NACIONAL: en caso de reconocimiento por el gobierno constituido, debe tratar a los insurrectos de acuerdo con el derecho de la guerra.

GUERRA DE GUERRILLAS: hostilidades ejecutadas, en territorios ocupados por el enemigo, por cuerpos armados de hombres que no forman parte de un ejército organizado. Por cuanto carecen de la fuerza necesaria para enfrentarse al enemigo en lucha abierta, sus operaciones son en gran parte clandestinas y esporádicas *(L. Oppenheim)*.

GUERRA DE LOS HUÉRFANOS: el medio siglo de conflicto armado en las junglas del este de Myanmar (ex Birmania) todavía se sigue saldando con miles de huérfanos que desde muy corta edad luchan en las filas rebeldes contra el ejército birmano. Los jóvenes soldados huérfanos realizan las mismas tareas mlilitares que los mayores. Emboscadas a los soldados birmanos son hechos cotidianos; las guardias en las montañas realizadas por los "niños soldados", marcados por la violencia, son frecuentes y cruentas en muchas ocasiones. El ejército Karen de Liberación Nacional (EKLN), brazo armado de la Unión Nacional Karen, grupo guerrillero, tuvo una pequeña escisión en enero de 1997; el "ejército de Dios", liderado por dos hermanos gemelos de doce años. Los Karen, una minoría étnica compuesta por más de tres millones de miembros, de origen cristiano, son la tribu más grande de Myanmar, cuya población es en su mayoría budista. Esta tribu no es la única en Myanmar que engruesa sus guerrillas con niños, práctica habitual de otros grupos armados, como Kokang, Mon, Kareni y Wa. Esta última controla el 70 % de los cultivos de opio y de la producción de heroína. Durante los últimos años, algunas de estas guerrillas han establecido treguas con la Junta Militar de Myanmar; pero los Karen,

que en 1994 sufrieron su mayor derrota al perder su cuartel general de Manerplaw, continuaron con los combates. Desde la caída de Manerplaw, base guerrillera que llegó a transformarse en una ciudad, los combatientes del EKLN han cambiado su estrategia y han establecido unos trescientos puestos móviles para realizar sus ataques. El gobierno birmano, según el Fondo de las Naciones Unidas para la Infancia (UNICEF), dispone en el estado Shan, al noroeste del país, de un centro en el que cada año centenares de niños, en su mayoría huérfanos y en algunos casos menores de ocho años, reciben adiestramiento militar antes de ser enrolados en el ejército.

GUERRA DE POSICIONES: aquella que se desarrolla desde frentes móviles o fijos en los que se utilizan trincheras para proteger a los soldados del fuego opuesto.◆ Guerra de trinchera.

GUERRA DE SECESIÓN: contienda que se desarrolló en los EEUU entre 1861 y 1865 en la cual se enfrentaron los Estados del norte, democráticos, industriales y partidarios de la abolición de la esclavitud con los Estados del sur, esclavistas y aristócratas.

GUERRA DE TRINCHERAS: guerra de posiciones.

GUERRA DE VIETNAM: guerra que duró quince años, desde 1960 hasta 1975, entre el norte de Vietnam comunista y el sur pro occidental. Pero el conflicto tiene sus orígenes en 1954 con la salida de Francia de Indochina. Los EEUU intervinieron para evitar el avance comunista regional. En esta guerra, murieron casi tres millones quinientos mil de personas y dos millones quinientos mil sufrieron heridas y lesiones. Murieron cincuenta y ocho mil estadounidenses. Los EE.UU destruyeron el 70 % de las poblaciones vietnamitas norteñas, pero terminaron siendo derrotados; resultó una verdadera frustración para el gobierno de Richard Nixon. El heroísmo nacional de los vietnamitas fue la característica fundamental y determinante durante siglos contra la dominación china; después derrotaron al imperio francés y, por último, hasta ese momento, el invencible ejército estadounidense. La guerra permitió la reunificación definitiva del país. Sin embargo, los contrastes entre norte y sur, en lugar de apagarse, se han intensificado. El norte, cuya capital es Hanoi, es austero, ligado estrechamente a las tradiciones y a la disciplina del Vietminh fundado por Ho Chi Minh, el gran líder nacionalista-comunista. El sur está centrado en Saigón, rebautizada Ho Chi Minh. Aquí impera el individualismo, los mercados y, en la ciudad, una actividad frenética en la que también florecen las diversiones y los placeres.

GUERRA DEL CHACO: conflicto que se produjo entre Bolivia y Paraguay entre 1932 y 1935, cuyo origen inmediato se encuentra en las exploraciones dispuestas por el gobierno de Bolivia en la región de Laguna Grande.

GUERRA DEL FÚTBOL: el 14 de julio de 1969 se produce un enfrentamiento entre Honduras y El Salvador, que dejó un saldo de cuatro mil muertos. Teóricamente, el conflicto comenzó con un partido de fútbol; las razones del sangriento enfrentamiento tenían raíces más profundas. El Salvador, con 21.041 km^2, contaba con más de tres millones de habitantes, mientras que Honduras, de 112.088 km^2,

tenía entonces 2,5 millones. Ambos países basaban su economía en la producción de frutas tropicales, que fue perdiendo importancia a partir de la década de 1950. La alta densidad demográfica de El Salvador, unida a una grave crisis económica, obligó a miles de campesinos salvadoreños a buscar mejor suerte en países vecinos, especialmente en Honduras. La masiva inmigración, muchas veces ilegal, contribuyó a abaratar la mano de obra en Honduras y fue mal recibida por este país. Ambas naciones eran las más estrechamente ligadas por lazos de sangre, históricos y culturales, de todo Centroamérica. Además, eran gobernados por dictaduras militares. A fines de la década de 1960, Honduras decidió erradicar a miles de inmigrantes salvadoreños y su ejército destruyó los miserables ranchos donde habitaban. En junio de ese año, las selecciones de los dos países se enfrentaron para las eliminatorias del Mundial de México 70. Primero ganó Honduras y después, El Salvador, por lo que se realizó un tercer partido en el que triunfaron los salvadoreños. Las agresiones entre los hinchas derivaron en la guerra y los viejos aviones de los dos países se dedicaron al trágico deporte de ametrallar y bombardear las aldeas fronterizas.

GUERRA DEL GOLFO: guerra que se desarrolló del 16 de enero al 27 de febrero de 1991. Irak había invadido Kuwait en agosto de 1990, bajo la excusa de que los kuwaitíes le usufructuaban su propio petróleo. Los EEUU armaron una coalición de veintiún países contra el régimen iraquí, que perdió la guerra. La operación se llamó "Tormenta del Desierto". Al finalizar, se reafirmó el poder de los EEUU como única potencia mundial. ◆ La relación entre sirios e israelíes comenzó a cambiar cuando, en 1990, el gobierno de Hafez Assad envió veinte mil soldados a apoyar la coalición encabezada por los EEUU, que se formó para obligar a Irak a abandonar Kuwait.◆ Ver **Tormenta del Desierto**.

GUERRA DEL PACÍFICO: conflicto generado entre Chile y la entente Bolivia-Perú, por las diferencias boliviano-chilenas con respecto a la explotación del salitre en Antofagasta. La entente perdió diversos territorios.

GUERRA FRÍA: situación en las relaciones internacionales, en la que los bloques liderados por la ex URSS y los EEUU, por una y otra parte, mantenían fricciones y colocaron al mundo en tensión política y maniobraron para fortalecer su bloque en perjuicio del otro. Una de las causas era la propia vocación imperialista de los superpoderes y sus diferenciaciones ideológicas. ◆ También aludida como Tercera Guerra Mundial por algunos tratadistas, fue la más dilatada, casi medio siglo, y también la más difícil de definir en términos convencionales. Se libró literalmente en centenares de confrontaciones en las que se mezclaron guerras interestatales clásicas (Oriente Medio, África y Asia), de liberación nacional (Asia y África), contra regímenes coloniales y revoluciones domésticas (Asia, América Latina y África), con o sin intervención extranjera directa (Asia, África, América Latina), pero teniendo todas la invariable característica de ser escenarios subsidiarios del choque indirecto de los dos grandes bloques de poder del período (el Oeste bajo el liderazgo de los EEUU y el Este detrás de la ex URSS) Es interesante notar que para explicar adecuadamente lo

sucedido en términos de devastación durante el período haya que declarar concluido el siglo XX mucho antes de su último segundo formal, como muchos historiadores lo hacen desde hace tiempo. Hablan del "siglo XIX largo" ubicándolo entre la Revolución Francesa de 1789 y el inicio de la Primera Guerra Mundial en 1914, que puso fin a la era de los viejos Estados imperiales europeos y anunció el fin de sus posesiones coloniales de ultramar. En 1995 –en su obra *La era de los extremos*–, el inglés Eric Hobsbawn complementó este enfoque delimitando el siglo XX breve, que habría corrido entre el comienzo de aquella primera conflagración planetaria y el derrumbe del comunismo en Europa (la caída del Muro de Berlín en 1989) o el fin de la URSS en 1991. En este caso, se trató de saldar la rivalidad de dos sistemas de organización económica y social –capitalismo y comunismo– cuyas existencias dependían inevitablemente de la eliminación del otro. En síntesis, se inicia al fin de la Segunda Guerra y llega a 1991 con la caída de la Unión Soviética. La división del mundo entre un sistema capitalista y otro comunista llevó el enfrentamiento global entre los EEUU y la ex URSS. Ambas potencias nunca llegaron a una guerra directa, pero sus intereses colisionaron en conflictos regionales: Corea, Vietnam, Oriente Medio, etcétera. Vietnam (1960-1975) fue la primera guerra perdida por los EEUU La consecuencia fue la generación de una peligrosa carrera armamentista por la hegemonía mundial. Un punto culminante de esa tensión fueron los misiles atómicos soviéticos instalados en Cuba (1962). Los enormes gastos bélicos, entre otras causas, ayudaron al colapso de la economía soviética. En esta etapa, aparecen dos episodios trascendentes: Corea, entre 1950 y 1953, que produjo dos millones ochocientos noventa mil víctimas, y Vietnam, entre 1960 y 1975, que produjo dos millones trescientos sesenta mil víctimas. ◆ Ver **Guerra de Vietnam.**

GUERRA SANTA: aquella que se realiza por motivos religiosos y, especialmente, la que hacen los musulmanes a los que no lo son. En general, no tiene límites ni reconoce fronteras. Su lema es que a los infieles hay que matarlos donde se los encuentre.

GUERRA SUCIA: expresión utilizada para referirse a aquellos Estados que se creen autorizados a emplear contra personas o grupos terroristas o guerrilla las mismas o similares armas y tácticas, y en muchos casos más aberrantes, para simplificar el apresamiento o la eliminación de los terroristas. En realidad, se aplica la Ley del Talión y, en muchos casos, las acciones las llevan a cabo grupos paramilitares o parapoliciales. Especialmente, se aplicó a la represión que se produjo en la Argentina desde 1976 hasta 1983.

GUERRAS SEPARATISTAS: confrontaciones bélicas entre un Estado soberano y un movimiento de base regional que busca separarse de ese Estado o alcanzar la forma más amplia posible de gobierno autónomo. No se requiere un conflicto étnico o religioso para identificar una guerra separatista. Sólo se necesita un actor, regionalmente preponderante, con voluntad y capacidad de desafío combativo al Estado central, para que se presente un enfrentamiento armado con visos separatistas. Las modalidades de separatismo oscilan entre la secesión, que implica crear

un nuevo Estado, la desunión, que significa incorporarse a otro Estado existente, o el autogobierno, que es la fórmula de mayor autonomía posible bajo un mismo Estado.

GUERRILLA: táctica utilizada a través de la historia para resistir al poderoso o expulsar al intruso.◆ Es una táctica combativa que consiste en el hostigamiento del enemigo por pequeños grupos armados que eligen el momento de la lucha y el campo para la ejecución. ◆ Conjunto de paisanos que hacen la guerra independientemente del ejército regular.

GUETO: barrio o vecindario en el que se ven obligados a convivir individuos de cualquier minoría social o inmigrantes. ◆ Barrio habitado por judíos o reservado para ellos con carácter obligatorio. Generalmente, son consecuencia de sociedades políticas o económicamente desequilibradas u opresivas. ◆ Ver **Ghetto.**

GUETO DE VARSOVIA: con escasas armas (granadas de fabricación casera, unas pocas ametralladoras, rifles y cócteles Molotov) y con casi ninguna ayuda de los Aliados, el sitiado Gueto de Varsovia resistió entre el 19 de abril y el 16 de mayo de 1943, rebelándose los judíos de la ciudad polaca contra los nazis.

GUEVARISMO: corriente política que responde a las ideas de Ernesto "Che" Guevara, basada en la organización guerrillera de masa para derrocar al imperialismo yanqui.◆ Tendencia política de izquierda basada en los principios e ideas que propugna la organización guerrillera de las masas, para derribar al imperialismo, y contrasta la ética revolucionaria a la subordinación de lo político.

"GUILDA": ver **"Guildismo"**.

"GUILDISMO": expresión inglesa de la doctrina del sindicalismo que aboga por la propiedad pública de los medios de producción, pero controlados por los gremios laborales. El término proviene de las guildas, hermandades o cofradías medievales de ayuda mutua y protección de los miembros pertenecientes a las mismas.◆ Tendencia política y económica socialista propia de la Edad Media.

GUILLOTINA: máquina para decapitar reos inventada en Francia. Deriva del francés *guillotine*, formado a partir del nombre del médico José Ignacio Guillotin, que fue quien perfeccionó la máquina que ya existía. En realidad, éste no fue su inventor, sino quien cambió la hoja –que era recta– por una oblicua, que evitaba sufrimientos innecesarios al condenado. La guillotina fue la siniestra *vedette* que cortó miles de cabezas durante el llamado Período del Terror, a continuación de la Revolución Francesa, pero no fue inventada por la Revolución. Máquinas parecidas ya habían sido utilizadas durante la Edad Media, en distintas regiones de Europa, antes de que Guillotin defendiera su uso. En su discurso ante la Asamblea Nacional afirmó que la horca, utilizada habitualmente para los criminales de las clases bajas, provocaba grandes sufrimientos a los familiares del condenado, obligados a ver su cuerpo colgando. Mientras, los nobles eran muertos con la espada, considerada más rápida, indolora y digna. La idea de una muerte igualitaria fue aceptada por la Asamblea, que aprobó la decapi-

tación como medio legal de ejecución para todos los condenados. La famosa máquina fue diseñada en 1792 por el doctor Antoine Louis, secretario de la Academia de Medicina, y construida por un artesano alemán llamado Tobías Schmidt, quien le agregó el detalle de una bolsa de cuero para meter las cabezas decapitadas. Al principio, y por poco tiempo, el instrumento fue llamado Louisette, en homenaje al diseñador, pero el pueblo la bautizó guillotina y ese nombre se impuso. Según una leyenda, Guillotin murió víctima de la guillotina, pero no fue así. Tuvo tiempo para ver como el método que había defendido se convertía en un símbolo de la crueldad y murió, en su propia cama, en 1814. El que pagó realmente con su cabeza fue su diseñador, el doctor Louis, quien murió como otros miles de personas durante el reinado del terror. La guillotina se siguió empleando durante muchos años y en 1939 se realizó la última ejecución pública, presenciada por una multitud, en los jardines de Versalles. El condenado era Eugen Weidmann, juzgado por asesinato, y el verdugo se llamaba Henri Desfourneaux. En adelante, la guillotina se siguió empleando, pero en el interior de las prisiones, y se usó por última vez en 1977.

GUIÓN: bandera o pequeño fendón que se lleva delante en algunas manifestaciones.

GULAG: *Glávnoie Upravlenie Láguerei.* ◆ Dirección General de Campos de Concentración.◆ Campos de trabajo en Siberia a los que eran enviados los disidentes. Este sistema represivo en la URSS alcanzó una expansión sin precedentes durante el período estalinista. Se calcula que cuando José

Stalin pensó en los viejos cuadros
bolcheviques en la década de 1930,
encarceló en dichos campos a doce
millones de personas. El incremento
del autoritarismo resultó directamente
proporcional al número de opositores
enviados a los campos. Sólo durante
el gobierno de Mijail Gorbachov quedó
suspendido este sistema represivo,
que funcionaba en el "Archipiélago de
Gulag."

H

HÁBEAS CORPUS: derecho del ciudadano detenido o preso a comparecer inmediata y públicamente ante un juez o tribunal para que, oyéndolo, resuelva si su arresto fue o no legal y si debe alzarse o mantenerse.◆ Juicio o acción mediante la cual se peticiona a la autoridad judicial que ponga fin a la privación de libertad de otra persona, efectuada ilegalmente por otra autoridad, a cuyo fin exigirá a la misma la presentación corporal del perjudicado y un informe sobre los motivos de la detención.

HABILITACIÓN DE BANDERA: concesión que se otorga por los tratados a buques extranjeros para que hagan el comercio en aguas y puertos nacionales.

HABITANTE: quien habita en un barrio, ciudad, municipio, provincia o nación.

HABLANCHÍN: que habla lo que no debe.

HACENDADO: que tiene hacienda en bienes raíces; comúnmente, se dice sólo del que tiene muchos de estos bienes.

HACIENDA PÚBLICA: corresponde a entidad de derecho público.◆ Bienes y elementos inherentes al patrimonio de la nación, provincias y municipalidades. ◆ Conjunto de los bienes propiedad del Estado y lo vinculado a su administración.◆ Conjunto de haberes, bienes, rentas, impuestos, etcétera, correspondientes al Estado para satisfacer las necesidades de la Nación.◆ Ciencia de los medios por los que el Estado se procura y utiliza los recursos necesarios para la cobertura de los gastos públicos, mediante el reparto entre los individuos de las cargas resultantes *(M. Duverger).*

HAFIZ: guarda, veedor.

HALOQUE: especie de embarcación reducida y utilizada antiguamente.

HAMAS: movimiento islámico fundado en 1987, por el jeque Ahmed Yasin, ejecutor de diversos actos terroristas de carácter suicida y con una posición totalmente contraria a las negociaciones de paz con Israel. Su propuesta era plasmar un Estado palestino con las fronteras de 1967 y Jerusalén.

HAMBRUNA: escasez generalizada de alimentos.◆ Hambre extrema.

HAY QUE PASAR EL INVIERNO: consigna vinculada al ajuste y a la contención del gasto público.

HECATOMBE: enfrentamiento o combate reñido en el cual una de las partes queda diezmada.

HECHO DE ARMAS: hazaña o acción celebrada en la guerra.◆ Acción de guerra.

HECHO POLÍTICO: todo fenómeno social de poder. Es necesario atenerse a la relación específica de subordinación, vinculación de mando y obediencia, para afirmar que nos hallamos ante un hecho de poder.

HEDONISMO: corriente filosófica según la cual la conducta humana debe ser guiada por la búsqueda del máximo placer. Es decir, todo placer es un bien y no hay otro mal que el dolor.

HEGELIANISMO: sistema filosófico de Hegel; es una vasta epopeya del espíritu, una experiencia, como decía Hegel, quien conocía y admiraba la filosofía y la política griegas y veía en el Estado griego el modelo de una sociedad perfecta.

HEGEMONÍA: heguemonía.

HEGUEMONÍA: supremacía ejercida por un Estado sobre otros.◆ Hegemonía.

HELENISMO: influencia de la cultura griega.

HEPTARQUÍA: país que se divide en siete reinos o gobierno integrado por siete personas.

HERÁLDICA: arte o ciencia de la interpretación o descripción de los escudos de armas. Se originó en Oriente y fue introducida en Europa por las Cruzadas en el siglo X.

HEREJE: quien en materia de fe se opone tenazmente a todo lo que cree y propone la Iglesia reconocida y dominante.

HEREJÍA: elección personal de opinión o de una creencia.

HERMANAS MIRABAL: ver **Las Mariposas**.

HEROÍSMO: esfuerzo eminente de la voluntad hecho con abnegación, que lleva al hombre a realizar actos extraordinarios en servicio de Dios, del prójimo o de la patria.

HETAIROS: camaradas del rey, que formaban parte de la caballería.

HETERODOXIA: disconformidad básica con cualquier secta, sistema o partido. Discrepancia con los principios básicos que rigen cualquier religión, doctrina filosófica, arte o sistema político. También involucra a aquellos que se han apartado de las ideas recibidas en un medio específico. Quien se aparta de las reglas fundamentales.

HETERODOXO: contrario a una doctrina religiosa.

HEURÍSTICA: método de investigación o búsqueda de documentos o fuentes históricas.

HEZBOLLAH: grupo guerrillero pro-iraní. Es una asociación creada en 1982, cuyo objetivo principal era la implantación de un Estado Islámico al estilo iraní en el Líbano y la destrucción del Estado de Israel. Recibe apoyo militar y financiero de Irán y, en menor medida, de Siria.

HIEROCRACIA: gobierno de los sacerdotes, eclesiásticos, curia de una iglesia, cualquiera de ellas.

HIMNO: canto popular o nacional.

HIMNO NACIONAL: como las banderas, es un símbolo patriótico y todos los países lo ejecutan y lo entonan en momentos solemnes, relacionados con sus respectivas historias y costumbres: fechas patrias y distintas ceremonias oficiales.

HINDUISMO: acepción que se refiere a las instituciones, pasadas y presentes, así como las creencias religiosas de la mayoría del pueblo hindú.◆ Instituciones religiosas de la India desde los inicios del cristianismo. Existen cuatro aspectos: raza, religión, país y organización social, que no deben separarse, ya que cada uno de ellos es un integral de los otros.

"HINTERLAND": palabra utilizada para mencionar una zona de influencia de una colonia, el territorio que depende económica, política y geográficamente de una zona costera.◆ Territorio que económica o políticamente aparece subordinado a una zona costera. La decisión y el reparto de los territorios africanos sobre la base de los establecimientos costeros de las potencias de acuerdo con la llamada "Teoría del Hinterland".

HIPERINFLACIÓN: proceso por el cual los precios de los bienes y servicios suben vertiginosamente a causa de la emisión de dinero sin el correlativo respaldo en reservas, lo que genera una caída en el poder adquisitivo del dinero. A diferencia de la inflación, este proceso registra tasas elevadas de aumento en el nivel de los precios de bienes y servicios que oferta la economía. Se considera que una economía pasa de un proceso inflacionario a uno hiperinflacionario cuando la variación de precios ocurre en una unidad de tiempo cercana al día o a la semana.◆ Situación monetaria en la cual el aumento de los precios y, particularmente, la velocidad de circulación del dinero, llega a tales extremos que la unidad monetaria termina por cesar sus funciones de depósito y medida de valor *(V. Vázquez Fresedo).*

HIROSHIMA: Thomas Wilson Farebee, llamado "el Bombardero Bueno", lanzó el 6 de agosto de 1945 la bomba atómica que provocó cien mil muertos en Hiroshima. El 9 de agosto, una segunda bomba atómica fue lanzada en Nagasaki y, el 14 de agosto, Japón se rindió. El comandante del avión B-19, Paul Tibbets, bautizó esta nave con el nombre de "Enola Gay".

HISPANIDAD: denominación genérica de todos los pueblos de lengua y cultura hispánicas.

HISPANISMO: análisis, investigaciones y estudios que se realizan sobre aspectos vinculados con lo cultural y lo social de España.

HISPANOAMÉRICA: palabra utilizada en España para designar a los países americanos que forman parte de su imperio colonial. Para muchos, debería utilizarse el término Latinoamérica. ◆ Conjunto de países americanos de lengua española.

HISPANOAMERICANISMO: doctrina que tiende a la unión espiritual de los pueblos hispanoamericanos.

HISTORIA: sucesión de hechos de la vida colectiva humana en distintas sociedades a través del tiempo, las transformaciones que se producen en ellas y el verdadero conocimiento de estos hechos y transformaciones.

HISTORIA POLÍTICA: se ocupa sobre todo de las formas de gobierno de las sociedades. Establece los hechos relativos a la vida pública.

HISTORIA UNIVERSAL: proceso mediante el cual se da la educación del hombre de lo desenfrenado de la voluntad natural a lo universal y a la libertad subjetiva *(G. Hegel).*

HISTORIOGRAFÍA: arte de escribir la historia.

HITLER DE LA CARINTIA: Carintia, región del sur de Austria, vecina a los Alpes y con fronteras con Italia y Eslovenia. Sus quinientos mil habitantes tienen una mentalidad conservadora y el jefe populista Joerg Haider, de extrema derecha austríaca, es gobernador. El acceso al poder de los neonazis, liderado por Haider, en Austria, encendió un alerta real en Europa. El tema de la inmigración es fundamental por cuanto es la bandera de la extrema derecha europea, que culpa a los extranjeros de quitar los puestos de trabajo a los nativos del país.

"HOLDING": empresa cuyo activo principal es la propiedad de las acciones de otras sociedades, sobre las cuales ejerce su dirección y efectúa las operaciones financieras. Con el control accionario, este monopolio de carácter financiero puede regir a todas ellas y lograr una acentuada presión sobre el mercado.◆ Su actividad fundamental es el control sobre otros. Es el prototipo de los grupos de sociedades. La sociedad madre es financiera y su objeto es controlar las filiales. El accionista del *holding* tiene, indirectamente, acciones de las sociedades del grupo. Para que se dé el *holding*, es necesario que la sociedad participe mayoritariamente en las filiales. Como sociedad financiera tiene, teóricamente, el objeto social de gestionar una cartera de valores industriales o comerciales; por ello se dice que el *holding* es, en realidad, un depósito de fondos dedicado a controlar otras empresas *(R. Durán).*◆ Empresa con participación permanente en otras compañías con el propósito de control o financiamiento.

HOLOCAUSTO: sacrificio completo.◆ De acuerdo con los judíos, sacrificio en que se quemaba totalmente a la víctima.

HOMBRE DE ESTADO: el de aptitud reconocida para dirigir acertadamente los negocios políticos de una nación.◆ Político, estadista.

HOMBRE DE GUERRA: el que sigue la carrera de las armas.

HOMBRE ECONÓMICO: los individuos se desempeñan en el mercado de modo que siempre buscan alcanzar sus propios intereses. Las acciones y las elecciones individuales están guiadas por la maximización de beneficios.

HOMBRE MASA: hombre indeferenciado, sin personalidad propia ni grupal, que actúa principalmente por reflejo y que reacciona exactamente del mismo modo que todos los que se le parecen, los demás "hombres-masa" como él. No debe confundirse con el hombre común (M. J. López).

HOMBRE POLÍTICO: aquel que se caracteriza por su propensión a relacionarse con el poder.

HOMILÍA: razonamiento con el que se explican al pueblo los asuntos religiosos.

"HOMO OECONOMICUS": hombre en cuanto sujeto de la actualidad económica. Consiste en suponer y admitir que el hombre actúa movido exclusivamente por motivos económicos.◆ Modelo o recurso analítico que simplifica el patrón de conducta del individuo y lo transforma, especialmente, en un maximizador de satisfacciones.◆ Hombre económico.◆ Expresión latina con la que se intenta definir al hombre como sujeto de la actividad económica. De acuerdo con lo formulado por los clásicos, las características básicas son: 1) actúa siempre guiado por el interés personal; 2) no influyen en su comportamiento particularidades estructurales; 3) su conducta es en cada instante absolutamente racional y se deja influir por la intuición; 4) participa en un mercado de competencia perfecta, con las complicaciones subsiguientes *(C. G. Valente)*.◆ Entidad ficticia por la que los economistas liberales designaban al hombre como sujeto de la ciencia económica; es decir, como un ser que busca naturalmente el máximo de satisfacciones con el mínimo de esfuerzos y no tiene más principio de acción que el interés.

"HOMO POLITICUS": hombre político.

HONG KONG: colonia británica desde 1842; se desarrolló hasta ser uno de los centros comerciales y financieros más importantes del Asia. En 1984, Gran Bretaña acordó transferir la soberanía de la colonia a China en 1997 bajo las garantías de que las libertades sociales y la economía capitalista serían preservados por lo menos cincuenta años. Bajo el concepto de "un país, dos sistemas", Hong Kong es una región administrativa especial de China con sus propias leyes, moneda, sistema impositivo y condición de puerto libre.

HOPLISMÁTICA: ciencia que se ocupa de las armas, las fortificaciones y las actividades militares.

HORDA: grupo de escasa organización social que actúa en forma espontánea e indisciplinada y, en muchos casos, violentamente.

HOSTILIDAD: agresión armada contra algún ejército, país, etcétera que constituye de hecho el estado de guerra.

HUELGA: paro de la actividad laboral dispuesta por los obreros u organizaciones sindicales, en virtud de la obtención de mejoras salariales o de condiciones de trabajo, o por motivos políticos. Es un derecho que está consagrado en las Constituciones de casi todos los países del mundo.◆ Medida realizada por los trabajadores en defensa de sus intereses; consiste en la suspensión de la prestación de servicios llevada a cabo en forma colectiva y concertada, sin concurrencia al lugar de trabajo.◆ El 2 de septiembre de 1878, se declara en la Argentina la primera huelga de su historia. Fue realizada por los obreros de la industria gráfica, que buscaban una reducción de los horarios de trabajo en los talleres y un aumento del jornal. En 1857, los tipógrafos se habían agrupado en la Sociedad Tipográfica Bonaerense, una organización de tipo mutual más que sindical. En 1877, sus afiliados crearon la Unión Tipográfica con la intención de defender sus derechos laborales, y éste fue uno de los primeros gremios surgidos en el país. La huelga fue declarada por la Unión Tipográfica y se prolongó durante un mes. Finalmente, los obreros lograron que se reemplazaran a los niños en los talleres por obreros adultos y que se estableciera una jornada de trabajo de diez horas en invierno y de doce en verano. Pero los patrones introdujeron el trabajo a destajo, es decir, el pago por aporte a la producción, burlando el acuerdo.

HUELGA DE BRAZOS CAÍDOS: aquella que se realiza en el lugar o puesto laboral.

HUELGA DE HAMBRE: aquella que se realiza como protesta por alguna situación o motivo y que consiste en autoimponerse una abstinencia total de alimentos.

HUELGA GENERAL: aquella que abarca la totalidad de las actividades de un país.

HUELGA REVOLUCIONARIA: aquella que, aparentemente, tiene motivaciones o reinvindicaciones laborales o económicas pero que, en realidad, tiene una finalidad política; generalmente, procede de una huelga general.

HUELGUISTA: persona que adhiere o toma parte en la huelga.

HUESTE: conjunto de partidarios de una causa o persona.◆ Grupo armado pequeño.

HUMANISMO: doctrina de los humanistas del Renacimiento.◆ Doctrina que coloca al hombre en el centro de su atención.

I

IBERISMO: corriente política que propugna la unión de Portugal y España.

IBEROAMÉRICA: conjunto de países que tienen lenguas de la Península Ibérica, o sea, el español y el portugués. ◆ Conjunto de países americanos que pertenecieron a España y a Portugal y que comprende México y América Central, las Antillas y el continente sudamericano. En un sentido lato, es similar al término Latinoamérica, pero en rigor se excluyen los países que no tienen el español o el portugués por idioma oficial.

IDEALISMO: generalmente, se lo utiliza en una acepción moral. Actitud del ser humano que tiene ideales y que está dispuesto a servirles con sacrificio de sus intereses. Es decir, representa lo opuesto al materialismo. Pero desde el punto de vista filosófico, se lo utiliza para mencionar las doctrinas filosóficas, particularmente la de Platón, según la cual lo que él llama ideas constituye la realidad eterna perfecta y arquetípica, de la cual los objetos que conocemos son cosas más o menos desmedradas.

IDEALISTA: quien sostiene que la única realidad son las ideas y llega incluso a negar la existencia material de las cosas en sí. Actúa sin cálculos utilitarios, con desprendimiento personal.

IDENTIDAD CULTURAL: conjunto de rasgos propios determinados por la categoría social, que hace referencia a una pluralidad de personas que, sin ser un grupo por carecer de sus características esenciales, tienen una entidad específica y un sentido propio en la sociedad. Existe cierta asimilación inconsciente de rasgos determinados; algunos hablan de identificación con un rol social, con un grupo social.

IDEOLOGÍA: conjunto de principios prácticos para la acción, que se deducen, con mayor o menor congruencia, de una determinada clase de valores y de una estructura dada de los mismos. ◆ En forma esquemática, conjunto de ideas predominantes en cada época. Pero también es la acción inducida por ambos factores sobre el entramado social y los demás subsistemas del marco societal: Estado, estructura estamentaria, instituciones, economía, etcétera *(N. Saleño)*.◆ Sistema cerrado de pensamiento y creencias que explican la actitud del Hombre frente a la vida y su existencia en la sociedad, y que propugna una determinada forma de conducta y de acción que corresponde a dichos pensamientos y creencias, y que contribuye a su realización *(K. Loe-wenstein)*. ◆ Rama de las ciencias filosóficas, que trata del origen y la clasificación de las ideas. Constituye una forma de manifestar, por medio de las ideas, la constitución de una sociedad.◆ Ciencia de las ideas consideradas como representaciones *(Destutt De Tracy)*.◆ Conjunto de representaciones no objetivas que cohesionan las distintas sociedades; abarca las ideas políticas, éticas, jurídicas, etcétera, hasta las costumbres y los valores *(F. Gutiérrez Contreras)*. ◆ Conjunto de ideas fundamentales que caracteriza una manera de pensar. ◆ Serie relativamente coherente de creencias, ideas, conceptos, imágenes, símbolos, signos, representaciones, etcétera, por medio de los cuales los hombres representan, de manera imaginaria, sus condiciones sociales de existencia.

IDEOLOGÍA POLÍTICA: conjunto de ideas, convicciones, prejuicios e, incluso, sentimientos, sobre el modo de organización, ejercicio y objetivos del poder político en la sociedad.◆ Son complejas estructuras de pensamiento, ideas, representaciones y creencias, con valores enraizados en ellas, con altas dosis de ingredientes irracionales, sustentadas por grupos sociales determinados a cuyos fines se encuentran vinculadas, que obran como factores —o fuerzas políticas— y que constituyen tomas de conciencia de la realidad, ni totalmente falsas ni totalmente verdaderas, pero que se ofrecen, subjetivamente, a las ideologías y a los partidarios como generales, objetivas, totales y autónomamente verdaderas, y objetivamente, a los sociólogos del conocimiento y a los politólogos, como parciales, perspectivistas y relacionales *(M. J. López)*.◆ Conjunto de ideas, convicciones e, incluso, sentimientos que se refieren a la organización y el ejercicio del poder político en una estructura social históricamente determinada *(P. L. Verdú)*.

IDEOLOGÍAS POLÍTICAS: conjunto de valores y creencias, organizados en forma más o menos sistemática, y que cumple el papel de legitimación del poder político *(A. Echeverry Uruburu)*.

IDEÓLOGO: que profesa la ideología.◆ Persona que piensa en utopía.◆ Grupo de pensadores franceses que tuvo importancia en la época de Napoleón. Se destacó Condillac.

IDOLOLOGÍA: ciencia que trata de los ídolos o las falsas divinidades.

IDOLOPEYA: figura que consiste en poner un dicho o un discurso en boca de un muerto.

IGLESIA: en griego, es sinónimo de convocar. En la época clásica, significó asamblea popular, civil o militar, para deliberar sobre negocios del Estado.◆ Similar a la *comitia* de los latinos, quienes también usaron la palabra *ecclesia*. ◆ Toda clase de asambleas o reuniones populares.◆ Reunión religiosa; por extensión, se fue aplicando al local donde tenía lugar esta asamblea; este significado respondía a una concepción de los israelitas.◆ La palabra *ecclesia* designó las diferentes comunidades o asambleas locales de cada ciudad y, posteriormente, perdió este sentido local para recibir el de todo el cuerpo entero, por iglesia. Por extensión, se fue aplicando este nombre al local, a partir del siglo III. La palabra basílica es del siglo IV y designaba a los edificios civiles, llamados así por su estructura arquitectónica, aceptada por los fieles.◆ Conjunto del clero y del pueblo en los países en que el catolicismo tiene fieles.

IGUALDAD: principio que comienza por describir a las personas como seres equivalentes y sigue por otorgarles las mismas oportunidades. Pero esa igualdad formal nunca se ha compatibilizado con la igualdad material.

IGUALDAD ANTE LA LEY: principio que reconoce, a todos los ciudadanos, capacidad para los mismos derechos.

IGUALITARISMO: corriente filosófica que afirma que lo más deseable para la sociedad es lograr una igualdad plena entre sus componentes desde distintos puntos de vista: político, social, económico, de raza, etcétera. Se basa en una justicia retributiva.◆ Tendencia política que sostiene la extinción o la atenuación de las diferencias sociales.

ILOTA: esclavo político en la antigua Esparta; cultivaba las tierras de los espartanos y por ello el dueño pagaba una renta fija. En la guerra llevaba las armas, recogía a los muertos y a los heridos, y hacía de remero en la flota.

ILUSIÓN MONETARIA: valorización psicológica que hace un individuo del valor de su dinero atendiendo al valor monetario de sus ingresos o tenencia y no a su real valor.

ILUSTRACIÓN: núcleo del pensamiento social y político del siglo XVIII. La razón, la confianza en el progreso y la ciencia, y la defensa de una actitud filantrópica son las bases de esta corriente ideológica. El siglo XVIII, por ello, es conocido como "Siglo de las luces" *(F. Gutiérrez Contreras)*.

IMPACTO POLÍTICO: efecto intenso que se produce por una decisión o un acto político que influye con notable fuerza y repercusión en la actividad política y social y en la opinión pública de una región, una zona o un país.

"IMPEACHMENT": acusación constitucional que consiste en la facultad que tiene el Congreso de los EEUU de juzgar al Presidente, al Vicepresidente y a todos los funcionarios civiles del país por los delitos de traición, cohecho y otras graves faltas, irregularidades y/o delitos.◆ Cláusula que la constitución de los EEUU contempla desde los inicios de la Nación. Es una combinación de denuncia y repulsa. El 27 de julio de 1974, el Congreso estadounidense instrumenta un *impeachment* contra Richard Nixon, acusado de "obstaculizar la justicia, falso testimonio y abuso de poder". El 9 de agosto del mismo año, acorralado, Nixon anuncia su dimisión sabiendo que sería destituido del cargo. Un desarrollo que cobró calor desde marzo de 1973, cuando comienzan a aparecer los delitos por motivos políticos y que se reunieron bajo el famoso nombre de Watergate. Ya en abril, los cuatro colaboradores más cercanos dimitían. En octubre, tratando de calmar a los leones, Nixon obliga a dimitir a su vicepresidente –Spiro Agnew– para sustituirlo por Gerald Ford. Desesperado por frenar el proceso, hace cesar en sus funciones al fiscal del caso, pero presionado por todos los flancos debe nombrar a otro, que sigue adelante con el proceso. Así, cobra –el *impeachment*– su primera víctima, que arrastraba las cadenas desde su reelección –7 de noviembre de 1972–, cuando Nixon y los republicanos barrían en cuarenta y nueve de los cincuenta Estados de la Unión (histórico triunfo). Un grupo de ladrones, detenidos por la policía en el edificio Watergate, que es la sede de los demócratas, estaba vinculado con colaboradores del reelecto presidente. Esto fue el 17 de junio de 1972. Los reporteros Bob Woodward y Carl Bernstein, del *Washington Post*, dan la estocada final.

"IMPERATOR": en tiempos de la República Romana, era un título honorífico que los soldados daban por aclamación, y sobre el mismo campo de batalla, al general que había obtenido una gran victoria. Éste conservaba el título hasta el momento en que el Senado le otorgaba o le negaba los honores del tiempo. Julio César adoptó el título de *imperator* cuando el Senado se lo asignó por decreto, como signo de autoridad, más que en recuerdo de sus victorias.

IMPERIALISMO: consiste en el dominio centralizador.◆ Extensión del poder político de un Estado sobre otro. Más específicamente, consiste en el dominio y la influencia que los países capitalistas más desarrollados ejercen sobre los menos desarrollados, a partir de una relación de explotación económica *(C. Ávalo)*.◆ Concepto introducido por K. Marx y posteriormente difundido por los neomarxistas. Es un sistema que consiste en ampliar la acción y la influencia de un Estado mediante su poder. A los fines de colocar sus productos, obtener materias primas o mano de obra u otras riquezas, algunos Estados extienden su dominio a otras tierras distintas de las de su propio territorio. La teoría imperialista ha sido expuesta, entre otros, por Hilfeding y por Rosa Luxemburg. Para ellos, constituye la política económica del capitalismo, que mediante su expansión prorroga el derrumbe sostenido por K. Marx.◆ Régimen y doctrina de los imperialistas.

IMPERIALISMO IDEOLÓGICO: propaganda sistematizada del imperialismo previa a la penetración económica y luego, en simultáneo con ésta, para ablandar las resistencias en procura de una eventual penetración política.

IMPERIO: dignidad de emperador.◆ Estados sobre los cuales se tiene poder y por eso se manda.◆ Poder supremo que se otorgaba en Roma, hasta el derecho de vida y muerte sobre los soldados. Los cónsules y los precónsules lo obtenían por el hecho de su designación.◆ Estado que encierra múltiples nacionalidades y que está gobernado por un soberano que lleva el título de emperador.◆ Régimen político que unifica en un solo todo, político y económico, el conjunto constituido por la metrópoli y sus colonias, y se esfuerza por dar un alma común a este complejo organismo.◆ Organización política de Estados y tierras en la cual uno domina al resto.

"IMPERIUM": término latino que en la antigua Roma significaba poder, tanto militar como administrativo, que correspondía a ciertos magistrados superiores, promagistrados y, en ocasiones, a personas particulares.

IMPOLÍTICO: carente de política.◆ No consiste en un valor situado fuera de la política e indiferente a él sino en el trascender interior a lo político como categoría afirmativa.

IMPOPULAR: que no es agradable a la mayoría.

IMPOPULARIDAD: mal concepto en el público.

IMPORTACIÓN: operación de compra de bienes que efectúa alguien ubicado en un país a otra persona situada en el extranjero. Esta operación comprende trámites tanto de transporte como de introducción al país de destino. ◆ Introducción de productos de otra nación al mercado nacional.

"IN STATU QUO": expresión latina que significa que las cosas están o deben mantenerse sin cambio.◆ En el estado en que se encuentra o en que debe estar.

INCA: grupo étnico peruano que constituyó un gran imperio antes de la conquista española.

INCORRUPTO: quien no está corrompido.

INDEPENDENCIA: autonomía, en especial la de un Estado que no es tributario ni depende de otro.◆ Soberanía de un Estado en el nivel nacional y en el internacional. Es necesario destacar que, si bien la independencia absoluta no existe y que nos desarrollamos en un mundo interdependiente, no es menos cierto que sí existe la autodeterminación o un autogobierno que, en cada caso particular, tiene sus características propias.

INDEPENDIENTE: quien sostiene sus opiniones sin doblegarse ni acepta sobornos.

INDEXACIÓN: ajuste automático de los pagos monetarios con el objeto de evitar los efectos de la inflación.

INDIADA: conjunto de indios.◆ Grupos de individuos caracterizados por su inconducta.

INDICADOR SINTÉTICO DE FECUNDIDAD: promedio de hijos por mujer. En España, por ejemplo, ha retrocedido de 2,4 hasta 1,4 en la actualidad. Esto lleva a prever un rápido envejecimiento demográfico en las próximas décadas.

ÍNDICE BRUTO DE MORTALIDAD: número de muertes por año en una población por una cantidad estándar de la población total.

ÍNDICE BRUTO DE NATALIDAD: número anual de recién nacidos por una cantidad de la población total.

ÍNDICE DE DESARROLLO DEMOCRÁTICO DE AMÉRICA LATINA: índice que califica las condiciones básicas de democracia, el respeto de los derechos políticos y de las libertades civiles, la calidad institucional, la eficacia política y el poder efectivo para gobernar.

ÍNDICE DE MORTALIDAD INFANTIL: medida de la mortalidad durante el primer año de vida; se calcula relacionándolo con el número de niños nacidos vivos durante ese mismo año y no con el promedio de niños de esa edad de la población.

ÍNDICE DE RIESGO PAÍS: índice para mercados emergentes elaborado en

Nueva York por el Banco J. P. Morgan; indica el plus que deben pagar los bonos de un país (emergente) sobre lo que pagan los similares de los EEUU, considerados sin riesgos. Por ejemplo, 2000 puntos implica 20 % de sobretasa. Para este banco, es una marca objetiva que surge de la cotización del mercado sobre los bonos de cada país.

INDIGENISMO: movimiento político social americano en favor de la rehabilitación cultural y étnica del elemento indígena.◆ Movimiento cultural que nunca estuvo liderado por los propios indios y que fracasó porque fue absorbido por los partidos políticos.◆ Movimiento indigenista de carácter marcadamente político-social que tiene sus centros más importantes en México y en Perú. Trabaja en favor de la elevación material y mental del indígena respetando las características integrantes de su personalidad. Aspira a concluir con su inferioridad y su aislamiento social actual y a unirlo a las corrientes de la vida moderna. Es un tema que afecta fundamentalmente los pueblos ubicados en la zona oeste de América del Sur, Guatemala, algunos países centroamericanos y México.

INDIVIDUALISMO: doctrina que sostiene que la sociedad está formada por individualidades libres y que el Estado existe para el individuo y no a la inversa; propicia el desarrollo de las facultades personales de iniciativa y las libertades que garanticen el ejercicio libre de los derechos individuales. ◆ Corriente o sistema según el cual prima el individuo sobre los intereses colectivos.

INDOCUMENTADO: quien no posee la documentación legalmente exigida para ingresar o permanecer en un país.

INDOEUROPEO: cada una de las razas, lenguas y culturas de origen común que se extendieron desde la India hasta Europa occidental.

INDULTO: gracia por la cual el superior remite, en todo o en parte, una pena o la conmuta, o exceptúa o exime a uno de la ley o de cualquier otra obligación. ◆ Perdón total de una pena. No se perdona el delito cometido, sino el cumplimiento de la pena total o parcialmente.

INDUSTRIA: sector de la actividad económica compuesto por empresas cuya producción reviste características similares, sea en el producto que fabrican, en los materiales que utilizan o en los procesos productivos que desarrollan. ◆ Conjunto de operaciones materiales ejecutadas para la obtención, la transformación o el transporte de uno o varios productos tangibles. ◆ Instalación destinada a estas operaciones. ◆ Conjunto de empresas que fabrican bienes similares o idénticos.

INDUSTRIA BASE: aquella que obtiene los bienes que, situados en los primeros escalones del proceso, sirven de materias primas para sucesivas actividades transformadoras (minería, energía, cemento).

INDUSTRIA CLAVE: aquella que, de acuerdo con su trascendencia, influye significativamente en la economía de un país.◆ Aquella que en posición de convergencia absorbe distintos productos, los cuales son aplicados a su proceso de transformación (automotriz, construcción, petroquímica).

INDUSTRIA LIVIANA: aquella que parte de una producción y realiza el acabado o el montaje para la obtención de productos destinados al consumo (confección, calzado, aparatos de uso doméstico).

INDUSTRIA PESADA: aquella que trata grandes cantidades de productos para la fabricación de otros productos masivos semi-elaborados (siderurgia). ◆ La que se dedica a la construcción de maquinarias y armamento pesado.

INDUSTRIA SUSTITUTIVA DE IMPORTACIONES: cualquier industria establecida en países en vías de desarrollo con la finalidad de producir bienes que con anterioridad se importaban; generalmente, se la puede ubicar dentro de la industria liviana y posee protección mediante la aplicación de aranceles a productos similares de la competencia extranjera.

INDUSTRIALISMO: corriente o tendencia que propugna el predominio de los intereses industriales.◆ Predominio de los intereses de una industria.

INDUSTRIALIZACIÓN: proceso económico tendiente a la creación e instalación de industrias.◆ Acción y efecto que permite hacer que una cosa sea objeto de elaboración o industria.◆ Acción de industrializar. Industria, expresión latina que significa: maña, destreza, artificio, habilidad, o bien: conjunto de operaciones necesarias para obtener y transformar los productos naturales o las materias primarias.

INFILTRACIÓN: acción y efecto de penetrar en una organización, partido o movimiento para efectuar actos de sabotaje, espionaje, etcétera.

INFLACIÓN: crecimiento generalizado y continuo de los precios de los bienes y servicios de una economía.◆ Incremento en el nivel general de precios.◆ Elevación del nivel general de los precios, motivada habitualmente por el desajuste entre la demanda y la oferta, con depreciación monetaria. Existe un excedente de moneda circulante con relación a su cobertura. El problema principal de la inflación radica en la constancia de su existencia. Teóricamente, al producirse el desequilibrio expuesto entre la oferta de dinero y la de bienes y servicios, con el aumento de los precios en los bienes y servicios, el equilibrio debiera restituirse. Pero tal posibilidad puede verse impedida en virtud de determinadas políticas gubernamentales o de conductas sociales, tales como: a) emisión de moneda para compensar un déficit presupuestario e inversiones públicas efectuadas sin la correspondiente contrapartida de ahorro previo; b) presiones sociales y sindicales para lograr aumentos reales de sueldos, pero que se transforman en nominales; c) expansión del crédito bancario, generando un incremento en los medios de pago; d) emisión para compensar un superávit en la balanza de pagos y comercial, aumentando la oferta de dinero; como consecuencia de las exportaciones, se produce simultáneamente una disminución de la oferta de bienes en el mercado; e) en situaciones cercanas al pleno empleo o a un nivel alto de empleo de los factores, el exceso de demanda actuará inevitablemente sobre los precios, elevándolos. ◆ Hay una teoría que expone que si la economía posee capacidad y recursos ociosos, una expansión de la oferta de medios de pago o de dinero posibilitará un incremento en el nivel de actividad económica empleando los factores no utilizados. Pero en niveles altos o cercanos al pleno empleo de los factores, el exceso de demanda ha de implicar una elevación de los precios.

Un desequilibrio circunstancial entre la oferta de dinero y la de bienes, en caso de no corregirse y mantener el equilibrio, puede convertirse en un proceso inflacionario acumulativo, por cuanto las personas, como consumidores, al percatarse de tal situación, aprenderán a anticiparse a los aumentos continuos de precios desprendiéndose del dinero y adquiriendo bienes; los trabajadores solicitarán aumentos constantes de sueldos y los empresarios habrán de trasladar a los costos los incrementos, sean salariales o de precios, construyendo una especie de espiral inflacionaria que se alimenta a sí misma. Por medio de este mecanismo, una inflación moderada que perdure en el tiempo puede convertirse en una creciente, hasta llegar a la hiperinflación. ◆ Período de aumento general de los precios de los bienes de consumo y de los factores productivos. Los precios no varían todos en la misma dirección o en proporciones exactas, ni en la inflación, ni en la deflación. Como resultado de las variaciones en los precios relativos y en los gastos totales, los dos procesos, de inflación y de deflación, producen cambios definidos y característicos tanto en la producción total como en la distribución de la renta entre las clases sociales *(P. Samuelson).*◆ Proceso de alzas de precios y salarios monetarios a pesar de la ausencia de cualquier perturbación imprevista que pueda causar un desequilibrio. Por supuesto, cualquier perturbación, tanto un aumento imprevisto de la oferta monetaria como una caída imprevista de la demanda de dinero, produce un crecimiento instantáneo de los precios y salarios *(E. Phelps).*

INFLACIÓN DE COSTOS: explica el aumento de los precios a partir del incremento de los salarios y demás componentes de los costos de producción.

INFLACIÓN ESTRUCTURAL: se basa en los desequilibrios del sistema productivo y social, ya que los factores monetarios sólo tienen importancia relativa como elemento propagador.

INFORME "ARMOUR": una entidad privada estadounidense vinculada a la industria de la carne, la *Armour Research Foundation* de Chicago, designó en 1944 una misión integrada por un economista, un ingeniero químico y un químico. Dicho equipo recorrió diversas zonas de la Argentina durante un año cumpliendo una tarea encomendada por la Corporación para la Promoción del Intercambio S.A. Esta Corporación estaba formada mayoritariamente por empresas norteamericanas que operaban en la Argentina. Las conclusiones del equipo fueron publicadas parcialmente y entre ellas tiene fundamental relevancia el informe del economista Hopkins (integrante del equipo). Éste señalaba como industrias viables en nuestro país las que transformaban los productos agrícolas, tal el caso de los frigoríficos, los molinos harineros, las fábricas de fideos, las bodegas, etcétera. Desestimaba, en cambio, industrias como la del acero o la del hierro, por considerar que nuestro país perdería más de lo que ganaría esforzándose en tenerlas. El informe Armour hacía un amplio relevamiento de los recursos naturales y de las materias primas argentinas, así como de la distribución de las actividades manufactureras por tipos y zonas; analizaba el sistema de transporte y la estructura de los precios, formulando también un prolijo detalle de la distribución de la propiedad agrícola e industrial. La industria argentina, destacaba Hopkins, se ha desarrollado rápidamente en los últimos años. "Si este crecimiento continuara por una década más, el país llegaría a ocupar un lugar importante entre las naciones industriales. Desgraciadamente –matizaba el economista norteamericano– algunas de estas industrias habrían de desaparecer cuando el mundo de posguerra se normalizara". Sin embargo, a su juicio, muchas de ellas "se asientan sobre bases sólidas y con un estímulo adecuado podrían llegar a ser valiosas y permanentes".

INFORME WARREN: informe que identificó a Lee Harvey Oswald como único autor del asesinato del presidente John F. Kennedy. El informe no dejó conforme a nadie y contribuyó a crear nuevos enigmas más que a aclarar la tragedia. Poco después del crimen, cometido el 22 de noviembre de 1963, se formó una comisión investigadora, llamada Comisión Warren porque su presidente era el juez Earl Warren, de la Suprema Corte de los Estados Unidos. El informe producido por la comisión presentaba graves contradicciones y había dejado de lado las declaraciones de muchos testigos. En sus conclusiones, se afirmaba que Oswald había actuado solo y que no existía conspiración de ninguna naturaleza. Se decía que había disparado desde una ventana ubicada en el sexto piso de la Escuela de Texas. Sin embargo, los estudios realizados sobre la dirección de la bala que hirió al presidente en la cabeza y le produjo la muerte concluyeron que había una imposibilidad geométrica en la trayectoria y que debía haber otro tirador instalado en un lugar diferente. Tampoco coincidía el período necesario para efectuar los tres disparos ocurridos, con el tiempo que le hubiera

llevado a Oswald accionar su viejo rifle. Por otra parte, un cuerpo golpeado por un proyectil se mueve en la misma dirección que el proyectil. Si, como se afirmó, la bala hubiera partido de atrás del presidente, éste tendría que haber caído hacia adelante.

INFRAESTRUCTURA: bases físicas sobre las que se asienta la economía de un país. Es decir, su clima, su extensión territorial, sus accidentes y contornos geográficos, el subsuelo, la vegetación y la hidrografía.◆ Inversiones para la creación o el mejoramiento de, entre otros, carreteras, puertos y aeropuertos. ◆ Conjunto de relaciones de producción que sirve de base a la estructura social y que, en definitiva, mediante mediciones muy complejas, determina la creación de su armazón ideológico o superestructura.

INGENIERÍA SOCIAL: según K. Popper, es una expresión utilizada para enfrentarse al determinismo contenido en las visiones historicistas y totalitarias, según las cuales los individuos son criaturas completamente sometidas al destino de la historia, de las leyes naturales, del Estado o de los grandes hombres. Popper propone que los individuos influyen de manera decisiva en los procesos sociales, políticos y económicos y que, incluso, pueden cambiar la dirección en la que muchas veces se orientan los procesos sociales.

INGLESISMO: anglicanismo.

INGRESO NACIONAL: Y.◆ YN.◆ Sumatoria total de las remuneraciones de los factores de la producción (salarios, beneficios, intereses y rentas) medida por año calendario para una economía nacional *(A. Digier)*.

INGRESO PER CÁPITA: remuneración promedio obtenida por los habitantes de un país, generalmente en un año. Se obtiene dividiendo el ingreso nacional total por el número de habitantes.

INGRESOS PÚBLICOS: recursos financieros obtenidos por el sector público.

INICIATIVA: procedimiento que se ha establecido en determinadas constituciones políticas, a través del cual el pueblo interviene directamente en la propuesta y en la adopción de medidas legislativas.

INICIATIVA HIPC: iniciativa para los *Heavily Indebted Poor Countries*, cuya traducción es "Países pobres altamente endeudados". Consiste en el perdón de una porción de la deuda externa de los países pobres. Estos países no tienen deudas con los mercados financieros internacionales a los cuales no tienen acceso, sino con los gobiernos de los países ricos y con los organismos multilaterales de crédito. Para obtener los beneficios de la "iniciativa HIPC", un país debe tener un nivel de deuda considerado insostenible y demostrar, durante un período prolongado, que está implementando reformas estructurales de una manera exitosa. Para monitorear el cumplimiento de los compromisos de políticas económicas y sociales, la iniciativa distingue una serie de etapas de implementación en las cuales los directorios del Grupo Banco Mundial y del FMI van evaluando los progresos y ofreciendo asistencia concesional.

INICIATIVA LEGISLATIVA: aquella que obliga a que se inicie y elabore una ley, bien imponiendo esta obligación al órgano legislativo, bien trayéndolo a sí en posterior referéndum.

INICIATIVA PARA LAS AMÉRICAS: propuesta formulada por G. Bush, presidente de los EEUU, en 1990, para establecer una asociación de amplia base para la década de los noventa a impulsar en la región los programas de reforma orientados hacia el mercado, que son clave del crecimiento económico y sostenido y de la estabilidad política.

INICIATIVA POLÍTICA: decisión que obliga a iniciar un proceso para llevar a cabo un plebiscito, un referéndum o una revocación.

INICIATIVA POPULAR: técnica que obliga al Parlamento a considerar proyectos de leyes que la ciudadanía considera necesarios; pueden ser aprobados aun contra la voluntad parlamentaria.◆ El derecho o facultad de una determinada fracción del cuerpo electoral de promover una reforma constitucional, un proyecto de ley u otra medida de gobierno, poniendo en actividad, según los casos, el poder constituyente, el poder legislativo o el poder administrador (M. J. López).

INJUSTICIA SOCIAL: presencia de sectores amplios de la población con miserias y privaciones frente a una minoría privilegiada que vive en la opulencia.

INMIGRACIÓN: movimiento de entrada a un país.◆ Acción o efecto de llegar a un país para establecerse en él, abandonando el país en que se tenía la residencia; inversamente a la emigración, que consiste en abandonar el país en que se reside para ir a establecerse en otro. Los movimientos migratorios en masa adquirieron gran importancia después del descubrimiento de América. Conforme se producía la independencia y se formaban las diversas nacionalidades, se fueron acrecentando las inmigraciones procedentes de Europa, principalmente de origen italiano, portugués y español para América Latina.

INMORALISMO: actitud negativa frente a una tabla de valores morales, sin eliminar la posibilidad de una actitud positiva frente a una tabla distinta o contraria.

INMOVILISMO: actitud o posición que rechaza por principio cualquier tipo de decisión que transforme o modifique la situación vigente, sea de índole estructural o coyuntural.

INMUNIDAD DIPLOMÁTICA: exención de la que disfrutan los representantes diplomáticos de ser sometidos a la jurisdicción de la nación en la que ejercen su cargo.

INMUNIDAD PARLAMENTARIA: aquella que exime a los representantes parlamentarios de ser presos o detenidos (excepto en situaciones o circunstancias que especifican las normas legales); tampoco pueden ser procesados o juzgados sin autorización del cuerpo legislativo correspondiente.

INQUISICIÓN: forma popular y abreviada para designar al Tribunal del Santo Oficio de la Inquisición o Tribunal de la Fe. Institución cuya misión era velar por la doctrina de la fe, investigando los errores y castigándolos públicamente.

INSTIGACIÓN A LA REBELIÓN: inducción que se realiza a los efectos de lograr el levantamiento o desacato de grupos o sectores sociales, militares, etcétera contra autoridades o jerarquías.

INSTITUCIÓN: una idea de obra que se realiza y que dura en un medio social.◆

Complejo distintivo de acciones sociales, tales como la familia, la religión, el saludo o la ley.◆ Proporciona maneras de actuar por medio de las cuales es modelada y obligada a marchar la conducta humana en canales que la sociedad considera los más convenientes *(P. Berger).*◆ Cada una de las organizaciones fundamentales de un Estado, nación o sociedad; y en ese sentido se habla de institución republicana, feudal, monárquica, etcétera.◆ Tipo de vínculo que une representantes y representados, pues los representantes políticamente hablando de una institución son aquellos que espontáneamente la representan en el marco de la vida jurídica ordinaria de la constitución.

INSTITUCIÓN POLÍTICA: toda entidad jurídico-social que asegura permanentemente la realización del proceso de orientación política *(P. L. Verdú).*

INSTITUCIÓN SOCIAL: idea objetiva transformada en una obra social por un fundador y que recluta sus adhesiones en el medio social, y sujeta así a su servicio voluntades subjetivas indefinidamente renovadas *(M. Hauriou).*

INSTITUCIONALISMO: método de análisis económico fundamentado en el estudio de las instituciones, de las empresas, los sindicatos y la administración. Nace en la sociedad norteamericana. Sus críticas se dirigen en especial contra los supuestos de la escuela clásica y neoclásica que sostienen que la producción, el consumo, el cambio y la distribución de la riqueza están determinados por leyes económicas. Es una corriente que contrasta con el análisis de mercado, que reafirma la oferta-demanda y los ajustes automáticos en los movimientos de los precios y los beneficios. Su representante más importante fue Veblen, quien se manifiesta en contra del carácter abstracto del pensamiento neoclásico y expresa la importancia que poseen las estructuras y los comportamientos de ciertas organizaciones económico-sociales para la economía, es decir, nos referimos a las empresas, los sindicatos, el Estado, etcétera.

INSTITUCIONALIZACIÓN POLÍTICA: periodización del dinamismo político, dentro, entre y en torno a las estructuras políticas, encaminada a asegurar, permanentemente, el cumplimiento de la orientación política.

INSTITUCIONES: pautas culturales que prescriben determinadas reglas de conducta. Pautas normativas que definen los modos de acción o relación social que se consideran apropiados o esperados. Normas o reglas estandarizadas que gobiernan la conducta; las instituciones pueden dividirse en: 1) usos: práctica convencional, considerada apropiada pero sobre la que no se insiste (ej.: excéntrico) y 2) costumbres: instituciones que tienen fuerte sanción; son consideradas esenciales para el bienestar del grupo (ej.: "no matarás", "no cometerás adulterio"). Los conceptos de usos y costumbres se centran sobre la dimensión moral de las instituciones, es decir, si son sancionadas por la sociedad como esenciales para el bienestar social.

INSTITUTO: organización científica, literaria, sanitaria, benéfica, etcétera; así como los edificios donde funcionan.

INSTITUTO AMERICANO DE LA OPINIÓN PÚBLICA: Instituto Gallup.◆ Institución cuya función fundamental es realizar sondeos de la opinión pública.

Las encuestas no existían hasta que fueron creadas por George Gallup, nacido en 1901. En 1932, comenzó su carrera cuando una empresa de Nueva York le encargó una encuesta sobre las preferencias de los consumidores acerca de determinados productos. En 1935, fundó el Instituto Americano de la Opinión Pública, que llegaría a ser mundialmente conocido con su propio apellido: Instituto Gallup. Para llevar adelante su empresa, Gallup contó con la colaboración de los profesores de la Universidad de Princeton, especialmente matemáticos dedicados a la estadística. Como para conocer la opinión de una comunidad acerca de un tema era imposible encuestar a todos sus miembros, se estableció que sería suficiente tomar como base un muestrario de individuos que representaran a cada grupo social. Con la ayuda de psicólogos y sociólogos, Gallup logró perfeccionar los cuestionarios destinados a las entrevistas; el siguiente paso fue emplear esos métodos en el terreno político, en los estudios de mercado y en la publicidad. Con el tiempo, los sistemas de computación hicieron cada vez más rápidos y perfectos los resultados de los sondeos. Curiosamente, los resultados de las encuestas de opinión pública se volvieron tan importantes que terminaron por influir sobre la misma opinión. Sin embargo, las encuestas demostraron más de una vez que son falibles y el mismo Gallup tuvo un grave traspié cuando predijo erróneamente que Truman perdería las elecciones de los Estados Unidos en 1948.

INSTITUTO ARMADO: cada uno de los cuerpos militares o policiales cuyo objetivo es la defensa de la nación o el mantenimiento del orden público interno.

INSTITUTO DE LAS NACIONES UNI-DAS DE INVESTIGACIÓN SOBRE EL DESARME: UNIDIR.◆ Institución autónoma en el marco de las Naciones Unidas, creada por la Asamblea General en 1980, con el objeto de estimular investigaciones independientes sobre el desarme y problemas conexos, en general sobre cuestiones de seguridad internacional. Las contribuciones voluntarias de los Estados y de organizaciones públicas y privadas permiten la financiación para cumplir con los objetivos.

INSTITUTO INTERNACIONAL DE IN-TEGRACIÓN: se estableció en abril de 1975. Es un Instituto dependiente del Convenio "Andrés Bello"; tiene su sede en La Paz, Bolivia. Forman parte: Bolivia, Colombia, Chile, Ecuador, Perú y Venezuela. Se le han agregado posteriormente Panamá y España. Su objetivo es contribuir a la integración educativa, científica y cultural, mediante el desarrollo de actividades dirigidas principalmente al mejoramiento cualitativo y cuantitativo de la educación en los países miembros.

INSUMISO: rebelde, desobediente de las normas legales vigentes o de la autoridad.

ÍNSURGENCIA: perpetración y continuidad de una rebelión armada, de un alzamiento con violencia en contra del orden establecido (J. A. Consigli).

INSURGENTE: sublevado.

INSURRECCIÓN: sublevación popular contra el régimen establecido. Procede de un descontento general. De carácter irracional, espontáneo, sus manifestaciones proceden de variados elementos, por lo que son, en última instancia, movimientos de resultados desconocidos e imprevisibles.◆ Sublevación o rebelión contra el régimen establecido.◆ Fenómeno anónimo que procede de un descontento general; es de carácter irracional, afectivo y espontáneo. ◆ Levantamiento popular contra el poder establecido

INSURRECTO: sublevado o levantado contra la autoridad pública.

INTEGRACIÓN: vinculación e interpenetración social, política, económica, cultural, científica, diplomática e, incluso, militar, de enormes proporciones y con un papel protagónico de las sociedades involucradas (J. G. Tokatlian).

INTEGRACIÓN ECONÓMICA: presupone la unificación de las políticas monetaria, fiscal, social y anticíclica, además de requerir el establecimiento de una autoridad supranacional, cuyas decisiones sean obligatorias para los Estados miembros. Se caracteriza por la ausencia de varias formas de discriminación entre economías nacionales. El objetivo final de la actividad económica es un incremento en el bienestar. Por lo tanto, en términos de integración queda afectado por un cambio en el volumen cuantitativo de productos fabricados, por un cambio en el grado de discriminación entre bienes nacionales y extranjeros, por una *retribución* de ingresos entre los nacionales de diferentes países y por una redistribución dentro de los países individuales.

INTEGRACIÓN REGIONAL: proceso de armonización y unificación de grandes entornos ecológicos regionales, asentándose a través de los mecanismos y de las estrategias necesarios para su mejor adaptación. La interacción e integración generan una cultura identificada con un espacio geográfico, con formas de relación, con un modo de producción y una cosmovisión.

INTEGRACIÓN SOCIAL: proceso de asimilación a través del cual una sociedad integra los distintos elementos, heterogéneos. Es decir, minorías étnicas, inmigrantes, etcétera.◆ Proceso de interacción de los componentes o miembros de un grupo, que provoca un ajuste recíproco y una toma de conciencia individual de identificación con el grupo.

INTEGRACIONISTA: simpatizante o partidario de la integración social y política.

INTEGRISMO: actitud de ciertos sectores religiosos, ideológicos, políticos, partidarios de la inalterabilidad de las doctrinas; es decir, es una tendencia político-religiosa conservadora.◆ Partido político español creado a fines del siglo XIX, fundado en el mantenimiento de la tradición española.

INTELECTUAL ORGÁNICO: el que emerge sobre el terreno a exigencias de una función necesaria en el campo de la producción económica. Así, por ejemplo, el empresario capitalista crea consigo al técnico de la industria, etcétera. A su vez, el obrero instituye al organizador sindical, al revolucionario profesional y, también, a organizadores de una nueva cultura, etcétera (*A. Gramsci*).

INTELECTUALES: todos aquellos individuos para los cuales la transmisión de los mensajes es la ocupación habitual y consciente, y para decirlo de un modo brutal, es también, la mayoría de las veces, el medio para ganarse la vida (*N. Bobbio*).

INTELECTUALES PROGRESISTAS: aquellos que pasan a ser objeto y objetivo del poder dominante. Objeto para adquirir, objetivo para destruir. Se abstienen de la crítica de la inmoralidad, de la permanencia, la hegemonía y la homogeneidad (*Subcomandante Marcos*).

INTELECTUALES REACCIONARIOS: aquellos que desarrollan la crítica del cambio, del movimiento, de la rebelión y de la diversidad. Renuncian a la reflexión crítica. Tienen un pensamiento único. Es decir, la traducción a términos ideológicos con pretensiones de universalidad de los intereses de un conjunto de fuerzas económicas, en particular la del capital internacional (*Subcomandante Marcos*).

INTELECTUALISMO: tendencia a considerar la inteligencia o el entendimiento como el órgano genuino del conocimiento.

INTELIGENCIA: grupo formado por los individuos más pensantes de la sociedad.

"INTELLIGENTSIA": palabra que proviene del ruso "intelectualidad" y que se refiere al sector social de los intelectuales. También proviene del latín "intelligentia".◆ Persona que tiene el control ideológico de una región o población.

INTENDENCIA: gobierno y administración de algo.◆ Distrito en que ejerce su jurisdicción el intendente.

INTERACCIÓN: acción entre individuos. Acción recíproca que ejercen los hombres en sociedad.

INTERAMERICANISMO: con la aprobación del establecimiento de la OEA, en 1948, se inicia el período del Interamericanismo. Es la reestructuración del sistema multilateral que regía en el continente con el nombre de Panamericanismo. Contaba solamente un hecho geográfico, una relación "entre las Américas".

INTERCLASADO: aquel que posee una vida personal demasiado acentuada como para pertenecer verdaderamente a una clase. La vocación espiritual, intelectual o social es psicológicamente más importante que la situación material.

INTERDEPENDENCIA: dependencia recíproca.

INTERÉS NACIONAL: aquello que le conviene a la nación en su totalidad, o el valor que tiene, para la comunidad en su conjunto, la obtención de algo que beneficie a todos o satisfaga un objetivo prioritario del Estado.♦ Objetivo fundamental y factor determinante final que sirve de guía a los creadores de decisiones de un Estado para trazar la política exterior y que constituye un concepto sumamente generalizado de aquellos elementos que constituyen sus necesidades más importantes.

INTERMINISTERIAL: referido a algunos ministerios o que los vincula entre sí.

INTERNACIONAL: generalmente se designa con este término la Asociación Internacional de los Trabajadores, fundada en St. Martins Hall, Londres, el 28 de setiembre de 1864, por iniciativa de los organismos obreros franceses e ingleses y en cumplimiento de acuerdos tomados en encuentros anteriores.

Esta organización se constituyó, en realidad, en una verdadera conjunción de distintas agrupaciones obreras; K. Marx fue el encargado de la redacción del manifiesto inaugural.

INTERNACIONAL SOCIALISTA: agrupación que actualmente incluye ciento treinta y nueve partidos nacionalistas, laboristas y social-demócratas, cuyo objetivo es llevar adelante una política progresista dentro de un marco internacional. Este organismo está compuesto por un Congreso que se reúne cada tres años y el Consejo, que abarca todas las organizaciones y partidos y se reúne semestralmente.

INTERNACIONALISMO: sistema socialista cuya finalidad es lograr o alcanzar determinadas reivindicaciones a través de la unión internacional de los obreros.

INTERNACIONALIZAR: someter a la autoridad conjunta de varios países lo que antes dependía de uno solo.

INTERPARLAMENTARIO/A: comunicaciones y organizaciones que interactúan en la actividad internacional a nivel de representaciones legislativas de distintos países.

INTERPELACIÓN PARLAMENTARIA: uno de los medios de que se valen los parlamentarios para controlar y fiscalizar la actuación política del gobierno. Se enmarca dentro de los derechos de exigencia de responsabilidad política. Tiene la naturaleza de un "derecho individual" del parlamentario. El titular del derecho es un parlamentario y el destinatario de la interpelación no es, generalmente, el gobierno colectivamente considerado. Los destinatarios son el Presidente del gobierno o los ministros a los que se interpeló sobre la dirección política general del país o de los respectivos ministerios. Cuando los partidos políticos opositores pueden enjuiciar al gobierno y tienen derecho a pedir que los ministros del Poder Ejecutivo se presenten a rendir cuenta o información de algunos de sus actos. Institución propia del sistema constitucional argentino. No existe en el sistema estadounidense, en el que no hay ministros, sino secretarios de Estado que no figuran en la Constitución ni son responsables de sus actos ante el Congreso.

INTERPOL: sociedad originalmente creada para combatir el crimen organizado. Es una contracción de Policía Internacional; tuvo sus orígenes en 1914. El 8 de junio de 1938, los EEUU pasaron a ser miembro oficial de la organización. En 1914, el príncipe Alberto I de Mónaco organizó una reunión con representantes de catorce países para establecer una acción conjunta contra la delincuencia. Entonces estalló la guerra y los proyectos se postergaron hasta 1923, fecha en que Interpol comenzó a funcionar con carácter de organismo privado. Pero progresivamente, la organización fue copada por el nazismo y, en vez de combatir la delincuencia, se abocó a la persecución de criminales "según criterios biológicos y morales". Poco a poco se convirtió en la mano derecha de la Gestapo e hizo de judíos, gitanos y opositores sus principales víctimas. En 1941, la sede, que se encontraba en Viena, fue trasladada a Berlín, y los cargos directivos quedaron en manos de los más duros representantes del nazismo, muchos de los cuales fueron más tarde juzgados y condenados como criminales de guerra. A pesar del carácter político e ideológico que había adquirido Interpol, los Estados Unidos pasaron a ser país miembro por consejo de J. Edgar Hoover, el controvertido director del FBI, pagando la módica suma de 1.500 dólares anuales. La permanencia del país dentro de una organización que, en la práctica, pertenecía al enemigo duró hasta 1941, tres días antes del bombardeo a Pearl Harbour. Cuando la guerra terminó, Interpol renació de sus cenizas y, consecuentemente, Edgar Hoover fue elegido como su vicepresidente. El asiento primitivo estuvo en Viena, luego pasó a Berlín y finalmente, a París. Esta organización internacional de policía criminal, cuyo objetivo fundamental es la coordinación de las distintas policías nacionales a nivel internacional, sufrió, en 1946, una serie de modificaciones con el objeto de mejorar su funcionamiento integral.

INTERREGNO: período en que un Estado no tiene soberano.

INTERREGNO PARLAMENTARIO: espacio de tiempo que transcurre desde la interrupción hasta la reanudación de la actividad legislativa o servicios de las Cortes o el Parlamento.

INTERVENCIÓN: injerencia de una nación en los asuntos internos de otra, ya sea de índole política o de índole económica; o también, ayuda a una nación, económica o militar, en sus discordias, pacíficas o armadas, con otra nación. Generalmente, se dice que un país de determinado régimen toma medidas económicas o bélicas frente a otro país de régimen distinto, no porque le importe intervenir en los asuntos de éste, sino porque necesita hacerlo como medida defensiva de su propio sistema político, social y económico.

INTERVENCIONISMO: corriente que expresa la intervención en un Estado o grupos de Estados de un Estado o Estados más poderosos para imponer internamente cierto comportamiento político o económico, social o cultural. ◆ Injerencia e influencia de un Estado en los asuntos internos de otro u otros.◆ Ejercicio sistemático o frecuente de la intervención en asuntos internacionales.◆ Sistema que consiste en la intervención del Estado en la vida económica de un país en reemplazo de la iniciativa privada. Este tipo de organización de la estructura social responde a los países que poseen una economía dirigida

INTERVENCIONISMO ESTATAL: no toda intervención estatal es socialismo. Debe ofrecer tres expresiones o manifestaciones según su intensidad: 1) la del Estado propietario y empresario, que vendría a ser un socialismo estatal; 2) la de la administración o gestión gubernamental de ciertas actividades económicas; 3) la mera reglamentación legal de determinadas actividades económicas *(C. A. Quintero)*.

INTERVENTOR: persona nombrada oficialmente para vigilar, en las elecciones de diputados, concejales, etcétera, la regularidad de la votación y autorizar el resultado junto con el presidente y los demás integrantes de la mesa.◆ Quien autoriza y fiscaliza ciertos actos para garantizar su legalidad.

INTI: unidad monetaria de Perú entre 1985 y 1990.

"INTIFADA": término árabe que significa revuelta o rebelión y que se utiliza para referirse a la guerra a muerte declarada en 1987 por los palestinos contra las fuerzas de ocupación israelíes.

INTRODUCTOR DE EMBAJADORES: funcionario que en algunos Estados, acompaña a los embajadores y ministros extranjeros en las presentaciones públicas y en otros actos.

INVASIÓN: violación de las fronteras de un país por un ejército extranjero con el propósito de apoderarse de parte del territorio enemigo para provocar la rendición del adversario e imponerle condiciones de paz. No siempre se puede decir que las invasiones resultaron hechos de guerra ni penetraciones violentas en un territorio enemigo, sino que, como en el caso de las invasiones bárbaras sobre las distintas partes del Imperio Romano, fueron verdaderas migraciones de pueblos atraídos por el bienestar y las riquezas.

INVASIÓN A AFGANISTÁN: el 27 de diciembre de 1979, Moscú inició la ocupación de Kabul, capital de Afganistán. Dicha ocupación duró más de diez años, hasta que el último soldado soviético, el 15 de febrero de 1989, se retiró del territorio afgano. Un grupo progresista que coqueteaba con el marxismo derribó en 1973 al rey Zahir y estableció un gobierno de izquierda moderada en un país que siempre fue un mosaico de etnias rivales, de las cuales la mayoritaria es la "pashtún", de religión musulmana. Las fuerzas armadas establecieron por la fuerza, en 1978, la República Democrática de Afganistán, que firmó un tratado de amistad con Moscú. En la Nochebuena de 1979, aviones de transporte soviético comenzaron a aterrizar en Kabul, con soldados y equipos. En plena guerra civil con los grupos anticomunistas, el presidente afgano Babruk Karmal había pedido ayuda militar a la U.R.S.S. El 27 de diciembre, las tropas soviéticas tomaron los edificios y las estaciones de radio. La ONU reclamó en 1980 el retiro de las tropas extranjeras de Afganistán, cuyo gobierno también fue suspendido por la organización Conferencia Islámica. Tanto los EEUU como Egipto y China, patrocinaron el rearme de unos seis grupos afganos, que formaron una feroz alianza islámica desde su refugio en la frontera de Pakistán. Dos millones de personas murieron en el país asiático entre mediados de los setenta y 1989. La acción política y militar desarrollada por el ejército soviético cobró numerosas víctimas humanas. Murieron más de quince mil soldados soviéticos y millones de personas abandonaron sus tierras.

INVASIÓN DE BAHÍA DE LOS COCHI-NOS: para los cubanos, Playa Girón; invasión fallida de los EEUU a Cuba el 17 de abril de 1961.◆ Ver **Bahía de los Cochinos.**

INVERSIÓN EXTRANJERA: aquella que efectúa en el país un gobierno extranjero o personas físicas o jurídicas con domicilio en el exterior. Éstas tienen la forma de inversiones directas, como la instalación de plantas productoras o de industrias; o de inversiones indirectas, como la adquisición de títulos de deuda pública o privada a largo plazo, para permitir el financiamiento de inversiones productivas. La inversión pública extranjera, en general, obedece a razones políticas, diplomáticas, humanitarias, militares o a otro tipo de motivos que no se vinculan con el rendimiento económico de la inversión. En cambio, las inversiones privadas normalmente se hacen con el fin de obtener una tasa de rentabilidad superior a la que podrían conseguir en su país, mediante la adquisición que realizan inversores extranjeros sobre compra de sociedades locales, compra de activos o instalación de nuevas empresas.

INVERSIÓN INTERNACIONAL: movimiento de capital entre instituciones internacionales especializadas.

INVERSIÓN SOCIAL: aquella realizada por un Estado en el campo de los servicios sociales, es decir, la totalidad de gastos públicos que producen riqueza potencial, por ejemplo: inversión en educación, sanidad, investigación, etcétera.

INVESTIDURA: concesión o jurisdicción de un reino, feudo o país, con reserva específica de la suprema jerarquía y reconocimiento de dependencia, obediencia y sumisión en quien recibe la tierra o el cargo.◆ Carácter que confiere la toma de posesión de determinados cargos.

INVIOLABILIDAD: seguridad y protección especial que reciben determinadas personas y sus bienes (embajadores, diplomáticos, etc.).

INVIOLABILIDAD PARLAMENTARIA: privilegios especiales que reciben los parlamentarios, los senadores y los diputados, que los releva de responsabilidad por las expresiones que generen y votos que ejerzan en el cuerpo legislativo.

INVOLUCIÓN: retroceso y detención de una evolución política, en económica, etcétera.

INVOLUCIONISTA: partidario de una involución en política, en economía, etcétera.

IRA: *Irish Republican Army.*◆ Ejército Republicano Irlandés.◆ Organización paramilitar y nacionalista irlandesa constituida en 1919.◆ Ver **Conflicto en Irlanda del Norte**.

IRÁN - CONTRAS: ver "**Irangate**".

"IRANGATE": caso que sacudió al gobierno estadounidense de Ronald Reagan. Giró en torno de la venta clandestina de armas por parte de los EEUU a Irán, entre 1985 y 1986, y el desvío de ese dinero para financiar a los contras de Nicaragua, que peleaban por derrocar al sandinismo, el gobierno izquierdista de ese país. El informe del Congreso estadounidense sobre el tema concluyó que "la responsabilidad final de los sucesos investigados recae sobre el presidente Reagan". La venta de armas a los iraníes formaba parte de una negociación para la liberación de rehenes estadounidenses que estaban retenidos en el Líbano, en el conflictivo Oriente Medio. El dinero que saliera como beneficio de esas operaciones sería destinado a los contras, que luchaban por derrocar al presidente nicaragüense y líder de la Revolución sandinista de 1979, Daniel Ortega. Las dos operaciones (negociar con Irán y financiar a los contras) contaban con una prohibición explícita del Congreso estadounidense El comandante Ortega había derrocado al régimen nicaragüense de Anastasio Somoza y era considerado una seria amenaza por el gobierno republicano de Reagan. En un plan en el que tuvo una activa participación el coronel Oliver North, miembro destacado del Consejo de Seguridad Nacional de Reagan, la Casa Blanca vendió armamento al régimen islámico de Irán en momentos en que era considerado uno de los peores enemigos de los EEUU El caso constituyó un duro golpe para el gobierno de Reagan y el fin de la carrera de North. El coronel, sin embargo, recibió apenas una condena simbólica cuando fue juzgado por el caso años después.◆ Irán - contras.

"IRISH REPUBLICAN ARMY": IRA.◆ Ver **Conflicto en Irlanda del Norte**.

IRLANDA: en Irlanda del Norte se firmó la paz el 10 de abril de 1998 para poner fin a una lucha de siglos. En octubre de 1171, Enrique II de Inglaterra invadió Irlanda, una isla de población celta, convertida al catolicismo en el año 431. Las divisiones entre ingleses y nativos devinieron en una lucha entre católicos y protestantes hacia el siglo XVII, con la llegada de una ola de inmigrantes, en su mayoría protestantes, que se instalaron en la provincia del norte, Ulster, en las tierras confiscadas a los nativos católicos irlandeses. En 1921, Irlanda surgió como país independiente. Abarcó la mayor parte de la isla, pero la provincia de Ulster quedó excluida de la autonomía. En 1937, Irlanda se independizó efectivamente. El Ulster quedó dividido entre los católicos que buscaban la autonomía de Londres y los protestantes adeptos a Gran Bretaña. En 1969, Londres envió tres mil soldados al Ulster al detectarse la resistencia armada católica del IRA. Y el 30 de enero de 1972, el ejército británico abrió fuego contra una manifestación en defensa de los derechos humanos. Murieron catorce personas. El trágico episodio se conoce como el Domingo Sangriento. Hasta 1966, la resistencia católica y la represión británica habían dejado un saldo de más de tres mil muertos. A fines de 1995, el presidente Bill Clinton impulsó las tratativas de paz. Y en octubre de 1997, todas las partes en el conflicto se sentaron a la mesa de negociaciones por primera vez en treinta años.◆ Ver **Conflicto en Irlanda del Norte**.

IRLANDA DEL NORTE: con la suspensión del gobierno autónomo de Irlanda del Norte y el traslado de esos poderes de autonomía a Londres, el proceso de paz en el Ulster se anotó un fracaso más en sus treinta años de conflicto. El avance efectivo de los ingleses protestantes sobre Irlanda en el siglo XVII, la desintegración de los clanes católicos nativos y la confiscación de sus tierras marcaron el inicio de una lucha religiosa y política que se profundizó en la década de 1970. La República de Irlanda finalmente había logrado su independencia de la Corona británica en 1937; pero Londres conservó seis condados del Ulster, la actual Irlanda del Norte. Su población católica quiere unirse a Irlanda y los protestantes prefieren seguir bajo el gobierno británico. En 1969, sobrevino el desorden civil y el IRA (Ejército Republicano Irlandés) se consolidó como la cara de la resistencia católica armada. Siguieron casi treinta años de violencia, con tres mil muertes, hasta que la mediación de los EEUU y la llegada del laborismo abrieron un diálogo que culminó con la firma del Acuerdo de Paz del Viernes Santo de 1998, que previó la formación de un gobierno autónomo entre protestantes y católicos y el desarme del IRA. El 30 de noviembre de ese año entró en vigor el primer gobierno ejecutivo de católicos y protestantes. El IRA debía comenzar su desarme, pero no ocurrió. Y a pesar de que la guerrilla mostró voluntad para el decomiso, Londres decidió suspender la precaria autonomía que sólo duró setenta y tres días.◆ Ver **Conflicto en Irlanda del Norte**.

IRREDENTISMO: corriente o movimiento que aparece en 1878 en Italia. Doctrina según la cual un país pretende reconquistar todas las zonas que, ubicadas más allá de sus fronteras, forman parte de él por su cultura, costumbres o lenguas.

ISLAM: término árabe que significa: sumisión a la voluntad de Alá. Se utiliza para designar a la religión creada por Mahoma. Es una religión originada en el 622 en Arabia Saudita por el profeta Mahoma; tiene cerca de mil millones de creyentes en todo el mundo. Se funda en Alá, único Dios y creador del universo. A él se debe absoluta sumisión. El texto sagrado es el *Corán*. Los mandatos de Alá eran transmitidos oralmente hasta el 652, en que el califa Utmán ordenó la versión definitiva del *Corán*. Los cinco pilares son: 1) la profesión de la fe y la absoluta creencia en el precepto: no hay más Dios que Alá; Mahoma es el profeta de Alá; 2) la oración se realiza cinco veces al día con el rostro vuelto hacia La Meca, ciudad natal de Mahoma; 3) la limosna impuesta de ayuda a los pobres; 4) el ayuno se realiza durante treinta días en el mes de Ramadán, desde la salida hasta la puesta del sol; 5) se debe realizar la peregrinación, al menos una vez en la vida, a La Meca. El culto es sencillo, prohíbe toda representación de la divinidad, acepta el paraíso y el infierno y admite una serie de principios tomados del judaísmo y del cristianismo, sobre la caridad, etcétera; sostiene la poligamia y el tipo de gobierno monárquico.

ISLAMISMO: conjunto de dogmas y preceptos sociales que conforman la religión de Mahoma.◆ Ver **Islam**.

ISONOMÍA: igualdad de derechos políticos.

IZQUIERDA: conjunto de concepciones, partidos y grupos políticos que tienen una posición crítica y de cambio en relación con las instituciones y los sistemas implantados.◆ En un sentido, es la política que sostiene la necesidad revolucionaria o pacífica de transformar el sistema capitalista, asociada tal definición a ideas más o menos radicales sobre las instituciones civiles, religiosas y culturales. En un plano más genérico, el término se hace más borroso y en él caben todas las posiciones degenerativas del liberalismo como filosofía en crisis. El izquierdismo se convierte en una confusa conducta mental que se expresa como vaga oposición a las tendencias intransigentes del pensamiento conservador *(J. J. Hernández Arregui).*◆ Tendencias radicales, vinculadas con la evolución democrática y progresiva de la sociedad, en contraposición con las fuerzas políticas llamadas de derecha, de tendencias conservadoras y respetuosas de los valores tradicionales. Propugna la reforma social, fundamentalmente en el aspecto económico. Las fuerzas que amalgaman estas organizaciones o movimientos son variables y sus inspiraciones obedecen en diversas circunstancias a condiciones circunstanciales.◆ Ver **Derecha**.

IZQUIERDA NACIONAL: término utilizado, en la Argentina, por primera vez por J. J. Hernández Arregui. No era más que una tendencia. El hecho de que se haya utilizado era por la falta de otro más adecuado y para señalar una corriente ideológica con rasgos y dirección propios. Producto de la transformación de un país y de la evolución y confrontación de las ideas. En un país dependiente (debe entenderse en sentido lato), la teoría general aplicada a un caso nacional concreto, que analiza los hechos a la luz del marxismo, en tanto método de interpretación de la realidad y teniendo en cuenta, en primer lugar, las peculiaridades y el desarrollo de cada país, la economía, la historia y la cultura en sus contenidos nacionales defensivos y revolucionarios, y coordina tal análisis teórico con la lucha práctica de las masas contra el imperialismo, en un triple plano: nacional, latinoamericano y mundial.

IZQUIERDA UNIDA: coalición electoral creada en España, en 1986. Este agrupamiento se conformó con los siguientes partidos: Comunista de España, Comunista de los Pueblos de España, Federación Progresista y Partido de Acción Progresista.◆ Coalición política peruana que agrupó varios partidos de izquierda y liderada por Barrantes. Los tres más importantes nucleamientos que la integraban eran: el PUM, el UNIR y el Partido Comunista.

IZQUIERDISMO: actitudes que, por aparecer en la extrema izquierda, terminan adoptando posiciones aberrantes o infantiles.

J

JACOBINOS: Ver **Jacobismo**.

JACOBISMO: movimiento que pregona la revolución violenta y su ofensiva constante y tenaz contra el ejército, la religión y la aristocracia. Robespierre y Pétion fueron sus máximos dirigentes.◆ Tuvo influencia decisiva en el desarrollo de la Revolución Francesa. Su nombre deriva del convento de frailes jacobitas donde realizaba sus sesiones bajo el nombre de Sociedad de Amigos de la Constitución, convento que se convirtió en uno de los centros de la Revolución y tribuna desde la cual arengaban diariamente a la multitud. ◆ Su apogeo fue efímero y desapareció a finales del siglo XVIII.◆ Concepción política que propugna la defensa de las libertades individuales y de los valores de la democracia parlamentaria. ◆ Jacobinos.

JEFATURA: sede central de determinados organismos.

JEFE DE ESTADO: autoridad máxima de un país, que ejerce el poder público, que rige en un Estado. Quien ejerce las más altas funciones representativas del Estado, tanto en el orden nacional como en el internacional. En una monarquía, es el rey y en un régimen presidentalista, es el presidente.

JEFE DE GOBIERNO: presidente del gabinete o presidente del consejo de ministros.

JEQUE: entre los musulmanes, significa caudillo.

JERARCA: persona que posee una categoría elevada en una organización.

JERARQUÍA: órdenes o grados de personas dentro de una organización o una estructura.

JINGOÍSMO: patriotería exaltada que propugna la agresión contra otras naciones.

"JOINT VENTURE": emprendimiento conjunto de un número de personas o empresas con el propósito de lograr un objetivo empresarial. Puede tomar la forma de un contrato o la formación de una subsidiaria; algunas instituciones financieras multilaterales, como el Banco Mundial, utilizan la forma del *joint venture* en el campo de financiamiento de proyectos de desarrollo, por ejemplo, asociándose con países o con empresas privadas. Los pasos previos para definir un proyecto son, básicamente: a) necesidad mutua, b) definir la meta común y entender que puede ser muy difícil lograrlo, c) definir los aportes de cada parte.◆ "Un acuerdo que se celebra entre dos o más empresas que mantienen sus autonomías jurídicas con el fin de realizar un objetivo común mediante la aportación de recursos y la administración compartida de ellos" *(J. M. Farina).*◆ Es la asociación de dos o más personas, basadas en un contrato, que combinan sus recursos para realizar un proyecto particular o una empresa, poniéndose de acuerdo, generalmente, en compartir los beneficios y las pérdidas, manteniéndose un cierto grado de control sobre el riesgo. Es una forma de cooperación en la que dos o más empresas o grupos independientes deciden aunar esfuerzos respecto de un proyecto determinado, asumiendo de manera compartida los riesgos que esto involucra y los beneficios que esperan obtener.◆ Se trata de un convenio o una asociación de "riesgo compartido". Es decir, dos o más personas se juntan para emprender un albur o una empresa arriesgada en la que todos tengan la misma responsabilidad, gocen de las mismas utilidades o sufran las mismas pérdidas.

JONS: Juntas de Ofensiva Nacional Sindicalista, en España.

JOVEN ARGENTINA: el 23 de junio de 1838, un grupo de jóvenes argentinos se reunió con el objeto de discutir problemas políticos, en forma clandestina, para burlar la vigilancia de la Mazorca. Asistieron alrededor de treinta hombres, convocados por Esteban Echeverría, Juan Bautista Alberdi, Vicente Fidel López, José Mármol y Juan María Gutiérrez, los cuales impulsaban los ideales románticos y progresistas de la Revolución de Mayo. Confeccionaron una lista de las quince palabras que consideraban como un símbolo del pensamiento de la nueva generación. Entre ellas figuraban la asociación, el progreso, la fraternidad, la igualdad y la libertad y el conjunto de sus ideales fue la base del Dogma Socialista. Echeverría abrió la reunión con un discurso en el que se condenaba la corrupción y la traición. Los miembros del grupo se comprometieron a propagar sus principios y a estudiar diferentes aspectos de la conflictiva realidad nacional para intentar hallar soluciones prácticas. Se realizaron otras reuniones, siempre en diferentes lugares, hasta que un día la Mazorca dejó una advertencia en una de las casas. Echeverría supuso la existencia de un traidor y propuso que los encuentros se suspendieran para evitar sacrificios inútiles. El grupo comenzó a dispersarse y muchos de sus miembros se exiliaron en Montevideo.

JUBILEO: indulgencia plenaria que el Papa otorga en determinados tiempos y ocasiones.◆ Fiesta pública que celebran los israelitas cada cincuenta años y en la cual se devolvían tierras enajenadas y se liberaban esclavos.

JUDAÍSMO: religión de los judíos, fundada íntegramente en el Viejo Testamento. ◆ Mosaismo.

JUDÍO: hebreo, israelita.

JUEGO POLÍTICO: racionalización, estudio reflexivo –generalmente académico– de la vida política *(P. L. Verdú)*.

JUICIO DE NÚREMBERG: proceso iniciado el 20 de noviembre de 1945 en el cual se dictó sentencia contra algunos de los máximos responsables de los crímenes más horrorosos de la historia de la humanidad. Se eligió como escenario la ciudad de Núremberg porque había sido la cuna del nazismo y era una de las pocas que conservaba en pie su Palacio de Justicia. El juicio, que duró once meses, finalizó el 1 de octubre de 1946. Veintitrés jerarcas nazis comparecieron ante los jueces de los países aliados. El fallo fue de once condenas a muerte, ejecutado el 16 de octubre. Esa misma noche, los cuerpos fueron incinerados y las cenizas, esparcidas en el río Isar. El mundo pudo tener una imagen del infierno a través de los testimonios de miles de hombres y mujeres. En la sentencia leída por los jueces figuraba el genocidio contra el pueblo judío y el gitano, los campos de concentración, las matanzas masivas de prisioneros de guerra, las torturas y los suicidios forzados, la esclavitud de, por lo menos, cinco millones de personas, el empleo industrial de restos humanos, la explotación y el despojo de los territorios ocupados a favor de Alemania. ◆ Ver **Tribunal de Núremberg**.

JUICIO POLÍTICO: procedimiento a través del cual se puede exigir responsabilidad a funcionarios públicos por el mal desempeño o delito incurrido en las funciones para las cuales fueron elegidos. Nos referimos a presidente, vicepresidente, ministros, jueces, etcétera.

"JUNKER": en Alemania, hijo de terrateniente noble o terrateniente conservador, de acuerdo con los tiempos. Término con el que se designaba, en Alemania, a los miembros de la nobleza terrateniente prusiana. De este grupo procedían los jefes militares, los diplomáticos y los funcionarios más importantes.

JUNTA MILITAR DE GOBIERNO: con fecha 11 de setiembre de 1973, las Fuerzas Armadas de Chile depusieron el gobierno de Salvador Allende y establecieron una Junta de Gobierno, asumiendo el mando supremo de la Nación, declarando que lo hacían "con el patrótico compromiso de restaurar la chilenidad, la justicia y la institucionalidad quebrantadas, conscientes de que ésta es la única forma de ser fieles a las tradiciones nacionales, al legado de los Padres de la Patria y a la Historia de Chile, y de permitir que la evolución y el progreso del país se encaucen vigorosamente por los caminos de la dinámica que los tiempos actuales exigen a Chile en el concierto de la comunidad internacional de que forma parte" *(G. Urzúa)*.

JUNTAS DE OFENSIVA NACIONAL-SINDICALISTA: JONS. ◆ Organización política española que se fusionó con la Falange y participó de la guerra civil de 1936-1939.

JURA DE LA BANDERA: acto formal y solemne en que cada individuo de las unidades jura obediencia y fidelidad en el servicio de la patria. ◆ Promesa civil de lealtad y servicio a la Nación.

JURAMENTO PRESIDENCIAL: juramento que de acuerdo con el orden constitucional debe prestar el Presidente de la República electo cuando toma posesión del cargo.

JUSNATURALISMO: corriente del pensamiento político acerca del Estado en su relación con el derecho, a través de la cual existe un derecho natural objetivo y trascendente, anterior al Estado, que también puede denominarse orden natural o valor justicia.

JUSTICIA: poder público o rama de la administración a la que está encomendada la función jurisdiccional.◆ Conjunto de órganos que conforman el poder jurisdiccional del Estado, cuyo objetivo es la aplicación de las leyes.

JUSTICIA ATRIBUTIVA: aquella que da a cada uno lo que se debe por gratitud, humanidad o razón semejante.

JUSTICIA DISTRIBUTIVA: aquella que reparte los premios y las penas en razón del mérito y la calidad de las personas.

JUSTICIA EXPLETIVA: aquella que da a cada uno lo que se le debe en fuerza de ley.

JUSTICIA MILITAR: aquella que se aplica a las fuerzas armadas de acuerdo con los códigos o las normas legales específicas del ámbito militar, en contraposición con la sociedad civil.

JUSTICIA POPULAR: forma de participación de las masas populares en la aplicación de la justicia, que muchas veces se interpreta como un linchamiento, lapidación, etc.

JUSTICIA SOCIAL: aquella referida, fundamentalmente, a las relaciones económicas dentro de la sociedad. La sociedad se debe organizar con criterios equitativos, con una adecuada distribución de los bienes y servicios que se producen con el esfuerzo de todos los componentes sociales.

JUSTICIALISMO: llamado también peronismo, fue la doctrina inspiradora del régimen implantado en la Argentina por J. D. Perón en 1946, sobre la base de un amplio apoyo popular y mundial. Sus fines verdaderos fueron desarrollar el capitalismo industrial al amparo del Estado y controlar a los trabajadores *(F. Gutiérrez Contreras)*. ◆ Ver **Peronismo.**

JUSTICIALISTA: partidario del peronismo o justicialismo.

JUSTO SALARIO: remuneración dada al obrero que alcance para su propia sustentación y la de su familia, que sea suficientemente amplia para que pueda atender las necesidades domésticas *(Pío XI)*.

K

"KADEUN": los turcos llamaban de esta forma a la esposa del gran señor.

KÁISER: término alemán que significa emperador.

"KAKISTOCRACIA": término de origen griego que significa "gobierno de los peores". En cierto sentido, sería opuesto a la aristocracia.◆ Gobierno ejercido por los peores.◆ Estado de degeneración de las relaciones humanas en que la organización gubernativa está controlada y dirigida por gobernantes que ofrecen toda una gama de personajes, desde ignorantes y matones electoreros hasta bandas y camarillas sagaces pero sin escrúpulos.

KAMIKAZE: palabra japonesa con que se designa a los pilotos suicidas que, durante la Segunda Guerra Mundial, especialmente, conduciendo aviones cargados de explosivos se estrellaban contra los blancos designados previamente.

"KAROSHI": en Japón, muerte por exceso de trabajo.

KATIPUNÁN: sociedad secreta filipina, fundada en 1892, para luchar contra la dominación española. Sus primeras acciones de importancia dieron comienzo en 1896.

"KEDIVE": título ostentado por los soberanos egipcios de 1867 a 1914.

"KEN": palabra que en Japón se refiere a una división administrativa que generalmente aglutina varias provincias.

KEYNESIANISMO: escuela que apoya y desarrolla las ideas de J. Keynes. La crisis mundial de 1929 produjo el más profundo bache de la historia de la economía internacional y el derrumbamiento de toda la teoría económica. Basada en el libre y automático funcionamiento del mercado, no ofreció ninguna medida de política económica que permitiese el restablecimiento de las economías de los distintos países. El keynesianismo rechazó que el estado normal de la economía fuese el pleno empleo y justificó la existencia de un equilibrio con desempleo involuntario. Propuso soluciones de política económica para acercar la economía al pleno empleo. En una pequeña síntesis, los conceptos básicos de esta corriente son:

1) el sector público deberá actuar a través de las inversiones en forma conjunta con el sector privado;

2) rechaza la tendencia del logro automático del pleno empleo;

3) la inversión es determinante para alcanzar un determinado nivel de empleo;

4) es una teoría macroeconómica que refuta el liberalismo económico;

5) la consideración de la función consumo y la separación o distribución entre el deseo de ahorrar e invertir;

6) el papel fundamental de las medidas de estabilización de la demanda efectiva;

7) la teoría del interés se basa en la preferencia de liquidez;

8) el dinero desempeña un papel fundamental;

9) el supuesto que normalmente ocurre de que los mercados tienen imperfecciones y rigideces;

10) el punto de partida es el principio de demanda efectiva, que afirma que el pleno empleo depende de la suma de los gastos para el consumo y los gastos para la inversión;

11) la introducción del multiplicador de la inversión como un concepto básico; entendiéndose por tal la proporción entre un aumento de la renta con respecto a un incremento dado de nueva inversión;

12) el sistema económico está en un equilibrio estable de subempleo del que no tiene que desviarse.

KGB: temida inteligencia de la URSS. El partido comunista la denominaba "la espada y el escudo". En la actualidad, se denomina Servicio de Seguridad Federal.◆ Agencia de servicios de espionaje soviética.◆ Comité de Seguridad del Estado.◆ *Komitet Gosudarstevennoy Bezopasnosti.*◆ Organismo creado después de la muerte de José Stalin. Más que un servicio fue un superministerio con un incalculable presupuesto, ejército, aviación y marina, y sus efectivos se contaron por centenares de miles. Acusada dentro y fuera de la U.R.S.S. de realizar persecuciones, torturas, asesinatos y deportaciones. En 1991, con la desaparición de la U.R.S.S., se convirtió en el Servicio Federal de Seguridad. Como antecedentes se pueden mencionar el principio Ochrana: su misión era la vigilancia global, tanto en el interior como en el exterior del país. En 1917, Lenin creó la Cheka, considerada la "espada llameante de la revolución", cuyo objetivo era vigilar, detener y, en muchos casos, ejecutar a los sospechosos de combatir el movimiento revolucionario. La Cheka fue disuelta en 1922 y se convirtió en GPU, Directorio Político del Estado, vinculado al NKVD, Comisariado del Pueblo para Asuntos Interiores. En 1941, cuando una parte del territorio soviético fue ocupada por los alemanes, los servicios secretos fueron separados del NKVD para formar el NKBG. La NKVD había llevado adelante las purgas masivas ordenadas por Stalin en 1934 y entre 1937 y 1938. ◆ Servicio de espionaje soviético, que algunos lo acusaron de convertirse en un Estado dentro del Estado. Creada el 13 de marzo de 1954, era la heredera de la CHEKA, fundada por Lenin en 1917 y considerada la "espada llameante de la revolución". Con la desaparición de la URSS, en 1991, pasó a llamarse Servicio Federal de Seguridad.

KHIAM: prisión ubicada en esta localidad libanesa a sólo 4.000 metros de la frontera con Israel. Tuvo hasta mayo de 2000 a ciento cuarenta y cinco detenidos sin juicio ni condena. Todos eran prisioneros políticos y estaban custodiados por los milicianos del Ejército del Sur de Líbano, grupo mayoritariamente cristiano aliado a Israel. Estaban encarcelados por estar sospechados de colaborar con los grupos armados chiítas Hezbollah y Amal o de pertenecer al Partido Comunista libanés. En realidad, Khiam representa el símbolo de la violación de los derechos humanos.

KIBUTZ: término judío que significa la organización agrícola comunitaria, basada en el trabajo y en la vida en común, en la autogestión y en la abolición de la propiedad privada.◆ Comunidades agrícolas creadas por los sionistas en Palestina en los primeros años del siglo XX.◆ El término kibutz, palabra hebrea, significa grupo. El primero fue Degania, fundado por judíos llegados de Europa Oriental a la entonces Palestina y que habían sido educados en el ideal del sionismo socialista. Como forma de vida y organización, se desarrolló rápidamente, constituyendo, en la práctica, una de las bases económicas y humanas sobre las que se construyó el Estado de Israel.◆ Es una empresa cooperativa provista de una completa autonomía económica. Todos los bienes pertenecen a la comunidad. El grupo, del cual ningún miembro es asalariado, toma a su cargo la vivienda, la alimentación, el cuidado de la salud y la instrucción. Cada uno de sus miembros trabaja de acuerdo con sus posibilidades y recibe según sus necesidades.

"KNUT": instrumento ruso que poseía alambres retorcidos, con el cual se castigaba brutalmente, excepto a la nobleza. Posteriormente, en 1845, el zarismo lo sustituyó por un látigo, y se eliminó en 1863.

"KOLJOZ": en la U.R.S.S., explotaciones agrícolas colectivas, con administración propia, que se diferencian de los *sovjoz*, que son propiedades del Estado.◆ Producción de la tierra en la U.R.S.S., mediante las granjas colectivas. Es decir, un sistema de propiedad de la tierra. Cuando se produce la abolición de la propiedad privada, se crean granjas agrícolas de propiedad estatal, denominados *sovjos*, y granjas agrícolas colectivas, con propiedad de los medios de producción en forma cooperativa, es decir, los *koljoz*.

KOMINFORM: ver **Cominform**.

KOMINTERN: ver **Comintern**.

KOSOVO: provincia de Serbia (república que, federada con Montenegro, integra la actual Yugoslavia). Tuvo amplia autonomía, que fue abolida en 1990. Es una de las regiones más pobres y atrasadas de Europa. Tiene 10.887 km^2 y dos millones de habitantes, de los cuales el 90 % son albaneses étnicos y, en su mayoría, musulmanes. La minoría serbia (que son eslavos y cristianos ortodoxos) dirige la vida de la provincia. En el siglo XIII, los turcos ocuparon e islamizaron Kosovo, tras expulsar a los serbios. Pero éstos dicen que, a partir de esa derrota, se forjó su conciencia nacional. Por ello Kosovo tiene, para unos y otros, el mismo valor que Jerusalén para judíos y musulmanes. Tras las Guerras Balcánicas (1912-1913), Turquía desapareció como potencia y Kosovo fue anexada a Serbia. Desde entonces, Albania alimenta el sueño de integrarla a una Gran Albania. El conflicto tuvo una fase previa que se remonta a 1990, cuando la anulación de la autonomía provocó una ola de manifestaciones. Hubo una fuerte represión serbia. La consecuencia fue un estallido nacionalista que culminó con la fragmentación de Yugoslavia y el surgimiento de Croacia, Eslovenia, Bosnia y Macedonia como Estados independientes. Tras el surgimiento en 1996 del Ejército de Liberación de Kosovo, que desarrolla acciones guerrilleras, la represión serbia se hizo extremadamente severa. Fueron denunciadas matanzas indiscriminadas y otra vez, como antes en Bosnia, surgió el terrible fantasma de la limpieza étnica. Occidente exigía a Milosevic que pusiera fin a la represión, pero no apoyaba una eventual independencia de Kosovo y, menos aun, su incorporación a Albania. Insistía, sí, en la necesidad de que la provincia recuperara su autonomía. La guerra se desarrolló entre el 24 de marzo y el 3 de julio de 1999. Su origen puede ubicarse cuando la OTAN, liderada por los EE.UU., reaccionó ante la "limpieza étnica" de kosovares ejecutada por la federación yugoslava en la provincia de Kosovo, de mayoría albano–kosovar. Los yugoslavos capitularon. Una fuerza de paz de la ONU ocupó Kosovo y permitió el regreso de los albano-kosovares perseguidos. Yugoslavia informó que hubo mil trescientos muertos entre sus militares. La OTAN perdió dos militares.

KREMLIN: del ruso, *Kreml*, ciudadela. El Kremlin de Moscú incluye edificios de los más diversos estilos: arabesco, gótico, griego, italiano, chino, etcétera. Está encerrado por una muralla de 2,4 km, con torres en todo el perímetro. Allí vivieron los zares hasta los tiempos de Pedro el Grande (reinó de 1682 a 1725), cuando la corte se mudó a San Petersburgo (luego Stalingrado). En la revolución de 1917, fue muy dañado; pero luego fue totalmente restaurado. Es la sede del gobierno ruso.

KREMLINOLOGÍA: estudio, investigación y análisis de la política, de los métodos y de los usos de los gobiernos soviéticos.

"KU KLUX KLAN": nombre de dos sociedades secretas surgidas en los EE.UU.; la primera, en la segunda mitad del siglo XIX y la segunda, en 1915, con un programa de discriminación contra los negros, los judíos y los católicos.◆ Con esta denominación se conoce a dos organizaciones diferentes que influyeron en la sociedad estadounidense. La primera apareció como consecuencia de las tensiones ocurridas en el sur durante el período de reconstrucción que siguió a la guerra civil. Esta sociedad secreta estaba compuesta por los blancos del sur que se unieron para enfrentar a los negros. En 1871, el general Grant ordenó su disolución. Posteriormente, durante la Segunda Guerra Mundial, se consolidó la segunda organización. Tuvo su mayor auge en el lapso de ajuste económico y social luego de la restauración de la paz. Generalmente, se aplica también para referirse a organizaciones similares que coexistían en ciertas épocas. Era un club de hombres con un ritual absurdo y extraños uniformes. Estos causaban miedo a los negros incultos y, normalmente, supersticiosos. La segunda organización fue fundada por William Joseph Simmons, comerciante y predicador, en la noche de Acción de Gracias de 1915. En los estatutos se afirma que son una sociedad de clase elevada, patriótica y benevolente dedicada a defender el principio de la

supremacía blanca y del estadounidense puro. En 1926, llegó a ser importante
en varios Estados, controlaba el poder
local y elegía senadores.

"KULAK": campesino ruso acomodado,
propietario de las tierras que cultivaba.
Esta clase de campesino desapareció
con las granjas colectivas.

"KUOMINTANG": partido revolucionario
nacionalista chino, creado por Sut Yan
Sen en 1905. Se conocía también como
Partido del Pueblo y Partido Nacional
Democrático de China; fue el factor
de la revolución de 1911. Su creador
unificó las sociedades secretas chinas
e inició la rebelión que lo conduciría a
proclamar la República. Los principios,
básicamente, son: unificar China por la
fuerza militar, actuar como guía durante un período de "tutela" hasta que el
pueblo chino pueda participar en las
prácticas democráticas y abdicar el
monopolio del poder ante el gobierno
elegido por el pueblo.

L

LA BATALLA DEL PETRÓLEO: enunciación efectuada por el presidente de la Argentina, Arturo Frondizi, el 24 de julio de 1958, al lanzar el plan por el cual se buscaba el autoabastecimiento de dicho combustible.

LA CASA BLANCA: residencia oficial del presidente de los EEUU situada en la avenida Pennsylvania, en Washington, D.C. Fue diseñada por James Hoban (1762-1831), arquitecto nacido en Irlanda. La mansión fue quemada por los ingleses y reconstruida por el mismo Hoban.

LA CASA ROSADA: Casa de Gobierno Nacional de la Argentina, inaugurada el 14 de octubre de 1898; el entonces presidente Julio A. Roca se instaló allí con sus ocho ministros. En 1916, se realizó la última restauración y remodelación de envergadura. Posteriormente, en 1942, fue declarada monumento histórico nacional. El inmueble tiene planta baja y dos pisos sobre el frente de Balcarce y uno más, por el desnivel del terreno, del lado de Paseo Colón.

LA COMISIÓN TRILATERAL: nació en 1973; su finalidad se resumió en salvar la crisis del capitalismo frente a la amenaza que parecía el comunismo. Dentro de ese contexto, se proponía ajustar el orden económico, sin salir de las estructuras existentes. Su principal ideólogo fue Zbigniew Brezezinki, quien resumía sus ideas afirmando que el Estado-nación, en cuanto unidad fundamental en la vida organizada del hombre, dejó de ser la principal fuerza creativa: los bancos internacionales y las corporaciones multinacionales planifican y actúan en términos que llevan mucha ventaja sobre los conceptos políticos del Estado-nación.

LA CONCIENCIA DE ÁFRICA: simbolismo a través del cual los líderes mundiales definieron a Julius Kambarage Nyerere, legendario líder negro, ex presidente de Tanzania. Gran defensor de los movimientos de liberación de sus vecinos africanos, pionero influyente y previsor de la descolonización y de la unidad africanas.

LA CONCORDANCIA: coalición liderada, en la Argentina, por el general

Agustín P. Justo, que gobernó entre 1932 y 1938. Dicha alianza llegó al poder mediante la proscripción y el fraude. Los notables de la década conservadora y liberal tuvieron un denominador común: la aversión al movimiento de masas que, en sus comienzos, encarnó el yrigoyenismo.

LA CORTINA DE HIERRO: el 5 de marzo de 1946, durante un discurso, Winston Churchill acuñó la famosa frase al referirse a la esfera de influencia de la Unión Soviética. Con su discurso prácticamente inició el período histórico conocido como Guerra Fría, que durante cuarenta y cinco años se caracterizó por el enfrentamiento entre las dos superpotencias nacidas al final de la Segunda Guerra. Hasta la caída de la "Cortina de Hierro", es decir, de la Unión Soviética, el mundo vivió con la amenaza de una tercera guerra, que podía estallar en cualquier momento y desencadenar un conflicto nuclear global.

LA DECLARACIÓN DE PANAMÁ: del 23 de setiembre al 3 de octubre de 1939, se celebró la Primera Reunión de Consulta de los Ministros de Relaciones Exteriores de las Repúblicas Americanas. Los temas que se trataron giraban en torno a la posición que deberían adoptar los países americanos ante la guerra europea. El presidente de Panamá era Juan Arosemena y el canciller Narciso Garay Díaz.

LA FORESTAL: represión llevada a cabo entre 1919 y 1921 en la compañía inglesa de explotación de quebracho en la provincia de Santa Fe, República Argentina. La cantidad de muertos, según diversas fuentes, osciló entre doscientos y seiscientos. A partir de 1906, esta empresa fue dueña de un verdadero imperio en el norte de la provincia de Santa Fe. La empresa era dueña absoluta de las tierras y vidas de los hombres. En el período de su reinado, se talaron miles de árboles que tardaron cientos de años en crecer, y cuando la explotación dejó de ser ventajosa, la compañía se retiró. Los obreros eran tratados como esclavos y pagados con vales que cambiaban por mercadería en los almacenes que también pertenecían a la empresa. Los obreros realizaron numerosas huelgas reclamando aumento de salario y mejores condiciones de trabajo, que fueron duramente reprimidas. En la década de 1940, el dirigente radical Rogelio Lamazón se convirtió en la voz de los explotados; fue asesinado de un balazo en la cabeza por la policía de *La Forestal*.

LA GRAN SEQUÍA: período trágico que se inició el 7 de mayo de 1934 y que afectó la sexta parte del territorio de los EEUU Las grandes llanuras centrales fueron las zonas más castigadas. Los arroyos y los pozos se secaron, el polvo invadió las casas y las máquinas y detuvo los molinos. Todas las cosechas se perdieron, el ganado murió de sed y miles de pobladores debieron abandonar sus tierras. La destrucción obligó a cambiar los métodos de trabajo, incorporando la rotación de cultivos para restaurar el nitrógeno del suelo. Los agricultores debieron aprender a aprovechar las lluvias y a trabajar en terrazas a desnivel para conservar la valiosa capa superior del suelo.

LA GUERRA DE LOS MIL DÍAS: cruel Guerra Civil en Colombia que produjo diez mil muertos y por la que el país quedó devastado y a merced de los

EEUU, que se apoderó del Istmo de Panamá. Como consecuencia de ello, en 1903, Panamá se separó de Colombia y se transformó en una República independiente.

LA GUERRA DE LOS SEIS DÍAS: esta guerra, que comenzó en junio de 1967, trastocó todo el mapa de Oriente Medio que, en términos generales, quedaba compuesto por:
1) Israel: hasta junio de 1967 era un pequeño país de 20.700 km^2, que dominaba sólo el sector occidental de Jerusalén. Después de la guerra, tomó bajo su control la península del Sinaí y la Franja de Gaza, Cisjordania y Jerusalén Oriental, y las Alturas del Golán. Las Naciones Unidas no reconocieron la ocupación y reclamaron la devolución a sus dueños.
2) Egipto: el presidente Gamal Abdel Nasser había logrado formar junto a Siria e Irak la República Árabe Unida. En el momento de la guerra, esa federación ya no existía, aunque Egipto mantenía su liderazgo. Durante el conflicto, Egipto perdió la península de Sinaí y la Franja de Gaza. El Sinaí fue devuelto en 1982 por el acuerdo firmado en Camp David tres años antes, y la Franja de Gaza se encuentra bajo autonomía palestina desde 1993.
3) Siria: desde que se instalaron colonias israelíes en las cercanías de la frontera con Siria, fueron frecuentes las escaramuzas en la zona de las Alturas del Golán. En la guerra de 1967, Israel capturó esa meseta de 1.200 km^2, que luego anexó en 1981. La ONU exigió su devolución, pero las negociaciones de paz entre los dos países están estancadas.
4) Jordania: antes de la guerra, el reino Hachemita alcanzaba la margen occidental del río Jordán y el sector oriental de Jerusalén. Jordania perdió en 1967 esas tierras y renunció a su soberanía. Los palestinos ejercen ahora la autonomía sobre las dos terceras partes de Gaza y un 3 % de Cisjordania, aunque reclaman la totalidad de esos territorios y Jerusalén Oriental.

LA HUIDA DE ANASTASIO SOMOZA: miles y miles de nicaragüenses, con las boinas negras al estilo del Che Guevara y enarbolando banderas negras y rojas en sus ametralladoras celebraron el 18 de julio de 1979 la victoria. El dictador Anastasio Somoza, último miembro de una dinastía que gobernó Nicaragua durante cuarenta años, había escapado hacia los EEUU La familia controlaba el 80 % de la economía nicaragüense. Su fortuna equivalía a la deuda externa del país: 1.200 millones de dólares.

LA INTIFADA: levantamiento popular palestino contra la ocupación militar y civil de los israelitas en Gaza y en Cisjordania. Fue un movimiento espontáneo. El 8 de diciembre de 1987, un soldado israelí atropelló en la franja de Gaza a cuatro palestinos, que murieron; éste fue el hecho que inició el levantamiento. Los abusos israelíes en esos territorios se multiplicaban también en asesinatos diarios, detenciones, torturas y deportaciones masivas. A la agresión con piedras se le sumaron las bombas molotov y los comunicados del llamado Mando Unificado y de la Organización para la Liberación de Palestina (OLP), que llamaban al alzamiento y a la huelga general. Los israelíes, en cambio, justificaron la represión en la búsqueda de focos terroristas. La rebelión se aplacó recién en 1993, cuando Israel y la OLP firmaron en Washington los Acuerdos de Paz, que, en la actualidad, se están analizando.

LA LARGA MARCHA: ver **Larga marcha.**

LA MADRE TERESA: nacida en Albania en 1910 con su entrega absoluta hacia los más pobres, con epicentro en Calcuta, la convirtió en uno de los personajes más importantes del siglo XX. Su postura en contra del aborto fue tenaz. La orden que fundó contaba con 4000 integrantes repartidos en 122 países. En 1979 recibió el Premio Nobel de la Paz. Falleció en 1987.

LA MARCHA DE LA SAL: acontecimiento ocurrido en 1930 en la India, liderado por Mahandas Caramhand Gandhi, el Mahatma (jefe espiritual), que significó el comienzo de la debacle británica. Se levantó al alba, como siempre, tomó su desayuno de leche de cabra y naranjas, levantó su mano derecha y comenzó a nadar. Allí nacieron la "ahimsa" (no violencia) y la consecuente "satryraba" (desobediencia civil). En un peregrinaje de veinticuatro días, se sumaron a la marcha cuatrocientas mil personas. Ya el 6 de abril, en las salinas Dharasana ("donde el mar se apaga"), el intelectual con aspecto de faquir se arrodilló y recogió el primer terrón de sal. Acababa de violar la prohibición británica. En términos políticos, fue la mayor declaración de guerra que recibió Londres en muchos años. Gandhi fue mucho más que su propia historia: despojado de su humanidad y del tiempo, es hoy un concepto que flota libremente, una asociación instantánea con la libertad y la paz, un elegido en el más selecto *stock* de símbolos culturales de este tiempo.

LA MARCHA SOBRE WASHINGTON: el 28 de agosto de 1963, se produjo la mayor concentración popular organizada en los EEUU en favor de los derechos humanos. Una multitud integrada por trescientos mil personas, negros y blancos, se concentró en la capital para entrevistarse con el presidente Kennedy. Estaba encabezada por diez líderes negros, entre los que se destacaba Martin Luther King, quien expresaba: "Ha llegado el tiempo de salir del oscuro y desolado valle de la segregación a la senda luminosa de la justicia racial... No habrá descanso ni tranquilidad en América hasta que se le garantice al negro el derecho a la ciudadanía... No estaremos satisfechos hasta que la justicia mane como el agua y la rectitud sea como una corriente poderosa".

LA MASACRE DE TRELEW: el 15 de agosto de 1972, luego de la fuga en masa de 115 guerrilleros del penal de Rawson, 19 llegaron tarde a los efectos de escapar en un avión. La rendición sin condiciones de ellos fueron llevados nuevamente a la cárcel y el 22 de agosto sacados de sus celdas fueron ametrallados por los oficiales de la Marina encargados de su custodia.

LA MATANZA DE QUILLOTA: hecho ocurrido el 18 de enero de 1974 en Quillota, localidad ubicada a 125 km de Santiago de Chile, en el que ejecutaron a ocho personas dentro de un regimiento. Los militares argumentaron que dichos hombres habían intentado atacar a una patrulla. Argumento inverosímil si se tiene en cuenta que se encontraban desarmados.

LA MONCADA: el 26 de julio de 1953, ciento cincuenta hombres al mando de Fidel Castro, con carabinas calibre 22, intentaron copar el bastión militar más fuerte que la dictadura de Fulgencio

Batista tenía en el interior cubano. Simultáneamente, su hermano Raúl fracasaba en copar el Palacio de Justicia. La masacre fue inevitable. Tras cinco horas de lucha, los disparos cesaron y resultó patética la escena del patio del cuartel: treinta y tres rebeldes y quince soldados se desangraban en el suelo. Castro fue detenido, como muchos otros, y los rebeldes heridos fueron rematados. Pocos afortunados huyeron y pasaron a la clandestinidad. Se desató una feroz cacería de los que habían podido escapar y los guerrilleros encarcelados fueron torturados. Ese fracaso militar fue el primer grito de guerra de la Revolución Cubana. Pocos imaginaron que se repondría de semejante derrota. Pero de esas cenizas surgiría el fuego revolucionario que triunfaría el 1 de enero de 1959. Tras varios meses, Castro fue amnistiado y se exilió en México. Pero fundó el Movimiento 26 de julio, para no olvidar la fecha de aquel fracaso. El grupo comenzó a funcionar en forma clandestina en el territorio cubano y sería un vehículo importante en el camino que terminó con su regreso a Cuba en diciembre de 1956, su campaña en Sierra Maestra y la toma del poder.

LA MONEDA: en Chile, palacio presidencial del gobierno.

LA NOCHE DE LOS BASTONES LARGOS: el 29 de julio de 1966, un mes después del derrocamiento de Arturo Illia, el gobierno argentino de facto del general Juan Carlos Onganía intervino las universidades. La guardia de Infantería de la Policía desalojó en forma violenta las facultades de la Universidad de Buenos Aires, que horas antes habían sido ocupadas por profesores y alumnos.

LA NOCHE DE LOS CUCHILLOS LARGOS: episodio que finalizó el 30 de junio de 1934; consistió en una purga con la que Hitler se deshizo de un grupo de partidarios suyos que podían representar alguna forma de oposición. La matanza sucedió en Bad Wiessee por medio de las formaciones paramilitares creadas por Hitler en 1921. Para justificar el ataque, éste denunció una supuesta conspiración contra su gobierno.

LA NUEVA ECONOMÍA: aquella basada en los avances tecnológicos.

LA PASIONARIA: seudónimo de una mujer emblema de las luchadoras; logró el respeto y la admiración aun de aquellos que no compartían sus ideales. Nacida en el país vasco y líder del comunismo español, Dolores Gómez Ibarruri fue elegida, en 1930, miembro del comité central del partido. Sufrió la prisión y se marchó a Moscú, de donde regresó para ser nuevamente detenida; pero recuperó su libertad cuando fue elegida diputada por Asturias. En julio de 1936, al estallar la Guerra Civil, pronunció un famoso discurso por la emisora republicana Radio Madrid en el que expresó: "Es mejor morir de pie que vivir de rodillas. No pasarán". Al concluir la guerra se exilió en la Unión Soviética; en 1942, asumió la secretaría general del partido y en 1960, ocupó el cargo honorífico de presidenta. Cuando regresó a España, volvió a ser elegida diputada por Asturias en las primeras elecciones democráticas del país. Abandonó el cargo por motivos de salud y murió en 1989.

LA PATAGONIA TRÁGICA: rebelión de los trabajadores rurales reprimida por el teniente coronel Varela. Entre octubre de 1920 y diciembre de 1921, fusilaron de mil doscientos a mil quinientos obreros.

LA PAZ DE LOS VALIENTES: en Israel, cuando los laboristas se impusieron en los comicios de 1999, el flamante jefe de gobierno, Ehud Barak, proclamó su política de la "Paz de los Valientes". Barak propuso a Assad reflotar las negociaciones sobre la base del principio de paz por tierra. Damasco respondió que Siria "estaba dispuesta a responder a cada paso de Israel con otro similar".

LA PERLA NEGRA DE ÁFRICA: presidente de Uganda, nacido en 1928, fue el símbolo de la tiranía y la crueldad. Se pueden contar por centenares los crímenes, torturas y denigraciones. En 1973 una de sus esposas fue repudiada por Amin estando embarazada. Intentó un aborto, Anim la secuestró de la clínica ejecutó al médico y a las enfermeras. La llevó a su palacio y ante la presencia de funcionarios y dos hijos fue descuartizada a hachazos. Se la denominó la perla negra de África.

LA POLIGONAL: línea acordada políticamente por los gobiernos de Chile y de la Argentina en 1991 para trazar la frontera en la zona de los Hielos Continentales donde, en parte, no se ven las altas cumbres. El presidente Carlos Menem y su par chileno, Patricio Aylwin, firmaron en 1991 un tratado por el que se delineó la poligonal: una línea trazada para repartir la zona en forma equitativa y que no respetaba el principio de las altas cumbres. La división convenida desde el monte Fitz Roy al cerro Daudet otorga 1.238

km^2 a la Argentina y 1.057 a Chile. Además del acuerdo de la Poligonal, en 1991 se resolvieron veintidós pequeños problemas limítrofes y se sometió Laguna del Desierto a un arbitraje.

LA PRIMAVERA DE PRAGA: el 5 de enero de 1968, Alexander Dubcek fue elegido Secretario del Partido Comunista de la ex Checoslovaquia iniciándose el primer intento reformista dentro del comunismo. Esta posibilidad sirvió de pretexto para el líder soviético Leonid Brezhnev,sostuviera que Moscú debe sostener el inalienable derecho de intervenir para proteger la "revolución" cuando estuviese amenazada. Dubcek, la denominó "Socialismo con rostro húngaro. Pero el 21 de agosto de 1968 se produjo la invasión, no hubo resistencia y las potencias occidentales no intervinieron en defensa de los reformistas. Fue el inicio de un proceso que terminó con la "Revolución de Terciopelo". Este hecho que conmovió al mundo fue el punta pie inicial de un proceso que, a pesar de la derrota, posteriormente marcó un hito inborrable en Checoslovaquia. En la actualidad la división de la otrora República, permite analizar desde una óptica realista el proceso ocurrido en casi medio siglo. ◆ Ver **Revolución de Terciopelo.**

LA TRINITARIA: organización política clandestina dominicana, denominada así por estar compuesta por grupos de tres miembros. Se constituyó el 16 de julio de 1838 y sus miembros originarios fueron: Juan Pablo Duarte, Juan Isidro Pérez, Pedro Alejandro Pina, Félix María Ruiz, Benito González, Juan Nepomuceno Ravelo, José

María Serra, Felipe Alfan y Jacinto de la Concha. Esta asociación fue la estructura espiritual y material de la Independencia Dominicana, ya que de acuerdo con los postulados del creador de la nacionalidad dominicana, Juan Pablo Duarte, la independencia de toda dominación extranjera era la base esencial para la construcción de un país.

"LA VANGUARDIA": periódico argentino que se definía como "socialista científico" y cuyo primer número apareció el 7 de abril de 1894. Su objetivo era defender los intereses de la clase trabajadora. Además de las notas de los comentarios de índole política, incluía notas de carácter cultural y social. En 1902, fue clausurado por primera vez por condenar la Ley de Residencia, que autorizaba al gobierno a expulsar sin proceso a los extranjeros considerados indeseables. En 1905, comenzó a aparecer diariamente y desde entonces sufrió distintas clausuras. Su sede fue incendiada en 1910 por militantes de derecha y en 1953, durante el gobierno de Perón. El diario llegó a vender más de cien mil ejemplares.◆ Histórico periódico argentino destinado a defender los intereses de la clase trabajadora. Todo comenzó en agosto de 1893, en el diario *La Prensa*, en el cual figuraba un aviso que invitaba a una reunión en el café Francés para cambiar ideas sobre la creación de un periódico. Sólo se presentaron cuatro militantes obreros y J. B. Justo, que tenía veintiocho años. Se pusieron de acuerdo para fundar un periódico obrero y para ponerlo en marcha.

LA VOZ DE LOS SIN VOZ: denominación que utilizaban en El Salvador al referirse a monseñor Oscar Romero, arzobispo de San Salvador. Fue asesinado el 24 de marzo de 1980 por un comando paramilitar en la Capilla de la Divina Providencia. El ejército y la oligarquía que dominaban El Salvador creyeron que Romero sería un aliado de sus intereses, un conservador con escasa predisposición hacia la política. Pero al poco tiempo de asumir, el arzobispo recibió el primer gran golpe que iba a cambiar su destino: el asesinato de su mejor amigo, el padre Rutilo, quien había denunciado la violencia ejercida desde el poder contra el pueblo. Entonces su pensamiento y su acción se modificaron en forma lúcida y dolorosa y cada día fue acercándose más a los desamparados y oprimidos. Creó el Socorro Jurídico y la Comisión de Investigación de presos y desaparecidos políticos, en los tiempos en los que los escuadrones de la muerte sembraban de cadáveres las afueras de la ciudad. Sus homilías eran, además de un mensaje religioso, un verdadero informe de lo que ocurría en el país. En enero de 1980, la camarilla político-militar comienza a planificar su asesinato en la capital de Honduras. El 23 de marzo de 1980, en su última homilía, monseñor Romero se dirigió a los soldados de la nación: "Les suplico, les imploro, les ordeno, ¡no maten! Ningún soldado, ninguna persona tiene la obligación de obedecer una orden para matar".

LABORISMO: movimiento político inglés de carácter obrerista, fundamentado en aspectos básicos del sindicalismo y del fabianismo. Apareció en 1900 como un partido político cuyo objetivo era luchar por los intereses obreros en el Parlamento. A través del tiempo, ha tenido gran influencia en la vida política británica, ya sea por representar los intereses de los obreros como por su tendencia progresista y democrática.

LABORISTA: afiliado, militante o simpatizante del laborismo.

LAICISMO: corriente o doctrina cuyos partidarios tratan de impedir la influencia de la religión en la vida política y social de un país y, fundamentalmente, en los establecimientos educacionales. No implica anticlericanismo ni ateísmo.◆ Doctrina que defiende la independencia del hombre o de la sociedad y, más particularmente del Estado, de toda influencia eclesiástica y religiosa. Puede ser de Estado, cuando los gobiernos prescinden de la intervención de la iglesia en sus instituciones; de legislación, cuando se aparta a la Iglesia de toda injerencia en las leyes y rechaza toda la legislación relacionada con la confesión religiosa, en nombre de la libertad de conciencia; y de enseñanza cuando, por las mismas razones, se excluye a la Iglesia de la educación.

"LAISSEZ FAIRE, LAISSEZ PASSER": principio que propulsa que las cosas se acomoden por sí mismas, muy especialmente, la no interferencia del gobierno en asuntos económicos. El creador de la frase pudo haber sido Adrien Marie Legendre (1752-1833), un matemático francés, o posiblemente D'Argenson, un ex ministro de Luis XV. Se convirtió en la máxima aceptada por los fisiócratas franceses del siglo XVIII como una reacción contra el mercantilismo. Adam Smith (1723-1790), economista escocés fundador de la escuela clásica de economía, fue su propulsor en Gran Bretaña, como profeta del libre comercio. Adam Smith, mientras era profesor de filosofía moral en la Universidad de Glasgow, escribió *Teoría de los sentimientos morales* (1759) y en 1776, publicó su obra maestra *Investigación sobre la naturaleza y causa de la riqueza de la Naciones*. La frase también puede usarse como *Laissez passer, laissez aller*.◆ Política económica que sostiene que el Estado debe intervenir lo menos posible en la faz económica, dejando a los individuos orientarse privadamente hacia la mejor forma de producir y comerciar de acuerdo con su criterio especial.

"LANDGRAVE": título que poseían determinados señores alemanes del Sacro Imperio Romano, que superaba al de conde.

"LANDSGEMEINDE": régimen político ya establecido a fines del siglo VIII en el cantón suizo de Schwuryz y extendido luego a otros. Consiste en un régimen democrático no representativo sino directo, conforme al cual todos los ciudadanos activos del cantón de que se trate se constituyen en asamblea libre para decidir sobre cuestiones legislativas y para designar a los funcionarios judiciales y ejecutivos.

LARGA MARCHA: el 20 de octubre de 1935, concluyó una de las retiradas más heroicas que se recuerda en la historia. La guerra entre el ejército del Koumintang de Chiang Kai-shek y el ejército comunista liderado por Mao Tse-tung (1893-1976) duró largos años. Aunque Mao logró ganar muchas batallas, para 1934 sus fuerzas habían sufrido graves derrotas y estaban muy comprometidas; su única opción era la rendición total o la retirada. En octubre de ese año, se optó por la retirada, que comenzó en Fukien y terminó cerca del desierto de Gobi, una distancia de alrededor de 12.000 kilómetros. La "larga marcha" se prolongó más de un año y en su recorrido los noventa mil hombres que integraban el ejército rojo cruzaron veinticuatro ríos y dieciocho cadenas de montañas, cinco de las cuales estaban cubiertas por nieves eternas. La retirada, digna de figurar en la leyenda, estuvo sostenida por un singular espíritu de hermandad que unía a los combatientes. Las medidas que iban tomando consistían en la distribución de tierras y en la organización de la enseñanza y de sistemas sanitarios. Más de veinte mil civiles con sus familias se unieron a las tropas en marcha. Permanentemente acosados por las fuerzas del gobierno, los comunistas debieron emplear todo su ingenio para sobrellevar las dramáticas condiciones del camino. A pesar de la lluvia, el agua potable era tan escasa que muchas veces los hombres debieron tomar su propia orina. Finalmente, las tropas llegaron a Shensi, donde se encontraron con apoyo local. Quedaban sólo siete mil hombres de los muchos que habían iniciado la marcha. Para ese momento, Mao era reconocido ya como el máximo líder del comunismo. En 1949, logró una victoria total y trascendente que conmovió al mundo, constituyéndose en uno de los sucesos más fundamentales y decisivos del siglo XX. Produjo en China una verdadera transformación social, política y económica, equidistante e independiente de los EEUU y de la U.R.S.S. En la década de 1960, Mao también llevó adelante la "Revolución Cultural", y en la década de 1970, comenzó a insertarse en el plano internacional en forma más incisiva.

LAS DAMAS DE BLANCO: grupo disidente cubano compuesto por alrededor de 180 afiliadas. En el 2005, estas mujeres siempre vestidas de blanco fueron reconocidas por el Premio Sájarov del Parlamento Europeo.

LAS MADRES DE PLAZA DE MAYO: agrupación creada en la Argentina, integrada por las madres de desaparecidos, cuya lista engrosaron algunas de las fundadoras. La primera reunión fue convocada por Azucena Villaflor, fundadora de la agrupación, en abril de 1977. Se convirtieron en el sector más activo y coherente de oposición al gobierno militar. Símbolo de coraje y resistencia al totalitarismo, que desde su fundación siguen buscando respuestas. Posteriormente se produjo una división en su seno.

LAS MARIPOSAS: el 25 de noviembre de 1960, en la República Dominicana, fueron encontrados los cuerpos de las hermanas Mirabal. Tres hermanas que enfrentaron la dictadura de Rafael Trujillo, que perduró durante treinta años, período en el cual primó la corrupción, la violación de la ley y de los más elementales derechos humanos y la represión sangrienta a los opositores. Muchos dominicanos adoptaron ante esta situación la lucha clandestina. Las hermanas Mirabal: Minerva, Patria y María Teresa, con sus acciones, empezaron a molestar al régimen y fueron detenidas durante varios períodos. El rechazo público hacia Trujillo por parte de las hermanas fue el factor desencadenante del asesinato de las tres. Para la gente del pueblo, entraron en la historia como "Las mariposas", las nuevas víctimas de la injusticia, y en su memoria se levantó un santuario. Además, en su homenaje, dicha fecha se recuerda como el "Día Internacional de la No Violencia contra la Mujer"

LAS PARTES: expresión que señala a aquellos Estados que inscriben un acuerdo o una convención y que se conforman, por lo tanto, en parte directa e interesada de ellos.

LAS VEINTE VERDADES DEL JUSTICIALISMO: el 17 de octubre de 1950, en uno de sus célebres discursos, desde el balcón de la Casa Rosada, J. D. Perón, por entonces presidente de la República Argentina, expuso ante la multitud que colmaba la Plaza de Mayo una especie de síntesis de su doctrina, que constituyó los preceptos básicos del peronismo, que a continuación se detallan: 1) la verdadera democracia es aquella donde el gobierno hace lo que el pueblo quiere y defiende un solo interés: el del pueblo; 2) el peronismo es esencialmente popular; todo círculo político es antipopular y, por lo tanto, no es peronista; 3) el peronista trabaja para el movimiento; el que en su nombre sirve a un círculo, a un caudillo, lo es sólo de nombre; 4) no existe para el peronismo más que una sola clase de hombres: los que trabajan; 5) en la Nueva Argentina, el trabajo es un derecho que crea la dignidad del hombre, y es un deber, porque es justo que cada uno produzca por lo menos lo que consume; 6) para un peronista no puede haber nada mejor que otro peronista; 7) ningún peronista debe creerse más de lo que es, ni menos de lo que debe ser; cuando un peronista comienza a sentirse más de lo que es, empieza a convertirse en oligarca; 8) en la acción política, la escala de valores de todo peronista es la siguiente: primero la Patria, después el movimiento y luego los hombres; 9) la política no es para nosotros un fin sino el medio para el bien de la patria, que es la felicidad de sus hijos y la grandeza nacional; 10) los dos brazos del peronismo son la justicia social y la ayuda social; con ello damos al pueblo un abrazo de justicia y amor; 11) el peronismo anhela la unidad nacional y no la lucha; desea héroes pero no mártires; 12) en la Nueva Argentina los únicos privilegiados son los niños; 13) un gobierno sin doctrina es un cuerpo sin alma; por eso el peronismo tiene su propia doctrina política, económica y social: el justicialismo; 14) el justicialismo es una nueva felicidad de la vida, simple, práctica, popular, profundamente cristiana y profundamente humanista; 15) como doctrina política, el justicialismo realiza el equilibrio del derecho del individuo con el de la comunidad; 16) como doctrina económica, el justicialismo realiza la economía social, poniendo el capital al servicio de la economía y ésta, al servicio del bienestar social; 17) como doctrina social, el justicialismo realiza la justicia social que da a cada persona su derecho en función social; 18) queremos una Argentina socialmente justa, económicamente libre y políticamente soberana; 19) constituimos un gobierno centralizado, un Estado organizado y un pueblo libre; 20) en esta tierra, lo mejor que tenemos es el pueblo.

LATIFUNDIO: gran extensión de tierra de propiedad individual o de empresas comerciales. Sin embargo, contra lo que suele creerse, el latifundio no indica necesariamente formas atrasadas de producción. Nos encontramos ante las más diversas combinaciones: países atrasados donde predomina la pequeña propiedad y el pequeño productor no capitalista, países capitalistas donde predomina el pequeño productor, países atrasados donde predomina el latifundio, países capitalistas donde predomina el latifundio y variadas combinaciones de tenencia de la tierra y de relaciones de producción. El funcionamiento económico del capitalismo, si no interfieren en él medidas políticas como el reparto de tierras públicas u otros, tiende a producir un aumento de la concentración de la propiedad de la tierra.

LATINOAMÉRICA: se utiliza para designar todo el territorio del continente al sur del Río Bravo o Río Grande. Engloba el conjunto de países del continente americano en los que se hablan lenguas derivadas del latín.◆ Pueblos de América de lengua española, portuguesa y francesa.◆ Ver **América Latina**.

LATINOAMERICANO: perteneciente a algún país de Latinoamérica.

LAUDO ARBITRAL: es final si el tratado de arbitraje no estipula lo contrario, y es obligatorio para las partes. Sin embargo, como no existe ninguna autoridad central sobre los Estados para ejecutar el laudo contra el Estado que se niega a someterse, en el caso de que se presente esta negación, la otra parte tiene el derecho de ejecutar el laudo arbitral por los medios coercitivos permitidos por el derecho internacional.

LAVADO DE CEREBRO: mecanismo, tratamiento o técnica que trata de obtener modificaciones determinadas en la personalidad de una persona vinculada con la relajación de su voluntad y, especialmente, con respecto a las ideas políticas. Con algunas variantes, se ha recurrido a formas violentas, torturas, etcétera.

LAVADO DE DINERO: operación por la cual se blanquea el origen ilegal de una suma de dinero. Puede provenir de la droga, de coimas en transacciones comerciales, de corrupción. Hay varias formas de lavado: transferencias bancarias entre empresas fantasmas, inversiones bursátiles, participación en *holdings* empresariales, etcétera.

LAXISMO: doctrina moral alejada o poco sana.

LEGIÓN: cuerpo de tropas que constituía la columna vertebral del ejército romano y que variaba su número de acuerdo con los períodos.

LEGIÓN DE HONOR: orden nacional francesa, representada por una estrella con cinco rayos dobles, creada en 1802 y que se utilizaba como premio a civiles y a militares por actos de servicios o actitudes altruistas.

LEGIÓN EXTRANJERA: constituida por los franceses en 1831 para luchar contra los rebeldes argelinos. Compuesta por hombres de distintas nacionalidades, en su mayoría por españoles, alemanes e italianos; luchaban en todas las guerras francesas.

LEGISLATIVO: facultad de hacer leyes.◆ Autorizado por una norma legal.

LEGISLATURA: cuerpo legislativo, unicameral o bicameral.◆ Período o tiempo en el cual funcionan los cuerpos legislativos.

LEGITIMIDAD: propiedad que tiene un régimen político para diseñar, aplicar y hacer cumplir las leyes con el consentimiento de los gobernados.◆ Capacidad del sistema para engendrar y mantener la creencia de que las instituciones políticas existentes son las más apropiadas para la sociedad *(F. Murillo Ferrol).*

LEGITIMISMO: movimiento que, fundado en el derecho divino, sostuvo que todos los monarcas destronados conservaban su derecho al mando y lo transmitían a sus descendientes de acuerdo con las leyes de sucesión. Dicho poder no podía ser usurpado a sus legítimos depositarios.

LEGITIMISTA: partidario de una dinastía o de un príncipe basado en la creencia de que posee un llamamiento legítimo para gobernar o reinar.

"LEIT MOTIV": expresión alemana que significa "el motivo central". Es decir, la consigna principal.

LEJANO ORIENTE: zona geográfica que incluye a: China, Mongolia, Corea, Japón, Filipinas, India, Laos, Tailandia, Vietnam, Birmania, Malasia e Indonesia.◆ Países del extremo oriental de Asia.◆ Extremo Oriente.

LEMA: nombre de un partido político.◆ Denominación de un partido político en todos los casos y procedimientos electorales. Es esencial para su existencia y reconocimiento electoral.

LENGUA: el idioma es un producto colectivo que el individuo encuentra hecho al nacer. Su presencia es coactiva y determina la personalidad del sujeto, lo adhiere espiritualmente a un entorno cultural que la lengua refleja en sus valores regionales o nacionales peculiares. Es el instrumento expreso del pensamiento, del sentimiento y de la voluntad.◆ Es social en su esencia e independiente del individuo *(F. de Saussure).* ◆ Es un fenómeno social; es entre todas las instituciones sociales la que nos acerca a los orígenes de la sociedad, por ser la más instintiva, la más tradicional y, en fin, la que más fuertemente se impone al individuo *(C. Bally).*

LENGUARAZ: intérprete en los parlamentos entre cristianos e indios.

LENINISMO: unión de la teoría marxista con la teoría elitista. La teoría leninista es hasta ahora el intento más completo para oponerse a la rebelión de las masas *(Vestuti).*◆ Las clases sociales se caracterizan como vastos grupos de hombres que se distinguen por el lugar que ocupan en un sistema históricamente definido de la producción social, por la relación que guardan con los medios de producción (relación que está normalmente ordenada y consagrada por la ley), por su papel en la organización social del trabajo y, por consiguiente, por la forma de obtener, así como por su tamaño, la parte de riquezas sociales de que disponen. Las clases son grupos de hombres; según el puesto que ocupen en un régimen determinado de la economía social, unos podrán apropiarse del trabajo de los otros.

LEVANTAMIENTO: alboroto popular, sedición.

LEVANTAMIENTO DE JOSÉ LEÓN SUÁREZ: grupo peronista que en la Argentina inició un levantamiento armado contra el gobierno del general Pedro Eugenio Aramburu, que fue reprimido en forma sangrienta. El gobierno de Aramburu conocía gran parte del plan a través de sus servicios de inteligencia, y el levantamiento, que debía comenzar en el anochecer de ese día con una proclama radial del general Juan José Valle, fue rápidamente frustrado. En las horas que siguieron muchos de los complotados fueron detenidos en diferentes lugares de la Capital y de la provincia de Buenos Aires. Más de treinta personas, entre civiles y militares, cayeron fusilados en José León Suárez, en Campo de Mayo, en Lanús y en La Plata, y cientos de civiles quedaron detenidos bajo la ley marcial y muchos fueron torturados. Valle, que permanecía escondido, se entregó a cambio de la promesa de no ser fusilado; pero el día 12 de julio de 1956, fue ejecutado en la antigua penitenciaría que se encontraba en la calle Las Heras por orden del presidente, general Aramburu, y el vicepresidente, almirante Isaac F. Rojas.

LEVANTE: oriente.◆ Países que se hallan al oriente del Mediterráneo.

LEVIATÁN: obra cumbre de Thomas Hobbes (1588-1679), conocida también con el nombre de *Materia, forma y poder de una república eclesiástica y civil.* Ésta es una respuesta a la crisis de gobierno, de los valores humanos, de la autoridad y, en general, a la crisis del gobierno que existía en Europa.

LEY: proviene de *lege* o *legere*, que quiere decir leer, escoger, atribuir.◆ En su acepción más amplia, las leyes son las relaciones necesarias que derivan de la naturaleza de las cosas.◆ Precepto racional orientado hacia el bien común y promulgado por quien tiene a su cargo el cuidado de la comunidad *(S. Tomás de Aquino).*◆ Precepto dictado por la suprema autoridad, en que se manda o prohíbe algo en consonancia con la justicia y para el bien de los gobernados.◆ Regla y norma constante e invariable de las cosas, nacida de la causa primera o de las cualidades y condiciones de aquéllas.◆

Estatuto o condición establecida para un acto particular.◆ En el régimen constitucional, disposición votada por el Poder Legislativo y sancionada por el Jefe de Estado.◆ Es la regla social obligatoria establecida de modo permanente por la autoridad pública y sancionada por la fuerza *(M. Planiol).*◆ Orgaz la define como la norma escrita, de precepto general, que emana de los órganos políticos del Estado y que se presume fundada en una necesidad común relativa a la convivencia; para Planiol, se trata de una regla social obligatoria, establecida con carácter permanente por la autoridad pública y sancionada por la fuerza. Aristóteles, por su parte, la consideraba como el común consentimiento de la ciudad.

LEY CONTRA LOS DELINCUENTES PELIGROSOS PARA LA SOCIEDAD: ley promulgada en 1933 en Alemania, que autorizaba la castración de ciertos individuos sospechosos de atentar contra las buenas costumbres. Con la ley ya vigente para la prevención de la descendencia con enfermedades hereditarias, quedaba diseñada una verdadera máquina legal que justificaba la represión de todos aquellos considerados enfermos o débiles, en nombre de la pureza de la raza. Existían tribunales especiales destinados a juzgar la sanidad genética; cualquier persona podía presentarse y efectuar una denuncia contra cualquier otra, afirmando que sufría una enfermedad hereditaria.

LEY DE HIERRO DE LA OLIGARQUÍA: consiste en que la organización no es meramente el más eficiente instrumento al servicio del poder minoritario, sino que ella misma crea y mantiene ese poder, independientemente de las concepciones ideológicas.

LEY DE LA GUERRA: aquella que, a través de pactos, tratados o convenciones, acuerdan distintos países.

LEY DE LEMAS: sistema electoral que se caracteriza por el doble voto acumulativo y simultáneo. Se basa en la imputación de los votos obtenidos por los distintos sublemas al más votado de ellos, dentro de dicho partido. Este sistema se aplica en Uruguay.

LEY DEL TALIÓN: aquella que impone al causante de un daño una pena igual a lo que ha sufrido la víctima. Se expresa en la frase "ojo por ojo y diente por diente".

LEY FUNDAMENTAL: la Constitución del Estado.

LEY JIM CROW: desde 1877, cuando terminó el llamado "Período de Reconstrucción" que siguió a la Guerra de Secesión, hasta 1954, los estados del sur de los EEUU fueron regidos por esta ley, que establecía servicios separados para blancos y negros. La denominación estuvo dada por un personaje de una comedia, que imitaba algunas de las características de los negros, apodado "Jim Crow". En 1896, una decisión de la Corte Suprema afirmó que la segregación entre blancos y negros era aceptable, siempre que ambas razas recibieran facilidades iguales. Pero en la práctica, la igualdad de condiciones era completamente falsa y admitir servicios separados implicaba la discriminación. En la década de 1950 los movimientos a favor de los derechos civiles denunciaron las diferencias y comenzaron a exigir la modificación de la leyes. Entre las numerosas presentaciones que objetaron la legislación estaba la de Linda Brown, una niña negra de once años cuyo padre había solicitado que la dejaran estudiar en una escuela para blancos de Topeka, Kansas. El caso llegó a la Corte Suprema, que por unanimidad determinó que la doctrina "separados pero iguales" era improcedente. El 17 de mayo de 1954, la Corte Suprema de los EEUU decretó la ilegalidad de las leyes que promovían la segregación racial en las escuelas.

LEY MARCIAL: aquella que, por el establecimiento del Estado de sitio, transfiere a la autoridad militar funciones inherentes de la actividad civil con el objetivo de enfrentar alteraciones en el orden público.

LEY ORGÁNICA: aquella que emerge de la Constitución y que tiene como fin la organización de una rama de la administración pública.

LEY PÚBLICA: rama de la ciencia política ocupada del estudio y el análisis de las relaciones entre el sistema legal, la política y el gobierno.

LEY SAENZ PEÑA: ley dictada en 1912 en la Argentina por la cual se estableció el voto secreto.

LEYES CONSUETUDINARIAS: aquellas consagradas por la moda o por las costumbres del grupo social y que nos impone la necesidad de no herir los gustos tradicionales de la sociedad.

LEYES DE INDIAS: en 1861, se publicó un código que contenía la totalidad de las disposiciones y las normas dictadas para el gobierno y la administración de los territorios del Nuevo Mundo bajo dominio de España. El inicio de este código fue en 1570.◆ Ver **Ordenanzas de Indias.**

LEYES DE LA GUERRA: reglas del derecho internacional relativas a la conducta en la guerra. Los orígenes de las leyes de la guerra actuales se encuentran en las prácticas de los beligerantes que surgieron y aumentaron gradualmente durante la última parte de la Edad Media *(L. Oppenheim).*

LEYES JURÍDICAS: leyes justas, elaboradas de acuerdo con el derecho. Normas obligatorias, equivalentes a órdenes, imposiciones.

LEYES MORALES: aquellas que tratan que la conducta del hombre sea intachable y recta. Obligaciones que se autoimponen los hombres.

LIBELO: escrito informativo o satírico cuya aplicación es asidua en el plano político.

LIBERAL: actitud política caracterizada por admitir el legado institucional del liberalismo (sufragio, cámaras representativas, respeto a la oposición y separación de poderes) y que es sostenida por los movimientos socialistas (socialdemócratas) y democristianos, de manera que la discrepancia entre todos estos movimientos (liberalismo, socialdemocracia y democristianismo) aparece, más bien, en el terreno socioeconómico y en las fundamentaciones ideológicas *(P. L. Verdú).*◆ Partidario de la libertad política en los Estados.

LIBERALISMO: en un sentido restringido, es un movimiento intermedio entre el conservatismo y el socialismo. Es partidario de la reforma pero sin violencias y su base social es la clase media. Advierte Sabine que estos rasgos son más propios del liberalismo europeo continental que del angloamericano. ◆ En un sentido lato, coincide con una serie de instituciones democráticas (sufragio, asambleas representativas, Poder Ejecutivo responsable ante el cuerpo electoral). No puede identificarse con la ideología de ninguna clase social ni con un programa limitado de reforma política; puede decirse que es la culminación de toda la tradición política occidental.◆ Movimiento cuestionador del poder absoluto y de sus pretensiones divinas, que procuró restringir los poderes del Estado y defender los valores de la tolerancia y el respeto por la vida privada; fue defensor de los Estados constitucionales, de la propiedad privada y de la economía de mercado competitivo *(G. Poggi).* ◆ Libertades públicas en contra de los caudillos, de los oligarcas y de aquellos representantes de las potencias extranjeras. ◆ Movimiento ideológico que surge durante un proceso temporal en los países occidentales, basado en llevar hasta el máximo grado el individualismo por parte de la burguesía en el terreno político, económico y filosófico. En sus inicios se asoció como liberal al revolucionario independientista que participó en las luchas emancipadoras. ◆ Doctrina político-social, ideológica y económica antirreligiosa, antidogmática y antimonárquica, democrática y parlamentaria, que propugnó el respeto al individuo en todos los aspectos de su iniciativa, bregando por la libertad y originado en el siglo XVIII con las teorías de los grandes pensadores del Enciclopedismo francés, como Voltaire, Rousseau y Diderot, y la Ilustración, en general, tanto en Francia como en Inglaterra y en Alemania, se expandió por Europa, influyó en la Revolución norteamericana, se llevó a la práctica desde la Revolución Francesa, que proclamó los Derechos del Hombre y fue el signo que presidió las revoluciones americanas. La libertad se dio en el plano de las ideas; libertad de pensamiento, de conciencia, etcétera. No obstante, en distintos países, regiones, etcétera no dejan de ser más que una expresión de deseos, aun en estos tiempos de globalización.

LIBERALISMO ECONÓMICO: el equivalente de las nuevas doctrinas en el campo de la economía. Propugna un ordenamiento natural, no controlado por el Estado, en el que la propiedad y la iniciativa privada, la concurrencia libre y el comercio garanticen la prosperidad económica y el progreso social; *laissez faire, laissez passer* (dejad hacer, dejad pasar) es su lema.

LIBERALIZACIÓN: eliminación de las restricciones cuantitativas, del tipo de licencias de importaciones para comercio bilateral, contingentes y cupos bilaterales o multilaterales, prohibiciones e impuestos a la exportación, etcétera, con la finalidad de incrementar la flexibilidad de las transacciones mercantiles y, en general, de favorecer el aumento de los intercambios.

LIBERTAD: facultad de la que gozan las naciones gobernadas adecuadamente para hacer y decir cuanto no se oponga a las leyes o a las buenas costumbres. ◆ Emancipación de algo que coacciona y traba nuestro movimiento. Significa la eliminación de una traba, de un obstáculo que impide o dificulta los actos que voluntariamente queremos realizar.◆ Estado o condición de quien no es esclavo.◆ Facultad natural que posee el hombre de obrar de una manera o de otra, y de no obrar, por lo que es responsable de sus actos.◆ Es una con-

secuencia de la igualdad y no puede ser considerada aisladamente, como un valor en sí; cuando se estudia la libertad, hay que situarla en el contexto de la vida social. Es la condición y el elemento formativo para la realización de un *maximum* de justicia social y de felicidad humana.◆ Actividad humana que en el ambiente de la vida social, en sus distintas manifestaciones, en sus relaciones con respecto a las instituciones y a las leyes, permite la facultad natural que tiene el hombre de obrar o no obrar, de escoger, y que hace al hombre responsable de sus propios actos.

LIBERTAD CIVIL: según T. Hobbes (1588-1679), este elemento del Estado es la garantía que tiene el ciudadano de que respetando la vida, la honra y los bienes del vecino, se le respetará lo propio.◆ Aquella limitada por la voluntad general, y la posesión que no es sino el efecto de la fuerza o el derecho del primer ocupante, de la propiedad, que no puede fundarse sino sobre un título positivo *(J. J. Rousseau).* ◆ Ver **Libertad Natural.**

LIBERTAD COMO AUTONOMÍA: la garantía de la libertad frente al poder. Se trata de limitar la acción del poder para garantizar al individuo. Una serie de esferas de autonomía dentro de las cuales ejerza su propia decisión, sin injerencias ni limitaciones por parte del poder: la libertad es disponibilidad. El hombre dispone de sí mismo y de sus cosas. Pero estas libertades sólo son efectivas desde determinada situación social, aquella que otorga los medios y bienes, condiciones necesarias para su ejercicio. La propiedad, por ejemplo, es la libre disposición de los propios bienes. Exige, por lo pronto, ser propietario. Para el no propietario es una libertad vacía. Sólo la situación social de la propiedad hace real esa libertad *(T. Fernández).*

LIBERTAD COMO PARTICIPACIÓN: lo decisivo es participar en el poder. La libertad política es participación en el poder. Por eso la historia decimonónica es, de modo dominante, la historia del proceso hacia el sufragio universal, la participación igual de todos los ciudadanos en el poder. Pero la participación está también condicionada por la situación social y es, en el fondo, una libertad igualmente formal, si no se asegura a todos la efectividad de la situación social requerida.

LIBERTAD COMO PODER: la historia política del siglo XX significa el acceso de las masas al protagonismo político y la formulación de una nueva libertad, la libertad como liberación, la libertad como eficacia o poder. La libertad exige una situación social, una situación que hay que conquistar. La política se configura, en consecuencia, en función de esa conquista.

LIBERTAD DE ASOCIACIÓN: el reconocimiento de este derecho parte del principio social, que es un impulso espontáneo en el hombre. Por ello, existe la tendencia dentro de la gran comunidad social a congregarse los vecinos del mismo barrio en una sociedad de fomento del lugar u otro tipo de agrupamiento.◆ Facultad de constituir asociaciones para los más diversos fines: políticos, económicos, sindicales, culturales, etcétera, asegurada por el poder público dentro de los límites establecidos por la legislación.

LIBERTAD DE CÁTEDRA: exención de trabas que ha de tener todo profesor para investigar, exponer y transmitir el saber científico, mediante la lección, conferencias, escritos, experimentos, operaciones a quienes quieran aprender. ◆ Facultad que debe tener todo educador para investigar, expresar, sostener y transmitir el conocimiento científico a través de los distintos medios de comunicación, de experimentos, escritos, lecciones, etcétera. Resulta fundamental la eliminación de cualquier tipo de limitaciones o trabas a la libre expresión.

LIBERTAD DE CIRCULACIÓN: supresión de barreras, trabas u obstrucciones que pueden darse dentro de las fronteras de un país o para lograr el paso de un país a otro. Básicamente, se alcanza con el desmantelamiento del sistema arancelario o bien con reducciones sustanciales en sus tasas.

LIBERTAD DE CONCIENCIA: facultad de profesar cualquier religión sin ser inquietado por la autoridad pública.◆ Libertad de pensamiento.

LIBERTAD DE CULTO: facultad de practicar públicamente los actos religiosos deseados.

LIBERTAD DE EXPRESIÓN: libertad de palabra.◆ Libertad de pensamiento.

LIBERTAD DE PALABRA: libertad de expresión.◆ Libertad de pensamiento. ◆ Derecho reconocido en la democracia, para que todo hombre pueda exteriorizar su pensamiento sin temores, sin censura previa.

LIBERTAD DE PENSAMIENTO: facultad de expresar, proteger y difundir ideas u opiniones personales. ◆Libertad de palabra. ◆ Libertad de expresión. ◆ Aquella que permite manifestar y propagar las distintas opiniones religiosas, sociales, políticas, etcétera sin oposición por parte de las autoridades constituidas.

LIBERTAD DE PRENSA: aquella en la que, de acuerdo con las normas legales vigentes, se permite la impresión de todo tipo de publicaciones, sin ningún tipo de censura.

LIBERTAD DE TRABAJO: derecho a ejercer toda industria lícita.

LIBERTAD INDIVIDUAL: facultad de poder actuar sin depender de la voluntad de otro.

LIBERTAD PERSONAL: inmunidad de todo hombre frente a cualquier arbitrariedad o abuso que afecte su vida, su integridad física y moral, la espontánea determinación de su persona, considerando las condiciones jurídicas y materiales que fundamentan y encauzan dicha inmunidad (inviolabilidad de domicilio y de correspondencia, secreto de la misma, libertad de circulación, de emigración e inmigración y repatriamiento, garantías procesales, iniciativa política y económica, elementos socioeconómicos que conceden igualdad de oportunidades a todos) *(P. L. Verdú).*

LIBERTAD POLÍTICA: aquella que se presenta y se define como libertad individual, libertad de prensa y de opinión, libertad de conciencia, de asociación, de industria y de comercio.◆ Consiste en la intervención del ciudadano en el gobierno del Estado. Es la libertad que tiene el ciudadano de elegir y controlar a sus gobernantes y de ser gobernante él mismo.

LIBERTAD SINDICAL: derecho del que gozan los trabajadores y los empleadores, sin distinción de sexo o nacionalidad y sin necesidad de autorización previa, de constituir libremente organizaciones que tengan por objeto el estudio, la defensa, el fomento y la protección de los intereses profesionales, así como el mejoramiento social, económico, cultural y moral de los asociados.

LIBERTADES PÚBLICAS: libertades inherentes a los ciudadanos y a las instituciones sociales. En realidad comprenden a los derechos fundamentales, individuales y colectivos reconocidos por el marco constitucional.

LIBERTARIO: anarquista, partidario de la libertad.◆ Pensamiento político a través del cual se propone la eliminación del Estado, por considerárselo un instrumento de las clases dominantes para la explotación de la mayoría del pueblo.

LIBERTICIDA: que anula la libertad.

LIBERTINAJE: desenfreno en las palabras o en las obras.◆ Carencia de respeto a la religión.

LIBERTO: esclavo que recibe su libertad en su vínculo con su amo.

LIBRECAMBIO: sistema económico que permite, favorece y estimula el comercio a nivel nacional y, fundamentalmente, internacional.

LIBREPENSAMIENTO: teoría o doctrina que requiere y reclama el libre pensamiento en los asuntos religiosos.◆ Por extensión se aplica también a otros campos.

LÍDER: individuo al cual la masa le reconoce cualidades suficientes de conducción política y que, efectivamente, realiza dicha conducción.◆ Caudillo, conductor, guía.

LÍDER DE OPINIÓN: individuo que goza de prestigio, capacidad o carisma; ejerce una gran influencia en los grupos sociales, a través de las interpretaciones de los mensajes.

LIDERAZGO: situación de superioridad en que se halla una empresa, un producto o un sector económico, dentro de su ámbito.◆ Habilidad de influir en las actitudes de otras personas por medio de un proceso de comunicación para la obtención de una meta.◆ Proceso interpersonal mediante el cual los administradores tratan de influir sobre sus empleados para que logren metas prefijadas de trabajo.◆ Capacidad para influir y dirigir a los demás con la finalidad de alcanzar los objetivos de un ente o una organización.

LIGA: agrupación o concierto de individuos o colectividades humanas con algún designio común.◆ Confederación que hacen entre sí los Estados para defenderse de sus enemigos o para ofenderlos.

LIGA ÁRABE: creada en 1945, en El Cairo (Egipto), su objetivo fundamental fue reforzar las relaciones, coordinar las políticas y promover los intereses comunes de todos los países en su gran mayoría de lengua árabe. El órgano supremo es el Consejo y está compuesto por todos los estados miembros. ◆ Liga de Estados Árabes.

LIGA DE ESTADOS ÁRABES: ver **Liga Árabe**.

LIGA DE LAS NACIONES: sociedad de las naciones.

LIGA DE LOS ESTADOS ÁRABES: ver **Pacto de la Liga de los Estados Árabes**.

LIGA INTERNACIONAL CONTRA EL RACISMO Y EL ANTISEMITISMO: liga con sede en Francia

LIGA PATRIÓTICA ARGENTINA: organización paramilitar de ultraderecha que participó en la Argentina en la represión de los momentos clave generados como consecuencia, en parte, de la Primera Guerra Mundial y los despidos y la baja de los salarios que llevaron a la miseria a gran parte de la sociedad. Distintas organizaciones se reunieron en el Centro Naval para fundar la Liga Patriótica. Los miembros del Jockey Club, del Círculo Militar, de la Asociación de Damas Patricias y de la Iglesia fueron los principales componentes de esta organización represiva. También actuaron en ésta los jóvenes pertenecientes al llamado Comité Nacional de la Juventud, grupo que había actuado durante la Semana Trágica persiguiendo y matando a obreros y judíos. Como presidente de la liga fue elegido Manuel Carlés, profesor de derecho que ejerció la docencia y ocupó distintos cargos públicos.

LINAJE: vecinos notables reconocidos por tales e incorporados a la nobleza. ◆ Procedencia o descendencia de una familia.

LINCHAMIENTO: muerte de una persona sin proceso formal previo; tal fue el caso durante la colonización en el oeste de los EEUU.

LINCHAR: acción de castigar con la muerte, sin proceso y tumultuosamente, a un sospechoso o a un reo. Su creador fue el capitán William Lynch, en 1870, en Virginia, EEUU.

LÍNEA DE COMUNICACIONES: vías fluviales, terrestres o marítimas, que ligan a los ejércitos con sus centros naturales de abastecimiento y evacuaciones de todo orden.

LÍNEA DE OPERACIONES: dirección o conjunto de caminos en que opera un ejército o partes de él, desde su zona de concentración hasta el objetivo a alcanzar.

LÍNEA DE POBREZA: línea que a través de mediciones define poblaciones con ingresos insuficientes que no llegan a cubrir los requerimientos de una canasta básica de alimentos y servicios. Dicha canasta comprende las necesidades calóricas mínimas y expresa el valor a costo mínimo, de alimentos y de servicios. En realidad, es un concepto que además incluye bienes y servicios no alimentarios (vestimenta, transporte, educación, salud, etc.), con el fin de obtener el valor de la canasta básica total. La medición de la pobreza consiste en establecer, a partir de los ingresos de los hogares, si éstos tienen capacidad de satisfacer, por medio de la compra de bienes y servicios, un conjunto de necesidades alimentarias y no alimentarias consideradas esenciales. De esta forma, los hogares que no superan este umbral son considerados pobres.

LÍNEA POLÍTICA: pautas o principios que rigen y orientan la política de un partido político, movimiento, país, etcétera, con la finalidad de cumplir con los propósitos del programa o la doctrina establecida.

LIQUIDEZ INTERNACIONAL: provisión mundial de reservas en oro o en monedas que pueden ser de libre uso internacional, tales como dólares o libras esterlinas, más las facilidades para tomarlas a préstamo. Si es adecuada, los países se hallarán en situación de permitir que el comercio internacional se desenvuelva libremente; si hubiera una escasez de liquidez, muchos países se verían obligados a reducir sus importaciones.

LISTA CIVIL: dotación o recursos asignados en el presupuesto estatal para un monarca y su familia.

LISTA INCOMPLETA: se aplica cuando en un sistema minoritario, en el que en cada distrito o circunscripción debe elegir varios candidatos, cada elector vota por una lista de candidatos cuyo número es inferior al de cargos a cubrir; el partido mayoritario se adjudica los dos tercios de esos cargos y el partido que le sigue en números de votos conquista el otro tercio (*G. Bidart Campos*).

LISTA NEGRA: registro secreto en el que figuran nombres de personas, instituciones o entidades, en forma explícita o implícita, que sufren restricciones, prohibiciones o un boicot.

LISTAS COLECTORAS: en las elecciones son las listas idénticas a otras en las candidaturas para cargos nacionales y provinciales, pero en el municipio llevan diferentes candidatos a concejales.

LISTAS ESPEJO: en las elecciones son los candidatos idénticos, pero en distintas boletas. De esta forma algunos candidatos tienen doble presencia en el cuarto de la elección.

LITIGIO POR EL CANAL DE BEAGLE: disputa acaecida entre la Argentina y Chile, por el canal interoceánico ubicado en el extremo meridional de América del Sur. Su dominio fue sometido a arbitraje británico, desconociendo la Argentina en 1977 la resolución, pues vulneraba pactos preexistentes, relacionados con la soberanía oceánica. Su Papa Juan Pablo II comenzó en 1979 una mediación hasta firmar en 1985 un acuerdo definitivo.

LLAMADO A CONSULTA: llamado a un embajador en otro país; es una medida utilizada en los ámbitos diplomáticos para expresar desagrado con un Estado. Es una medida más importante que un llamado a informar, que puede ser solicitado por el propio embajador para interiorizarse de un determinado tema. Pero no tiene todavía la gravedad del retiro de un embajador en otro país.

LLAMADO A INFORMAR: ver **Llamado a consulta**.

LOBBY: oficina o agencia.

"LOBBYING": deriva de *lobby*; literalmente: pasillo, corredor antecámara, salón de los pasos perdidos, que en los EEUU designa los del edificio del Congreso o de los legislativos de los Estados, donde está permitido el acceso de personas ajenas al respectivo cuerpo.◆ Comunicación de informaciones políticas, a través de un esquema propio de interacciones entre los participantes y los políticos *(A. S. Mc. Farland)*.◆ Actividad multidisciplinaria; una herramienta profesional consagrada a la defensa de intereses legítimos y a la presentación transparente ante los poderes de decisión de las actitudes y las características de diversos sectores de la sociedad moderna. Supone un interés legítimo, un interés verosímil y un interés posible *(A. Alonso Piñeiro)*.◆ Ofrece distintas manifestaciones: a) intentos de influir en la elaboración, trámite y sanción de proyectos legislativos; b) intentos de influir en los programas y plataformas electorales de los poderes políticos; c) intentos de influir en la nominación y elección de candidatos para ocupar los cargos del gobierno; d) intentos de influir en el proceso de formación de la opinión pública.◆ Grupo de persuasión, puesto que la razón es elemento fundamental del acto de persuadir *(A. Alonso Piñeiro)*.

"LOBBYISTA": gestor de intereses; persona que desarrolla actividades en defensa de intereses particulares, sectoriales o institucionales, en relación con las decisiones de los poderes de un país, tanto a nivel nacional como provincial y municipal.

"LOCK OUT": cierre de empresas o paro de actividades dispuesto por los patronos.

LOGIA: palabra que deriva del sánscrito *loca* o *loga*, que significa mundo. La instrucción masónica enseña que la logia está cubierta por una bóveda azul sembrada de estrellas, como las de los templos egipcios, de forma cuadrilonga, de dimensiones incalculables, como las del universo, de acuerdo con la imagen del mundo antiguo. La logia recibe el nombre de taller y de escuela porque imparte sus enseñanzas a los iniciados, y de templo o santuario porque allí se descubren y explican en forma confusa los sentidos que encierra. ◆ El término deriva de las antiguas corporaciones de constructores de la Edad Media, cuyos integrantes utilizaban una vivienda muy pequeña denominada logia.

LOGIA LAUTARIANA: considerada por algunos autores como el primer antecedente de los partido políticos en Chile. Se ha dicho, asimismo, que sus disposiciones eran aun más enérgicas que las de cualquier partido moderno *(G. Urzúa)*.

LOGÍSTICA: parte del arte militar que atiende al movimiento y avituallamiento de las tropas en campaña. Es decir, se ocupa del alojamiento, del transporte, del abastecimiento de suministros, etcétera, de las tropas, de los servicios de apoyo, administración, y de todas las demás necesidades a fin de conseguir el máximo rendimiento.

LOGOMAQUIA: discusión en que se atiende a las palabras y no al fondo del asunto.

"LORD": aristócrata británico que cuenta con un título nobiliario otorgado a su familia por el rey o por la reina. Ese título le daba derecho a ocupar una banca y a votar en la Cámara de los Lores. Pueden ser los duques, los condes, los vizcondes y los barones; son parte de los miembros que conforman la Cámara de los Lores. Existe otra clase de lores que recibe un único título de por vida que no es hereditario; son llamados los "Peers Lords" de un Senado y su origen se remonta al Medioevo. Cualquier proyecto legislativo promovido por el gobierno debe pasar primero por los lores, que pueden bloquearlo aunque no cuentan con iniciativa legislativa propia. Los lores se ocupan de equilibrar el poder de la Cámara de los Comunes, verdadero centro neurálgico para la legislación. Otra de sus funciones es ser la máxima instancia para una apelación judicial, como en el caso Pinochet. Existen lores jueces que tienen su última palabra en esta cuestión, encabezados por su presidente, el lord Chancellor.

LORD INGLÉS: la historia de la Cámara comenzó en el siglo XIII, cuando los reyes ingleses encontraron insuficientes sus recaudaciones. Entonces, ampliaron su consejo asesor y convocaron a los grandes señores feudales y a los representantes de condados y pueblos para que se ocuparan de aumentar los recursos económicos. Así se crearon la Cámara de los Lores, conformada por nobles, y la Cámara de los Comunes, integrada por los representantes de la población, que junto al soberano conformaban el Parlamento. La Cámara de Lores pasó a tener funciones de un Senado. Cualquier proyecto legislativo promovido por el gobierno debía pasar primero por los lores, que podían bloquearlo, aunque no contaban con iniciativa legislativa propia. Los lores se ocuparon de equilibrar el poder de la Cámara de los Comunes, verdadero centro neurálgico para la legislación. Los lores no eran elegidos democráticamente. Llegaban a su banca en la Cámara por derecho de nacimiento o al recibir un título nobiliario por parte del rey. Otra posibilidad para llegar estaba en ser "lord elegido" por el Primer Ministro. A diferencia de los otros, este último nombramiento no era hereditario y finalizaba con la muerte del lord. En 1999, votaron su propia extinción. Sólo permanecieron en la Cámara Alta del Parlamento británico unos quinientos miembros con títulos vitalicios, la mayoría de ellos políticos retirados que cuentan con el apoyo de sus antiguos partidos pero que no tienen poder de voto, y noventa y dos con título hereditario, a los que el gobierno les permitió permanecer en sus asientos como una concesión del antiguo sistema. La reforma no implicó una abolición completa. ◆ Ver **Cámara de los Lores.**

LOS CÍNICOS: filósofos griegos pertenecientes al movimiento iniciado en la época de Sócrates; tuvo en Diógenes de Sínope su máximo exponente y se mantuvo activo mediante las fases alternas en toda la cultura antigua. Se atribuye su fundación al socrático Antístenes. Los cínicos no creen en las instituciones políticas de las polis atenienses y niegan la religión; no creen en el Estado, en valores universales, en el matrimonio como fundamento social ni en la propiedad privada.

LOS DUVALIER: la prolongada dictadura personal de los Duvalier en Haití llegó a su fin en 1986, cuando las protestas populares por las condiciones de vida, el alto desempleo y la falta de libertad política subieron de tono en la capital, Puerto Príncipe. Las manifestaciones obligaron al presidente Jean Claude Duvalier, Baby Doc, a decretar el estado de sitio en todo Haití el 31 de enero de 1986 y, pese a la eficacia de los Tonton Macoutes –guardia pretoriana personal–, tuvo que huir a París el 7 de febrero en un avión militar de los EEUU Baby Doc había promulgado el año anterior una ley que obligaba a todos los partidos políticos a prometer lealtad al presidente, es decir, a él mismo, y prohibía simultáneamente los partidos de ideología "comunista, nazi o fascista". Fue presidente desde 1971, en una república hereditaria, en la que sucedió a su padre, François Duvalier, Papa Doc, por fallecimiento de su progenitor, quien había sido elegido en 1957. Haití comprende la parte más montañosa y menos extensa de la isla Española, que comparte con República Dominicana; es un país superpoblado –siete

millones de habitantes en sólo 27.750 km^2. Papa Doc había restablecido el orden e impuesto su ley, cambiando la Constitución para ser presidente vitalicio desde febrero de 1964. Había prometido terminar con la supremacía de los mulatos a favor de los negros. Había sabido combinar su prestigio mágico como sabio del vudú –la religión sincretista absolutamente mayoritaria en un país sólo católico en teoría– con la habilidad para navegar en la coyuntura internacional, sin contaminarse de la revolución triunfante en la vecina Cuba. Tras los Doc, el país aún no se ha estabilizado.

LOS GOLPES DE ESTADO EN LA ARGENTINA:
1) 6 de septiembre de 1930:
- *Jefes:* generales José F. Uriburu y Agustín P. Justo.
- *Presidente depuesto:* Hipólito Yrigoyen.
- *Tendencia:* conservadora.
- *Hechos salientes:* la llamada "Década Infame". Fomento del fraude electoral desde el gobierno.
- *Final:* en 1932, con la asunción de Justo como presidente, luego de una elección el año anterior, donde fue proscripta la fórmula de la Unión Cívica Radical (Alvear - Güemes).
2) 4 de junio de 1943:
- *Jefes:* Generales Arturo Rawson y José Pedro Ramírez.
- *Presidente depuesto:* Ramón S. Castillo.
- *Tendencia:* nacionalista.
- *Hechos salientes:* aparece el Grupo de Oficiales Unidos (GOU). El Coronel Juan Domingo Perón ocupa la Secretaría de Trabajo y Previsión. Tras la detención de Perón en Martín García, se produce la movilización popular del 17 de octubre de 1945. Consecuencia:

el peronismo se organiza como partido y se instala como fuerza política gravitante durante medio siglo.

- *Final:* en 1946, con la asunción de Perón como presidente, luego de vencer en las urnas a la Unión Democrática, que agrupó al radicalismo junto a las fuerzas de derecha y de izquierda.

3) 6 de junio de 1955:

- *Jefes:* general Eduardo Lonardi y Contralmirante Isaac F. Rojas.

- *Presidente depuesto:* Juan D. Perón.

- *Tendencia:* antiperonista-conservadora.

- *Hechos salientes:* se bautizó como "Revolución Libertadora"; Lonardi duró cincuenta días en el cargo de presidente y fue reemplazado por el General Pedro E. Aramburu. Hubo fusilamientos de civiles y militares en 1956. Se derogó la Constitución Nacional reformada en 1949.

- *Final:* en 1958, con la asunción de Arturo Frondizi.

4) 23 de marzo de 1962:

- *Jefe:* General Raúl Poggi.

- *Presidente depuesto:* Arturo Frondizi.

- *Tendencia:* sin proyecto político definido. Respondió a los enfrentamientos dentro de las FF.AA. y a la decisión militar de presionar al poder político.

- *Hechos salientes:* José M. Guido (titular provisional del Senado) jura como Presidente ante la Corte Suprema de Justicia, birlándole la presidencia al General Poggi, que había ido a la Casa Rosada para asumir. Se enfrentaron "azules" y "colorados".

- *Final:* el 12 de octubre de 1963, cuando asumió el radical Arturo Illia, luego de ganar con el 25 % de los votos una elección donde el peronismo fue proscripto.

5) 28 de junio de 1966:

- *Jefe:* General Juan Carlos Onganía.

- *Presidente depuesto:* Arturo Illia.

- *Tendencia:* nacionalista-liberal.

- *Hechos salientes:* se llamó a sí misma "Revolución Argentina"; El Cordobazo y otras protestas obreras y estudiantiles derrocaron a Onganía. Comenzó el ascenso de Alejandro Agustín Lanusse.

- *Final:* en mayo de 1973, cuando Lanusse entrega el gobierno a Héctor Cámpora. Luego, Cámpora renunció para forzar una nueva elección, con Perón como candidato.

6) 24 de marzo de 1976:

- *Jefe:* General Jorge Rafael Videla.

- *Presidente depuesto*: Isabel Perón.

- *Tendencia:* liberal y represiva.

- *Hechos salientes:* apertura de la economía, proscripción de los partidos políticos y aplicación del terrorismo de Estado como método represivo, con el saldo de miles de muertos y desaparecidos. La ocupación de Malvinas y posterior rendición ante los ingleses obliga a los militares a ceder la apertura democrática.

- *Final:* el 10 de diciembre de 1983, cuando Reynaldo Bignone le entrega el poder a Raúl Alfonsín, quien ganó la elección presidencial de octubre con el 51.8 % de los votos, derrotando al peronista Ítalo Luder.

LOS HALCONES: grupo paramilitar que el 10 de junio de 1971 reprimió con rifles, pistolas y palos a un grupo de estudiantes universitarios que, por las calles de México, reclamaban la libertad de presos políticos, la democratización de la enseñanza y la derogación de reformas legales que promovían las universidades. Oficialmente, existen actas de defunción de doce de las víctimas; pero de acuerdo con fuentes extraoficiales, hubo más de treinta muertos. El presidente de la República era Luis Echeverría, quien en 1968, cuando se produjo la masacre de estudiantes en la Plaza de Tlatelolco, se desempeñaba como Secretario de Gobernación, es decir, como secretario de la seguridad interna.

LRA: sigla inglesa que responde al grupo "Ejército de Resistencia del Señor" de Uganda. No es una guerrilla africana tradicional, es una secta que dice tener como objetivo la aplicación estricta de los Diez Mandamientos. Está prohibido fumar, tomar drogas y beber alcohol en sus campamentos, pero no hay restricciones para matar.

LUCHA: combate, disputa, discusión, contienda.◆ Disputa entre grupos generalmente numerosos y violentos.

LUCHA ARMADA: actitud de luchar por medio de la violencia de las armas contra gobiernos, regímenes o autoridades constituidas. Se puede desarrollar en ámbitos rurales o urbanos.

LUCHA DE CLASES: enfrentamiento de las clases sociales para lograr la supremacía. La clase que domina las fuerzas productoras es progresista inicialmente, pero se va volviendo retardataria una vez que tiene en sus manos las riendas del poder y, en consecuencia, la clase explotada termina por agruparse y organizarse para derrocarla y establecer teóricamente un nuevo orden. Este proceso, según la teoría marxista, no se repetirá, pues una vez derrocada la sociedad capitalista, los trabajadores crearán una sociedad sin clases.◆ De acuerdo con la filosofía marxista, el motor de la historia es la contradicción. Una contradicción práctica, no operante sólo en el plano del pensamiento; una lucha, por consiguiente, en la cual se ponen en juego todos los recursos necesarios para la aniquilación efectiva del adversario. Compromete a todos los hombres en todos los aspectos de su existencia concreta y de una manera radical, es decir, sin posibilidades de conciliaciones, diálogos o "ententes", a menos, claro, que éstos sean recursos para inmovilizar y luego destruir al enemigo. Esto es la lucha de clases. En el *Manifiesto Comunista*, el desarrollo histórico de la lucha de clases se describe así: "La historia de toda la sociedad hasta nuestros días es la historia de la lucha de clases. Hombre libre y esclavo, patricio y plebeyo, barón y siervo, maestro artesano y compañero; en una palabra, opresores y oprimidos en oposición constante mantuvieron una lucha ininterrumpida, ora velada, ora abierta; una lucha que determinaba siempre, bien por una transformación revolucionaria de toda la sociedad, o bien por la destrucción de las dos clases en lucha. En las primeras épocas históricas, encontramos casi por doquier una completa división de la sociedad en diversos estamentos, una variada jerarquización de las posiciones sociales. En la antigua Roma, hallamos patricios, caballeros, plebeyos y esclavos; en la Edad Media, señores feudales, vasallos, maestros, compañeros, siervos; y dentro de casi todas estas clases, todavía gradaciones particulares. La moderna sociedad burguesa, surgida de la destrucción de la sociedad feudal, no ha abolido los antagonismos de clase. Sólo ha sustituido las antiguas con nuevas clases, nuevas condiciones de opresión, nuevas formas de lucha. Nuestra época, la época de la burguesía, se caracteriza, sin embargo, por haber simplificado los antagonismos de clases. Toda la sociedad se divide, cada vez más, en vastos campos contrapuestos, en dos clases directamente enfrentadas: burguesía y proletariado". Las clases no son, por lo tanto, categorías más o menos definidas, sino por las de antagonismo social. En el proletariado está incluido, de este modo, todo aquel que padece explotación, es decir, todo individuo, cualquiera sea su posición social, que tenga vínculos de dependencia con otros hombres. Y en la burguesía, o los capitalistas, se comprenden todos los explotadores, que son los que ejercen algún tipo de autoridad o dominio sobre otros. Siendo la lucha de clases el único motor que acelera la historia hacia la abolición de todas las injusticias –e injusticia es cualquier relación de dependencia–, la única razón de ser del hombre nuevo es llevar a cabo la acción revolucionaria, que consiste en radicalizar esa lucha y en aniquilar la burguesía como clase: éste es el papel histórico que debe cumplir la dictadura del proletariado.

LUCHA POR EL PODER: confrontación o disputa que se produce entre dos o más personas con la finalidad de acceder a la toma del poder, ya sea dentro de una organización, un partido, un movimiento, un país, etcétera.

LUCHE Y VUELVE: después de diecisiete años y cincuenta y dos días de exilio, el General Juan D. Perón regresó a la Argentina. El 17 de noviembre de 1972, distintas generaciones de peronistas crearon el eslogan "Luche y vuelve"; salieron a las calles para festejar su llegada y a su vez, presionar a los militares en el gobierno.

LUMPEN – PROLETARIADO: generalmente, se denominan así las capas marginales de la clase obrera. Se involucra a los desocupados, a los pobres declarados, a los mendigos, etcétera. Para K. Marx, la clase obrera de extracción más baja.

LUNES "NEGRO": llamado así el lunes 19 de octubre de 1987. Fue el peor día en toda la historia de Wall Street y peor aun para los "especialistas" de la bolsa de Nueva York. Las cotizaciones de las acciones sufrieron el mayor retroceso de la historia, ya que el índice Dow Jones retrocedió 508,32 puntos, un 22,63 % ante millones de órdenes de venta que inundaban el mercado de valores neoyorquino. Esta caída hizo incluso palidecer el derrumbe del 29 de octubre de 1929, cuando el Dow perdió 38,33 puntos, equivalente al 12,82 %.

LUTERANISMO: doctrina de M. Lutero, según la cual la fe basta para la salvación del hombre, pues por ello no sólo le serán perdonados sus pecados, sino condonado el castigo.

M

M-19: Ver **Movimiento 19 de abril**.

"MACCARTHYISMO": palabra que tiene un sentido peyorativo y que evoca, como el fascismo, persecuciones, arbitrariedades, abusos del poder y hasta crímenes; constituyó una verdadera *caza de brujas* en los EEUU, Joseph R. Mc Carthy, senador norteamericano, fue quien dio su origen a esta palabra. Ser comunista y ser delincuente eran la misma cosa. Porque un comunista no podía ser un buen ciudadano norteamericano. En realidad, el "maccarthyismo" no nació con Mc Carthy. El furibundo senador fue únicamente su exponente más exacerbado y extremo. Su pasión anticomunista lindó con la locura, lo llevó al suicidio político y dio origen a una reacción saludable que aplacó algunas furias irracionales, aunque sin calmar las aguas por completo. Hizo que un fenómeno social con muchas características siniestras quedara identificado con su apellido, pero el fenómeno había tenido ya diversas manifestaciones antes de que Mc Carthy sacudiera con su iracundia a toda la sociedad norteamericana. Como producto de la Guerra Fría, el "maccarthyismo" se había estado gestando desde antes de la Segunda Guerra Mundial; había recibido un fuerte impulso con el discurso que Winston Churchill, entonces ex Primer Ministro británico, había pronunciado en Fulton, Missouri, en marzo de 1946, y había puesto ya a disposición de quien iba a ser su más esforzado campeón todo un aparato legal.

MACARTISMO: ver **"Maccarthyismo"**.

MACHETÓN: militar autoritario, fuerte, rudo.

MACROECONOMÍA: se ocupa de las magnitudes agregadas o totales: la renta total, el nivel de empleo y los niveles de precios. La macroeconomía se aboca a las leyes referidas al sistema económico analizado como un todo; analiza el comportamiento de magnitudes globales. Agrupa:1) teoría del crecimiento económico; 2) teoría del dinero y del crédito; 3) teoría de las fluctuaciones económicas; 4) teoría de la economía intencional; 5) teoría del sistema económico nacional.◆ Esta concepción explica la actividad económica analizando el comportamiento de magnitudes globales y busca descubrir sus relaciones. Las magnitudes básicas son: Producto Bruto Interno, Ingreso Nacional, Consumo Global, Inversión Global, Ahorro Global *(A. Digier).*◆ Es el estudio de la conducta de toda la economía: analiza el crecimiento a largo plazo, así como las fluctuaciones cíclicas de la producción total, el desempleo y la inflación, la oferta monetaria y el déficit presupuestario y el comercio y las finanzas internacionales *(P. Samuelson).*

MAESTRO DE CEREMONIA: persona encargada del orden que debe tenerse presente en determinadas ceremonias de acuerdo con las pautas estipuladas.

MAFIA: aparece como una organización de bandoleros sicilianos, en el siglo XIX, que servían a los nobles feudales. Posteriormente, se transformó en una sociedad secreta, cuya actividad variaba desde la simple amenaza hasta el crimen. El gran auge que adquirió a través del tiempo y su verdadero poder la llevaron a constituirse en una organización que alcanzó una dimensión inusitada a nivel social y político.

MAGHRED: zona geográfica del norte de África, que integra a Marruecos, Argelia y Túnez.

MAGNATE: personaje destacado, ilustre y descollante por su investidura, poder y cargo.

MAGNICIDIOS EN AMÉRICA LATINA: serie de candidatos o presidentes asesinados en América Latina desde el fin de la Segunda Guerra Mundial.
– 21 de julio de 1946: Gualberto Villaroel, presidente de Bolivia.
– 13 de noviembre de 1950: Carlos Delgado Chalbaud, presidente de la Junta Militar de Venezuela.
– 2 de enero de 1955: José Antonio Remón, presidente de Panamá.
– 21 de septiembre de 1956: Anastasio Somoza García, presidente de Nicaragua.
– 26 de julio de 1957: Carlos Castillo Armas, presidente de Guatemala.
– 30 de mayo de 1961: Rafael Leónidas Trujillo, presidente de la República Dominicana.
– 1 de junio de 1970: Pedro Eugenio Aramburu, ex presidente provisional de la Argentina.
– 11 de septiembre de1973: Salvador Allende, presidente de Chile.
– 17 de septiembre de 1980: Anastasio Somoza Debayle, ex presidente de Nicaragua.
– 19 de octubre de 1983: Maurice Bishop, primer ministro de Granada.
– 26 de abril de 1990: Carlos Pizarro, candidato a la presidencia de Colombia.
– 24 de marzo de 1994: Luis Donaldo Colosio, candidato del PRI a la presidencia de México.

MAGONISMO: movimiento anarquista agrario inspirado en Bakunin al que dio vida Ricardo Flores Magón. Proponía la eliminación de la propiedad privada de la tierra, que debería ser trabajada colectivamente, sin ningún tipo de intervencionismo u organización estatal.

MAJESTAD: título o denominación que se les otorga a los soberanos.◆ Se refiere a todos los reyes.

MALINCHISMO: palabra utilizada en un sentido peyorativo para expresar la exaltación de todo aquello que proviene del exterior y la falta de capacidad para estimar lo propio.

MALOCA: hostilidades y agravios hacia el enemigo.◆ Ataque armado de los blancos en zona indígena.

MALÓN: aparición sorpesiva de los indios en zona de los blancos con la finalidad de llevar a cabo hechos de violencia.◆ Ataque sorpresivo y con éxito generado por un grupo cualquiera.

MALTUSIANISMO: corriente del pensamiento derivada de los estudios económicos de Thomas Malthus (1766-1834) en torno al crecimiento de la población, desproporcionado con relación al crecimiento de los medios de subsistencia. La población aumenta en progresión geométrica y los medios de subsistencia sólo en progresión aritmética.◆ Ver **Teoría de Malthus**.

MALVERSACIÓN DE CAUDALES PÚBLICOS: hurto de caudales del erario público por un funcionario.◆ Uso indebido de fondos y créditos que la hacienda pública otorga para fines concretos.

MALVERSAR: invertir ilícitamente los bienes públicos o modificar su destino fijado y deseado.

MAMBISES: denominación que se utiliza para referirse a los campesinos cubanos fuertemente mestizados y con una excelente organización interna desde el punto de vista sociopolítico y religioso, que se destacaron, ante España, por su actuación en la independencia.

MAMELUCO: soldado de una milicia de carácter privilegiado de Egipto. Componían una dinastía.

MANANTIAL DE VIDA: en alemán, *lebensborn*. ◆ Organización creada para reproducir y purificar la "raza aria" el 12 de diciembre de 1935, en Berlín, por diez oficiales de las SS. Esta organización fue ideada por el jerarca nazi Heinrich Himmler y pertenecía a una red de instituciones de la llamada Organización Nacionalsocialista de Bienestar Popular. La fundación, registrada oficialmente, debía dar "hijos al Führer Adolfo Hitler".

MANCOMUNACIÓN DEL ORO: acuerdo constituido en 1961 entre Alemania Federal, Bélgica, EEUU, Reino Unido, Francia, Holanda, Italia y Suiza, para intervenir en forma conjunta en el mercado del oro de Londres. En 1967, tras la salida de Francia, fue disuelto.

MANDATO: representación o encargo que a través de una elección se otorga a los diputados, a los concejales, etcétera.

MANDATO IMPERATIVO: aquel en el que los electores, generalmente, fijan o fijaban el sentido en que los elegidos habían de emitir su voto.

MANDATO INTERNACIONAL: potestad titular que, otorgada por la Sociedad de las Naciones, ejercía una potencia o un Estado sobre pueblos de cultura y capacidad política atrasadas.

MANDATOS: aquellos instituidos por los tratados de 1919; concedieron el control sobre las colonias de los imperios centrales a las potencias vencedoras.

MANDO: autoridad y poder que posee el superior sobre sus subordinados o súbditos.

MANDO ÚNICO: mando supremo de una organización supranacional o sobre distintas fuerzas de los aliados.

MANIFESTACIÓN: reunión pública, generalmente al aire libre, en la cual los concurrentes reclaman algo o expresan su protesta o descontento por alguna cosa.

MANIFIESTO: escrito en el cual se declaran públicamente propósitos, doctrinas o fundamentos, defendidos y propugnados por una persona o un grupo y que son de interés general.

"MANIFIESTO COMUNISTA": texto y programa de la Liga Comunista redactado por K. Marx y por F. Engels en Bruselas en 1848, con motivo del Congreso que se efectuaría en Londres. Se trata de la declaración fundamental del comunismo. Basada en las tres doctrinas principales del marxismo: 1) materialismo histórico, 2) lucha de clases y 3) teoría del valor. Constituye, junto a *El Capital*, las obras más importantes de la literatura marxista.

MANIFIESTO DE MOVILIZACIÓN: nombre del bando que ordena.

MANIQUEÍSMO: término utilizado en política para referirse a la conducta de aquellos que pretenden separar a las personas y las ideas en dos categorías: buenas y malas, y mediante dicha división, alcanzar y asumir una posición que responda a sus intereses políticos.

MANO INVISIBLE: término mediante el cual Adam Smith sostenía que los actos egoístas de los individuos los conducían a un resultado armónico que proporcionaba el mayor beneficio a todo el mundo. El hombre debía seguir su propio interés y se vería conducido por una mano invisible hacia el beneficio del resto de la sociedad. Expresó que guiaba las acciones y el interés individual de los consumidores y de los empresarios hacia unos resultados que redundaban en interés de la sociedad en general. Está referida al funcionamiento de la competencia en el sistema de mercados de una sociedad.

MANO NEGRA: agrupación secreta española que actuó entre 1876 y 1883. De acuerdo con los testimonios de la época, luego de una feroz represión, fueron detenidos cinco mil partidarios acusados de cometer crímenes y delitos contra los ciudadanos. Los anarquistas siempre negaron cualquier tipo de vinculación con esta asociación.

MANO OCULTA: persona que interviene secretamente en un asunto.

MANOS MUERTAS: propiedades y tierras cuyos propietarios las mantenían sin producir, es decir, fuera del circuito económico. Estas propiedades, en España, tuvieron su origen en los otorgamientos de tierras durante la Reconquista. Posteriormente, se extendieron y consolidaron a través de la enfiteusis y los mayorazgos.

MANUFACTURA: obra efectuada a mano o con auxilio de una máquina.◆ Fábrica.

MAOÍSMO: conjunto de doctrinas elaboradas en China por Mao Tse-tung y plasmadas a través de un movimiento que trató de aplicarlas a partir de la década de 1960. Están basadas en principios de izquierda, fundamentalmente en los marxistas-leninistas, aplicados a una realidad y a un espacio determinados por las costumbres, la idiosincrasia y culturas distintas.◆ Pensamiento, doctrina y política plasmados en China por Mao Tse-tung (1893-1976).

Personaje mítico y notable militar que en la teoría y en su práctica produjo la revolución socialista.◆ Ver **República Popular China**; **Revolución China**.

MAQUIAVELISMO: doctrina política de Nicolás Maquiavelo (1469-1527), estadista y escritor italiano que sugería el empleo de la mala fe cuando fuera menester para mantener y conservar la política de un Estado. En términos generales, se lo asocia o interpreta como una forma de proceder cuyas características fundamentales son: astucia, maldad y perfidia.

MAQUINISMO: utilización predominante de las máquinas en la industria moderna.

MAR CERRADO (O SEMI-CERRADO): golfo, cuenca marítima o mar rodeado por dos o más Estados y comunicado con otro mar o con el océano por una salida estrecha o compuesto entera o fundamentalmente de los mares territoriales y las zonas económicas exclusivas de dos o más Estados ribereños.

MAR EPICONTINENTAL: mar ubicado sobre la plataforma submarina de un continente.

MAR LIBRE: aquel que comienza donde finaliza el mar epicontinental.

MAR TERRITORIAL: extensión marina que cada Estado considera de su exclusiva soberanía y que, por lo tanto, es parte integrante del patrimonio territorial de cada país.◆ Espacio marítimo adyacente a las costas o aguas interiores de un Estado donde éste ejercita derechos de soberanía con las limitaciones propias de su naturaleza. La fijación en cuanto a su delimitación ha sido considerada un acto de natura-

leza unilateral, de derecho interno del Estado costero.

MARCHA DE LA RESISTENCIA: marcha que se realiza en la Plaza de Mayo, de Buenos Aires, desde 1980, encabezada por las Madres de Plaza de Mayo. Allí se llevan fotos de los desaparecidos por la represión militar, iniciada formalmente el 24 de marzo de 1976.

MARGINACIÓN: proceso por medio del cual se pone o deja a una persona, un grupo o una clase social en condiciones de inferioridad o indefensión.◆ Ver **Marginalidad**.

MARGINADOS: víctimas de la marginalidad.◆ Ver **Marginación**.

MARGINALIDAD: falta de participación pasiva, es decir, no recibir bienes sociales; o activa, es decir, no participar en las tomas de decisión.◆ Falta de aprovechamiento equilibrado de los recursos humanos, haciendo hincapié en la falta de absorción de la mano de obra por parte de los sistemas productivos de las sociedades latinoamericanas. Los marginales son integrantes de aquellos sectores empobrecidos o explotados, por su inserción marginal en el proceso productivo.

MARGINALISMO: corriente que se enfrenta a la escuela histórica, defiende la validez universal de las leyes clásicas e introduce en el análisis económico la teoría subjetiva del valor, desarrollando el concepto de marginalidad. Es decir, el valor de un bien depende de su utilidad marginal, de la satisfacción que produce la última unidad de ese bien. Para esta corriente, el punto central es el equilibrio de la economía y la óptima asignación de los recursos. Sus principales representantes fueron: Menger, Walras y Jevons.

MARGRAVE: título o dignidad que daban determinados príncipes alemanes a los señores que protegían las fronteras.

MARINA: conjunto de buques de un país y de personas ocupadas en la actividad correspondiente.

MARINA DE GUERRA: armada.

MARQUESADO: territorio en el cual recaía este título o en el que ejercía jurisdicción un marqués.

MARSHALL: ver **Plan Marshall**.

MÁRTIR: persona que sufre y/o muere en defensa de sus principios, creencias, causas o convicciones.

MARXISMO: doctrina y movimiento político social basado en las ideas de K. Marx y de F. Engels. Básicamente, parte de la interpretación materialista de la historia, mediante la cual la orientación política, intelectual y social de cada época resulta de la relación en que se encuentran las fuerzas económicas y la diferenciación social, por las cuales nacen las clases sociales. La plusvalía, trabajo no remunerado, es la base de la economía capitalista. La lucha de clases y la apropiación de los medios de producción son conceptos fundamentales en la instauración de una economía socialista.◆ Teoría científica que expresa los intereses históricos revolucionarios del proletariado como clase social. Su realización histórica se encuentra en la práctica social del proletariado, transformándose así en fuerza material de cambio, por lo que es imposible referirse al marxismo sin hacerlo al mismo tiempo a la práctica

política revolucionaria. ◆ Doctrina del alemán K. Marx según la cual las organizaciones políticas y jurídicas, las costumbres y la religión, están estrictamente determinadas por las condiciones económicas, por el estado de la industria y del comercio, de la producción y de los cambios. Esta teoría considera que la única fuente de beneficios es la explotación de los obreros por los patrones, y por ello existe un antagonismo radical entre ambas clases. El valor de cambio de toda mercancía está determinado únicamente por la cantidad de trabajo socialmente necesario para producir tal mercancía. La única calidad común que tienen las mercancías que se intercambian es la de ser el producto del trabajo humano y por eso la subsistencia del valor es el trabajo. El valor de una mercancía está en relación con el valor de toda otra mercancía según la cantidad de trabajo necesaria para la producción de la otra y el precio de una mercancía es la expresión del valor de esta mercancía en unidades monetarias *(E. Schop Santos).*◆ Teoría científica que expresa los intereses históricos revolucionarios del proletariado como clase social. Su producción va a estar condicionada por la existencia de esta clase, cuyos intereses históricos van a pasar por la supresión de toda forma de explotación. Será el punto de vista proletario, aún no fundado científicamente, de K. Marx y de F. Engels, el que le permitirá producir esta teoría apoyándose, pero a la vez rompiendo con ellos, en los logros de la economía política clásica, la filosofía alemana y el socialismo francés. El marxismo como teoría científica no es producto del trabajo en un laboratorio, y así su surgimiento va a estar condicionado por las luchas de clases. La revolución teórica que opera Marx desde la perspectiva del proletariado supone un cambio radical de los términos en que se planteaba el problema e inaugura un nuevo espacio teórico, no regulado por la elaboración de principios ideales imaginarios, sino por el conocimiento de las leyes objetivas del campo social específico en estudio: el materialismo histórico.◆ Ver **Materialismo histórico.**

MARXISMO- LENINISMO: conjunto de doctrinas en las cuales se basó la mayor parte del comunismo, fundamentalmente en la U.R.S.S.

MARXISTA: relativo o partidario de las ideas marxistas.

MASA: pueblo como fuerza política.◆ Conjunto numeroso de personas, muchedumbre, que no poseen cohesión, en el cual el aspecto emocional es su característica fundamental. Es decir, la preponderancia de lo emocional sobre lo racional es determinante.◆ Mayoría de personas o componentes de una sociedad en contraposición a una minoría o élite.

MASACRE: asesinatos o matanza en masa.

MASACRE DE EZEIZA: el 20 de junio de 1973 se produjo el final de la primavera camporista en la Argentina. En dicho día se produjo el retorno definitivo de Juan Domingo Perón a su país. Una estructura armada organizada presuntamente por el jefe de la SIDE (Servicio de Inteligencia del Estado) y por personajes vinculados con la derecha del peronismo comandada por José López Rega y con la participación de una parte del sindicalismo. Por otro lado llegaron y avanzaron sectores de la izquierda del peronismo. En un palco, una banda armada inició una verdadera emboscada al peronismo de izquierda la dimensión de la confrontación resultó un salto cualitativo entre la disputa entre la derecha y la izquierda.

MASACRE DE LAS FOSAS ADRIATINAS: crimen espeluznante y horrendo sucedido en Italia durante la Segunda Guerra. El 23 de marzo de 1944, la resistencia italiana hizo explotar una bomba colocada en un tacho de basura que causó la muerte de treinta y dos soldados nazis alemanes. La noticia del atentado llegó rápidamente a Berlín y pocas horas más tarde, Hitler llamó personalmente a Herbert Kappler, representante de la Gestapo en Roma, y le ordenó que en represalia se fusilara a diez italianos por cada soldado alemán muerto. Después de la llamada, otro alemán murió en una emboscada, por lo que el número de hombres que debían pagar con sus vidas se elevó a 330. Para cumplir la orden, Kappler, junto con su lugarteniente Erich Priebke y Pietro Caruso, jefe de la policía romana, se reunieron para confeccionar la tenebrosa lista de las víctimas. En la cárcel de Roma, había muchas personas detenidas por actividades antinazis y sus nombres fueron colocados en la lista, pero como no alcanzaban a completar la cifra, se sumó a setenta y cinco judíos que iban a ser deportados. Así se reunió a las víctimas, entre las que figuraban desde un chico de quince años hasta hombres de setenta y cuatro. El grupo fue llevado secretamente en camiones a unas viejas minas en la Vía Adreatina, situada en el sur de la ciudad. Con las manos atadas a la espalda, los condenados fueron ejecutados mediante un disparo en la nuca. Cuando la masacre terminó, los alemanes hicieron colocar cargas de dinamita para borrar toda señal del crimen.

MASACRE DE TIENANMEN: acontecimiento ocurrido en 1989 en China, cuando una protesta estudiantil fue violentamente reprimida por el Ejército.

MASACRE DE TLATELOLCO: el 2 de octubre de 1968, se produjo una verdadera masacre en México. A pocos días del inicio de los Juegos Olímpicos, el país vivía dos realidades distintas y opuestas. Una imagen de paz, prosperidad y bienestar que el gobierno mostraba a través una amplia campaña publicitaria y otra, la real, el grave y profundo deterioro del nivel de vida del pueblo mexicano. Durante meses las protestas estudiantiles que llevaban por bandera la defensa de las libertades democráticas había sacudido al país y ocasionado ya varias víctimas. Muchos sectores sumaron su voz a las protestas, entre ellas la del obispo de Cuernavaca, que había expresado su indignación "por la dureza de las autoridades y por la cobarde autocensura de los medios de información". La tarde del 2 de octubre, en la Plaza de las Tres Culturas, en el barrio residencial de Tlatelolco se realizó una nueva manifestación. Cuando el acto estaba por terminar, tres bengalas cruzaron el cielo y esa fue la señal que dio comienzo a la tragedia. Desde ese momento, la policía y los tres mil soldados que custodiaban la concentración de ochenta mil personas empezaron a disparar. A las ráfagas de ametralladoras se sumaron los disparos de cañones y la plaza se convirtió en una trampa mortal. Sobre el piso habían quedado cientos de cadáveres, muchos de los cuales fueron llevados en ambulancias y transportes militares con destino desconocido. La cantidad de muertos nunca pudo ser confirmada; aunque las estimaciones más aproximadas

hablan de quinientos, la versión oficial es de sólo treinta y cinco. El combate o cacería se prolongó durante toda la noche en las calles cercanas. Por la mañana la plaza fue cerrada al tránsito y se borraron todas las huellas de la matanza. Durante años se reclamó una investigación que diera el nombre de los responsables, pero los múltiples intereses políticos se opusieron a la aclaración. Las autoridades de ese momento justificaron la sangrienta represión afirmando que se trataba de un complot comunista que intentaba boicotear los Juegos Olímpicos. ◆ Matanza de Tlatelolco.

MASIFICACIÓN: proceso de transformación a través del cual un grupo humano adquiere las características de masa.

MASÓN: miembro de la francmasonería.

MASONERÍA: ver **Francmasonería**.

MATANZA DE TLATELOLCO: ver **Masacre de Tlatelolco**.

MATERIA DE ESTADO: todo lo que pertenece al gobierno, la conservación, el aumento y la reputación de los Estados.

MATERIALISMO: corriente o doctrina que se basa en que la única realidad verdadera es la materia.◆ Tendencia o corriente que da importancia fundamental a los intereses materiales.

MATERIALISMO CIENTÍFICO: para K. Marx, es ideología la superestructura religiosa, intelectual, moral y jurídica que en cada época es determinada por las relaciones económicas de producción. La ideología es superada por la ciencia, y ésta es la dialéctica, cuyo conocimiento otorga el dominio completo sobre las leyes de la naturaleza, de la historia y del pensamiento humano. El descubrimiento de la dialéctica es, pues, lo que pone a Marx y a los marxistas en posesión de la clave científica de la naturaleza y de la historia. Ese objetivo, aureolado en tiempos de Marx con el mágico prestigio de ser la llave para penetrarlo todo, para someter la realidad mediante el dominio de sus leyes, señala en verdad la consumación de lo que se ha caracterizado antes como actitud ideológica. Lo científico es el cierre de la ideología absolutamente sobre sí misma, abarcándolo todo, teoría y práctica, hombre y naturaleza, espíritu y materia. El marxismo pretende estar en posesión del criterio metodológico de la ideología, por lo cual ésta deja de ser tal para devenir en ciencia: no es sólo el modelo de lo que debe ser el hombre y la sociedad, sino el dominio del proceso inexorable que los lleva a su verdadera realidad y que permite, a quienes lo tienen, sumarse con su acción a un movimiento que posee curso y ley propios, independientes de voluntades humanas. La dialéctica es, según Engels, "la ciencia de las leyes generales del movimiento, tanto del mundo exterior como del pensamiento humano, dos series de leyes idénticas en el fondo, pero diferentes en su expresión, en el sentido de que el cerebro humano puede aplicarlas conscientemente, mientras que, en la naturaleza y, hasta el presente, también en gran parte de la historia humana, ellas no se abren camino más que de manera inconsciente, bajo la forma de necesidad exterior, en el seno de una serie infinita de aparentes casualidades" *(J. Fre).*

MATERIALISMO DIALÉCTICO: inaugura una nueva práctica en la filosofía.

Este materialismo tiene un carácter dialéctico que deviene fundamentalmente del postulado de que todos los procesos objetivos y subjetivos encierran internamente contradicciones cuyo despliegue es la puesta en movimiento de transformaciones. Las contradicciones objetivas, al ser aprehendidas por el pensamiento, condicionan el carácter dialéctico del momento de los conceptos. Tiene como temática central: 1) la distinción entre el objeto real y el objeto de conocimiento, 2) la fundamentación de la prioridad de la realidad objetiva con respecto a su conocimiento y 3) la elaboración teórica del movimiento dialéctico de ambos elementos y sus relaciones mutuas.◆ En la filosofía hegeliana, es el concepto puro de ser, el pensar puro, que se convierte en su fluir, por sucesivas determinaciones, en todas las cosas o ideas, siendo él en sí mismo nada. En Marx es el concepto de materia. ◆ Se opone al materialismo mecanicista: la materia burguesa y sus elementos, a constituirse en la vida genérica real del hombre, exenta de contradicciones. Sólo puede conseguirlo, sin embargo, mediante las contradicciones violentas con sus propias condiciones de vida, declarando la revolución como permanente, y el drama político termina, por tanto, no menos necesariamente, con la restauración de la religión, de la propiedad privada, de todos los elementos de la sociedad burguesa, del mismo modo que la guerra termina con la paz. Sólo cuando el hombre individual real recobra en sí al ciudadano abstracto y se convierte, como hombre individual, en ser genérico, en su trabajo individual y en sus relaciones individuales; sólo cuando el hombre ha reconocido y organizado sus "fuerzas públicas" como fuerzas sociales y cuando, por tanto, no desglosa ya de sí la fuerza social bajo la forma de fuerza política, sólo entonces se lleva a cabo la emancipación humana.

MATERIALISMO HISTÓRICO: concepción de la historia según la cual el desarrollo de la humanidad es el desarrollo de las fuerzas materiales de la economía; la historia no se mueve por las ideas sino en función de la lucha por la vida y los individuos de igual situación económica se unen en clases sociales que luchan entre sí a fin de alcanzar el control de las fuerzas productoras, que les permitirá provocar una transformación social. Las premisas básicas proponen que el primer hecho histórico es la producción de los medios indispensables para la satisfacción, de las necesidades elementales del hombre (comer, beber, procrearse, etc.). Asegurar su misma existencia material será la condición que haga posible el despliegue de sus capacidades intelectuales, artísticas, éticas, etcétera. Para Marx, la clave de la interpretación del proceso histórico estará, justamente, en el desarrollo consecuente de elaborar las grandes respuestas acerca del sentido de la vida, de la historia humana, etcétera. Para poder producir y reproducir su vida material, los hombres no establecen una relación de trabajo individual y directo sobre la naturaleza, sino a través de las relaciones sociales de producción que contraen entre sí. Este sistema de relaciones de producción no se crea por un mero acto de voluntad del hombre, y se rige por leyes propias, independientemente del conocimiento o desconocimiento que tengan de ella los agentes de producción que la constituyen. El hombre se incorpora a relaciones sociales que lo preexisten y lo

condicionan y que se rigen por las leyes mismas de su estructura; por ejemplo en el capitalismo la extracción de la plusvalía y sus efectos: acumulación del capital y pauperización creciente de la clase obrera por el otro, etcétera *(O. Landi).*

MATERIALISTA: aquel que profesa la doctrina que sólo reconoce la materia como única sustancia y niega la metafísica.

MATRIARCADO: organización social en la cual la mujer ejerce una notable influencia. Se usa para denotar el poder o el mando político que tienen las mujeres sobre la sociedad. En contraposición, existe el patriarcado como régimen de organización social.

MAXIMALISMO: doctrina que se basa en principios y modificaciones fundamentales en aspectos políticos y sociales.◆ En Rumania, parte del partido socialista, cuya finalidad era la aplicación de principios, ideas y tácticas de los bolcheviques rusos.

MAXIMALISTA: bolcheviques.◆ Denominación que recibieron los bolcheviques como consecuencia de su programa, que propugnaba las reivindicaciones sociales en oposición a los mencheviques o minimalistas, socialistas moderados.◆ Ver **Maximalismo.**

MAYO FRANCÉS: en mayo de 1968, se llevó a cabo una protesta del estudiantado de Francia, en virtud de la cual se produjo una gran revuelta social que logró mejoras para trabajadores y estudiantes.

MAYORÍA: mayor número de votos conformes en una determinada votación.

MAYORÍA ABSOLUTA: más de la mitad de los votos, usualmente válidos y positivos.

MAYORÍA DE CANTIDAD: aquella en que se toman en cuenta los votos en función del interés respectivo que representa cada votante.

MAYORÍA RELATIVA: ver **Primera minoría**.

MAYORÍA SILENCIOSA: término utilizado por el ex presidente de los EEUU Nixon para referirse a la gran masa de población que generalmente no expresa su opinión sobre aspectos referidos a controversias sociopolíticas. Nixon, específicamente, se había referido al gran número de norteamericanos que no protestaban contra la guerra de Vietnam.

MAYORÍA SIMPLE: mayoría relativa.◆ Ver **Primera minoría**.

MAZORCA: agrupación conocida también como "Sociedad Popular Restauradora"; se fundó en 1833 con la finalidad de mantener y consolidar el poder de Juan Manuel de Rosas. A partir de 1840, después de un frustrado atentado contra el gobernador, las acciones de la Mazorca alcanzaron tales extremos de horror que hasta el propio Rosas decidió poner algunos límites. En abril de 1842, su edecán, Manuel Corvalán, envió una circular a los hombres fuertes del grupo donde les decía que el gobernador "ha mirado con el más profundo desagrado los escandalosos asesinatos que se han cometido en los últimos días, los que aunque habían sido sobre salvajes unitarios, nadie absolutamente estaba autorizado para semejante bárbara feroz licencia...". Después de la caída de Rosas, se inició un proceso contra los más reconocidos miembros de la Mazorca, acusados de "Asesinatos y excesos cometidos especialmente durante los años 1840 a 1842". Entre los principales imputados estaban Ciriaco Cuitiño, comisario policial; Leandro Alem (padre del líder radical del mismo nombre); Silveiro Badía, Manuel Troncoso, Antonio Reyes y Benito Aldana. Benjamín Victorica, que había sido jefe de policía, fue llamado a declarar y se le preguntó qué acciones había intentado para encontrar a los criminales. Victorica respondió que no había investigado porque conocía que "de todos esos crímenes era sabedora la primera autoridad". Al concluir el juicio, Badía y Troncoso fueron ahorcados en la Plaza de Mayo, mientras que Cuitiño y Alem fueron ejecutados de igual manera en la Plaza de la Concepción. El 28 de septiembre de 1853, se inició en Buenos aires el juicio a los miembros de la Mazorca acusados de graves ataques y crímenes contra los opositores de Rosas.

MAZORQUERO: miembro de una mazorca.◆ Sicario político de la época de Rosas en la Argentina.◆ Ver **Mazorca.**

MEDIACIÓN EN EL CANAL DE BEAGLE: el 8 de enero de 1979, en el Palacio Taranco de Montevideo, los cancilleres argentino y chileno Carlos Pastor y Hernán Cubillas, firmaban el Acta de Montevideo, mediante el cual ambos países pedían la gestión del Papa para zanjar las diferencias en el Canal de Beagle por las islas Picton, Lennox y Nueva. Junto a ellos firmó el cardenal Samoré, la labor sobre la irracionalidad de los militares argentinos y chilenos de la época no sólo fue un éxito diplomático de la Iglesia.

MEDIATIZAR: privar al gobierno de un Estado de la autoridad suprema, que pasa a otro Estado, pero conservando aquél la soberanía nominal.

MEDIDAS INTERVENCIONISTAS DEFENSIVAS: medidas referidas a las regulaciones de la producción, a los controles de importaciones y a los cambios o manejos de crédito y moneda.

MEDIDAS PROTECCIONISTAS: decisiones de política económica tendientes a proteger la economía de un país, sobre todo para evitar que los productos extranjeros compitan en condiciones favorables con los propios. Suelen consistir en un arancel aduanero que grava los productos importados.

MEDIEVALISMO: estudio y análisis en forma integral de la historia y la civilización de la Edad Media.

MEDIO: conjunto de circunstancias culturales, económicas y sociales en que vive un grupo humano.◆ Sector o ambiente social.

MEDIO GEOGRÁFICO: conjunto de factores que determinan una zona geográfica, dadas las posibilidades de vida del hombre y de los demás organismos animales y vegetales.

MEDIO ORIENTE: denominación geográfica referida a: India, Pakistán, Afganistán, Nepal, Bhutan, Sikkim y Ceilán (en la acualidad Sri Lanka).◆ Países asiáticos ubicados entre los del Próximo y los del Lejano Oriente.◆ Conjunto de tierras asiáticas y norteafricanas que rodean el extremo oriental del Mediterráneo. ◆ Oriente Medio.

MEDIO PARTIDO: aquel partido político que sólo juega un rol en la medida en que forma coalición con alguno de los partidos grandes, aunque en algunas oportunidades puede decidir la coalición gubernamental, en el caso de que uno de los grandes no alcance la mayoría absoluta. Este rol es jugado por los liberales en Alemania (H. Nogueira Alcalá).

MEDIOS DE INFORMACIÓN: instituciones que recogen datos, noticias, etcétera, y tratan de transmitirlas al público. ◆ Ver **Medios masivos de comunicación.**

MEDIOS DE PRODUCCIÓN: conjunto de elementos utilizados por los individuos para realizar su tarea productiva.

MEDIOS MASIVOS DE COMUNICACIÓN: todo sistema dentro del cual se producen, seleccionan, transmiten, reciben y responden los mensajes.◆ Comprenden las instituciones y las técnicas mediante las cuales grupos especializados emplean recursos tecnológicos (radio, cine, televisión etc.) para difundir contenidos simbólicos en el seno de un público numeroso, heterogéneo y disperso (M. Janowitz).

MEGAESPACIO: esfera de bloque supranacional y supraestatal organizado en una estructura federal autocentrada, con respecto a todas sus partes componentes. Es decir, todo lo contrario del nacionalismo de fronteras cerradas, excluyente y receloso de sus vecinos. Semejante espacio soluciona los problemas etnolingüísticos y culturales que el Estado-nación clásico no pudo resolver (H. Cagni).

MENCHEVIQUES: miembros del partido socialdemócrata ruso que quedaron en minoría en el segundo congreso realizado en Londres en 1903, superados por los bolcheviques. Se produjo a raíz de la escisión que se produce en el Partido Obrero Socialdemócrata ruso. Los partidarios de Lenin fueron denominados bolcheviques por conformar la mayoría del congreso y a los partidarios de Marton, que eran minoría, se los llamó mencheviques. Los primeros eran partidarios de la revolución y el partido constituía un elemento fundamental para llevarla a cabo. Mientras que los mencheviques suponían alcanzar el objetivo político por revolución.

MENSAJE DE LA CORONA: mensaje que pronuncia el monarca ante las cámaras del Congreso o del Parlamento.

MENSAJE DEL PODER EJECUTIVO: discurso que pronuncia el presidente de la República ante una asamblea, un cuerpo colegiado, el pueblo, etcétera.

MENTALIDAD: conjunto de disposiciones intelectuales, de hábitos del espíritu y de creencias fundamentales de un individuo *(J. Burdeau).*◆ Une en un conjunto coherente las convicciones sociales, políticas y económicas.

MENTALIDAD POLÍTICA: estado difuso de opiniones, juicios, prejuicios y sentimientos acerca de la organización, el ejercicio y los objetivos del poder político en una sociedad *(P. L. Verdú).*

MERCADO COMÚN ÁRABE: en 1962, Egipto, Siria, Kuwait, Jordania, Marruecos e Irak firmaron el pacto de creación. No obstante, recién en 1964 constituyeron en El Cairo dicho organismo, sin Marruecos. La finalidad fundamental es lograr un camino hacia la unidad económica y hermandad política.

MERCADO COMÚN CENTROAMERI-CANO: creado en 1958 por un grupo de

países subdesarrollados que compiten entre sí en los mercados del café, el tabaco, el azúcar, la banana y otros productos primarios. Fue institucionalizado por el Tratado de Managua, el 13 de diciembre de 1960. Dicho tratado fue suscrito por: Guatemala, El Salvador, Honduras y Nicaragua, y entró en vigor el 1 de junio de 1961. Posteriormente, se incorporó Costa Rica. En el Preámbulo del convenio se establece que el espíritu del tratado es reafirmar su propósito de unificar las economías de los países mencionados e impulsar en forma conjunta el desarrollo de Centroamérica a fin de mejorar las condiciones de vida de sus habitantes. Los órganos rectores de este agrupamiento regional son: el Consejo Económico Centroamericano, el Consejo Ejecutivo y la Secretaría Permanente. ◆ Mercado Común de Centroamérica.

MERCADO COMÚN DE AMÉRICA CENTRAL: ver **Mercado Común Centroamericano**.

MERCADO COMÚN DEL CARIBE ORIENTAL: MCCO.◆ Organismo que agrupa a islas de relativa dimensión y desarrollo. Incluye a: Antigua y Barbuda, Bahamas, Dominica, Granada, Montserrat, San Cristóbal y Nieves, Anguila, Santa Lucía y San Vicente y las Granadinas. La sede del organismo se estableció en Antigua y Barbuda.

MERCADO COMÚN DEL SUR: ver **Mercosur.**

MERCADO LIBRE DE CAMBIOS: mercado cambiario en el que el precio de las divisas es consecuencia de la libre acción de la oferta y la demanda. Este mercado puede existir en forma concurrente con el denominado Mercado Oficial de Cambios. En este caso, se negociarán al cambio libre aquellas operaciones que no estén comprendidas dentro de la negociación obligatoria con el tipo de cambio oficial.

MERCADO NEGRO: aquel en donde se efectúan compras y ventas de bienes violando restricciones o prohibiciones gubernamentales al respecto. ◆ Tráfico clandestino de divisas monetarias o mercaderías no autorizadas o escasas en el mercado a precios superiores a los legales.◆ Mercado paralelo. ◆ Mercado ilegal.◆ Mercado marginal.

MERCADOS DE DINERO: mercado en que se compran y venden las monedas de los diferentes países.

MERCANCÍA: objeto externo, una cosa apta para satisfacer necesidades humanas, de cualquier clase que ellas sean. El carácter de estas necesidades, el que broten, por ejemplo, del estómago o de la fantasía, no interesa en lo más mínimo para estos efectos *(K. Marx).*

MERCANTILISMO: doctrina y sistema económico afianzado a lo largo de los siglos XVI y XVII. En líneas generales, identificaba riqueza con metales preciosos y propugnaba la protección a la economía mercantil e industrial y el desarrollo de las corrientes comerciales con las colonias.◆ Sistema económico que atiende en primer término al desarrollo del comercio, principalmente al de exportación, y considera la posesión de metales preciosos como signo característico de riqueza.◆ Sistema económico que tenía como finalidad servir a la economía del poderío del Estado frente a la economía de bienestar del individuo. Aun con distintos matices, es la puesta al servicio del Estado y

del soberano de todos los recursos del país para incrementar el poderío de aquél y ayudarlo a sostener unas veces la lucha y otras veces la paz armada. La afirmación fundamental consistía en que la abundancia de los metales preciosos es la garantía más segura del poderío del Estado; por ello la preocupación de los movimientos de la moneda, así como de tenerla en la mayor cantidad posible, junto a la creencia de que juega un papel primordial en la política y en la economía, son los hechos que caracterizan la época mercantilista. Colbert sostenía que "la abundancia de los metales preciosos es lo que diferencia la grandeza y el poderío entre los Estados". El secreto de la riqueza consistía en que la balanza comercial fuese positiva. Por ello el Estado debía intervenir en el intercambio con el extranjero a fin de proteger la economía del país contra la competencia extranjera. Se prohibía la exportación de materias primas con el objeto de que fueran elaboradas en el país. Otro de los riesgos sobresalientes era el dominio de los mares como factor necesario para poseer el dominio comercial. La política mercantilista se estableció en distintos países, como por ejemplo: España, Francia, Inglaterra, etcétera, básicamente entre los siglos XVI y XVIII. En síntesis, se destacaba la importancia de alcanzar superávit en el saldo de la balanza comercial como una forma de acumular metales preciosos (oro).

MERCENARIO: persona o tropa que sirve en la guerra a un gobierno extranjero a cambio de una compensación pecuniaria. También se aplica a quienes están dispuestos a realizar cualquier tipo de tareas sucias a cambio de una paga.◆ Soldado que presta sus servicios y que percibe una retribución monetaria por su lucha. La Legión Extranjera francesa, de ingreso voluntario, mantenía una gran cantidad de soldados mercenarios.

MERCOSUR: Mercado Común del Sur.◆ Tratado aprobado entre la Argentina, Brasil, Paraguay y Uruguay el 26 de marzo de 1991, en la ciudad de Asunción (República del Paraguay), para la constitución de un mercado común integrado por dichas Repúblicas. Este mercado común implica: la libre circulación de bienes, servicios y factores productivos entre los países, la eliminación de los derechos aduaneros y restricciones no arancelarias a la circulación de mercaderías y cualquier otra medida equivalente; el establecimiento de un arancel externo común y la adopción de una política comercial común con relación a terceros Estados o agrupaciones de Estados y la coordinación de posiciones en foros económicos-comerciales regionales e internacionales; la coordinación de políticas macroeconómicas y sectoriales entre los Estados Parte de comercio exterior agrícola, industrial, fiscal, monetaria, cambiaria, y de capitales, de servicios, de aduana, de transportes y comunicaciones y otras que se acuerden, a fin de asegurar condiciones adecuadas de competencia entre los Estados Parte; el compromiso de los Estados Parte de armonizar sus legislaciones en las áreas pertinentes para lograr el fortalecimiento del proceso de integración. El Mercado Común está fundado en la reciprocidad de derechos y obligaciones entre los Estados Parte. La administración y ejecución del Tratado y de los acuerdos específicos y decisiones que se adopten en el marco jurídico que el mismo establece durante el período de transición está a cargo de los siguientes órganos: a) Consejo del Mercado Común; b) Grupo del Mercado Común. Chile se incorporó, como Estado asociado, por el Acuerdo de Complementación Económica firmado en Potrero de Funes, en la Argentina, el 25 de junio de 1996. Tras el protocolo firmado en Ouro Preto –Brasil–, la estructura orgánica del bloque regional en análisis ha quedado configurada por los siguientes órganos: a) El Consejo del Mercado Común (CMC); b) El Grupo Mercado Común (GMC) y sus Subgrupos de Trabajo: c) La Comisión de Comercio del MERCOSUR (CCM); d) La Comisión Parlamentaria Conjunta (CPC); e) El Foro Consultivo Económico-Social (FCES); f) La Secretaría Administrativa del Mercosur (SAM). Posteriormente se incorporaron como Estados asociados: Colombia, Perú, Ecuador, Guyana y Surinam. La República Bolivariana de Venezuela se incorporó como miembro de la institución.

MERITOCRACIA: neologismo que significa igualdad de oportunidades en la vida social y eliminación de privilegios originados en el linaje. El término en sí mismo implica que alguien merecedor de un premio o gratificación por sus actos.

MESA ELECTORAL: mesa compuesta por un presidente y otros cargos, que cumplen la función de recibir, verificar y contar los votos y, potencialmente, realizar el escrutinio.

MESIANISMO: confianza desmedida en un agente bienhechor que se espera. Buscar fuera de sí el líder fundamental carismático. Ello ha conducido a engaños políticos y a la aparición de caudillos y caciques que han sabido hábilmente manejar las expectativas de los pueblos. Se da como alternativa política o religiosa fundamentalmente en comunidades a individuos organizados en sectas.◆ Movimiento que incluía la faz política con la religiosa liderado por el polaco Andrzej Towianski con el objeto de llevar a la cima a Polonia. Su acepción política responde a la corriente que se sostiene en la creencia en los líderes de inspiración divina o superior cuyo objetivo es convertir a un país o una región en la Tierra Prometida y evitar las fuerzas del mal. Este concepto se basa exclusivamente en los sentimientos religiosos.

MESNADA: grupo o conjunto de personas de armas que servía al rey, a un cacique o a un caballero principal.

MESOAMÉRICA: término utilizado por Paul Kirchhoff en 1943 para designar una importante tradición geográfica diferenciada por su cultura. El rasgo más característico de esta civilización fue su intenso regionalismo. Ocupa una amplia zona integrada por México central y meridional, Guatemala, el Salvador, Honduras occidental y Bélice.

MESOCRACIA: forma de gobierno en que domina la clase media.◆ Burguesía.

MESTIZAJE: proceso biológico de cruzamiento entre individuos de distintas razas y sus resultados. En América, este proceso se inició a partir del Descubrimiento.◆ La sociedad americana se conformó con las aportaciones de grupos étnicos diversos (indios, blancos, negros), que contribuyeron a una muy intensa mezcla racial. El historiador sueco Mörner ha señalado hasta treinta y dos cruzas diferentes; los tipos más frecuentes son el mestizo y el mulato.

MESTIZO: cholo.◆ Cruzamiento de indios y españoles.

MÉTODO: puede denotar supuestos etimológicos en los que se basa la búsqueda de conocimientos.◆ Con mayor frecuencia, se utiliza para denotar operaciones o actividades que se producen al adquirir o comprar los datos *(Van Dyke).*

MÉTODO PAULO FREIRE: ver **Pedagogía liberadora.**

METODOLOGÍA: epistemología.◆ Tratado o investigación de los métodos de enseñanza.

METRÓPOLIS: ciudad principal y también nación, respecto de sus colonias. ◆ De acuerdo con los griegos, ciudad madre de una colonia.◆ Cabeza de un estado o de una provincia.

MEZQUITA: templo sagrado en el cual los mahometanos desarrollan sus ritos.

MICROECONOMÍA: estudio del comportamiento económico de la empresa. Se ocupa del análisis de las distintas variables económicas, tales como precio, utilidad, costos de producción, cantidades, costos fijos y variables, mercado de concurrencia perfecta e imperfecta en y con las que se desenvuelve la empresa.◆ Consiste en el estudio de las acciones y reacciones individuales y de las magnitudes ligadas a esos comportamientos. Es el análisis de las Unidades Económicas, distinguiéndolas en dos tipos: a) UEC, Unidades Económicas de Consumo (la familia) y b) UEP, Unidades Económicas de Producción (la empresa) *(A. Digier).*◆ Estudia el comportamiento de mercados, precios y productos específicos.

MICROESTADO: Estado con población inferior a un millón de habitantes y cuya extensión no es muy superior a los 1000 km^2. Generalmente, se engloban Estados producto del proceso de descolonización. Son países que cuentan con escasos recursos, incluso para establecer representaciones diplomáticas, y las que poseen son ante Naciones Unidas, ante su ex metrópoli, ante una superpotencia y ante algún país vecino.

MICROPOLÍTICA: término que alude a luchas locales, que se producen en ámbitos menores, cotidianos, en los que tienen lugar relaciones de poder. Se trata de luchas en las que el objetivo no es tomar el poder.

MID: ver **Movimiento de Integración y Desarrollo.**

MIEMBRO: adherente a un partido.

MIGRACIÓN: acción y efecto de pasar de un país a otro para establecerse en él.◆ Desplazamiento geográfico de personas o grupos, generalmente por motivos económicos o sociales.

MILICIA: conjunto de personas que luchan por un ideal u objetivo común.◆ Actividades de la guerra o de la preparación para ella.◆ Gente o tropa de guerra.◆ Servicio o profesión militar.

MILICIA NACIONAL: conjunto de los cuerpos sedentarios de organización militar, constituido por personas del orden civil para proteger y defender el régimen constitucional.◆ Guardia nacional.

MILICIANO: persona de una milicia.

MILICO: comúnmente militar, guardia civil, gendarme, carabinero, soldado. Su utilización, normalmente, es para referirse a militar en contraposición a civil.

MILITANTE: todo aquel que figura activamente en un partido o en una colectividad.

MILITANTE PERMANENTE: se los califica como liberados porque el partido los toma materialmente a su cargo. También, en algunos casos, podría llamárselos militantes remunerados. La política es su profesión.

MILITAR: relativo a la milicia en oposición a lo civil.◆ Prestar servicio en la milicia o servir en la guerra.

MILITARISMO: preponderancia de los militares, de la política militar o del espíritu militar de una nación.◆ Participación activa en América Latina de sus fuerzas armadas cuya influencia ha sido evidente y no siempre aceptada por la civilidad.◆ Políticamente, consiste en el predominio de los militares en el gobierno.◆ Socialmente, se caracteriza por la conformación de una casta militar ligada a los intereses de las oligarquías nacionales.◆ Desde el punto de vista cultural, se expresa por la extensión de los criterios y los valores militares al resto de la sociedad, con un marcado carácter patriótico y nacionalista.

MILITARIZAR: dar carácter u organización militar a una colectividad.◆ Someter o infundir disciplina militar.

"MILORD": trato que se brinda a los nobles o a los lores.

MINGA: trabajo en las tierras que se realizaba por rotaciones de los campesinos. También se incluían trabajos para obras de tipo colectivo, como por ejemplo: construcciones de canales, caminos, puentes, edificación de viviendas, etcétera.

MINIFUNDIO: pequeñas explotaciones de tipo familiar que proporcionan trabajo a un escaso número de personas y cuyas características son: mano de obra barata, necesidad de cubrir la subsistencia, métodos rudimentarios de cultivo, asentamientos casi siempre en las áreas más desfavorables para el cultivo.

MINIMALISTA: ver **Maximalista.**

MINISTERIO: gobierno del Estado tomado de acuerdo con la totalidad de departamentos en que se divide.◆ Cuerpo de ministros del Estado.

MINISTRO: máxima jerarquía de cada uno de los departamentos en que se divide la gobernación de un Estado.◆ Quien está empleado en un gobierno para ocuparse y resolver aspectos políticos y económicos. ◆ Secretario de Estado.

MINISTRO SIN CARTERA: aquel que ejerce las funciones propias de un ministro, aunque no tenga atribuida la jefatura de algún ministerio; actúa como asesor o colaborador del Poder Ejecutivo.

MINORÍA: conjunto de votos otorgados en contra de lo que opina la mayoría de los sufragantes.◆ Grupo de individuos que, en un Estado, se encuentra marginado por diferencias étnicas, religiosas o lingüísticas.◆ Grupo político con poco peso en el Parlamento, en la Corte o en el espectro nacional.◆ Ver **Primera minoría.**

MINORÍAS: grupos que integran distintas instituciones y que cuentan con menor número de individuos que el grupo constitutivo de la mayoría.◆ Grupos sociales de un país que se diferencian de la mayoría de su población por su raza, religión, lenguas o costumbres.

MISARQUISMO: contrario a cualquier tipo de gobierno.◆ Desde el punto de vista sociológico, corriente o doctrina que sostiene que el gobierno en sí mismo es un mal.

MISERIA: extremada pobreza.

MITA: en el régimen legal de los indios, significaba la prestación de trabajo en las minas por una semana.

MITIN: deriva del término inglés *meeting*. Reunión donde se discuten públicamente asuntos políticos o sociales.

MOCIÓN: proposición que efectúa en el ámbito legislativo un legislador o un grupo de ellos y que está referida a un problema de orden en el momento en que se produce.

MODO DE PRODUCCIÓN: forma en que una sociedad determinada produce los bienes necesarios para su vida material. Esta expresión, creada por K. Marx, varía a través de la historia de acuerdo con los distintos modos de producción característicos de cada época: asiático, antiguo, feudal y capitalista. Cada modo de producción condiciona las superestructuras jurídicas y políticas de cada sociedad.

"MODUS VIVENDI": transacción o arreglo entre dos partes. Se aplica a pactos internacionales o acuerdos diplomáticos.

MONARCA: rey.◆ Príncipe soberano de un Estado.

MONARQUÍA: gobierno de una persona, conforme con las normas fundamentales que vinculan la continuidad monocrática a una dinastía.◆ Gobierno ejercido por una sola persona *(Aristóteles)*.◆ Donde la soberanía reside en un solo hombre que gobierna de acuerdo con la ley *(Montesquieu)*.◆ Gobierno de uno solo dirigido con rectitud.◆ Gobierno de un Estado conducido con carácter vitalicio por un príncipe, designado de acuerdo con un orden hereditario o por elección.◆ Tipo de gobierno en que el jefe titular es un rey: un dignatario coronado, hereditario y vitalicio *(C. A. Quintero)*.◆ Es una forma de gobierno en que existe un jefe hereditario del Estado *(Duguit)*.

MONARQUÍA ABSOLUTA: forma más acentuada de la autocracia, forma histórica del tipo que existió en Europa en el siglo XVIII y en Oriente en diversos períodos y pueblos. El rey, en esta monarquía, posee el poder de una manera total; fue el resultado de la creciente concentración de poderes iniciada a finales de la época feudal y llegó a su culminación en el siglo XVII. Para justificar la personificación del poder en el rey, se hacía provenir de Dios dicha potestad. Luis XIV es un ejemplo clásico de rey absoluto *(F. Gutiérrez Contreras)*.

MONARQUÍA CONSTITUCIONAL: significó el paso de un modelo político monista (con un solo foco de poder, el rey) a otro modelo, de carácter dual, basado en una doble legitimidad: por un lado, la tradicional, corporizada en la figura del monarca, quien ejerce el gobierno a través de un Primer Ministro y su gabinete, y que aún conserva la facultad de disolver el Parlamento; por el otro, legitimidad popular (aunque limitada), centralizada en un Parlamento encargado de legislar y sin cuyo voto ni las decisiones del rey entran en vigencia ni el Primer Ministro, propuesto por el monarca, puede asumir sus funciones *(H. Orlandi y J. Zelaznik)*.

MONARQUÍA DESPÓTICA: aquella en la cual el príncipe se ha hecho señor de los bienes y de las personas mismas de los súbditos por derecho de armas y de guerra justa, y gobierna a los súbditos como un jefe de familia a sus esclavos.

MONARQUÍA LEGÍTIMA: monarquía real.

MONARQUÍA MODERADA: aquella en la cual la autoridad del rey está limitada por otros poderes.

MONARQUÍA PARLAMENTARIA: aquella caracterizada por la superación del dualismo en los canales de legitimación política y por la afirmación del canal electoral-parlamentario como dominante *(M. Cotta)*.◆ Monarquía en la que el rey está sujeto en su actuación al Parlamento, que es la expresión de la soberanía y fuente del poder. La revolución inglesa (siglo XVII) consagró el primer ejemplo de este tipo de monarquía.

MONARQUÍA REAL: aquella en la cual los súbditos obedecen a las leyes del rey y éste, a las leyes de la naturaleza, quedándoles a los súbditos la libertad natural y la propiedad de sus bienes.◆ Monarquía legítima *(J. Bodino).*

MONARQUÍA TIRÁNICA: aquella en la cual el monarca transgrede las leyes de la naturaleza, abusa de los libres como si fueran esclavos y dispone de los bienes de los súbditos como si fueran propios *(J. Bodino).*

MONEDA: símbolo de pertenencia a una comunidad; es lazo social, es referente cultural; para algunos es, además, un signo de identidad *(Tutivén Roman).*

MONETARISMO: doctrina de origen liberal que argumenta que ceder a los bancos centrales la libertad de decidir el volumen de la oferta monetaria es contraproducente; dejaría al sector privado de la economía en una posición insegura y se correría el riesgo de que, incluso de forma bien intencionada, el banco central tomara medidas en la dirección equivocada, debido a la dificultad de tener cifras precisas y de entender perfectamente el funcionamiento de la economía. Por ello prefieren una política sistemática a una política discrecional basada en circunstancias que varían continuamente. Una política agresiva que actuase sobre cada crisis de la economía podría ser peor que la no intervención defendida por los monetaristas. La regla propuesta por los monetaristas es mantener la oferta monetaria en una senda suavemente creciente, con una tasa de crecimiento constante. Esta teoría, básicamente formulada en la década de 1960 por Milton Friedman, cuenta con el apoyo, el desarrollo y la investigación de otros renombrados economistas, como: Friedrich von Hayek, F. Night y R. Lucas.◆ Corriente económica basada en el poder autorregulador de la economía clásica de mercado y que atribuye las fluctuaciones económicas a factores exclusivamente monetarios.

MONOCAMERALISMO: sistema político parlamentario que funciona a través de una sola Cámara.

MONOCRACIA: poder despótico ejercido por una persona o por un sólo partido.

MONOCULTIVO: cultivo de un solo fruto o de otro producto exportable con exclusión de otros. Implica una forma de labranza generalmente extensiva, creada en América Latina con la finalidad de obtener una rentabilidad inmediata, con una exigua inversión. Sin dudas, es la característica más relevante del sistema económico y productivo de América Latina, que generalmente se tiene que adecuar más a los intereses de las potencias que a sus necesidades propias.

MONOMETALISMO: sistema monetario en el cual existe un patrón único.

MONOPARTIDISMO: sistema político que no permite la existencia de ningún otro partido; y si existen muchas clases de monopartidismo, todas pertenecen a un género cuya característica destructora es prohibir –sea *de jure* o *de facto*– toda manifestación de pluralismo político *(G. Sartori).*◆ Partido único.

MONOPOLIO: se aplica cuando en un mercado, un solo sujeto, vendedor o productor, controla la oferta de un producto, en contraposición a varios demandantes del mismo. El monopolio puede ser natural o legal. Es natural cuando la naturaleza otorga a un solo sujeto la disposición exclusiva de un producto (por ejemplo, minerales, salinas) y es legal cuando, mediante una ley, el Estado brinda tal beneficio a un solo sujeto. En el mercado real, todos los bienes y servicios compiten entre sí. En realidad, el monopolio se refiere al oferente de una mercadería carente de sustitutos. El monopolio total no existe nunca y los monopolios absolutos son escasos, por cuanto cada productor o vendedor posee cierto grado de monopolio aunque sea pequeño. Existe más bien mucha competencia monopólica o competencia imperfecta.

MONROE: Ver **Doctrina Monroe**.

MONTE CHINGOLO: en 1975, ataque y asalto del grupo guerrillero ERP (Ejército Revolucionario del Pueblo), de origen marxista, producido en la provincia de Buenos Aires, República Argentina, a una unidad militar.

MONTONERA: pelotón de jinetes que peleaba contra las tropas gubernamentales en determinados estados de América del Sur.

MONTONERO: guerrillero.◆ Miembro de la organización Montoneros.

MONTONEROS: organización guerrillera peronista, creada en la Argentina en 1969. Su denominación nace de "montoneras", guerrilleros análogos del siglo XIX. Admiradores de la revolución cubana y antiimperialistas. Ideológicamente oscilaron desde el nacionalismo católico hasta la extrema izquierda. Su líder máximo fue Mario Firmenich. Montoneros se presentó en sociedad con el secuestro de Aramburu, el 29 de mayo de 1970, Día del Ejército. Firmaron sus primeros comunicados con el nombre de otro general, Juan José Valle, fusilado en junio de 1956 por intentar alzarse contra Aramburu.

Era una condena anticipada. Todo esto, según la historia oficial que los propios Montoneros se encargaron de difundir. Algunos viejos amigos de Aramburu esbozaron mientras vivieron otra teoría. El capitán de navío Aldo Molinari, por ejemplo, aseguraba que Firmenich "trabajó para los servicios" y que entregó a Aramburu a otra célula. El ex presidente, afirmaba Molinari, murió al día siguiente en el Hospital Militar. No se necesita mucho más que dos teorías opuestas para hacer nacer un mito en la Argentina. En 1973, muerto ya en un tiroteo con la policía Fernando Abal Medina, Firmenich fue el número uno de la guerrilla peronista. Ese año se le unieron las FAR (Fuerzas Armadas Revolucionarias), de origen marxista, y centenares de jóvenes peronistas y de izquierda que habían sido halagados por Perón, elogiados por buena parte de la sociedad por puros e idealistas e incluso aceptados por el Ejército, con quienes trabajaron juntos en un operativo llamado "Dorrego" de asistencia a los pobres. Con el choque de las facciones partidarias tras el regreso definitivo de Perón llegaron los grandes golpes de Montoneros: el asesinato del secretario general de la CGT, José Ignacio Rucci, si es cierta la atribución que se le hace a Montoneros; el secuestro de los hermanos Born en 1974; el asesinato, el mismo año, del jefe de la Policía Federal, comisario Alberto Villar, cuyo retrato colgaba años más tarde en las salas de tortura del "proceso"; o el intento de copar el Regimiento 29 de Formosa. Instalada la dictadura militar.

MORAL: ciencia que trata de las acciones humanas en orden a su bondad o malicia. No concierne al orden jurídico, sino al fuero de la propia conciencia.

MORAL CIVIL: conjunto de ideales últimos, de valores intermedios y de normas particulares, a través de los cuales un pueblo vive su destino como humano, logra su identidad histórica y realiza una misión dignificadora en el mundo; como si dijéramos dignidad personal, responsabilidad asumida, eficacia histórica.

MORDIDA: especialmente en México, significa: soborno aceptado y buscado; la corrupción general de los funcionarios y políticos del Partido Revolucionario Institucional (PRI).

MORTALIDAD: cantidad proporcional de defunciones, en una población o en un tiempo determinados.

MORTANDAD: muchas muertes causadas por epidemia, cataclismo, peste o guerra.

MOSAÍSMO: ver **Judaísmo.**

MOTÍN: cuando estalla una insurrección. ◆ Movimiento que se produce en forma desordenada y en el cual interviene una gran cantidad de personas, generalmente contra la autoridad constituida.

MOTÍN DE LAS TRENZAS: rebelión iniciada el 5 de diciembre de 1811 en Buenos Aires y, específicamente, en el "Regimiento Patricios". Manuel Belgrano fue designado por Rivadavia como Comandante de Patricios (uno de los regimientos de la ciudad). Esta designación fue rechazada por la tropa; además, se agravó por una orden de Belgrano que exigía que los soldados se cortaran una colita o una trenza, que era el distintivo de ese regimiento y que usaban como una honorable tradición. La rebelión se inició el 5 de diciembre y el gobierno trató de detenerla mediante una proclama que pedía "sobriedad, disciplina, orden y subordinación". Los subordinados exigían la renuncia de Belgrano, la anulación de la orden de cortarse las trenzas y el regreso de Saavedra. Rivadavia mostró entonces la fuerza de su carácter. Llamó a Rondeau, que acababa de llegar de Montevideo con su ejército, y le ordenó que iniciara la represión. La batalla duró poco más de quince minutos pero al terminar había cincuenta muertos y numerosos heridos. Los que fueron considerados cabecillas del alzamiento, once sargentos, cabos y soldados, fueron condenados a muerte y pasados por las armas. Otros pagaron con prisión, entre cuatro y diez años, en Martín García.

MOVILIDAD SOCIAL: movimiento por el cual los miembros de una sociedad cambian de posición social o geográfica. Generalmente, es más adecuado referirse a cambios de posición en la estructura social, que pueden ser ascendentes o descendentes. Específicamente en América Latina, los movimientos migratorios han sido cuantitativa y cualitativamente importantes; se produjo un intenso proceso de urbanización y desruralización.

MOVIMIENTO DE INTEGRACIÓN Y DESARROLLO: MID.◆ Partido político argentino basado en concepciones desarrollistas, fundado por Arturo Frondizi.

MOVIMIENTO DE IZQUIERDA REVOLUCIONARIO: MIR.◆ Partido político boliviano fundado durante la dictadura de Hugo Banzer Suárez.

MOVIMIENTO DE IZQUIERDA REVOLUCIONARIO: MIR.◆ Movimiento guerrillero chileno que actuó en la década de 1970.

MOVIMIENTO DE LIBERACIÓN NACIONAL: movimiento político derechista guatemalteco, representante de la oligarquía agraria y partidario de un acérrimo anticomunismo. Se consolidó después de 1954.

MOVIMIENTO DE LOS CAMPESINOS SIN TIERRA: movimiento social originado en Brasil que representa los intereses de miles de campesinos desposeídos de ese país. Históricamente, estuvo ligado al Partido de los Trabajadores pero, posteriormente, se distanció.

MOVIMIENTO DE PAÍSES NO ALINEADOS: algunos autores entienden que este movimiento tiene su directo origen en el llamado movimiento afroasiático. Fue una tendencia bicontinental que aglutinó principalmente a países de África y de Asia. Éstos estaban unidos por un profundo sentimiento anticolonial y por un fuerte nacionalismo. Es un vasto movimiento político como prolongación de la lucha anticolonialista, que pretende consolidar, a través del neutralismo, la independencia de los Estados de Asia y de África, asociados entre ellos en el cuadro de conferencias y organismos internacionales, para coordinar sus reivindicaciones frente a los Estados desarrollados e imponer su presencia en la escena internacional *(Boutros - Ghali)*.

MOVIMIENTO DEMOCRÁTICO BRASILEÑO: ver **Partido Movimiento Democrático Brasileño**.

MOVIMIENTO 19 DE ABRIL: M-19.◆ Organización guerrillera colombiana constituida en Bogotá en 1973 por Jaime Batemán Cayón. Luego de diversos atentados y de haber declarado áreas liberadas en 1986, comenzaron negociaciones con el gobierno constitucional de V. Barco, y se transformó en un partido político.

MOVIMIENTO LIBERTAD: agrupación política de derecha peruana cuya figura preponderante era Vargas Llosa. En realidad, encarnaba una oposición al gobierno de A. García.

MOVIMIENTO NACIONAL JUSTICIALISTA: movimiento argentino basado en la doctrina histórica justicialista, conformado por diversos sectores de la sociedad y que tiene a su partido como brazo político ejecutor.

MOVIMIENTO NACIONALISTA REVOLUCIONARIO: MNR.◆ Partido político boliviano creado por Paz Estensoro. Propugnó una política nacionalista de orientación populista.

MOVIMIENTO POLÍTICO: grupo de personas que sin tomar la forma, ni los recaudos de partido, se estructuran y comparten un espacio común de ideas, intereses y sentimientos con la finalidad de participación pública.

MOVIMIENTO REVOLUCIONARIO TÚPAC AMARU: MRTA.◆ Movimiento guerrillero peruano de ideología marxista-guevarista, nacido en 1984, cuya denominación respondía al revolucionario indio que se levantó en armas contra el dominio español y que fue descuartizado en 1781.

MOVIMIENTO SIN TIERRA: partido político campesino brasileño que generalmente funciona como brazo político de sectores radicalizados de la Iglesia Católica.

MOVIMIENTOS MIGRATORIOS: flujos y cambios de residencia que producen las personas en el interior de un país –migraciones interiores– o bien hacia fuera de sus fronteras –migraciones exteriores–. Su origen fundamental es la presión demográfica superior a la totalidad de los recursos económicos disponibles.◆ Ver **Migración.**

MRTA: Movimiento Revolucionario Túpac Amaru.

MULATO: nacido de la unión interracial del blanco y el negro.

MULATOS: hijos de españoles y negros.

MULTIPARTIDISMO: ver **Pluripartidismo**.

MUNDIALIZACIÓN: globalización.

MUNICIPALIDAD: institución gubernativa que tiene el municipio.◆ Sede del gobierno del municipio.◆ Municipio.

MUNICIPIO: deriva del latín *munus*, que tiene un significado equivalente a muro o muralla. Por extensión, era lo que estaba dentro de los muros.◆ Conjunto de habitantes de un mismo término jurisdiccional, regido en sus internas vecinales solamente por un ayuntamiento. ◆ Territorio o superficie territorial ocupada por los vecinos y la campaña circundante hasta donde llega la jurisdicción de las autoridades locales.

MURO DE BERLÍN: los conflictos entre las fuerzas de ocupación en Berlín, capital de Alemania hasta 1949, hicieron que la ciudad se dividiese en Berlín oriental y Berlín occidental. Muralla levantada en agosto de 1961 que partió a Berlín en dos: en un sector quedó la ciudad capitalista de la República Federal Alemana (RFA) y del otro, la comunista de la República Democrática Alemana (RDA). Desde entonces, la zona fue uno de los escenarios más calientes entre los EEUU y la Unión Soviética, aunque ambas partes presentaron periódicamente propuestas de unificación, siempre atendiendo a sus propios intereses. En la zona bajo influencia soviética, las dificultades económicas y la represión política dieron lugar a una continua evasión de alemanes hacia el sector oeste, y se calcula que dos millones y medio de personas desertaron hasta agosto de 1961. Durante los días anteriores a esa fecha, la tensión se había vuelto insoportable por la fuga de miles de alemanes y la amenaza soviética de emplear armas nucleares para solucionar la cuestión. Fue entonces cuando los rusos ordenaron la construcción del muro, que al principio se tomó como una medida provisional. Pero en las horas siguientes, las cercas de alambre fueron reemplazadas por bloques de hormigón. Desde entonces, las fugas se hicieron muy difíciles y más de una vez terminaron con la muerte. El 9 de noviembre de 1989, miles de personas empezaron a derribarlo. Esta verdadera "muralla de la vergüenza" fue el símbolo de la Guerra Fría. A Berlín le fue arrebatada su condición de capital, desde la fundación del Imperio Alemán en 1871, al finalizar la Segunda Guerra Mundial, cuando fue dividida en cuatro sectores por las potencias triunfantes *(J. Ferrari).*

MUSEO DE LA SUBVERSIÓN: emprendimiento en el cual el ejército argentino documentó sus "éxitos" en la lucha contra la guerrilla. Con una sede en Campo de Mayo y otra en el Regimiento de Palermo, el "museo" funcionó abiertamente durante la última dictadura en la Argentina y de manera encubierta posteriormente. La sede de Campo de Mayo había sido inaugurada por el ex gobernador tucumano y ex jefe del Primer Cuerpo de Ejército, Antonio D. Bussi.

MUTUALISMO: forma conspicua de solidaridad social; forma de previsión social, que está a cargo de particulares.

N

NACIMIENTO DE ISRAEL: en 1947, la Organización de las Naciones Unidas recomendó que Palestina, entonces un protectorado británico, se dividiera al año siguiente en dos Estados: uno árabe y otro judío. Los árabes desconocieron la resolución. El 14 de mayo de 1948, fue proclamado el Estado de Israel, con el horror del Holocausto como telón de fondo. La respuesta fue un ataque masivo de los Estados árabes al joven Estado, que sobrevivió. Siguieron luego otras cuatro guerras, que incluyeron la ocupación de la Franja de Gaza, Cisjordania, el Golán y el sur del Líbano por parte de Israel, y la irrupción de un fenómeno que marcó a fuego las relaciones entre árabes y judíos: el terrorismo.

NACIÓN: constitución jurídica que corresponde a una determinada fase del desarrollo de la sociedad, particularmente europea. Es decir, a partir del momento en el cual se logra la homogeneización de un territorio, mediante la extinción de los reductos feudales de la Edad Media y la constitución, en consecuencia, de un mercado más o menos amplio.◆ Comunidad integrada por varios elementos (lengua, cultura, raza, religión) que, arrancando de un mismo pasado histórico, se realiza políticamente en el presente y se pretende continuar en el futuro.◆ Resultado histórico de una suma de hechos que convergen en una misma dirección. Es un principio espiritual, ya que para que un pueblo llegue a ser Nación debe tener glorias comunes en el presente y sus individuos haber hecho y seguir haciendo cosas juntos *(E. Renán).*◆ El significado etimológico de nación deriva del latín *nascere* (nacer), y tal fue el sentido que se dio al término en la época medieval. Por tanto, aludía al origen geográfico y se utilizaba especialmente para designar, en el seno de una comunidad, a gentes llegadas de otros lugares.◆ Etimológicamente, se refiere al lugar de nacimiento de una persona.◆ Es una comunidad de sentimiento que se manifiesta de modo adecuado en un Estado propio; en consecuencia, es una comunidad que normalmente tiende a producir un Estado propio. ◆ Comunidad históricamente determinada de lengua, de territorio, de vida económica y con un modo de ser psicológico manifestado en una comunidad de cultura *(J. Stalin).*◆ Es el resultado de sus componentes, tales como lengua, raza, tradiciones, independientes de la voluntad nacional *(R. Lafont).*◆ Comunidad espontánea formada por hombres que tienen algo en común: base étnica, cultural, religiosa, lingüística, histórica, etcétera. Es comunidad porque no se originó voluntaria ni reflexivamente, sino que se forma espontáneamente; por eso, se nace dentro de una nación sin elección previa.◆ Conjunto de hombres que, participando por el nacimiento y por la educación del mismo temperamento y del mismo carácter, teniendo un mismo conjunto de ideas y de sentimientos, practicando las mismas costumbres y viviendo bajo las mismas leyes e instituciones, mantienen la voluntad de permanecer unidos en la integridad del suelo, de las instituciones, de las costumbres, de las ideas y de los sentimientos, y en el mismo culto de un pasado *(J. Girod).*

NACIÓN MÁS FAVORECIDA: un Estado asegura a otro este tratamiento cuando, estipulación contractual mediante, se obliga a extenderle los beneficios que hubiera concedido o concediere en un futuro a un tercer Estado *(J. Folloni).*

NACIONAL: que pertenece a una nación.◆ Natural de una nación en oposición al término extranjero.

NACIONAL DE UN ESTADO: la nacionalidad es una calidad que, generalmente, adquiere el natural de un Estado desde el momento en que nace. La ciudadanía es un derecho que adquiere el nacional de un Estado cuando llega a cierta edad y reúne otras condiciones. Todo ciudadano de un Estado es na-

cional de éste, pero no todo nacional es ciudadano.

NACIONALIDAD: en sentido sociológico, es un vínculo espontáneo que une a un hombre con una nación y que lo hace ser miembro o parte de ella; en cambio, "la nacionalidad política es artificial", depende de lo que el derecho positivo de cada Estado establece, y vincula a un hombre con un Estado *(G. Bidart Campos).*◆ Estado propio de la persona nacida o naturalizada de una nación.

NACIONALIDAD ADQUIRIDA: aquella que toda persona física puede obtener mediante la naturalización y la mujer, como consecuencia del matrimonio.

NACIONALIDAD DE ORIGEN: aquella que el Estado atribuye a toda persona física en el momento de nacer.

NACIONALISMO: identificación de uno mismo con una colectividad política organizada en forma de territorio, dentro de la comunidad de Estados.◆ Prosecución exclusiva de políticas nacionales, la conservación absoluta de la integridad nacional y el permanente crecimiento del poder nacional *(C. Maurras).* ◆ Fracción de la humanidad que se une a través de simpatías comunes y del deseo de estar bajo un mismo gobierno elegido por el grupo social involucrado *(J. Stuart Mill).*

NACIONALISMO ECONÓMICO: política de autosuficiencia nacional que, ayudada por una política arancelaria, de notas y restricciones monetarias, trata de disminuir las importaciones y generar una industria nacional independiente. Los países latinoamericanos generaron una producción paralela en lugar de tender a alcanzar una economía complementaria con el objeto de insertarse en una región integrada y autónoma. En realidad, es un movimiento basado en una política de unión económica nacional, de autosuficiencia, con un alto grado de proteccionismo. Se fundamenta en el desarrollo industrial, pero debe ir acompañado de un avance constante y en equilibrio de las demás actividades económicas, tales como la agricultura, el comercio, etcétera. Se expandió desde 1920 hasta 1950 y luego comenzó a declinar.

NACIONALISTA: partidario del nacionalismo.

NACIONALIZACIÓN: proceso legal y político a través del cual un Estado puede expropiar o estatizar, con o sin retribución, por juzgarlo de interés público y/o nacional.

NACIONALIZACIÓN DE LOS DEPÓSITOS BANCARIOS: el Banco Central del país es el destinatario del depósito, que a su vez queda amparado por la garantía de la Nación por el importe total. Producida la nacionalización, el banquero comercial es un mandatario y el Banco Central, su mandante. Los fondos continúan en la misma cuenta y su titular puede hacer de éstos el uso que estime conveniente. Pero la modificación de la relación jurídica existente entre el Banco Central y los banqueros constituye la cabecera de una política bancaria y monetaria distinta.

NACIONALSOCIALISMO: nazismo. ◆ Movimiento político y social del Tercer Reich alemán (1933-1945) de carácter pangermanista, fascista y antisemita.

NACIONES UNIDAS: ver **Organización de las Naciones Unidas**.

NAFTA: sigla de *North American Free Trade Agreement*.◆ Tratado de Libre Comercio de América del Norte.◆ Combustible derivado del petróleo.

NARCOTRÁFICO: operaciones complejas de producción, elaboración y comercialización de drogas y sustancias prohibidas.

NASA: *National Aeronautics and Space Administration.*◆ Administración Nacional para la Aeronáutica y el Espacio.◆ Organismo estadounidense creado el 27 de julio de 1958, que promovió logros espectaculares en el campo de la investigación espacial. Desde entonces, la NASA, que tiene su jefatura en Washington D.C., se hizo cargo de todas las actividades que tuvieran que ver con la exploración espacial, incluidos el estudio del origen y la evolución del universo, los problemas del transporte, el desarrollo de equipos y el adiestramiento de astronautas. Durante los primeros tiempos de la administración de John Kennedy, la NASA recibió un fuerte impulso, ya que el presidente se había propuesto que los EEUU pusieran un hombre en la Luna para fines de la década de 1960, y el objetivo se logró en julio de 1969. La NASA también ha enviado satélites meteorológicos y de comunicación, y ha desarrollado programas de exploración de otros planetas.

NASSERISMO: corriente político-militar encabezada por Gamal Abdel Nasser (1918-1970) que fundamentalmente se refiere a los regímenes militares tecnocráticos con una verdadera inclinación y preocupación por el nivel social.

NATO: sigla de *North Atlantic Treaty Organization*.◆ Organizaciòn del Tratado del Atlántico Norte.◆ OTAN.

NAVEGACIÓN: arte de navegar. Generalmente se utiliza para referirse al aspecto marítimo. En el ámbito de la aviación, se agrega el término "aérea".◆ Desplazamiento que se produce con una embarcación o nave. Puede ser por agua o aire.

NAZI: nacionalsocialista. ◆ Suele hacer referencia a un dictador, despótico o totalitario.

NAZISMO: partido fundado y dirigido por Adolfo Hitler. Originalmente basado en el pangermanismo prusiano, se nutrió de sentimientos antisemitas, antipacifistas y antiliberales, utilizando como medios la represión sangrienta de toda oposición a sus objetivos. Su símbolo fue la cruz esvástica o gamada y su teoría era la de una raza superior arionórdica, dominadora de los pueblos que no poseyeran sus virtudes. Atrajo a toda la clase media, a los desocupados después de la Primera Guerra Mundial y a todos los disconformes con el Tratado de Versalles; se incorporó rápidamente la alta industria. Por la coacción brutal y la propaganda insistente, se organizaron fuerzas semimilitares (las camisas pardas), grandes concentraciones públicas y agrupaciones centrales con millones de adherentes. Los sistemas de represión desembocaron en los campos de concentración, las cámaras de gas, las purgas sangrientas, los frentes de trabajo; se sostuvo una máquina de delaciones y persecuciones policiales racistas, religiosas y políticas. El espíritu agresivo interno se extendió al campo internacional, lo que condujo a la Segunda Guerra Mundial; sus dirigentes fueron juzgados en Nurenberg (1945), salvo algunos que se suicidaron o huyeron.

NEANIOCRACIA: del griego (*neanías*, jóven, y *crato*, poder) gobierno de los jóvenes.

NECESIDADES DEL INDIVIDUO DE TIPO NATURAL: necesidades biológicas; por ejemplo: comer.

NECESIDADES DEL INDIVIDUO DE TIPO SOCIAL: aquellas que se tienen por vivir en sociedades; por ejemplo: el casamiento.

"NECESSITÁ": concepto maquiavélico; condición objetiva que actúa causalmente, contrapunto de la libertad que engendra la *virtú*. Dado que todo lo humano se halla en perpetuo movimiento y que las cosas no permanecen firmes, es menester que los hombres las desvíen o superen. La *necessità* induce a muchos actos a los que no empuja la razón. Por ello la república instituida, para conservarse firme sin ambiciones, pierde los cimientos y se desmantela, así que la necesidad la impele a ensanchar sus fronteras. Suponiendo que el Cielo se mostrase tan propicio con ella que no hubiese de guerrear, el ocio la afeminaría o dividiría, y ambas cosas unidas, o cada una de por sí, producirían su ruina.

NEGOCIACIÓN: modo de acción política propia de toda clase de comunidades políticas.◆ Vía natural de la vida diplomática. Tratamiento por vía diplomática de potencia a potencia.

NEGOCIADO: negocio escandaloso e ilegítimo.

NEOCOLONIALISMO: nuevas relaciones de dominación han dado origen a este término para definir el modo en que los países desarrollados someten a sus caprichos las intenciones de autodeterminación de los pueblos latinoamericanos. ◆ Redefinición del proceso de dominación o sometimiento de un país desarrollado económicamente con respecto a antiguas colonias. Se produce entre las metrópolis y sus antiguas colonias.

NEOFASCISMO: corriente política que intenta actualizar y desarrollar las ideas fascistas; en general, se engloba en esta corriente todo movimiento de extrema derecha.

NEOLIBERALISMO: vuelta a un nuevo liberalismo económico y embate contra el Estado de bienestar; las políticas keynesianas, el estatismo, el intervencionismo, el dirigismo, etcétera. ◆ Corriente revisionista de las bases del liberalismo clásico o tradicional que busca adaptarse a los nuevos tiempos, a las nuevas realidades, con sus avances tecnológicos. ◆ Contiene diversidad de tendencias según las naciones; sobre él han influido las teorías de profesores, sociólogos y economistas, de modo que puede hablarse de un neoliberalismo de cátedra o neoliberalismo académico. El problema del neoliberalismo es lograr la acomodación del liberalismo al mundo actual, a la vista de las últimas transformaciones políticas, económicas, industriales y científicas. En este sentido, el neoliberalismo tiende a propugnar la espontaneidad y la armonía naturales compatibilizándolas con cierto intervencionismo estatal, para restablecerlas cuando son alteradas, pero siempre que esa intervención no dañe el equilibrio correcto que debe reinar en la sociedad.◆ Significado de una corriente político-social que apareció en París en 1938, en una reunión que presidía el escritor W. Lippman y a

la que asistieron economistas como: F. Hayek, L. von Mises, M. Rostow, I. Rueff, etcétera. Avalada por los principios siguientes: el liberalismo económico admite como postulado básico que sólo el mecanismo de los precios, desenvolviéndose en mercados libres, permite lograr una organización de la producción capacitada para el mejor uso de los medios de producción y para el logro de la satisfacción máxima de los deseos de los hombres. Las posiciones de equilibrio que vienen a establecerse en los mercados son regidas y pueden ser determinadas en modo decisivo por las leyes sobre la propiedad, con los contratos, las agrupaciones, las asociaciones y las personas morales, colectivas, por las patentes de invención, la quiebra, la moneda, los bancos, por el sistema de imposiciones. Como estas leyes son creación del Estado, éste tiene la responsabilidad de determinar el régimen jurídico como marca del libre desarrollo de las actividades económicas. La determinación del régimen legal constituye el método liberal de control social. El fin del régimen jurídico es asegurar la utilidad máxima en la producción con las restricciones que puedan determinarse con fines sociales. El sistema liberal exige la elección consciente de otros fines; la organización de la producción en conformidad con los principios liberales no excluye el destino para fines de índole colectiva, de una parte del ingreso nacional, separada del consumo individual. El Estado liberal puede y debe cobrar, mediante el impuesto, parte del ingreso nacional y destinar su importe a la financiación colectiva de la defensa nacional, de los seguros sociales, de los servicios sociales, de la enseñanza y de la investigación científica *(L. Baudin)*.

NEOLIBERALISMO ECONÓMICO: corriente neoliberal que defiende hasta su límite superior la competencia como fuente fundamental que permite coordinar los esfuerzos humanos, eliminando cualquier tipo de intervención gubernamental o de grupo de presión.

NEOMAHANISMO: estrategia continentalista de los EEUU, como consecuencia del gran crecimiento de su economía, que obedece (caso ALCA) a una integración sobre la base de la división del trabajo, en donde Iberoamérica sería sólo aportadora de materias primas. Este término deriva del geopolítico estadounidense A. Mahan.

NEOMALTUSIANISMO: corriente o escuela fundada por T. Malthus acerca de la descompensación entre el crecimiento de los medios de subsistema y el de la población. Se propugna la limitación voluntaria de la natalidad.

NEPOTISMO: favor desmedido que otorgan los gobernantes a sus parientes para cubrir los cargos públicos o gracias.

NEUTRAL: Estado que no participa en la guerra amparándose en los derechos y obligaciones inherentes a la neutralidad. Este Estado se compromete a no participar en disputas armadas, excepto en lo referente a la defensa de su propio territorio.

NEUTRALIDAD: las relaciones internacionales y la política exterior de los Estados constituyen la situación jurídica en virtud de la cual el Estado que la adopta se mantiene apartado de la guerra existente entre otros Estados, sin favorecer ni perjudicar a ninguno de ellos. ◆ Objetividad, imparcialidad. ◆ Es la situación de un Estado que permanece ajeno a la guerra que tiene lugar en otros Estados *(C. Díaz Cisneros).* ◆ Consiste en la posición adoptada por uno o varios Estados respecto de una guerra, absteniéndose de cualquier forma de participación en la misma. ◆ Actitud de imparcialidad adoptada por terceros Estados hacia los beligerantes y reconocida por éstos; tal actitud crea derechos y obligaciones entre los Estados imparciales y los beligerantes. Si un Estado adopta o no una actitud de imparcialidad al comienzo de la guerra no es un problema del Derecho Internacional *(L. Oppenheim).* ◆ Es una actitud de imparcialidad de Estados que crea derechos y obligaciones y que es adoptada deliberadamente por un Estado y consentida por los beligerantes. No puede comenzar antes de que haya llegado a conocerse el comienzo de la guerra.

NEUTRALIDAD ARMADA: confederación de las potencias marítimas, a fin de defender en los barcos de las naciones neutrales los bienes pertenecientes a las naciones en lucha que no sean municiones de guerra o mercaderías de contrabando.

NEUTRALIDAD PERMANENTE: aquella que proviene de convenciones internacionales por las cuales quedan aseguradas las relaciones pacíficas entre los países que las suscriben; deben respetar los beligerantes a las personas y los bienes de los neutrales, cualquiera sea el territorio en que se encuentren.

NEUTRALIDAD TRANSITORIA: aquella que se adopta con respecto a un conflicto determinado.

NEUTRALISMO: corriente o doctrina que adoptaba la neutralidad, fundamentalmente en los conflictos de orden mundial.

NEUTRALIZACIÓN: situación jurídica de neutralidad permanente en la que se coloca un Estado, por declaración unilateral de su voluntad. Este Estado neutralizado se obliga a no participar en conflictos armados salvo para la defensa de su propio territorio.

"NEW DEAL": nuevo trato. Trato al que el presidente F. D. Roosevelt convocó a los estadounidenses en 1932, para enfrentar una de las crisis más profundas. La idea era impulsar una nueva política que, a través del gasto público, estimulara el mercado para reiniciar el crecimiento económico y el empleo. Este programa general que se puso en marcha en los EEUU luego de la profunda y aguda crisis que azotó al mundo en 1929, provocó un giro de la política estadounidense y que funcionó entre 1933 y 1937. El liberalismo practicado hasta ese entonces fue suplantado por un intervencionismo estatal que le otorgó a la agricultura un rol muy importante.

NIHILISMO: negación de todo principio religioso, político y social.◆ Doctrina de la negación; según el orden de problemas que abarque, puede identificarse con el escepticismo, sistema filosófico que niega la posibilidad de lograr conocimiento verdadero alguno.

NO ALINEADOS: movimiento político de países fundado en 1961, en la Conferencia de Belgrado; sus principales impulsores fueron los presidentes Nasser de Egipto y Tito de Yugoslavia. El objeto era la búsqueda de una estrategia internacional superadora de la política de bloques. Estos países se denominan tercermundistas.

NO BELIGERANCIA: forma de neutralidad en la que una nación puede expresar su simpatía y ayudar moral y económicamente a uno de los bandos, pero debe abstenerse de prestar ayuda militar a uno u otro adversario.

NO INTERVENCIÓN: traba, limitación o abstención en los asuntos de otro u otros Estados.◆ Abstención por parte de un Estado de inmiscuirse en los asuntos de otro u otros.

NOBLEZA: cuerpo o conjunto de los nobles que componen un Estado, una zona o una región.

NOCHE DE SAN BARTOLOMÉ: sangriento episodio que se produjo en Francia el 24 de agosto de 1572. Durante el siglo XVI, la Reforma comenzó a extenderse por el país, aunque la mayoría de la población continuaba siendo católica. Sin embargo, un grupo que contaba con muchos miembros de la nobleza se convirtió al calvinismo y fue objeto de repetidas persecuciones. Los calvinistas franceses fueron apodados "hugonotes", denominación de la que se desconoce el real origen. En 1562, los colonos llegaron a la costa de lo que es hoy Carolina del Sur; esto constituyó el primer intento de usar el territorio americano como refugio para los perseguidos por razones religiosas. Sin embargo, los colonos no se acostumbraron a las nuevas tierras y, finalmente, fueron recogidos por un barco inglés que los trasladó a Gran Bretaña. Los hugonotes que habían quedado en Francia tampoco pudieron vivir en paz y debieron soportar largos años de intolerancia y agresiones que convirtieron al país en un verdadero infierno. Cuando parecía que la situación tendía a calmarse, la tragedia se precipitó. Se festejaban entonces las bodas del futuro rey Enrique IV, que era protestante, y durante la tregua, los hugonotes celebraban la libertad que se les había concedido para practicar su credo en algunas ciudades. Durante la noche del día de San Bartolomé, comenzaron los asesinatos. Más de cincuenta mil personas desarmadas e indefensas fueron víctimas de la barbarie.

NOMADISMO: estado social, característico de épocas primitivas de pueblos escasamente civilizados, que no han llegado a establecerse en un territorio.

NOMARCA: gobernador del nomo o provincia, es decir, la clásica división administrativa del antiguo Egipto.

NOMINALISMO: tendencia o corriente que niega la existencia objetiva de los universales y que los considera como simples convenciones o nombres. Se contrapone a realismo y a idealismo.

NOMOLOGÍA: tratado que se refiere a la forma de fundar principios en una ciencia.◆ Ciencia que trata de las leyes y su interpretación.

NOTA OFICIOSA: información de los proyectos o acuerdos de los gobiernos u otras autoridades que se comunica al periodismo antes de su publicación oficial.

NOTA VERBAL: comunicación diplomática, sin firma, sin autoridad obligatoria y sin los requisitos formales ordinarios, que por vía de simple observación se dirigen entre sí el ministro de asuntos exteriores y los representantes extranjeros.

NUESTRA AMÉRICA: denominación que utilizó José Martí para designar a la región americana desde México hasta Tierra del Fuego, para escapar al término Latinoamérica, de interesado origen europeísta.

NUEVA CLASE: denominación que el yugoeslavo Milovan Djilas asignó a los componentes de los partidos comunistas en los llamados países socialistas. Sostiene la tesis de que la antigua clase burguesa propietaria de los medios de producción en el sistema capitalista ha sido reemplazada por una nueva clase, la del partido Comunista, en los regímenes marxistas leninistas, ya que los medios de producción siguen sin estar en manos de los trabajadores.

NUEVA DERECHA: conjunto heterogéneo de pensadores que han tratado de llevar adelante las ideas conservadoras de un grupo de economistas, como Fridman, Hayek, etcétera. Rechazan el aborto, están en contra de los derechos de los trabajadores migratorios, abogan por un Estado mínimo, por la eliminación del déficit público, etcétera.

NUEVA ECONOMÍA: comprende a las empresas, básicamente de servicios pero también de comercialización y con gran énfasis en la tecnología de avanzada, que han nacido con la Internet como plataforma y cuyo "modelo de negocio" no podría existir sin ella. ◆ Comprende aquellas empresas ligadas a la Internet, las telecomunicaciones y la biotecnología, que están superando en crecimiento y en valorización de mercado a las que representan "la vieja economía", basada en los procesos industriales clásicos.

NUEVA IZQUIERDA: corriente política e intelectual que comenzó en Europa y se extendió posteriormente, con el objeto de plasmar un pensamiento político marxista y socialista distinto a las escuelas dominantes, como el socialismo soviético, el marxismo ortodoxo, etcétera.

NUEVO ORDEN ECONÓMICO INTERNACIONAL: nuevo orden basado en la equidad y en la igualdad soberana, en la interdependencia, en el interés común y en la cooperación de todos los Estados, cualesquiera sean sus sistemas económicos y sociales, que permita corregir las desigualdades, reparar las injusticias actuales, eliminar las disparidades crecientes entre los países desarrollados y los países en vías de desarrollo y garantizar a las generaciones presentes y futuras un crecimiento económico y social que vaya acelerándose en la paz y en la justicia.

NUNCA MÁS: libro en el que se transcribe el informe final de la Comisión Nacional sobre la Desaparición de Personas (CONADEP). Este informe describió el horror de la represión ilegal en Argentina durante la última dictadura. Es considerado el documento más importante en la lucha por los derechos humanos.

NUNCIO: embajador del Papa.

NÚREMBERG, JUICIO DE: ver **Juicio de Núremberg**; **Tribunal de Núremberg**.

Ñ

ÑAÑIGO: afiliado o adherente a una sociedad secreta conformada por negros
y establecida en Cuba en la época de
la dominación.

ÑAPANGO: mulato, mestizo.

O

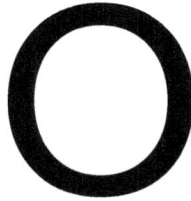

OBEDIENCIA CIEGA: acatamiento sin previo examen de los motivos o las razones del que manda.

OBEDIENCIA DEBIDA: aquella que se rinde al superior jerárquico y en circunstancias eximentes de responsabilidad en los delitos.

OBJETIVOS POLÍTICOS: fines de las acciones que, a través del esfuerzo y de los caminos que debe transitar la actividad nacional, deben alcanzarse en el corto, mediano o largo plazo.

OBJETORES DE CONCIENCIA: individuos que por escrúpulos religiosos se niegan a prestar servicio militar en tiempo de guerra.

OBRERISMO: conjunto de obreros de una zona, una región o un país.◆ Corriente o régimen económico cuya base es el predominio del trabajo de los obreros como factor de producción y base de riqueza. ◆ Sindicalismo.

OBRERO: individuo que se dedica a alguna ocupación manual. ◆ Persona que desarrolla una actividad profesional en la que predomina el esfuerzo físico sobre el intelectual, a diferencia de lo que sucede con el empleado o con quien ejerce una profesión liberal *(A. M. Ossorio)*.◆ Trabajador en relación de dependencia que percibe una remuneración por desempeñar tareas en las cuales predomina el esfuerzo físico.◆ Trabajador manual retribuido. ◆ Operario. ◆ Quien presta servicios de índole material o manual; se incluye en esta categoría, también, al que prepara o vigila el trabajo de otros obreros, como los capataces.

OBSTRUCCIONISMO: práctica o ejercicio de obstrucción en las reuniones o asambleas políticas con el objeto de impedir o retardar los convenios o acuerdos.

OCCIDENTE: término que se utiliza para referirse a los países pertenecientes a la parte occidental de Europa, su civilización, poderío, etcétera, en contraposición a los pueblos del este.

OCDE: ver **Organización para la Cooperación y el Desarrollo Económico**.

OCLOCRACIA: gobierno de la muchedumbre, masa, plebe o multitud.◆ Gobierno de las masas, cuando el término masas es utilizado en su sentido peyorativo, asignado por los escritores reaccionarios.

OCUPACIÓN MILITAR: estancia en una zona de ejércitos de otro Estado que interviene o dirige la vida pública de aquél, sin existir ningún tipo de anexión.

OCUPADO: operacionalmente cuando una persona trabaja determinada cantidad de horas semanal o periódicamente. Ello depende de las legislaciones o disposiciones de cada país.

OCUPADO PLENO: aquel que trabaja un lapso considerado socialmente normal, entre treinta y cinco y cuarenta y cinco horas semanales.

ODECA: ver **Organización de Estados Centroamericanos**.

OEA: ver **Organización de Estados Americanos**.

OECE: ver **Organización Europea de Cooperación Económica**.

OECS: ver **Organización de Estados del Caribe Oriental**.

OFENSIVA DE TET: el 30 de enero de 1968, Vietnam del Norte lanzó una ofensiva contra veintiséis ciudades importantes de Vietnam del Sur. Este ataque recibió el nombre de "Ofensiva de Tet", año nuevo vietnamita. Algunas pocas ciudades quedaron en poder del Vietcong y, en otros casos, se retiraron para mantener sólo el control sobre las carreteras. El ataque fue finalmente repelido por las fuerzas de los EEUU,

mientras que el general Westmoreland declaraba que se trataba de "un esfuerzo inútil y desesperado de los comunistas". "Las fuerzas survietnamitas pueden ser totalmente derrotadas en sólo tres semanas. El presidente Thieu está desacreditado y no puede mantener el liderazgo necesario para gobernar el país. La moral del ejército y de la población civil es muy baja. El temor a los comunistas está esparcido y la gente de todas las posiciones sociales está buscando huir del país. Un inminente ataque nos podría hacer volar a todos", así se expresaba en un memorando Kenneth M. Quinn, un consejero asesor que había sido enviado a Vietnam en una misión encomendada por el presidente Gerald Ford para establecer el verdadero estado de cosas. El 30 de abril de 1975, pocos días después de la confección de ese memorando secreto, el presidente Gerald Ford habló ante una multitud en la Universidad de Tulane y anunció el fin de la Guerra de Vietnam para los EEUU Los aplausos y la sensación de alivio circuló por todo el país. Para la mayoría de los estadounidenses, la guerra era una causa inútil desde hacía mucho tiempo, casi desde el mismo momento en que comenzó a hacerse certera la posibilidad de que los EEUU mandaran tropas a combatir a una región tan alejada que muchos ni siquiera sabían que existía. ◆ Ver **Guerra de Vietnam**.

OFERTA DE DIVISAS: está constituida por las exportaciones nacionales, los ingresos por turismo y las inversiones del resto del mundo.

OFERTA MONETARIA: cantidad de dinero; suma del efectivo en manos del público.◆ Cantidad de dinero que poseen los individuos y las empresas, más los depósitos en los bancos *(Mochón* y *Beker)*.

OFICIALISMO: corriente que apoya a funcionarios del gobierno.◆ Conjunto de hombres de gobierno y de su partido.

OFICIO POLÍTICO: consiste en privilegiar la negociación, el acuerdo, la conciliación; en aplicar los conocimientos, las experiencias y las habilidades para prevenir la enfermedad que anula la política: la violencia. Cuando el uso de la fuerza se impone a la razón, la política deja de ser alternativa. Este oficio se desarrolla a lo largo de los años y exige saber qué objetivos son necesarios y sus posibilidades en el tiempo y la sensibilidad para prevenir conflictos.

OIEA: ver **Organismo Internacional de Energía Atómica.**

OIT: ver **Organización Internacional del Trabajo.**

OLAS: ver **Organización Latinoamericana de Solidaridad.**

OLIGARCA: miembro de la oligarquía.

OLIGARQUÍA: forma de gobierno en la cual el poder supremo es ejercido por un pequeño grupo de personas que pertenecen a una misma clase social. ◆ Grupo social conformado por grandes capitalistas y políticos.

OLP: ver **Organización para la Liberación de Palestina**.

OMBUDSMAN: ver **Defensor del pueblo.**

OMC: ver **Organización Mundial del Comercio.**

OMI: ver **Organización Marítima Internacional.**

OMM: ver **Organización Meteorológica Mundial.**

OMS: ver **Organización Mundial de la Salud.**

ONCE DE SEPTIEMBRE DE 2001: día en que el territorio continental de los EEUU fue atacado por fuerzas terroristas extranjeras. Las Torres Gemelas, en Nueva York, verdaderos símbolos del capitalismo, recibieron el impacto de aviones 747 llenos de pasajeros. Más de tres mil víctimas según cifras oficiales y casi diez mil de acuerdo con datos extraoficiales; murieron diecinueve terroristas suicidas y destrozos enormes produjo este hecho que conmovió al mundo. Otro avión se estrelló contra el Pentágono y un cuarto fue derribado. Resultó el golpe suicida más impactante de la historia. G. Bush, el presidente en ese momento, respondió con un ataque a Afganistán y desató una creciente ofensiva contra Bagdad.

11-M: el peor atentado registrado en España y el más grave hecho de violencia se produjo en Madrid, España, el 11 de marzo de 2004. El atentado específicamente fue en la Estación Central y en la de "El Pozo", la gran mayoría de las víctimas fueron los estudiantes y trabajadores que concurrían a desarrollar sus actividades. El atentado en un principio fue atribuido a la organización vasca ETA; no obstante, posteriormente el fundamentalismo musulmán y grupos terroristas de la red Al Qaeda fueron los apuntados por el atentado.

ONG: Organizaciones no gubernamentales. ◆ Instituciones no gubernamentales de administración privada, amparadas en la libertad de asociación, derecho otorgado por la Constitución Política del Estado.

ONU: El 3 de marzo de 2002, Suiza decidió ingresar a las "Naciones Unidas". ◆ Timor Oriental, el primer Estado independiente del siglo XXI, se transformó en el Estado ciento noventa y tres. El 20 de mayo de 2002, en Asia, nació un nuevo estado soberano.◆ Ver **Organización de las Naciones Unidas**.

ONUDI: ver **Organización de las Naciones Unidas para el Desarrollo Industrial.**

OPCIÓN: someter a la decisión de un cuerpo electoral varias alternativas.◆ Facultad o libertad de elegir.◆ La elección en sí misma.

OPEP: ver **Organización de Países Exportadores de Petróleo.**

OPERACIÓN ALBANIA: ejecución de doce militantes del Frente Patriótico Manuel Rodríguez que la policía secreta de Pinochet (CNI) hizo entre el 15 y el 16 de junio de 1987. Los autores fueron juzgados y condenados.

OPERACIÓN CÓNDOR: en la década de 1970, apareció este sistema de coordinación represivo de las dictaduras de la Argentina, Chile, Uruguay, Paraguay, Bolivia y Brasil. Se señala a A. Pinochet como el principal responsable de la organización y de su funcionamiento global. Su central estaba ubicada en Chile, a cargo de la policía secreta, la DINA. Este sistema represivo ideado inicialmente por el servicio de inteligencia chilena (DINA) nació con un objetivo: exportar sus tareas a cualquier parte del mundo. Además de chilenos, lo integraban efectivos de la Argenti-

na, Paraguay, Uruguay y Bolivia. Se propusieron eliminar conjuntamente las actividades terroristas en la región e integraron grupos especiales para asesinar a los terroristas o a los simpatizantes *(J. Ferrari)*. Se constituyó en el mayor horror clandestino del siglo XX en Latinoamérica. Los socios fundadores fueron: A. Pinochet (Chile), H. Banzer (Bolivia), A. Stroessner (Paraguay) y A. Méndez (Uruguay). Los dictadores latinoamericanos coincidieron en enfrentar la insurgencia revolucionaria de sus países en las décadas de 1970 y 1980. Esa red de inteligencia consistía en intercambiar información, vigilar, secuestrar y asesinar opositores de cualquiera de los países o entregarlos vivos a sus gobiernos, en la medida de lo posible, para torturarlos y obtener información.◆ Plan Cóndor.

OPERACIÓN FANGIO: en febrero de 1958 en La Habana, Cuba, Juan Manuel Fangio, Argentina, quíntuple campeón del mundo de automovilismo, fue secuestrado por el Movimiento 26 de Julio, que lo retuvo durante un día impidiéndole participar en una carrera. El objetivo de los captores era obtener una amplia difusión nacional e internacional de su acción, enmarcada en la lucha que desde fines de 1956 libraban los guerrilleros comandados por Fidel Castro en la lejana Sierra Maestra con el objetivo de derrocar al régimen de Fulgencio Batista.

OPERACIÓN GOMINA: episodio ocurrido en España, que comenzó con el objetivo de exaltar el poder del llamado Rey Midas de las finanzas españolas, con su pelo siempre escrupulosamente achatado por el fijador; concluyó con un resonante descalabro financiero y con dos condenas a prisión. No se imaginaba Mario Conde que terminaría en la cárcel cuando, asociado al exitoso financista Juan Abelló, protagonizó el más cuantioso negocio privado en la década de 1980. Conde vendió el grupo químico Antibióticos a la multinacional italiana Montedison. La operación fue después cuestionada y forma parte de los "escándalos a la italiana". Con el dinero de la venta de Antibióticos, Conde compró gran parte de las acciones a una de las familias propietarias de Banesto. En 1987, se presentó como salvador y hombre providencial ante la asamblea de accionistas y lo nombraron presidente del banco. A partir de ese momento, la estrella de Conde fulguró en las revistas del corazón y el mundo de los negocios. Fue consagrado Doctor *Honoris Causa* por la Universidad de Madrid, en una pomposa ceremonia presidida por los reyes de España. Sólo el cielo aparecía como el límite para el Rey Midas. Estaba dispuesto no sólo a salvar la banca sino también a toda España y miraba con codicia el Palacio de la Moncloa, donde se atrincheraba un Felipe González acosado por los escándalos. Cuando llegó la hora de la intervención, en diciembre de 1993, había un faltante patrimonial de 3.800 millones de dólares, el gran agujero. Conde acusó en un libro al "sistema" de ser el culpable de sus desdichas. Y se convirtió en uno de los financistas de la "España de los mil escándalos" al tratar de lograr un indulto. Conde vivió en dos oportunidades la humillación de ingresar a la prisión de Alcalá Meco: durante cuarenta días en 1994 y durante diecisiete meses entre 1998 y 1999. En mayo de 2000, la justicia lo condenó a diez años de cárcel por estafa y por otros delitos cuando era presidente del banco Banesto.

OPERACIÓN MASACRE: nuevo género de la literatura argentina; narración realizada como una novela, pero que no es ficción. Escrita por Rodolfo Walsh, revela los fusilamientos clandestinos de civiles y militares durante la rebelión que lideró el General Valle en 1956 en la Argentina, en la localidad de José León Suárez.

OPERACIÓN MELLIZOS: protagonista de una época violenta en la Argentina, la Agrupación Montoneros secuestró a los hermanos y empresarios Juan y Jorge Born en 1974.

OPERACIÓN PRIMICIA: operación llevada a cabo en la Argentina por el grupo Montoneros el 5 de octubre de 1975. Un grupo de 60 militantes intentó copar el Regimiento de Infantería de Monte 29 de Formosa para apoderarse de 200 fusiles almacenados. Los militares recuperaron el cuartel y en el enfrentamiento murieron 29 personas, 10 de ellos conscriptos.

OPERACIONES DE MERCADO ABIERTO: compra y venta de títulos públicos por parte del Banco Central *(Mochón y Beker).*

OPERARIO: trabajador manual, obrero.

OPINIÓN PÚBLICA: conjunto de manifestaciones individuales desvinculadas entre sí, como fuerzas efectivas que, en su esencia, constituyen el ambiente. Ellas, casi siempre, se definen como síntesis que analiza, compara y juzga todas las actividades en el proceso social del país *(J. Bianco).* ◆ Democracia flotante, sin vinculación partidista, que vive al día, para dar el tiempo en los comicios al partido que, según las impresiones del momento, merece ejercer en el gobierno la representación pública. Como se ve, pueden singularizarse en el escenario los factores que mueven la opinión. En primer lugar, se tiene la manifestación visible, que examina, compara y juzga, al condensar de vez en cuando conceptos definitivos en épocas determinadas. En segundo lugar, la indiferencia, que se despreocupa de la vida pública. En tercer lugar, la masa flotante, sin tendencias orientadoras, movida por las impresiones del día. En cuarto lugar, los partidos, que organizan las fuerzas políticas, para conquistar, con el triunfo en los comicios, el ejercicio del poder. Los partidos políticos son expresiones dinámicas pero parciales de la opinión pública. ◆ Es un estado de conciencia colectivo acerca de cuestiones de interés público, que se caracteriza por ser racional e irracional a la vez, calificado, móvil, socialmente condicionado y sujeto a estímulos externos *(M. J. López)*. ◆ Conjunto de puntos de vista que predominan en una comunidad sobre temas de interés general y que son materia de discusión. ◆ Conjunto de ideas, creencias y convicciones sostenidas por un grupo humano de cierta significación colectiva y relacionado con alguna cosa publicada, idea, persona o acontecimiento que se acepta como verdadero.

OPINIÓN PÚBLICA INTERNACIONAL: opinión de la mayoría de los gobiernos acerca de determinados actos o hechos que tienen dimensión externa.

OPORTUNISMO: sistema político que prescinde en cierta medida de los principios fundamentales, tomando en cuenta las circunstancias de tiempo y espacio.

OPORTUNISTA: persona que actúa de acuerdo con los intereses y las conveniencias del momento.

OPOSICIÓN: minoría que en los cuerpos legislativos se opone directa o indirectamente a los actos o doctrinas del gobierno. ◆ Grupo que legal o ilegalmente se opone al orden establecido. En realidad, no es el que discrepa, sino quien puede sustituir a otro grupo.

OPOSICIÓN POLÍTICA: derecho de los ciudadanos y de sus grupos a opinar, criticar y discrepar libremente sobre las determinaciones adoptadas por los gobernantes, ajustándose a un sistema legal. Cuando no se ajusta al sistema legal establecido, se trata de la oposición política extraconstitucional.

OPRESIÓN: ejercitación que se realiza en forma violenta sobre alguno, vejándolo o dominándolo con tiranía.

OPRIMIR: someter a través de métodos violentos a un individuo o a un grupo social para que acepte una determinada situación en forma forzada.

OPTIMACIA: gobierno de los ciudadanos más capaces o selectos.

OPTIMATS: antiguo partido formado por pertenecientes de la nobleza.

"OPUS DEI": institución secular de la Iglesia Católica creada en 1928 en España por monseñor José María Escrivá de Balaguer, su presidente general, y aprobada por decreto pontificio posteriormente. Se extendió por toda Europa, Asia y América.

ORDEN DE ORANGE: institución que focaliza los antagonismos entre los protestantes y los católicos en la convulsionada región británica de Isla del Norte y que se considera como guardiana de las tradiciones protestantes en el Ulster, así como también, un bastión contra la reunificación de Irlanda. Creada en 1795, la Orden congrega a unos ochenta mil miembros organizados en logias. Adoptan su nombre de Guillermo de Orange, rey protestante de Inglaterra, victorioso el 12 de julio de 1690 en la Batalla del río Boyne contra las tropas de Jacobo II el Católico. Los "orangistas" defienden ardientemente la unión de Irlanda del Norte a la Corona Británica. La Orden es cercana al principal partido protestante de la provincia, el moderado Partido Unionista de Ulster (UUP), cuyo líder, David Trimble, también "orangista", fue elegido Primer Ministro de Irlanda del Norte. Pero la cofradía se separó de la línea partidiaria tras la firma del acuerdo de paz de abril de 1998, al que se opone porque lo percibe como una amenaza a su identidad y un primer paso hacia la reunificación del Ulster con la República de Irlanda (Eire).

ORDEN ESTABLECIDO: organización social, política, económica, ideológica, etcétera, vigente en una colectividad.

ORDEN PÚBLICO: situación y estado de legalidad normal en que las autoridades ejercen sus atribuciones propias y los ciudadanos las obedecen y respetan sin protestar.

ORDENANZAS DE BILBAO: cuerpo de leyes relativo al Derecho Mercantil y Marítimo de Bilbao, dictados en 1459 y modificados en 1511.

ORDENANZAS DE INDIAS: reglamento publicado en 1528 por Carlos V que fija normas impuestas tanto a los encomenderos que fija como para los trabajos que habían de prestarles los indios. Completado en 1542, constituye las Nuevas Leyes de Indias, que con-

tienen en materia de trabajo preceptos de un sentido social avanzado para esa época.

ORGANISMO INTERNACIONAL DE ENERGÍA ATÓMICA: OIEA. ◆ Organismo cuyo estatuto fue aprobado en 1956 y empezó a funcionar en Viena en 1957. Sus dos objetivos fundamentales son acelerar e incrementar la contribución de la energía atómica a la paz, la salud y la prosperidad de todo el mundo y velar porque la asistencia que preste no sea utilizada para fines militares.

ORGANISMOS INTERNACIONALES: instituciones creadas por los Estados y para los Estados; éstos se constituyen como sus miembros.

ORGANIZACIÓN DE ESTADOS AMERICANOS: OEA.◆ Organismo internacional creado en 1948, cuyo objeto es garantizar la paz y la seguridad del continente americano, asegurar la defensa común y promover el desarrollo económico y social de sus miembros. En la actualidad, los Estados miembros son treinta y cinco, incluyendo a Cuba pero sin participar.

ORGANIZACIÓN DE ESTADOS CENTROAMERICANOS: el 14 de octubre de 1951 se firmó en San Salvador la Carta de la Organización de Estados Centroamericanos. Sus objetivos eran: a) fortalecer la unión de sus componentes; b) celebrar consultas y mantener relaciones fraternales entre sus miembros; c) encontrar relaciones conjuntas a los problemas de la región; d) buscar soluciones pacíficas a las controversias. A pesar de lo expuesto, las clásicas desavenencias entre distintos países centroamericanos han afectado el funcionamiento y el destino de este organismo; se encuentra actualmente paralizado.

ORGANIZACIÓN DE ESTADOS DEL CARIBE ORIENTAL: OECS.◆ *Organization of Eastern Caribbean States.* ◆ Se conformó el 18 de junio de 1981, como un esfuerzo de acción cooperativa entre los más pequeños Estados del Caribe inglés. Está integrada por siete Estados que originalmente formaron, en 1966, la Asociación de Estados de las Indias Occidentales. Son actualmente miembros: Antigua y Barbuda, Dominica, Granada, Montserrat, San Cristóbal y Nieves, Santa Lucía, San Vicente y las Granadinas; Anguila y las Islas Vírgenes Británicas participan como miembros asociados. En conjunto, los siete países, constituyen un mercado de quinientos cincuenta mil personas.

ORGANIZACIÓN DE LA UNIDAD AFRICANA: OUA.◆ Organización creada el 25 de mayo de 1963 en la conferencia de Addis Abeba, con el objeto de liberar todos los territorios de África, de reforzar la unidad política y de lograr una estrecha relación entre sus miembros. Sudáfrica se incorporó en 1994.

ORGANIZACIÓN DE LAS NACIONES UNIDAS: ONU.◆ Organización internacional, creada en 1945 y conformada por casi todos los países independientes del mundo. Sus objetivos son: promover la cooperación económica, social y cultural entre sus miembros, y mantener la paz y la seguridad en el mundo. En la actualidad, los Estados miembro son ciento noventa y uno.◆ Organización de naciones soberanas, no un gobierno mundial. No legisla, a diferencia de lo que hace un Parlamento nacional. Sin embargo, los representantes de casi todos los países tienen voz y voto para configurar las políticas de la comunidad internacional. Las Naciones Unidas tienen sus órganos principales situados en la sede de Nueva York, con excepción de la Corte Internacional de Justicia, que está en La Haya. Ellos son: la Asamblea General, el Consejo de Seguridad, el Consejo Económico y Social, el Consejo de Administración Fiduciaria, la Corte Internacional de Justicia y la Secretaría.◆ Todos los países miembros tienen el mismo derecho a voto, cualquiera sea su tamaño o riqueza. Todos los Estados tienen los mismos derechos y prerrogativas, así como las mismas tareas y obligaciones. El sistema de las Naciones Unidas es financiado por todos los Estados. Prácticamente el 65 % proviene de contribuciones voluntarias. El resto, a través de cuotas obligatorias que les corresponde pagar de acuerdo con su real capacidad de pago a los Estados Miembros. Dicha capacidad se determina calculando sus ingresos nacionales e introduciendo ajustes en esas sumas, de manera tal que se tomen en consideración sus ingresos per cápita *(H. Ferrari).*

ORGANIZACIÓN DE LAS NACIONES UNIDAS PARA EL DESARROLLO INDUSTRIAL: ONUDI.◆ Organismo especializado establecido en 1966, con sede en Viena; órgano encargado de promover y acelerar la industrialización de los países en desarrollo y de coordinar las actividades de las Naciones Unidas en esa esfera. Sus funciones principales son el fomento y la coordinación del sistema de las Naciones Unidas en materia de desarrollo industrial. Alienta y ayuda a los países en desarrollo a promover y acelerar su industrialización y coordina, comienza y continúa las actividades de las Naciones Unidas. Contribuye a la cooperación entre los países industrializados y los países en desarrollo industrial a nivel mundial, presta asistencia técnica para el desarrollo industrial, organiza programas de capacitación, etcétera.

ORGANIZACIÓN DE LAS NACIONES UNIDAS PARA LA ALIMENTACIÓN Y LA AGRICULTURA: *Food and Agriculture Organization.*◆ FAO.◆ Organismo de las Naciones Unidas creado en 1945 y encargado de ocuparse de la alimentación y la agricultura. Se rige por una Conferencia compuesta por un miembro de cada nación que se reúne cada dos años. Desde 1951, tiene su sede en Roma, Italia. Sus objetivos son resolver y atenuar los problemas de la alimentación en los países menos desarrollados, mediante la investigación y la concesión de ayuda directa. Tiene 194 países miembros, además de la Unión Europea y dos miembros asociados, Islas Feroe y Tokelau.

ORGANIZACIÓN DE PAÍSES EXPORTADORES DE PETRÓLEO: OPEP.◆ Organismo internacional de carácter económico, creado en 1960, en Bagdad; En la actualidad tiene su sede en Viena, austria, incluye doce países productores de petróleo: Catar, República Bolivariana de Venezuela, Libia, Nigeria, Kuwait, Irak, Irán, Indonesia, Angola, Emiratos Árabes Unidos, Argelia, Arabia Saudita y Ecuador. Su objetivo fundamental es coordinar la política petrolera de sus miembros.

ORGANIZACIÓN DEL EJÉRCITO SECRETO: organización francesa creada en 1961, contraria a la independencia política de Argelia.

ORGANIZACIÓN DEL PUEBLO EN LUCHA: OPL.◆ Partido político haitiano de izquierda.

ORGANIZACIÓN DEL TRATADO DEL ATLÁNTICO NORTE: OTAN.◆ NATO. ◆ El 4 de abril de 1949, se firmó en Washington el Tratado que establece la OTAN. Entró en vigencia el 24 de agosto del mismo año, al ser ratificado por los países signatarios. En aquel entonces, la Unión Soviética se pronunció en contra, expresando que dicho tratado era contrario a la Carta de las Naciones Unidas. Son miembros todos aquellos países que firmaron el Tratado y aquellos que se han adherido posteriormente. El procedimiento de ingreso es por invitación, adoptada unánimemente por los miembros de la Organización. Aceptado por el Estado invitado y ratificado por el Tratado de Washington, el gobierno estadounidense lo comunica a las demás partes. Se excluyen los países que tengan una organización política contraria a los principios de democracia, de libertad individual y del imperio del Derecho. El Consejo puede reunirse rápidamente, en forma urgente. Teóricamente, su objetivo fundamental es contar con una fuerza disuasiva para prevenir o hacer frente a una agresión militar.

ORGANIZACIÓN EUROPEA DE COOPERACIÓN ECONÓMICA: OECE.◆ Organismo reemplazado por la Organización para la Cooperación y el Desarrollo Económico.

ORGANIZACIÓN INTERNACIONAL DEL TRABAJO: OIT.◆ Constituida el 11 de abril de 1919 como consecuencia de una cláusula del Tratado de Versalles. Es una institución de Derecho Internacional Público vinculada desde

1946 con las Naciones Unidas. Su objetivo fundamental es promover entre las naciones distintos programas que faciliten la conservación del empleo; mejorar el estándar de vida de los trabajadores; lograr una equitativa distribución del ingreso, el reconocimiento efectivo de los contratos colectivos de trabajo, el establecimiento de un salario mínimo, la consolidación del sistema de la seguridad social y brindar una amplia protección a la vida de los trabajadores.

ORGANIZACIÓN LATINOAMERICANA DE SOLIDARIDAD: OLAS.◆ Organización con sede en La Habana, Cuba, creada en 1966 con el objeto de coordinar y establecer mecanismos entre los distintos partidos y movimientos latinoamericanos.

ORGANIZACIÓN MARÍTIMA INTERNACIONAL: organismo especializado en transporte marítimo internacional en vigor desde el 17 de marzo de 1958 al ser ratificada su convención por veintiún Estados. Proporciona mecanismos de cooperación e intercambio de información entre los gobiernos sobre aspectos técnicos del transporte marítimo relacionado con el comercio internacional. Asimismo, alienta la adopción de las normas lo más elevado posible en cuestiones relativas a la seguridad marítima, a la eficiencia de la navegación, a la prevención y el control de la contaminación. La Asamblea, compuesta por los Estados miembros, es el órgano máximo directivo de la OMI.

ORGANIZACIÓN METEOROLÓGICA MUNDIAL: OMM.◆ Establecida por su convención como organización intergubernamental destinada a reemplazar la Organización Meteorológica

Internacional (OMI), organización no gubernamental que había estado en funcionamiento desde 1873. En 1947, la convención fue aprobada por la duodécima conferencia de directores y entró en vigencia el 23 de marzo de 1950. Esta organización administra diversos programas que abarcan distintas facetas, como operaciones, investigaciones y desarrollo, aplicaciones de la meteorología, hidrología y recursos hídricos, enseñanza y capacitación, cooperación técnica y aspectos regionales. El Congreso Meteorológico Mundial es la asamblea general de delegados que representan a los miembros. Se reúne cada cuatro años para determinar las políticas generales de la organización.

ORGANIZACIÓN MUNDIAL DE LA SALUD: organismo dependiente de las Naciones Unidas creado oficialmente el 7 de abril de 1948. Tiene su oficina central en Ginebra, Suiza, y entre sus logros más importantes figuran los programas que consiguieron erradicar la viruela en todo el mundo y el combate permanente contra las enfermedades parasitarias. La pobreza, producto de la iniquidad, es la principal causa de enfermedades.

La OMS, sigla con la que se conoce la organización en los países de habla hispana, comenzó a gestarse en 1946, durante una conferencia realizada en Nueva York por representantes de países miembros de la ONU. No era la primera institución de esta clase en el campo internacional. Entre sus precedentes se contaban la Oficina Sanitaria Panamericana, creada en 1902 y convertida luego en Organización Panamericana de Salud; la Oficina Internacional de Higiene, de 1907 y, después de la Primera Guerra Mundial, la Comisión de Higiene de la Sociedad de las Naciones, de 1921. Pero ninguna alcanzó el grado de difusión e importancia de la OMS. El preámbulo de su Carta Orgánica se inicia con una definición que es casi una declaración de principios: "La salud es un estado de completo bienestar físico, mental y social y no solamente la ausencia de afecciones o enfermedades".

ORGANIZACIÓN MUNDIAL DEL COMERCIO: OMC.◆ Suplanta al GATT a partir del 1 de enero de 1995.◆ Ver **GATT**.

ORGANIZACIÓN PARA LA COOPERACIÓN Y EL DESARROLLO ECONÓMICO: OCDE.◆ Organismo creado en el año 1961, con sede en París; actualmente, agrupa veintinueve naciones industrializadas. Su misión es la coordinación de las políticas económicas, la expansión del comercio mundial, la ayuda a países subdesarrollados, el desarrollo de recursos técnicos y científicos, etcétera. Recientemente, aconsejó un plan para superar el alto número de personas desocupadas en los países desarrollados. Reemplazó a la Organización Europea de Cooperación Económica. La convención de creación de la OCDE, firmada en París el 14 de diciembre de 1960, que entró en vigencia el 30 de setiembre del año siguiente, señala como su objetivo la promoción de las políticas encaminadas a: lograr una expansión de la economía y del empleo lo más fuerte posible, con un avance progresivo del nivel de vida en los países miembros; contribuir a una expansión económica; contribuir al desarrollo del comercio mundial; etcétera. Los miembros originales de la convención son: Alemania, Austria, Bélgica, Canadá, Chile, Dinamarca, Eslovenia, España, los EEUU, Francia, Grecia, Holanda, Irlanda, Islandia, Israel, Italia, Luxemburgo, Noruega, Portugal, Reino Unido, Suecia, Suiza y Turquía. Posteriormente, se incorporaron Japón en 1964, Finlandia en 1969, Australia en 1971, Nueva Zelanda en 1973, México en 1994, la República Checa en 1995, Hungría en 1996 y Corea y Polonia en 1997.

ORGANIZACIÓN PARA LA LIBERACIÓN DE PALESTINA: OLP.◆ Grupo político militar, creado en 1964 en Jerusalén, que aglutinó a los refugiados palestinos y cuya finalidad era conseguir la liberación del territorio israelí y la creación de un Estado Palestino. Con la derrota de los árabes frente a los israelíes en 1967, el conflicto se agravó. Yasser Arafat, líder de la organización guerrillera Al–Fatah, fue nombrado jefe de la OLP. La ONU aceptó en 1974 la representación de la Organización en los debates de la Asamblea General. En 1988, al producirse la "intifada", levantamiento popular, la Organización aceptó el reparto de 1947. Arafat fue designado jefe del Ejecutivo, en 1993, y confirmado, en 1996. ◆ Ver **Autoridad Nacional Palestina**.

ORGANIZACIÓN POLÍTICA: elemento de un régimen político que alude a las formas concretas de organización que se implican o condicionan recíprocamente; el Estado federal exige el Parlamento bicameral; las formas dictatoriales multiplican la aparición de cuerpos consultivos. Factores importantes para calificar el régimen político son la estructura, la función y los fines de los partidos políticos.

ORGANIZACIONES INTERNACIONALES: actores secundarios de la política internacional.◆ Estructuras de cooperación interestatal o asociación de Estados soberanos que persiguen metas de interés común, por medio de órganos autónomos.

ORGANIZACIONES INTERNACIONALES GUBERNAMENTALES: organismos que tienen una precisa delimitación territorial y que se apoyan en estructuras surgidas de procesos verticales, todo lo cual les permite ser más homogéneas, independientes y multifuncionales.

ORGANIZACIONES INTERNACIONALES NO GUBERNAMENTALES: organismos que no están muy sujetos a un espacio territorial concreto; poseen estructuras funcionales, cuyas motivaciones son de tipo horizontal, más limitado, más débiles, pero con mayor especialización operativa y con la fuerza transnacional de su poder funcional, conformando en lo ideológico, en lo económico y en lo técnico, gran parte del componente direccional del sistema internacional.

ORGANIZACIONES NO GUBERNAMENTALES: ONG. ◆ Asociaciones que participan activamente en tareas, actividades y emprendimientos solidarios, con el objeto de revertir situaciones inequitativas y reducir la miseria y la pobreza en las que se encuentran incluidos diversos sectores sociales. Generalmente, sus áreas de trabajo más comunes son la educación, la desocupación, los derechos humanos, el deporte, la salud, la capacitación, etcétera. Resulta muy importante tratar de ensamblar las políticas sociales estatales con la eficacia, la eficiencia y la transparencia de las asociaciones. ◆ Entidades privadas que abarcan tantas actividades como las que desarrolla el ser humano. Las hay artísticas, médicas (incluso por especialidades médicas) periodísticas, deportivas, religiosas, científicas, etcéteras..

ORIENTACIÓN POLÍTICA: predeterminación ideológica de las finalidades político-sociales que atañen al Estado-comunidad, a cuya realización tiende la acción de los órganos estatales competentes *(P. L. Verdú).*

ORIENTE: término que se utiliza para referirse a Asia y a las regiones inmediatas de África y Europa.

ORIENTE MEDIO: ver **Medio Oriente.**

ORISMOLOGÍA: definición de los términos técnicos que se usan en una ciencia.

ORTODOXIA: conformidad con la doctrina fundamental de cualquier secta, sistema o partido político. También se utiliza para referirse a prácticas o costumbres generalmente aceptadas.

ORTODOXO: aquel que cree conforme al dogma de una religión. En sentido amplio, se aplica a aquel que no se aparta de las reglas fundamentales. ◆ Ver **Ortodoxia.**

OSCURANTISMO: corriente o doctrina que niega o impide a los pueblos los beneficios de la instrucción y de la educación.

OSTRACISMO: en la antigua Atenas, institución fundada por Clístenes, a través de la cual los ciudadanos votaban por el destierro, por el término de diez años, de aquellos compatriotas calificados de indeseables. Esta votación se efectuaba por simple mayoría. ◆ En la actualidad, se la utiliza para referirse a la salida voluntaria u obligada de los cargos públicos, que generalmente ocurre con cambios políticos. ◆ Se aplica cuando los cambios políticos producen exclusión voluntaria o forzosa de los cargos públicos.

OTAN: Organización del Tratado del Atlántico Norte.◆ Se fundó el 4 de abril de 1949. Sus miembros, convencidos de que un ataque armado contra cualquiera de ellos significaría un ataque contra los doce (Gran Bretaña, Francia, Bélgica, Holanda, Luxemburgo, los EEUU, Canadá, Dinamarca, Islandia, Italia, Noruega y Portugal), firmaron el Tratado de Washington, dando vida a la OTAN. El rol en el último tramo del siglo pasó a ser otro: "Promover la seguridad de todas las democracias de Europa, de antiguos miembros de la OTAN, de nuevos miembros y de los que no lo son". Por último, con la incorporación de países de Europa del este (República Checa, Polonia y Hungría), además de sumar a sus filas a tres viejos satélites de la disuelta URSS, fue para Occidente un triunfo posterior a la Guerra Fría. Para Rusia fue una estocada. Posteriormente se incorporaron: Bulgaria, Eslovaquia, Eslovenia, Estonia, Letonia, Lituania, Rumania, Grecia, Turquía, Alemania, España, Croacia y Albania. ◆ NATO.

OTAN Y SU EXPANSIÓN HACIA EL ESTE: el 27 de mayo de 1997, Rusia y los restantes países miembros de la OTAN firmaron en París un acuerdo de cooperación en materia de defensa a cambio de que Moscú no trabara la ampliación de la OTAN. Para limar posibles asperezas con Rusia, la OTAN le dio todo tipo de garantías e incluso promesas de cooperación económica. En la nueva Acta Fundacional, la OTAN se compromete a no emplazar armas ni tropas en los nuevos países miembros. La adhesión de Polonia, Hungría y la República Checa se concretó en la Cumbre de Madrid. Moscú obtuvo también a cambio la posibilidad de desarrollar una gigantesca infraestructura hacia Occidente para vender petróleo y gas, sólo una parte de sus inmensas riquezas naturales.

OUA: ver **Organización de la Unidad Africana**.

OVIEDISMO: corriente política liderada por el general paraguayo César Lino Oviedo, que encarnó un rol muy importante en los finales de la última década del siglo XX. Tras la caída de Stroessner, las turbulencias políticas alcanzaron su punto crítico el 23 de marzo de 1999, cuando fue asesinado el vicepresidente Luis María Argaña. Uno de los principales aliados de Rodríguez fue el general César Lino Oviedo, que en la madrugada del 3 de febrero de 1989, protagonizó la rendición del dictador, entró al búnker de Stroessner –granada en mano– y lo arrestó. Con el apoyo de Lino Oviedo, el candidato del Partido Colorado, Juan Carlos Wasmosy, ganó la interna partidaria y se impuso en los comicios presidenciales del 30 de diciembre de 1993. Tres años después, el 22 de abril de 1996, el mismo Oviedo intentó derrocarlo. El presidente lo acusó de " intento de golpe de Estado institucional" y, después de varias idas y vueltas (como el ofrecimiento del Ministerio de Defensa), lo pasó a retiro. El general se fue a su estancia en el norte de Paraguay. Posteriormente, el 10 de setiembre de 1997, Oviedo ganó los comicios del Partido Colorado para las presidenciales. En plena campaña electoral, éste dijo que Wasmosy era "el presidente más corrupto de la historia del Paraguay". El 9 de febrero, un tribunal militar extraordinario encabezado por el presidente Wasmosy lo condenó a diez años de cárcel por el intento golpista. Políticamente proscripto por la ley electoral, su candidatura fue reemplazada por la de Raúl Cubas. La fórmula Raúl Cubas – Luis María Argaña derrotó en mayo de 1998 a la opositora Alianza Democrática y asumió el poder el 15 de agosto de ese año. Pese a que el Congreso había establecido que Cubas no podía indultar a nadie condenado a más de 5 años de cárcel, el presidente electo decidió liberar a Oviedo. La justicia ordenó al presidente que hiciera cumplir la condena al militar retirado, pero Cubas desobedeció el fallo, afirmando que el presidente no puede acatar órdenes de ningún otro poder del Estado. Luego, se produjo el asesinato del vicepresidente Luis María Argaña. Cubas y Oviedo fueron acusados de ser los principales responsables políticos del crimen. Tres días después, estallaron violentos enfrentamientos frente al Congreso Nacional entre oviedistas y anti-oviedistas. El saldo: siete muertos y decenas de heridos. Cubas renunció y el titular del Senado, Luis González Macchi, asumió la presidencia. Oviedo se escapó de Asunción hacia la Argentina, donde el gobierno de Carlos Menem le concedió asilo político. Paraguay reclamó su extradición, sobre la base de las "pruebas contundentes" que lo señalaban como cómplice en el homicidio del vicepresidente Argaña. Un grupo de legisladores denunció que Oviedo preparaba una rebelión contra el gobierno de Asunción. Posteriormente, se refugió en Brasil. Falleció el 2 de febrero de 2013 en un accidente aéreo.◆ Ver "**Stroessnismo**".

P

PACIARIO: persona que nombra el Papa y que se constituye en su delegado ante los príncipes encargados por él de conservar la paz.

PACIFICACIÓN: establecimiento de la paz donde exista guerra o discordia. La finalidad es reconciliar a los distintos sectores, países, etcétera que se encuentran enfrentados.

PACIFISMO: doctrina que se basa en el mantenimiento de la paz en todo el mundo y/o trata de alcanzarla cuando existe un conflicto armado.◆ Concepto teórico, más que práctico, que en el Derecho Político e Internacional pretende que las relaciones entre los distintos Estados se desenvuelvan a través de distintas instituciones o tribunales de arbitraje y de conciliación, evitando las luchas o guerras y bregando por el desarme de los países.

PACIFISTA: partidario del pacifismo.

PACTISMO: práctica, conducta y actitud políticas de un individuo, un grupo o un movimiento, que considera el pacto como procedimiento más adecuado y efectivo para alcanzar los fines.

PACTO: acuerdo, convenio a través del cual dos o más personas o instituciones se comprometen a observar ciertos ítems.

PACTO ANDINO: ver **Grupo Andino**.

PACTO DE BAGDAD: dado el enfrentamiento por el predominio político entre las potencias orientales y occidentales, se estableció el 14 de febrero de 1955 un pacto de seguridad, defensa y economía con la intervención de Gran Bretaña, Turquía, Jordania, Irak, Irán, Pakistán y Líbano. Después de los acontecimientos del Cercano Oriente, la reunión de Egipto y de Siria en la República Árabe Unida y la proclamación de la República de Siria, en julio de 1958, se celebró en Londres una conferencia de los miembros de dicho pacto, el 27 y el 28 de julio de 1958, reafirmando la vigencia del mismo con el apoyo de los EEUU Con el transcurso del tiempo, varios países fueron abandonando el pacto y, en la práctica, dejó de existir.

PACTO DE LA LIGA DE LOS ESTADOS ÁRABES: organización con sede en El Cairo, cuya constitución se produjo el

22 de marzo de 1945 en la Conferencia de El Cairo, compuesta por las siete naciones que tomaron la iniciativa en 1943 (Arabia Saudita, Egipto, Irak, Líbano, Siria, Yemén y Transjordania). El pacto entró en vigencia el 10 mayo de 1945. Posteriormente, se incorporaron: Libia, Sudán, Túnez, Marruecos, Kuwait, Argelia, Yemen del Sur, Bahréin, Qatar, Omán, Emiratos Árabes Unidos, Mauritania, Palestina, Somalía, Jordania, Comoras y Yibuti. Los Emiratos Árabes Unidos forman parte de la liga. (Es interesante hacer notar que este Estado está integrado por seis emiratos: Abu Dhabi, Dubai, Sharjah, Fujaira, Ajman y Um al Qainwan). Sus objetivos son: a) el fortalecimiento de las relaciones entre los Estados miembros, b) el mantenimiento de la soberanía e independencia, c) la coordinación de su acción política con la finalidad de una colaboración directa y estrecha entre sus miembros, d) la ocupación y preocupación por los problemas que tocan a los distintos miembros.

PACTO DE NO AGRESIÓN: acuerdo entre dos o más Estados de respetarse recíprocamente sin llegar a la lucha armada para la solución de conflictos. ◆ Acuerdo concertado entre dos o más Estados que se comprometen a solucionar las diferencias o problemas que surgieran entre ellos sin utilizar la violencia, sí y sólo sí a través del árbitro o del diálogo.

PACTO DE OLIVOS: el 14 de noviembre de 1994, en la Argentina, se firmó el pacto entre el gobierno de Carlos Menem y el radicalismo, que permite convocar a la Constituyente y asegurar la reelección de Menem.

PACTO DE VARSOVIA: ver **Tratado de Varsovia**.

PACTO FEDERAL: acuerdo político que queda concretado en la constitución política de un país, entre los Estados soberanos que forman parte de la federación. El sentido es más simbólico, metafórico e ideológico que real.

PACTO GERMANO-SOVIÉTICO: acuerdo logrado en agosto de 1939 en Moscú entre el Tercer Reich y la U.R.S.S. El pacto básicamente comprendía un protocolo sobre el reparto de zonas de influencia y un tratado de no agresión.

PACTO ROCA - RUNCIMAN: ver **Tratado Roca - Runciman**.

PACTO SOCIAL: acuerdo realizado en la Argentina, el 1 de junio de 1973, entre la Confederación General del Trabajo (CGT), la Confederación General Económica (CGE) y el Estado argentino. El nacimiento del acta social tuvo su origen en la reunión de partidos políticos que se celebró en el restaurante "Nino", en el Gran Buenos Aires, cuando en noviembre de 1972 se produjo el primer retorno del Teniente General Perón, luego de dieciocho años de exilio. De la reunión de fuerzas partidarias surgió un modelo de "reconstrucción y celebración nacional", al que una mayoría de los dirigentes políticos del país adhirieron. Constituyó el eje por el que pasaba la mayoría de los factores económicos que se implementaron para facilitar su cumplimiento. ◆ Acuerdos de cooperación que efectúan en momentos generalmente clave y decisivos los sindicatos, los empresarios y gobierno, para fijar salarios, producción, productividad, etcétera.

PACTOS DE LA MONCLOA: en España, el 27 de octubre de 1977, se firmaron los acuerdos de índole económica y política entre el gobierno y las principales fuerzas políticas españolas. El tercer gobierno de la monarquía formado después de las elecciones y presidido por A. Suárez debió enfrentarse a la grave crisis económica que soportaba el país y a los problemas de normalización política.

PADRE DE LA INDEPENDENCIA Y HOMBRE DE LA PAZ: el legendario líder negro de Tanzania, Julius Kambarage Nyerere, recibió esta denominación como síntesis de un gran estadista, de un defensor de los oprimidos y de la conciencia de África. Con sólo treinta años, en 1952 decidió que a su país le había llegado la hora de la emancipación. Después de largas y penosas vicisitudes, el 9 de diciembre de 1961, Gran Bretaña se la otorgó. Se convirtió en el primer presidente y gobernó hasta 1985, cuando se retiró en forma voluntaria. Nyerere quiere decir maestro en swuahili; se levantó desde el poder como el gran defensor de los movimientos de liberación de los países africanos. Fue una figura relevante en el Movimiento de los No Alineados.

PADRE DE LA UNIFICACIÓN ALEMANA: se denominó así al ex-canciller alemán Helmuth Kohl, verdadero arquitecto de la unificación alemana y de la unión monetaria europea. Nació en 1930 –en la Renania– Platinado, en medio de grandes dificultades e incertidumbres del período de entreguerras. Católico y conservador. Fue sucesivamente jefe de gobierno de Renania-Platinado, presidente de Diputados y desde 1982 canciller, cargo desde el cual prácticamente reinó por dieciséis años, dos más que Adenauer. Fueron cuatro sus elecciones ganadas. Se convirtió en un incansable predicador del libre mercado y del monetarismo, y acuñó la "era Helmuth Kohl". De ahí también que le dicen el "rey Kohl", por su cuerpo enorme y porque se llevaba por delante a todo adversario o joven político que intentara descollar. En 1998, perdió las elecciones contra el socialdemócrata Gerard Schroeder y, posteriormente, fue investigado por las acusaciones de corrupción, lo que se transformó en un verdadero escándalo.

PADRÓN: lista o nómina confeccionada en los pueblos para conocer por sus nombres el número de vecinos o moradores.◆ Listado de los votantes en un municipio, una región o un país.

PAÍS DE LOS GITANOS: fundado el 5 de marzo de 1997, ubicado en el barrio Meteor al oeste de Bucarest. Se constituyó mediante un decreto de la Unión General de los Gitanos. La colonia de Meteor está poblada por un grupo muy rico de gitanos que funden cobre en hornos artesanales para fabricar lingotes que venden en otros países. Esta colonia fue creada hace casi sesenta años por personas de esa etnia llegadas de Rusia, a la que llamaban "la madre india". Es un Estado antirracista y su denominación es Sem Romengo.

PAÍS VASCO: comunidad autónoma de España constituida por las provincias de Guipúzcoa, Vizcaya y Álava.◆ Vascongadas.

PAÍSES CENTRALES: aquellos que han alcanzado un capitalismo avanzado *(A. Ferrer).*

PAÍSES NO ALINEADOS: ver **No alineados.**

PAÍSES PERIFÉRICOS: aquellos que se insertan en el mundo principalmente como abastecedores de alimentos y de materias primas y como importadores de capital y de productos industriales. La historia revela que éstos conforman un tipo de capitalismo de escasa capacidad de desarrollo y fuertemente dependiente de las decisiones que otros actores toman en el sistema internacional *(A. Ferrer).*

PALACIO DE LA REPÚBLICA: lugar donde funcionaba el Parlamento de la República Democrática Alemana (RDA). Aquel país estaba alineado en el bloque soviético y él se constituyó dicho Palacio entre 1973 y 1976. Llamado también "la casa de lámparas de Erich Honecker", en alusión al ex líder comunista. Posteriormente, durante la unificación alemana se aprobó su demolición.

PAN: ver **Partido Acción Nacional.**

PANAFRICANISMO: unión entre todos los pueblos africanos a través de un aspecto fundamental: la solidaridad. La característica de este movimiento se basa en el esfuerzo independentista y en la búsqueda irrefrenable de la identidad africana en su conjunto e individualmente. Tiende a la concreción de la unidad de los pueblos africanos.

PANAMERICANISMO: movimiento político, económico y cultural que nuclea a los distintos pueblos americanos con el objeto de resolver problemas y alcanzar los objetivos de cada uno de sus componentes. Con el correr del tiempo, se ha redefinido en el interamericanismo a través de la OEA.◆ Corriente que alude a la necesidad de colaboración política, cultural y económica de los distintos países americanos. La creciente aspiración de alcanzar una verdadera unidad de las Repúblicas americanas, una cooperación total y real, en un pie de igualdad, hasta el presente ha sido más una expresión de deseos que una realidad. Más allá del Mercosur y de otros bloques similares, no existe una genuina y verdadera decisión política.

PANARABISMO: monumento de solidaridad cuyo objetivo es reunir en una gran comunidad a todos los países árabes a través de la religión, de sus lenguas, de su raza y de su cultura.◆ Ver **Pacto de la Liga de los Estados Árabes.**

PANCARTA: cartel que se expone en manifestaciones públicas con distintas leyendas.

"PANCHSHELEL": palabra hindú que significa cinco principios, normas o postulados que caracterizan la política internacional de la India. Ellos son: 1) respeto mutuo para la integridad territorial y soberanía de cada uno, 2) no agresión mutua, 3) no interferencia mutua en los asuntos internos de cada uno, 4) igualdad y beneficio mutuo y 5) coexistencia pacífica.

PANCISTA: persona que piensa en su interés personal y actúa en forma egoísta al no comprometerse con nigún grupo o partido político, para poder mantener una relación pacífica que le permita sacar un provecho individual.

PANESLAVISMO: corriente política basada en la aspiración de unión de todos los pueblos eslavos.◆ Instrumento de política de poder utilizado por el Imperio Ruso, con el propósito de imponer su influencia sobre los pueblos eslavos de Europa y procurar, asimismo, el cumplimiento de sus reivindicaciones históricas frente al Imperio Otomano. En otro orden del concepto, sintetiza también el movimiento desarrollado entre las distintas comunidades eslavas, ubicadas dentro del marco político del Imperio Austro-húngaro y del Imperio Otomano, con el objeto de apoyarse recíprocamente, satisfaciendo sus aspiraciones raciales *(O. Damianovich – C. Oliveira).*

PANEUROPA: confederación de Estados europeos cuya colaboración política y económica estrecha no impedía la independencia total dentro de las fronteras respectivas.

PANGERMANISMO: tendencia política que aspira y proclama la unión y la preponderancia de los pueblos de origen germano.◆ Doctrina afianzada en amplios sectores alemanes a partir de la fundación de la Liga Pangermanista en 1891. Basada en una exaltación racista de lo germánico, propugnaba la necesidad de que el Imperio Alemán se extendiera hasta unir a los pueblos del mismo tronco. Sus tesis fueron recogidas posteriormente por el nazismo *(F. Gutiérrez Contreras).*◆ Doctrina que propugna una situación de liderazgo de los pueblos germanos unidos.

PANHELENISMO: aspiración de la raza helénica a conformar una nacionalidad.

PANISLAMISMO: corriente de los pueblos musulmanes que aspira a alcanzar, a través de la unión de todos ellos, una independencia total en lo cultural, en lo político y en lo religioso.

PANTELISMO: doctrina o corriente que sostiene que todo es voluntad y, a su vez, todo finalidad.

PANTERAS NEGRAS: organización extremista, fundada en los EEUU en 1966. Liderada por H. Newton y B. Seale, propugnaba la violencia de los negros como único medio para alcanzar su liberación. Posteriormente, se pasó a posiciones moderadas.

PAPA: Sumo Pontífice romano, jefe de la Iglesia Católica. Sus conceptos y definiciones de dogmas y doctrinas, cuando habla como cabeza suprema de la Iglesia, deben ser aceptadas y creídas por todos los católicos.

PAPA DE LA SONRISA: se conoció así a Albino Luciani o Juan Pablo I. Papa que ocupó tan sólo treinta y tres días el cargo. Asumió el 26 de agosto de 1978 y fue encontrado muerto en la mañana del 28 de setiembre de 1978. Su eterno buen humor originó el enorme cariño brindado por la gente. Ya en 1969, le habían otorgado el título de Patriarca de Venecia. Su elección como sucesor de Paulo VI fue unánime. Su ascenso fue considerado como una derrota conservadora. Sobre su deceso se tejieron muchísimos rumores, pero ninguno pudo ser confirmado; la información oficial fue: infarto.

PARADOJA PRIVATIZADORA: a través de la historia, se puede observar que muchos Estados debieron vender tierras o posesiones para financiar guerras o reformas. Así. Napoleón vendió Luisiana a los EEUU y el zar Alejandro II realizó lo mismo con Alaska. En la década de 1990, en América Latina se produjo una verdadera fiebre privatizadora. En el gobierno de Menem en la

Argentina, petróleo, gas, agua, teléfonos, bancos, usinas, subtes, buques, astilleros, aeropuertos, rutas y otros bienes y servicios fueron vendidos o cedidos al control privado. Lo mismo ocurrió en otros países emergentes. Pero a pesar del ingreso de fondos logrado por las privatizaciones, la deuda externa y el déficit fiscal crecieron notablemente en la Argentina y en los restantes países de América Latina. Se buscaba predicción, ajuste y autoridad, y la realidad fue: aumentos de la deuda y del déficit.

PARAESTATAL: organismos, instituciones e institutos que, sin ser componentes de la administración pública, cooperan por delegación estatal para alcanzar los fines del Estado.

PARAÍSO FISCAL: ver **Plazas financieras "off shore"; Fondos "off shore".**

PARALOGISMO: término filosófico que indica un razonamiento falaz.

PARITARIO: institución de carácter social constituido por un número determinado de obreros y patrones, en igual cantidad por cada parte y con los mismos derechos.

PARLAMENTAR: realizar o recibir propuestas o proposiciones para un armisticio o una negociación.

PARLAMENTARIAMENTE: de acuerdo con las normas, usos y costumbres del Parlamento.

PARLAMENTARIO: ministro o individuo que pertenece a un Parlamento. ◆ Componente del Parlamento y que, como tal, está aislado de la inviolabilidad e inmunidades que en ese carácter

le corresponden.◆ Régimen político en que el Poder Ejecutivo necesita contar con la confianza del Parlamento para poder ejercer sus funciones.

PARLAMENTARIOS: institucionalmente, son los cuadros por excelencia. Son los que en el Estado aseguran el contacto entre la masa de los ciudadanos y el gobierno; son los que en cierto modo reemplazan a la jerarquía administrativa que, intercalada entre el poder y los gobernados, es jurídica y no política. Son, institucionalmente, los cuadros por excelencia.◆ Sistema que se caracteriza fundamentalmente porque no existe una separación de poderes, sino una coordinación de ellos. La norma fundamental es la relación fiduciaria; esto es, que el gobierno depende del Parlamento para continuar su gestión o, si carece de su apoyo, debe recurrir al pueblo para que éste arbitre. Existe una nítida separación entre las jefaturas de Estado y de Gobierno *(M. A. Ekmedjián).*◆ Ver **Sistema parlamentario.**

PARLAMENTARISMO: forma de gobierno que toma su nombre del Parlamento, porque el Poder Ejecutivo es agente del Parlamento, en el sentido de que, para gobernar, el Ejecutivo requiere que el Parlamento le preste su apoyo o respaldo, que se exterioriza a través del voto de confianza que el Parlamento otorga al Ejecutivo. El Poder Ejecutivo es el gabinete o ministerio, presidido por el Primer Ministro. No obstante lo expuesto, existe división de jefaturas; una es la jefatura del Estado (rey o presidente) y otra es la jefatura del gobierno (Primer Ministro).

PARLAMENTARISMO CLÁSICO: aquel en el que las relaciones entre el gobierno y el Parlamento se encuentran reguladas por la práctica política. Ejemplo: Gran Bretaña.

PARLAMENTARISMO DUALISTA: aquel en el que el Jefe de Estado conserva algunas atribuciones que puede ejercer con autonomía, sin acuerdo del gabinete. Ejemplo: Grecia.

PARLAMENTARISMO MONÁRQUICO: aquel en el que se accede a la jefatura de Estado por medio de normas hereditarias. Se ejerce el cargo en forma vitalicia. Ejemplo: España, Suecia.

PARLAMENTARISMO MONISTA: aquel en el que la totalidad del poder político es ejercida por el gabinete. El Jefe de Estado forma lo que apruebe el gobierno. Ejemplo: Japón, Italia.

PARLAMENTARISMO RACIONALIZADO: aquel en el que las relaciones entre el gobierno y el Parlamento, incluido el voto de censura, se encuentran reguladas por la constitución. Ejemplo: España, Grecia.

PARLAMENTARISMO REPUBLICANO: aquel en el que se accede a la jefatura de Estado por medio de normas hereditarias. Se ejerce al cargo en forma vitalicia. Ejemplo: España, Suecia.◆ Se accede al cargo por elección; el mandato es temporal. Ejemplo: Italia, Grecia.

PARLAMENTO: asamblea deliberante, representativa del pueblo, que vota las leyes y el presupuesto, controla al gobierno y ejerce, además, funciones electivas de altos órganos del Estado, de encuesta y judiciales *(P. L. Verdú).*◆ Institución que encarna al Poder Legislativo. ◆ Organismo legislativo del Estado conformado por una Cámara, la de diputados o la de senadores; o

bien por dos Cámaras, la de diputados y la de senadores.

PARLAMENTO BRITÁNICO: está conformado por la Cámara de los Comunes y la Cámara de los Lores; ambas cámaras funcionan en un mismo edificio ubicado a orillas de río Támesis.

PARLAMENTO CENTROAMERICANO: PARLACEN.◆ Foro de discusión política de las naciones centroamericanas, excepto Costa Rica, que no ha ratificado su adhesión al organismo; sus resoluciones no son de acatamiento obligatorio para los gobiernos. Está integrado por veinte diputados de cada país miembro.

PARLAMENTO EUROPEO: única asamblea internacional del mundo que se renueva cada cinco años por sufragio directo de sus ciudadanos. Basándose en el sistema de división de poderes, la Unión Europea está dividida en un Poder Ejecutivo, la Comisión; un Cuerpo Legislativo, el Parlamento Europeo; y un Poder Judicial, la Corte Europea de Justicia. Los diputados europeos no representan a sus países, ya que se organizan por bloques políticos y no nacionales. Está compuesto por quinientas sesenta y siete bancas.

PARO COYUNTURAL: paro causado por condiciones económicas transitorias, como el ciclo de negocios, las recesiones económicas, la caída de los precios de productos exportables, las políticas de austeridad del Estado, calamidades meteorológicas, etcétera.

PARO DE BRAZOS CAÍDOS: paralización de la actividad laboral en un establecimiento por los trabajadores, que permanecen en los lugares de trabajo pero no utilizan sus energías para realizar sus tareas.

PARQUE: lugar, sitio o paraje donde se ubican las municiones de guerra en los campamentos y también aquel en el que se sitúan víveres y afines.

PARTICIPACIÓN EN LAS UTILIDADES: sistema retributivo que se aplica en organizaciones empresariales, mediante el cual se otorgan estímulos, incentivos, vinculados con las ganancias de éstas al factor humano. ◆ Característica de los seguros de vida. Reconoce al asegurado una participación en los beneficios de la entidad aseguradora obtenidos en un determinado período. ◆ Participación en los beneficios.

PARTICIPACIÓN EN LOS BENEFICIOS: teoría moderna de las relaciones entre el trabajo y el capital por la cual el dependiente, obrero o empleado, además del pago de su salario normal, percibe de la empresa una parte de las ganancias. El empleador contribuye a mejorar el nivel de vida de los empleados y, a su vez, éstos tienen un fuerte incentivo para mejorar su producción.◆ Participación en las utilidades.

PARTICIPACIÓN OBRERA: cierto poder de decisión que posee el personal obrero de una empresa en sus determinaciones.◆ Sistema por el cual los obreros de una empresa participan en los beneficios de ésta. Esta clase de participación puede implicar o no la intervención obrera en la administración y en la dirección de la empresa. Por lo general, el término se refiere exclusivamente a la primera forma. La participación obrera en las utilidades es un medio de incentivar a los obreros para mejorar la eficiencia productiva con el fin de reducir los costos y aumentar las utilidades, premiando de tal manera tales contribuciones.

PARTICIPACIÓN POLÍTICA: presencia activa de los ciudadanos y de sus grupos en las instituciones del Estado-aparato, en grado más o menos inmediato, a través de los procedimientos y las técnicas del Derecho Constitucional, para determinar la orientación político-nacional *(P. L. Verdú)*.◆ Comprende todas aquellas actividades voluntarias e individuales de los ciudadanos, que se pretende que influyan directa o indirectamente sobre las elecciones políticas en diversos niveles del sistema político *(S. Lerer)*.◆ Aquel conjunto de actos y actitudes dirigidos a influir de manera más o menos directa y más o menos legal sobre las decisiones de los detentadores del poder en el sistema político o en cada una de las organizaciones políticas, así como en su misma selección con vistas a conservar o modificar la estructura (y, por lo tanto, los valores) del sistema de intereses dominantes *(G. Pasquino)*.

PARTIDARIO: que sigue un partido o un bando.◆ Partidista.◆ Que sigue una ideología.

PARTIDISMO: exceso de celo en favor de un partido, una corriente, una tendencia, etcétera.◆ Sometimiento o adhesión a la postura u opinión de un partido.

PARTIDO: coligación o parcialidad entre aquellos que persiguen un interés. ◆ Territorio o distrito de una jurisdicción que tiene por centro o cabeza un pueblo principal.◆ Conjunto de individuos que defienden una causa o una facción.◆ Ver **Partido político.**

PARTIDO ACCIÓN DEMOCRÁTICA NACIONAL: ADN.◆ Partido político panameño en formación cuyos principales gestores fueron antiguos miembros de las desaparecidas Fuerzas de Defensa panameña. Éstas habían sido una transformación de la Guardia Nacional. Se cambió el entrenamiento militar por el trabajo comunitario.

PARTIDO ACCIÓN DEMOCRÁTICA NACIONALISTA: ADN.◆ Partido político boliviano centrista.

PARTIDO ACCIÓN NACIONAL: PAN. ◆ Partido político mexicano, de orientación centrista. Gobierna el país desde el 2 de diciembre de 2000 y fue fundado en 1939. Su orientación es liberal, defiende la propiedad privada y la educación libre.

PARTIDO BLANCO: partido político uruguayo. ◆ Partido Nacional.

PARTIDO CAMINO CRISTIANO NICARAGÜENSE: CCN. ◆ Partido político nicaragüense.

PARTIDO CENTRAL: partido pivote.◆ Partido dominante.

PARTIDO COLORADO DE URUGUAY: partido político fundado en Uruguay en 1836 por el general Fructuoso Rivera.

PARTIDO COLORADO DE PARAGUAY: organización política paraguaya creada en 1887 por Bernardino Caballero, de ideología nacionalista; estuvo en el poder hasta 1904 y retornó al gobierno en 1948.◆ Ver **Stroessnismo**.

PARTIDO COMUNISTA DE CHILE: partido político chileno creado en 1922, basado en el Partido Socialista Obrero. Prohibido en 1946 y rehabilitado en 1958, fue componente del Frente Revolucionario de Acción Popular (FRAP) en 1964 y, posteriormente, en 1970 formó parte de la Unidad Popular que catapultó a Salvador Allende como presidente de la República.

PARTIDO COMUNISTA DE CHINA: partido creado en 1921, en Shanghai, que fue una fusión de diversos y pequeños grupos marxistas. Impulsó siempre la política gubernamental.

PARTIDO COMUNISTA DE CUBA: único partido político vigente en Cuba, fundado en 1961 con el nombre Partido Unido de la Revolución Socialista. Basado en la línea marxista-leninista, es el órgano más importante del país.

PARTIDO COMUNISTA DE ESPAÑA: creado en 1921 como consecuencia de la escisión de las Juventudes Socialistas del PSOE y de la minoría adherida a la Tercera Internacional. Luego de diversos vaivenes en la década de 1980, se incorporó a la alianza o coalición Izquierda Unida.

PARTIDO COMUNISTA DE LA ARGENTINA: separado del Partido Socialista en 1918, se fundó como Partido Comunista en 1920 y fue impulsor de las ideas de la Revolución Socialista Soviética de 1917. Se constituía en la vanguardia del movimiento obrero. Sus objetivos giraban alrededor de la lucha de clases y de la creación de la dictadura del proletariado.

PARTIDO CONSERVADOR DE CHILE: partido político chileno que proviene de una rama de los pelucones. Defensor de los grupos dominantes y de los intereses religiosos. Luego de diversas transformaciones, en 1966 se fusiona con el Partido Liberal y constituye el Partido Nacional de tendencia derechista.

PARTIDO CONSERVADOR DE CO-LOMBIA: partido político colombiano representante de los intereses de sectores derechistas y de los grandes terratenientes.

PARTIDO CONSERVADOR DE GRAN BRETAÑA: partido político británico fundado en 1870 y representante de los intereses de los grandes propietarios.

PARTIDO CONSERVADOR DE NI-CARAGUA: PCN.◆ Partido político nicaragüense de orientación centrista.

PARTIDO DE ACCIÓN REVOLUCIO-NARIA: partido político revolucionario de Guatemala formado durante la presidencia de J. Arbenz. De orientación comunista.

PARTIDO DE APARATO: estructura propia de los partidos obreristas. Poseen un séquito de masas, una organización difundida y estable y una burocracia partidaria profesional. La financiación de sus actividades proviene de cuotas periódicas aportadas por sus adherentes. La estructura es piramidal, con comités básicos o secciones que integran federaciones. Las posiciones de responsabilidad son electivas *(J. Sapolinsky).* ◆ Partido de masas.

PARTIDO DE CUADROS: se ocupa y preocupa más por la calidad de los afiliados que por su cantidad; buscan integrarse con notables y asumen una ideología que no es rígida ni dogmática. ◆ Partido de opinión.

PARTIDO DE DISTRITO: aquel que se encuentra habilitado para postular candidatos a cargos electivos para la integración del Congreso Nacional y a electores de presidente y vicepresiden-te de la Nación por el distrito en el cual ha sido reconocido.

PARTIDO DE ENLACE: partido que ocupa los espacios vacíos dejados por los partidos fundamentales.

PARTIDO DE FRENTE LIBERAL: PFL.◆ Partido político brasileño de orientación conservadora. Componente de una alianza gubernamental.

PARTIDO DE INTERÉS: partido de minoría fundado sobre un interés que sólo pertenece a una porción de la colectividad nacional.

PARTIDO DE LA LIBERACIÓN DOMI-NICANA: PLD.◆ Partido político de República Dominicana, de orientación progresista.

PARTIDO DE LA REVOLUCIÓN DE-MOCRÁTICA: PRD.◆ Partido político mexicano de centro-izquierda.

PARTIDO DE LA SOCIAL DEMOCRA-CIA BRASILEÑA: PSDB.◆ Partido político brasileño de centro. Componente de la alianza gubernamental.

PARTIDO DE LOS TRABAJADORES: PT. ◆ Partido político brasileño de centro-izquierda.

PARTIDO DE MASAS: partido que trata de agrupar el mayor número de adherentes; es, generalmente, centralista, autoritario y rígido.◆ Ver **Partido de aparato**.

PARTIDO DE NOTABLES: círculo restringido que se nuclea en torno a determinadas figuras parlamentarias o a grupos de interés. Su actuación es casi exclusivamente en ocasión de las elecciones. Las personas electas no responden frente a sus electores ni frente a la organización que contribuyó a su elección sino en ocasión de las siguientes elecciones.

PARTIDO DE OPINIÓN: ver **Partido de cuadros**.

PARTIDO DE TENDENCIA: partido abierto que corresponde directamente a las exigencias del gobierno de opinión y, por lo tanto, a la democracia representativa o semi-representativa. Expresa una opinión que existe en el conjunto del país y que se dirige a toda la colectividad.

PARTIDO DEL FRENTE LIBERAL: PFL.◆ Partido político brasileño de tendencia política derechista.

PARTIDO DEL SOCIALISMO DEMO-CRÁTICO: PDS. ◆ Partido político alemán. Es el antiguo Partido Comunista de la RDA (Alemania Oriental). En 1990, se cambió el nombre. Se define como un partido socialista de izquierda. Busca formar coaliciones con el SPD y con los Verdes. Tiene casi cien mil afiliados, una fuerte representación parlamentaria en los Estados del Este y cuatro bancas en el Parlamento Federal.

PARTIDO DEMOCRACIA CRISTIANA GUATEMALTECA: PDCG.◆ Partido político de Guatemala que alcanzó el gobierno en 1986.

PARTIDO DEMÓCRATA: organización política fundada en los EEUU en 1828. Su origen se debió a una escisión del Partido Demócrata Republicano creado por Jefferson en 1790. Su ideología responde a la corriente liberal.

PARTIDO DEMÓCRATA CRISTIANO DE CHILE: PDC.◆ Partido político chileno creado en 1957 por E. Frei, M. Garretón y B. Leighton. Integrante de la Concertación de los Partidos por la democracia creada en 1939 por empresarios y banqueros. Su orientación conservadora fue una constante. En el año 2000, llegaron al gobierno.

PARTIDO DEMÓCRATA CRISTIANO DE EL SALVADOR: partido político salvadoreño, creado en 1962 por sectores profesionales y de la burguesía. Su orientación es de centro-derecha.◆

PARTIDO DEMÓCRATA CRISTIANO DE PANAMÁ: partido político panameño, inscripto a partir de los años sesenta. En el año 2000, formalizaron una alianza con el Partido Revolucionario Democrático.

PARTIDO DEMÓCRATA POPULAR: PDP. ◆ Partido político ecuatoriano de centro.

PARTIDO DOMINANTE: partido que en un sistema pluralista de partidos (multipartidismo y bipartidismo) presentaba dos caracteres: 1) distanciar claramente a sus rivales en el conjunto de un período (incluso si ocurría excepcionalmente que fuese superado en una elección); 2) identificarse al conjunto de la nación, a sus doctrinas, a sus ideas, en alguna manera coincidiendo con los del período.◆ Cuando un partido gravita de un modo excluyente en las opciones electorales de los ciudadanos y oprime a la oposición. ◆ Partido pivote.◆ Partido central.

PARTIDO ENCUENTRO NACIONAL: PEN.◆ Partido político paraguayo, de orientación centrista.

PARTIDO FEMINISTA NACIONAL: partido creado en la Argentina en 1919. Entre sus consignas figuraban el sufragio universal y la igualdad civil para ambos sexos, igual salario para igual trabajo para hombres y mujeres, igualdad civil para los hijos legítimos y los considerados ilegítimos, licencia remunerada durante el embarazo y el amamantamiento y la abolición de la pena de muerte. En 1920, Julieta Canteri se presentó en las elecciones como candidata a diputada. Nacida en Italia, además de votar, quería afirmar su derecho a ser elegida y presentó una carta ante la Junta Electoral, que aceptó su candidatura a diputada nacional. Después de tres meses de campaña en los que soportó las burlas de los diarios, llegó el momento de la elección. Obtuvo pocos votos, claro que todos masculinos. En 1932, en un sospechoso accidente, murió atropellada por un auto que conducía un miembro de la fascista Liga Patriótica.

PARTIDO HISTÓRICO: limitado en su duración, perdura en virtud de hechos históricos, pero se diluye casi completamente a través del tiempo como partido.

PARTIDO IDEOLÓGICO: tendencia francesa que consiste generalmente en esperar de un partido una doctrina o incluso una filosofía.

PARTIDO INDEPENDIENTISTA PUERTORRIQUEÑO: partido político partidario de la independencia de Puerto Rico con respecto a los EEUU

PARTIDO INTRANSIGENTE: partido político de la Argentina, de orientación de centro izquierda, hoy inexistente.

PARTIDO LIBERACIÓN DOMINICANA: PLD.◆ Partido político dominicano.

PARTIDO LIBERAL ALEMÁN: FDP. ◆ Partido político fundado en 1948, que posee sesenta y nueve mil afiliados y que desde hace treinta años participa en coaliciones con la Unión Democrática Cristiana y con el Partido Socialdemócrata. Como su nombre lo indica, es un partido liberal que ha tenido habitualmente a su cargo los ministerios de Economía, Justicia y Relaciones Exteriores.

PARTIDO LIBERAL COLOMBIANO: partido político de Colombia, de orientación centrista.

PARTIDO LIBERAL CONSTITUCIONALISTA: PLC. ◆ Partido político nicaragüense de orientación liberal.

PARTIDO LIBERAL DEMOCRÁTICO: PLD.◆ Partido político nicaragüense fundado recientemente.

PARTIDO LIBERAL NACIONAL: PLN.◆ Partido político costarricense de tendencia liberal.

PARTIDO LIBERAL RADICAL AUTÉNTICO: PLRA.◆ Partido político paraguayo, constituido el 18 de octubre de 1891, al impulsar una revuelta armada para poner fin a atropellos y fraudes electorales del gobierno colorado de Juan G. González.

PARTIDO MILITAR: con posterioridad al derrocamiento de Perón en 1955, en la Argentina, comienzan a funcionar informalmente nuevos jefes militares con el objeto de crear un Partido Militar. Éste, en realidad, estaba constituido por un conjunto de conspiradores. Su hipótesis se basaba en que Frondizi recibía órdenes de Perón y luego, para lograr un efecto contundente, denunciaron que aquél además recibía instrucciones desde La Habana. Este partido se opacó rápidamente y se dividió en dos. Aparecieron los azules y los colorados. Todos eran militares pero los azules deseaban la institucionalización política del peronismo, aunque rechazaban a Perón, y los colorados querían prolongar el régimen provisional implantado después de voltear a Frondizi, justamente para impedir que el peronismo tomara el poder. Los dos bandos se acusaron de peronistas y comunistas. Los tanques salieron a los caminos, entraron en la ciudades y la artillería bombardeó nidos enemigos. El segundo ingreso fue la corta presidencia del radical Arturo Illia, apenas tolerada como antesala de otro gobierno castrense, que fue vivida por los conspiradores del Partido Militar como el entreacto indispensable para ajustar las cuentas de las dos facciones y prepararse para un nuevo asalto al poder. Esta vez el Partido Militar dispuso de una ideología condensada en el anticomunismo que impregnaba entonces la política mundial, y cuando golpeó sobre Illia parecía traer resuelto el teorema peronista: no negociaría con Perón pero gobernaría de acuerdo con los sindicatos peronistas. En julio de 1966, el Partido Militar despojó de la presidencia al siempre sereno Illia. Entonces emprendió el último tramo de la década con la conducción del general Juan Carlos Onganía, un oficial superior cuyos camaradas confiaban que aquietaría las pasiones ideológicas por la sencilla razón de que no tenía ninguna idea. Esta creencia resultó equivocada: Onganía estaba atado por compromisos y juramentos a grupos integristas que avanzaron detrás de él

y ocuparon posiciones en la educación y la economía, con propuestas desconcertantes, rechazadas por la sociedad al principio y en el interior de las fuerzas armadas a continuación. El Partido Militar volvió a dividirse y comprobó que no era suficiente su tozuda unidad anticomunista para gobernar el país. Tampoco alcanzaba la mano tendida a los sindicatos peronistas. El general Aramburu, que había decidido quebrar el círculo vicioso abriendo una negociación secreta con Perón, dijo en los primeros días de mayo de 1970: "No se haga ilusiones. El ejército no cree que ha fracasado una política económica, sólo está convencido de que ha fallado la dirección de esa política". Unos días más tarde, el 29 de mayo, Aramburu fue secuestrado y asesinado. El 8 de junio, Onganía enfrentó una rebelión de los mandos que lo habían llevado al poder y dimitió. La década terminaba tan enigmáticamente como había comenzado. El fracaso fue completo. Entretanto, al calor de las revueltas populares y estudiantiles producidas en Europa, pero con una dinámica propia de signo gremial, en una tranquila ciudad del interior había estallado, en mayo de 1969, una protesta inédita que pasaría a la historia como el Cordobazo *(R. García Lupo)*.

PARTIDO MOVIMIENTO DEMOCRÁTICO BRASILEÑO: PMDB. ◆ Partido político brasileño de orientación centrista, componente de la alianza gubernamental.

PARTIDO NACIONAL: partido nacional de Sudáfrica que gobernó el país bajo la dictadura del Apartheid durante sesenta años, marginando a la mayoría constituida por la población negra. Este partido racista cedió el poder pacíficamente en las elecciones de 1993, tras el triunfo del líder negro Nelson Mandela.

PARTIDO NACIONAL DE HONDURAS: organización política hondureña creada en 1902 como resultado de la unión de diversos partidos.

PARTIDO NACIONAL URUGUAYO: partido político uruguayo creado en 1836. De orientación conservadora.◆ Partido Blanco.

PARTIDO NACIONALISTA VASCO: PNV.◆ Partido político del país vasco español.

PARTIDO NUEVA FUERZA REPU-BLICANA: NFR. ◆ Partido político boliviano.

PARTIDO NUEVO PROGRESISTA: PNP.◆ Partido político puertorriqueño de carácter anexionista, favorable a convertir a Puerto Rico en el Estado número cincuenta y uno de los EEUU.

PARTIDO PERSONAL: aquel cuya característica fundamental es la reunión en torno de una personalidad que se impone de diversas maneras, pero sobre todo por ciertos dones carismáticos. Extremo opuesto al del partido ideológico.

PARTIDO PERÚ POSIBLE: partido político peruano de orientación de centro-izquierda.

PARTIDO PIVOTE: partido en torno al cual se hace el gobierno o se forma contra él como reflejo a su acción.◆ Partido central.◆ Partido dominante.

PARTIDO POLÍTICO: organización política formada por personas de similar tendencia ideológica, cuyo objetivo es obtener el poder del Estado e imponer su programa político. El origen se basa en la creación de comités extraparlamentarios con el objeto de elegir a los representantes del Poder Legislativo. De esta forma surgieron los llamados partidos de personalidades o partidos de notables, en los que el programa político, de hecho inexistente, se identificaba básicamente con el sistema de gobierno ya vigente.◆ Grupo de ciudadanos unidos por un vínculo político permanente, con una doctrina que en la determinación de la política nacional, promueve el bien público, a la vez que propugna expresamente el sostenimiento del régimen democrático, representativo, republicano y federal. Asimismo, se trata de una organización estable y con un funcionamiento reglado por la carta orgánica y que tiene el reconocimiento de su personería jurídico-política. ◆ Agrupación organizada, estable, que solicita apoyo social a su ideología y programa políticos, para competir por el poder y participar en la orientación política del Estado *(P. L. Verdú)*. ◆ Expresión organizada de una fracción de opinión en la lucha por la conquista del poder. Se "toma partido" en cuanto se adopta una opinión sobre la conducta de los asuntos públicos; se adhiere a un partido en tanto que esta opinión es común a cierto número de hombres que se entienden para triunfar *(P. Duclos)*. ◆ Asociación que adopta una concepción general comprensiva de la vida del Estado, en todos sus aspectos, y tiende a aplicarla excluyendo las concepciones que contrastan con la suya *(C. Mortati)*.◆ Desde el punto de vista jurídico, asociación a la que los ordenamientos jurídicos confieren, generalmente, la personería jurídica, es decir, la posibilidad de ser titular de derechos y obligaciones. De acuerdo con la Constitución política de los EEUU, los partidos políticos son entidades de interés público; la ley determinará las formas específicas de su intervención en el proceso electoral. Los partidos políticos tienen por fin promover la participación del pueblo en la vida democrática, contribuir a la integración de la representación nacional y, como organizaciones de ciudadanos, hacer posible el acceso de éstos al ejercicio del poder público, de acuerdo con los programas, los principios y las ideas que postulan y mediante el sufragio universal, libre, secreto y directo. Los partidos políticos tienen derecho al uso en forma permanente de los medios de comunicación social, de acuerdo con las formas y los procedimientos establecidos en la ley. ◆ Grupo societario y secundario cuyo fin inmediato es la posesión y el ejercicio del poder político, organizado para establecer, reformar o defender un orden como medio de lograr los fines que responden a las convicciones comunes de sus miembros *(L. Sánchez Agesta).* ◆ Es ante todo un intento organizado de alcanzar el poder, entendiendo por tal el control del aparato estatal. Sólo cuando una organización tiene el timón en las manos, o es capaz de crear y mantener una seria expectativa de pronto acceso al poder, puede llegar a ser un partido. Se excluyen los "pequeños partidos", ya que no pueden tener una expectativa razonable de hacerse del poder estatal *(E. E. Schattschineider).* ◆ Ente que se caracteriza por: a) ser una organización, lo que supone cierta estabilidad y duración temporal con independencia de sus integrantes; b) funcionar de acuerdo con el marco normativo institucionalizado y no buscando su destrucción, lo que

distingue de las facciones; c) ser ajeno al Estado, no obstante su objetivo de obtener y participar del poder estatal; d) tener como fin inmediato obtener el ejercicio del poder político para sus integrantes. Busca la obtención del poder político y no la influencia sobre quienes lo ejercen, distinguiéndose de los grupos de presión, que cumplen este último papel. ◆ Son el aceite que lubrica las ruedas de la maquinaria democrática. Si no existiesen, si no propusiesen a los candidatos para la elección y no provocasen la discusión de ideas y problemas, la vida pública sería sumamente pobre y el Estado carecería de los elementos activos de su vida *(H. Huber).* ◆ Agrupamiento de hombres unidos por el mismo ideal político, asociados para la conquista del poder (o, al menos, para una participación en éste), que trabajan a tal efecto para difundir un programa, reclutar adherentes y, sobre todo, electores. ◆ Grupo de ciudadanos que se diferencian de un grupo más vasto, que es la colectividad política nacional, y que se organizan aparte, en el seno de ésta, para hacer prevalecer una voluntad particular de potencia por medios únicamente legales.

PARTIDO POPULAR: PP. ◆ Partido político español, de ideología conservadora, que en 1990 cambió el nombre de Alianza Popular.

PARTIDO POPULAR CRISTIANO: partido político peruano, ubicado en el centro.

PARTIDO POPULAR DEMOCRÁTICO: PPD. ◆ Partido político puertorriqueño que propugna la mantención del actual estatus de Estado libre asociado a los EEUU.

PARTIDO PREDOMINANTE: aquel que gravita de un modo excluyente en las opciones electorales de los individuos y controla sin niveles de peligro el panorama electoral.

PARTIDO REFORMISTA SOCIAL CRISTIANO: partido político de República Dominicana, de orientación conservadora.

PARTIDO RENOVACIÓN NACIONAL: PRN. ◆ Partido político chileno, de tendencia derechista.

PARTIDO REPUBLICANO: partido político estadounidense, creado en 1854, cuyo programa estaba basado en posiciones nacionalistas, prohibicionistas y antiesclavistas. Posteriormente, tuvo un giro hacia una ideología conservadora. En 1860, logró la presidencia de la Nación a través de Abraham Lincoln. A lo largo del siglo XX, sufrió distintos vaivenes gobernando alternadamente con el otro partido: el demócrata.

PARTIDO REVOLUCIONARIO DEMOCRÁTICO: PRD.◆ Partido político panameño creado a fines de 1978, de centro-izquierda.

PARTIDO REVOLUCIONARIO DOMINICANO: PRD.◆ Partido político de la República Dominicana, de carácter centrista.

PARTIDO REVOLUCIONARIO INSTITUCIONAL: PRI.◆ Fue creado en México en 1929 con el objeto de darles un espacio a los militares vencedores en la revolución. El presidente Plutarco Elías Calles vislumbró, ese año, la necesidad de "pasar de un sistema de gobierno de caudillos a un más franco régimen de instituciones", idea que materializó al crear el Partido Nacional Revolu-

cionario. Con la meta de apaciguar a los últimos caudillos, Calles sentó las bases del sistema político mexicano, que a la sombra del general y presidente Lázaro Cárdenas, a mediados de la década de 1930, se fortaleció con el surgimiento de las corporaciones obreras, campesinas y rurales. Cárdenas, que nacionalizó el petróleo y que, para muchos, es el último prócer de México y el último presidente de la Revolución, cambió el nombre del PNR y lo llamó Partido de la Revolución Mexicana. Siempre desde el poder, en 1946 adopta su actual nombre. A lo largo de su historia, el PRI logró sortear profundas crisis económicas y sociales, como la de la deuda externa en 1982 y la de la devaluación del peso en diciembre de 1994. También debió afrontar rebeliones políticas, entre ellas la de 1968, que concluyó con la llamada "Matanza de Tlatelolco", en la que murieron doscientas personas, la mayoría de ellas estudiantes, lo que marcó el comienzo del declive de su poder absoluto; hubo tenues reformas políticas y un crecimiento paulatino de la oposición. Veinte años después, otro hecho comenzaría a resquebrajar al PRI: la creación del Partido de la Revolución Democrática, fundado por Cuauhtémoc Cárdenas, hijo del General Cárdenas, que se llevó consigo gran parte de la militancia y le arrebató al oficialismo las banderas de la revolución. Ese golpe lo sintió en las elecciones de 1988, en las que, según observadores imparciales, se cometió el "fraude patriótico" más escandaloso contra Cárdenas para salvar al PRI de la derrota. Triunfador oficial en los comicios, Carlos Salinas impulsó una profunda transformación económica, con la que golpeó algunos de los pilares del "priísmo" tradicional, pero sin olvidarse de que él encarnaba, también, a los "prinosaurios". El sexenio de Salinas es, quizás, el último quiebre del poder absolutista del PRI. Un gobierno que pasó a la historia por dos crímenes de Estado y uno de dudoso origen, que conmovieron al país. Los asesinatos de su sucesor designado, Luis Donaldo Colosio, en marzo de 1994, del secretario general del PRI, Francisco Ruiz Massieu, en septiembre del mismo año, y también del cardenal Juan Jesús Posadas, en mayo de 1993, dejaron al descubierto la guerra descarada entre sectores del partido más o menos proclives a desarticular las rígidas estructuras políticas y sociales del país. Con Ernesto Zedillo en el poder –producidos ya el alzamiento zapatista, el ingreso al NAFTA y la devaluación de diciembre de 1994–, el PRI conoció como nunca antes la derrota. Cárdenas triunfó en la capital en 1997 y, una a una, el PRI fue perdiendo gobernaciones clave y su histórica mayoría absoluta en el Parlamento. En el 2013 ganó las elecciones presidenciales y volvió a gobernar el país.

PARTIDO ROLDOSISTA ECUATORIANO: PRE. ◆ Partido político ecuatoriano, de orientación centrista.

PARTIDO SOCIAL CRISTIANO: PSC. ◆ Partido político ecuatoriano.

PARTIDO SOCIALDEMÓCRATA: partido político alemán fundado en 1875. Principal partido político de oposición, apoyado por los sindicatos. Se define como un partido popular que brega por la justicia social. Con setecientos setenta y cuatro mil afiliados, en la actualidad tiene el gobierno de diez Estados y la mayoría del Consejo Federal.

PARTIDO SOCIALISMO Y LIBERTAD: partido político brasileño fundado en 2003 por cuatro parlamentarios expulsados del Partido de los Trabajadores, por su oposición a la línea económica conservadora adoptada por Luiz Inácio Lula da Silva.

PARTIDO SOCIALISTA ARGENTINO: en la Argentina, partido fundado en 1896 por Juan B. Justo. Se asumía como partido nacional, opuesto al anarquismo. Creía en el sistema representativo y basaba su acción en la lucha parlamentaria. Llegó a contar con gran popularidad en las décadas de 1920 y 1930.

PARTIDO SOCIALISTA CHILENO: PSCH. ◆ Partido político chileno creado en 1933 al unirse cuatro partidos pequeños de izquierda. Formó parte del Frente Revolucionario de Acción Popular. Ilegalizado en 1973 y luego, en 1990, integró un movimiento de izquierda.

PARTIDO SOCIALISTA OBRERO ESPAÑOL: PSOE. ◆ Partido político español de centro izquierda fundado en 1879 por P. Iglesias. Adherido a la Internacional Socialista, ocupó varias veces el gobierno.

PARTIDO SOLUCIÓN POPULAR: agrupación política peruana que reúne grupos afines al ex presidente A. Fujimori.

PARTIDO TRABALHISTA BRASILENHO: partido político brasileño fundado en 1945 por G. Vargas, de orientación nacional y popular.

PARTIDO ÚNICO: expresión o manifestación de un sistema autoritario que en su concepción no admite que un segundo partido dispute el gobierno.

PARTIDO UNIDAD CÍVICA SOLIDARIDAD: partido político boliviano componente de la coalición oficialista.

PARTIDO UNIÓN DEMÓCRATA INDEPENDIENTE: PUDI. ◆ Partido político chileno de tendencia derechista.

PARTIDOCRACIA: degeneración del pluralismo en los momentos crepusculares de la democracia *(P. L. Verdú).* ◆ Figura de regímenes políticos en los que la acción de los partidos ha dominado la vida de los gobiernos. ◆ Fenómeno por el que los partidos tienden al manejo de toda la sociedad, intentando controlar ámbitos cada vez más amplios. Frente a los partidos aparecería la sociedad civil que, en sus modificaciones o en sus inercias, aparece sometida a una actividad partidaria determinada ante todo por sus propios intereses. La indiferencia o marginación política y el abstencionismo electoral podrían estar probando un margen de falta de legitimidad de los partidos en tanto que representantes de la voluntad general *(J. Sapolinski).*

PARTIDOS CARISMÁTICOS: aquellos cuya característica principal se observa en la tendencia a adoptar el nombre de su líder o jefe. Se obedece al jefe o caudillo carismático por razones de confianza personal en la revelación, heroicidad o ejemplaridad dentro del círculo en el que la fe tiene validez. El término carismático se utiliza en el sentido de una autoridad que descansa en la entrega extracotidiana a la santidad, al heroísmo o a la ejemplaridad de una persona y de las órdenes por ella creadas o reveladas.

PARTIDOS CLASISTAS: aquellos cuyos miembros en su mayoría provienen de una sola clase.

PARTIDOS CONFESIONALES: normalmente, aquellos que emergen en países con fuerte tradición católica en su territorio o en regiones representativas.

PARTIDOS DE CUADROS: organismos basados en organizaciones políticas caracterizadas por la verticalidad del mando y el autoritarismo. Es determinante la voluntad del jefe o de los jerarcas del partido.

PARTIDOS DE MASA: aquellos que se basan en una profunda interacción entre los tres elementos de un partido: jefes, cuadros y bases. La autoridad de los dos primeros surge en lo posible de la democracia interna, del debate y del prestigio ganado en las tareas partidarias.

PARTIDOS DOCTRINARIOS: aquellos que basan su política en ideas éticas, políticas o filosóficas abstractas, más o menos elaboradas, y cuyos depositarios son los jefes del partido.

PARTIDOS ELECTORALES: aquellos que se presentan a competir en una elección.

PARTIDOS LEGISLATIVOS: aquellos que llegan a tener bancas en la Asamblea.

PARTIDOS MONOCLASISTAS: aquellos que tienen como fundamento los intereses sociales de una determinada clase social. En general, son partidos obreros.

PARTIDOS POLICLASISTAS: aquellos que expresan una alianza de clases, con intereses comunes.

PARTIDOS POLÍTICOS: la concepción sociológica es aquella según la cual éstos son el resultado de la integración social y se orientan hacia el control del poder social. ◆ Organización articulada de los agentes activos de la sociedad, interesada en el control del gobierno, que compite por el apoyo popular con otros grupos que mantienen criterios distintos; son los grandes intermediarios entre las fuerzas sociales y las instituciones de gobierno y quienes encauzan estas fuerzas hacia la acción política dentro de la colectividad *(S. Neumann).*◆ La interpretación psicológica considera a los partidos como productos de los impulsos y las tendencias humanas, fundamentalmente de sus instintos de lucha y dominación, que determinan la conducta de los individuos y se expresan en y a través de ellos. ◆ Formas de organización del estamento político, cuyo fin inmediato es la posesión y el ejercicio del poder para establecer, reformar o defender un orden, como articulación de los fines que responden a las convicciones comunes de sus miembros. ◆ Asociaciones políticas particulares y caracterizadas.◆ Son el reflejo y la nomenclatura de las clases sociales. Es decir que, en el campo político, expresan la existencia real de las clases *(A. Gramsci).*

PARTIDOS PROGRAMÁTICOS: por oposición al carismático, éstos se apoyan en un programa que posee de forma amplia las alternativas y las respuestas para un determinado momento del desarrollo social. En realidad, todos los partidos tienen un programa mínimo, pero no es el elemento decisivo a la hora del sufragio.

PASAPORTE CONSULAR: licencia que extiende un Estado a las personas que pertenecen al cuerpo consular o diplomático, o a las que realizan una misión oficial.◆ Pasaporte diplomático.

PASAPORTE DIPLOMÁTICO: pasaporte consular.

PASAR (A UNO) POR LAS ARMAS: fusilar.

PASAR LA FACTURA: expresión que en la actividad política se utiliza para denotar que aquellas personas o grupos que colaboraron para hacerse del poder intentan obtener como compensación cargos o prebendas.

PASAVANTE: salvoconducto que el jefe de las fuerzas enemigas entrega a un navío.

PASO: derecho de navegar por el mar territorial con el fin de atravesarlo sin penetrar en las aguas interiores ni hacer escala en una rada o en una instalación portuaria fuera de las aguas interiores; o de dirigirse hacia las aguas interiores o salir de ellas, o hacer escala en una de esas radas o instalaciones portuarias o salir de ellas.◆ Ver **Paso inocente.**

PASO INOCENTE: aquel que no sea perjudicial para la paz, el buen orden o la seguridad del Estado ribereño.

PASQUÍN: escrito anónimo que aparece en un sitio público, con expresiones satíricas contra el gobierno o contra una institución o una persona determinada. ◆ Se usa despectivamente para definir una publicación periodística de escasa calidad.◆ Escrito anónimo que se fija en un lugar público; proviene del italiano *Pasquino*, nombre de una estatua de gladiador en Roma, en la cual solían fijarse sátiras y libelos.

PASTORAL: término cuyo origen se vincula con la noción como ejercicio de la misión de los pastores, es decir, el Papa y los obispos. En un sentido lato, abarca toda la acción evangelizadora de los pastores.

PASTORAL SOCIAL: aplicación del pensamiento social a la evangelización de la sociedad concreta en la que actuamos y convivimos. Es el conjunto de la actuación de la Iglesia que manifiesta las exigencias sociales de la fe transmitida por la formación cristiana.

PATACÓN: moneda de plata que se usó antiguamente en la Argentina y en otros países americanos.◆ Dinero.

PATENTE DE NAVEGACIÓN: despacho expedido a favor de un buque para autorizar su bandera y su navegación y acreditar su nacionalidad.

PATERNALISMO: proviene del radical latino *pater* (padre). Es la formulación doctrinal a la racionalización de una actitud política y administrativa que se basa en las siguientes pautas: 1) quien manda tiene frente a sus súbditos un poder paternal; por un lado, tiene plena autoridad sobre ellos; por otro, se responsabiliza de su manutención y de la atención a sus necesidades; 2) a los súbditos se los trata como menores, incapaces de participar en las decisiones que les interesan.◆ Tendencia a aplicar las formas de autoridad, ayuda y protección inherentes a las del padre de familia tradicional, a relaciones sociales de otra naturaleza, como laborales, económicas, etcétera.

PATRIA: idea que existía desde la antigüedad; con ella se significaba el lugar de procedencia familiar, la tierra de los padres. Con este sentido se siguió empleando en la Edad Media, época en la cual se equiparaban los conceptos de patria (de *pater*, padre) y de país (de *pagus*, tierra, campo).◆ Tierra adoptiva o natal a la que se pertenece por vínculos culturales, afectivos e históricos. A la noción de país se le adiciona un fuerte potencial emocional y evocativo porque enfatiza más la idea de un patriminio común de ideas, aspiraciones, símbolos, lenguaje y valores culturales heredados de nuestro pasado.

PATRIA NUEVA: expresión incorporado por A. Leguía con el objeto de designar un desprecio al pasado y un odio hacia la oligarquía. Defensor absoluto del panamericanismo.

PATRIA POTESTAD: conjunto de derechos y obligaciones que tienen los padres, otorgado por la ley para que cuiden y gobiernen a sus hijos desde la concepción hasta la mayoría de edad o la emancipación.◆ Institución de derecho natural.◆ Poder que corresponde a los progenitores sobre los hijos menores no emancipados, para el cumplimiento de los deberes de alimentación, educación e instrucción. No se trata de un derecho subjetivo de los padres, sino de un complejo de facultades que el ordenamiento jurídico les reconoce como medio para desempeñar una función dirigida al cuidado personal del hijo y a la defensa de sus intereses *(Puig Brutau).*

PATRIADA: corriente o movimiento político revolucionario cuya finalidad normalmente es salvar a la patria.

PATRIARCA: individuo que por su capacidad, experiencia y sabiduría ejerce autoridad moral sobre una colectividad, un pueblo o una familia.

PATRIARCADO: organización social en la que la autoridad la ejercía un varón jefe de cada familia; este poder se extendía a los parientes.

PATRICIOS: clase social en Roma compuesta por los ciudadanos; ciudadanía que les estaba vedada a los plebeyos.

PATRIOTA: persona que posee amor hacia su patria y ansía todo su bien.

PATRIOTERÍA: alarde excesivo de patriotismo.

PATRIOTISMO: mayor o menor suma del tributo voluntario puesto al servicio de todos, del bien común: de parte de los ciudadanos, por la concurrencia del trabajo material y moral; y de parte de los que gobiernan, por la lealtad, la diligencia, el amor y la vigilancia en todas las cosas que a la patria interesan, del doble punto de vista de su cuerpo u organismo físico, en su territorio, de su alma, o sea, sus atributos de dignidad, cultura, honor, soberanía y engrandecimiento *(J. V. González).*◆ La gratitud hacia los antepasados por los valores morales y las realizaciones materiales que lograron *(J. Gómez).*

PATRÓN MONETARIO: modelo utilizado para determinar, de acuerdo con las etapas, los países y la coyuntura, el metal precioso, o la moneda, considerado como un instrumento de medida del precio de los bienes.◆ Instrumento discrecional de control monetario. Algunos sistemas monetarios tienen un patrón de papel inconvertible *(E. Shaw).*◆ Estructura legalmente constituida para establecer la cantidad de dinero existente en un país a una fecha determinada; incluye el sistema de acuñación de las monedas y la forma en que se efectúa la emisión de los billetes a través del organismo competente.

PATRÓN ORO: modelo en el que un sistema monetario está basado cuando la unidad monetaria que le sirve de fundamento se encuentra integrada por el oro, en la cantidad y el grado de fineza que determina la ley. La emisión de una moneda está ligada directamente a la compra de oro. Total respaldo de oro para una moneda. Fue utilizado en Gran Bretaña entre los años 1821 y 1914. La ventaja de este sistema es que muestra en forma automática el estado de la inflación, pero tiene como desventaja la de limitar el comercio mundial de oro. Para que un sistema de patrón oro funcione deben cumplirse varios requisitos, entre ellos: la libre convertibilidad de la moneda en oro.◆ Sistema monetario internacional que evalúa la moneda tomando el oro como patrón o modelo.

PATRONAL: clase capitalista que posee los medios de producción.

PATRULLA: grupo de aviones o buques que prestan servicio en una costa, en un paraje de mar o en un campo minado, para la defensa contra ataques submarinos o aéreos, o para observaciones meteorológicas.

PAUPERISMO: existencia permanente y sistemática de un gran número de pobres en grado superlativo. Es la dimensión social de los fenómenos de la pobreza, la indigencia y la miseria. En realidad, es un fenómeno de naturaleza social; por ello, se da en determinado tiempo y lugar. Existe *pauperismo* de naturaleza estructural y de naturaleza coyuntural, formas que no se excluyen, sino que muchas veces, conjugan sus efectos nefastos. El de naturaleza estructural tiene causas que son permanentes y derivan de la misma organización política y económica de la sociedad. En el coyuntural, las causas son pasajeras y de diversos factores: malas cocechas, cataclismos, etcétera. A veces, se pueden dar en forma simultánea ambos pauperismos.

PAZ: situación opuesta a la de guerra en que se encuentra un Estado con respecto a otro u otros cuando sus relaciones se desenvuelven armónicamente y por vías jurídicas.♦ Pública tranquilidad de los Estados.

PECULADO: apropiación indebida e ilícita que realiza un funcionario que tiene a su cargo la custodia o la administración de caudales públicos.

PEDAGOGÍA LIBERADORA: concepción pedagógica revolucionaria que marcó un rumbo en la América Latina de las décadas de 1960 y 1970. Creada por el educador brasileño Paulo Freire, se constituyó en una corriente paralela a la Teología de la Liberación y estaba comprometida con la educación de los oprimidos. Fue el autor de un método de alfabetización de adultos pobres. Su punto de partida: la experiencia de los alumnos y el debate sobre los problemas de su vida cotidiana, como la miseria. Freire concebía la educación como un proceso colectivo, en el que "todos enseñan y todos aprenden".

Para él, la consecuencia lógica de la alfabetización era "despertar la conciencia" de los alumnos. "Mi visión de la alfabetización va más allá del mero ba, be, bi, bo, bu, porque implica una comprensión crítica de la realidad social, política y económica en que está el alfabetizado. Obviamente, una incitación al análisis objetivo de la miseria y de la explotación", explicaba Freire. El *Método Paulo Freire* fue creado en 1961 sobre la base de su propia experiencia en la ciudad de Angicos, en el estado de Río Grande del Norte, donde trescientos campesinos adultos fueron alfabetizados en sólo cuarenta y cinco días. Esta tarea fue aprovechada por el entonces gobernador de Pernambuco, Miguel Arraes, quien nombró a Freire secretario de Educación, cargo que ocupó hasta el golpe militar de 1964.

PEDANÍA: división política.

PEDARQUÍA: en forma irónica; significa gobierno de los niños.

PELUCÓN: agrupamiento político de carácter conservador que tuvo vigencia en Chile a partir del siglo XIX.♦ Socialmente, quien ocupa una posición elevada.

PENTARQUÍA: gobierno constituido por cinco personas.

PEÑÓN DE GIBRALTAR: la flota angloholandesa comandada por el almirante inglés George Rooke, abrió el fuego de la madrugada del 4 de agosto de 1704 y se apoderó del enclave. En la actualidad, se mantiene el dominio de la corona británica.

PEONADA: conjunto de peones que trabajan en una obra.

PER CÁPITA: individualmente, por cabeza.

"PERESTROIKA": proceso de reforma radical y de reestructuración de la sociedad iniciada y ejecutada por las autoridades soviéticas.◆ Reforma política, económica y social llevada a cabo en la URSS, conducida por Mijail Gorbachov en 1985. Tuvo dos componentes fundamentales: por un lado, la reestructuración del sistema productivo del socialismo soviético y, por el otro, la política de transparencia (*glasnot*) orientada a modificar los aspectos ideológicos y políticos antidemocráticos sobre los cuales se había conformado el modelo soviético. La política de transparencia significó el debilitamiento y el posterior desmonte del monopolio sobre la información y la cultura en general. El golpe de Estado contra Gorbachov, en agosto de 1991, motivó la finalización de la *Perestroika*.

PERESTROIKA, GLASNOT, ZAKONNOST Y DEMOKRATIZATSIYA: respectivamente significan estructuración, transparencia, legalidad y democratización, los cuatro objetivos de Gorbachov, durante mas´de seis años, para finalizar el imperio comunista. El eurocomunismo comenzó a desvanecerse a partir de 1980 y lo expuesto precedentemente constituyeron toda la radiografía de los males que habían conducido a la URSS a un deterioro notable, cultural y económico.

PERÓN VUELVE: en la Argentina, después de diecisiete años y cincuenta y dos días de exilio, el general Juan Domingo Perón regresó al país. Viejos peronistas y adolescentes nacidos en 1955, ambas generaciones creadoras del eslogan "lucha y vuelve", salieron a la calle para recibirlo.

PERONISMO: Justicialismo. ◆ Movimiento político argentino, de carácter nacional, popular y progresista, constituido en 1945 por el General Juan D. Perón y afianzado por su esposa María Eva Duarte de Perón (Evita).

PERONISTA: partidario o relativo al movimiento peronista.

PERSONA GRATA: en lenguaje diplomático, la que se acepta.

PERSONA "NON GRATA": en lenguaje diplomático, la que no se acepta.

PERSONALIDAD: persona en su sentido operativo y dinámico; figura psicológica y moral, biográfica en sentido filosófico, que el hombre va cobrando a través de sus propias acciones, en su hacerse a sí mismo. Es lo que se hace, lo que se adquiere, lo se llega a ser. Es el dinamismo existencial de la persona *(J. Zubiri)*.

PERSONEIDAD: persona en sentido constitutivo, la estructura de su realidad propia, la raíz estructural de su existencia operativa y vital, lo que dura y es estable. Se es *(J. Zubiri)*.

PERSONERÍA GREMIAL: facultad de representar a todos los trabajadores que realizan tareas en un mismo sector o de una misma clase, ante los organismos públicos y patronales, con el objeto de celebrar, renovar o modificar convenios colectivos de trabajo, que luego obligarán, también, a los no afiliados.

PERSONERÍA JURÍDICA: reconocimiento como sujeto de derecho que el Estado otorga a una sociedad, una fundación, una asociación civil, sobre la base de la aprobación de su estatuto y el sometimiento a su contralor.◆ Entidad o institución capaz de adquirir derechos y contraer obligaciones.

PETICIÓN: derecho constitucional reconocido a favor de todos los habitantes de un país para dirigirse a las autoridades públicas con el objeto de reclamar, exigir u observar algo que le resulta de interés.

PETRODÓLARES: fondos procedentes de países productores de petróleo, exceptuados los EEUU y Gran Bretaña. Inicialmente convertibles en eurodivisas y depositados en bancos internacionales para su uso en inversiones futuras y para el pago de deudas. ◆ Dólares ganados vendiendo petróleo.

PIMPINELA NEGRA: ver **Apartheid**.

PIPIOLO: denominación que se daba a un agrupamiento político en Chile, con un sentido despectivo. Se constituyó después de la caída de B. O'Higgins, en 1823, y estaba integrado por jóvenes y adultos que recogían las ideas liberales de la Revolución Francesa.

PIRÁMIDE DE POBLACIÓN: gráfica de la distribución de la población, por edades y sexos, en un momento dado. ◆ Gráfico cartesiano doble, que mide en abscisas los porcentajes de población por sexo masculino y femenino, discriminando dentro de ellos la población nativa y la no nativa; y en ordenadas, los estratos de edades.◆ Representación sintética de la estructura poblacional concreta de un país por edades, sexos y nacionalidades.

PIRÁMIDE POR EDADES: pirámide de población.

PIRATERÍA: robo o destrucción de los bienes o de la hacienda de otro.◆ Todo acto ilegal de violencia o detención, o todo acto de depredación cometido con un propósito personal, por la tripulación a los pasajeros de un buque privado o de una aeronave privada, y dirigido contra un buque o aeronave en altamar o a personas o bienes a bordo de ellos o contra un buque o una aeronave, personas o bienes no sometidos a la jurisdicción de ningún Estado.◆ Ver **Piratería internacional.**

PIRATERÍA AÉREA: secuestro de un avión.

PIRATERÍA INTERNACIONAL: definida por Wharton como el acto que realizan los que por propia autoridad recorren los mares para cometer actos de depredación, despojando a mano armada, ora en tiempo de paz, ora en tiempo de guerra, los navíos de todas las naciones, sin más distinción que la que les conviene para asegurar la impunidad de los hechos.

PIROBALÍSTICA: teoría o arte de arrojar proyectiles con armas de fuego.

PLÁCET: respuesta favorable que da un gobierno cuando otro le propone como representante diplomático a determinada persona.◆ Aprobación.◆ Opinión favorable.

PLAN AUSTRAL: plan económico elaborado en la Argentina, por Juan V. Sourrouille, durante el gobierno de R. Alfonsín. El plan tuvo un éxito muy breve que luego desembocó en una inflación "galopante". La nueva moneda le dio el nombre al plan de estabilización de su autor, el segundo ministro de economía de R. Alfonsín. Este programa aplicado en la Argentina significó un cambio del gradualismo por una política de *shock*.

Este drástico programa de ajuste, fiscal y monetario, consistió en la edición de un nuevo signo monetario argentino, un congelamiento de precios, salarios y tarifas y dispuso un tipo de cambio fijo y controlado. El nuevo valor del Austral representó 1.000 pesos argentinos. El congelamiento de precios se produjo a partir de la cero hora del 17 de junio de 1985.

PLAN COLOMBIA: plan impulsado en 2001 por el presidente de Colombia, Andrés Pastrana, con el pretendido objetivo de combatir el narcotráfico. Para algunos, esta economía subterránea es el principal motor de la guerra que libran guerrilleros y paramilitares de ultraderecha. Los EEUU se involucran en el problema porque un altísimo porcentaje de la cocaína producida en Colombia se destina a su territorio y, en última instancia, se transforma en un factor de desestabilización en la región. Un sector de la sociedad, mediante murales de protesta, tiene una concepción distinta de su implementación. Su contenido expresaba: "Los gringos ponen las armas, Colombia pone los muertos".

PLAN CÓNDOR: ver **Operación Cóndor**.

PLAN CONINTES: plan represivo aplicado por el gobierno argentino de Arturo Frondizi entre 1960 y 1961 contra la oposición de la izquierda peronista, que dejó un saldo de diecisiete muertos y ochenta y nueve heridos.

PLAN CRUZADO: plan económico elaborado por Brasil, cuyo objetivo era frenar la inflación; tenía puntos de contacto con el Plan Austral de la Argentina.

PLAN DE AYALA: manifiesto formulado por E. Zapata en 1911, por el cual se desconocía la autoridad de Madero y se sentaban las bases del agrarismo mexicano poniendo el reparto de las tierras como el objetivo del campesinado. Con este plan, Zapata separaba su movimiento de los restantes programas políticos revolucionarios entonces vigentes y se acercaba al agrarismo de Flores Magón, aunque no a su anarquismo.

PLAN MARSHALL: el 5 de junio de 1947, el secretario de Estado de los EEUU, General Marshall, pronunció un discurso en Harvard en el cual ofreció ayuda económica de los EEUU a los países europeos que habían quedado gravemente afectados por la guerra y cuya situación amenazaba con convertirse en angustiosa y tener consecuencias gravísimas. Este discurso se convirtió en el Plan Marshall, es decir, en una ley de cooperación económica y de ayuda al extranjero.◆ El gobierno estadounidense había creado tres comités, los cuales presentaron informes referentes al monto de los créditos a otorgar y las incidencias económicas y políticas de los medios de acción a seguir. El 12 de julio de 1947, se llevó a cabo la primera reunión de la Organización Europea de Cooperación Económica y allí fue donde se delinearon los requerimientos de los países componentes de la misma. Cada país, a cambio, debía comprometerse a cumplir determinadas obligaciones, que se pueden resumir de la siguiente manera: favorecer el desarrollo de la producción industrial, agropecuaria y minera; cooperar con otros países para disminuir las tarifas aduaneras; estabilizar su moneda; estimular la producción de las materias primas y establecer con otras naciones un plan de cooperación económica. ◆ Finalizada la Segunda Guerra Mundial, las economías de Francia y Gran Bretaña estaban en crisis, y Alemania, vencida. Entonces aparecen los EEUU para ocupar el vacío económico de la posguerra de la Europa Occidental. Para ello tiene un programa conducido por el Secretario de Estado, George Marshall. El plan consistía básicamente en la creación con dólares estadounidenses de una economía internacional que permitiera una mejoría de las condiciones sociales y económicas donde pudieran desarrollarse las instituciones libres. El Congreso aprobó la propuesta en 1948 y otorgó 13.000 millones de dólares a Europa Occidental en concepto de ayuda gubernamental. Es decir, significó que por primera vez un país vinculaba la ayuda económica internacional al progreso de sus propios intereses estratégicos, al menos fuera del hemisferio *(F. Ferrari)*.

PLAN QUINQUENAL: instrumento económico soviético ligado a la estructura política y social del Estado, que tiene por finalidad la elaboración de programas económicos que indican los fines a perseguir, fijan los niveles de crecimiento de los distintos sectores y prevén los medios que deberán aplicarse. El primer plan quinquenal fue implantado por J. Stalin en la URSS, en 1928, con el objeto de industrializar y lograr la colectivización agrícola del país.

PLAN TRIENAL: conjunto de objetivos, metas, lineamientos, orientaciones y grandes proyectos que identifican las realizaciones concretas del programa de reconstrucción y liberación nacional en el período de 1974/1977, en la Argentina liderada por J. D. Perón.

PLAN ZETA: el supuesto "Plan Zeta" era una operación militar de partidarios de la Unidad Popular –la coalición que sostenía a Allende– que pretendía instaurar una dictadura de izquierda, con apoyo de la guerrilla internacional, según afirmaban los militares que acompañaron a Augusto Pinochet en su golpe el 11 de setiembre de 1973. La operación también preveía el ingreso ilegal de armas al país para apoyar a la guerrilla con la intención deliberada de sumir a Chile en el caos. Los golpistas argumentaron que muchos integrantes de la Unidad Popular se preparaban para asesinar a dirigentes de la derecha, y daban una fecha: el 19 de setiembre de 1973. Analistas e historiadores consultados dijeron que entre los datos más relevantes del material desclasificado figura que la CIA –la central de inteligencia estadounidense– admite en sus informes que no tenía indicios de la presunta actividad militarizada de los simpatizantes de Unidad Popular recalcada por los militares. En 1984, el General Gustavo Leigh, uno de los participantes del golpe en su carácter de jefe de la fuerza aérea, había reconocido en una entrevista periodística que el llamado "Plan Zeta" nunca había existido y que fue usado como una excusa para justificar el derrocamiento de Allende. Pero hasta ahora no existen documentos de inteligencia que lo probaran.

PLATAFORMA: programa de un partido político.◆ Ver **Plataforma electoral.**

PLATAFORMA CONTINENTAL: la de un Estado ribereño, que comprende el lecho y el subsuelo de las áreas submarinas que se extienden más allá de su mar territorial y a todo lo largo de la prolongación natural de su territorio, hasta el borde exterior del margen continental, o bien hasta una distancia de 200 millas marinas contadas desde las líneas de base a partir de las cuales se mide la anchura del mar territorial, en los casos en que el borde exterior del margen continental no llegue a esa distancia.

PLATAFORMA ELECTORAL: programa, aunque sea mínimo, que todo partido político debe proponer. En éste se nuclean los objetivos políticos, económicos y sociales de cada partido, en posición ante los problemas inmediatos o mediatos que deberá afrontar si accede al gobierno y la metodología que se utilizará para enfrentarlos o solucionarlos. ◆ Proviene de la adaptación de la voz francesa *plate-forme*, la que sólo en sentido figurado significa "causa o ideal cuya representación toma un sujeto para algún objetivo".◆ Requisito que los partidos políticos tienen que satisfacer. Ninguno puede presentarse a un acto comicial sin proponer un programa, aunque sea mínimo.

PLATAFORMA SUBMARINA: se aplica cuando las costas se internan en el mar con suave declive en una distancia larga y luego el lecho se inclina en forma brusca hacia el abismo. Indistintamente, se utilizan sinónimos como meseta, escalón, plataforma o zócalo, con el agregado de continental o insular. No obstante, es conveniente denominarla plataforma submarina, ya que de dicha forma quedan expuestos los aspectos geográficos, sea adosada a un continente o a una isla.◆ La Convención sobre Plataforma Continental la define como aquella plataforma que tiene las siguientes características: a) el lecho del mar y el subsuelo de las zonas marinas adyacentes a las costas, pero situadas fuera de la zona del

mar territorial, hasta una profundidad de 200 metros o más de este límite, hasta donde las aguas suprayacentes permitan la explotación de los recursos naturales de dichas zonas; b) el lecho del mar y el subsuelo de las regiones submarinas análogas, adyacentes a las costas de islas.

PLAZAS FINANCIERAS "OFF SHORE": originariamente, expresión utilizada para los mercados emergentes del Caribe. En la actualidad, se utiliza para referirse a los centros financieros internacionales que ofrecen transacciones financieras con ventajas para quienes las realizan debido, fundamentalmente, a la legislación fiscal vigente en los mismos y a la libertad de entrada y salida.◆ Paraísos fiscales. ◆ Fondos *off shore*.

PLEBE: una de las clases sociales de la antigua Roma en la cual se encontraba la mayor parte de la población. Esta clase no podía acceder a determinados cargos ni contraer matrimonio con patricios.◆ Clase social en Roma que carecía de los privilegios de los patricios. ◆ Clase social común, fuera de los nobles, los militares y los eclesiásticos. ◆ Populacho.

PLEBEYOS: personas que en la antigua Roma pertenecían a la plebe.◆ Persona que no es noble.

PLEBISCITO: procedimiento parecido al referéndum, pero que tiene por objeto la adopción de una decisión política fundamental de determinado carácter (manifestación de confianza hacia un hombre o un régimen político, opción acerca de la pertenencia de un área territorial entre dos Estados, etc.) *(M. J. López).*◆ Se vota sobre una persona (o, mejor, sobre su *estatus* político) o sobre un hecho (anexión, forma de gobierno, etc.).◆Proviene del latín *biscitum*, significa ley o decreto de la plebe. Fue una antigua institución entre los plebeyos de la República Romana. Hoy se denomina así la consulta que se hace al pueblo sobre algún asunto fundamental de gobierno.◆ Decisión popular no legislativa.◆ Consulta al voto popular directo para que apruebe la política de poderes excepcionales, mediante la votación de las sociedades interesadas o pertenecientes al Estado, cuya aprobación se otorga.◆ Consulta que los poderes públicos someten al voto popular directo para que apruebe o rechace una determinada propuesta sobre soberanía, ciudadanía, poderes excepcionales, etcétera.◆ En el Derecho Romano, eran "la deliberación de la plebe en su asamblea" *(N. Louzán de Solimano)*.

PLEBISCITO FACULTATIVO: aquel cuya convocatoria se reserva facultativamente a ciertos órganos constitucionales. Esta técnica es utilizada por la Constitución francesa.

PLEBISCITO OBLIGATORIO: se aplica cuando el pueblo aprueba en referéndum o plebiscito todas las leyes aprobadas por el Parlamento; así, éste sólo está encargado de preparar las leyes. Esto no es utilizado por ningún país en el nivel estatal.

PLENIPOTENCIA: poder total que se otorga a una persona para hacer, finiquitar o resolver alguna cosa, como es el que conceden los jefes de Estados a sus gobernadores y demás representantes acreditados ante otro gobierno.

PLENIPOTENCIARIO: agente diplomático enviado por un gobierno a otro, con absoluto y pleno poder.

PLENO EMPLEO: se aplica cuando sólo un determinado porcentaje (5 o 6 %) de las personas que desean un empleo, lo siguen buscando *(M. Levi).*◆ Situación económica de equilibrio y de nivel máximo de trabajadores empleados.

PLENOS PODERES: ver **Poderes plenos**.

PLURALIDAD PARTIDARIA: la existencia de dos o más partidos políticos en libre e igualitaria competencia, que resulta de la misma esencia de las instituciones democráticas *(S. V. Linares Quintana).* ◆ La representación política y la elección de un Estado constitucional, presupone la existencia de partidos políticos en el país (O. Ranelletti).

PLURALISMO: doctrina que se basa en la coexistencia constructiva de varias tendencias políticas, religiosas, etcétera. A su vez, es uno de los fundamentos de una democracia formal. ◆ Su base fundamental es la tolerancia y tiene como aspectos determinantes la aceptación y el reconocimiento de los contrastes, diversidades y diferencias que necesariamente deben darse en una sociedad libre, justa y pacífica.

PLURIEMPLEO: situación social caracterizada por el desempeño en diversos empleos, puestos o cargos, por la misma persona.

PLURIPARTIDISMO: sistema de partidos políticos en el que cada uno de ellos tiene una participación activa en la vida pública de una nación.◆ Multipartidismo.

PLUSPRODUCTO: plusvalía en las economías planificadas.

PLUSVALÍA: en la teoría marxista, diferencia entre el valor de las mercancías y el valor de la fuerza de trabajo necesaria para producirlas.◆ Mayor valor.◆ Acrecentamiento del valor de una cosa por causas extrínsecas a ella.◆ Diferencia entre el valor de cambio de la mano de obra y el valor de la masa de mercancías producida por aquélla.

PLUTOCRACIA: preponderancia de los ricos en el gobierno del Estado. ◆ Gobierno de los ricos. ◆ Predominio de los más ricos en un país.

PLUTÓCRATA: persona de la plutocracia.

PNUD: ver **Programa de las Naciones Unidas para el Desarrollo.**

PNUFID: ver **Programa de las Naciones Unidas para la Fiscalización Internacional de Drogas.**

"POALE ZION": movimiento sionista socialista fundado por el israelí, de origen polaco, Ben Gurión, en la segunda mitad del siglo XX.

POBLACIÓN: elemento del Estado que se concreta en la cantidad y en la composición. En este sentido, se plantea en términos sociológicos, ya que se trata de saber cuántos y cómo son los habitantes de un país en un momento histórico determinado. Comprende la totalidad de los habitantes, lo que incluye a los ciudadanos, nativos y naturalizados, los nacionales menores de edad y los extranjeros residentes permanentes.◆ Totalidad de individuos que habitan el territorio estatal; presenta dos aspectos: el demográfico o cuantitativo y el demológico o cualitativo, los que dan lugar a la formulación de diversas doctrinas o teorías relacionadas con la gravitación de esos factores en los cambios de las estructuras políticas.

POBLACIÓN ACTIVA: conjunto de personas que suministran mano de obra disponible u otra prestación para la producción de bienes y servicios.

POBLACIÓN DESOCUPADA: personas que, no teniendo ocupación, buscan trabajo activamente. Corresponde a la desocupación abierta, por lo tanto, no incluye otras formas de precariedad laboral, tales como las personas que realizan trabajos transitorios mientras buscan activamente una ocupación, los que involuntariamente trabajan jornadas por debajo de lo normal, los que han suspendido la búsqueda de trabajo por falta de oportunidades visibles de empleo, las ocupadas en puestos por debajo de su calificación o de la remuneración vital mínima, etcétera.

POBLACIÓN ECONÓMICAMENTE ACTIVA: aquella compuesta por personas que tienen ocupación o que la están buscando activamente. Está conformada por la población ocupada más la desocupada.◆ Todos aquellos que en el momento censal estaban ocupados o buscaban trabajo.

POBLACIÓN NACIONAL: núcleo humano que se percibe a sí mismo como permanente en el tiempo e identificado social y culturalmente. La historia humana es el permanente trasvasamiento y entrecruzamiento de razas y culturas.

POBLACIÓN OCUPADA: conjunto de la población activa que no se halla en estado de desempleo.

POBLACIÓN PASIVA: toda aquella población que no es activa.

POBREZA: necesidades básicas insatisfechas, de carencia en términos de consumo e ingreso, que frecuentemente se traduce, en el plano de las políticas sociales, en asistencialismo. ◆ Carencia de lo necesario para el sustento de la vida y su conservación.◆ Circunstancia de carencia de aquello que es fundamental y elemental, que produce depresión, angustia e incertidumbre entre quienes la padecen.

POBREZA INSULAR: consiste en admitir que no puede ser remediada la depresión crónica con una mejora de los ingresos y su distribución. John Galbraith expresó: "la pobreza insular no se reduce directamente debido a que el progreso no elimina necesariamente los defectos concretos del medio al que están sujetos los habitantes de esta isla". Añade el reconocido autor norteamericano que "el primero y más estratégico paso por la lucha contra la pobreza reside en procurar que no se perpetúe a sí misma, la educación, y la consiguiente inversión en las personas, produce el efecto de permitirles luchar con mayor eficacia contra el medio que las rodea".

PODER: del latín *potere*, que significa las facultades expeditas o la potencia para hacer algo. Conjunto de los medios que permiten conseguir los efectos deseados. Es político cuando se refiere al poder de dirigir, al poder de los hombres sobre otros hombres (no el del hombre sobre la naturaleza), de manera tal que involucre a toda la comunidad. Se trata básicamente de una "relación de dirección" entre soberano y súbditos, entre quien manda y quien obedece, entre gobernantes y gobernados.◆ Relación inter-humana de mando y obediencia *(M. J. López).*◆ Es una reacción humana en la cual el líder y sus secuaces están unidos por el logro de algunos objetivos comunes, en parte por el consentimiento y en parte por la coacción *(K. Friedrich).* ◆ Aptitud, capacidad, energía, fuerza o competencia de que dispone el Estado para cumplir su fin. ◆ Capacidad efectiva de que dispone una unidad para realizar sus intereses en un conjunto de interacciones y, de esta manera, ejercer una influencia sobre los procesos que se desarrollan en el sistema.◆ Conjunto de los medios que permiten conseguir los efectos deseados. ◆ Es una potencia politificada, es decir, dotada de elementos propios y exclusivos. ◆ Capacidad de un sujeto de influir, condicionar, determinar el comportamiento de otro sujeto.

PODER ABSOLUTO: no quiere decir poder ilimitado; simplemente significa que el soberano, que es el detentador del poder de hacer leyes valederas para todo el país, no está sometido a esas leyes, porque "no es posible mandarse a sí mismo". Como todos los seres humanos, el soberano está sometido a las leyes que no dependen de la voluntad de los hombres, es decir, a las leyes naturales y divinas *(N. Bobbio).*◆ Poder arbitrario.

PODER ARBITRARIO: poder absoluto.

PODER CIVIL: según T. Hobbes (1588-1679), este elemento del Estado es la facultad de constreñir e imponer las leyes.

PODER CONSTITUIDO: poder establecido, reglado y limitado por la Constitución. El pueblo posee el poder constituyente, que es ilimitado. El poder constituido reside en el gobierno y es limitado.◆ Poder o poderes que ejerce un gobierno dentro de una Nación configurando dentro de ella la representación del Estado.

PODER CONSTITUYENTE:voluntad extraordinaria, originaria y soberana de una comunidad política que se da una Constitución *(P. L. Verdú).*◆ Poder que corresponde al Estado para organizarse, dictando y reformando sus Constituciones.◆ Especial capacidad, competencia o facultad de establecer o dictar la constitución jurídica. ◆ El que corresponde al Estado para organizarse, dictando y modificando sus constituciones. De acuerdo con Schmitt, es la voluntad política con fuerza o autoridad para adoptar la decisión de conjunto sobre el modo y la forma de la propia existencia política. ◆ Es la facultad inherente a toda comunidad soberana de darse su ordenamiento jurídico-político fundamental originario por medio de una Constitución y de reformar ésta total o parcialmente cuando sea necesario. En el primer caso, es originario y, en el segundo, es constituido, instituido o derivado *(S. Linares Quintana).*◆ Es la voluntad política cuya fuerza o autoridad es capaz de adoptar la concreta decisión de un conjunto sobre el modo y la forma de la propia existencia política, determinando así la existencia de la unidad política como un todo

PODER DE DOMINACIÓN TRADICIONAL: es el gobierno de un líder cuya autoridad o legitimidad se basa en la tradición como en la monarquía hereditaria (Max Weber).

PODER DE POLICÍA: potestad jurídica en cuya virtud el Estado, con el fin de asegurar la libertad, la convivencia armónica, la seguridad, el orden público, la moralidad, la salud y el bienestar de los habitantes, impone por medio de la ley, y de acuerdo con los principios constitucionales, limitaciones razonables al ejercicio de los derechos individuales, a los que no puede destruir ni alterar.◆ Es el que permite al Estado restringir los derechos humanos a fin de hacerlos compatibles con los requerimientos del bien común concreto e histórico *(J. Oyhanarte).* ◆ Facultad privativa del Congreso Nacional, el cual tiene a su cargo la reglamentación de los derechos individuales.

PODER DESNUDO: según Bertrand Russell, es el caso en el cual impera la fuerza física, la coacción.

PODER EJECUTIVO: en los gobiernos representativos, aquel que tiene a su cargo gobernar el Estado y hacer observar las leyes.◆ En un sistema republicano, es el poder que tiene a su cargo, básicamente, la administración general del país, mediante la puesta en ejecución de las normas dictadas por el Legislativo. Se encuentra a cargo del presidente de la nación de que se trate, el cual podrá ser reemplazado –temporaria o definitivamente– por el vicepresidente, en aquellos supuestos expresamente contemplados en la legislación. En cuanto a la duración en su cargo, depende del ordenamiento jurídico en cuestión. (En el caso de la República Argentina, se trata de un mandato de cuatro años y se encuentra prevista su reelección por igual período). El Poder Ejecutivo, además, se encuentra facultado para expedir reglamentos, participar en la formación de las leyes, nombrar a los magistrados de la Corte Suprema de Justicia, declarar la guerra, etcétera.

PODER IDEOLÓGICO: aquel que se basa en la influencia que las ideas, formuladas de cierta manera, emitidas en ciertas circunstancias, por una persona investida con una cierta autoridad, difundidas con ciertos procedimientos, tienen sobre la conducta de la sociedad *(N. Bobbio).*

PODER INMEDIATO: según Maurice Duverger, se presenta en niveles primitivos de desarrollo político y social y se caracteriza por su modo de ser casi impersonal, difuso y generalizado en las creencias y prédicas consuetudinarias del grupo.

PODER INSTITUCIONALIZADO: el que corresponde, según Maurice Duverger, a niveles de alto desarrollo cultural, económico y político, y se caracteriza por los controles frenos y contrapesos (generalmente contenidos en normas) que su ejercicio tendría.

PODER INVISIBLE: ejercicio del poder a través de las técnicas distintas y complementarias de la ocultación y el disfraz *(A. Bobbio).*

PODER JUDICIAL: aquel que debe resolver los conflictos de derecho que se produzcan entre los particulares o entre éstos y los poderes públicos, mediante la interpretación y la aplicación de la norma jurídica a cada caso concreto. Consiste en el órgano que, en una Nación en la cual se encuentre vigente la forma republicana de gobierno, tiene a su cargo la administración de justicia. En la República Argentina, se halla formado por la Corte Suprema de Justicia y por los demás tribunales inferiores.

PODER LEGISLATIVO: se trata del órgano que, en una república, tiene a su cargo el dictado de las leyes que habrán de regir una nación. En la República Argentina es bicameral, es decir, se halla compuesto de dos cámaras: una

de Diputados –representando al pueblo en su conjunto– y otra de Senadores –en representación de cada una de las provincias–. Entre sus funciones principales figuran: imponer contribuciones, establecer y modificar las asignaciones de los recursos coparticipables, contraer empréstitos sobre el crédito de la nación, fijar el presupuesto anual de gastos y recursos, dictar la legislación de fondo, reglar el comercio con las naciones extranjeras, etcétera. Aquel en que reside la potestad de hacer y modificar las leyes.

PODER MODERADOR: aquel que ejerce el jefe supremo del Estado, sea rey o presidente.

PODER POLÍTICO: capacidad de un individuo, un grupo o una clase social, para gobernar una sociedad e imponerle las decisiones fundamentales, o bien para influir decisivamente en los gobernantes en función de un objetivo preciso.♦ Es aquel poder social que, dentro de su grupo, se hace inexcusable y pleno.♦ Es un fenómeno social que surge de la interacción humana y que posee la coacción y los instrumentos de control social suficientes que le permiten someter a todos los individuos para componer la población del Estado.♦ Aquel que se refiere al poder de dirigir, al poder de los hombres sobre otros hombres (no el del hombre sobre la naturaleza) de manera tal que involucre a toda la comunidad.♦ La fuerza más la ley. El poder está dotado de potencia. La estabilidad de la institución estatal está sujeta a la coincidencia entre las pretensiones jurídicas del poder de ser obedecido y su potencia efectiva.

PODER PÚBLICO: aquel conformado por quienes ejercen las funciones de gobierno en una nación determinada.

Por lo tanto, ese poder puede recaer tanto sobre quienes gobiernan autocráticamente como sobre quienes lo hacen democráticamente.

PODER REAL: autoridad real.

PODER REVOLUCIONARIO: según Bertrand Russell, es el caso en el cual imperan los factores ideológicos y virtuosos de los hombres u hombre líder.

PODER SOBERANO: consiste fundamentalmente en el poder de hacer leyes, es decir, de establecer normas generales que involucran a toda la comunidad. Aquí hay dos opciones: o el pueblo no tiene el poder de hacer leyes y entonces el Estado no es mixto sino que será aristocrático si el poder de hacer leyes pertenece al senado, o monárquico si pertenece al rey; o bien el poder de hacer leyes pertenece al pueblo y entonces el Estado es democrático *(N. Bobbio).*

PODER TRADICIONAL: según Bertrand Russell, es el caso en el cual impera el consentimiento.

PODERES DELEGADOS: competencias a las que los Estados miembros, regiones, etcétera, renuncian para transferirlos al Estado Federal.

PODERES EXTRAORDINARIOS: plenos poderes otorgados por el Congreso.◆ Facultades excepcionales que se suelen otorgar al poder ejecutivo en situaciones de profunda conmoción, especialmente guerras u otras calamidades públicas, a los fines de asegurar los supremos intereses de un país.

PODERES PLENOS: documento que emana de la autoridad competente de un Estado y por el que se designa a una o a varias personas para representar al Estado en la negociación, en la adopción o en la autenticación del texto de un tratado, para expresar el consentimiento del Estado en obligarse por dicho tratado o para ejecutar cualquier otro acto con respecto a él.

PODERES PÚBLICOS: conjunto de autoridades que gobiernan una nación.

PODERÍO POLÍTICO: capacidad aplicada o potencial de influir en la evolución de una sociedad, tanto en términos directos como indirectos.

POLACADA: acto de favoritismo o despótico.

POLIARQUÍA: oligarquía compartida entre muchos grupos; tiene la virtud de que el poder queda atomizado entre los distintos grupos. Deriva de las palabras griegas que significan "miembros" y "gobierno"; se distingue así el "gobierno de los muchos" del gobierno de uno o monarquía, o del gobierno de los pocos, aristocracia u oligarquía. Democracia representativa con una influencia determinante de los grupos de interés en el gobierno.◆ Combinación de liderazgos con control de los no líderes sobre los líderes.◆ Policracia.

POLICÍA: cuerpo o institución que vigila el mantenimiento del orden y la seguridad pública.

POLICÍA INTERNACIONAL: operación acordada entre varias potencias con la finalidad de conservar o restablecer la paz en alguna zona para velar por el cumplimiento de convenciones o como autoridad neutral.

POLICÍA POLÍTICA: fuerza armada de carácter secreto y encubierto, es decir, integrado por funcionarios policiales que no portan ningún distintivo que los identifique como tales, lo que les permite pasar inadvertidos para infiltrarse en organizaciones sociales de las cuales se sospecha existen personas o grupos cuya finalidad es atentar contra el Estado y contra quienes lo representan *(A. Echeverry Uruburu).*

POLICÍA SECRETA: aquella cuyos individuos, con el objeto de pasar inadvertidos, no llevan uniformes y desarrollan tareas específicas, como por ejemplo el espionaje.

POLICRACIA: poliarquía.

POLIMAQUIA: guerra de carácter total o generalizado.

POLIPÁTRIDA: término que alude al individuo con pluralidad de nacionalidades.

POLIS: ciudades-estados y colonias que conservan sus lazos religiosos y gentilicios con sus respectivos lugares de procedencia; son sus formas políticas de organización.

POLITBURÓ: denominación que tenía en el Partido Comunista de la Unión Soviética y en los otros países satélites, el órgano colegiado que desempeñaba la jefatura de su Comité Central.

POLITEIA: según J. M. Hernández y R. Cisneros la forma es en realidad una forma mixta de gobierno entre democracia y aristocracia de ahí el nombre de República, cuyo sentido es el de República, en que gobierna el pueblo, pero elige de jefe al que estima mejor.

POLITEÍSMO: doctrina fundada en la existencia de muchos dioses.

POLÍTICA: actividad humana con proyección social.◆ Como ciencia, tiene por objeto de conocimiento o estudio el ámbito de la realidad, que es el quehacer o la actividad política *(G. Bidart Campos).*◆ Organización institucionalizada por medio de un sistema de normas coactivas –o derecho– dictadas por un poder soberano, de las relaciones sociales, ineludiblemente necesarias, y de los intereses y fines vitales del individuo y los grupos de una sociedad histórica en un determinado territorio o, en su caso hipotético, de los intereses y los fines de la totalidad social. En toda sociedad política histórica existen tensiones dinámicas, equilibrios y desequilibrios entre las fuerzas dominantes, "el poder institucionalizado" y las "fuerzas" o grupos dominados. Dichas tensiones se plasman en formas diferentes de "organización político-jurídicas" *(J. M. Hernández – Rubio Cisneros).* ◆ Término del griego clásico que deriva de la voz *polis.* Su significado originario estaba circunscripto al tipo de sistema (político) a que se refería, que era precisamente el que correspondía a la polis y estaba, por lo tanto, históricamente condicionado *(M. J. López).* ◆ La ciencia del gobierno de los Estados *(Littré).*◆ Arte de gobernar un Estado y de dirigir sus relaciones con los otros Estados. ◆ Estudio de los principios que constituyen el gobierno y que deben dirigirlo en sus relaciones con los ciudadanos y con los otros Estados. ◆ Ciencia de la constitución y de la conducta de la ciudad-estado, que se compone de familias. ◆Proceso circular de asignación autoritaria de valores a una sociedad; es una eficaz circularidad la que da funcionalidad al cambio político *(D. Easton).*◆ Es otra manera de seguir perpetuando la guerra *(Lenin).* ◆ La guerra es la continuación de la política por otros medios *(Clausewitz)*. ◆ La política considerada como arte es la actividad humana que se dedica a desarmar las consecuencias de los antagonismos que amenazan la coexistencia de los hombres en el seno de la ciudad y a valorar, en provecho general, los sentimientos de simpatía más o menos latentes. Cuando se habla de ciencia política, se piensa inmediatamente en el sentido de la conveniencia, de la oportunidad, de la realidad, de lo que se adapta al fin, etc. Se considera como dotados de cualidades políticas a los que actúan de ese modo o juzgan así la acción de los demás *(Benedetto Croce)*. ◆ Ciencia del gobierno en sus relaciones tanto interiores como exteriores, la ciencia del Estado por excelencia *(I. Golovine)*. ◆ Como actitud con respecto a un problema cualquiera, como cauce de acción adoptado por el gobierno, un partido, una asociación, etcétera.◆ Como táctica en el juego de unas fuerzas sociales que puede conducir a una decisión vinculante incluso para los partidarios de la otra postura. ◆ Actividad humana, fundada en intereses, justificados ideológicamente, que pretende conseguir objetivos valederos para toda la comunidad, mediante el ejercicio del poder público organizado y el influjo sobre él *(P. L. Verdú)*. ◆ La verdadera política, es a la vez ciencia y arte. Su objetivo es el de hacer pueblos prósperos, civilizacines florecientes, patrias duraderas; es el arte de gobernar a los hombres según su interés general y más elevado.

POLÍTICA DE ACERCAMIENTO: actitud que indica los deseos, de uno o varios países, de restablecer una relación normal que se había deteriorado.

POLÍTICA DE APACIGUAMIENTO: actitud adoptada por un líder o por un país con la finalidad de suavizar la tensión o la rivalidad existente entre otros.◆ Política que consiste, a nivel teórico, en la vigencia del derecho de las naciones a ubicarse en términos equidistantes de los bloques hegemónicos.

POLÍTICA DE DEFENSA: aquella que fija el poder político. Es una planificación que abarca el orden político, económico y militar, y que debe contener todos los aspectos tácticos y su estrategia.

POLÍTICA DE EMPOBRECER AL VECINO: aquella dirigida a trasladar un problema de desempleo a otro país. Ejemplo: aumento de aranceles.

POLÍTICA DE ENTENTE: acuerdo, inteligencia o buenas relaciones entre dos o más Estados soberanos.

POLÍTICA DE GUERRA: conjunto de combinaciones por las cuales un hombre de Estado coloca a su país en condiciones de poder luchar con ventajas con sus más probables enemigos.

POLÍTICA EXTERIOR: parte de la política internacional; es la acción de un Estado con relación a los demás Estados. Acción de un Estado o actor en el cumplimiento de una serie de metas u objetivos que pretende llevar a cabo en sus relaciones con los demás actores o Estados. Traduce la proyección externa de su personalidad interna. Supone el conocimiento de los procedimientos que ese Estado utiliza y de los instrumentos de los que se vale para llevarla adelante.◆ Acción desarrollada por cada Estado en el plano internacional y la acción cumplida frente a un Estado como a la cumplida frente a varios o a todos los demás Estados, organismos internacionales, demás actores de la política internacional. ◆ Es una parte de la política internacional, ya que las políticas exteriores de todos los Estados son la instancia de la política internacional. Comprende las acciones de un solo Estado al moverse dentro del sistema político internacional; comprende las relaciones de los Estados en la interacción de unos con otros. Comprende la forma, la dirección y la conducta misma de un Estado frente a otro.

POLÍTICA FISCAL CONTRACTIVA: actitud adoptada por el gobierno para disminuir el gasto público o aumentar los impuestos.

POLÍTICA FISCAL EXPANSIVA: actitud adoptada por el gobierno para aumentar el gasto público o disminuir de los impuestos.

POLÍTICA GENERAL: medios de que hay que disponer para alcanzar los objetivos de la "gran política".

POLÍTICA GRADUAL: estrategia de desarrollo que persigue alcanzar sus objetivos en forma gradual, sin brusquedades, en forma escalonada y progresiva. Tratan de evitarse los sobresaltos y operar dentro de un equilibrio racional.

POLÍTICA INTERNACIONAL: es común a los Estados y en general a los actores de las relaciones internacionales. Se ocupa de la interpretación de la conducta de las naciones. examinando cómo suceden los hechos, más que la forma en que ellos deben producirse.

POLÍTICA MONETARIA: decisiones que las autoridades monetarias toman para alterar el equilibrio en el mercado de dinero, es decir, para modificar la cantidad de dinero o la tasa de interés (*Mochón* y *Beker*).

POLÍTICA PÚBLICA: aquella que se orienta a la solución de problemas en el marco del interés público. ◆ Teoría y enfoque desarrollado en el mundo anglosajón para referirse al estudio y análisis de los problemas públicos y gubernamentales y a sus eventuales soluciones.

POLÍTICA SOCIAL: conjunto de normas y principios que tienden a establecer mecanismos capaces de garantizar a la mayoría de la población la elevación de sus índices de bienestar social, haciendo menos profundas las diferencias sociales, y a realizar una equitativa y justa distribución de la riqueza.

POLÍTICAMENTE: de acuerdo con las normas de la política.

POLÍTICAS DE AJUSTE: políticas que buscan corregir en el corto plazo los desequilibrios económicos, especialmente el déficit fiscal y el déficit externo, a través de un recorte de los programas de gasto público y de la apertura comercial.

POLÍTICAS DE AJUSTE ESTRUCTURAL: políticas orientadas a la consecución del crecimiento en el largo plazo, por medio de la eficiente asignación de recursos entre el sector productor de bienes de consumo doméstico, no competitivos internacionalmente. Estas políticas son distintas de las que buscan la estabilización macroeconómica en el corto plazo, que por lo general utilizan las políticas fiscal y monetarias.

POLITICASTRO: personaje político oscuro, que actúa con poca transparencia.

POLITICIDAD: significa organización política de la convivencia. Que el hombre es político quiere decir que la politicidad lo constituye, también, inicialmente que se da con su ser, y que le pasa en su vida *(G. Bidart Campos).*

POLÍTICO: el que se propone la conquista del poder. ◆ Hombre que desarrolla una actividad política *(M. Jiménez de Parga).*◆ No designa una cosa, sino que califica a algo: acciones, intereses, luchas, partidos, etc. La calificación de política o político puede recaer sobre los más diversos objetos y situaciones; prácticamente su campo es ilimitado en este sentido. El trigo, en su condición de modesto cereal, no tiene ninguna relación con la política. Sin embargo, puede llegar a hablarse de una política triguera, y aún ésta puede ser decisiva en el futuro de un país.◆ Versado en las cosas del gobierno y negocios del Estado.

POLITICOLOGÍA: conocimiento sistemático y ordenado del Estado.

POLITICOMANÍA: afición desmedida a la política.

POLITICÓN: quien posee excesiva afición a tratar asuntos públicos.

POLITIQUEAR: frecuentar más de lo necesario los cuidados de la política.◆ Para algunos significa servirse de la política para usos bastardos.

POLITIQUEO: costumbre de chismear en los aspectos de carácter público.

POLITIQUERÍA: politiquero.

POLITIQUERO: término utilizado de manera casi siempre peyorativa para designar a la clase política.◆ Politicastro.

PONTIFICADO: período en que un obispo o arzobispo permanece en el gobierno de su diócesis o arquidiócesis

PONTÍFICE: magistrado sacerdotal que presidía los ritos y ceremonias religiosas en la antigua Roma.

POOL: palabra inglesa que se utiliza en los países anglosajones; significa el acuerdo entre empresas para establecer cuotas de producción y precios de los bienes y servicios que producen o ejecutan.◆ Cártel de orden superior. Es un cártel con un organismo central que rige las relaciones internas de los asociados.◆ Pileta o pozo común en que se depositan los fondos obtenidos en la renta de un producto y que se reparten en proporciones fijadas con anterioridad por sus miembros. Al igual que en el *corner*, las empresas participantes mantienen una cierta autonomía y el acuerdo se refiere a restricciones en cantidades, precios o ventas en común.

POPULAR: perteneciente al pueblo o la plebe.

POPULISMO: doctrina que se ocupa por proteger los intereses del pueblo en su conjunto, sin distinguir entre clase obrera, pequeña burguesía y campesinos. ◆Término que se utiliza para expresar distintos movimientos políticos. Desde el fascismo hasta el comunismo y desde el partido populista americano hasta el menemismo. Es necesario, para entender mínimamente sus distintas expresiones, remarcar la ligazón de los intereses políticos y económicos de las incipientes burguesías nacionales, que comienzan a aparecer en 1930, con los intereses de los sectores de las capas medias de la población y de la naciente clase obrera. Este tipo de convergencias temporales que forman parte de los distintos movimientos políticos, con cierta diversificación en materia económica. Según algunos autores, una de las características fundamentales es la combinación de los sistemas de control de las masas asalariadas urbanas con el aporte estatal. Existe una combinación entre el sindicalismo, el Estado y el Partido gobernante. En algunos casos, de acuerdo con la conformación de las fuerzas políticas en el país, puede asumirse una connotación más o menos autoritaria, pudiendo llegar a una dictadura. Pero no es menos cierto que, muchas veces, se utiliza este término para desmerecer o debilitar a un gobierno que busca una alternativa independiente políticamente y una redistribución justa del ingreso. Generalmente, se utiliza este término en forma despectiva si lo entendemos solamente como una manipulación política del control de un líder personalista. Pero si se interpreta como una forma de responder a la multiplicación de expectativas insatisfechas, fruto de los resultados del proceso histórico, implica algo muy distinto. Muchas veces se implementa como una corriente mixta, pero cualquiera sea su composición, es en cierta manera, un retorno del Estado como actor y regulador del desarrollo y como herramienta de la democracia.

POPULISTA: relativo o perteneciente al pueblo.

PORRA: claque política.

PORTAVOZ: individuo que ejerce la transmisión de las noticias, decisiones o actos del gobierno, parlamento, ministerios, a los medios de comunicación. Normalmente se refiere al portavoz del gobierno.◆ Quien por jerarquía o autoridad representa a una secta, grupo o colectividad.

POSGUERRA: tiempo inmediato posterior a la finalización de una guerra y durante el cual persisten las perturbaciones engendradas por aquélla.◆ Período de paz que se produce con posterioridad al cese de las hostilidades.

POSIBILISMO: partido político creado por Castelar, cuyo objetivo consistía en alcanzar una evolución democrática de la monarquía constitucional. ◆ Corriente política que consiste en la evolución de conceptos, ideas e instituciones independientemente de las formas de gobierno.◆ Doctrina que pretende hacer posibles ciertos conceptos políticos.

POSITIVISMO: corriente del pensamiento político acerca del Estado en su relación con el derecho, a través del cual se formula una relación de igualdad entre justicia y derecho, expresada así: justicia = derecho positivo. Se niega la existencia del derecho natural o del valor de la justicia en cuanto objetivo y trascendente: no hay más derecho que el derecho positivo, creado por el Estado, y no hay más justicia que lo que empíricamente realiza ese único derecho positivo *(G. Bidart Campos)*.

POSITIVO: término empleado por A. Comte para designar lo real, lo fáctico, lo observable, en oposición a lo metafísico.

POSTILIMINIO: término originario del Derecho Romano, según el cual las relaciones de Roma con un Estado extranjero dependían de si existía o no un tratado de amistad. Si tal tratado no estaba en vigor, los romanos que penetraran en el Estado extranjero podían ser esclavizados y los bienes romanos capturados allí podían ser apropiados. ◆ Denota el hecho de que el territorio, los individuos y la propiedad, después de haber estado en tiempo de guerra bajo la autoridad del enemigo, podían retornar durante la guerra, o a su final, al dominio de su soberano originario.

POTENCIA: poder y fuerza de un Estado. ◆ Estado soberano.

POTENCIAL BÉLICO: máxima producción militar que los recursos disponibles del país permitiesen una vez, claro está, que los recursos hubieran quedado totalmente adaptados al propósito de seguir adelante con la contienda.

POTENCIAS DEL EJE: coalición de naciones encabezada por Alemania, Italia y Japón, que existió desde 1936 hasta 1945. Como resultado de acuerdos políticos y militares, nació primeramente el llamado eje Roma-Berlín, suscripto por Hitler y por Mussolini en 1936, con el objeto de afrontar en forma conjunta la defensa de sus intereses en la eventualidad de una guerra.

POTENTADO: soberano que posee dominio independiente en una provincia o Estado.◆ Persona poderosa y opulenta.

POTESTAD: potentado, potencia.

POTESTAD TRIBUTARIA: facultad que tiene el Estado de crear unilateralmente tributos, cuyo pago será exigido a las personas sometidas a su competencia especial.◆ Poder tributario.

PRD: en México, Partido de la Revolución Democrática.

PRECIO: valor de un bien, servicio o derecho, expresado en dinero.◆ Cantidad de dinero o bienes que hay que dar para proporcionarse otros bienes de distinta naturaleza.◆ Valor pecuniario en que se estima una cosa.◆ Valor expresado en signos monetarios. ◆ Relación de cambio de los bienes expresada en dinero.◆ Prestación en numerario o en valores de realización fácil o inmediata que un contratante da o promete, por conmutación de una cosa, servicio o derecho que adquiere. ◆ Entrega del valor que se establece en un contrato. ◆ Expresión de un valor de cambio en moneda.◆ Es una cantidad de dinero que se paga por una cantidad y una calidad determinadas de un bien o servicio cantidad de dinero que se paga por el en el mercado principal *(Lloyds Reynolds).*◆ Relación entre dos cantidades de bienes económicos que se cambian, es decir, la cantidad que se da de un bien por la cantidad que se recibe de otro bien. Los precios en un sistema de libre competencia se forman por las leyes del mercado, o sea de la oferta y la demanda.◆ Es la expresión del valor en dinero.

PRECIO DE PARIDAD DE UN PRODUCTO: valor que tendría que tener un producto para que su poder adquisitivo fuera igual al de un período que se toma como base.
Precio de paridad = precio base x índice de precios pagados.

PRECIOS DE PARIDAD: aquellos que surgen de la relación entre los precios percibidos por los agricultores por sus productos y los precios pagados por los insumos de todo tipo.

PRECIOS POLÍTICOS: aquellos que surgen como una necesidad; la administración pública se hace cargo de la diferencia entre el costo de producción y el precio menor del bien o servicio. Generalmente, ocurre en los servicios públicos y, en especial, en aquellos referidos a los usuarios de servicios y que pertenezcan a clases sociales bajas.

PRECURSOR: cualquier reactivo químico que intervenga en cualquier fase de la producción por cualquier método, de una sustancia química tóxica. Queda incluido cualquier componente clave de un sistema químico-binario o de multicomponentes.

PREMIER: término que se utiliza para designar al jefe de un gobierno parlamentario.

PREMIO NOBEL: desde su inicio en 1901, hubo decisiones discutibles; pero la elección en 1935 del Premio Nobel de la Paz al escritor y periodista alemán Carl von Ossientzby marcó un hito. Éste fue encerrado en un campo de concentración por orden de Hitler, donde falleció en 1938. Luego, Hitler ordenó mediante un decreto que los alemanes se abstuvieran de recibir dicho premio; por lo tanto, varios nominados se vieron obligados a rechazarlo bajo amenazas.◆ (La Real Academia Española recomienda la pronunciación aguda: nobél) se otorga cada año a personas que efectúen investigaciones, ejecuten descubrimientos sobre-

salientes durante el año precedente, lleven a cabo el mayor beneficio a la humanidad o una contribución notable a la sociedad en el año inmediatamente anterior. Cada laureado recibe una medalla de oro, un diploma y una suma de dinero. El premio no puede ser otorgado póstumamente, a menos que el ganador haya sido nombrado antes de su defunción. Tampoco puede un mismo premio ser compartido por más de tres personas. Los premios se instituyeron como última voluntad de Alfred Nobel, inventor de la dinamita e industrial sueco. Nobel firmó su testamento en el Club Sueco-Noruego de París el 27 de noviembre de 1895. Se sentía culpable por su responsabilidad como empresario enriquecido a través de una industria productora de dinamita cuyo principal mercado era la minería, pero también la guerra.[cita requerida] Esta puede haber sido la motivación principal de su afamado testamento, quizás unida a la costumbre de la época de realizar acciones para hacer trascender su nombre al morir.◆ Se entrega anualmente por el Comité Naboel Noruego a la persona que ha hecho el mejor trabajo o la mayor cantidad de contribuciones para la fraternidad entre las naciones, la supresión o reducción de ejércitos así como la participación y promoción de congresos de paz en el año inmediatamente anterior. Los ganadores fueron:

Año	Laureado	País
1901	Frédéric Passy	Francia
	Jean Henri Dunant	Suiza
1902	Élie Ducommun	Suiza
	Charles Albert Gobat	Suiza
1903	William Randal Cremer	Reino Unido
1904	Instituto de Derecho Internacional	Bélgica
1905	Bertha von Suttner	Austria-Hungría
1906	Theodore Roosevelt	Estados Unidos

Año	Laureado	País
1907	Ernesto Teodoro Moneta	Italia
	Louis Renault	Francia
1908	Klas Pontus Arnoldson	Suecia
	Fredrik Bajer	Dinamarca
1909	Auguste Beernaert	Bélgica
	Paul d'Estournelles	Francia
1910	Oficina Internacional por la Paz	Suiza
1911	Tobias Michael Carel Asser	Países Bajos
	Alfred Hermann Fried	Austria
1912	Elihu Root	Estados Unidos
1913	Henri La Fontaine	Bélgica
1917	Comité Internacional de la Cruz Roja	Suiza
1919	Woodrow Wilson	Estados Unidos
1920	Léon Victor Auguste Bourgeois	Francia
1921	Hjalmar Branting	Suecia
	Christian Lous Lange	Noruega
1922	Fridtjof Nansen	Noruega
1925	Austen Chamberlain	Reino Unido
	Charles Gates Dawes	Estados Unidos
1926	Aristide Briand	Francia
	Gustav Stresemann	Alemania
1927	Ferdinand Buisson	Francia
	Ludwig Quidde	Alemania
1929	Frank Billings Kellogg	Estados Unidos
1930	Lars Olof Nathan Söderblom	Suecia
1931	Jane Addams	Estados Unidos
	Nicholas Murray Butler	Estados Unidos
1933	Sir Norman Angell (Ralph Lane)	Reino Unido
1934	Arthur Henderson	Reino Unido
1935	Carl von Ossietzky	Alemania
1936	Carlos Saavedra Lamas	Argentina
1937	Vizconde Cecil de Chelwood (Lord Edgar Algernon Robert Gascoyne Cecil)	Reino Unido
1938	Oficina Internacional Nansen para los Refugiados	Suiza
1944	Comité Internacional de la Cruz Roja	Suiza
1945	Cordell Hull	Estados Unidos
1946	Emily Greene Balch	Estados Unidos
	John Raleigh Mott	Estados Unidos
1947	Friends Service Council	Reino Unido
	American Friends Service Committee	Estados Unidos
1949	Lord (John) Boyd Orr of Brechin	Reino Unido
1950	Ralph Bunche	Estados Unidos
1951	Léon Jouhaux	Francia
1952	Albert Schweitzer	Francia
1953	George Catlett Marshall	Estados Unidos

Año	Laureado	País
1954	Alto Comisionado de las Naciones Unidas para los Refugiados	Suiza
1957	Lester Bowles Pearson	Canadá
1958	Georges Pire	Bélgica
1959	Philip J. Noel-Baker	Reino Unido
1960	Albert Lutuli	Sudáfrica
1961	Dag Hjalmar Agne Carl Hammarskjöld	Suecia
1962	Linus Carl Pauling	Estados Unidos
1963	Comité Internacional de la Cruz Roja	Suiza
	Liga de Sociedades de la Cruz Roja	Suiza
1964	Martin Luther King	Estados Unidos
1965	Fondo de Emergencia Internacional de Naciones Unidas para la Infancia (UNICEF)	Organización de las Naciones Unidas
1968	René Cassin	Francia
1969	Organización Internacional del Trabajo	Organización de las Naciones Unidas
1970	Norman E. Borlaug	Estados Unidos
1971	Willy Brandt	República Federal de Alemania
1973	Henry A. Kissinger	Estados Unidos
	Lê Đức Thọ (lo rechazó)	República Democrática de Vietnam
1974	Seán MacBride	Irlanda
	Eisaku Satō	Japón
1975	Andrei Dmitrievich Sakharov	Unión Soviética
1976	Betty Williams	Reino Unido
	Mairead Corrigan	Reino Unido
1977	Amnistía Internacional	Reino Unido
1978	Mohamed Anwar Al-Sadat	Egipto
	Menachem Begin	Israel
1979	Madre Teresa	India
1980	Adolfo Pérez Esquivel	Argentina
1981	Alto Comisionado de las Naciones Unidas para los Refugiados	Naciones Unidas
1982	Alva Myrdal	Suecia
	Alfonso García Robles	México
1983	Lech Wałęsa	Polonia
1984	Desmond Mpilo Tutu	Sudáfrica
1985	Asociación Internacional de Médicos para la Prevención de la Guerra Nuclear	Estados Unidos
1986	Elie Wiesel	Rumania
1987	Óscar Arias Sánchez	Costa Rica
1988	Fuerzas de paz de las Naciones Unidas	Naciones Unidas
1989	El XIV Dalái Lama (Tenzin Gyatso)	Tíbet
1990	Mijaíl Sergéyevich Gorbachov	Unión Soviética

Año	Laureado	País
1991	Aung San Suu Kyi	Birmania
1992	Rigoberta Menchú Tum	Guatemala
1993	Nelson Mandela	Sudáfrica
	Frederik Willem de Klerk	Sudáfrica
1994	Yasir Arafat	Palestina
	Isaac Rabin	Israel
	Shimon Peres	Israel
1995	Joseph Rotblat	Reino unido
	Conferencia Pugwash	Canadá
1996	Carlos Felipe Ximenes Belo	Timor Oriental
	José Ramos-Horta	Timor Oriental
1997	Campaña Internacional para la Prohibición	
	de las Minas Antipersona	Estados Unidos
	Jody Williams	Estados Unidos
1998	John Hume	Reino Unido
	David Trimble	Reino Unido
1999	Médicos Sin Fronteras	Suiza
2000	Kim Dae Jung	Corea del Sur
2001	Organización de las Naciones Unidas	
	Kofi Annan	Ghana
2002	Jimmy Carter	Estados Unidos
2003	Shirin Ebadi	Irán
2004	Wangari Muta Maathai	Kenia
2005	Organismo Internacional de Energía Atómica	Austria
	Mohamed ElBaradei	Egipto
2006	Muhammad Yunus	Bangladés
	Banco Grameen	Bangladés
2007	Al Gore	Estados Unidos
	Grupo Intergubernamental de Expertos sobre el	
	Cambio Climático formado por varios científicos,	
	entre ellos Sandra Myrna Díaz.	Suiza
2008	Martti Ahtisaari	Finlandia
2009	Barack Obama	Estados Unidos
2010	Liu Xiaobo	China
2011	Ellen Johnson-Sirleaf	Liberia
	Leymah Gbowee	Liberia
	Tawakkul Karman	Yemen
2012	Unión Europea	Unión Europea
2013	Organización para la Prohibición de Armas Químicas	Países Bajos

PRESIDENCIA: cargo o dignidad de presidente. ◆ Sitio que ocupa un presidente en su morada o lugar en que ejerce el cargo. ◆ Tiempo que dura el cargo.

PRESIDENCIALISMO: sistema de gobierno en que el presidente de la República es también Primer Ministro y no depende del respaldo parlamentario. Supone una menor importancia del Parlamento en la vida política y una acumulación de poderes y funciones en la persona del presidente.◆Forma de gobierno en la cual la jefatura del Estado y la jefatura del Ejecutivo son asumidas por el presidente de la república. El presidente no necesita el apoyo ni la confianza del Parlamento. El presidente gobierna, administra y ejecuta libremente. En el presidencialismo puro, el presidente no tiene ministros; por ejemplo: en los EEUU◆ Organización política en la que el presidente de la república es al mismo tiempo el jefe del gobierno, con independencia de las cámaras. ◆ Régimen presidencialista.

PRESIDENCIALISMO ATENUADO: presidencialismo parlamentario.

PRESIDENCIALISMO DIRIGIDO: tiene todas las características del presidencialismo puro, pero existen limitaciones que pueden ser voluntarias o impuestas a la libertad y a la participación de las fuerzas políticas en el gobierno del país. Ejemplo: el caso del PRI mexicano.

PRESIDENCIALISMO PARLAMENTARIO: aquel cuyo carácter central es que el Parlamento es un verdadero contrapeso con respecto al jefe de Estado, el cual debe tener en cuenta la composición del Parlamento para definir las orientaciones políticas del gobierno. El Parlamento tiene amplias facultades fiscalizadoras reales e incluso de control político del gabinete o ministros a través de interpelaciones, de censura o rechazo de confianza solicitada por el gobierno.◆ Presidencialismo atenuado.

PRESIDENCIALISMO PURO: se caracteriza por dar al presidente de la república la función de órgano central del régimen político, con un carácter preponderante, el cual tiene como funciones esenciales el gobierno y la administración del Estado, con facultades colegisladoras e influencia en la designación de los miembros del Poder Judicial. En este tipo de presidencialismo, los ministros de Estado son designados y removidos libremente por el presidente de la república.

PRESIDENCIALISTA: partidario del presidencialismo.

PRESIDENTE: en una república, significa jefe electivo del Estado, generalmente por un plazo fijo y responsable; superior de un consejo o tribunal.

PRESIÓN: influencia, gravitación o fuerza que se ejerce o recae sobre los hombres que son titulares del poder, que son gobernantes o que, por lo menos, forman el elenco de la administración pública. Es, en su cruda realidad, un fenómeno psicológico, porque es una influencia o una fuerza que va a pesar en la voluntad psicofísica de los hombres que ejercen el poder. Es una fuerza o influencia que tiende a condicionar y a motivar la toma de decisiones por parte de quienes ejercen el poder, con el fin de que esas decisiones satisfagan los intereses que importan a aquel que presiona.

PRETORIANISMO: influencia e incidencia política abusiva desarrollada por determinado grupo militar.

PRETORIANO: soldado de la guardia personal de los emperadores romanos.

PREVARICATO: acción de todo funcionario que falta a las obligaciones de un cargo.

PRIMATE: prócer.

PRIMER DIPUTADO SOCIALISTA DE AMÉRICA: el 13 de marzo de 1904, Alfredo Palacios, del Partido Socialista, personaje popular, logró dicha banca. Defensor de los derechos de los obreros, la mayor parte de su tarea estuvo dedicada a impulsar la aprobación de las leyes sociales. En la primera sesión de la Cámara de Diputados en la que Palacios debía ocupar su cargo, cuando el secretario le leyó la fórmula de juramento, lo interrumpió afirmando que la fórmula basada en creencias religiosas atacaba la libertad de cultos y violaba la Constitución. Ante el asombro general, la ceremonia se interrumpió, y después de un debate que duró varios días, se reformó el reglamento y se aceptó la fórmula de juramento por la Patria. Se opuso al peronismo, lo que le valió un fugaz paso por la cárcel. Apoyó el golpe militar de 1955, que lo nombró embajador en Uruguay, aunque pronto renunció al cargo en desacuerdo con el gobierno de facto. En 1961, fue elegido senador y en 1963, nuevamente diputado. Palacios fue un caudillo muy particular, transgresor de los propios reglamentos de su partido, famoso por sus numerosos romances y sus duelos. Aunque le sobraron opositores, su muerte causó un hondo dolor popular. Nadie pudo reprocharle haber ganado un centavo ilegal a través de su actividad política.

PRIMER LATINOAMERICANO EN OCUPAR LA PRESIDENCIA DE LAS NACIONES UNIDAS: Víctor Andrés Belaunde de nacionalidad peruana, nació en Arequipa el 15 de diciembre de 1883, en el seno de una de las más notables familias. En las Naciones Unidas, con sede en Washington, EEUU, a los 75 años fue elegido Presidente de la Asamblea General, siendo el Primer Latinoamericano en ocupar dicho cargo.

PRIMER PLAN QUINQUENAL: el 21 de octubre de 1946, Juan Domingo Perón, presidente de la Argentina, presentó en el Congreso un plan dividido en dos grandes áreas, gobernación del Estado y Economía; el plan no fue estrictamente económico, sino un programa global de gobierno que incluyó, entre otros puntos, reformar la legislación social y laboral, y darle a la mujer el derecho al voto. Tuvo como característica saliente una fuerte presencia del Estado. El objetivo era lograr una nación con una doctrina y una cultura humanistas en todo y cuanto no se oponga o debilite al Estado, y con sentido y sentimiento estatal en cuanto no anule o tiranice al hombre.

PRIMER PRESIDENTE NEGRO DE SUDÁFRICA: el Congreso Nacional Africano, con el 63 % de los votos, ganó en Sudáfrica las primeras elecciones en la historia del país en que pudieron participar todos los sudafricanos. Aquel día de mayo de 1994, luego de tres siglos y medio de gobierno de minoría blanca, el grito de "libres al fin", de Nelson Mandela, líder del Congreso Nacional Africano, retumbaba en todo el país.

PRIMER REICH: período que abarca desde 962 hasta 1806. Comienza con Otón I el Grande hasta la constitución de la Confederación del Rhin.

PRIMERA GUERRA MUNDIAL: duró desde el 28 de junio de 1914 hasta el 11 de noviembre de 1918. Los bandos estaban compuestos: uno por Alemania, Austria y Hungría, Turquía y Bulgaria (los perdedores), y el otro, por

Rusia, Francia y Gran Bretaña, al que se le sumaron después Japón, Italia, Rumania y los EEUU La guerra se inició con el asesinato del archiduque austríaco Francisco Fernando a manos de un anarquista serbio. Austria y Hungría le declararon la guerra a Serbia y la contienda se extendió pronto a otros países, impulsada por intereses económicos. Las consecuencias fueron diversas. La caída de cuatro imperios dinásticos: el ruso, el alemán, el austro-húngaro y el otomano. Se le impusieron pesadas condiciones de paz a Alemania, que generaron el clima para la Segunda Guerra. Las víctimas totales fueron 15.640.000, 3.041.000 civiles y 12.599.000 militares, y más de 21.000.000 de heridos.

PRIMERA INTERNACIONAL: surgió en Londres en 1864, con escasa influencia, como una asociación internacional de trabajadores cuyas pautas constitutivas –o estatuto– habían sido elaboradas por K. Marx.

PRIMERA MINORÍA: se aplica cuando en una votación se tiene más votos que cada uno de los otros grupos o partidos y menos que todos ellos juntos. Es una mayoría relativa.◆ Mayoría simple.

PRIMERA REPÚBLICA ESPAÑOLA: régimen político implantado en España el 11 de febrero de 1873.

PRÍNCIPE DE LOS CREYENTES: se llamó así al rey Hassan II de Marruecos, quién gobernó Marruecos durante treinta y ocho años. Hassan II logró una estabilidad política inédita en la región. Mantuvo bajo control las revueltas izquierdistas de las décadas de 1970 y 1980, y puso en jaque el fundamentalismo islámico en la década de 1990. También sobrevivió a dos intentos de golpes militares en 1971 y 1972. Pero no fue un autócrata brutal que se mantuvo en el poder apelando a la violencia. Permitió el surgimiento de una pluralidad de partidos políticos, los que canalizaron como una válvula de escape el descontento de la población. Pero, además de allanar el camino hacia la unidad marroquí, el reinado de Hassan II trascendió sus fronteras gracias a un logro diplomático mayor: ayudó a lograr el tratado de paz de 1979 entre Israel y Egipto, así como también los acuerdos posteriores del Estado judío con la Organización de Liberación Palestina (OLP) y con Jordania. Hassan heredó el trono de Marruecos con el antiguo título islámico de "comendador de los fieles" tras la muerte de su padre, el rey Mohamed V, en 1961, durante una intervención quirúrgica supuestamente menor. Hassan II trató de introducir a Marruecos en el mundo moderno, pero sin apartarse de la fe y de las tradiciones del Islam. Fue un moderado en busca de la paz en el Oriente Medio. Murió el 23 de julio de 1999.

PRINCIPIO DE AUTODETERMINACIÓN: en virtud de este principio, se reconoce el derecho de cada pueblo a decidir la soberanía bajo la que quiere vivir; en una palabra, a disponer de sí misma. La libertad que resulta posible dentro de la sociedad, y especialmente dentro del Estado, no puede ser libertad de todo vínculo, sino libertad en relación con una especie particular de vínculos. El problema de la libertad política es este: ¿cómo es posible encontrarse sujeto a un orden social y permanecer libre? Rousseau ha formulado así la pregunta a que la democracia da respuesta. Un súbdito es políticamente libre en la medida en que su voluntad individual se encuentra en armonía con la colectiva (o general), expresada en el orden social. Esa armonía entre la voluntad colectiva y la individual solamente queda garantizada cuando el orden social significa la determinación de la voluntad del individuo sujeta al propio orden. La libertad política, esto es, bajo un orden social, es autodeterminación del individuo por participación en la creación del orden social: la libertad implícita en la que llamamos libertad política, en el fondo autónoma.

PRINCIPIO DE NO DISCRIMINACIÓN: aquel que tiene por finalidad garantizar la igualdad de trato entre los individuos, cualquiera que sea su nacionalidad, sexo, raza u origen étnico, su religión o sus creencias, discapacidad, edad u orientación sexual.

PRINCIPIO DEL ACELERADOR: teoría explicativa de los cambios de la inversión, que sostiene que el nivel de ésta depende del ritmo de crecimiento de la producción. Cuando la producción esté creciendo, la inversión neta será positiva; mientras que ésta será nula cuando la producción se mantenga estable a un determinado nivel, aun cuando éste sea elevado *(Mochón* y *Beker).*

PRINCIPIOS DE LA ONU: existen principios de carácter positivo contenidos en la Carta y ellos son: 1) Principio de igualdad soberana de los Estados. Tiene origen en el iusnaturalismo católico. Vattel expresa "los hombres son naturalmente iguales y las naciones, compuestas por hombres, son también naturalmente iguales". La igualdad debe interpretarse como "igualdad ante la ley", es decir, todos los estados son iguales ante el Derecho Internacional; 2) Principio de la buena fe en el cumplimiento de las

obligaciones. La buena fe es el fundamento de los tratados interestatales, pero informa también su interpretación, así como los límites de los deberes convencionales puesto que todos los motivos de denuncia unilateral tienen su razón de ser en el hecho de que una interpretación literal de los tratados se opondría a la buena fe. La buena fe limita también los derechos conferidos por el ordenamiento jurídico internacional, por cuanto el ejercicio de estos derechos, en forma incompatible con la buena fe, da lugar a un abuso de derecho (Verdross A.); 3) Principio de arreglo pacífico de controversias. El arreglo de controversias internacionales aparece así en la Carta de las NAciones Unidas, como una función preventiva de los actos de violencia, que poseen una categoría de medio a alcanzar para la consecución de un fin más esencial: la preservaciónd e la paz y de la seguridad internacionales. 4) Principio de respeto a la integridad territorial e independencia política de los Estados. Significa la prohibición del uso de la fuerza y reconocimiento de que la guerra no es siempre lícita. 5) Principio de la seguridad colectiva. Consagra la seguridad colectiva desde dos ángulos, por un lado, la obligación de prestar ayuda a la Organización y por el otro, la obligación de abstenerse de dar ayuda a los estados contra los cuales ésta estuviera ejerciendo una acción preventiva o coercitiva.
También existen principios negativos o limitativos. Ellos son: 1) el de no intervención en los asuntos que son esencialmente de la jurisdicción interna de los Estados; y 2) el de legítima defensa individual o colectiva. Se basa en acuerdos regionales para mantener la paz y la seguridad internacionales y susceptible de acción regional.

"PROBATION": en la Argentina, institución mediante la cual aquella persona sometida a proceso por delitos cuyas penas sean menores a tres años puede pedir la suspensión del mismo a prueba. De cumplir con los requisitos, resarciendo al denunciante, realizando el trabajo comunitario impuesto y dentro del plazo que se le impone en el acta en que se le otorga ese beneficio, se declarará extinguida la acción y se procederá al sobreseimiento de la causa. En principio, es un beneficio que solicita aquel que quiere acogerse a él, para suplir con una tarea comunitaria lo que él considera que fue su responsabilidad, pero eso no implica reconocimiento de culpabilidad alguna.

PROCEDIMIENTO DEMOCRÁTICO: proceso a través del cual se entregan las reglas del poder y se otorga legitimidad para adoptar decisiones vinculantes al grupo o grupos contendientes en posesión de la mayoría popular *(J. Schumpeter)*.

PRÓCER: persona constituida en alguna dignidad.◆ Persona eminente.

PROCESO ELECTORAL: procedimiento para elegir gobernantes por el voto de los electores; es complejo y tiene varias etapas. Se inicia mediante un llamado a elecciones para una fecha determinada.

PROCESO POLÍTICO: concreción periodiforme del dinamismo político dentro, entre y en torno a las estructuras políticas *(P. L. Verdú)*.◆ Resultado de la lucha entre actores sociales, que establecen entre sí alianzas para acceder al poder. Los actores no operan en un vacío, sino en un medio caracterizado por la vigencia de controles sociales, que son pautas institucionales, legales o consuetudinarios que delimitan los posibles movimientos de cada uno y, en alguna medida, ordenan la sociedad *(T. Di Tella)*.

PROCESO SOCIAL: serie y combinación de interacciones y relaciones sociales.

PRODUCTO BRUTO INTERNO: PBI.◆ El producto bruto interno mide el valor de los bienes y servicios que genera la economía de un país. Por eso se lo asimila con el total de lo que produce un país determinado, sin tener en cuenta los impuestos. Como ese total depende del tamaño del país, es usual que se divida el valor del PBI por la cantidad de habitantes, para conocer el PBI per cápita (o por habitante). Para calcular el PBI se suma el valor que agrega a todo lo producido cada sector económico: agro, industria o servicios. Como la producción final de un bien incorpora insumos y partes fabricadas por otras ramas productivas al valor de producción de cada sector, se restan los valores incorporados en las etapas anteriores, para evitar superposiciones en el cálculo final.

PRODUCTO BRUTO INTERNO POTENCIAL: nivel que alcanzaría la producción si todos los recursos productivos estuviesen empleados *(Mochón y Beker)*.

PROFETA: término que procede directamente del griego *profetes,* que puede traducirse por "el que anuncia por adelantado", "el mensajero", "el portavoz", siempre referido a Dios.

PROGRAMA DE LAS NACIONES UNIDAS PARA EL DESARROLLO: organismo multilateral de desarrollo del Sistema de las Naciones Unidas. Contribuye al desarrollo humano sostenible, el cual hace hincapié en promover estándares de vida más altos, un crecimiento económico más rápido y equitativo y un desarrollo ambiental sano. Realiza actividades en 191 países. El principal objetivo de la organización es fomentar la economía de mercado, el crecimiento y la prosperidad. Su principal órgano normativo es la reunión ministerial anual que rota alfabéticamente entre los países miembros. En una conferencial postministerial, la Asociación de Naciones del Sureste Asiático (ASEAN) se reúne con sus "asociados en el diálogo" (Australia, Canadá, la Unión Europea, Japón, Corea, Nueva Zelanda y los EEUU) y "consulta" con China y Rusia. Se reúne también con China, Rusia y Papúa Nueva Guinea en el Foro Regional de la ASEAN para debatir cuestiones relativas a la seguridad. En el plano no ministerial, la ASEAN mantiene un diálogo funcional con la India. En estas reuniones anuales, la ASEAN fija los objetivos de sus políticas, que sus miembros han de aplicar en centenares de comités. Además, periódicamente, se celebran reuniones en la Cumbre para reforzar la unidad de la Asociación con respecto a cuestiones importantes. Después de la invasión vietnamita y de la ocupación de Camboya a fines de 1978, la ASEAN pasó a ser un frente político fuertemente unido.

PROGRAMA DE LAS NACIONES UNIDAS PARA LA FISCALIZACIÓN INTERNACIONAL DE DROGAS: PNUFID. ◆ Fue establecido en 1990 con el objeto de mejorar la eficacia del mecanismo de las Naciones Unidas para la fiscalización de drogas y empezó a funcionar en 1991.

PROGRAMA POLÍTICO: expresión pública, conocida y sintética, de lo que se pretende hacer y se compromete a hacer el equipo gobernante. Sea cual fuere el sistema de designación de los gobernantes, sea cual fuere su legitimidad ideológica teórica o su "autoridad" en la subjetividad de los ciudadanos, lo único que es efectivamente comprobable es la adecuación objetiva del programa político propuesto al inicio de un mandato con los hechos o los resultados. En política, los elementos "ajenos a la voluntad" del gobernante, que puedan alterar las previsiones, son elementos objetivos perfectamente imputables, si no a la responsabilidad personal de los que mandan, sí a su responsabilidad política.

PROGRESISMO: actitud política que pregona un desarrollo progresivo de la cultura, de lo social y, fundamentalmente, de las libertades públicas. Este término, en sentido lato, abarca desde la Iglesia de los pobres hasta posturas de centro izquierda de carácter conciliatorio pero democrático. También expresa desde la simple actitud reformista hasta la revolución.◆ La actitud progresista se vincula al liberalismo, pero en el siglo XX florecen partidos que vinculan el progresismo con las exigencias de la reforma social.

PROHIBICIONISMO: normas legales de los EEUU que prohibían la venta, la elaboración y la distribución de bebidas alcohólicas.◆ Sistema económico que impide la exportación de productos que puedan faltar en el mercado interno.

PROLETARIADO: clase social propia del sistema fundamentado en el capitalismo y que se caracteriza por su posición subsidiaria en los procesos de producción y distribución de bienes, a pesar de constituir la fuerza fundamental de trabajo.◆ Clase social formada por los proletarios.

PROLETARIO: plebeyo.◆ Persona que pertenece a la clase indigente.◆ Ciudadano pobre que entre los antiguos romanos podía servir al Estado.

PROLETARIZACIÓN: asimilación progresiva al proletariado de grupos sociales pertenecientes en principio a la pequeña burguesía, como consecuencia del proceso capitalista de acumulación y concentración del capital.

PROMULGACIÓN: acto mediante el cual la autoridad hace divulgar y publicar formalmente una ley o disposición a fin de que sea cumplida y hecha cumplir como obligatoria.◆ Acto por el cual el jefe de Estado certifica al cuerpo social la existencia de una ley, ordenando al mismo tiempo su cumplimiento.

PROMULGAR: publicar formalmente una ley u otra disposición de la autoridad, a fin de que sea cumplida y hecha cumplir como obligatoria.◆ Ver **Promulgación.**

PRONUNCIAMIENTO: rebelión o alzamiento militar contra el gobierno, promovido por un caudillo, un jefe militar, etcétera. Para algunos no se trata de un golpe de Estado, sino de un medio de imponer, por la fuerza, la opinión de un amplio sector de fuerzas políticas deliberadamente ignoradas por el gobierno y que carecen de cualquier otro medio para llegar al poder. Para la mayoría de los opinadores y analistas políticos, cuando termina con la ocupación del poder público por los militares que se han pronunciado, recibe el nombre de Golpe de Estado.

PROPAGANDA: prepara los hechos en función de un objetivo esencial. Busca convencer para suscitar adhesión e inducir a la acción.

PROPAGANDA POLÍTICA: presión que, por un conjunto de medios aparentemente peresuasivos, ejerce un grupo director sobre un sector de masa para provocar el consenso para una determinada conducta, ideología o situación *(P. L. Verdú).*

PROPIEDAD: como institución, consiste en el reconocimiento, a cada persona, de un derecho a ser exclusivamente ella quien disponga lo que ha de hacer con lo que ha producido, con su propio esfuerzo o con lo que ha recibido como regalo o por acuerdo justo, sin fuerza ni fraude, de quienes lo han producido. La base de todo ello es el derecho de los productores a lo que ellos mismos han producido *(J. Stuart Mill).*◆ Es la fuente del poder (en particular, del poder político), por la cual éste no debe permanecer por mucho tiempo en manos de los mismos hombres *(J. Harrigton).*

PROSCRIPCIÓN: acción y efecto de echar a un individuo del territorio de su patria, comúnmente por causas políticas.

PROTECCIONISMO: doctrina económica basada en la adopción de decisiones tendientes a proteger, conservar y mantener la producción nacional frente a la competencia foránea.

PROTECCIONISTA: partidario o perteneciente al proteccionismo.

PROTECTOR: quien cuida los intereses de una comunidad.

PROTECTORADO: parte de soberanía que un Estado ejerce en un territorio que no ha sido incorporado plenamente al de su nación y en el cual existen autoridades propias de los pueblos autóctonos.◆ Territorio en el que se ejerce la soberanía compartida.◆ Conjunto de autoridades que ejercen tal potestad.

PROTOCOLO: acta de un congreso diplomático o de un convenio.◆ Norma ceremonial diplomática establecida por la costumbre.

PROVIDENCIALISMO: doctrina según la cual todo ocurre por disposición divina.

PROVINCIA: extensas separaciones o divisiones que se realizan dentro de un Estado, una región o un territorio.

PRUDENCIA POLÍTICA: consiste en aplicar a cada caso o acto concreto en que debe recaer una decisión política los principios y las reglas del orden moral *(G. Bidart Campos).*

PSICOLOGÍA SOCIAL: rama de la psicología que estudia cómo el entorno social influye directa e indirectamente en la conducta y en el comportamiento de los individuos.

PUBLICIDAD: en el lenguaje político, se usa para designar los procedimientos mediante los cuales quienes ocupan los cargos del gobierno dan a conocer oficialmente sus actos.

PUEBLO: supone la idea de conjunto pero con una connotación no sólo demográfica sino más bien política.◆ Población.◆ Conjunto de habitantes de un lugar.

PUEBLOS INDÍGENAS: aquellos que descienden de poblaciones que habitaban en el país o en una región geográfica a la que pertenece el país en la época de la conquista o la colonización o del establecimiento de las actuales fronteras estatales y que, cualquiera sea su situación jurídica, conservan todas sus instituciones sociales, económicas, culturales y políticas, o una parte de ellas.

PUERTO: asilo, refugio o amparo.

PUERTO LIBRE: en tiempo de guerra, puerto que no declaró bloqueado ningún beligerante.

PUNTOS ESTRATÉGICOS: diferentes lugares de un teatro de guerra que, por su importancia, pueden llegar a ser un objetivo militar o geográfico.

"PUTSCH": ver **Golpe de Estado**.

Q

QUECHUA: de un pueblo indígena americano, componente principal del Imperio incaico, hoy asentado especialmente, en zonas andinas del Perú, Bolivia y Ecuador.

QUINTA COLUMNA: espías, traidores, personas que actúan en contra de los intereses generales. Se origina en 1936, durante la Guerra Civil Española; cuatro columnas de tropas asediaban una ciudad, cuando se sostuvo que, además, contaban con una quinta columna, que era la ayuda de aliados dentro mismo de la ciudad sitiada.

"QUINTACOLUMNISTA": persona que interviene en corrientes, movimientos o grupos políticos que actúan contra los intereses de una Nación.◆ Traidor.

QUIRINAL: a partir de 1870, residencia de los reyes y luego de los jefes de Estado italianos, en Roma.

"QUISLING": ver **Gobierno Quisling**.

QUÓRUM: indica el número mínimo de integrantes requerido para que pueda deliberar válidamente y tomar decisiones cualquier organismo colegiado. ◆ También, proporción de votos favorables para que haya acuerdo.

R

RACIÓN DE HAMBRE: ingreso insuficiente para la manutención decente.

RACIONALISMO: doctrina filosófica que considera la razón como la base fundamental del conocimiento humano y sólo juzga conocimiento el que proviene de la razón.

RACIONALIZACIÓN: política industrialista que aspira a lograr una elaboración en masa, es decir, a incrementar la producción con los mismos costos.

RACIONAMIENTO: proceso de distribución de una cantidad limitada de un bien o recurso entre los demandantes, cuando el volumen que se desea comprar es superior a la cantidad disponible.

RACIONAR: colocar límites a la cantidad de productos de primera necesidad especificando su distribución.

RACISMO: doctrina basada en la superioridad de una raza sobre las demás.◆ Exacerbación del sentido social de un grupo étnico, especialmente cuando convive con otro u otros.◆ Doctrina política basada en este sentimiento y que, en ocasiones, ha motivado la persecución de un grupo étnico considerado como inferior. Atiende a criterios de discriminación sociocultural; para el caso latinoamericano, el color de la piel o la forma de los ojos han sido y son determinantes de un encasillamiento social concreto. Los cholos (área andina) y los cabecitas negras (noroeste argentino) son ejemplos de sectores marginales por su condición social.
◆ El mayor proyecto para instaurar el dominio de una raza sobre otras fue el del nazismo, que pretendió colocar a la raza "aria" en el poder y exterminar a aquellos que se sostenía que la contaminaban.

RACISTA: partidario o perteneciente al racismo.

RADICALISMO: en la Argentina, concepción política constituida en 1890 y desarrollada por la UCR.◆ Para algunos autores, en una actitud ambivalente, es una concepción política que se apoya en las clases medias urbanas y aparece como alternativa a los partidos de izquierda y de derecha.◆ En realidad, esta corriente defiende el abandono de actitudes de moderación y de negociación, y buscan su reemplazo por decisiones drásticas con la finalidad de cambiar sustancialmente los resortes esenciales de la sociedad. ◆ Conjunto de ideas y doctrinas de quienes, en ciertos momentos de la vida social, pretenden reformar o modificar parcial o totalmente los órdenes político, moral, social, científico y religioso. ◆ Doctrina que defiende el abandono de actitudes moderadas y el reemplazo por medidas sustanciales y drásticas en los sectores y actividades esenciales de una sociedad o un Estado.

RADICALSOCIALISMO: partido político francés, creado en 1901, partidario del laicismo y de reformas dentro del régimen republicano.

RAMADÁN: tiempo espiritual de gracia en el cual la comunidad islámica ayuna desde la salida del sol hasta su puesta. Lo hacen para experimentar los sufrimientos de quienes tienen hambre y sed, según está prescripto en el Corán. Este tiempo espiritual corresponde al noveno mes del calendario islámico; comienza con la Hégira, es decir, la evolución de la partida del profeta Mahoma de La Meca rumbo a Medina, donde fundó lo que sería el primer Estado-nación con sus normas; hoy, Arabia Saudita.

RATIFICACIÓN: nota de un jefe de Estado a los otros Estados interesados que contiene la promesa solemne de cumplir el tratado cuyo texto se incluye en dicha nota.

RAZÓN DE ESTADO: política y regla con que se dirigen y gobiernan las cosas pertenecientes al interés y a la utilidad de la república.

REACCIONARIO: todo aquel que se opone a las innovaciones económicas, políticas, sociales, etcétera, o bien que se oponga a restaurar lo abolido.

"REAL POLITIK": término alemán que se aplica a la política que realmente ocurre, a la real, no a la teórica.

REALISMO: doctrina o corriente política favorable a la monarquía.

REALISMO SOCIALISTA: teorías (por ejemplo, la marxista) que llevaron a planteamientos estéticos socialistas, por la década de 1920, formados por distintos tipos de aportes, prácticos y teóricos, de intelectuales, políticos, filósofos, etcétera.

REALISTA: partidario de la monarquía. ◆ Partidario o perteneciente al realismo.

REBELARSE: sublevarse contra las autoridades legítimas.◆ Enfrentar y oponer resistencia.

REBELDÍA: acción inherente del rebelde.

REBELIÓN: alzamiento en armas para cambiar una Constitución, deponer alguno de los poderes públicos del gobierno nacional, arrancarle alguna concesión, o impedir, aunque sea temporalmente, el libre ejercicio de sus facultades constitucionales o su formación o renovación en los términos y en las formas legales. ◆ Alzamiento o sublevación producido contra el régimen o el poder establecido legalmente, cuyo objetivo o intención es el cambio del mismo.◆ Insurreción que atañe a una parte del país y que, si triunfa, lleva a una secesión o a una transferencia de Estado a Estado, no a un cambio de gobierno. La rebelión argelina, por ejemplo, trae consigo la independencia de Argelia *(M. Prelot).*

REBELIÓN DE PASCUA: levantamiento producido el 24 de abril de 1916 por los nacionalistas irlandeses que fue duramente reprimido por los británicos. Irlanda, durante la Edad Media, fue ocupada por los ingleses y los conflictos religiosos agravaron la relación cuando Inglaterra se separó de Roma en el siglo XVI y la mayoría irlandesa siguió siendo católica y su objetivo era la independencia nacional. Los nacionalistas irlandeses, luego de avances y retrocesos, dirigidos por el líder sindical James Connolly, decidieron llevar adelante una rebelión; el escenario fue la ciudad de Dublín, donde mil doscientos miembros del ejército secreto irlandés ocuparon los edificios públicos el lunes de Pascua. Los ingleses llevaron adelante la represión con veinte mil hombres, provocando la muerte de más de doscientos combatientes y trescientos civiles. Los cabecillas, entre los que se contaban Roger Casement, Patrick Pearse y Connolly, fueron detenidos, procesados y condenados a muerte.

REBELIÓN DE SEMANA SANTA: levantamiento producido en la Argentina durante el gobierno de R. Alfonsín. Llevado a cabo por un pequeño sector de las fuerzas armadas, nunca puso en juego el sistema democrático.

"RECALL": procedimiento para destituir a los representantes o funcionarios elegidos antes de que se cumpla el plazo fijado para su actuación. Constituye un derecho o facultad de una fracción del cuerpo electoral para lograr que se llame a elecciones especiales, a fin de determinar si el ocupante de un cargo electivo debe permanecer o no en él. El número de ciudadanos necesario para formar la fracción del cuerpo electoral que ponga en marcha el procedimiento consiste, generalmente, en un determinado porcentaje de los que votaron para el cargo en cuestión en la última elección *(M. J. López).* ◆ Destitución.◆ Revocación popular de las autoridades electivas.

RECIPROCIDAD: sistema andino de organización socioeconómica que establecía las prestaciones de servicios a distintos niveles y constituía un elemento fundamental en los procesos productivos y la distribución de bienes en una sociedad cuya economía desconocía el dinero.◆ Derecho de igualdad de mutuo respeto entre las partes.

RECLUTAR: buscar o allegar partidarios para un propósito determinado; puede ser político, social, etcétera.

RECONOCIMIENTO: se aplica cuando un Estado declara su intención de admitir como Estado a una colectividad perteneciente a otra nación si obtiene su independencia. ◆ Estado que manifiesta su fin de conservar relaciones con un gobierno de otra nación nacida de un golpe de Estado o de una revolución.

RECONOCIMIENTO DE UN GOBIERNO DE FACTO: cuando se trata de un Estado no reconocido anteriormente, implica el reconocimiento de un nuevo Estado; pero si el gobierno de facto se implanta en un Estado ya reconocido, el reconocimiento de ese gobierno no innova la personalidad jurídica del Estado.

RECONOCIMIENTO DE UN NUEVO ESTADO: acto unilateral mediante el cual un Estado admite que, en cuanto a él concierne, aquél posee personalidad jurídica internacional.

RECONQUISTAR: conquistar otra vez un país, una provincia o una plaza.◆ Recuperar la opinión política, pública, etcétera.

RECURSOS: desde el punto de vista geopolítico, amplia gama de bienes (económicos, material de guerra, medios de transporte, etc.) y actividades (de los servicios, científicas, técnicas, laborales, etc.) con valoración económica que permiten satisfacer necesidades vitales, culturales y políticas, cuya obtención puede efectuarse en territorio propio o ajeno mediante la acción combinada del trabajo, el capital, la tecnología, el comercio, la política y, en ocasiones, la guerra. Actúa sobre necesidades de variadas características, ya sean perentorias, impostergables, vitales, críticas, imprescindibles, etcétera. Motivada por el hambre, el poder, la supervivencia, el lucro, la codicia, el prestigio, el goce, etcétera, la posibilidad de obtención obra como excitante en la vida y en la psiquis individual y colectiva, lo que, en más de una ocasión, ha movido a la humanidad a cambiar sustancialmente su rumbo (*J. Marini* y *R. Bandini*).

REDISTRIBUCIÓN: política que modifica la distribución del ingreso. Existen distintos caminos, pero el más eficaz e importante es el fiscal. Existen otros mecanismos, como por ejemplo la reforma agraria, la nacionalización industrial, etcétera; el ideal sería una combinación de las distintas alternativas.

REDUCCIÓN: en el régimen legal de los indios, grupo de indígenas no encomendados, que se organizaban en poblaciones alejadas de los españoles y vivían casi un régimen de autonomía política.

REEXTRADICIÓN: se aplica cuando un individuo es extraditado para un Estado y éste otorga una nueva extradición para otro Estado. Para que exista fundamento jurídico en esta situación, es imprescindible que el primer Estado, de donde el individuo procede, otorgue su consentimiento, sin previa anuencia.

REFERENDO: despacho en que un agente diplomático pide a su gobierno nuevas instrucciones sobre algún punto importante.◆ Procedimiento jurídico por el que se someten al voto popular leyes o actos administrativos. ◆ Referéndum.

REFERÉNDUM: procedimiento mediante el cual el cuerpo electoral, a través del sufragio de sus integrantes, ratifica o desaprueba, con carácter definitivo, decisiones de carácter normativo adoptadas por órganos representativos. Mediante esta institución, el cuerpo electoral sustituye a las asambleas representativas en la adopción final de la ley. Es una decisión autónoma del cuerpo electoral que ratifica la elaboración y la discusión previas de la ley por las Cámaras representativas (*P. L. Verdú*). Se vota sobre una norma, una ley o una constitución.◆ Referendo.

REFERÉNDUM ABROGATORIO DE LEY: tipo de referéndum en el cual el pueblo busca vetar la entrada en vigencia de cualquier ley ya votada por el Parlamento. Si la ley es rechazada por el pueblo en el plebiscito, no puede entrar en vigencia, ejerciendo así la ciudadanía su poder de decisión y control sobre el Parlamento. Este sistema es utilizado en Suiza.

REFERÉNDUM DE VETO: especie de referéndum facultativo, que consiste en la desaprobación de una ley ya dictada, que ha comenzado a regir y que seguirá rigiendo si nadie inicia el procedimiento.

REFERÉNDUM DISCRECIONAL: se aplica cuando queda a la voluntad del órgano legislativo someter o no un proyecto de ley a la votación popular.

REFERÉNDUM SOLICITADO: se aplica cuando un número de ciudadanos, previamente determinado, pide o solicita que un proyecto particular de ley sea sometido al referéndum popular para que el pueblo mismo decida, en definitiva, sobre su aprobación o no *(C. A. Quinteros).*

REFORMA AGRARIA: cambio efectuado en las estructuras agrícolas de un país, una zona o una región, con el fin de conseguir un mayor rendimiento.

REFORMISMO: doctrina política socialista, de carácter moderado, que procura la instauración gradual de las ideas socialistas desde los medios proporcionados por las instituciones políticas democráticas.◆ Corriente o movimiento partidario de reformas o modificaciones económicas, sociales o políticas, a través del ámbito legal o constitucional de una sociedad o un Estado.

REFRENDO: firma que colocan los ministros, al pie de la del jefe del Estado, para completar la validez de los decretos.◆ Refrendación.

REFRENDO MINISTERIAL: ver **Refrendo**.

REFUGIADO: persona que goza de asilo territorial. Quien, temiendo ser perseguido por razones de raza, religión, nacionalidad, grupo social u opiniones políticas, se encuentra fuera de su país de origen y no puede o, por temor, no quiere valerse de la protección de este país; o que si no tiene nacionalidad y se encuentra fuera del país en el cual tenía su residencia habitual en consecuencia de tales acontecimientos, no puede o, debido al referido temor, no quiere volver a él. ◆ Persona que escapa de un Estado extranjero por ser perseguido político o religioso. No será otorgado el asilo cuando el refugiado atentara contra la humanidad, la paz o por crímenes de guerra.◆ Ver **Alto Comisionado de las Naciones Unidas para Refugiados**.

REGALÍA: excepción o prerrogativa privativa y particular que, en virtud de suprema autoridad, ejerce un soberano o un Estado.

REGALISMO: doctrina política que defiende las regalías o las prerrogativas del Estado frente a la Iglesia. Denominación que se utiliza en España para referirse a la política seguida por varios monarcas que reclamaban de la Santa Sede una serie de privilegios que limitaran el poder político, económico e ideológico que la Iglesia tenía en el país.◆ Sistema, corriente o escrito de los regalistas.

"REGANOMICS": política implementada por R. Reagan, ex presidente de los EEUU, que implicó una disminución importante de la actividad del Estado, del nivel impositivo de los grupos de mayor poder económico, de las grandes empresas; reducción de ayudas a los desempleados; recortes a los programas sociales; desregulación económica y privatizaciones. Es decir, se aplica un paquete de medidas económicas reconocidas como políticas del lado de la oferta.

REGENCIA: gobierno de un país durante la minoría de edad, la incapacidad temporal o la ausencia de su soberano, por una persona denominada regente.◆ Acción de gobernar.◆ Gobierno que se da en un Estado durante la ausencia, la minoría de edad o la incapacidad del soberano legítimo.

REGENERACIONISMO: movimiento ideológico español constituido a raíz del desastre militar de 1848. Sus líderes propugnaron una generosa descentralización administrativa, la necesidad de llevar a cabo una política hidráulica capaz de potenciar la reforma agraria y la modernización educativa.

REGENTE: quien gobierna un Estado durante el período en que no puede hacerlo el titular o príncipe legítimo.

RÉGIMEN: siempre es régimen de gobierno y de funcionamiento del Estado, de modo que no hay régimen sino de Estado o régimen sin Estado; todo tipo de régimen es régimen de una u otra clase de Estado. Se entiende por tal un régimen de formación, formulación y ejecución de decisiones estatales, y de control de todo ello y de las decisiones mismas *(C. Strasser)*.◆ Sistema político que gobierna un país.

RÉGIMEN AUTORITARIO DE "DEMOCRACIA RACIAL": aquel en el que para un sector de la población existe un régimen democrático, mientras que otro sector de la población, generalmente mayoritario, está sometido a reglas que lo excluyen permanentemente, ya sea de hecho o legalmente, de las decisiones políticas fundamentales. Esta exclusión de las decisiones políticas de un sector de la población se realiza por razones raciales. Ejemplo: el *Apartheid* en Sudáfrica.

RÉGIMEN DE ASAMBLEA: régimen de confusión de poderes, donde una Asamblea única detenta al mismo tiempo el Poder Legislativo y el Poder Gubernamental y donde no existe un órgano gubernamental distinto de la asamblea *(G. Burdeau)*.

RÉGIMEN LEGAL DE LOS PARTIDOS: conjunto de normas jurídicas estatales que regulan su organización y funcionamiento.

RÉGIMEN PARLAMENTARIO DE COOPERACIÓN EJECUTIVA: aquel en el cual existe un amplio equilibrio de competencias entre el jefe de Estado y el gobierno; el ejemplo más elocuente es Italia.

RÉGIMEN PARLAMENTARIO DE GABINETE: aquel en el que existe un desplazamiento unilateral de competencias en favor del jefe de gobierno. Ejemplos: Suecia, Noruega.

RÉGIMEN POLÍTICO: complejo de actos políticos donde se interpenetran valores, intereses, creencias, medio social y técnicas de normativización jurídica. Conjunto de respuestas aportadas a cada una de las cuestiones que plantean las relaciones políticas o cúmulo de soluciones positivas efectivamente aplicadas en una comunidad y en un momento dados, formando un tipo de combinación histórica *(M. Duverger)*.◆ Un régimen concreto será el producto de la adaptación entre las presiones (demandas) hacia el logro de nuevos fines, normas o estructuras (por estímulo del cambio social) y las limitaciones impuestas por las prácticas ya existentes *(A. Easton).* ◆ La estructura del régimen (según *Jiménez de Parga*) se explica del siguiente modo: el verdadero régimen político de un pueblo tiene una estructura compleja, determinada –en parte– por los poderes públicos oficiales y por la ideología que éstos dicen propugnar, y –en parte– por el juego de los poderes fácticos, que operan al margen de los esquemas constitucionales. El régimen político de un pueblo no coincide, pues, con la organización descrita en las leyes fundamentales. Es decir, existe una zona de la ordenación de la comunidad en la que –sin dejar de ser ordenación– la organización normativa del poder político del Estado (en forma de ley constitucional) no es eficaz o lo es poco. Sin embargo, esa zona no "constitucionalizada" entraña una vida política, a veces muy intensa, que, desde luego, es vida que afecta directamente a la comunidad: es vida comunitaria, forma parte de esa tensión en la que la comunidad se hace y se deshace continuamente.◆ Conjunto de instituciones políticas que funcionan en un país y en un momento determinados *(M. Duverger).*◆ Conjunto de reglas, recetas o prácticas según las cuales, en un país dado, los hombres son gobernados *(G. Burdeau).* ◆ La solución política efectiva que adopta una comunidad, que será impuesta, en cada caso, por los poderes constitucionales y por una serie más o menos larga de poderes de hecho *(Jiménez de Parga).* ◆ Conjunto de instituciones jurídicas coordinadas para actuar una determinada concepción política del Estado y de la sociedad *(Giuseppe Chiarelli).* ◆ El estado de equilibrio en que se encuentre, en un momento determinado, una sociedad estatal que caracteriza las soluciones en que se detiene según la fuente, objeto y modo de establecimiento del derecho político. ◆ Fórmula política. ◆ Resultado de un proceso mediante el cual una concepción política fundamental se introduce en la Constitución de un Estado *(V. Gueli).*◆ Configuración del Estado y de la sociedad, conforme a una ideología política y a una estructuración social correspondiente *(P. L. Verdú).* ◆ Conjunto de decisiones en que se distribuyen lo smecanismos de decisión política (G. Burdeau).

RÉGIMEN PRESIDENCIALISTA: ver **Presidencialismo.**

REGÍMENES CONSERVADORES: aquellos que se basan en el mantenimiento de las élites tradicionales y que adoptan la forma autoritaria a fin de realizar una leve reforma social como medio irremediable para salvar los intereses de la burguesía; corresponden a países con un grado intermedio de desarrollo *(J. Ferrando Badía).*

REGÍMENES REVOLUCIONARIOS: aquellos propios de los países en subdesarrollo, comúnmente recién salidos de una situación colonial, que buscan la creación de una élite en torno a un líder, generalmente el libertador, para que realice reformas económicas y sociales y la posterior instauración de la democracia, una vez consolidada la independencia político-económica *(J. Ferrando Badía).*

REGIMENTACIÓN: en Venezuela, conjunto de normas.

REGIÓN: localidad que posee un carácter geográfico específico: ciertas cualidades comunes de suelo, clima, vegetación, agricultura y explotación técnica *(L. Mumford).*◆ Es un hecho geográfico, etnográfico, económico e histórico vivido en común.◆ En Chile, el territorio se divide en regiones y éstas, en provincias. Para los efectos de la administración local, las provincias a su vez se dividen en comunas.

REGIÓN GEOGRÁFICA: masa de tierra y de interacciones climáticas y físicas. Es una obra exclusiva de la naturaleza.

REGIÓN SOCIOECONÓMICA: es una obra de la naturaleza y, además, una obra de la cultura, aunque no necesariamente deliberada ni planificada.

REGIONALISMO: representa la idea regional como fuerza actuante, como ideología o como base teórica de una planificación regional.◆ Doctrina, corriente o tendencia de acuerdo con las cuales el gobierno de un Estado debe atenerse especialmente al modo de ser y a las aspiraciones de cada región.

REHÉN: persona que queda en poder del enemigo como prenda de la ejecución de un convenio o acuerdo.

"REICH": Estado o imperio germánico. ◆ *Reich I*: desde Otón I hasta la reforma y la guerra de los Treinta Años, desde 962 hasta 1648; *Reich II*: desde Bismarck hasta Guillermo II, desde 1871 hasta 1918; Reich III: constituido por Hitler, desde 1933 hasta 1945.

"REICHSTAG": edificio del Parlamento alemán. Fue incendiado el 27 de febrero de 1933, marcando el ascenso de Hitler al poder. En medio de una tempestad política y social, el 30 de enero de ese año, Hitler fue nombrado canciller. En las elecciones que lo confirmaron, hubo una descarada propaganda nazi, apoyada por los grandes capitalistas y por el oficialismo. Hitler y Goebbels acusaron a los comunistas por el incendio. Un joven holandés, desequilibrado y supuestamente comunista, fue rápidamente detenido. El suceso convenía tanto a los nazis, que evidencias posteriores probaron que fueron ellos quienes lo provocaron y Hitler sacó rápido provecho de él. Esa tarde se allanaron los locales del Partido Comunista y cuatro mil personas fueron arrestadas. Se abolió la libertad de expresión. La administración se centralizó y se convirtió en aria. Surgió la Gestapo y los nazis se lanzaron a una matanza indiscriminada. Mientras los libros considerados contrarios al espíritu germano ardían en las plazas, artistas y pensadores fueron amenazados. Se disolvieron los sindicatos y surgió una nueva clase dominante que pronto probó su incapacidad y brutalidad y se aseguró ilimitados privilegios. El poder se basaba en el terror. Se abrieron los primeros campos de concentración con la vigilancia de las SS, cuyo distintivo era una calavera.

REINA DE LOS BANDIDOS: así se apodó a la legisladora india Phoolan Devi, asesinada el 25 de julio de 2001, considerada una heroína entre los pobres de su país. Se había unido a una banda de ladrones y asesinado a 22 hombres hindúes de una casta superior a la de ella, que la habían violado. Devi de 44 años recibió cuatro o cinco balazos, cuando llegó al hospital ya había fallecido.

REINO: Estado o territorio con sus habitantes sujetos a un rey. ◆ Provincia de un Estado que en la antigüedad tuvo su rey propio y privativo.

RELACIÓN DE PODER: interacción de mando y obediencia; vinculación de subordinación que establece la distinción entre gobernantes y gobernados.

RELACIÓN NORTE-NORTE: aquello que hace referencia a los vínculos económicos y políticos entre los países desarrollados del hemisferio norte. Tuvo su origen en el Plan Marshall, impulsado por los EEUU, para reforzar económica y políticamente las posiciones occidentales.

RELACIÓN NORTE-SUR: diálogo Norte-Sur.◆ La naturaleza del problema, si bien es de carácter económico-social, tiene gran influencia en la esfera de la política internacional. Las naciones subdesarrolladas se ubican en el hemisferio sur y corresponde en consecuencia, que se incluya África, Asia y América del Sur; mientras que las naciones desarrolladas o industrializadas se extienden en el hemisferio norte y comprenden: los EEUU, Canadá, Unión Europea, Japón, los países de la ex URSS y Europa Oriental. Las demandas de riqueza y estatus ocasionan fricciones o tensiones entre los países del hemisferio norte y del hemisferio sur.

RELACIÓN POLÍTICA: acción recíproca entre sujetos políticos (inter-acción) y una acción compartida (co-acción) por éstos con referencia a los problemas y a las posibles soluciones que se planteen en la comunidad política. ◆ Posición en que se encuentran varios elementos con respecto a la organización, al ejercicio y a los objetivos del poder político de la que se deducen

determinados resultados *(P. L. Verdú).* ◆ Relación de influencia; si hay poder, hay influencia *(M. J. López).*◆ Relación de poder entre gobernantes y gobernados, soberano y súbdito, Estado y ciudadanos.

RELACIÓN SOCIAL: vínculo que se traba en la interacción.

RELACIONES PÚBLICAS: técnica para ganar apoyo para una actividad lícita, una causa, un movimiento, una institución o una entidad. En realidad, es un proceso de ayuda mutua o cooperación entre una persona, una organización, un gobierno o cualquiera institución y sus distintos públicos.

RELIGIÓN: totalidad o conjunto de creencias o dogmas acerca de la divinidad, de sentimientos de veneración y de temor hacia ella.◆ Profesión de una doctrina religiosa.

REMESAS DE INMIGRANTES: flujo importante de dinero que inmigrantes, generalmente de países fuertes o desarrollados, remiten a sus países de origen. Ésta es una forma de llegada directa a los países más pobres.

RENTA NACIONAL: ver **Ingreso nacional**.

RENTA PER CÁPITA: ver **Ingreso per cápita**.

RENTISTA: persona que posee rentas del Estado.

RENUNCIA: dejación voluntaria o dimisión voluntaria de una cosa que se posee o del derecho a ella.◆ Instrumento o documento que contiene la renuncia.

RENUNCIAMIENTO DE EVA PERÓN: el paso de Eva Perón por la política de la Argentina fue breve pero intenso. Un hecho clave de su vida fue el emocionante diálogo que mantuvo con la multitud el 22 de agosto de 1951, cuando renunció a ser candidata a vicepresidenta acompañando a Juan Domingo Perón. En una concentración que reunió a una multitud como no recuerda la historia argentina, la Confederación General del Trabajo pidió a Perón y a Eva Perón que aceptaran la candidatura a presidente y vicepresidente, respectivamente, para el siguiente período. Al fin se produjo la declinación de Eva Perón. Nunca aceptó la candidatura y murió un año más tarde, el 26 de julio de 1952.

RENUNCIAR: hacer dejación voluntaria, dimisión o apartamiento de una cosa que se tiene o del derecho y la acción que se puede tener.

REO: persona que, por haber cometido un delito, merece castigo.

REO DE ESTADO: quien ha cometido un delito contra la seguridad del Estado.

REPRESALIA: daño que se hace sufrir al enemigo para vengarse del que se sufrió por culpa suya. Resolución rigurosa que toma una nación contra otra, sin alcanzar la ruptura violenta de relaciones.

REPRESALIA ESPECIAL: aquella que se basa en el hecho de que en tiempos primitivos, un Estado podía autorizar a un solo individuo particular a ejecutar un acto de represalia.

REPRESALIA GENERAL: aquella que se basa en que un Estado puede ordenar a sus Fuerzas Armadas que ejecuten cualquier clase de actos.

REPRESALIA NEGATIVA: negación a ejecutar aquellos actos que en circunstancias normales son obligatorios, como la ejecución de una obligación convencional o el pago de una deuda.

REPRESALIA POSITIVA: acto que implicaría, en circunstancias ordinarias, un delito internacional.

REPRESENTACIÓN: conjunto de personas que representan una organización, una corporación o una colectividad.

REPRESENTACIÓN DE LOS HACENDADOS: documento redactado el 30 de septiembre de 1809 por Mariano Moreno y dirigido al virrey Cisneros. Este histórico documento se emitió en defensa de los intereses de los labradores y hacendados de la Argentina.

REPRESENTACIÓN MAYORITARIA: procedimiento electoral por el que se eligen como representantes a quienes obtienen mayoría de votos.

REPRESENTACIÓN POLÍTICA: estriba en el hecho de que cierta clase política elegida (representantes), en virtud de su pertenencia a entidades políticas (partidos), o llamadas naturales (familia, municipios, sindicatos), actúa en nombre de la generalidad de los ciudadanos y los compromete con sus decisiones, sean de naturaleza legislativa o ejecutiva *(P. L. Verdú).*◆ Expresa todas las situaciones en las que no todos aquellos que tienen autoridad (pueblo) pueden estar presentes y, por tanto, no pueden ejercer la función de gobierno, por lo cual otras personas ocupan su puesto y los representan (los hacen presentes). El representante es así responsable ante el representado de los actos que realice en su nombre *(H. Nogueira Alcalá)*.

REPRESENTACIÓN PROPORCIONAL: procedimiento electoral que, con circunscripción única o muy extensa y decisión de los votos por el número de puestos que han de proveerse, permite acomodar el número de elegidos de cada partido o tendencia al de sus electores. ◆ Se aparta de la búsqueda de un partido mayoritario y otro minoritario, y, en cambio, reparte los cargos a cubrir entre todos los partidos que disputan la elección, a condición de que alcancen un mínimo de votos cuya cifra se obtiene de acuerdo con distintas operaciones aritméticas; ese mínimo se llama cifra repartidora o cociente electoral, y cuantas veces esta cifra esté contenida en el total de votos alcanzado por cada partido, tantos serán los cargos que ese partido conquiste.

REPRESIÓN EN PLAZA LOREA: el 1 de mayo de 1909, se produjo una brutal represión sobre una manifestación de anarquistas, que causó ocho muertos y cien heridos. Se realizó en la capital de la Argentina, en la célebre Plaza Lorea.

REPÚBLICA: gobierno que reside en la mayoría (o, más precisamente, los pobres) al que Aristóteles llama república *(politeia)*.◆ Sistema de gobierno en el que todo el pueblo (democracia) o una parte del pueblo (*aristocracia*) detentan el poder *(Montesquieu)*.◆ Se entiende por tal "no una democracia ni cualquier otra forma de gobierno, sino cualquier comunidad independiente, por los latinos llamada *civitas*, palabra a la que corresponde con la mayor eficacia posible en nuestro lenguaje la de república (*Commonwealth*) que expresa adecuadamente tal sociedad de hombres, lo que no haría la sola palabra comunidad, pues debe haber comunidades subordinadas en un gobierno, y mucho menos la palabra ciudad. Teniéndolo en cuenta, y para evitar ambigüedades, pido que se me permita usar la palabra república en tal sentido, según la usó el mismo rey Jacobo, y pienso que ésta ha de ser su significación genuina, y si a alguien no le gustare, dejaré que lo trueque por otra mejor" *(J. Locke)*.◆ Forma o sistema de gobierno representativo en que el poder reside en el pueblo, personificado éste por un jefe supremo, llamado presidente.

REPÚBLICA POPULAR CHINA: el 1 de octubre de 1949, Mao Tse-tung ponía fin a una larga guerra civil con la creación de la República Popular China. Aliada a la URSS, China entró al comunismo con la reforma agraria, eliminando al feudalismo del derrotado Kuomitang de Chiang Kai-shek, que se atrincheró en la capitalista Taiwán. Con la industria estatizada y la agricultura colectivizada, en 1957 Mao puso en práctica el "Gran salto hacia adelante": un experimento basado en la creación de comunas populares y en la producción en masa de acero, que terminó con treinta millones de chinos en la hambruna. Rota la alianza con la URSS, y bajo presión, Mao lanzó hacia 1966 la Revolución Cultural, una cruel purga de adversarios. A su muerte, en 1976, lo sucedió Deng Xiaoping, quien estableció zonas económicas especiales para experimentos capitalistas. Son las primeras reformas económicas. La "economía social de mercado" sería incorporada a la Constitución en 1993. El latente descontento derivó en la masacre de Tiananmen en junio de 1989. El jefe del Partido Comunista, el reformista Zhao Ziyang, fue reemplazado por el actual presidente Jiang Zemin. Deng murió en febrero de 1997. En julio, China recuperó la ex colonia británica de Hong Kong, administrada desde entonces bajo la consigna de "un país, dos sistemas". En los primeros años del siglo XXI ha logrado un notable desarrollo económico.

REPÚBLICA SOCIAL ITALIANA: Estado fundado por Benito Mussolini en territorio italiano, ocupado por los alemanes en 1943 y disuelto en 1945.

REPUBLICANISMO: sistema político que proclama la forma republicana para el gobierno de un Estado.◆ Sistema político de gobierno o tendencia hacia el mismo.

REPUBLICANO: ciudadano de una república o partidario de la misma.

REPÚBLICO: persona capacitada para ejercer un cargo u oficio público relevante.

REPUBLIQUETA: denominación despectiva referida a una república.

"RES PUBLICA": expresión latina empleada para designar el patrimonio público.

RESERVA ESTRATÉGICA: conjunto de unidades operativas retenidas a retaguardia de un frente de operaciones donde se producirá la decisión de la guerra, con el objeto de emplearlas oportunamente en el sector decisivo.

RESERVAS: posesiones que un país tiene de divisas y de otros valores que puedan utilizarse para satisfacer las demandas de divisas, y que sitúan al país como acreedor frente al exterior, ya que éstas representan activos frente al resto del mundo *(F. Mochón y V. Beker).*

RESISTENCIA: conjunto de acciones realizadas contra los ocupantes fascistas o nazis en diversos países europeos durante la Segunda Guerra Mundial.

RESISTENCIA LEGAL: deriva de la oposición, en la medida en que pide, frente al poder, la aplicación de la ley. Es una forma lícita de la impugnación, ya que se basa en el orden establecido.

RESISTENCIA PASIVA: en una nación acosada por las guerras fratricidas y las diferencias sociales y religiosas, Mahatma Gandhi llevó adelante una estrategia absolutamente original que tuvo el poder de aglutinar a las multitudes. Su bandera fue el *satyagraha*, que Occidente conoció como resistencia pasiva. Aunque no contaba con ningún cargo en el gobierno ni grado militar, comandó un ejército de más de trescientos millones de hombres, mujeres y niños, dispuesto a soportar la prisión y la miseria para lograr la independencia. Sus repetidos ayunos lo llevaron al extremo de pesar apenas 50 kilos. Toda su ropa era una pobre túnica de algodón. A pesar de la cárcel que padeció reiteradamente, no abdicó de su idea: "el fin no justifica los medios". Creía que "si la liberación de la India es noble objetivo, deber ser alcanzado con nobles medios".

RESPONSABILIDAD CONSTITUCIONAL: anverso de todo control constitucional; en su virtud, el titular de un órgano debe gozar de la confianza del controlante y darle cuentas de su actuación, sometiéndose a las eventuales sanciones.

RESPONSABILIDAD DIRECTA DEL ESTADO: el Estado es directamente responsable por sus propios actos.

RESPONSABILIDAD INDIRECTA DEL ESTADO: el Estado es responsable indirectamente por los actos de individuos por quienes el derecho internacional ha sido violado. Ésta es la obligación estatal de reparar el daño moral y material causado por acciones antijurídicas internacionales que, por una u otra razón, no se consideran como actos del Estado; y, en algunos casos, esa obligación consiste en prevenir tales acciones y castigar a quienes las cometan. ◆ Responsabilidad vicaria.

RESPONSABILIDAD INTERNACIONAL: institución que impone al Estado que ha realizado un acto ilícito, en perjuicio de otro, la obligación de reparar el daño causado. Es una relación entre dos sujetos indiscutibles del derecho internacional, o sea, dos Estados, donde el perjudicado reclama la reparación del Estado que causó el daño.

RESPONSABILIDAD VICARIA DEL ESTADO: ver **Responsabilidad indirecta del Estado**.

RESTAURACIÓN: restablecimiento de un régimen político que había sido reemplazado por otro. ◆ Restablecimiento en un trono de una dinastía caída.

RETORSIÓN: acto por medio del cual un Estado ofendido aplica al Estado agresor las mismas medidas o procesos que éste empleara contra él.◆

Término técnico para la represalia por actos descorteses, poco amables o de mala fe e injustos, a causa de actos de la misma o semejante categoría. El acto que requiere represalia no es un acto ilegal; es una represalia por un acto nocivo mediante un acto también nocivo. Pero un Estado, al hacer uso de la *retorsión*, no está limitado en absoluto a los actos de la misma categoría que los empleados; los actos similares son igualmente admisibles, supuesto que no sean internacionalmente ilegales.

RETRÓGRADO: simpatizante o partidario de instituciones sociales o políticas inherentes a tiempos pasados.

REVISIONISMO: corriente del marxismo que se propone adaptar el pensamiento de Karl Marx a determinadas realidades socioeconómicas y políticas, prescindiendo de los elementos revolucionarios de aquél.

REVOCACIÓN: acto por el que el pueblo, en acuerdo tomado por sufragio directo y por mayoría de votos, separa de su cargo a un representante, un gobernante o un funcionario.

REVOCACIÓN POPULAR DE LAS AUTORIDADES ELECTIVAS: técnica que consiste en la destitución de los representantes, elegidos por la ciudadanía por una votación popular, antes del término de su mandato. Esta técnica fue establecida por primera vez en los EEUU, en la ciudad de Los Ángeles, en 1903.◆ **"Recall"**.

REVOCATORIA: revocación.

REVOLUCIÓN: reemplazo, normalmente en forma drástica y violenta, de una fórmula política por otra en cuanto principio animador, organizador y director de la convivencia *(P. L. Verdú)*.◆ Destrucción de un ordenamiento jurídico e instauración de uno nuevo, realizado en forma ilegal, es decir, con un procedimiento no previsto en el "ordenamiento precedente"; y, diciéndolo con otras palabras, por revolución se entiende un acto no jurídico, es decir, no calificado como tal por el derecho pero normativo y creador de derecho *(M. Cattáneo)*. ◆ Modificación violenta de los fundamentos jurídicos de un Estado *(H. Herrfhard)*.◆ Los elementos formales para que haya revolución son: 1) hecho político, como expresión de voluntad política; 2) rotura del cerco constitucional; 3) propósito inequívoco de cambiar instituciones fundamentales; 4) quiebra de la continuidad con relación al ejercicio del poder constituyente *(J. R. Vanossi)*.◆ Destrucción de una constitución.◆ Cambio violento de las estructuras políticas y constitucionales; implica la instalación de un régimen político distinto de aquel contra el cual se realiza *(G. Bidart Campos)*.◆ Se considera la sociedad como un sistema abierto en proceso constante de ajuste interno y con su entorno, tratando de acceder a nuevos estadios, en una marcha indefinida hacia una complejidad cada vez mayor. Por lo tanto, cada una de las revoluciones sociales, intelectuales, culturales, políticas, tecnológicas etcétera, es parte de la estrategia de ajuste en las variables que realiza el sistema societal para proseguir su marcha o su ascenso histórico.◆ Transferencia del poder político de una clase social a otra. Para algunos autores, es un desplazamiento de soberanía.

REVOLUCIÓN BOLCHEVIQUE: liderada por Vladimir Lenin y basada en la teo-
ría revolucionaria de Karl Marx sobre la transformación de la sociedad y la lucha de clases. El portentoso proyecto leninista no sólo buscaba el socialismo en Rusia, sino llevar a cabo la revolución proletaria mundial.

REVOLUCIÓN CHINA: el 1 de octubre de 1949, se conoció la segunda gran revolución. Luego de veintidós años de lucha guerrillera, iniciada en 1927, en las montañas de Jinggang, Mao Tse-tung proclamó oficialmente en Beijing la República Popular China. Los comunistas triunfaron sobre los nacionalistas del Kuomintang, que quedaron acantonados en la isla de Taiwán.

REVOLUCIÓN CUBANA: el 1 de enero de 1959, los guerrilleros liderados por Fidel Castro y Ernesto "Che" Guevara provocaron la huida del dictador Fulgencio Batista y sellaron el triunfo revolucionario. En 1961, Castro proclamó sus convicciones marxistas y el carácter socialista de la revolución. ◆ El 1 de enero de 1959, un grupo de jóvenes revolucionarios puso fin a la dictadura en Cuba e implantó el primer gobierno socialista en América.

REVOLUCIÓN DE AGOSTO: el 25 de agosto de 1945, se inició en Indochina la revolución que iba a concluir pocos días después en la proclamación de la República Democrática de Vietnam.

REVOLUCIÓN DE TERCIOPELO: en 1989 surge el movimiento llamado como tal, que terminó con el régimen comunista de Checoslovaquia - Václav Havel, fallecido en diciembre de 2011, fue un lider revolucionario que terminó de imponer la libertad en Europa del Este, específicamente en Checoslovaquia. ◆ Ver **La primavera de Praga.**

REVOLUCIÓN FRANCESA: el pueblo se impone a la monarquía. Se promulgan los derechos del hombre, hay cambio de sistema político en Francia gracias a un movimiento originado antes de 1789 y que afectó toda la Europa civilizada, a través de los escritos de los grandes teóricos de la Ilustración y del Enciclopedismo, y del ejemplo de la guerra de la emancipación americana. Conformó una nueva era en la historia de Europa y del mundo. Se produjo por razones políticas y económicas.

REVOLUCIÓN IMPORTADA: corriente ideológica que supone que un proceso revolucionario desarrollado en el extranjero puede ser trasladado e implantado en otro país.

REVOLUCIÓN INDUSTRIAL: consistió en la introducción a gran escala de maquinaria movida por fuerza motriz mecánica; en un principio, sólo el vapor; después, la electricidad y los motores a explosión; y en la actualidad, los más sofisticados métodos a veces inimaginables para la transformación de las materias primas o semielaboradas en sus diversas etapas.

REVOLUCIÓN ISLÁMICA: a fines de la década de 1970, Irán importaba casi todos sus alimentos. La explotación del petróleo llevó al país a un crecimiento espectacular. El emperador Muhammad Reza Pahlevi se convirtió en uno de los hombres más ricos del mundo. Mientras, la gran mayoria vivía en la miseria. La policía secreta llevó adelante una sangrienta represión contra los opositores (nacionalistas, comunistas e islámicos). La chispa de la revolución partió del clero islámico, que tenía en el país un protagonismo mayor que en ningún otro lugar del mundo. Su líder era el venerado e intransigente Ayatolá Khomeini, exiliado en París desde mediados de la década de 1960, que predicaba una forma de gobierno absolutamente islámico. El 16 de enero de 1979, el Sha de Irán, Reza Pahlevi, partió hacia el exilio. Pasó sus últimos días en El Cairo.

REVOLUCIÓN LIBERTADORA: golpe producido en la Argentina el 16 de septiembre de 1955 contra el gobierno del General Juan D. Perón, que causó su derrocamiento y los fusilamientos de numerosos seguidores. Tres meses antes, en el mes de junio, aviones de la marina bombardearon la Plaza de Mayo, en Buenos Aires, hecho que provocó centenares de muertos durante un intento de golpe de Estado para derrocar a su presidente constitucional. La hostilidad entre Perón y la Iglesia había alcanzado su pico, la oposición en las Fuerzas Armadas era cada vez más punzante y las sublevaciones fueron incrementándose. El golpe definitivo se produjo el 16 de septiembre.

REVOLUCIÓN PACÍFICA: transformación profunda en el ordenamiento jurídico y de tal envergadura que afecta sus principios fundamentales, pero efectuada según las normales vías legislativas *(M. Cattáneo).*

REVOLUCIÓN SANDINISTA: ver **Sandinismo**.

REVUELTA: alteración, sedición o motín.◆ Segunda vuelta.

REY: suprema autoridad política, representante de Dios en la Tierra. Como contrasentido a tan absoluto poder, se apuntaba la casi invariable presencia de un favorito que imponía al rey su voluntad.

RIESGO-PAÍS: calificación numérica dada por los inversionistas a la deuda de cada país, en función de determinados parámetros económicos, sociales y políticos.

RODRIGAZO: en junio de 1975, en la Argentina, el Ministro de Economía de María Estela Martínez de Perón, Celestino Rodrigo, anunció un severo ajuste por el cual los combustibles, los servicios públicos, etcétera, sufrieron incrementos descomunales; la moneda se devaluó notablemente y el paquete económico buscó poner en caja la economía en medio de una creciente inestabilidad política y de fuertes presiones sindicales.

ROL: expectativa de conducta que puede producirse por estar socialmente prescrita y que corresponde a determinado estatus o posición social *(Murillo Ferrol).* ◆ Acción anticipada por los individuos, los grupos o los conjuntos sociales, situados los unos en relación con los otros en reciprocidad de perspectiva *(J. Viet).*◆ Acción que la sociedad espera de un individuo en una situación y una cultura dadas. Todo sujeto tiene que adoptar una gran cantidad de roles desde la infancia que lo hacen participar en la vida social según las normas de la cultura; la formación de su personalidad depende de ellos.

ROL EFECTIVO: conjunto de funciones que un individuo o un grupo cumplen y de decisiones que adoptan con arreglo a su posición en el juego político.

ROL PRESUNTO: conjunto de fenómenos y decisiones que se espera, mediante un cálculo racional, que cumplirá un individuo o un grupo con arreglo a su posición en el juego.

ROMANTICISMO: corriente, principalmente de signo cultural, que se gesta desde finales del siglo XVIII. Sus notas básicas son la exaltación de las libertades y de la pasión y el interés por temas del pasado histórico de los pueblos. Fue contemporánea de los inicios del liberalismo y del nacionalismo *(F. Gutiérrez Contreras).*

ROMPEHUELGAS: trabajador que se presta a sustituir a un huelguista. Quien prescinde de la decisión gremial de adherir a una huelga.

ROMPER LAS HOSTILIDADES: dar inicio a la agresión o guerra atacando al enemigo.

RUPTURA DE RELACIONES DIPLOMÁTICAS: quiebre de las relaciones entre dos Estados. Puede ser anterior o una consecuencia de una declaración de guerra o de tensiones ásperas.

RURALIZACIÓN: fenómeno a través del cual se produce un cambio de valores, de comportamientos, de hábitos y de conductas del mundo campesino al incorporarse a la vida urbana para condicionarla e influirla. Se produce una verdadera interacción.

S

SABOTAJE: daño o deterioro que en instalaciones, productos, comunicaciones o sistemas de datos, se hace como procedimiento de lucha contra las empresas privadas o estatales, por conflictos sociales, políticos o económicos. ◆ Oposición u obstrucción disimulada contra proyectos, órdenes, decisiones, planes o ideas, etcétera.

SACRA ROTA: antigua institución de la Iglesia que tiene su origen en la Cancillería Apostólica. En el siglo XIV, el Concilio de Lyon le asignó la condición de tribunal estable. El término "rota" proviene de la forma redonda de una rueda. Actualmente, es un tribunal de apelaciones que trata las causas definidas por los tribunales eclesiásticos de primera instancia. También es un tribunal eclesiástico de la Ciudad del Vaticano.

SACRO IMPERIO ROMANO GERMÁNICO: desde los albores de la Edad Media, existió el propósito de resucitar al Imperio Romano, como expresión temporal de una comunidad cristiana universal. Así lo intentó Carlomagno, con lo que nació el Sacro Imperio Romano, que pasó a denominarse Germánico desde la coronación de Otón I en el siglo X. Como título honorífico persistió hasta 1806 *(F. Gutiérrez Contreras).*

SAJÓN: perteneciente o vinculado con el Estado alemán.

SALA DE GOBIERNO: lugar que se constituye en los tribunales colegiados para entender en aspectos gubernantivos o disciplinarios a los que la ley lo faculte.

SALARIADO: obrero a quien el pago de su trabajo se organiza solamente por medio del salario.◆ Asalariado.

SALARIO: forma en que se remunera la mano de obra en relación de dependencia y que puede ser retribuida por día, jornal, mes o sueldo.◆ Remuneración del factor trabajo. ◆ Medida de valor que es determinada por la capacidad, la destreza o las habilidades alcanzadas por el individuo.◆ Estipendio, paga, remuneración.◆ Ingreso genuino originado en la producción que, como retribución específica de la situación de una propiedad, forma parte de la demanda social efectiva *(M. Burkun y A. Spagnolo).*

SALDOS REALES: valor de las posesiones de dinero medido en función de su poder adquisitivo *(F. Mochón y V. Beker).*

SALVOCONDUCTO: certificado o documento expedido por la autoridad competente para que su poseedor pueda transitar libremente donde el documento sea reconocido sin temor a castigo.

SAMURAI: en el sistema feudal japonés, persona perteneciente a una clase guerrera inferior a la nobleza.

SANCIÓN: acto por el cual el monarca, considerado como de igual o superior jerarquía con respecto a las Cámaras, presta su asentimiento a la ley votada por el Parlamento *(H. Capitant).*◆ Acto solemne por el cual el jefe del Estado confirma una ley o estatuto. ◆ Conjunto de medidas militares, económicas o políticas aplicadas a una nación por la falta de cumplimiento de una norma jurídica vinculada con un acuerdo, un tratado o un convenio.

SANDINISMO: Augusto César Sandino nació en Niquinohomo, Nicaragua, en 1893. Minero de profesión, participó de la guerra civil como jefe del partido liberal. Terminada la lucha contra los conservadores, Sandino se negó a deponer las armas hasta que las tropas estadounidenses evacuaran Nicaragua. En 1929, buscó la mediación del presidente argentino Hipólito Yrigoyen para dar una salida pacífica al conflicto. Finalmente, sus ataques guerrilleros provocaron la retirada estadounidense en 1933.

Un año después, mientras sostenía conversaciones de paz, fue asesinado por la Guardia Nacional liderada por el General Anastasio "Tacho" Somoza, hombre de confianza de Washington. ◆ El 18 de julio de 1979, cientos de miles de nicaragüenses, con las boinas negras al estilo del Che Guevara y enarbolando banderas negras y rojas en sus ametralladoras, celebraban la victoria de la revolución sandinista. El dictador Anastasio Somoza, que había gobernado Nicaragua durante más de cuarenta años, escapaba a los EE. UU. ◆ Movimiento político e ideológico nicaragüense, originariamente conducido por Sandino, que funcionó a partir de 1927. Pero a fines de la década de 1960, aparece con firme presencia el "Frente Sandinista de Liberación Nacional", cuyo programa se basaba fundamentalmente en: planificación económica, reforma agraria, nacionalización de la banca y de las empresas extranjeras, libertad religiosa, creación de un ejército de liberación nacional, apoyo a otros procesos de liberación nacional, etcétera.◆ Ver **Frente Sandinista de Liberación Nacional**.

SANIDAD: institución gubernamental establecida para asegurar y garantizar la salud pública.

SANTA ALIANZA: pacto político, con carácter de cruzada religioso-militar contra el liberalismo, firmado en 1815 entre el zar de Rusia, Alejandro I, el emperador de Austria, Francisco I y el rey de Prusia, Federico Guillermo III.

SANTA SEDE: jurisdicción y potestad del Papa.

SATÉLITE: despectivamente se denomina así un Estado dominado política y económicamente por otro Estado poderoso.

"SCOTLAND YARD": policía británica creada el 4 de abril de 1829 por Robert Peel, el entonces secretario de Estado de Gran Bretaña. El nombre de la fuerza proviene del patio de un castillo en el antiguo barrio de *Scotland,* en donde se instaló la primera sede del departamento central de la policía inglesa. Sus "sabuesos" protagonizaron numerosos casos célebres. Desde Jack el Destripador hasta la muerte de Lady Di, los *Yard* no dejaron de trabajar en ciento setenta años. En 1993, vinieron a la Argentina para investigar los fusilamientos de soldados argentinos en Malvinas.

SECESIÓN: separación de una parte del territorio o del pueblo de una nación.◆ Acción a través de la cual una parte de la población de una nación se separa o reivindica su facultad para constituir otro Estado autónomo o para fusionarse con otro.

SECESIONISMO: corriente u opinión favorable a la secesión política.

SECRETARÍA: sección de organismo, institución o ministerio.

SECRETO DE ESTADO: reserva que no puede revelar un funcionario público sin incurrir en delito.◆ Asunto político o diplomático no revelado aún.

SECTA: conjunto de individuos seguidores de una parcialidad religiosa, ideológica, etcétera, que resulta distinta y autónoma de cualquier otra.

SECTARIO: quien es fanático e intransigente dentro de un partido o ideología.

SECTOR ESTADO: sector compuesto por todas las reparticiones centralizadas y descentralizadas del gobierno nacional y de los provinciales y comunales, excluyendo las empresas del Estado.

SECTOR EXTERNO: sector de la economía que refleja el movimiento de entradas y salidas de mercaderías y servicios y las transferencias de ingresos por remuneraciones de factores, que ocurren entre el país y en el resto del mundo.

SECTOR PRIVADO: conjunto de la economía compuesto por los entes no estatales y por las familias.

SECTOR PÚBLICO: conjunto de la economía compuesto por todos los entes estatales y por los públicos.

SECTORIAL: perteneciente o relativo a una parte de una colectividad con características propias e inherentes a la misma.

"SECURITATE": organización de espías del régimen de Nicolae Ceausescu, en Rumania, que vigilaba los actos más insignificantes de la cotidianeidad, tratando de encontrar razones de sospechas.

SEDICIÓN: alzamiento colectivo y violento contra la autoridad, la disciplina militar o el orden público que no alcanza el carácter de rebelión.◆ Sublevación.

SEGMENTACIÓN CULTURAL: coexistencia espacial y temporal de culturas distintas, generadas en condiciones económicas y geográficas diferenciadas.

SEGREGACIÓN: actitud política que pretende aislar o separar a determinados grupos o miembros de una comunidad.

SEGREGACIÓN HOY, SEGREGACIÓN MAÑANA, SEGREGACIÓN PARA SIEMPRE: expresión que pertenece a George C. Wallace (1919-1998), ex gobernador de Alabama, EEUU; un político que construyó su carrera en torno a la segregación. Prometió proteger al pueblo anglosajón del Estado de la "amalgama comunista" con los negros.

SEGREGACIÓN RACIAL: aislamiento que en una sociedad o comunidad, se impone a los componentes de un grupo étnico determinado. Podemos mencionar a: negros, judíos, gitanos, etcétera. ◆ Corriente o tendencia que existe en aquellos países que poseen un grado importante de población de color y que se oponen terminantemente a la integración racial en una única comunidad.

SEGUNDA GUERRA MUNDIAL: guerra que se desarrolló entre el 1 de setiembre de 1939 y el 2 de setiembre de 1945, cuando se produjo la capitulación de Japón. Los bandos fueron: el de los aliados, compuesto por Gran Bretaña, Francia, URSS y los EEUU; y el de las Fuerzas del Eje, integradas por Alemania, Italia y Japón, quienes perdieron la guerra. Se inició con la invasión de la Alemania nazi a Polonia. El nacionalismo alemán fue alimentado por una severa crisis económica, producto de las condiciones de paz impuestas a Alemania por el Tratado de Versalles de 1918. Su finalización determinó el fin de la supremacía europea y generó el auge de los EEUU y de la URSS como potencias mundiales. El total de las víctimas ascendió a 35.690.000 personas.

SEGUNDA INTERNACIONAL: asociación internacional de trabajadores fundada en París en 1889. Desde sus comienzos, aparecieron dos corrientes claras, nítidas y distintas. Una revolucionaria y otra reformista. La influencia marxista fue clara. Luego de una escisión, que originaría posteriormente la Tercera Internacional, se produjo en 1923 la reunificación en Hamburgo. Los líderes más destacados eran K. Kautsky y A. Bebel. Luego, aparecieron otros políticos influyentes en el plano internacional: O. Palme, W. Brandt, F. Miterrand, F. González, etcétera.

SEGUNDA VUELTA: ver **Balotaje.**

SEGUNDO PODER: categoría constituida por los equipos que se forman alrededor de un periódico, cuya difusión apoya su influencia sobre la dirección del partido (M. Duverger).

SEGUNDO "REICH": período político alemán que abarca de 1871 a 1918. Estado imperialista promovido por Bismarck basado en la fuerza militar y en la expansión económica.

SEGURIDAD COLECTIVA INTERAMERICANA: mecanismo institucional de acción conjunta mediante el cual todos los Estados que lo integran se comprometen a contrarrestar toda acción que contra cualquiera de ellos se intente, mediante el empleo de la fuerza concertada en contra del Estado agresor *(F. Gamboa).*

SELA: Sistema Económico Latinoamericano. ◆ Organismo constituido en 1975, en Panamá. Se dispuso expresamente la promoción de la cooperación interregional encaminada a acelerar el desarrollo económico y social de sus Estados miembros. Ha sido desde entonces una institución innovadora y orientada al futuro de los países en desarrollo en la esfera de la cooperación regional. Esto es, en gran medida, el resultado de la forma en que se concibió y de sus modalidades de funcionamiento. Tiene su sede en Caracas y agrupa a veintiocho países de América Latina y del Caribe.

SEMANA TRÁGICA: el 13 de enero de 1919, finaliza en la Argentina la famosa Semana Trágica. Los hechos comenzaron a gestarse a fines de 1918 en los Talleres Metalúrgicos Vasena, una importante empresa que tenía la mayoría de su paquete accionario en manos de los ingleses. Los huelguistas exigían la reducción de la jornada laboral de once a ocho horas, la vigencia del descanso dominical, aumentos en los salarios y la reposición de los obreros despedidos en los primeros días del conflicto. La posición de la patronal frente a estos reclamos elementales era absolutamente intransigente. El día 7 de enero, los matones que oficiaban como guardias armados de los talleres dispararon contra un grupo de obreros que protestaba en las puertas, matando a cuatro e hiriendo a más de treinta. Ese mismo día, todos los sindicatos adhirieron al paro. El 9, trescientas mil personas acompañaron los restos de los obreros hacia el cementerio. Pero en la Chacarita, los esperaban bomberos y policías atrincherados que balearon a la multitud. A partir de ese momento, los enfrentamientos se multiplicaron en distintos puntos de la ciudad y el presidente Yrigoyen ordenó la intervención del Ejército. En la represión actuaron, además, bandas armadas de derecha, que formaron después la Liga Patriótica Argentina. Muchos de los miembros de la Liga eran hijos de familias de la alta burguesía y también clericales y nacionalistas que se dedicaban a agredir a extranjeros, judíos y socialistas. El resultado final de la represión fue de setecientos obreros muertos. Los talleres finalmente aceptaron los reclamos de los trabajadores.

SEMIPRESIDENCIALISMO: forma intermedia entre el presidencialismo y el parlamentarismo. Su característica principal es combinar una estructura parlamentaria con la elección de un presidente directamente por la ciudadanía. Al igual que en el parlamentarismo, existe la distinción entre un presidente (jefe de Estado) y un primer ministro (jefe de gobierno), que descansa sobre la confianza del Parlamento; los miembros del gabinete deben serlo del Parlamento al mismo tiempo, y el gobierno es ejercido por el primer ministro y por el resto de los miembros del gabinete *(H. Orlandi* y *J. Zelaznik).*◆ No existe un gran consenso teórico acerca de su consistencia. Su característica principal es combinar una estructura parlamentaria con la elección de un presidente directamente por la ciudadanía.

SEMIPRESIDENCIALISMO LIMITADO: se establece un poder militar con cierta autonomía de los órganos políticos representativos; se limitan el pluralismo ideológico y la competitividad del sistema político; el Parlamento, o una de sus cámaras, está integrado significativamente por personas no electas y/o desaparece el principio de separación rígida de poderes en beneficio sólo del Ejecutivo.

SEMITISMO: doctrinas morales, instituciones, costumbres y cultura de las poblaciones semitas.

SENADO: espacio en el cual los senadores efectúan sus sesiones. ◆ Cuerpo que compone una de las cámaras del poder legislativo. En algunos Estados que tienen sistema bicameral, recibe el nombre de Cámara Alta.

SENADOR: quien pertenece al Senado. Puede ser elegido a través de elecciones o designado por el Poder Ejecutivo. Depende de cada nación.

SENDERO LUMINOSO: grupo guerrillero maoísta, peruano. Su primer líder, Abimael Guzmán, fue capturado y condenado a cadena perpetua en 1992. Su sucesor, Feliciano, fue capturado posteriormente, en Cochas, 200 km al este de Lima. La dirección del grupo quedó bajo el mando de Filomeno Cerrón Cardozo, alias "Artemio". ◆ Grupo guerrillero peruano que nació en las aulas de la Universidad de Ayacucho, una pequeña ciudad en los Andes del sur peruano, a fines de 1960. Su creador fue un destacado docente, Abimael Guzmán Reinoso, alias "Presidente Gonzalo", quien con el paso de los años se convirtió en el hombre más buscado de Perú. Fue él quien hizo de su creación "el grupo terrorista más letal y sanguinario del mundo", como lo calificó el propio Departamento de Estado. Guzmán fue arrestado en 1992, fecha que fue una bisagra en la historia de Sendero. Su captura, un enorme triunfo para el presidente Alberto Fujimori, fue también el comienzo de la debacle del grupo. Los dirigentes que quedaron se negaron a aceptar la orden de terminar la guerra que dio el líder encarcelado

y quedaron al frente de una serie de células dispersas por la selva, con escasa capacidad de fuego. Su lucha armada ha durado más de veinte años (fue declarada en mayo de 1980, en Ayacucho), pero no asusta tanto como antes, cuando multiplicaba sus víctimas, que llegan a unos treinta mil muertos. Las armas fueron el camino que eligieron los miembros de una fracción estudiantil ayacuyana del Partido Comunista Peruano (PCP), simpatizantes del régimen chino, que decidieron intentar tomar el poder "por el Sendero Luminoso de José Carlos Mariátegui", fundador del PCP. El ideólogo indiscutido fue Guzmán, quien hacia fines de la década de 1960, fue expulsado del PCP, luego de proclamarse la cuarta espada del socialismo mundial, tras Marx, Lenin y Mao. Con sus más estrechos seguidores, fundó en 1970 el Partido Comunista Sendero Luminoso, que respondía al comunismo pro chino, entonces enfrentado a los simpatizantes soviéticos. Sus actividades fueron cada vez más difíciles de digerir en la Universidad y en 1977, lo expulsaron, cuando Guzmán ya tenía en avanzada preparación al grupo armado que irrumpiría violentamente casi tres años después. Por diez años, dominó extensas áreas de los Andes y de la selva de Perú, obligó al gobierno a declarar el estado de emergencia en buena parte del país y sumó unos cinco mil combatientes. Pero hoy el movimiento se enfrenta más cara a cara que nunca al fantasma de la desaparición.

SENSACIONALISMO: corriente o tendencia de determinados medios masivos de comunicación a resaltar en forma exagerada aquellas noticias que, de acuerdo con su criterio, producirán mayor impacto en los receptores o en el público.

SEPARACIÓN DE PODERES: literalmente, es entendido o interpretado como un principio de división de poderes; no es esencialmente democrático. ◆ Ver **División de poderes.**

SEPARATISMO: doctrina o movimiento político que propugna la idea de separación de algún territorio para alcanzar su autonomía o anexionarse a otro Estado. Indudablemente, pretende algunos fines, tales como étnicos, sociales o culturales del territorio o del grupo pertinente.

SEPARATISTA: referente a las personas que conspiran con el objeto de que se separe un territorio de la soberanía existente.

SEPTIEMBRE NEGRO: organización palestina constituida en 1971 como consecuencia de la matanza de palestinos producida por Jordania. Se disolvió en 1975.

SERVICIO DE LA DEUDA: pago del interés sobre el capital y la parte de éste que se encuentre vencida. ◆ Es un pago hecho por un prestatario a un prestamista. Puede incluir uno o todos los siguientes pasos: 1) pago por intereses, 2) reembolso del principal y 3) comisión por compromiso. ◆ Designa el conjunto de pagos al exterior que un país debe hacer como consecuencia de la deuda exterior que tiene contraída, incluyendo los intereses y la amortización o la devolución de la deuda.

SERVICIO MILITAR: aquel que uno presta en calidad de soldado y que, generalmente, es obligatorio.

SERVICIO PÚBLICO: institución u organización cuya función es cubrir necesidades colectivas. En la mayor parte de los países, son empresas estatales o paraestatales.

SERVICIO SECRETO: conjunto de agentes que depende de un gobierno, recoge información reservada dentro y fuera del país y procura pasar inadvertido.

SESIONES DE TABLAS: en el nivel parlamentario, sesiones que se llevan a cabo los días y las horas establecidos por cada Cámara. La dinámica de estas sesiones se inicia con las observaciones a diario de sesiones para corregir eventuales errores, para luego dar cuenta, por intermedio de la secretaría, de los despachos de comisión, de las peticiones o asuntos particulares y de los proyectos presentados, caso en el cual se indica el destino de éstos.

"SHARIA": código de leyes para la vida social y política; se basa en el Corán, en las tradiciones islámicas y en su interpretación. Rige en doce de los treinta y seis Estados nigerianos. Actualmente, está en vigor en mayor o menor medida en Pakistán, Sudán, Arabia Saudita, Irán, Irak, Libia y Egipto. Entre sus castigos más cuestionados están: 1) la lapidación para el adulterio; 2) la amputación para el robo a los ladrones; se les cortan las manos y si reinciden los pies; 3) los latigazos para delitos como beber alcohol o consumir cualquier tipo de droga; 4) la muerte para el blasfemo. Además, las mujeres no pueden trabajar, salvo en el sector de la salud o de la educación. Sólo puden estudiar el Corán.

SHIÍTAS: grupo que surge de la primera división dentro del Islam por cuestiones de liderazgo. Se convirtieron en un movimiento político cuando su líder Alí, yerno y heredero de Mahoma, fue rechazado por la mayoría sunnita. A la muerte del Profeta, los sunnitas eligieron a un califa para que los guiara. Cuando Alí murió, en el año 661, fue sucedido por su hijo Hasan y luego, por Hussein (el hijo menor de Alí). La evolución religiosa de los shiítas se inició con el martirio de Hussein en Karbala (Irak) en el año 680. Su tradición es más conservadora que la de las mayores escuelas sunnitas. Los seguidores de Alí insistían en que un califa o imán debía ser descendiente lineal de Alí y de su esposa, Fátima. Es la segunda rama del Islam, luego de los sunnitas. Representa entre el 10 y el 15 % de los musulmanes del mundo. Son mayoría en Irak, en Irán y en el Líbano.

SICARIO: partidario de un líder político o adlátere de un pandillero o matón.

SIERVOS DE LA GLEBA: personas que por razones de esclavitud, generalmente determinadas por la guerra, quedaban "adheridos" a una parte de la tierra, que debían cultivar en provecho de un señor. En realidad, esta institución fue una característica del sistema feudal.

SIGLO DE ORO DE PERICLES: este primer gran político griego durante su gobierno, 457-429 a. de C., desarrolló en forma amplia y brillante las instituciones políticas atenienses. Los principios básicos de su política fueron: un mayor poder, el debilitamiento de Esparta y la continuidad de la lucha contra Persia. Este extraordinario hombre de Estado produjo, mediante el equilibrio y la igualdad de los ciudadanos, notables avances y transformaciones. Favorecieron las artes, la filosofía, las construcciones y las edificaciones; pero el aspecto fundamental era el orgullo ateniense de la participación en la vida cívica y en la significación de la moral de la democracia. El propósito principal de Pericles en su discurso era despertar en sus lectores y oyentes la conciencia de la propia ciudad, que representaba el más alto interés y significado en la vida de los ciudadanos.

SIMPATIZANTE: quien se declara favorable a las doctrinas del partido y le aporta a veces su apoyo, pero permanece fuera de la de su organización y de su comunidad; el simpatizante no es un miembro del partido.

SINA: Sistema de Inteligencia Nacional. ◆ Organismo de Perú dirigido por el presidente del Consejo Nacional de Inteligencia (CNI) sobre la base de las directivas y las orientaciones emanadas por el presidente de la República. Su fundamento enmarcado dentro del estricto respeto de los derechos humanos es la preservación de la soberanía nacional y la defensa del Estado de derecho. Como cabeza del sistema nacional, el CNI orienta, coordina, controla e integra las actividades de inteligencia estratégica y de contrainteligencia. Articula la inteligencia estratégica en los campos de la defensa y el desarrollo nacional.

SINARQUÍA: injerencia e influencia decisiva de un conjunto o grupo de empresas o personas con inocultable poder en los asuntos económicos y políticos en una región o país.◆ Gobierno conformado por varios príncipes en el cual cada uno de ellos administra una parte del Estado.

SINDICALISMO: palabra que proviene del francés *syndicalisme*, equivalente a gremialismo. En España, fue conocido originariamente como movimiento de las sociedades obreras. En realidad, es un sistema de organización de los trabajadores mediante los distintos oficios. Las organizaciones obreras, con el correr del tiempo, se han institucionalizado en casi todos los países del mundo, ya sea como apéndices de los Estados o como una verdadera fuerza de poder dentro de la vida social, económica y política. Dentro de este movimiento, puede distinguirse un sindicalismo reformista y un sindicalismo revolucionario. Las dos corrientes han generado cambios continuos en la legislación social y, por ende, en las actividades políticas y económicas en casi todo el mundo. ◆ En la Argentina, fue introducido en 1903 por disidentes socialistas franceses. Se basaba en la idea de que los sindicatos debían ser el arma principal de la lucha obrera. El esfuerzo por concretar la unidad del movimiento se formalizó el 27 de setiembre de 1930 con la formación de la CGT (Confederación General del Trabajo). ◆ En un sentido amplio, sistema de organización obrera por medio del sindicato. Es el sistema de organización de los trabajadores por medio de los sindicatos de los oficios correspondientes; agrupación de los trabajadores para la defensa y el apoyo mutuos como un hecho biológico, natural. El tránsito del artesanado a la producción mecánica fue un proceso de desarrollo inevitable en el que el oficio especializado dejó de ocupar un puesto de privilegio, pero fue un proceso que consumió generaciones de obreros en largas jornadas de trabajo y con salarios mínimos.

SINDICATO: asociación libre y democrática de trabajadores, cuyas principales finalidades son la defensa y la promoción de sus intereses económicos y sociales, el mejoramiento de sus condiciones de trabajo y el pleno desarrollo de su dignidad y nivel de vida. ◆ Se emplea especialmente al hablar de las asociaciones obreras organizadas bajo estrecha obediencia y compromisos rigurosos.◆ Representación de los trabajadores ante la negociación en las convenciones colectivas de trabajo.◆ Asociación constituida básicamente para defender los intereses, especialmente económicos, comunes a todos los asociados. Generalmente, está referida a la asociación obrera.◆ Asociación sindical.◆ Asociación profesional.

SINDICATO HORIZONTAL: ver **Sindicato vertical**.

SINDICATO VERTICAL: agrupa a los trabajadores y empresarios de una misma rama de la producción, a diferencia de los sindicatos de clase, en los que unos y otros se integran con un criterio horizontal. Los sindicatos verticales fueron instrumentos típicos de los sistemas fascistas para controlar la actividad del movimiento obrero.

"SINN FEIN": partido republicano y nacionalista irlandés fundado por A. Griffith, en 1902.◆ Ver **Conflicto en Irlanda del Norte**.

SIONISMO: Movimiento Sionista Internacional que dio origen al Estado judío. La denominación evoca a la sagrada colina de Sión, asociada con Jerusalén. Nació como movimiento en 1897; fue una tendencia que había revivido periódicamente casi desde el comienzo de la diáspora judía, en el primer siglo de la era cristiana. No obstante, no todo el pueblo judío adhiere ni respalda la creación del Estado de Israel. Para los judíos más ortodoxos, que incluso apoyan a la O.L.P., el sionismo es incompatible con la promesa del Mesías hecha por Dios al "pueblo escogido". La pobreza en que vivían los judíos del este de Europa a fines del siglo pasado y los *pogroms* en Rusia (donde vivían diez veces más judíos que en Alemania), fueron la mejor propaganda sionista en aquellos países. Cerca de doscientos cincuenta delegados de una docena de países se reunieron desde el 29 hasta el 31 de agosto de 1897 en Basilea. T. Herzl, periodista y escritor nacido en Budapest, fundador de este movimiento, tuvo su primer magro éxito en 1903, cuando el gobierno británico ofreció a los sionistas 15.000 kilómetros cuadrados de tierra en Uganda para que establecieran allí su patria. Pero la meta era Palestina. Herzl murió un año después, pero su movimiento siguió creciendo. El sionismo tuvo periódicos en varios idiomas y se habló de un "renacimiento judío" en las artes y las letras. Hasta el idioma hebreo, que hasta entonces era una lengua muerta como el latín, comenzó a ser hablado y a tomar su forma moderna. En 1917, dos sionistas, Jaim Wiezmann y Nahum Sokolow, lograron que Gran Bretaña aprobase la llamada Declaración Balfour, que prometía el apoyo británico a la creación de un Estado judío en Palestina. En 1948, los sionistas alcanzaron su objetivo estableciendo un Estado judío en Palestina. Esa decisión aún es resistida por varios de sus vecinos árabes.

SIONISTA: partidario o relativo al sionismo.

SISTEMA: conjunto de elementos interrelacionados, que poseen objetivos comunes. Unidad y armonía que domina la forma de ser de la urdimbre, la posición y sentido de sus elementos, en razón de un principio de ordenación.

SISTEMA BIPOLAR: dentro del pluripartidismo; sistema político que funciona según un alineamiento dualista del tipo gobierno-oposición (G. Sartori).

SISTEMA DE CASTAS: aquel que divide toda la sociedad en un gran número de grupos hereditarios, distintos unos de otros, y unidos por tres características: reparación en cuestiones de matrimonio y contacto, sea directo o indirecto (alimento); división del trabajo: cada grupo tiene, en teoría y por tradición, una profesión de la que sus miembros sólo pueden apartarse hasta cierto límite; y, por fin, jerarquía, que ordena los grupos como superiores o inferiores entre sí.

SISTEMA DE CIRCUNSCRIPCIÓN ELECTORAL: sistema que permite la elección de un candidato por cada circunscripción electoral en la que se ha dividido el país. Es decir, cada elector vota por un candidato separadamente, el que logre la simple mayoría de votos es el triunfador. En este sistema, se puede elegir a un candidato por encima del partido que lo postula.

SISTEMA DE GOBIERNO: desarrollo del proceso de orientación política mediante el funcionamiento de los controles y las responsabilidades ejercidas por el conjunto de órganos constitucionales *(P. L. Verdú).*

SISTEMA DE LISTA INCOMPLETA: de mayoría y minoría; acuerda dos representaciones distribuidas entre los dos partidos de mayor caudal electoral.

SISTEMA DE TASAS DE CAMBIO: conjunto de reglas que describen el papel del banco central en el mercado de divisas *(F. Mochón y V. Beker).*

SISTEMA DEMOCRÁTICO: expresión político-institucional de una convivencia, un estilo de vida y un ideal democrático que se caracteriza por tener determinados elementos esenciales y particularidades específicas, no sólo de carácter político, sino también de carácter social, económico y cultural. La democracia no es sólo una forma de gobierno, sino también una forma de vida.

SISTEMA D´HONT: sistema electoral de representación proporcional, ideado por Víctor D´Hont, en el que el total de los votos obtenidos por cada lista son divididos por uno, dos, tres, etcétera, y son ordenados los cocientes por rangos con el nombre del partido para cada cociente. Mediante un ejemplo se explicita su mecanismo. Existen diez cargos para distribuirse entre cinco partidos políticos y los votos válidos emitidos son 240.000.

Partidos				
1	2	3	4	5
92 000	60 000	48 000	24 000	12 000

Entonces, se divide por dos, tres, cuatro y queda distribuido de la siguiente forma:

48 000	30 000	24 000	12 000	6000
32 000	20 000	16 000	8000	4000
24 000	15 000	12 000	6000	3000

SISTEMA ECONÓMICO: conjunto coherente de instituciones jurídicas y sociales en el seno de las cuales son puestos en práctica, para asegurar la realización del equilibrio económico, ciertos medios técnicos, organizados en función de ciertos móviles dominantes *(J. Lajugie).*◆ Conjunto o combinación de estructuras diversas, ligadas por relaciones relativamente estables; complejo coherente de estructuras *(André Marchal).*◆ Conjunto coherente que puede ser explicado en su funcionamiento de una manera simple y homogénea, ya se trate de una organización limitada, ya de la sociedad económica en su totalidad *(Garrigou-Larrange).*◆ Sistema que dirige de nuevo a la producción la mayor parte de su excedente, o en el que las actividades y las fuerzas económicas están liberadas de controles no económicos y son independientes, o un sistema que se está ampliando *(E. Heimann).*

SISTEMA ECONÓMICO LATINOAMERICANO: organismo que tiene como finalidad la cooperación económica regional.◆ Ver **SELA**.

SISTEMA ELECTORAL: aquel constituido por el conjunto de procedimientos con los cuales manifiestan los electores su voluntad mediante votos y éstos se traducen en escaños. ◆ Modo de distribuir y adjudicar los cargos electivos en función de los resultados electorales; pero no es impropio incluir otros aspectos.

SISTEMA ELECTORAL DE MAYORÍA ABSOLUTA: aquel en el que se exige que el partido triunfalista haya logrado más de la mitad de los votos emitidos en el distrito *(G. Bidart Campos).*

SISTEMA ELECTORAL DE MAYORÍA RELATIVA: se conforma con quien obtenga la mayoría simple, o sea, simplemente más votos que cualquier otro, sin importar el número de esos votos *(G. Bidart Campos).*

SISTEMA ELECTORAL MAYORITARIO Y PROPORCIONAL: se define por una fórmula de decisión y una fórmula de representación. La primera es el proceso para convertir los votos emitidos en asientos parlamentarios, determinando los ganadores y los perdedores de la elección en cada distrito electoral. La fórmula de decisión del sistema mayoritario es aquel candidato o lista de partido que obtiene más votos que las demás listas en competencia, gana la elección y elige al parlamentario en disputa. La fórmula de decisión del sistema proporcional es que la cantidad de asientos parlamentarios que logre un partido o coalición política sea la más próxima a la proporción de votos que éste haya obtenido en la elección.

SISTEMA ELECTORAL MIXTO: mezcla en que se encuentran aspectos o elementos parciales de sistema mayoritario y de sistema proporcional como fórmulas de decisión.

SISTEMA ELECTORAL POR DISTRIBUCIÓN TERRITORIAL: aquel que tiene en cuenta la relación del número de cargos a cubrir con la cantidad de la población y con la de electores, en función de divisiones espaciales.

SISTEMA ELECTORAL POR ORGANIZACIÓN POLÍTICA: aquel que procura conciliar el principio de que los elegidos sean el fiel reflejo de los electores (justicia electoral) con el eficaz funcionamiento de los órganos gubernativos (eficacia gubernativa).

SISTEMA EUROPEO DE LOS BANCOS CENTRALES: comprende el principal organismo ejecutivo, el Banco Central Europeo y, como entidades operativas, los distintos bancos centrales de los países que adoptaron la moneda común. El sistema funciona a partir del 1 de enero de 1999.

SISTEMA FEDERAL: armonía de dos órdenes de soberanía: la soberanía local y la soberanía de la Nación *(J. M. Estrada).*

SISTEMA FEDERAL CANTONAL: los cantones eran antiguas divisiones suizas, de base geográfica e histórica. A finales del siglo XIII, los cantones de Schwyz, Uri y Nidwalden se federaron para defenderse de agresiones exteriores; en el siglo XIV, seis nuevos cantones se unieron a la Confederación. El Congreso de Viena en 1815 reconoció la independencia de los helvéticos, ya organizados en veintidós cantones. La Constitución de 1848 establecía el sistema federal sobre bases liberales *(F. Gutiérrez Contreras).*

SISTEMA FEUDAL: tipo de sociedad basado en la economía agrícola cerrada, en el que una mayoría de la población, los campesinos, estaba bajo el dominio de los señores, eclesiásticos o laicos. La sociedad feudal se organizaba de una manera piramidal: dentro de los señores, se establecía una jerarquía y, entre sí y con respecto a los campesinos, existían unas relaciones de tipo personal, por las que habían de prestarse deberes y servicios (o rentas) mutuos. Así, el edificio social era rígido y venía determinado por tres órdenes o estamentos: "los nobles, que combaten; los clérigos, que rezan; los siervos, que trabajan".

SISTEMA FINANCIERO: conjunto de flujos financieros existentes en un país determinado; comprende los activos, intermediarios y mercados financieros.
◆ Está constituido por el conjunto de instituciones que intermedian entre los demandantes y los oferentes de recursos financieros, y comprende todas las plazas financieras entre los sujetos y los sectores económicos.

SISTEMA INTERAMERICANO: sistema jurídico propio de una amplia gama de actividades que conforman la vida de relación entre las repúblicas americanas.

SISTEMA INTERNACIONAL: conjunto de relaciones entre unos actores situados en un medio específico y sometidos a un modo de regulación *(Marcel Merle).* ◆ Ámbito dentro del cual se da el orden internacional, con un carácter dinámico, siendo una comunidad global. Es un sistema cerrado, heterógeneo y que, a pesar de contar con una legislación, no posee una regulación adecuada.

SISTEMA JURÍDICO POSITIVO: totalidad del orden normativo vigente en un Estado, desde la Constitución hasta la última ordenanza o decreto. Debe existir una perfecta adecuación y armonía entre todo el orden jurídico positivo, para que constituya un verdadero sistema, entendiendo por tal el conjunto de elementos relacionados entre sí funcionalmente, de modo que cada uno de esos elementos sea función de algún otro y no exista ningún elemento aislado de otro *(Ferrater Mora).*◆ El término elemento está referido aquí a la norma jurídica en sentido individual y amplio. Ese sistema, entonces, deberá tener un fin trascendente, debe ir mucho más allá de sí mismo, deberá atender hacia

el bien de todos los individuos, que son objeto y destino último de toda norma. Deberá cumplir también, la norma, una función educadora, tender hacia el desarrollo ético del hombre, la paz, el orden y la justicia en la comunidad *(G. Sofía).*

SISTEMA MAYORITARIO: aquel en el que se adjudica la totalidad de cargos, en cada distrito o circunscripción, al partido que ha obtenido mayor número de votos, excluyendo a todos los demás, que componen la o las minorías *(G. Bidart Campos).*

SISTEMA MINORITARIO: aquel que evita que un solo partido conquiste todos los cargos sobre la base de su mayor caudal de votos y permite, de alguna manera, y con diferentes sociedades, que una o más minorías alcancen también algunos de esos cargos en menor proporción que el partido mayoritario *(G. Bidart Campos).*

SISTEMA MONETARIO: forma y reglamentación con la que cada país tiene legalmente establecido la circulación del dinero, comprendiendo éste el conjunto de medios de pago que circulan en el territorio nacional.

SISTEMA MONETARIO INTERNACIONAL: totalidad de medios de pago, instituciones e instrumentos que conforman la liquidez y la tesorería internacional.

SISTEMA MULTIPOLAR: dentro del pluripartidismo, sistema político que funciona como mínimo con tres polos y su mecánica estructural no tiene una configuración dualista (G. Sartori).

SISTEMA NORTEAMERICANO: sistema bipartidista democrático, constitucionalmente regulado, que opera en una sociedad orientada primariamente al desarrollo de la productividad económica e implicada en un proceso dinámico de cambio social interno y en una situación internacional altamente inestable.

SISTEMA PARLAMENTARIO: los gobiernos parlamentarios se caracterizan básicamente por: 1) tener un jefe de Estado y un jefe de gobierno; el jefe de Estado viene a ser el Rey en las monarquías o el presidente en los regímenes republicanos; el jefe de gobierno se llama presidente del Consejo de Ministros, también primer ministro o premier o canciller; 2) el jefe de gobierno o primer ministro y su gabinete salen del propio Parlamento; 3) el primer ministro y su gabinete son, en todo momento, responsables ante el Parlamento y siguen siendo miembros de éste.

SISTEMA PLURINOMINAL: mediante este sistema a cada circunscripción se le asigna un número de escaños en proporción a su población.

SISTEMA POLÍTICO: forma de organización y estructura institucional del gobierno.◆ Cualquier sistema persistente de relaciones humanas que comprende, en una extensión significativa, gobierno, autoridad o poder *(R. Dahl)*.◆ Conjunto de instituciones que organiza el Estado, tendientes a poner en acto una determinada ideología. ◆ Totalidad de la vida política, es decir, el conjunto complejo de procesos a través de los cuales ciertos tipos de *inputs* se convierten en la clase de *outputs* que podemos denominar programas de acción con autoridad, decisiones y acciones complementarias *(D. Easton)*. ◆ Sistema de comportamiento, abierto y adaptable al medio *(environment)*, o

sea, a los supuestos de la acción política (sistema social, económico, *background* histórico, etc.). Lo característico del sistema político, tal como lo entendemos, consiste en su capacidad de adaptación al medio, su condición de "segunda naturaleza" de la ordenación de la comunidad política, creada, eso sí, en una medida nada despreciable por su esfuerzo organizador. La adaptación supone capacidad de respuesta a los condicionamientos del medio y ésta ha sido una de las preocupaciones clásicas de la Teoría Política. La adaptación es algo más que un ajuste al medio. En definitiva, el sistema político es −en cuanto sistema− un conjunto de variables, con mayor o menor grado de interrelación entre ellas y −en cuanto político− un conjunto de interacciones a través de las cuales una comunidad política ordena sus valores mediante la autoridad. ◆ Es un conjunto de procesos; por lo tanto, la capacidad de cambio está latente en el mismo sistema, contemplado dinámicamente. La adaptación al medio crea transformaciones internas en el sistema que, a su vez, sirven para dominar mejor el medio y crear otro tipo de retos. Talcott Parsons sostenía que el cambio implícito en el sistema político visto como proceso es un cambio estructural; es decir, se trata de un cambio institucional en los componentes estructurales de la política.

SISTEMA PRESIDENCIAL: aquel basado en la separación de los órganos Legislativo y Ejecutivo. El jefe del Ejecutivo no es elegido por el Parlamento, sino por el voto popular, ya sea directo o indirecto. El jefe del Ejecutivo se denomina Presidente de la República y, al mismo tiempo, jefe de Estado y jefe de gobierno.

SISTEMA SOCIAL: pluralidad de actores individuales que interactúan entre sí en una situación que tiene, al menos, un aspecto físico o de medio ambiente; actores motivados por una tendencia a obtener un óptimo de gratificación y cuyas relaciones están mediadas y definidas por un sistema de símbolos culturalmente estructurados y compartidos *(Talcott Parsons)*.

SISTEMA TOTALITARIO: aquel que, con regímenes de derecha o de izquierda, ha absorbido el pluralismo social en la maquinaria estatal y del partido.

SISTEMAS ELECTORALES: mecanismos para traducir votos en cargos o, en forma más específica, conjunto de mecanismos por los cuales las preferencias de los votantes se transforman en votos y éstos votos se traducen en cargos (gubernamentales, entre los partidos o individuos que compiten en elecciones libres).

SISTÉMICO: enfoque utilizado para estudiar sistemas complejos. Se trata al sistema como un conjunto de elementos que mantienen determinadas relaciones entre sí y que se encuentran separados de un entorno determinado.

SITUACIONISMO: movimiento revolucionario francés aparecido en 1968. Se constituyó en un elemento de gran importancia en el nivel de la política extrapartidaria de la izquierda europea. Se oponía tanto al consumismo y a la cultura occidental como al estatismo socialista.

SLOGAN: ver **Eslogan.**

SOBERANÍA: posición que consiste en ser la última autoridad, no sujeta a ningún poder, en el cumplimiento y en la vigilancia de las leyes.◆ En política internacional, es la posición de un Estado individual para autogobernarse y ser respetado por otros Estados.◆ Capacidad suprema de dominación política de un Estado *(L. Verdú).*◆ Poder supremo, es decir, poder que no reconoce ningún otro por encima de sí. Es un poder soberano y donde hay poder soberano, hay un Estado *(N. Bobbio).* ◆ Etimológicamente, significa superioridad. El poder del Estado, al erigirse y colocarse por encima de los demás poderes, afirmará su preeminencia y, a partir de ahí, la ciencia política necesitará un concepto que describa y caracterice la cualidad del poder que está por encima de los otros y que no tiene a otro por encima de sí. Una cosa es el poder y otra, la soberanía como cualidad del poder.◆ Una relación, como el poder. Es una supremacía del poder sobre otros, con lo cual la comunidad estatal implica una superación de anteriores comunidades históricas o de otras, presentes en su seno, pero que se hallan subordinadas, por la legalidad y el imperio, al Estado. En último término, toda acción política que no se someta al orden jurídico del Estado es portadora de un poder (o de una influencia) que pretende suplantar la soberanía del Estado por la soberanía de los grupos o comunidades menores. La organización estatal pierde racionalidad y deja paso a la anarquía y a la inseguridad. ◆ Voluntad del pueblo como una persona colectiva; toda voluntad es tan indivisible como la persona que le sirve de soporte *(J. J. Rousseau).* ◆ La forma que da el ser al Estado, es decir, el criterio mismo del Estado: un Estado no soberano no es un Estado.◆ El poder absoluto y perpetuo de la república, y soberano;

el que tiene el poder de decisión y de dar leyes sin recibirlo de otro. Sostiene así el carácter de ilimitado y de absoluto del poder del Estado.◆ Poder absoluto y perpetuo de una república o de un Estado. Debe ser objeto de una apropiación indivisible en la plenitud de su poder *(J. Bodino)*.◆ Designa no ya una potestad, sino una cualidad; es el carácter supremo de un poder, supremo en el sentido de que dicho poder no admite a ningún otro ni por encima de él ni en concurrencia con él *(C. A. Quintero)*. ◆ Cualidades que tiene todo Estado de gobernarse a sí mismo sin injerencias jurídicas extrañas.

SOBERANÍA ECONÓMICA: economía nacional autónoma *(A. Digier)*.

SOBERANÍA LEGAL: para algunos autores, es el ejercicio limitado y restringido del poder del Estado soberano.

SOBERANÍA NACIONAL: la idea de que la nación constituye una persona moral distinta de los individuos que la componen y que tiene una voluntad propia, desemboca en el principio representativo que puede ser caracterizado como el sistema donde la voluntad de un órgano es considerada en virtud de un postulado constitucional irrefutable como la voluntad de la nación, sin preocuparse de saber si la voluntad de este órgano coincide con la del pueblo efectivamente *(H. Nogueira Alcalá)*. ◆ La que corresponde al pueblo, de quien se supone que emanan todos los poderes del Estado, aunque sean ejercidos por representación.◆ Ver **Soberanía**.

SOBERANÍA POLÍTICA: soberanía popular.

SOBERANÍA POPULAR: la soberanía no pertenece a la nación, sino al pueblo en la medida en que cada miembro del Estado, formador del cuerpo político, es detentador de una parcela de soberanía y, por consiguiente, la soberanía pertenece a cada uno de los ciudadanos en proporción a su número *(J. J. Rousseau)*.◆ Está en la base del Estado democrático moderno. Es la soberanía política.

SOBERANO: poder que, en concurrencia con otros poderes, solicita y obtiene la obediencia preferente del substrato social común a todos los poderes en concurrencia y, gracias a la obediencia así obtenida, se impone a sus previos contrincantes, los subordina y, mediante la organización, unifica la acción de la totalidad social *(N. R. Rico)*.

SOCIAL: término referido a la sociedad o a las disputas entre clases.

SOCIALDEMOCRACIA: partido o corriente política que tiene un programa de socialismo moderado.◆ Ideología o tendencia política que propone, a través de la acción parlamentaria, un tránsito pacífico del capitalismo al socialismo.

SOCIALDEMÓCRATA: partidario o relativo a la socialdemocracia.

SOCIALISMO: sistema que el hombre ha creado periféricamente para acompañar una evolución que va, por debajo, hacia el continentalismo y, probablemente, hacia el universalismo *(J. D. Perón)*. ◆ Manifestación auténtica del genio europeo; es rasgo tipificador y corriente inspiradora de la estructura político-social occidental.

◆ Concepción del mundo y de la vida que pretende la liberación del trabajo humano frente a los abusos capitalistas, mediante el establecimiento de una sociedad justa en la que no sea posible la explotación del hombre por el hombre. La colectivización de los medios de producción, el reconocimiento de un sector reducido de propiedad privada siempre que no explote trabajo humano, la planificación estatal vinculatoria en todos los sectores, el partido único, son instrumentos de este o aquél socialismo condicionados por circunstancias de tiempo y lugar *(P. L. Verdú).*◆ Sistema de organización social y económico basado en la propiedad y en la administración colectiva o estatal de los medios de producción y en la regulación por el Estado de las actividades económicas y sociales, y la distribución de los bienes.◆ Conjunto de teorías económicas, sociales y políticas que predican una transformación del régimen de la producción y de la propiedad privada a fin de realizar mejor la justicia entre los hombres.◆ Sistema económico que tiene como finalidad atribuir a la sociedad, y no a los individuos, la propiedad y la administración de todos los bienes naturales o hechos por el hombre, para lograr que un ingreso nacional siempre creciente pueda ser distribuido con mayor igualdad, sin disminuir excesivamente la motivación económica de los individuos ni su libertad de elegir su consumo y su ocupación (*A. Francia* y otros). En este sistema, existen dos tipos de propiedad: 1) propiedad social, administrada por el Estado en representación de la comunidad y representada por todos los recursos del país y los bienes de producción; 2) propiedad privada, que incluye los ingresos de los trabajadores, sus ahorros procedentes del trabajo, sus viviendas y los bienes de consumo destinados al uso y a la satisfacción personal.◆ Teoría que preconiza la reducción de todos los instrumentos de trabajo (bienes de producción) a su propiedad común nacional, la organización de la producción colectiva y la repartición de las riquezas económicas por el Estado.◆ Implica formulaciones teóricas sobre las aspiraciones de la clase trabajadora europea explotada por el régimen industrial y la necesidad de proyectar este programa de acción al campo de la tarea política. La teoría se presenta como negación del individualismo, como inevitable tránsito de la sociedad hacia la apropiación colectiva de la riqueza y como supresión del privilegio económico, consecuencia de la sociedad dividida en clases. La diferencia con el comunismo consiste en que niega la violencia como método para la conquista del poder, sustituyéndola por el reformismo dentro de la sociedad burguesa y la evolución gradual de la sociedad mediante conquistas legales logradas por vía parlamentaria. Este carácter reformista le permite, teóricamente, coincidir con cualquier tipo de organización estatal, incluso con las reformas dictatoriales del capitalismo. El nazismo alemán se llamó nacional-socialismo *(J. J. Hernández Arregui).*

SOCIALISMO AGRARIO: aquel que apunta sólo a socializar la tierra y dejar los demás medios de producción en manos privadas.

SOCIALISMO AUTOGESTIONARIO: se caracteriza esencialmente por la participación directa de los trabajadores en la gestión y en beneficio de producción, a diferencia de los sistemas socialistas de planificación centralizada.

SOCIALISMO CRISTIANO: aquel inspirado en principios religiosos cristianos.

SOCIALISMO DE ESTADO: teoría que atribuye al Estado la propiedad o la fiscalización directa de las grandes empresas de interés público, de las grandes industrias y de las organizaciones de crédito y seguros.◆ Muchos autores lo llaman simplemente socialismo, no obstante otros prefieren utilizar esta terminología para distinguirlo de otros. La aspiración máxima, aunque no siempre inmediata, es la transformación de la propiedad privada de los instrumentos y medios de producción, en propiedad colectiva *(C. A. Quintero).*

SOCIALISMO DE MERCADO: el hacedor de esta corriente económica fue un político, el líder chino Deng Xiaoping, arquitecto de la apertura económica que convirtió a China en una de las economías de mayor crecimiento y poderío a nivel mundial.

SOCIALISMO REFORMISTA: teoría que pretende regular las modalidades de la propiedad privada de tal modo que, por una parte, impida la formación de fortunas muy grandes, mediante la suspensión de la herencia al menos en línea colateral, y la estricta limitación de la herencia en línea directa, mediante los impuestos progresivos sobre la fortuna adquirida, etcétera, de tal manera que se extienda a todos el beneficio de la propiedad privada, fundada únicamente sobre el trabajo.◆ Socialismo que rechaza los métodos revolucionarios y violentos, aspirando a una gradual implantación del socialismo.

SOCIALISMO UTÓPICO: socialismo premarxista; se caracteriza, entre otras cosas, por las admirables luchas que los teóricos socialistas y las masas que los seguían emprendieron contra la burguesía. Pese al carácter de irrealizable que le achacaban, el objetivo perseguido por sus creadores era la crítica a la sociedad en que vivían mediante la presentación de una acción reformadora. Ideológicamente, representa una reacción violenta, en teoría, contra el capitalismo naciente. Propone soluciones conciliatorias que tendrán una limitación de la propiedad privada y un sistema cooperativo de servicios a las necesidades materiales e intelectuales, división del trabajo, desaparición del Estado como servidor de una sola clase. Existe una conciliación de clases que se opone a la lucha de clases. No obstante, es una corriente anticapitalista que predica una política solidaria y de igualdad económica, en la cual el Estado desempeña un rol represor de la clase parasitaria, que debe ser reemplazada por un régimen corporativo. Existe una evidente eliminación y/o limitación de la propiedad privada en pos del interés comunitario. Es decir que, en general, se plantea una nueva organización social en la cual el medio de producción social es agrario y aparece como una respuesta al sistema capitalista, en el que la clase dominante o burguesía es la propietaria del poder económico.

SOCIALISTA: quien profesa la doctrina del socialismo.

SOCIALIZACIÓN: transferencia al Estado o a otro órgano colectivo de las propiedades, industrias, etcétera, particulares. ◆ Manera en que cada individuo se incorpora a la sociedad.◆ Proceso de colectivización de las empresas privadas.

SOCIALIZACIÓN ANTICIPADORA: pretensiones de ascenso social; intentos del adolescente para actuar como adulto.

SOCIALIZAR: traspasar al Estado o a otra institución u organización colectiva las industrias o propiedades privadas.

SOCIALMENTE NECESARIO: en la teoría marxista, trabajo realizado para producir una cierta mercancía en condiciones medias de productividad, de habilidad y de técnica.

SOCIEDAD ARISTOCRÁTICA: comunidad basada esencialmente en la afectación del lujo individual del hombre rico, que reúne a su alrededor, y para satisfacer su confort, un gran número de servidores y dependientes *(Leroy-Beaulieu)*.

SOCIEDAD CIVIL: se utiliza generalmente en oposición a la sociedad militar.◆ Sociedad que no tiene como propósito la distribución de lucro.◆ Predomina la organización para la producción; sociedad industrial. Se regula por el principio de la cooperación voluntaria para asegurar el sustento y la satisfacción de las necesidades individuales de sus miembros.

SOCIEDAD DE CONSUMO: creación de falsas necesidades y adormecimiento de la conciencia crítica a través de la satisfacción de las necesidades económicas. No se presenta como el resultado inevitable del progreso humano, como el producto de un proceso de automatización de la producción incontrolada, sino que debe ser expuesto como un sistema de relaciones de producción basado en la propiedad privada, que procura prolongar su vigencia por medio de la acción plani-

ficada de los instrumentos de poder *(I. Cheresky)*. ◆ El consumo tiene formas específicas que en cada época son condicionadas por la estructura de la organización. Para analizar las políticas productivas y comerciales es necesario analizar los tres tipos de obsolescencia. La obsolescencia de función: un producto queda fuera de moda cuando se introduce otro producto que ejecuta mejor su función; la obsolescencia de calidad: cuando es planificada y el producto se desgasta en un período muy corto; la obsolescencia de atractivo: en esta situación, un producto que todavía puede ser utilizado en términos de calidad o de ejecución se torna anticuado para nuestro pensamiento, porque una modificación de su estilo u otro cambio hace a otro producto más apetecible.

SOCIEDAD DE ECONOMÍA MIXTA: aquella que forman el Estado Nacional, los estados provinciales, las municipalidades o las entidades administrativas autárquicas dentro de sus facultades legales, por una parte, y los capitales privados por la otra, para la explotación de empresas que tengan por finalidad la satisfacción de necesidades de orden colectivo o la implantación, el fomento o el desarrollo de actividades económicas.

SOCIEDAD DE LA ABUNDANCIA: expresión utilizada por el economista John Kenneth Galbraith para definir una sociedad donde la gente dispone de sobrantes de dinero una vez resueltas sus necesidades básicas, tales como vivienda y alimentación.

SOCIEDAD DE LAS NACIONES: liga que comenzó a delinearse el 18 de enero de 1919, cuando los aliados victoriosos se reunieron en París en el marco de la Conferencia de Paz, que concluyó con el Acuerdo de Versalles. El presidente de los EEUU, Woodrow Wilson, propuso, en enero de 1918, un plan de paz para terminar la guerra, el cual constaba de catorce puntos, a través de los cuales se proponía la conformación de una asociación comprometida a garantizar la independencia y la integridad para las grandes y pequeñas naciones. Los acuerdos de paz que pusieron fin a la Primera Guerra Mundial, comenzando por el Tratado de Versalles, dieron origen a un sinnúmero de nuevos países. Treinta y dos estados y dominios se constituyeron como sus fundadores. Los grandes perdedores de la guerra (Alemania, Rusia, Austria y Turquía) quedaron excluidos en la conformación inicial. Alemania se incorporó más tarde. El acuerdo fundacional de la Liga de las Naciones, que fue incorporado a los tratados de Versalles, tuvo una estructura muy similar a la de su sucesora, es decir, la Organización de las Naciones Unidas. Constaba de un Consejo Permanente que, como el Consejo de Seguridad de las Naciones Unidas, debía prevenir los estallidos bélicos o restablecer la paz en caso de que los conflictos ya hubieran comenzado. El Consejo Permanente estaba formado por cinco miembros fijos, que eran Francia, Gran Bretaña, Italia, Japón y Alemania. Había, además, otros cuatro miembros no permanentes, que se mantenían tres años en sus funciones. Posteriormente, este número se elevó. La segunda institución de importancia capital en la Liga era la Asamblea, que es un antecedente de la Asamblea General de las Naciones Unidas. Estaba formada por todos los Estados miembros, que para este caso, se encontraban en completa igualdad de condiciones. Se eligió como sede a Suiza. El fracaso de la Liga en su principal objetivo estuvo signado por varios aspectos. Las decisiones en su seno tenían que ser unánimes, por lo que el voto en contra de un solo miembro abatía cualquier propuesta. Se concentró en el desarme como política, lo que provocó en los países el temor a quedar desprotegidos, sin capacidad de defenderse ante un ataque extranjero. Hay quienes argumentan que si bien no provocó otra guerra, la Liga de Naciones contribuyó a crear un clima de inseguridad que sí desembocó en otra guerra. Paradójicamente, el Congreso de los EEUU jamás ratificó la Liga y, por lo tanto, el país nunca participó en ella. Ese fue tal vez otro de los grandes fracasos. La falta del liderazgo y de poder estadounidenses redundaría en la pérdida de credibilidad y de aceptación de la asociación. A juicio de los historiadores, la Liga ayudó tal vez a prevenir pequeños conflictos a través de la cooperación y ayudó a crear una cierta conciencia colectiva sobre la necesidad de la paz. Pero no pudo evitar las agresiones posteriores de Japón, Italia y Alemania, que terminaron por provocar, entre 1939 y 1945, una guerra mucho más cruenta que la anterior. Resultó un organismo débil e incapaz de detener el avance de las ideologías de extrema derecha. En 1930, ingresó la Argentina durante la presidencia de Irigoyen y en 1936 Carlos Saavedra Lamas se desempeñó como presidente de la asamblea de la Sociedad. Pero para entonces, el organismo ya estaba casi moribundo y se extinguió oficialmente en abril de 1946. Fue el antecedente de la Organización de las Naciones Unidas.◆ Liga de las Naciones. ◆ Naciones Unidas.

SOCIEDAD FABIANA: institución fundada en Inglaterra en 1883, que propugnaba un socialismo sin violencia, se inspiraba en una evolución gradual de la sociedad y tenía un basamento de índole moral.♦ Ver **Fabianismo.**

SOCIEDAD INTERNACIONAL: aquella constituida por acuerdos entre Estados u otros entes de Derecho Internacional Público *(Lara).*♦ Aquella en la que las operaciones internacionales se consolidan en una oficina de inversiones nacionales que forma parte de la jerarquía a nivel de la decisión y que, en materia política, está dispuesta a tomar en cuenta todas las estrategias posibles para la penetración en los mercados extranjeros *(Robinson).* ♦ Aquella que se caracteriza por la existencia en un número relativamente restringido de países, de filiales o sucursales, con objetivos limitados: concurrencia con las industrias locales, toma de contacto con la competencia y realización de operaciones de comercialización *(P. Du Page* y *P. Turot).*

SOCIEDAD MILITAR: clase militar dentro de un sistema.♦ Predomina la organización para la guerra; está fundada en la cooperación obligatoria y basada en la coerción.

SOCIEDAD MULTINACIONAL: aquella que actúa en varios países simultáneamente. ♦ Aquella en la que cualesquiera sean su estructura y su política de operaciones en el extranjero, son iguales que las operaciones nacionales, y cuya dirección nacional está pronta a repartir los recursos de la sociedad para atender a los objetivos sociales sin tener en cuenta las fronteras. Las decisiones se someten a influencias nacionales porque la propiedad y las directrices centrales son uninacionales *(Robinson).*♦ Aquella cuyo capital está repartido entre accionistas de diferentes nacionalidades, del sector público, semipúblico o privado, sin importar que la multinacionalidad esté o no muy extendida y que esté impuesta o sólo deseada por el país de recepción *(P. Du Page* y *P. Turot).*♦ Aquella que cumple con los siguientes criterios definitorios: presencia sustancial en un número importante de mercados nacionales, control de establecimientos industriales de producción de bienes y servicios en varios países, distribución del capital entre personas de diferentes nacionalidades, variedad de representantes de cada país en el personal dirigente y el consejo de administración sin preponderancia de una nacionalidad determinada.

SOCIEDAD PARA LA HIGIENE RACIAL: institución fundada el 22 de junio de 1905, en Berlín, por el médico Alfred Ploetz y el etnólogo Richard Thurnwald, que sirvió como justificación científica al régimen nazi. La finalidad residía en mantener la calidad de la raza humana realizando una tarea de selección. La cuestión era una drástica disminución de los nacimientos considerados "ineptos" y la eliminación de factores hereditarios no deseables. Estos aspectos constituyeron el basamento del prejuicio y del racismo. El antropólogo británico Francis Galton había introducido el término "eugenesia", luego reemplazado por "higiene racial", terminología adoptada por Ploetz.

SOCIEDAD POLÍTICA: en un sentido lato, sociedad humana global.♦ En un sentido restringido, agrupación política o partido político.♦ El cuadro en cuyo interior se inscriben, se expresan y desarrollan todas las relaciones que se establecen entre los hombres, individualmente y en grupos *(J. Meynaud y A. Lancelot).*◆ Sistema de relaciones de estructuras y comportamientos de gobernantes y gobernados en continua simbiosis social.

SOCIEDAD SECRETA: agrupación constituida por miembros que mantienen en secreto su adhesión a ésta.

SOCIEDADES "OFF SHORE": empresas fantasma; simples nombres que se comercializan con un pago inicial y de mantenimiento anual por un pequeño costo. Se protegen las identidades de los ahorristas que pretenden dejar su patrimonio fuera del alcance de los organismos fiscales o de contralor.

SOCIETAL: comparado con el término "social", lo que la nueva palabra busca destacar es la estructura global de funcionamiento del grupo más que las relaciones asociativas.

SOCIOCULTURAL: relativo al estado cultural de una sociedad o un grupo social.

SOCIOGRAFÍA: descripción específica de los distintos fenómenos sociales, a partir de determinados estudios monográficos de sectores dados de la vida social y, especialmente, de pequeños sectores.

SOCIOLOGÍA: Augusto Comte, en 1839, prefirió este término a la expresión "física social", ya empleada por Quételt. A pesar de su formación etimológica, defectuosa, una mezcla de latín y griego (*societas*, sociedad; *logos*, palabra), ha sido adoptada por el uso y designa a la ciencia de la sociedad. Es la ciencia de la sociedad humana en su conjunto.

◆ Estudio científico de los aspectos sociales de la vida del hombre. Se estudia el comportamiento de las personas en el contexto colectivo.◆ Ciencia que trata de desarrollar una teoría analítica de los sistemas de acción social en la medida en que estos sistemas pueden ser comprendidos de acuerdo con su propiedad de integrarse alrededor de los valores comunes *(Talcott Parsons).*

SOCIOLOGÍA POLÍTICA: aquella que estudia los fenómenos políticos en su aspecto social.

SOCIOLOGISMO: conjunto de doctrinas o de tendencias (derivadas del positivismo de Augusto Comte y representadas sobre todo por Dürkheim) que consisten en reducir todo el sistema de derechos a una conciencia colectiva que sería, en cada momento de la vida de los pueblos, la fuente y la regla del estado social entero y de las formas jurídicas que lo expresan.

SOCIOMETRÍA: estudio de la determinación operativa de las ideas, los conceptos y la descripción cuantitativa de los fenómenos y las relaciones sociales.

SOCIOPOLÍTICA: estructura conjunta de sociedades inferiores, grupos de intereses, etcétera.

SOLDADO: que presta servicio en la milicia.◆ Militar sin ningún tipo de grado.

SOLDADO VOLUNTARIO: aquel que se alista libremente.

SOLIDARIDAD: movimiento político-sindical nacido en Polonia a principios de la década de 1980 y liderado por Lech Walesa. Fue legalizado en 1989 y convertido posteriormente en un partido político que llegó al poder mediante la vía electoral.◆ En México, uno de los programas más importantes que se implementó para luchar contra la pobreza, que se llamó Programa Nacional de Solidaridad.◆ Impulso afín a la fraternidad. Adhesión a una causa; tiene un profundo sentido social.

SOLIDARISMO: teoría o doctrina fundada en la solidaridad que fusiona los conceptos de individualismo y de universalismo tomándolos como principios no únicamente conciliables sino como indispensables para la armonía social. No modifica el orden social existente, pero sí propugna atenuar las desigualdades sociales y desarrollar la ayuda mutua, la unión de todos como norma de conducta.◆ Según León Duguit la solidaridad es un hecho y al mismo tiempo un deber, es un hecho de dependencia mutua que, en virtud de la comunidad de necesidades y la división del trabajo, une a los miembros de la humanidad, y en especial, a los miembros de uno y el mismo grupo social. Los hombre se hallan subordinados a la norma social, que descansa en la dependencia mutua que los une.

SOMOZISMO: dinastía que se adueña del poder en Nicaragua mediante la violencia, la prepotencia y la corrupción. En 1937, se produce el ascenso de Anastasio Somoza García, apoyado por los EEUU, a la presidencia de la nación. Como corolario de su oscuro desempeño configuró una sólida y abundante posición económica. "Yo tengo una sola finca y se llama Nicaragua"; esta afirmación quizás resultó la definición más contundente de este personaje que fue asesinado en 1956 por el poeta Rigoberto López Pérez. Este hecho desencadenó una feroz e indiscutida represión. Aparece en escena Luis "Tacho" Somoza y, posteriormente, en 1967, Anastasio "Tachito" Somoza. La fortuna familiar adquirió montos inusitados en un país tan pobre. En 1972, reformó la Constitución para ser reelegido presidente. En 1978, ordenó el asesinato del principal líder de la oposición, Pedro Chamorro. La reprobación internacional, la resistencia del Frente Sandinista de Liberación y la quita de apoyo del gobierno de los EEUU, lo obligaron a dejar Nicaragua y a asilarse en Asunción, Paraguay, donde fue asesinado por el ERP (Ejército Revolucionario del Pueblo), grupo armado argentino.

"SOVIET": conjunto o grupos de obreros y soldados durante la Revolución Rusa. ◆ Colectividad en la cual no se obedece a la autoridad de acuerdo con las jerarquías.◆ Órgano de gobierno local que ejerce el régimen comunista en Rusia.◆ Servicio, agrupación o colectividad en que no se obedece a la autoridad jerárquica. ◆ En la URSS, sistema organizativo del Estado y de su Poder Supremo. ◆ Consejo o asamblea obrera.

SOVIET SUPREMO: organismo superior del Estado de la U.R.S.S., que estaba formado por dos cámaras: el Soviet de las Nacionalidades y el Soviet de la Unión.

"SOVJOS": nombre que recibían en la URSS las empresas agrícolas del Estado. Junto con los *koljos*, conformaban la organización agraria.

STALINISMO:sistema político que se basa en la ideología y en la práctica de Stalin y sus seguidores.

"STAND BY": tipo de convenio acordado entre el Fondo Monetario Internacional y un país miembro de éste, en el que el primero le otorga un préstamo por un cierto plazo en forma inmediata sin el requisito de estudio previo y del cumplimiento de ciertas pautas.◆ Línea crediticia otorgada contra el pago de una compensación por un tiempo especificado. ◆ También es un crédito-puente extendido a un país o autoridad monetaria en caso de dificultades en la balanza de pagos de esa nación, con las facilidades *stand by* concedidas por el FMI.◆ Acuerdo *stand by*.

"STATU QUO": se utiliza en la diplomacia para referirse al estado de cosas en un momento determinado, durante las tratativas de algún convenio importante entre países.

"STATUS": ver **Estatus**.

STROESSNISMO: corriente política liderada por el general Alfredo Stroessner, del partido colorado, en Paraguay, país que gobernó desde el 11 de junio de 1954 hasta 1989, como un Estado de su exclusiva propiedad, contando con el apoyo de grupos empresarios extranjeros, terratenientes y militares de alta graduación. Durante su "reinado", Stroessner afianzó su poder en un ejército sobredimensionado en relación con el país y con una policía absolutamente adepta. Estableció un régimen de terror; mediante una Legislatura títere renovaba cada noventa días el Estado de Sitio, que le permitió encarcelar sin juicio previo a cualquiera, en cualquier momento. Las cárceles se llenaron de opositores, muchos de ellos sometidos a terribles torturas y luego asesinados, y miles de paraguayos debieron exiliarse. Stroessner convirtió a Paraguay en uno de los refugios favoritos de los criminales nazis, además de proteger a traficantes de drogas y a contrabandistas. En la década de 1970, actuó en complicidad con las dictaduras de la Argentina y de Uruguay y fue responsable de la desaparición de varios ciudadanos de esos países. Reelegido periódicamente en elecciones fraudulentas durante treinta y cinco años, fue derrocado el 3 de febrero de 1989 por su consuegro, Andrés Rodríguez. Se exilió en Brasilia, donde tenía su residencia en el barrio más lujoso de la ciudad, rodeado de servidores y custodios.◆ Ver **Oviedismo**.

SUBCONSUMO: bienes y servicios faltantes para cubrir las necesidades mínimas y elementales de los seres humanos, dentro de una cultura, un espacio y un tiempo determinados.

SUBCULTURA: diferencia respecto de una cultura nacional hegemónica; la idea de segmentación se funda en la igualdad sustantiva en que se establecen las culturas desiguales.

SUBDESARROLLO: situación de atraso económico caracterizado por bajos niveles de renta y de riqueza en la que se hallan sumidos ciertos países.

SUBLEMA: denominación de una fracción de partido en todos los actos y procesos electorales.

SUBLEVACIÓN: sedición, motín.◆ Ver **Sedición**.

SUBLEVACIÓN DE LA VENDÉE: levantamiento armado campesino producido en Vendée, Francia, durante la Revolución. Tuvo su origen en febrero de 1793, con el decreto de leva, y cobró un carácter revolucionario y restaurador a favor de Luis XVII.

SUBOCUPADO: aquel que trabaja menos de determinadas horas semanales y que desea hacerlo por un tiempo mayor. La cantidad de horas varía de acuerdo con los métodos o las normas que se utilicen.

SUBSIDIARIDAD: tendencia favorable a la participación del Estado en apoyo a las actividades privadas o comunitarias. ◆ Subsidiariedad.◆ En muchas constituciones, directa o indirectamente, queda plasmado este concepto. La Constitución de Chile establece que "Es deber del Estado resguardar la seguridad nacional, dar protección a la población y a la familia, propender al fortalecimiento de ésta, promover la integración económica de todos los sectores de la Nación y asegurar el derecho de las personas a participar con igualdad de oportunidades en la vida nacional".

SUBSIDIARIEDAD: subsidiaridad.

SUBVERSIÓN: revolución.◆ Destrucción o modificación del orden público, de un sistema social, económico, político, etcétera.◆ Metodología revolucionaria, violenta o no, cuyo objetivo es lograr una transformación social que permita la implantación de un nuevo sistema socioeconómico.

SUDACA: palabra peyorativa con la que se designa en Europa y, especialmente, en España, a los latinoamericanos.

SUEÑO AMERICANO: mistificación de la eterna movilidad ascendente en la sociedad estadounidense. El subempleo y la movilidad hacia abajo se convirtieron en un fenómeno que pareciera oponerse al ideal estadounidense.

SUFRAGANTE: que sufraga.

SUFRAGIO: manifestación de la voluntad de cada ciudadano o súbdito, que tiene por finalidad reunirse con las voluntades de los otros ciudadanos o súbditos que conviven en una sociedad política como dueños del Estado y así formar la voluntad colectiva para elegir a sus mandatarios, sean éstos jefes de Estado, primeros ministros, diputados, senadores o jueces.◆ Se manifiesta por medio del voto popular. ◆ Es la expresión del poder electoral que fija la orientación política nacional y que tiene por función la selección y la nominación de las personas que han de ejercer el poder en el Estado o la expresión de la voluntad ciudadana ante un plebiscito o referéndum.◆ Manifestación de la voluntad individual que tiene por objeto concurrir a la formación de una voluntad colectiva, sea para designar a los titulares de determinados cargos concernientes al gobierno de una comunidad, sea para decidir acerca de asuntos que interesan a ésta *(M. J. López)*. ◆ Función ejercida por el pueblo; conjunto de los ciudadanos integrados en un cuerpo político, que por el voto manifiesta una decisión política *(T. Fernández)*.

SUFRAGIO CALIFICADO: voto restringido.

SUFRAGIO CAPACITARIO: sistema limitado de sufragio, mediante el cual se reserva el derecho electoral a personas que poseen un determinado nivel de instrucción, generalmente ratificado por títulos o certificados de diversas profesiones.

SUFRAGIO CENSATARIO: voto restringido; limita el derecho de sufragio a quienes tienen cierta fortuna o actividad económica. Sufragio eminentemente antidemocrático.◆ Sufragio restringido.

SUFRAGIO DE CAPACIDADES: sufragio restringido, basado en que tienen derecho a sufragio quienes poseen cierto grado de instrucción. La forma menos restringida de este sufragio es la exigencia al elector de saber leer y escribir.

SUFRAGIO DE PRIMER GRADO: sufragio directo.

SUFRAGIO DE SEGUNDO GRADO: sufragio indirecto.

SUFRAGIO DIRECTO: aquel en que el elector elige directamente en una instancia única y sin intermediarios a las autoridades políticas del Estado.◆ Sufragio de primer grado.◆ Voto directo. ◆ Se aplica cuando el cuerpo de ciudadanos toma directamente una decisión política. El pueblo decide.

SUFRAGIO ELECTORAL: se aplica cuando se elige a los representantes para los diversos órganos del Estado. El pueblo elige. Las principales formas son: la iniciativa política, la iniciativa legislativa, el referéndum, el plebiscito y la revocación.

SUFRAGIO FACULTATIVO: se aplica cuando el elector es libre de concurrir o no a votar sin que la concurrencia implique sanción alguna.◆ Voto facultativo.

SUFRAGIO FAMILIAR: asignación de votos suplementarios a los jefes de familia en relación con la composición numérica de ésta.

SUFRAGIO INDIRECTO: aquel en que el elector no elige directamente a sus representantes, sino que elige a terceros, denominados "electores" o "compromisarios de segundo grado", que en definitiva elegirán a los representantes. ◆ Voto indirecto.

SUFRAGIO LIMITADO: el reservado para determinados ciudadanos que poseen condiciones específicas.

SUFRAGIO OBLIGATORIO: se aplica cuando el elector está obligado a votar de acuerdo con las normas legales vigentes. Existen sanciones administrativas, penales o económicas, en función de la legislación vigente, para aquellos que no concurran a votar y no puedan justificar plenamente su inasistencia.◆ Voto obligatorio.

SUFRAGIO PLURAL: voto plural.

SUFRAGIO PÚBLICO: voto público.

SUFRAGIO RESTRINGIDO: aquel en el que sólo pueden votar quienes posean medios de fortuna.◆ Sufragio censatario. ◆ Voto restringido.

SUFRAGIO SECRETO: voto secreto.

SUFRAGIO ÚNICO: voto único.

SUFRAGIO UNINOMINAL: voto uninominal.

SUFRAGIO UNIVERSAL: sufragio plenamente democratizado, una vez eliminadas las restricciones de fortuna, de instrucción, discriminaciones de sexo, etcétera. Tiene su fundamento en: un ciudadano, un voto.◆ Voto universal.

SUFRAGISMO: sistema político que le otorga el voto a la mujer.◆ Movimiento político que propugna el derecho de sufragio a la mujer sin ningún tipo de restricciones.

SUFRAGISTA: persona partidiaria del sufragio femenino.

SULTANATO: período que dura el gobierno de un sultán.

SUMA DEL PODER PÚBLICO: acumulación de todas las atribuciones del gobierno en un solo órgano estatal, habitualmente el Poder Ejecutivo, sin limitación ni responsabilidad alguna.

SUNNITAS: seguidores de Abu Bakr, constituyen el 90 % de los musulmanes del mundo. Se rigen por la llamada "suma", secta que compone el Islam y que es la única que lleva al paraíso.

SUPERESTRUCTURA: palabra utilizada por Karl Marx para referirse a la ideología de una sociedad, en un sentido amplio; es decir, religión, cultura, etcétera. En oposición a ello, consideraba la infraestructura económica, o sea, las relaciones de producción.

SUPERINTENDENCIA: conjunto de potestades jerárquicas que la Constitución y la ley atribuyen a un órgano sobre todos los demás de su dependencia.

SUPERPOTENCIAS: actores estatales que cuentan con medios autosuficientes para defenderse y proveerse de los suministros que requirieran. Posee un altísimo grado de desarrollo económico y tecnológico, así como una enorme capacidad de destrucción. Ejemplo: los EEUU *(V. Figueroa)*

SUPRANACIONALISMO: corrientes que preconizan el reemplazo del nacionalismo por una unión por parte de varios Estados para generar un Superestado.

SUPREMACÍA: superioridad o preeminencia jerárquica.

SUSPENSIÓN DE GARANTÍAS: situación atípica en la que, por causas de orden público, quedan provisoriamente sin vigencia algunas garantías constitucionales.

SUSTANCIA ÉTICA: conjunto de bienes jurídicos, de convicciones morales fundamentales, de instituciones en los que aquéllos y éstas se expresan *(González de Cardenal).*

SUSTITUCIÓN DE IMPORTACIONES: política cuya finalidad es la disminución de las importaciones a través de la formación y el fomento de la producción nacional. Consiste en reemplazar buena parte de los bienes que llegan del extranjero con artículos de producción nacional, con dos objetos: reducir la necesidad de divisas para el financiamiento de las importaciones y propiciar la creación y la puesta en marcha de un proceso de industrialización. ◆ Es una estrategia de industrialización que fue aplicada por numerosos países en sus primeras etapas de desarrollo. Consiste en restringir las importaciones de manufacturas y estimular la elaboración local de bienes semejantes para satisfacer la demanda del mercado interno (comienzan a producirse bienes que "sustituyen" a los que anteriormente se importaban).

T

TABLA DE VIDA: método de resumir la experiencia de mortalidad de una sola cohorte o generación a lo largo de la vida, sometida durante ese lapso a una serie de índices de mortalidad por grupos de edad constantes.

TÁCTICA: en política, por analogía con la ciencia bélica, el arte de conducir las operaciones aisladas *(L. Trotsky).*◆ Plan de operaciones para ganar cada una de las batallas aisladas.◆ Conjunto de reglas que se ajustan en su aplicación a las operaciones militares.

TALIBANES: constituyen el régimen extremista islámico afgano. Tal designación, que significa en persa "estudiantes" y que proviene de su devoción por la lectura del *Corán*, son fundamentalistas islámicos sunnitas, apoyados por Pakistán. Aunque ya existían durante la larga lucha contra las tropas de la URSS, que ocuparon Afganistán entre 1979 y 1989, no constituían entonces una organización definida. Con apoyo paquistaní, se constituyeron en una fuerza cohesionada e iniciaron en 1995 una ofensiva contra el gobierno del presidente Buranuddin Rabbani. Tras varios meses de lucha, tomaron Kabul en 1996. Impusieron un sistema autoritario basado en la ley islámica. Obligaron a las mujeres a cubrirse con largas túnicas y velos y les prohibieron trabajar y estudiar. Forzaron a los hombres a usar largas barbas. Su régimen sólo es reconocido por Pakistán, por Arabia Saudita y por los Emiratos Árabes Unidos. La ONU sigue apoyando a Rabbani. Los EEUU lo acusan de proteger a Osama Bin Laden, el terrorista internacional más buscado por Washington. Preocupan especialmente a Rusia, que teme que se extienda su influencia a las ex repúblicas soviéticas musulmanas, y a Irán, donde el poder está en manos de musulmanes shiítas.

TANGENTÓPOLI: nombre con el que se conocen los hechos escandalosos de las comisiones ilegales, que estallaron en Italia en la década de 1990 y que acabaron con el viejo sistema basado en el "pentapartido".

TASA DE CAMBIO: precio de una moneda expresado en otra. Se expresa como el número de unidades de la moneda nacional por unidad de moneda extranjera *(F. Mochón y V. Beker).*

TAYLORISMO: sistema económico fundamentado en los principios enunciados y puestos en práctica por Frederick Taylor y que se refieren a la organización laboral en las empresas.

TEATRO DE GUERRA: conjunto de regiones terrestres o marítimas sujetas a la influencia de las operaciones militares o navales de los países beligerantes. Se acepta hoy como teatro de guerra, en general, todo el territorio de los países que toman parte en la guerra, así como las regiones marítimas en la cuales actúan sus poderes navales.

TECHO IDEOLÓGICO: elemento de un régimen político que alude a las afirmaciones ideológicas capitales sobre el modo de relación entre la sociedad política y el individuo, sobre la regulación de la economía nacional y de ciertas instituciones (Derecho de propiedad, trabajo y familia). También, en estos postulados ideológicos, se plantean las relaciones entre el Estado y la Iglesia, el Estado y los otros Estados; por ejemplo: liberal, socialista, comunista, fascista, etcétera.

TÉCNICA: conjunto de conocimientos prácticos instrumentales y de habilidades que capacitan al hombre para mejorar su nivel, sea utilizando las fuerzas naturales, sea aprovechando las ventajas que se desprenden de su vida en sociedad *(P. L. Verdú).*

TÉCNICA POLÍTICA: un grado de conocimiento de la realidad política que se caracteriza por la búsqueda del éxito y por facilitar los medios idóneos para obtenerlo. Por encima de las técnicas especiales, según Justo López, se re-

quiere una técnica que debe emplear todas las técnicas especiales.

TECNOCRACIA: preponderancia de especialistas o técnicos en el gobierno de un Estado. Fue una propuesta efectuada durante la Gran Depresión económica de la década de 1930.◆ Tipo de gobierno cuyas teorías propugnan que la jefatura política y económica de los Estados sea desempeñada por especialistas con la finalidad de obtener la máxima eficacia de gestión.

TECNÓCRATA: partido de la tecnocracia.

"TECNOESTRUCTURA": conjunto de organizaciones de carácter técnico dentro de las grandes empresas, que prácticamente toman todas las decisiones fundamentales, que posteriormente debe asumir el consejo de administración y sancionar la junta general de accionistas. Término ideado por J. K. Galbraith.

TECNOLOGÍA: combinación de recursos humanos y materiales; socialmente, no puede ser considerada como un fin en sí misma.◆ Conjunto de conocimiento técnicos y científicos aplicados a la industria.

TEJEMANEJE: manejos enredados para realizar algún asunto turbio. Se utiliza comúnmente para hacer referencia a aspectos gubernamentales.◆ Término que se utiliza en algunos países para referirse a manejos turbios para resolver o realizar algún asunto, fundamentalmente a nivel público o político.

TEJERAZO: denominación que recibió el intento de golpe de Estado liderado por el teniente coronel Antonio Tejera, en España, el 23 de febrero de 1981, mediante el secuestro y la ocupación armada del Congreso. Asaltó el Congreso acompañado de varias docenas de guardias civiles, durante la segunda votación de la candidatura de Leopoldo Calvo Sotelo para presidente de gobierno. El fracaso total terminó al día siguiente, cuando los golpistas quedaron arrestados en acuartelamientos militares. Se conoce este hecho como el 23–F, en alusión a la fecha.

TELÉFONO ROJO: teletipo directa entre la Casa Blanca (Washington) y el Kremlin (Moscú), instalada el 20 de junio de 1963, que aseguraba una comunicación rápida. Su instalación simbolizaba el acuerdo entre las dos superpotencias para no desatar un conflicto nuclear. A partir de 1945, y hasta la caída de la URSS, la situación internacional se caracterizó por el enfrentamiento constante entre los EEUU y la URSS.

TELÉGRAFO MERCANTIL: ver **Telégrafo mercantil rural, político, económico e historiográfico del Río de la Plata**.

TELÉGRAFO MERCANTIL RURAL, POLÍTICO ECONÓMICO E HISTORIOGRÁFICO DEL RÍO DE LA PLATA: más conocido como el *Telégrafo Mercantil*; primer periódico editado en Buenos Aires; el primer número se publicó en abril de 1801 y el último, el 15 de octubre de 1802. Se imprimía en la Imprenta de los Niños Expósitos y en sus páginas colaboraban personajes de primer nivel, como: Manuel Belgrano y Juan José Castelli. Se ocupaba de una gran cantidad de temas económicos, políticos, científicos, etcétera y también contenía avisos publicitarios.

TELEGRAMA ZIMMERMANN: mensaje secreto que dio motivos al presidente estadounidense Woodrow Wilson para declarar la guerra a los alemanes. El mensaje cifrado de Zimmermann, ministro de Relaciones Exteriores alemán, fue enviado a su embajador en México e interceptado y decodificado por el servicio de inteligencia inglés. El 1 de marzo de 1917, el gobierno de los EEUU confirmó su autenticidad.

TELEOLOGÍA: doctrina filosófica de las causas finales que considera al mundo como un cosmos ordenado hacia un objetivo en el que se coordinan todos los fines parciales.

TELÓN DE ACERO: expresión utilizada por W. Churchill para referirse a la Guerra Fría. Suponía una línea de separación entre los países llamados occidentales y los países socialistas del este.

TELURISMO: influencia del suelo sobre los habitantes de una zona, una región o un país.

TEMPORERO: término utilizado para designar al obrero del campo que sólo trabaja durante una cierta temporada anual. Este tipo de tareas eventuales se encuentra condicionado por el período de la siembra, la cosecha o la temporada turística de la región.

TENSIÓN: estado de hostilidad latente entre personas o grupos humanos; entiéndese por tales: clases, razas, etcétera.

TEOCRACIA: gobierno ejercido por Dios. ◆ Gobierno en que el poder supremo está encomendado al sacerdocio o en el que éste tiene una preponderancia especial.

TEOCRÁTICO: vinculado o perteneciente a la teocracia.

TEOLOGÍA DE LA LIBERACIÓN: reflexión teológica que se produce en América Latina en las décadas de 1960 y 1970, a través de la cual comienza a cuestionarse la dependencia y la toma de conciencia de la realidad socioeconómica latinoamericana.

TEORÍA: cuerpo de proporciones lógicamente conectadas sobre las relaciones existentes entre variables, esto es, conceptos.

TEORÍA DE CAMPO: desarrollada por Kurt Lewin; se basa en la presunción de que cualquier efecto que puedan tener acontecimientos distantes, en el presente comportamiento político, deberá aparecer y ser mensurable de alguna forma, con inmediata anterioridad al acontecimiento que constituye la variable dependiente.

TEORÍA DE LA ALIANZA: teoría esbozada por Lenin que contiene dos ideas principales: 1) sólo pueden constituir el núcleo del movimiento socialista, aun en los países pocos desarrollados industrialmente, el proletariado –incluida la población trabajadora rural– y su vanguardia política; los trabajadores han de tener su propia organización; 2) según la concepción marxista de la Historia, toda la historia anterior ha sido de lucha de clases; no se da una sola cuestión social, la cuestión obrera, sobre todo en las sociedades semi-industriales, sino que existen otras oposiciones sociales de clases; en particular, la cuestión de la tierra. Al aspirar a una sociedad sin clases, el marxismo se propone resolver la cuestión social bajo todas sus formas (*W. Hofmann*).

TEORÍA DE LAZARSFELD: afirma que las características sociales determinan la preferencia política, es decir, la existencia de un grupo político con independencia de los determinantes exteriores de *membership* y *attachment*. La persistencia de éstos en diversas decisiones electorales a través de largos períodos de tiempo sugiere que representan, de hecho, no meras desviaciones de otros grupos sociales, sino auténticos grupos dotados de vida propia.

TEORÍA DE MALTHUS: sostiene que la población humana tiende a aumentar con mayor rapidez que los alimentos necesarios para su subsistencia. El principio de Malthus se resumió en tres proposiciones: 1) la población se halla forzosamente limitada por los medios de subsistencia; 2) la población aumenta invariablemente cuando aumentan los medios de subsistencia, a menos que ello sea evitado por impedimentos muy poderosos y evidentes; 3) los impedimentos pueden resumirse en contención moral, vicio y miseria.

TEORÍA DEL DERRAME: teoría según la cual el crecimiento macroeconómico llega a tal punto que se propaga a toda la sociedad. Es una propuesta más voluntarista que real.

TEORÍA DEL INTERÉS SELECTIVO: aquella que sostiene que es propio del espíritu humano elegir en el seno de la realidad, en sí misma indiferenciada, aquello que desea conservar. Intereses muy distintos pueden manifestarse con respecto a los mismos datos globales. El politólogo no se considera como el propietario de un dominio medido y limitado, sino como un investigador a través de todo lo social. Esta teoría fue formulada por R. M. Mac Iver y por C. Page.

TEORÍA DEL VALOR: afirma que el valor de un producto está en relación con la cantidad de trabajo humano necesario para producirlo.

TERCER MUNDO: si la integración la realizaran cualesquiera de los imperialismos (el yanqui, el soviético o un tercer mundo), lo harían en su provecho y no en el de los demás. Solamente la conformación de un tercer mundo podría ser una garantía para que la humanidad pudiera disfrutar de un mundo mejor. Hace treinta años, el Movimiento Nacional Justicialista lanzó una tercera posición *(J. D. Perón)*.◆ Autodenominación de un conjunto de países no alineados con Occidente (EEUU) ni con el sistema comunista (U.R.S.S.), muy mencionado en la época de la Guerra Fría o del denominado "conflicto este-oeste" *(A. Digier)*. ◆ Conjunto de países que se reunieron en Bandung, Indonesia, en abril de 1955. Alfred Sauvy, en 1952, había sostenido que los tres mundos se componían de la siguiente manera: 1) países de democracias capitalistas industrializadas; 2) países componentes del bloque soviético y 3) países postcoloniales. Sukarno, presidente de Indonesia, la denominó "la primera conferencia internacional de pueblos de color en la historia de la humanidad". De Bandung surge el Movimiento de Países no Alineados, desde el cual se proyectaron políticos de primer nivel: Sukarno, Nasser, etcétera.

TERCER "REICH": período político alemán que abarca de 1933 a 1945. Política totalitaria, racista y anexionista liderada por su fundador, Adolf Hitler.◆ Ver **Reich**.

TERCERA INTERNACIONAL: fundada en 1919 por el Partido Comunista soviético, su finalidad fue convocar a todos los partidos comunistas del mundo para impulsar los movimientos revolucionarios. Se disolvió en 1943. ◆ Fue fundada como consecuencia de la división provocada después de la Primera Guerra Mundial. A partir de 1924, la Internacional se convirtió en un instrumento fundamental de la política exterior de la URSS. Tuvo vigencia hasta 1943, año en que Stalin la disolvió. ◆ La Internacional comunista es fundada a propuesta de Lenin en marzo de 1919. En julio y agosto de 1920, se celebra su Segundo Congreso de Moscú, y entre los principales temas que allí se trataron se destacaron las cuestiones nacionales, coloniales, agrarias, etcétera. En él se aprobaron también las condiciones de admisión de los partidos socialistas en la Internacional Comunista, entre las que se encontraba la expulsión de los reformistas de dichos partidos. El Partido Socialista Italiano, aunque adherido a la Tercera Internacional, no cumplió con esas condiciones.

TERCERA POSICIÓN: consiste en defender el interés propio de los países rezagados, diferenciado de las necesidades y determinaciones de las dos superpotencias, las cuales, por otra parte, negocian en la cumbre, redefinen sus áreas de influencia y ordenan la economía mundial sin tomar en cuenta el casquete subdesarrollado del mundo.

TERCERA VÍA: su mentor y diseñador, A. Giddens, sostiene que el concepto alude a cómo se reestructuran los valores de la izquierda en un mundo que cambia radicalmente. La referencia más temprana a este término se halla en escritos franceses de la década de 1890 y después, sí, fue usada por grupos diversos, incluyendo la "tercera posición" en la Argentina de J. D. Perón. El término podría ser reemplazado por la definición "modernizar la socialdemocracia" o modernizar la izquierda.◆ Nueva etapa en el capitalismo impulsada por el *premier* británico Tony Blair. Aspira a tomar los valores tradicionales de la centroizquierda y aplicarlos a un nuevo mundo de cambios económicos y sociales. Además, sostiene: "debemos ir más allá de la vieja izquierda preocupada por el control estatal y una tributación elevada y más allá de una derecha que defiende un individualismo minucioso y la creencia de que el mercado resuelve los problemas". "En economía, nuestro enfoque no es ni *laissez faire* ni uno de interferencia estatal. El papel del gobierno consiste en promover la estabilidad macroeconómica, crear políticas impositivas y de seguridad social que alienten la independencia de los individuos; capacitar a la gente mejorando la educación es fundamental para una mayor competitividad internacional". El proyecto de la tercera vía es básicamente una respuesta que intenta hacer frente a los problemas sociales generados por la globalización, aun en los países más ricos del planeta, combinando la eficacia con la moderación. ◆ Corriente o posición política e ideológica enmarcada en determinados principios básicos. Ellos son: tener un Estado regulador pero no protector, un Estado activo pero no grande, un mundo de derechos con responsabilidades obligatorias, una asociación entre el capital y el trabajo mediante la cual se garantice una retribución digna y justa al trabajador.

TÉRMINOS DEL INTERCAMBIO: relación existente entre la capacidad de compra de los productos de exportación respecto de los de importación. Se dice que se produce el deterioro en los términos del intercambio cuando los precios internacionales de las materias primas que se exportan caen en relación con los precios de los productos con valor agregado o industrializados que se importan. ◆ Se designa así el poder adquisitivo de las exportaciones con respecto a las importaciones. El cálculo relaciona un índice de precios de las exportaciones con un índice de precios de las importaciones. Mejoran para un país cuando se requiere una cantidad menor de exportaciones para adquirir una unidad de importaciones y se deterioran en el caso inverso.◆ Relación real del intercambio.◆ Precio real del intercambio.

TERRITORIO: porción limitada de la superficie terrestre a la cual se extiende el poder de dominio del Estado. Es decir, porción de tierra enmarcada en los límites precisos de sus fronteras y que constituye una unidad geográfica, un complejo de naturaleza geológica, fauna y flora, hidrografía y orografía, zonas agrícolas, centros industriales, saltos de agua, vías de comunicación, ciudades y poblaciones, etcétera.◆ Ámbito espacial de ejercicio del poder; es decir, espacio dentro del cual se da la relación política entre gobernantes y gobernados. Se consideran como partes integrantes del territorio del Estado, además del suelo, el mar territorial, el subsuelo y el espacio aéreo.

TERRITORIO ADUANERO: todo territorio que aplique unos aranceles distintos u otras reglamentaciones comerciales distintas a una parte substancial de su comercio con los demás territorios.

TERRORISMO: actos de violencia que se llevan a cabo para infundir miedo o terror. Generalmente, se trata de una acción indiscriminada de violencia contra instituciones o personas del Estado, llevada a cabo por grupos sociales o políticos con el objetivo de obtener resultados para aprovechar aspectos coyunturales apuntando a alguna meta específica.◆ Los actos intencionales que, por su naturaleza o contexto, puedan lesionar gravemente un país o a una organización internacional cuando su autor los cometa con el fin de intimidar gravemente a una población; obligar indebidamente a los poderes públicos o a una organización internacional a realizar un acto o a abstenerse de hacerlo; o desestabilizar gravemente o destruir las estructuras políticas fundamentales, constitucionales, económicas o sociales de un país o de una organización internacional (Unión Europea). Dichas acciones violentas se aplican contra personas o propiedades motivadas no solamente por fines políticos, sino también por fines religiosos o ideológicos. Entre aquellos grupos con conexiones en Europa, aparecen desde el grupo ETA hasta el peruano Sendero Luminoso, desde el Partido Popular de Kurdistán hasta los grupos armados islámicos y Hezbollah.

TERRORISMO DE ESTADO: aquel ejercido por regímenes totalitaristas; sus características más relevantes son: secuestros, asesinatos, persecusiones, supresión de libertades, torturas y vigencia de organismos parapoliciales o paramilitares.

TERRORISMO POLÍTICO: utilización sistemática del terror, a través de acciones violentas o represión por regímenes, grupos o cálculos políticos. Los terroristas tratan de alcanzar, a través de secuestros, atentados, asesinatos, etcétera, determinado espacio de poder o crear caos o confusión. Normalmente, son pequeños grupos al margen del sistema político establecido que usan los actos de violencia como arena política.

TERRORISTA: partidario del terrorismo. ◆ Gobierno o partido que desarrolla el terrorismo.◆ Quien utiliza métodos que siembran el terror entre la población civil: detonación de explosivos, privación de la libertad a quienes no combaten, toma de rehenes, destrucción de bienes indispensables para la supervivencia, exacciones ilegales, etc. (José A. Consili).

TETRARCA: gobernador de un territorio, provincia o región.

TETRARQUÍA: territorio de jurisdicción de un tetrarca. ◆ Tiempo de gobierno del tetrarca.

"THATCHERISMO": políticas sociales y económicas seguidas, entre 1979 y 1990, por Margaret Thatcher en Gran Bretaña. La desregulación económica, la privatización, la reducción del Estado, las ideas neoliberales y conservadoras en general fueron el basamento de esta nueva derecha.

TIAR: ver **Tratado Interamericano de Asistencia Recíproca**.

TIMOCRACIA: gobierno en que ejercen el poder los ciudadanos más adinerados o que tienen cierta renta.

TÍO SAM: expresión utilizada por primera vez el 7 de setiembre 1813 por el periódico *Troy Post*, como una identificación simbólica a la nación y al gobierno de los Estados Unidos. El término nació en 1812. Samuel Wilson era propietario de un matadero a orillas del río Hudson, en Troy, Nueva York. Wilson, nacido en 1766 en Massachusetts, era famoso por su buen carácter y espíritu solidario y se lo conocía cariñosamente bajo el apodo de *Uncle Sam* (Tío Sam). Wilson y su hermano Ebenezer fundaron una compañía que abasteció de carne al ejército durante el conflicto armado. Los barriles que se utilizaban para entregar la mercadería llevaban estampadas las letras U.S. (*United States,* los EEUU) y los residentes del lugar las asociaron con el apodo de Wilson. A partir de entonces, Tío Sam y los EEUU adquirieron el valor de sinónimos. El Tío Sam apareció caricaturizado por primera vez en el *New York Gazette* en 1830. Pero su aspecto fue cambiando a través de los años y, durante la Guerra de Secesión, la imagen fue asociada con la de Abraham Lincoln.

TIPOS DE ESTADO: aquellos que corresponden a un sistema de clases determinado. Son cuatro: el Estado esclavista, el Estado feudal, el Estado burgués y el Estado socialista.◆ Ver **Formas de Estado**.

TIRANÍA: forma impura o degenerada de la monarquía, en la medida en que el monarca ejerce el poder en su propio beneficio. La diferencia entre las formas normales o puras y las formas degeneradas o impuras está dada por la finalidad en vista de la cual es utilizado el poder *(H. Nogueira Alcalá).*
◆ Régimen político en el cual se gobierna al margen de los derechos de los ciudadanos y la autoridad se aplica con maldades y atropellos. Existe un verdadero abuso de fuerza o poder en grado extraordinario.◆ Gobierno ejercido mediante el abuso de fuerza y del poder, y donde no existe justicia.

TIRANÍA DE LA MODA: expresión superficial, pero clara, sobre los usos sociales, sobre lo que es la presión social. Las creencias religiosas, los usos sociales, las convenciones, las vigencias ideológicas, las opiniones y las pautas creadores de habitud, son otros tantos ingredientes de esa presión social que integra formas de poder.

TIRANO: quien se arroga el poder supremo al margen de las instituciones democráticas. Originariamente este término se podía referir tanto al mal como al buen gobernante. Aristóteles le dió otra interpretación: el gobernante honesto procura el bien común, el tirano sólo procura su propia bien.

TIWINZA: puesto militar que se convirtió en el objetivo simbólico más codiciado durante la guerra entre Perú y Ecuador a comienzos de 1995. En el fallo que emitieron, el 23 de octubre de 1998, los países garantes (la Argentina, Chile, Brasil y los EEUU), se refieren, para la sentencia, al "sector reconocido por Ecuador con la denominación de Tiwinza". En concreto, decidieron que "el gobierno del Perú dará en propiedad privada al gobierno del Ecuador un área de un kilómetro cuadrado, en cuyo centro se encontrará el sector reconocido en Ecuador con el nombre de Tiwinza" y que "la transferencia se realizará mediante escritura pública celebrada por las entidades correspondientes del Ecuador y Perú, que será suscrita en el momento de la entrada en vigor del acuerdo global y definitivo". Los garantes establecen que "el gobierno de Ecuador, en su calidad de propietario, tendrá los derechos reales que confiere el Derecho Privado Nacional del Perú, salvo el derecho de transferir". Ecuador no tendrá efectivos policiales ni militares dentro del área de su propiedad ni realizará actividades de cualquiera de esas índoles, excepto actos conmemorativos previamente coordinados con el gobierno de Perú.

TOLERANCIA: reconocimiento de inmunidad política para quienes profesan religiones diferentes a la oficialmente adoptada.

TOLERANTISMO: manifestación u opinión de quienes creen que se debe permitir el ejercicio de todo tipo de culto religioso.

TOMA DE LA EMBAJADA DE WASHINGTON EN TEHERÁN: el 4 de noviembre de 1979, cuatrocientos estudiantes tomaron la embajada estadounidense en Teherán, capital de Irán. El "Gran Satán", según palabras del padre de la revolución, Rujolá Jomeini, era odiado por su respaldo al depuesto *sha* Reza Pahlevi (impuesto por la CIA en 1953) y por su apoyo a Israel. La representación de los EEUU en Teherán se había convertido para ellos en "un nido de espías" y, a cambio de la liberación de los cuarenta y nueve rehenes norteamericanos de la embajada, exigían la entrega del *sha*, por entonces convaleciente de cáncer en un hospital neoyorquino. La indecisión del presidente James Carter (que incluso fracasó en abril de 1980 en un intento de rescatar militarmente a los rehenes) le costó perder las elecciones en noviembre de 1980 frente a Ronald Reagan. Y los rehenes fueron liberados el 20 de enero del año siguiente,

exactamente el día de la asunción del nuevo presidente.

TOPARQUÍA: antiguamente, en Egipto, cada uno de los territorios en que se dividían los nomos o las provincias.

TOQUE DE QUEDA: en época de guerra o en estado de sitio, comunicación realizada a la población para que a una determinada hora se retire a sus viviendas.◆ Decisión o norma de un gobierno que, en circunstancias excepcionales, prohíbe el tránsito o la permanencia en las calles de una ciudad durante un determinado horario.

TORMENTA DEL DESIERTO: el 16 de enero de 1991, estalló la Guerra del Golfo entre Irak y una alianza de veintinueve naciones lideradas por los EEUU El presidente iraquí, Saddam Hussein, que había prometido dar una lección "al Satán Bush" y al "sionismo asesino", ordenó ataques con misiles Scud contra Israel. Mientras el Pentágono armaba y profundizaba su estrategia, los estadounidenses protestaban en Washington por el envío de sus tropas a Irak. Más de cien mil personas, según los organizadores, y cincuenta mil según la policía, desfilaron desde el Capitolio hasta la Casa Blanca para exigir el fin de la guerra contra Irak y el retorno de las tropas estadounidenses. ◆ Ver **Guerra del Golfo**.

TORRIJISMO: corriente política encabezada por el general Omar Torrijos en Panamá. En 1968, llegó al poder como consecuencia de un golpe de Estado que derrocó al presidente Arnulfo Arias y poco después, era nombrado jefe de gobierno y de la Guardia Nacional, única fuerza militar panameña. Desde ese momento, llevó adelante una política de carácter nacionalista y popular, nacionalizando los recursos básicos de la economía y comenzando la reforma agraria. Aunque en un principio reprimió a los militantes de izquierda, restableció relaciones con Cuba. Pero su mayor empeño estuvo puesto en intentar recuperar la soberanía de Panamá sobre la zona del Canal, bajo jurisdicción estadounidense desde 1903. El canal que une los océanos Pacífico y Atlántico fue comenzado por los franceses a fines del siglo XIX. Pero, ante los enormes problemas que presentaba la obra, vendieron los derechos a los EEUU En aquel momento, el territorio de Panamá pertenecía a Colombia y como este país se negó a firmar un acuerdo, los estadounidenses promovieron la independencia de Panamá, convirtiéndolo en un protectorado. Después de muchos esfuerzos, Torrijos firmó en 1977 un tratado con el presidente Jimmy Carter por el cual Panamá recuperaría en 1999 la soberanía sobre la zona. Realizando un viaje de reconocimiento por unidades militares, su avioneta cayó a tierra; fue el 1 de agosto de 1981 en la selva centroamericana. Muy pronto desaparecieron dos testigos que afirmaron haber visto cómo la nave explotaba en el aire y muchos afirmaron que la CIA había sido responsable del extraño suceso. A partir del 1 de enero de 2000, Panamá dispone libremente del canal.

TORTURA: todo acto por el cual se inflija intencionadamente a una persona dolores o sufrimientos graves, ya sean físicos o mentales, con el fin de obtener de ella o de un tercero una información o una confesión, de castigarla por un acto que haya cometido, o se sospeche que haya cometido, o de intimidar o coaccionar a esa persona o a otras, o por cualquier razón basada en algún tipo de discriminación, cuando dichos dolores o sufrimientos sean infligidos por un funcionario público o por otra persona en el ejercicio de funciones públicas, a instigación suya o con su consentimiento o aquiescencia. No se considerarán torturas los dolores o sufrimientos que sean consecuencia únicamente de sanciones legítimas, o que sean inherentes o incidentales a éstas.◆ Tormento.◆ Suplicio.

TORY: denominación utilizada para designar al Partido Conservador Británico y a cada uno de sus partidarios.

TOTALITARIO: relativo o pertenenciente al totalitarismo.◆ Régimen político que otorga al jefe del Poder Ejecutivo el dominio efectivo sobre el resto de los poderes del Estado y que niega a los partidos políticos opositores las garantías judiciales para el ejercicio de sus actividades.

TOTALITARISMO: sistema político que da preeminencia absoluta al Estado, a través del cual se controla y centralizan las esferas: política, económica, jurídica e ideológica. Los fascismos constituyeron el mejor ejemplo de los defensores del totalitarismo. Se niega el pluralismo político e ideológico.

TRABAJO NO PRODUCTIVO: para Adam Smith y David Ricardo, es el identificado con los servicios comerciales, culturales, profesionales, etcétera. Es un trabajo útil y necesario a la sociedad.

TRABAJO PRODUCTIVO: para Adam Smith y David Ricardo, es el que permite la obtención de bienes materiales, que son los bienes que luego consumen los componentes de la sociedad. ◆ Es todo trabajo que agrega utilidad a un bien; en síntesis, que lo hace más apto para el consumo.

"TRADE UNION": expresión inglesa que significa sindicato obrero. Está íntimamente ligada a la evolución del movimiento obrero sindical en Inglaterra. Las organizaciones sindicales de lucha se van transformando paulatinamente en comités consultivos y regionales alentados por el gobierno y van avanzando estrechamente ligados.

TRADICIÓN: doctrina, costumbre y cultura conservadas y mantenidas que se transmiten de generación a generación, de padres a hijos, en una sociedad.

TRADICIÓN DE INVESTIGACIÓN: expresión utilizada por J. Laudan para describir los contenidos metateóricos de la ciencia, que resultan sumamente útiles para explicar el actual desenvolvimiento de la disciplina.

TRADICIONALISMO: ideología que exalta las normas del pasado, que propugna la conservación o el restablecimiento en la gobernación de un Estado, de un esquema de valores utilizados en el pasado, es decir, seguridad, religión, etcétera. ◆ Ideología o doctrina que resalta las normas, las pautas y las costumbres del pasado. En realidad, es una concepción que no niega el futuro sino que lo analiza como una continuidad del pasado. ◆ Concepción de la historia llamada ultramontanismo, que sostiene que existe una jerarquía divina cuya autoridad máxima es la Iglesia Católica, depositaria de la verdad revelada.

TRADICIONALISTA: partidario o que profesa el tradicionalismo.

TRÁFICO EN TRÁNSITO: tránsito de personas, equipaje, mercancías y medios de transporte a través del territorio de uno o varios estados de tránsito, cuando el paso a través de dicho territorio, con o sin transbordo, almacenamiento, ruptura de carga o cambio de modo de transporte, sea sólo una parte de un viaje completo que empiece o termine dentro del territorio del Estado sin litoral.

TRÁFICO INTERNACIONAL DE MENORES: sustracción, traslado, retención o tentativa de sustracción, traslado o retención de un menor con propósitos o medios ilícitos. Entre los propósitos ilícitos se incluyen: la prostitución, la servidumbre, la explotación sexual, etcétera. Mientras que dentro de los medios ilícitos, el secuestro, el consentimiento fraudulento o forzado, la entrega o la recepción de pagos o beneficios ilícitos con el fin de lograr el consentimiento de los padres, las personas o la institución a cuyo cargo se encuentra el menor.

TRAICIÓN: tipo de delito que se produce quebrantando la fidelidad que se debe mantener.

TRANSICIÓN: proceso social a través del cual se pasa de un sistema político a otro, normalmente, con problemas, avances y retrocesos, pero con objetivos concretos, basándose más en la evolución que en la revolución.

TRASFONDO: especialmente en política, aquello que está o parece estar más allá del fondo visible de algo o detrás de la apariencia o intención de una acción humana.

TRATA: comercio y tráfico de seres humanos. Generalmente, se aplica al tráfico de negros bozales.

TRATA DE BLANCAS: comercio y tráfico de mujeres para que trabajen en centros y en lugares de prostitución.

TRATADO: convenio, convención o acuerdo entre dos o más países u organismos internacionales.◆ Toda concordancia de voluntades entre dos o más estados u otros sujetos del Derecho Internacional, regido por este Derecho, mediante el cual se crea, modifica o extingue entre ellos determinada solución jurídica *(Podestá Costa- J. M. Ruda).*

TRATADO ABIERTO: aquel que prevé la participación de contratantes que no han intervenido en la negociación, normalmente mediante la adhesión a la firma, según lo establecido en el instrumento.

TRATADO ALFARO-HULL: ver **Alfaro-Hull, Tratado de.**

TRATADO BILATERAL: acuerdo entre dos países u organismos internacionales.

TRATADO CERRADO: aquel que permite exclusivamente la participación de los negociadores, es decir, de los que han participado en la elaboración y en la adopción del texto del tratado, y prevé la incorporación de nuevos contratantes. El tratado bilateral es el tratado cerrado por excelencia.

TRATADO DE ASUNCIÓN: tratado del Mercosur celebrado inicialmente por la Argentina, Brasil, Paraguay y Uruguay; se sumó al bloque, el 25 de junio de 1996, Chile y Bolivia. Consiste en un acuerdo de complementación económica, que crea una gama de libre comercio entre ellos. ◆ Ver **Mercosur.**

TRATADO DE COOPERACIÓN AMAZÓNICA: su denominación más común es "Pacto Amazónico". Fue suscripto en Brasilia el 3 de julio de 1978 por los ministros de Relaciones Exteriores de Brasil, Bolivia, Colombia, Ecuador, Guyana, Perú, Surinam y Venezuela, con el objeto de alcanzar un tratado marco, de tipo cerrado. Las partes se aseguran mutuamente, sobre la base de la reciprocidad, la más amplia libertad de navegación comercial en el curso del Amazonas y de los ríos amazónicos internacionales. Se aboga por la cooperación para informar las reglamentaciones que existan en materia de navegación, policía, etcétera. para evitar la utilización irracional de los recursos hídricos, de su flora y de su fauna, para mantener el equilibrio ecológico de la región. El Parlamento Amazónico es la expresión legislativa del Tratado de Cooperación Amazónica. Se reúne anualmente y su sede es rotativa de acuerdo con el orden alfabético de los países miembros.

TRATADO DE INTEGRACIÓN: tratado que promueve, estimula y/o consolida la integración económica entre dos o más países.

TRATADO DE LA CUENCA DEL PLATA: el 23 de abril de 1969, se suscribió en Brasil este tratado con la participación de los cancilleres de la Argentina, Bolivia, Brasil, Paraguay y Uruguay. El objetivo que movió a las partes fue unir el esfuerzo para promover el desarrollo armónico y la integración física de la Cuenca del Plata y de sus áreas de influencia directa. Los aspectos más relevantes a tener en cuenta: a) utilizar en forma racional los recursos hídricos; b) facilitar asistencia en materia de navegación fluvial; c) lograr una complementación económica de áreas limítrofes; d) perfeccionar las interconexiones viales, fluviales, aéreas, eléctricas, de telecomunicaciones, ferroviarias, etcétera; e) cooperar mutuamente en materia educativa y sanitaria; f) lograr un conocimiento integral de la Cuenca del Plata; g) promover proyectos de interés común para la evaluación y el aprovechamiento de los recursos naturales del área. Los miembros actualmente son: la Argentina, Brasil, Bolivia, Paraguay y Uruguay.

TRATADO DE LIBRE COMERCIO CON AMÉRICA CENTRAL: CAFTA (sigla en inglés). ◆ Tratado firmado en mayo de 2004 entre México, Guatemala, El Salvador, Nicaragua, Honduras, Costa Rica y República Dominicana.

TRATADO DE LIBRE COMERCIO PARA AMÉRICA DEL NORTE: este Tratado rige a partir del 1 de enero de 1994 y está constituido por los EEUU, Canadá y México. Suprime, en un plazo de quince años, aranceles y demás barreras comerciales. La intención es facilitar el comercio, los servicios y las inversiones en un mercado de trescientos sesenta millones de consumidores con un producto de seis billones de dólares. Impulsado por los EEUU, tiende a expandirse hacia el Pacífico y América del Sur.◆ NAFTA.

TRATADO DE PAZ: tratado mediante el cual se pone fin a un conflicto armado constitucional.

TRATADO DE RECONOCIMIENTO, PAZ Y AMISTAD: tratado firmado en 1863, a través del cual España admite definitivamente la soberanía argentina, reconociendo a la República Argentina como nación libre, soberana e independiente.

TRATADO DE VARSOVIA: el 14 de mayo de 1955 en una conferencia realizada en Varsovia en la cual participaron: la Unión Soviética, Checoslovaquia, Albania, Alemania Democrática, Bulgaria, Hungría, Polonia y Rumania, se suscribió el Tratado de Varsovia de Amistad, Cooperación y Asistencia Mutua. En 1985, fue renovado por un período de veinte años. Pero el 1 de julio de 1991, se puso fin a la estructura militar del Pacto. Fueron miembros los siguientes estados: Bulgaria, Hungría, Rumania, Checoslovaquia, Polonia, Unión Soviética; Albania se incorporó en 1955 y se retiró en 1968. En 1990, Alemania Democrática, al producirse la unificación alemana, se retiró. Este Tratado ingresó en una profunda crisis.

TRATADO DE VERSALLES: el 28 de junio de 1919, se firma la paz definitiva con Alemania y se pone punto final a la Primera Guerra Mundial. Se impusieron las condiciones de los países ganadores: los EEUU, Francia, Italia y Gran Bretaña. Las reuniones se realizaron en Versalles, antiguo palacio de los reyes franceses. Como presidente de la conferencia, se designó al jefe del gobierno francés G. Clemenceau.

TRATADO DE WESTFALIA: tratado por el que las potencias europeas, en una de las muchas instancias de fatiga de guerra, otorgaron recíproca exclusividad sobre los asuntos internos y crearon de esta forma el sistema internacional que aún tiene al Estado-Nación como protagonista. El basamento de este tratado es bastante elemental para el progreso o para la barbarie: lo que un soberano haga con el destino de su pueblo dentro de sus fronteras es su prerrogativa indiscutible. Es decir, la inviolabilidad del Estado es más importante que la de los seres humanos, como se puso de manifiesto con el Holocausto, que precedió y acompañó la Segunda Guerra Mundial.

TRATADO GENERAL DE AMISTAD Y COOPERACIÓN: acuerdo entre Paraná y los EEUU llevado a cabo en 1936, conocido también como el Tratado Arias - Roosevelt; fue un adelanto sustancial para recuperar el ejercicio de la soberanía que alcanza Panamá el 31 de diciembre de 1999, mediante la firma del Tratado Torrijos - Carter.

TRATADO INTERAMERICANO DE ASISTENCIA RECÍPROCA: TIAR.◆ Tratado suscripto en Río de Janeiro el 2 de setiembre de 1947, por veintiún países americanos, en la Conferencia Interamericana para el Mantenimiento de la Paz y la Seguridad del Continente. Condena la guerra como procedimiento de política internacional entre las partes y señala una mención expresa a la obligación que asumen para no recurrir a la amenaza ni al uso de la fuerza. El mecanismo de seguridad involucra los conceptos de legítima defensa y de la acción colectiva. Las dos causales directas para activar el mecanismo de seguridad son: 1) el ataque armado y 2) la agresión de hecho o situación que no es ataque armado.

TRATADO INTERNACIONAL: todo acuerdo de voluntades entre sujetos de Derecho Internacional, sometido por éstos a las reglas generales de este derecho *(P. Reuter).*

TRATADO MULTILATERAL: acuerdo o tratado entre más de dos países u organizaciones internacionales.

TRATADO ROCA - RUNCIMAN: en 1933, Inglaterra, que era el principal comprador de productos argentinos, inició una política de protección a los productos originados en sus dominios que amenazó gravemente las exportaciones argentinas. Decidido a no perder el mercado británico, el gobierno encabezado por Agustín Justo suscribió en Londres el Tratado Roca - Runciman, llamado así por los funcionarios que representaron a los dos países. El convenio fijaba la colocación de una cuota de carne argentina en el mercado inglés, bajo el control británico, a cambio de un "tratamiento benévolo" para capitales de aquella nación. En la práctica, se trataba de un verdadero sometimiento a los intereses ingleses, que puso a la Argentina en una situación de total dependencia. El tratado fue duramente criticado por todos los grupos opositores y fue objeto de un duro debate en el Congreso. Una de las voces que con mayor fuerza se alzó en contra del oscuro pacto fue la del senador demócrata progresista por Santa Fe, Lisandro de la Torre, que denunció los acuerdos argumentando que sólo beneficiaban a Inglaterra y a los grandes ganaderos, socios de los frigoríficos extranjeros. La respuesta a los reclamos de De la Torre fue el asesinato de su colaborador, el senador Bordabehere, en pleno recinto del Senado.

TRATADO SAAVEDRA LAMAS: acuerdo internacional firmado en 1933 en Río de Janeiro por distintos representantes de los países americanos. El autor fue Saavedra Lamas, reconocido jurista argentino especializado en Derecho Internacional. Quedaban prohibidas las guerras de agresión en el continente americano y todos los conflictos debían resolverse a través de medios pacíficos contenidos en el Derecho Internacional.

TRATADO TORRIJOS - CARTER: ver **Torrijismo.**

TRATO DE NACIÓN MÁS FAVORE-CIDA: nación que, por determinadas circunstancias políticas, por gozar de una envidiable posición estratégica o por tener un mercado potencial apetecible, recibe un trato especial de una potencia.

TREINTA Y TRES ORIENTALES: movimiento de liberación de la Banda Oriental del dominio brasileño, realizado por patriotas exiliados bajo la conducción de Juan Lavalleja.

TRIBUNAL ARBITRAL DEL MERCO-SUR: las controversias en los Estados parte se resuelven, en principio, mediante negociaciones directas, que se realizan libremente; sus resultados son comunicados al Grupo de Mercado Común.

TRIBUNAL DE NÚREMBERG: el 2 de octubre de 1946, los jerarcas nazis acusados de haber cometido gravísimos crímenes de guerra fueron condenados a la horca. Los líderes nazis fueron sentenciados por el tribunal por las atrocidades cometidas durante la guerra y por la conquista territorial llevada a cabo por su ejército.♦ Juzgó a los principales jefes militares alemanes por los crímenes cometidos durante la Segunda Guerra Mundial. El tribunal, constituido por ocho jueces representantes de Gran Bretaña, los EEUU, la Unión Soviética y Francia, había comenzado sus actividades hacía casi un año. En ese período, veintidós nazis fueron juzgados por acusaciones, como: conjuración para la perpetración de crímenes de guerra y crímenes contra la humanidad, muerte y malos tratos de prisioneros de guerra, desplazamiento en masa de población civil para trabajos forzados y pillaje, asesinato y esclavización de seres humanos, aniquilamiento en masa, persecución política, religiosa y racial. De los veintidós acusados, tres fueron absueltos, siete condenados a prisión y doce a muerte, entre ellos Martín Bormann, que fue juzgado en ausencia. El día anterior a la ejecución, Hermann Goering, ministro de Hitler, se suicidó en su celda tomando veneno, conseguido misteriosamente. Los restantes condenados murieron ahorcados. Al terminar este proceso, se realizó otro contra los médicos acusados de experimentar con seres humanos y contra los juristas y los industriales que promovieron los crímenes.♦ Ver **Juicio de Núremberg**.

TRIBUNAL INTERNACIONAL DE JUSTICIA: ver **Apéndice**.

TRIBUNAL PENAL INTERNACIONAL: en 1998, ciento veinte países firmaron el Estatuto de Roma, posteriormente se incorporaron dieciséis miembros más. Esta Corte permanente juzga a acusados de genocidios y de crímenes de guerra. En abril de 2002, en una solemne ceremonia en la sede de la ONU en Nueva York, entró en vigencia.

TRIPLE A: grupo terrorista de derecha creado en 1974 bajo la denominación de Alianza Anticomunista Argentina, que sembró el terror en el país.

TRIPLE ALIANZA: alianza política entre Alemania, Austria-Hungría e Italia, destinada a oponerse a Francia y a Rusia.

TROTSKISMO: corriente de izquierda liderada por León Trotsky, político nacido en Ucrania en 1879. Su verdadero nombre era León Davidovich Bronstein. Su concepción era expandir la revolución socialista a todos los países. Su posición contrastaba con la de Stalin. La base fundamental era la "revolución permanente", que partía de una radicalización del proceso revolucionario generado por una profundización en la conciencia de las masas proletarias como consecuencia del protagonismo en la vida social. Los trotskistas se integraron en la Cuarta Internacional, creada por Trotsky en 1938. Trotsky fue objeto de varios atentados hasta que en agosto de 1940, fue asesinado en México por Ramón Mercader.

"TRUST": suma de dinero mantenida y administrada por una institución financiera en nombre de una persona, un grupo o una organización. También se aplica a un importante consorcio de empresas. ◆ Se utiliza como sinónimo de Fondo Común.◆ Fusión amplia, generalmente de varias empresas que pierden su independencia y cuya dirección económica está unificada. No es sólo una organización comercial, sino también una organización de producción.◆ Separación de dos relaciones de propiedad en una propiedad particular o conjunto de propiedades, conocido como el *trust corpus*. ◆ Antigua institución fiduciaria del derecho anglosajón, desconocida por el Derecho Romano; consiste en la encomienda a una determinada persona (*trustee*) por parte del testador o donador, de la administración, y no de la propiedad, de los bienes, en interés del destinatario. Durante el siglo pasado su campo de aplicación originario se fue ampliando poco a

poco en América y en Inglaterra. Esta institución permitía a los empresarios realizar esas coaliciones restrictivas de la concurrencia, que la ley prohibía constituir contractualmente. Es una categoría histórica. Es inconveniente designar con el nombre de *trust* las coaliciones de empresas que alcanzan tan estrecho grado de adhesión, que desembocan en una empresa única; en tal caso, estamos ante la fusión de empresas y, por ello, fuera del campo de las alianzas de empresarios. Presupuesto indispensable de éstos es la preexistencia de pluralidad de sujetos económicos, entre los cuales se pretende limitar la concurrencia o bien establecer de algún modo normas de conducta *(F. Vito)*. ◆ En la actualidad, es utilizado para designar las grandes corporaciones que han surgido de la unión y fusión de distintas empresas menores y que se han desarrollado por medio de la apropiación y el copamiento de distintas empresas (de una misma rama industrial o de varias). Se caracterizan por tener una única autoridad (dependiente de algún grupo monopolista importante) y, aunque de carácter internacional, por sus operaciones, realizadas a través de filiales o sucursales en los distintos países.

TUPAMAROS: movimiento guerrillero izquierdista uruguayo fundado en 1962 por Raúl Sendic. Comenzó sus acciones armadas en 1968, con operaciones resonantes y secuestros, pero fueron reprimidos y perseguidos por los militares severamente, extinguiéndose como organización en 1973. En la época constitucional, muchos se incorporaron a la vida política uruguaya.

TURBOCAPITALISMO: fenómeno parcial de la globalización que impica

un importante retroceso del poder del
Estado en las economías del mundo.
En Rusia, se produce la privatización
de la economía, al igual que otras economías comunistas.

U

UCR: Unión Cívica Radical.

UDI: ver **Unión Demócrata Independiente**. ◆ Partido político chileno de orientación derechista.

UDI: ver **Unión Democrática Internacional.**

ULSTER: provincia británica en el norte de la isla de Irlanda. Dos terceras partes de su población es protestante y el resto, católico. El conflicto entre protestantes y católicos comienza a perfilarse en el 1600, cuando se hizo efectiva la ocupación del ejército británico en el norte de la isla. Las tropas británicas confiscaron las tierras de los campesinos católicos a favor de los inmigrantes, en su mayoría escoceses protestantes. En 1921, la isla fue dividida en dos sectores: el norte, una zona protestante gobernada desde Londres, y el sur, una zona de creciente autonomía que después se convirtió en la República de Irlanda. De los nueve condados del Ulster, seis pertenecen a Irlanda del Norte (R.U.) y tres a la República de Irlanda. El conflicto se ve agravado porque los *orange*, orden protestante que cuenta con unos ochenta mil miembros, recuerdan todos los años con una marcha la victoria del rey protestante Guillermo de Orange, en 1690, sobre el monarca católico Jacobo II. Para evitar tensiones, el gobierno local impidió a los manifestantes que circularan por un sector donde vivía una minoría católica. Pero los orangistas exigen cumplir con su tradición. En la actualidad, los católicos nacionalistas aspiran a incorporar el Ulster a la República de Irlanda. Los protestantes, en su mayoría, quieren seguir formando parte del Reino Unido. La guerra civil comenzó en 1969; los católicos comenzaron a reclamar más derechos civiles. El Ejército Republicano Irlandés (IRA), que en el Eire había dirigido la lucha por la independencia, resurge y se consolida rápidamente. El 30 de enero de 1972, las tropas británicas abrieron fuego en Londonderry contra una manifestación por la defensa de los derechos humanos. Hubo catorce muertos. El proceso de paz se inició con el viaje a Irlanda, en 1996, del presidente estadounidense Bill Clinton, y su activa gestión como mediador, y con la llegada del laborismo al gobierno británico en 1997. Por primera vez en casi treinta años, protestantes "unionistas" y católicos nacionalistas se sentaron, en octubre de 1997, a la mesa de negociaciones. Posteriormente, sellaron la paz.

ULTIMÁTUM: resolución definitiva. ◆ Resolución terminante que se comunica en forma escrita y en lenguaje diplomático.

ULTRA: prefijo que significa, más allá de, más que.

ULTRADERECHA: minoría que conserva una concepción o tendencia próxima a las ideologías nazistas o fascistas.

ULTRAIZQUIERDA: minoría que tiene una concepción o ideología marxista, revolucionaria y, en muchos casos, violenta.

ULTRAMAR: sitio o país que se encuentra del otro lado del mar.

ULTRAMONTANISMO: conjunto de las doctrinas u opiniones de los ultramontanos.

ULTRAMONTANO: quien opina en contra de lo que en España se denominan regalías de la corona; partidario de Roma y del Papa.

ULTRANACIONALISMO: nacionalismo exagerado.

UMBRAL: cantidad mínima de votos válidos que debe obtener una lista electoral para poder aplicarle el sistema de cifra repartidora. Depende del sistema electoral vigente en cada Estado.

UNACE: agrupamiento político paraguayo, cuyo líder era Lino Oviedo. ◆ Unión Nacional de Colorados Éticos.

UNANIMISMO: concepción comunitaria cuyo propósito era colocar al individuo en relación profunda con el sentimiento de lo colectivo. Su representante más importante fue Jules Romains.

UNCTAD: ver **Conferencia de las Naciones Unidas sobre Comercio y Desarrollo**.

UNESCO: Organización de las Naciones Unidas para la Educación, la Ciencia y la Cultura.◆ Agencia internacional dentro las Naciones Unidas creada el 16 de noviembre de 1945 y constituida en noviembre de 1946. Los fundadores de la UNESCO fueron artistas, escritores y dirigentes políticos, convencidos de que la educación era el arma más poderosa para luchar contra la discriminación y los horrores de la guerra. El mundo había tenido un claro ejemplo de esa tragedia durante los seis años de la Segunda Guerra Mundial. El preámbulo de la constitución de la UNESCO afirma: "Los gobiernos de los Estados partes en la presente constitución, declaran: Que puesto que las guerras nacen en la mente de los hombres, es en la mente de los hombres donde deben erigirse los baluartes de la paz... Que una paz fundada exclusivamente en acuerdos políticos y económicos entre gobiernos no podría obtener el apoyo unánime, sincero y perdurable de los pueblos, y que, por consiguiente, esa paz debe basarse en la solidaridad intelectual y moral de la humanidad". Entre las múltiples actividades que desarrolla la UNESCO, se encuentran las campañas contra el analfabetismo y la ejecución de planes de educación para las naciones menos desarrolladas. Durante la década de 1980, la organización fue duramente criticada por su politización y el uso de su presupuesto y, como consecuencia, en 1984 se retiraron los EEUU y, un año más tarde, Gran Bretaña. La UNESCO cuenta en la actualidad con ciento cincuenta y seis países miembros y tiene sus oficinas en París. EEUU ingresó en 2002.

UNHCR: ver **Alto Comisionado de las Naciones Unidas para Refugiados**.

UNICEF: Fondo de las Naciones Unidas para la Infancia.◆ Organización singular entre las que se ocupan del desarrollo humano sostenible y a largo plazo, dado su mandato universal relativo a la supervivencia, la protección y el desarrollo del niño. Fue creada en 1946 por la Asamble General de las Naciones Unidas con el objeto de atender a necesidades urgentes de los niños de Europa y de China durante el período de posguerra; actualmente, colabora con los gobiernos para mejorar las condiciones de vida de todos los países del mundo. Depende de contribuciones voluntarias de particulares y de los gobiernos.

UNIDAD POPULAR: coalición de las izquierdas chilenas formadas en 1970 por los partidos: socialistas, comunistas, radicales y social demócrata, acción Popular Independiente y Movimiento Popular Independiente. En los comicios de ese año, el candidato presidencial Salvador Allende, de la coalición, triunfó en la elección. Sin embargo, las Fuerzas Armadas, el 11 de septiembre de 1973, derrocaron al gobierno constitucional.◆ Expresión usada indistintamente para referirse

al gobierno iniciado con el triunfo de Salvador Allende en 1970 hasta el 11 de setiembre de 1973, fecha en que se le puso término abruptamente por el pronunciamiento militar de esa fecha, o para comprender a diversos partidos políticos que aceptaron el programa presidencial triunfante en 1970 o que lo apoyaron en dicho lapso *(G. Urzúa)*.

UNIDIR: ver **Instituto de las Naciones Unidas de Investigaciones sobre el desarme**.

UNIÓN: estructura institucional y territorial que, a modo de confederación o federación, constituye una entidad política organizada y reconocida internacionalmente *(J. G. Tokatlián)*.

UNIÓN ÁRABE DEL MAGHREB: organización integrada por Argelia, Libia, Marruecos, Mauritania y Túnez, y establecida el 17 de febrero de 1989. Es un grupo de naciones movidas por una voluntad política de intensificar la cooperación con organismos regionales similares y fortalecer las relaciones de hermandad que unen a los Estados Miembros y a sus pueblos.

UNIÓN CÍVICA RADICAL INTRANSIGENTE: partido político de la Argentina que el 23 de febrero de 1958 culminó con un gran triunfo en las urnas, llevando a Arturo Frondizi a la presidencia de la República. Las consignas fueron: legalidad, paz social y desarrollo. Frondizi fue uno de los grandes estadistas del siglo XX. A pesar de los numerosos planteos militares, creció la inversión, la producción y el empleo. Su política petrolera fue uno de los ejes centrales de su gobierno. Derrocado por un golpe militar, tuvo que dejar el gobierno.

UNIÓN DEL CENTRO DEMOCRÁTICO: UCD.◆ En España, alianza política conformada en 1977 por liberales, conservadores, socialdemócratas y democristianos. ◆ En la Argentina, corriente liberal liderada por Álvaro Alsogaray hasta su muerte.

UNIÓN DEMÓCRATA CRISTIANA: partido político alemán que se define como un partido popular de centro que sostiene la economía social de mercado, la propiedad privada, la libertad individual y la competencia. Tiene 636.000 afiliados. Está en el gobierno desde 1982, con el canciller Helmut Kohl, quien es su presidente, y forma coalición con la CSU bávara y con el FDR.◆ CDU.

UNIÓN DEMOCRÁTICA INTERNACIONAL: UDI.◆ Entidad internacional que nuclea fuerzas de centro-derecha de varios países. Los Republicanos de los EEUU, los Conservadores del Reino Unido, son miembros de esta institución.

UNIÓN EUROPEA: a partir del 1 de noviembre de 1993, reemplazó a la Comunidad Económica Europea. El Tratado de Unidad Europea, firmado en Maastricht, estableció básicamente una nueva Unión Europea compuesta por quince países: Gran Bretaña, Austria, Suecia, Finlandia, Alemania, Bélgica, Dinamarca, España, Portugal, Francia, Grecia, Irlanda, Italia, Holanda y Luxemburgo. El 1 de mayo de 2004, se incorporaron diez nuevos miembros: Letonia, Lituania, Estonia, Polonia, República Checa, Eslovaquia, Hungría, Eslovenia, Chipre y Malta. Los objetivos fundamentales son: a) extender a todos los países miembros la libre circulación de bienes, personas, servicios y capitales; b) lograr una unión más estrecha entre los pueblos de Europa; c) el Parlamento Europeo tendrá un poder de veto más amplio sobre la legislación continental; d) cofección del cronograma y los criterios para la unidad económica y monetaria, la creación de una sola moneda entre los países listos para ello el 1 de enero de 1999; Gran Bretaña y Dinamarca podrán no adherir a esta etapa final; e) el desarrollo de una política común en cuanto a relaciones exteriores y seguridad (CFSP), mediante el establecimiento de reglas para una acción conjunta por parte de países de la CE; f) creación de una futura política común europea en materia de defensa que sea compatible con la OTAN y que la Unión Europea Occidental (UEO) constituya el brazo armado embrionario de la Unión; g) cooperación en materia policial y judicial sobre temas que van desde la inmigración y la política de asilo hasta la lucha contra la delincuencia organizada y el tráfico de drogas; h) creación de la Europol, embrión de un organismo policial europeo. A partir del 1 de enero de 2007 se incorporaron al bloque: Bulgaria y Rumania, y en el 2013 Croacia. ◆ Euromercado. ◆ Ver **Euro; Eurolandia**.

UNIÓN NACIONAL PARA LA INDEPENDENCIA TOTAL DE ANGOLA: ver **UNITA.**

UNIÓN POSTAL UNIVERSAL: con sede en Berna, Suiza; el 9 de octubre de 1874, mediante un Convenio se estableció la Unión General de Correos y en 1878, se le cambió el nombre por el de Unión Postal Universal, que es el vigente. A partir del 1 de julio de 1948 pasó a ser un Organismo especializado de las Naciones Unidas. Su objetivo fundamental fue organizar y mejorar los servicios postales y promover la colaboración internacional en estas materias.

UNIÓN SOCIAL CRISTIANA: partido político alemán. Es un partido del Estado Federado de Bavaria, con un programa similar a la CDU, con la que forma un bloque en el Parlamento Federal. Es la mayor fuerza política de Bavaria, donde ha ganado los comicios para el Parlamento local. Lo preside el ministro federal de Hacienda, Theo Waigel.◆ USC.

UNIONES PERSONALES: las basadas en territorios de distintos Estados que se agrupan bajo el mando supremo de una persona que sirve de punto de unión entre todos ellos.

UNIONES REALES: las basadas en un pacto o en un acuerdo implícito, que tienen significación constitucional; existen órganos comunes y una política exterior común.

UNITA: Unión Nacional para la Independencia Total de Angola.◆ Organización creada en 1962. Posteriormente, en 1964, se separó del gobierno revolucionario angolés en el exilio. Su concepción política pro occidental y su ideología moderada le posibilitaron el apoyo de las potencias con intereses neocolonialistas y de los colonos portugueses en Angola. En 1974, se alió con el Frente Nacional de Liberación de Angola y fueron en 1976 derrotados por MPLA. Luego, con el apoyo de los EEUU y de Indochina se transformó en un ejército regular.

UNITARIO: en términos políticos, partidario de la unidad.

UNIVERSALISMO: se inició, según Mario Rojas, con la caída del Muro de Berlín el 9 de noviembre de 1989, y se profundizó con la caída de la Unión Soviética el 25 de diciembre de 1991. ◆ Continentalismo.

URBANIZACIÓN: proceso mediante el cual se produce un incremento de la proporción de la población concentrada en áreas urbanas. Dicho de otra manera, proceso por el cual una proporción creciente de la población pasa a residir en agrupaciones humanas con determinados límites de dimensión.

URDIMBRE POLÍTICA: sistema de las relaciones sociales de poder; relaciones, roles o papeles, situaciones de los actores políticos en cuanto realizan relaciones de poder *(T. Fernández-Miranda).*

URDIMBRE SOCIAL: entramado de relaciones, roles, pautas, situaciones y actores de un complejo social *(T. Fernández-Miranda).*

USO DE LA FUERZA: acciones violentas de un Estado que implican violaciones de los derechos de otro.

USURPADOR DE CARGO: aquel que ocupa un cargo y realiza el acto sin ninguna clase de investidura, ni irregular ni prescriptiva *(G. Jéze).*

UTILITARISMO: tendencia o doctrina que considera lo útil como un valor supremo.◆ Doctrina filosófica moderna que considera la utilidad como principio de la moral.◆ La máxima felicidad para el mayor número posible.◆ En un sentido amplio, es una teoría que considera lo útil como valor supremo. Para conformar una doctrina utilitaria que tenga pretensiones de ser reconocida como especulación filosófica pura y no como teoría del egoísmo, es menester que dicha teoría no sea una simple formulación racional de los instintos utilitarios, sino el resultado de una reflexión ética y axiológica meramente intelectual, distinción imprescindible para evitar la confusión entre el utilitarismo vulgar y el filosófico. En un sentido más estricto, es una tendencia filosófica desarrollada en Inglaterra entre los siglos XVIII y XIX; sus figuras más destacadas y prominentes fueron Jeremías Bentham (1748-1832), James Mill y John Stuart Mill. Para Bentham, dicha tendencia se aliaba con un reformismo cuyo objetivo era el cambio social basado en un conocimiento del hombre que considera a éste sometido al principio de la felicidad. No obstante, es necesario destacar que en esta teoría se mantienen inalterables ciertos aspectos fundamentales, como la imposibilidad de dejar librada al criterio individual la elección de la clase de felicidad conveniente, idea que implica una superación del utilitarismo vulgar. J. Stuart Mill defiende una estimación cualitativa de los placeres superando así el hedonismo y el egoísmo. Es decir, Bentham ve el desarrollo práctico y la consumación de las ideas del liberalismo capitalista. Es la cabeza del "radicalismo filosófico". En lo económico sus escritos más importantes fueron: *Defensa de la Usura* y *Manual de Economía Política*. Basa todas sus ideas, tanto las económicas como las sociales, en el "cálculo de la utilidad". Por ejemplo: un placer se mide por unidades de felicidad (intensidad, duración, extensión, etc.) que nos da el índice de utilidad, cuando se le descuentan las privaciones o las penas que puede generar. La utilidad no es un mero concepto económico, para Bentham. Se plantea el problema de si el Estado debe intervenir para fomentar "la mayor utilidad para el mayor número de ciudadanos". Ahora bien, conociendo el problema se niega a resolverlo. Permanece en el liberalismo. Intervención estatal es coacción y ésta es pena. Pena es negación de la felicidad, de la utilidad. Hay que renunciar, pues, a la intervención.

UTOPÍA: lo que no está en ninguna parte. Se lo usa para referirse a un ideal inalcanzable, normalmente a una sociedad humana perfecta. Generalmente, el objetivo perseguido por sus creadores es la crítica a la sociedad en que viven mediante la presentación de un ideal al que debería acercarse. ◆ Ver **Utopismo**.

UTOPISMO: filosofía que se fundamenta en una especulación concerniente a los arreglos económicos, sociales y políticos de la sociedad perfecta. Dicha especulación puede ser prescriptiva en el sentido de abogar por el logro de tal sociedad o puede ser reformista y analítica, y servir como estándar teórico o ideal.

V

VACIAMIENTO DE EMPRESA: se aplica cuando con ánimo de lucro o maliciosamente, con riesgo para el normal desenvolvimiento de un establecimiento o explotación comercial, industrial, agropecuaria, minera y destinada a la prestación de servicios, se enajenase indebidamente, destruyese, dañase, hiciese desaparecer, ocultase o fraudulentamente se disminuyese el valor de las materias primas, productos de cualquier naturaleza, máquinas, equipos u otros bienes de capital, o se comprometiese injustificadamente su patrimonio. ◆ Cuando se desea provocar insolvencia o cesación de pagos solicitando algún tipo de acuerdo o concurso o, lisa y llanamente, una estafa.

VACÍO POLÍTICO: circunstancia que se produce en una provincia, una región o un país, en la que se producen cambios políticos constantes y permanentes como consecuencia de la carencia de una formación política sólida, estable y mayoritaria.

VALIJA DIPLOMÁTICA: pertenencias, objetos diversos y correspondencia de los diplomáticos. Gozan de impunidad y, como consecuencia de ello, se encuentran exceptuados de inspección aduanera.◆ Maleta pequeña que traslada personalmente un empleado de una embajada o de un Ministerio de Relaciones Exteriores, la cual contiene correspondencia oficial y requiere la máxima seguridad de inviolabilidad y el secreto de su contenido.

VALONES: miembros de la comunidad francófona de Bélgica, enfrentados por problemas económicos, lingüísticos y culturales con los flamencos, de lengua germánica. Las querellas entre ambas nacionalidades constituyen una amenaza para la estabilidad de la nación belga.

VALOR AGREGADO: sumatoria de las remuneraciones de todos los factores de la producción que intervienen en las etapas de la transformación y de los bienes y servicios.

VALOR DE CAMBIO: en términos marxistas, el obrero vende sus horas de trabajo por un salario inferior al que éstas representan.

VANDALISMO: proviene del término francés *vandalisme* acunado por el obispo republicano Grégoire para calificar a los destructores de tesoros religiosos y en referencia al pueblo de los vándalos que saqueó Roma en el 455.

VANDORISMO: corriente sindical liderada por Augusto Timoteo "El Lobo" Vandor, nacido en 1923 en Bovril, Entre Ríos. Gran parte de los seis años que pasó como suboficial en la Marina de Guerra transcurrió a bordo de un rastreador (el Comodoro Py). Perón llevaba ya un año de mandato cuando El Lobo pidió la baja como cabo primero maquinista (1947). Tres años después, aparece en el plantel obrero de la fábrica Phillips, en el porteño barrio de Saavedra y a la vera de la avenida General Paz. Fue allí donde conoció a Élida María Curone, su esposa desde 1963. Para entonces, ya era un líder al nuevo estilo, negociador y poderoso. A la caída del peronismo, en las jornadas de septiembre de 1955, la Revolución Libertadora decide su encarcelamiento por seis meses y lo despiden de la fábrica Phillips. Cargado ya con los primeros sinsabores y con un instinto que le envidiaron quienes le disputaron su poco discutida conducción, su poder creció en un par de años: el poder sindical de Vandor se afianzó desde 1958 (se asegura que conoció entonces a Perón en su exilio de Ciudad Trujillo). Pero cuando le pareció necesario, desobedeció a su líder en el exilio de Puerta de Hierro, especialmente para el caso de alguna elección, de la que esperaba beneficiarse. Aprendió a negociar con empresarios y con militares y armó estrategias cambiantes y casi siempre destinadas a conseguir poder o para conservarlo. Si logró que lo llamaran "El Negociador" fue sobre la base de una envidiable presteza para acordar con Dios y con el diablo. Dispuesto, más que al triunfo, a la resurrección. Fue dueño y señor de las sesenta y dos Organizaciones y, a través de ellas, de la CGT. Atacó y negoció con el presidente Arturo Frondizi y fue el artífice del enfrentamiento obrero más despiadado contra un gobierno democrático: su "plan de lucha" con la ocupación de fábricas durante el gobierno de Illia, que dejó hacer y no reprimió, le resultó un bumerán. También fue suya la idea de hacer reptar por la calle Florida una legión de tortugas en alusión a la lentitud que se adjudicaba al gobierno radical. Claro, le faltó lucidez para vislumbrar que no todo es poder o espectacularidad, ya que se le atribuye el financiamiento de la Operación Cóndor, que el martes 27 de diciembre de 1966 desvió un avión de Aerolíneas Argentinas hacia las Islas Malvinas, operativo comandado por Dardo Cabo, hijo de un gremialista de su confianza, y por María Cristina Verrier, en ese momento colaboradora de la revista *Panorama*. Casualmente, también estaba a bordo del avión Héctor Ricardo García, director del diario *Crónica*, curiosamente vinculado con otro episodio aéreo con el mismo destino. A Vandor se lo acusa de haber intervenido en la frustración del operativo retorno de Perón, en 1964, que concluyó en Brasil. Luego, padeció los denuestos del jefe de su partido, con los desaires que le propinó su enviada y esposa Isabel Martínez, arribada el 10 de octubre de 1965 para bendecir a la CGT de los Argentinos de José Alonso. El Lobo consigue entonces una tapa en *Primera Plana* (importante revista de la Argentina de su época), con un titular que luego intenta desmentir: "¿Vandor o Perón?" El terreno de la interna gremial se había puesto peligroso y poco después –el 29 de enero de 1966– este turfista empedernido, dueño de caballos ganadores, padeció, precisamente en el *paddock* de San Isidro, el estallido de una bomba: salió ileso. Pero el 30 de junio de 1969, cinco balazos lo desplomaron en la sede de la UOM (Unión Obrera Metalúrgica) *(F. N. Juárez)*.

VANGUARDIA: sector de la parte armada que va delante del cuerpo principal y lo protege.◆ Avanzada de un grupo, una corriente o un movimiento ideológico o político.

VANGUARDISMO: corrientes artísticas, literarias, sociales, etcétera que escapan a las pautas o cánones clásicos y tratan de encontrar formas nuevas.

VASALLAJE: relación de dependencia que una persona tenía con respecto a otra más relevante.

VEINTITRÉS DE FEBRERO: alzamiento u operación armada realizada en España por Tejera para tomar por asalto el Congreso.

VELOCIDAD DE CIRCULACIÓN: número de veces que el dinero rota para financiar el PBN normal del período *(F. Mochón* y *V. Beker)*.

VESUBIO: centro clandestino de detención que funcionó en la Argentina durante la dictadura militar (1976-1983).

VETO: facultad que tiene una persona o una institución de impedir una proposición, un acuerdo o una medida.

VETO ABSOLUTO: aquel que impide la promulgación y la vigencia de una ley.

VETO SUSPENSIVO: aquel que demora la promulgación y la vigencia de una ley.

VÍA DE DESARROLLO: camino de transformación socioeconómica que emprende un país.

VÍA DIPLOMÁTICA: procedimiento por el cual dos Estados en conflicto, en primera instancia, procuran solucionar sus desacuerdos mediante negociaciones diplomáticas. Requiere un relativo equilibrio entre las fuerzas políticas participantes.

VICEPRESIDENTE: persona que por mandato constitucional debe reemplazar al Presidente de un Estado en ausencia temporal o absoluta.

VIDA POLÍTICA: dinamismo real y/o potencial que se da a través y en torno de las estructuras políticas, impulsado por individuos y por grupos de acuerdo con sus roles correspondientes.

VIETCONG: Frente Nacional de Liberación de Vietnam del Sur.◆ FNL.◆ Movimiento de liberación de Vietnam del Sur creado en 1960, para luchar contra el régimen saigonés y las fuerzas estadounidenses.◆ Alianza de partidos políticos que se opusieron en la década de 1960 al régimen de Dinh Diem; se integró al comunismo en la posterior guerra de Vietnam del Norte con los EEUU *(H. Ferrari)*.

VILLAS MISERIA: áreas que se caracterizan por su especificidad en aspectos ecológicos, sociológicos y económicos, como la segregación de grandes agrupamientos de viviendas precarias en amplias zonas desprovistas de servicios, ubicados por lo general en la periferia urbana, muchas veces asentados sobre terrenos poco habitables, inundables o con fuerte pendiente, ocupados en forma ilegal, ya sea individual o colectivamente. El lenguaje popular de las distintas metrópolis latinoamericanas ha bautizado este tipo urbano como "villas miseria", "callampas", "barriadas", "jocales", "favelas", "cantegriles". Estas poblaciones expresan, sobre todo, la segregación residencial del espacio urbano y la incapacidad del sistema de producir viviendas y servicios para los sectores más necesitados de la sociedad.

VIOLENCIA: suele ser la consecuencia de los efectos indeseables pero inevitables de cualquier transformación, como reacción de los sectores desplazados o marginados de los nuevos centros de poder o de intereses que se han creado *(N. Saleño).*

VIRREY: representante del rey en América. Sus atribuciones eran amplísimas y comprendían los aspectos gubernativos, legislativos, económicos, militares y judiciales.

"VIRTU": en Maquiavelo, comprende la virtud del ciudadano, la del gobernante y la devolución altruista por la ciudad "como sabiduría y ambición de los grandes fundadores y conductores de Estados". El concepto es atribuible tanto a los príncipes como a los gobernantes republicanos, lo cual le permitió a Maquiavelo, sin inconsecuencia con sus principios, esperar favores de los Médici, tras la caída de la Florencia republicana, y escribir para ellos *El Príncipe*, como también volver a los postulados republicanos al restablecerse la república. ◆ Ver **"Necessita"**; **Fortuna**.

VISADO: dar validez a un documento, especialmente a un pasaporte.

"VLADIVIDEOS": cantidad de videocintas filmadas en secreto, en Perú, durante la gestión de A. Fujimori, que incriminaron a muchos altos funcionarios dentro de un escándalo masivo de dinero en efectivo por favores recibidos. La denominación se debe al nombre de Vladimiro Montesinos, hombre influyente y asesor de A. Fujimori. ◆ Grabaciones que comprometían a personajes ligados con el gobierno peruano fueron realizadas por Vladimiro Lenin Montesinos Torres, más comúnmente llamado Montesinos, durante la administración de Fujimori. Su desmedido afán de grabarlo todo para amedrentar y coaccionar a sus ocasionales víctimas produjo, al final, su caída. ◆ Ver **Fujimorismo**; **Fujimorazo**.

VOLUNTAD POLÍTICA: motor invisible que pone en marcha la organización internacional. Nace como expresión de los intereses de diversos entes soberanos.

VOLUNTAD POPULAR: deseo del electorado.

VOLUNTARIADO: régimen de reclutamiento en que los soldados ingresan únicamente a través de una decisión personal, voluntaria y espontánea.

VOLUNTARISMO: doctrina de la voluntad como condición determinante entre las facultades del hombre. ◆ Se lo utiliza políticamente para referirse más a una expresión de deseos que a una concreción fáctica.

VOTACIÓN: totalidad o conjunto de votos emitidos. ◆ Votada. ◆ Acto mediante el cual se emiten los votos.

VOTADA: votación.

VOTANTE: ciudadano que está en condiciones de manifestar su preferencia sobre una decisión pública, un conjunto de decisiones, o sea, un programa electoral o candidatos, en elecciones públicas. ◆ Que vota.

VOTAR: dar uno su voto o decir su dictamen en una reunión, en un cuerpo deliberante o en una elección de personas o partidos políticos. ◆ Aprobar por votación. ◆ Deber y derecho del ciudadano.

VOTO: expresión de la voluntad política de los electores, estructurada por la forma dada a la consulta electoral y convenientemente preparada por una campaña previa más o menos explícita. Los sufragios emitidos tienen jurídicamente un carácter representativo para la totalidad de la población (incluidos los habitantes que no tienen derecho a voto) y, por supuesto, vinculante para la minoría derrotada *(F. Murillo)*. ◆ Acción que consiste en la participación del ciudadano en la vida política de su país. ◆ Manifestación de la voluntad individual de cada ciudadano; todas éstas aunadas concurren a la formación de la voluntad colectiva a fin de constituir el gobierno. Por su intermedio, la participación del pueblo en la conducción de la cosa pública queda asegurada *(E. López Saavedra)*. ◆ Es el único instrumento que el ciudadano puede ejercer para elegir a sus representantes.

VOTO ACTIVO: facultad de votar que tiene el individuo de una corporación.

VOTO ACUMULADO: voto que a los efectos de amparar a las minorías, el elector puede reunir todos sus sufragios en favor de sólo algunos y aun de uno de los candidatos.

VOTO CALIFICADO: voto restringido. ◆ Voto referido al derecho de sufragio universal mediante el cual sólo pueden votar aquellos ciudadanos considerados con capacidad política o intelectual.

VOTO DE CALIDAD: de existir en una elección una igualdad entre los participantes, prevalece la del elector de mayor edad, autoridad, etcétera.

VOTO DE CENSURA: aquel que emite una cámara o una corporación negando su confianza al gobierno o a la junta directiva.

VOTO DE CONFIANZA: aprobación que las cámaras brindan a la actuación de un gobierno en determinado asunto o autorización para que actúe libremente.

VOTO DIRECTO: se aplica cuando los miembros del cuerpo electoral eligen directamente a los gobernantes. ◆ Sufragio directo.

VOTO ELECTRÓNICO: voto que se emite mediante un medio electrónico de comunicación.

VOTO EN BLANCO: aquel que emite el elector sin elegir a ningún candidato.

VOTO ESTRATÉGICO: aquel que opta por el mal menor.

VOTO FACULTATIVO: se aplica cuando no se impone el deber de votar. ◆ Sufragio facultativo.

VOTO INDIRECTO: se aplica cuando los miembros del cuerpo electoral eligen electores que, formando cuerpos o colegios electorales, designan a su vez a los gobernantes.◆ Sufragio indirecto.

VOTO INFORMATIVO: aquel que no tiene efecto ejecutivo.

VOTO MÚLTIPLE: a diferencia del voto plural, en que el ciudadano tiene ciertos votos suplementarios, en éste caso, dispone de un solo voto que lo emite en circunscripciones diversas según circunstancias de orden económico, lo cual permite al elector votar en lugares físicos distintos.

VOTO NULO: voto que no contenga boletas oficiales o que tenga anotaciones del elector o bien boletas que no correspondan.◆ Voto que no permite determinar con absoluta certeza la voluntad del elector.

VOTO OBLIGATORIO: se aplica cuando se impone el deber de votar; es decir, el ciudadano está obligado a concurrir a las urnas.◆ Sufragio obligatorio.

VOTO PLURAL: aquel que concede al ciudadano ciertos votos suplementarios, además del individual; se basa en razones de posición económica o cultural. Se aplica cuando el elector está autorizado a emitir más de un voto en una misma circunscripción electoral. ◆ Sufragio plural.

VOTO "PLURINOMINAL": se aplica cuando el ciudadano vota por una lista de varios. ◆ Sufragio plurinominal.

VOTO PÚBLICO: se aplica cuando el voto se emite por llamamiento personal o en voz alta. Evidentemente, permite individualizar el voto y someter a presiones de todo tipo al ciudadano que lo emite. ◆ Cuando el titular lo emite públicamente. ◆ Sufragio público.

VOTO RESTRINGIDO: se aplica cuando se concede solamente a algunos que reúnen determinadas condiciones sociales de riqueza, etcétera. ◆ Sufragio restringido.◆ Sufragio calificado. ◆ Voto calificado.

VOTO SECRETO: se aplica cuando el voto se emite y no puede ser individualizado; para ello se preparan cuartos o cabinas especiales. Con ello se evitan presiones y sobornos. ◆ El que se emite por papeletas, de distintas formas, en las cuales no aparece el nombre del votante.◆ Cuando el titular lo emite en forma reservada sin que se conozca ni individualice la manifestación de la voluntad. ◆ Sufragio secreto.

VOTO ÚNICO: se aplica cuando el elector tiene un solo voto.◆ Sufragio único.

VOTO "UNINOMINAL": se aplica cuando el ciudadano vota por un solo candidato.◆ Sufragio uninominal.

VOTO UNIVERSAL: se aplica cuando se concede a todos en general. Es decir, todos los ciudadanos están obligados a participar en un acto eleccionario, sin ningún tipo de restricción. ◆ Sufragio universal.

VOTO VÁLIDO: voto que permite determinar con absoluta certeza la voluntad del elector.

"VOX POPULI, VOX DEI": expresión latina que significa que la voz del pueblo es la voz de Dios.

W

"WAHABIES": secta sunnita creada por Muhamed Wahab que toma las enseñanzas del Corán en forma literal.

"WAIVER": renuncia o desistimiento. Esta palabra inglesa se utiliza en el ámbito económico financiero para denotar un perdón o un otorgamiento internacional a un deudor moroso, para que pueda efectuar determinada operación, transacción, etcétera. ◆ Renegociación ante el incumplimiento de un contrato por el cual el prestamista o beneficiario renuncia parcialmente a ejercer derechos que surgen del mismo.

"WALL STREET": nombre de la calle donde se encuentra la Bolsa neoyorquina; tiene un gigantesco mercado de capitalización. Esta Bolsa de Valores de Nueva York constituye el mercado de capitales más grande del mundo.

"WALL STREET" NEGRO: el 31 de mayo de 1921, en Tulsa, Oklahoma, estalló un polvorín racial. Tras un incidente en un hotel, un lustrabotas fue llevado a la comisaría frente a la cual una multitud se preparaba para lincharlo. Pero la comunidad negra no estaba dispuesta a entregar a uno de sus hijos al alquitrán, las plumas o la horca. Muchos de ellos acababan de regresar de la Primera Guerra Mundial, donde habían aprendido a pelear. No contaron, sin embargo, con el factor de la superioridad de fuerzas. En esa época, Tulsa atravesaba por un *boom* económico. Se acababa de descubrir petróleo en Oklahoma, lo que trajo una prosperidad desconocida en el viejo Oeste. No sólo los blancos se habían beneficiado de ella, sino también muchos negros, en cuyas pequeñas parcelas comenzó de repente a surgir el oro negro. Fue así que el barrio de Greenwood adquirió el apodo de el *"Wall Street Negro"*. Los blancos, a la hora del enfrentamiento, tenían tanto armamento como un pequeño ejército. Así, la resistencia de los veteranos negros fue diezmada. Los vencedores salieron a saquear todo lo que encontraron en Greenwood. "Muerte a los negros", gritó alguien exaltado, y todo el mundo lo siguió. La policía y un grupo de soldados fueron, en ese momento, enviados a restaurar el orden. Pero en vez de calmar las cosas se unieron a los saqueadores con la misma furia.

Unos diez mil blancos participaron en el asalto a Greenwood. Sus habitantes huían espantados, mientras sus casas eran incendiadas. Pero los negros eran atacados aun cuando abandonaban Tulsa: los ametrallaban desde aviones, como para que no quedara nadie con vida. Sus cuerpos caían despedazados en el río Arkansas. Al anochecer del 1 de julio, el *"Wall Street Negro"* había sido reducido a cenizas. Eran treinta y seis manzanas de destrucción total. Los sobrevivientes nunca retornaron a Tulsa.

"WATERGATE": en junio de 1972, *The Washington Post* informó sobre la detención de cinco hombres que escuchaban reuniones reservadas en las oficinas del opositor Partido Demócrata en un edificio llamado *Watergate*. Una investigación que duró más de dos años –liderada por los periodistas Bob Woodward y Carl Bernstein y dirigida por Bradlee– demostró que los espías trabajaban para el equipo a cargo de la reelección presidencial y que hacían inteligencia interna para buscar el talón de Aquiles de sus adversarios. A las pocas semanas, se empezó a sospechar que el propio entorno presidencial conocía las actividades del grupo. La administración Nixon jamás colaboró con la justicia y, más aun, intentó entorpecerla. Durante muchos meses, el presidente negó que existieran grabaciones con las conversaciones que, sobre el tema, él había mantenido con sus colaboradores. Pero parte de las cintas se filtraron a la justicia y se demostró no sólo la mentira de Nixon sino también su conocimiento de los espías y otras irregularidades en el campo de la inteligencia interna. Un sistema de grabaciones clandestinas fue instalado por primera vez en el Salón Oval en febrero de 1971, y se activaba con sensores de voz que absorbían el eco de cada palabra, incluso las de Nixon, en un mecanismo que se concibió como un arma contra sus enemigos pero que devino en un arma contra el presidente. Alguien advirtió a la prensa. Y *The New York Times* le dedicó parte de su tapa en un artículo en junio de 1971. La "fuga" de información potenció la paranoia presidencial que ideó un equipo de "plomeros" para impedir nuevas "goteras". El 17 de junio de 1972, *The Plumbers* entraron a las oficinas del Comité del Partido Demócrata ubicadas en el sexto piso del hotel Watergate para plantar más micrófonos y escuchar a la oposición. La policía arrestó a los cinco hombres, considerados no más que ladrones comunes, en un incidente que disparó la curiosidad periodística de los hombres de *The Washington Post*, alentados por una fuente que nunca fue revelada y que adquirió el nombre de "Garganta Profunda". El acecho de la prensa creció. Los investigados comenzaron a hablar. El Senado dedicó sesiones al escándalo. Y, finalmente, el fiscal independiente Archibald Cox descubrió lo que Nixon y sus asesores habían intentado ocultar: las cintas.

"WEHRMACHT": fuerzas armadas de la Alemania nazi.

X

XENOFILIA: amor y benevolencia hacia los extranjeros.

XENOFOBIA: odio, hostilidad o repugnancia hacia los extranjeros.

Y

YANACONA: indio que estaba al servicio personal de los españoles en diversos países de América del Sur.

YANACONAZGO: en el régimen legal de los indios, al concederse tierras para la labranza, el beneficiario podía contar con el trabajo de los indios.◆ Forma de servidumbre personal a la cual eran sometidos en América, en la época colonial, los yanaconas, indios que los colonos españoles se repartían para sus chacras, casas o posesiones.

YANQUI: natural de Nueva Inglaterra, en los Estados Unidos de América del Norte y, por extensión, natural de esa nación.

YANTAR: cierto tributo que pagaban, generalmente en especie, los habitantes de los pueblos y de los distritos rurales para el mantenimiento del soberano y del señor. A veces, se conmutaba por dinero.◆ Prestación enfitéutica que antiguamente se pagaba en especie, y hoy en dinero, al poseedor del dominio directo de una finca; consistía, por lo común, en medio pan y una escudilla de habas o lentejas.

YATRARQUÍA: gobierno ejercido por los médicos.

"YETTIES": *Young Entrepreneurial Technology Based.*◆ Jóvenes empresarios con base tecnológica. Son informales, su edad oscila entre los veinte y los treinta y cinco años y no cumplen horarios, sino objetivos.

"YIDDISH": lengua de origen alemán que hablan los judíos europeos y los judíos emigrados de Europa.

"YIHAD": Guerra Santa.

YUGO: especie de horca por debajo de la cual, en tiempos de la antigua Roma, hacían pasar sin armas a los enemigos vencidos.

Z

ZAFARRANCHO: acción y efecto de desembarazar cierta parte del barco para realizar una maniobra.

ZAGUANETE: aposento donde estaba la guardia del príncipe en su palacio.

ZAMBOS: hijos de negros con indios.

ZAPATISMO: movimiento revolucionario que representa en la historia de México, la protesta del indio burlado en todas las revoluciones; la noble, la santa protesta de toda raza infeliz y desdichada. Este movimiento liderado por Emiliano Zapata (1789-1919) cimentó las bases de muchas corrientes liberadoras en América Latina. ◆ El movimiento neozapatista irrumpió en el escenario mundial el 1 de enero de 1994; su cuna fue el empobrecido Estado meridional de Chiapas, en México. A través de su grupo armado, el Ejército Zapatista de Liberación Nacional (EZLN), después de doce días de enfrentamientos, decretó un alto el fuego y comenzaron las negociaciones. En el marco de una doble política, el gobierno militarizó el Estado de Chiapas y, protegidos por el ejército, nacieron una docena de grupos paramilitares. Desde que se estableció la tregua armada fueron asesinados trescientas indígenas, incluidos cuarenta y cinco de la etnia tzetal, masacrados en Acteal. A su vez, más de veinte mil simpatizantes zapatistas fueron desplazados de sus comunidades. A pesar de ello, el gobierno insiste en que el Estado está "pacificado". El 16 de febrero de 1996, el gobierno y los zapatistas firmaron los Acuerdos de San Andrés, pero después el presidente Ernesto Zedillo los desconoció y el diálogo se empantanó. Desde entonces, los zapatistas apostaron a un diálogo con la sociedad civil para hacer cumplir los acuerdos al gobierno.

ZAPATISTA: partidario o perteneciente al movimiento mexicano liderado por Emiliano Zapata.◆ Partidario o perteneciente al Ejército Zapatista de Liberación Nacional.

ZAR: equivale a "emperador de Rusia".

ZARINA: emperatriz de Rusia.

ZARISMO: forma de gobierno absoluto, propio de los zares.

"ZOLLVEREIN": primera unión aduanera; nació en Alemania en el siglo XIX, de 1834 a 1870, e incluía dieciocho Estados alemanes. ◆ Unión aduanera alemana proyectada por Prusia en 1818, en la que participaron los distintos Estados alemanes excepto Austria. Esta asociación facilitó el desarrollo industrial y comercial de Alemania.

ZONA CONTIGUA: espacio marítimo lindante al mar territorial donde el Estado ribereño ejercita medidas de fiscalización preventivas o defensivas ante infracciones a leyes de policía cometidas en su territorio o en su mar territorial. Es decir, espacio en que el Estado ribereño tiene la posibilidad de ejercer su jurisdicción para el control de violaciones a normas de policías, ya sean de naturaleza fiscal, aduanera, sanitaria o de inmigración.

ZONA DE INFLUENCIA: parte de un país débil, aunque no sometido a protectorado oficial, en la que varias potencias aceptan la preponderante expansión económica o cultural de alguna de ellas.

ZONA DE LIBRE COMERCIO: grupo de dos o más territorios aduaneros entre los cuales se eliminan los derechos de aduana y las demás reglamentaciones restrictivas con respecto a lo esencial de los intercambios comerciales de los productos originarios de los territorios constitutivos de dicha zona.

ZONA DE OPERACIONES: subdivisión geográfica de un teatro de operaciones en la que fuerzas de dos o más ejércitos, bajo un mando unificado y con posibilidades logísticas, concurren con su acción táctica independiente al cumplimiento de la misión estratégica en dicho teatro *(F. De Bordeje Morencos).*

ZONA ECONÓMICA EXCLUSIVA: área marítima adyacente al mar territorial donde le corresponden al Estado ribereño derechos de soberanía sobre los recursos y las actividades económicas. Le es esencial el aprovechamiento de los recursos y las actividades económicas.

ZONA FRANCA: área establecida en algunos países, de propiedad pública o privada, cercada y aislada eficientemente, con el fin de desarrollar en ella, con exenciones tributarias, toda clase de actividades industriales, comerciales o de servicios (comercialización, almacenamiento, desarmado, manipulación, mezcla de mercancías o materias primas de procedencia nacional o extranjera). La legislación colombiana establece que "las zonas francas constituyen instrumentos de política económica para promover y facilitar la exportación de bienes y servicios, generar empleos, estimular la industria, vincular a ella la inversión extranjera, introducir nuevas tecnologías, contribuir a la sustitución y flujo de importaciones y, en general, fomentar el desarrollo económico y social de la región donde se establezcan".◆ La legislación de Costa Rica las define como: "áreas controladas sin población residente, dedicadas a la manipulación, procesamiento, manufactura y producción de artículos destinados a la exportación o reexportación a terceros mercados".◆ De acuerdo con la legislación de El Salvador, son: "áreas del territorio nacional extraduanal previamente calificadas, en donde podrían establecerse y funcionar empresas nacionales o extranjeras que exportan en forma directa la totalidad de su producción, las de comercialización internacional, las que se dediquen al ensamble o maquila para exportación y las que efectúen actividades conexas o complementarias". ◆ Ámbito dentro del cual la mercadería no es sometida al control habitual del servicio aduanero y su introducción y extracción no están gravadas con el pago de tributos, salvo las tasas retributivas de servicios que pudieren establecerse, ni alcanzadas por prohibiciones de carácter económico *(M. Ramón)*.◆ Área franca.

ZONA POLÉMICA: lugar en el cual se establecen excepciones de gobierno y legales con respecto a la protección o la defensa de una plaza o una fortificación.

ZOOCRACIA: gobierno de los animales.

ZOQUETERISMO: en Paraguay, reparto de cargos públicos con el fin de ganar apoyos y favores.

ZURDO: en algunos países, designación que reciben en forma peyorativa los partidarios de la izquierda política de parte de sectores reaccionarios y sectarios.

APÉNDICE

LOS DERECHOS HUMANOS

Los derechos humanos o derechos del hombre son los derechos fundamentales que el hombre posee por el hecho de ser hombre, por su propia naturaleza y dignidad; derechos que le son inherentes y que no hacen a una concesión de la sociedad política, sino que deben ser garantizados y consagrados por ésta.

Para la UNESCO, "los derechos humanos son una protección de manera institucionalizada de los derechos de la persona humana contra los excesos del poder cometidos por los órganos del Estado y de promover paralelamente el establecimiento de condiciones humanas de vida, así como el desarrollo multidimensional de la personalidad humana".

Otro enfoque sobre los derechos es la propuesta de Enrique Pérez Luño, que considera los derechos humanos como un conjunto de facultades e instituciones que, en cada momento histórico, concretan las exigencias de la dignidad, la libertad y la igualdad humanas, las cuales deben ser reconocidas positivamente por los ordenamientos jurídicos a nivel nacional e internacional. A esta concepción adhiere también Salvador Alemany Verdaguer.

Objetivo

Con el correr del tiempo, la concepción filosófica de los derechos humanos se ha ido transformando y, en la actualidad, el desafío es la promoción universal de aquéllos para que exista una correlatividad entre la letra y la realidad. Es decir, los derechos humanos deben ser realmente efectivos, convalidados por la práctica, no quedarse en la mera enunciación o descripción de principios ideales o abstractos. No debe existir un mundo dividido, sectores con plenitud de derechos y otros con absoluto cercenamiento o carencia de los mismos. El gran desafío del próximo siglo es la concreción de una estructura material y espiritual que coloque a la humanidad de todas las tierras, libre de miedo y de necesidades insatisfechas y que pueda acceder a una vida digna. Quizás ello suene como simple literatura, pero es fundamental el inicio de un camino hacia aquellos objetivos.

DECLARACIÓN UNIVERSAL
DE DERECHOS HUMANOS

El compromiso que contiene la carta de las Naciones Unidas conforma una obligación vinculante para todos los miembros de las Naciones Unidas y se complementa con la Declaración Universal de Derechos Humanos, de 1948, la cual constituye un ideal común por el que todos los pueblos y países deben ocuparse y preocuparse de su cumplimiento. "Toda persona, como miembro de la sociedad, tiene derecho a la seguridad social, y a obtener, mediante el esfuerzo nacional y la cooperación internacional, habida cuenta de la organización y los recursos de cada Estado, la satisfacción de los derechos económicos, sociales y culturales indispensables a su dignidad y al libre desarrollo de su personalidad"; en estas líneas, la Declaración Universal de Derechos Humanos establece el aspecto más importante de los derechos humanos.

FUENTE DE LOS DERECHOS HUMANOS

- NO ESCRITOS
  - *COSTUMBRE*: es el modo originario de manifestación de la voluntad.
  - *PRINCIPIOS GENERALES DEL DERECHO.*

- ESCRITOS
  - *NACIONALES*
    - COMPETENCIAS DE LOS DISTINTOS PODERES (Poder Ejecutivo, Poder Legislativo, Poder Judicial, Ombudsman).
    - NORMAS LEGALES (Constitución, leyes, decretos, reglamentaciones).
  - *INTERNACIONALES*
    - TRATADOS: los principios generales que rigen la interpretación de los instrumentos escritos ofrecen la semejanza suficiente en los diferentes sistemas jurídicos para facilitarnos los elementos necesarios para el acercamiento a un sistema universal.
    - ORGANISMOS
      - UNIVERSALES (ONU y organizaciones específicas).
      - REGIONALES (OEA, OUA, OCDE).
      - NORMAS (textos jurídicos internacionales).

- FUENTES AUXILIARES
  - *DOCTRINA:* se conforma por la opinión de tratadistas de prestigio y por los acuerdos de asociaciones profesionales y/o de científicos, que contribuyen al desarrollo del derecho.
  - *JURISPRUDENCIA:* es la consecuencia de la fuerza de convicción que emerge de las decisiones judiciales referidas a un mismo tema. La interpretación de la ley hecha por los jueces

DECLARACIÓN UNIVERSAL
DE DERECHOS HUMANOS
Adoptada y proclamada
por la Resolución de la Asamblea General 217-A (III)
del 10 de diciembre de 1948

El 10 de diciembre de 1948, la Asamblea General de las Naciones Unidas aprobó y proclamó la Declaración Universal de Derechos Humanos, cuyo texto completo figura en las páginas siguientes. Tras este acto histórico, la Asamblea pidió a todos los países miembros que publicaran el texto de la Declaración y dispusieran que fuera "distribuido, expuesto, leído y comentado en las escuelas y otros establecimientos de enseñanza, sin distinción fundada en la condición política de los países o de los territorios".

Preámbulo

Considerando que la libertad, la justicia y la paz en el mundo tienen por base el reconocimiento de la dignidad intrínseca y de los derechos iguales e inalienables de todos los miembros de la familia humana;

Considerando que el desconocimiento y el menosprecio de los derechos humanos han originado actos de barbarie ultrajantes para la conciencia de la humanidad, y que se ha proclamado, como la aspiración más elevada del hombre, el advenimiento de un mundo en que los seres humanos, liberados del temor y de la miseria, disfruten de la libertad de palabra y de la libertad de creencias;

Considerando esencial que los derechos humanos sean protegidos por un régimen de Derecho, a fin de que el hombre no se vea compelido al supremo recurso de la rebelión contra la tiranía y la opresión;

Considerando también esencial promover el desarrollo de relaciones amistosas entre las naciones;

Considerando que los pueblos de las Naciones Unidas han reafirmado en la Carta su fe en los derechos fundamentales del hombre, en la dignidad y el valor de la persona humana y en la igualdad de derechos de hombres y mujeres, y se han declarado resueltos a promover el progreso social y a elevar el nivel de vida dentro de un concepto más amplio de la libertad;

Considerando que los Estados miembros se han comprometido a asegurar, en cooperación con la Organización de las Naciones Unidas, el respeto universal y efectivo a los derechos y libertades fundamentales del hombre, y

Considerando que una concepción común de estos derechos y libertades es de la mayor importancia para el pleno cumplimiento de dicho compromiso;

La Asamblea General proclama

La presente Declaración Universal de Derechos Humanos como ideal común por el que todos los pueblos y naciones deben esforzarse, a fin de que tanto los individuos como las instituciones, inspirándose constantemente en ella, promuevan, mediante la enseñanza y la educación, el respeto a estos derechos y libertades, y aseguren, por medidas progresivas de carácter nacional e internacional, su reconocimiento y aplicación universales y efectivos, tanto entre los pueblos de los Estados Miembros como entre los de los territorios colocados bajo su jurisdicción.

Art. 1.– Todos los seres humanos nacen libres e iguales en dignidad y derechos y, dotados como están de razón y conciencia, deben comportarse fraternalmente los unos con los otros.

Art. 2.– 1. Toda persona tiene todos los derechos y libertades proclamados en esta Declaración, sin distinción alguna de raza, color, sexo, idioma, religión, opinión política o de cualquier otra índole, origen nacional o social, posición económica, nacimiento o cualquier otra condición.

2. Además, no se hará distinción alguna fundada en la condición política, jurídica o internacional del país o territorio de cuya jurisdicción dependa una persona, tanto si se trata de un país independiente, como de un territorio bajo administración fiduciaria, no autónomo o sometido a cualquier otra limitación de soberanía.

Art. 3.– Todo individuo tiene derecho a la vida, a la libertad y a la seguridad de su persona.

Art. 4.– Nadie estará sometido a esclavitud ni a servidumbre; la esclavitud y la trata de esclavos están prohibidas en todas sus formas.

Art. 5.– Nadie será sometido a torturas ni a penas o tratos crueles, inhumanos o degradantes.

Art. 6.– Todo ser humano tiene derecho, en todas partes, al reconocimiento de su personalidad jurídica.

Art. 7.– Todos son iguales ante la ley y tienen, sin distinción, derecho a igual protección de la ley. Todos tienen derecho a igual protección contra toda discriminación que infrinja esta Declaración y contra toda provocación a tal discriminación.

Art. 8.– Toda persona tiene derecho a un recurso efectivo ante los tribunales nacionales competentes, que la ampare contra actos que violen sus derechos fundamentales reconocidos por la constitución o por la ley.

Art. 9.– Nadie podrá ser arbitrariamente detenido, preso ni desterrado.

Art. 10.– Toda persona tiene derecho, en condiciones de plena igualdad, a ser oída públicamente y con justicia por un tribunal independiente e imparcial, para la determinación de sus derechos y obligaciones o para el examen de cualquier acusación contra ella en materia penal.

Art. 11.– 1. Toda persona acusada de delito tiene derecho a que se presuma su inocencia mientras no se pruebe su culpabilidad, conforme a la ley y en juicio público en el que se le hayan asegurado todas las garantías necesarias para su defensa.

2. Nadie será condenado por actos u omisiones que en el momento de cometerse no fueron delictivos según el derecho nacional o internacional. Tampoco se impondrá pena más grave que la aplicable en el momento de la comisión del delito.

Art. 12.– Nadie será objeto de injerencias arbitrarias en su vida privada, su familia, su domicilio o su correspondencia, ni de ataques a su honra o a su reputación. Toda persona tiene derecho a la protección de la ley contra tales injerencias o ataques.

Art. 13.– 1. Toda persona tiene derecho a circular libremente y a elegir su residencia en el territorio de un Estado.

2. Toda persona tiene derecho a salir de cualquier país, incluso del propio, y a regresar a su país.

Art. 14.– 1. En caso de persecución, toda persona tiene derecho a buscar asilo, y a disfrutar de él, en cualquier país.

2. Este derecho no podrá ser invocado contra una acción judicial realmente originada por delitos comunes o por actos opuestos a los propósitos y principios de las Naciones Unidas.

Art. 15.– 1. Toda persona tiene derecho a una nacionalidad.

2. A nadie se privará arbitrariamente de su nacionalidad ni del derecho a cambiar de nacionalidad.

Art. 16.– 1. Los hombres y las mujeres, a partir de la edad núbil, tienen derecho, sin restricción alguna por motivos de raza, nacionalidad o religión, a casarse y fundar una familia; y disfrutarán de iguales derechos en cuanto al matrimonio, durante el matrimonio y en caso de disolución del matrimonio.

2. Sólo mediante libre y pleno consentimiento de los futuros esposos podrá contraerse el matrimonio.

3. La familia es el elemento natural y fundamental de la sociedad y tiene derecho a la protección de la sociedad y del Estado.

Art. 17.– 1. Toda persona tiene derecho a la propiedad individual y colectivamente.

2. Nadie será privado arbitrariamente de su propiedad.

Art. 18.– Toda persona tiene derecho a la libertad de pensamiento, de conciencia y de religión; este derecho incluye la libertad de cambiar de religión o de creencia, así como la libertad de manifestar su religión o su creencia, individual y colectivamente, tanto en público como en privado, por la enseñanza, la práctica, el culto y la observancia.

Art. 19.– Todo individuo tiene derecho a la libertad de opinión y de expresión; este derecho incluye el de no ser molestado a causa de sus opiniones, el de investigar y recibir informaciones y opiniones, y el de difundirlas, sin limitación de fronteras, por cualquier medio de expresión.

Art. 20.– 1. Toda persona tiene derecho a la libertad de reunión y de asociación pacíficas.

2. Nadie podrá ser obligado a pertenecer a una asociación.

Art. 21.– 1. Toda persona tiene derecho a participar en el gobierno de su país, directamente o por medio de representantes libremente escogidos.

2. Toda persona tiene el derecho de acceso, en condiciones de igualdad, a las funciones públicas de su país.

3. La voluntad del pueblo es la base de la autoridad del poder público; esta voluntad se expresará mediante elecciones auténticas que habrán de celebrarse periódicamente, por sufragio universal e igual y por voto secreto u otro procedimiento equivalente que garantice la libertad del voto.

Art. 22.– Toda persona, como miembro de la sociedad, tiene derecho a la seguridad social, y a obtener, mediante el esfuerzo nacional y la cooperación internacional, habida cuenta de la organización y los recursos de cada Estado, la satisfacción de los derechos económicos, sociales y culturales, indispensables a su dignidad y al libre desarrollo de su personalidad.

Art. 23.– 1. Toda persona tiene derecho al trabajo, a la libre elección de su trabajo, a condiciones equitativas y satisfactorias de trabajo y a la protección contra el desempleo.

2. Toda persona tiene derecho, sin discriminación alguna, a igual salario por trabajo igual.

3. Toda persona que trabaja tiene derecho a una remuneración equitativa y satisfactoria, que le asegure, así como a su familia, una existencia conforme a la dignidad humana y que será completada, en caso necesario, por cualesquiera otros medios de protección social.

4. Toda persona tiene derecho a fundar sindicatos y a sindicarse para la defensa de sus intereses.

Art. 24.– Toda persona tiene derecho al descanso, al disfrute del tiempo libre, a una limitación razonable de la duración del trabajo y a vacaciones periódicas pagadas.

Art. 25.– 1. Toda persona tiene derecho a un nivel de vida adecuado que le asegure, así como a su familia, la salud y el bienestar, y en especial la alimentación, el vestido, la vivienda, la asistencia médica y los servicios sociales necesarios; tiene asimismo derecho a los seguros en caso de desempleo, enfermedad, invalidez, viudez, vejez u otros casos de pérdida de sus medios de subsistencia por circunstancias independientes de su voluntad.

2. La maternidad y la infancia tienen derecho a cuidados y asistencia especiales. Todos los niños, nacidos de matrimonio o fuera de matrimonio, tienen derecho a igual protección social.

Art. 26.– 1. Toda persona tiene derecho a la educación. La educación debe ser gratuita, al menos en lo concerniente a la instrucción elemental y fundamental. La instrucción elemental será obligatoria. La instrucción técnica y profesional habrá de ser generalizada; el acceso a los estudios superiores será igual para todos, en función de los méritos respectivos.

2. La educación tendrá por objeto el pleno desarrollo de la personalidad humana y el fortalecimiento del respeto a los derechos humanos y a las libertades fundamentales; favorecerá la comprensión, la tolerancia y la amistad entre todas las naciones y todos los grupos étnicos o religiosos, y promoverá el desarrollo de las actividades de las Naciones Unidas para el mantenimiento de la paz.

3. Los padres tendrán derecho preferente a escoger el tipo de educación que habrá de darse a sus hijos.

Art. 27.– 1. Toda persona tiene derecho a tomar parte libremente en la vida cultural de la comunidad, a gozar de las artes y a participar en el progreso científico y en los beneficios que de él resulten.

2. Toda persona tiene derecho a la protección de los intereses morales y materiales que le correspondan por razón de las producciones científicas, literarias o artísticas de que sea autora.

Art. 28.– Toda persona tiene derecho a que se establezca un orden social e internacional en el que los derechos y libertades proclamados en esta Declaración se hagan plenamente efectivos.

Art. 29.– 1. Toda persona tiene deberes respecto a la comunidad, puesto que sólo en ella puede desarrollar libre y plenamente su personalidad.

2. En el ejercicio de sus derechos y en el disfrute de sus libertades, toda persona estará solamente sujeta a las limitaciones establecidas por la ley con el único fin de asegurar el reconocimiento y el respeto de los derechos y libertades de los demás, y de satisfacer las justas exigencias de la moral, del orden público y del bienestar general en una sociedad democrática.

3. Estos derechos y libertades no podrán, en ningún caso, ser ejercidos en oposición a los propósitos y principios de las Naciones Unidas.

Art. 30.– Nada en esta Declaración podrá interpretarse en el sentido de que confiere derecho alguno al Estado, a un grupo o a una persona, para emprender y desarrollar actividades o realizar actos tendientes a la supresión de cualquiera de los derechos y libertades proclamados en esta Declaración.

CONVENCIÓN AMERICANA
SOBRE DERECHOS HUMANOS
(Pacto de San José de Costa Rica)
Suscrita el 22 de noviembre de 1969,
en la Conferencia Especializada Interamericana
sobre Derechos Humanos

PREÁMBULO

Los Estados americanos signatarios de la presente Convención,

Reafirmando su propósito de consolidar en este continente, dentro del cuadro de las instituciones democráticas, un régimen de libertad personal y de justicia social, fundado en el respeto de los derechos esenciales del hombre;

Reconociendo que los derechos esenciales del hombre no nacen del hecho de ser nacional de determinado Estado, sino que tienen como fundamento los atributos de la persona humana, razón por la cual justifican una protección internacional, de naturaleza convencional coadyuvante o complementaria de la que ofrece el derecho interno de los Estados americanos;

Considerando que estos principios han sido consagrados en la Carta de la Organización de los Estados Americanos, en la Declaración Americana de los Derechos y Deberes del Hombre y en la Declaración Universal de los Derechos Humanos que han sido reafirmados y desarrollados en otros instrumentos internacionales, tanto de ámbito universal como regional;

Reiterando que, con arreglo a la Declaración Universal de los Derechos Humanos, sólo puede realizarse el ideal del ser humano libre, exento del temor y de la miseria, si se crean condiciones que permitan a cada persona gozar de sus derechos económicos, sociales y culturales, tanto como de sus derechos civiles y políticos, y

Considerando que la Tercera Conferencia Interamericana Extraordinaria (Buenos Aires, 1967) aprobó la incorporación a la propia Carta de la Organización de normas más amplias sobre derechos económicos, sociales y educacionales y resolvió que una convención interamericana sobre derechos humanos determinara la estructura, competencia y procedimiento de los órganos encargados de esa materia.

Han convenido en lo siguiente:

PARTE I
DEBERES DE LOS ESTADOS
Y DERECHOS PROTEGIDOS

Capítulo I. Enumeración de deberes

Art. 1. Obligación de respetar los derechos.— 1. Los Estados partes en esta Convención se comprometen a respetar los derechos y libertades reconocidos en ella y a garantizar su libre y pleno ejercicio a toda persona que esté sujeta a su jurisdicción, sin discriminación alguna por motivos de raza, color, sexo, idioma, religión, opiniones políticas o de cualquier otra índole, origen nacional o social, posición económica, nacimiento o cualquier otra condición social.

2. Para los efectos de esta Convención, persona es todo ser humano.

Art. 2. Deber de adoptar disposiciones de derecho interno.— Si en el ejercicio de los derechos y libertades mencionados en el artículo 1 no estuviere ya garantizado por disposiciones legislativas o de otro carácter, los Estados partes se comprometen a adoptar, con arreglo a sus procedimientos constitucionales y a las disposiciones de esta Convención, las medidas legislativas o de otro carácter que fueren necesarias para hacer efectivos tales derechos y libertades.

Capítulo II. Derechos civiles y políticos

Art. 3. Derecho al reconocimiento de la personalidad jurídica.— Toda persona tiene derecho al reconocimiento de su personalidad jurídica.

Art. 4. Derecho a la vida.— 1. Toda persona tiene derecho a que se respete su vida. Este derecho estará protegido por la ley y, en general, a partir del momento de la concepción. Nadie puede ser privado de la vida arbitrariamente.

2. En los países que no han abolido la pena de muerte, ésta sólo podrá imponerse por los delitos más graves, en cumplimiento de sentencia ejecutoriada de tribunal competente y de conformidad con una ley que establezca tal pena, dictada con anterioridad a la comisión del delito. Tampoco se extenderá su aplicación a delitos a los cuales no se la aplique actualmente.

3. No se restablecerá la pena de muerte en los Estados que la han abolido.

4. En ningún caso se puede aplicar la pena de muerte por delitos políticos ni comunes conexos con los políticos.

5. No se impondrá la pena de muerte a personas que, en el momento de la comisión del delito, tuvieren menos de dieciocho años de edad o más de setenta, ni se le aplicará a las mujeres en estado de gravidez.

6. Toda persona condenada a muerte tiene derecho a solicitar la amnistía, el indulto o la conmutación de la pena, los cuales podrán ser concedidos en todos los casos. No se puede aplicar la pena de muerte mientras la solicitud esté pendiente de decisión ante autoridad competente.

Art. 5. Derecho a la integridad personal.— 1. Toda persona tiene derecho a que se respete su integridad física, psíquica y moral.

2. Nadie debe ser sometido a torturas ni a penas o tratos crueles, inhumanos o degradantes. Toda persona privada de libertad será tratada con el respeto debido a la dignidad inherente al ser humano.

3. La pena no puede trascender de la persona del delincuente.

4. Los procesados deben estar separados de los condenados, salvo en circunstancias excepcionales, y serán sometidos a un tratamiento adecuado a su condición de personas no condenadas.

5. Cuando los menores puedan ser procesados, deben ser separados de los adultos y llevados ante tribunales especializados, con la mayor celeridad posible, para su tratamiento.

6. Las penas privativas de la libertad tendrán como finalidad esencial la reforma y la readaptación social de los condenados.

Art. 6. Prohibición de la esclavitud y servidumbre.— 1. Nadie puede ser sometido a esclavitud o servidumbre, y tanto éstas, como la trata de esclavos y la trata de mujeres están prohibidas en todas sus formas.

2. Nadie debe ser constreñido a ejecutar un trabajo forzoso u obligatorio. En los países donde ciertos delitos tengan señalada pena privativa de la libertad acompañada de trabajos forzosos, esta disposición no podrá ser interpretada en el sentido de que prohíbe el cumplimiento de dicha pena impuesta por juez o tribunal competente. El trabajo forzoso no debe afectar a la dignidad ni a la capacidad física e intelectual del recluido.

3. No constituyen trabajo forzoso u obligatorio, para los efectos de este artículo:

a. los trabajos o servicios que se exijan normalmente de una persona recluida en cumplimiento de una sentencia o resolución formal dictada por la autoridad judicial competente. Tales trabajos o servicios deberán realizarse bajo la vigilancia y control de las autoridades públicas, y los individuos que los efectúen no serán puestos a disposición de particulares, compañías o personas jurídicas de carácter privado;

b. el servicio militar y, en los países donde se admite exención por razones de conciencia, el servicio nacional que la ley establezca en lugar de aquél;

c. el servicio impuesto en casos de peligro o calamidad que amenace la existencia o el bienestar de la comunidad, y

d. el trabajo o servicio que forme parte de las obligaciones cívicas normales.

Art. 7. Derecho a la libertad personal.— 1. Toda persona tiene derecho a la libertad y a la seguridad personales.

2. Nadie puede ser privado de su libertad física, salvo por las causas y en las condiciones fijadas de antemano por las constituciones políticas de los Estados partes o por las leyes dictadas conforme a ellas.

3. Nadie puede ser sometido a detención o encarcelamiento arbitrarios.

4. Toda persona detenida o retenida debe ser informada de las razones de su detención y notificada, sin demora, del cargo o cargos formulados contra ella.

5. Toda persona detenida o retenida debe ser llevada, sin demora, ante un juez u otro funcionario autorizado por la ley para ejercer funciones judiciales y tendrá derecho a ser juzgada dentro de un plazo razonable o a ser puesta en libertad, sin perjuicio de que continúe el proceso. Su libertad podrá estar condicionada a garantías que aseguren su comparecencia en el juicio.

6. Toda persona privada de libertad tiene derecho a recurrir ante un juez o tribunal competente, a fin de que éste decida, sin demora, sobre la legalidad de su arresto o detención y ordene su libertad si el arresto o la detención fueran ilegales. En los Estados partes cuyas leyes prevén que toda persona que se viera amenazada de ser privada de su libertad tiene derecho a recurrir a un juez o tribunal competente a fin de que éste decida sobre la legalidad de tal amenaza, dicho recurso no puede ser restringido ni abolido. Los recursos podrán interponerse por sí o por otra persona.

7. Nadie será detenido por deudas. Este principio no limita los mandatos de autoridad judicial competente dictados por incumplimientos de deberes alimentarios.

Art. 8. Garantías judiciales.— 1. Toda persona tiene derecho a ser oída, con las debidas garantías y dentro de un plazo razonable, por un juez o tribunal competente, independiente e imparcial, establecido con anterioridad por la ley, en la sustanciación de cualquier acusación penal formulada contra ella, o para la determinación de sus derechos y obligaciones de orden civil, laboral, fiscal o de cualquier otro carácter.

2. Toda persona inculpada de delito tiene derecho a que se presuma su inocencia mientras no se establezca legalmente su culpabilidad. Durante el proceso, toda persona tiene derecho, en plena igualdad, a las siguientes garantías mínimas:

a)   derecho del inculpado de ser asistido gratuitamente por el traductor o intérprete, si no comprende o no habla el idioma del juzgado o tribunal;

b)   comunicación previa y detallada al inculpado de la acusación formulada;

c)   concesión al inculpado del tiempo y de los medios adecuados para la preparación de su defensa;

d)   derecho del inculpado de defenderse personalmente o de ser asistido por un defensor de su elección y de comunicarse libre y privadamente con su defensor;

e)   derecho irrenunciable de ser asistido por un defensor proporcionado por el Estado, remunerado o no según la legislación interna, si el inculpado no se defendiere por sí mismo ni nombrare defensor dentro del plazo establecido por la ley;

f)   derecho de la defensa de interrogar a los testigos presentes en el tribunal y de obtener la comparecencia, como testigos o peritos, de otras personas que puedan arrojar luz sobre los hechos;

g)   derecho a no ser obligado a declarar contra sí mismo ni a declararse culpable, y

h)   derecho de recurrir del fallo ante juez o tribunal superior.

3. La confesión del inculpado solamente es válida si es hecha sin coacción de ninguna naturaleza.

4. El inculpado absuelto por una sentencia firme no podrá ser sometido a nuevo juicio por los mismos hechos.

5. El proceso penal debe ser público, salvo en lo que sea necesario para preservar los intereses de la justicia.

Art. 9. Principio de legalidad y de retroactividad.— Nadie puede ser condenado por acciones u omisiones que en el momento de cometerse no fueran delictivos según el derecho aplicable. Tampoco se puede imponer pena más grave que la aplicable en el momento de la comisión del delito. Si con posterioridad a la comisión del delito la ley dispone la imposición de una pena más leve, el delincuente se beneficiará de ello.

Art. 10. Derecho a indemnización.— Toda persona tiene derecho a ser indemnizada conforme a la ley en caso de haber sido condenada en sentencia firme por error judicial.

Art. 11. Protección de la honra y de la dignidad.— 1. Toda persona tiene derecho al respeto de su honra y al reconocimiento de su dignidad.

2. Nadie puede ser objeto de injerencias arbitrarias o abusivas en su vida privada, en la de su familia, en su domicilio o en su correspondencia, ni de ataques ilegales a su honra o reputación.

3. Toda persona tiene derecho a la protección de la ley contra esas injerencias o esos ataques.

Art. 12. Libertad de conciencia y de religión.— 1. Toda persona tiene derecho a la libertad de conciencia y de religión. Este derecho implica la libertad de conservar su religión o sus creencias, o de cambiar de religión o de creencias, así como la libertad de profesar y divulgar su religión o sus creencias, individual o colectivamente, tanto en público como en privado.

2. Nadie puede ser objeto de medidas restrictivas que puedan menoscabar la libertad de conservar su religión o sus creencias o de cambiar de religión o de creencias.

3. La libertad de manifestar la propia religión y las propias creencias está sujeta únicamente a las limitaciones prescritas por la ley y que sean necesarias para proteger la seguridad, el orden, la salud o la moral públicos o los derechos o libertades de los demás.

4. Los padres, y en su caso los tutores, tienen derecho a que sus hijos o pupilos reciban la educación religiosa y moral que esté de acuerdo con sus propias convicciones.

Art. 13. Libertad de pensamiento y de expresión.— 1. Toda persona tiene derecho a la libertad de pensamiento y de expresión. Este derecho comprende la libertad de buscar, recibir y difundir informaciones e ideas de toda índole, sin consideración de fronteras, ya sea oralmente, por escrito o en forma impresa o artística, o por cualquier otro procedimiento de su elección.

2. El ejercicio del derecho previsto en el inciso precedente no puede estar sujeto a previa censura sino a responsabilidades ulteriores, las que deben estar expresamente fijadas por la ley y ser necesarias para asegurar:

a) el respeto a los derechos o a la reputación de los demás, o

b) la protección de la seguridad nacional, el orden público o la salud o la moral públicas.

3. No se puede restringir el derecho de expresión por vías o medios indirectos, tales como el abuso de controles oficiales o particulares de papel para periódicos, de frecuencias radioeléctricas, o de enseres y aparatos usados en la difusión de información o por cualesquiera otros medios encaminados a impedir la comunicación y la circulación de ideas y opiniones.

4. Los espectáculos públicos pueden ser sometidos por la ley a censura previa con el exclusivo objeto de regular el acceso a ellos para la protección moral de la infancia y la adolescencia, sin perjuicio de lo establecido en el inciso 2.

5. Estará prohibida por la ley toda propaganda en favor de la guerra y toda apología del odio nacional, racial o religioso que constituyan incitaciones a la violencia o cualquier otra acción ilegal similar contra cualquier persona o grupo de personas, por ningún motivo, inclusive los de raza, color, religión, idioma u origen nacional.

Art. 14. Derecho de rectificación o respuesta.— 1. Toda persona afectada por informaciones inexactas o agraviantes emitidas en su perjuicio a través de medios de difusión legalmente reglamentados y que se dirijan al público en general, tiene derecho a efectuar por el mismo órgano de difusión su rectificación o respuesta en las condiciones que establezca la ley.

2. En ningún caso la rectificación o la respuesta eximirán de las otras responsabilidades legales en que se hubiese incurrido.

3. Para la efectiva protección de la honra y la reputación, toda publicación o empresa periodística, cinematográfica, de radio o televisión tendrá una persona responsable que no esté protegida por inmunidades ni disponga de fuero especial.

Art. 15. Derecho de reunión.— Se reconoce el derecho de reunión pacífica y sin armas. El ejercicio de tal derecho sólo puede estar sujeto a las restricciones previstas por la ley, que sean necesarias en una sociedad democrática, en interés de la seguridad nacional, de la seguridad o del orden públicos, o para proteger la salud o la moral públicas o los derechos o libertades de los demás.

Art. 16. Libertad de asociación.— 1. Todas las personas tienen derecho a asociarse libremente con fines ideológicos, religiosos, políticos, económicos, laborales, sociales, culturales, deportivos o de cualquiera otra índole.

2. El ejercicio de tal derecho sólo puede estar sujeto a las restricciones previstas por la ley que sean necesarias en una sociedad democrática, en interés de la seguridad nacional, de la seguridad o del orden públicos, o para proteger la salud o la moral públicas o los derechos y libertades de los demás.

3. Lo dispuesto en este artículo no impide la imposición de restricciones legales, y aun la privación del ejercicio del derecho de asociación, a los miembros de las fuerzas armadas y de la policía.

Art. 17. Protección a la familia.— 1. La familia es el elemento natural y fundamental de la sociedad y debe ser protegida por la sociedad y el Estado.

2. Se reconoce el derecho del hombre y la mujer a contraer matrimonio y a fundar una familia si tienen la edad y las condiciones requeridas para ello por las leyes internas, en la medida en que éstas no afecten al principio de no discriminación establecido en esta Convención.

3. El matrimonio no puede celebrarse sin el libre y pleno consentimiento de los contrayentes.

4. Los Estados partes deben tomar medidas apropiadas para asegurar la igualdad de derechos y la adecuada equivalencia de responsabilidades de los cónyuges en cuanto al matrimonio, durante el matrimonio y en caso de disolución del mismo. En caso de disolución, se adoptarán disposiciones que aseguren la protección necesaria de los hijos, sobre la base única del interés y conveniencia de ellos.

5. La ley debe reconocer iguales derechos tanto a los hijos nacidos fuera de matrimonio como a los nacidos dentro del mismo.

Art. 18. Derecho al nombre.— Toda persona tiene derecho a un nombre propio y a los apellidos de sus padres o al de uno de ellos. La ley reglamentará la forma de asegurar este derecho para todos, mediante nombres supuestos, si fuere necesario.

Art. 19. Derechos del niño.— Todo niño tiene derecho a las medidas de protección que su condición de menor requieren por parte de su familia, de la sociedad y del Estado.

Art. 20. Derecho a la nacionalidad.— 1. Toda persona tiene derecho a una nacionalidad.

2. Toda persona tiene derecho a la nacionalidad del Estado en cuyo territorio nació si no tiene derecho a otra.

3. A nadie se privará arbitrariamente de su nacionalidad ni del derecho a cambiarla.

Art. 21. Derecho a la propiedad privada.— 1. Toda persona tiene derecho al uso y goce de sus bienes. La ley puede subordinar tal uso y goce al interés social.

2. Ninguna persona puede ser privada de sus bienes, excepto mediante el pago de indemnización justa, por razones de utilidad pública o de interés social y en los casos y según las formas establecidas por la ley.

3. Tanto la usura como cualquier otra forma de explotación del hombre por el hombre, deben ser prohibidas por la ley.

Art. 22. Derecho de circulación y de residencia.— 1. Toda persona que se halle legalmente en el territorio de un Estado tiene derecho a circular por el mismo y a residir en él con sujeción a las disposiciones legales.

2. Toda persona tiene derecho a salir libremente de cualquier país, inclusive del propio.

3. El ejercicio de los derechos anteriores no puede ser restringido sino en virtud de una ley, en la medida indispensable en una sociedad democrática, para prevenir infracciones penales o para proteger la seguridad nacional, la seguridad o el orden públicos, la moral o la salud públicas o los derechos y libertades de los demás.

4. El ejercicio de los derechos reconocidos en el inciso 1 puede asimismo ser restringido por la ley, en zonas determinadas, por razones de interés público.

5. Nadie puede ser expulsado del territorio del Estado del cual es nacional, ni ser privado del derecho a ingresar en el mismo.

6. El extranjero que se halle legalmente en el territorio de un Estado parte en la presente Convención, sólo podrá ser expulsado de él en cumplimiento de una decisión adoptada conforme a la ley.

7. Toda persona tiene el derecho de buscar y recibir asilo en territorio extranjero en caso de persecución por delitos políticos o comunes conexos con los políticos y de acuerdo con la legislación de cada Estado y los convenios internacionales.

8. En ningún caso el extranjero puede ser expulsado o devuelto a otro país, sea o no de origen, donde su derecho a la vida o a la libertad personal está en riesgo de violación a causa de raza, nacionalidad, religión, condición social o de sus opiniones políticas.

9. Es prohibida la expulsión colectiva de extranjeros.

Art. 23. Derechos políticos.— 1. Todos los ciudadanos deben gozar de los siguientes derechos y oportunidades:

a) de participar en la dirección de los asuntos públicos, directamente o por medio de representantes libremente elegidos;

b) de votar y ser elegidos en elecciones periódicas auténticas, realizadas por sufragio universal e igual y por voto secreto que garantice la libre expresión de la voluntad de los electores, y

c) de tener acceso, en condiciones generales de igualdad, a las funciones públicas de su país.

2. La ley puede reglamentar el ejercicio de los derechos y oportunidades a que se refiere el inciso anterior, exclusivamente por razones de edad, nacionalidad, residencia, idioma, instrucción, capacidad civil o mental, o condena, por juez competente, en proceso penal.

Art. 24. Igualdad ante la ley.— Todas las personas son iguales ante la ley. En consecuencia, tienen derecho, sin discriminación, a igual protección de la ley.

Art. 25. Protección judicial.— 1. Toda persona tiene derecho a un recurso sencillo y rápido o a cualquier otro recurso efectivo ante los jueces o tribunales competentes, que la ampare contra actos que violen sus derechos fundamentales reconocidos por la Constitución, la ley o la presente Convención, aun cuando tal violación sea cometida por personas que actúen en ejercicio de sus funciones oficiales.

2. Los Estados partes se comprometen:

a)   a garantizar que la autoridad competente prevista por el sistema legal del Estado decidirá sobre los derechos de toda persona que interponga tal recurso;

b)   a desarrollar las posibilidades de recurso judicial, y

c)   a garantizar el cumplimiento, por las autoridades competentes, de toda decisión en que se haya estimado procedente el recurso.

Capítulo III. Derechos económicos, sociales y culturales

Art. 26. Desarrollo progresivo.— Los Estados partes se comprometen a adoptar providencias, tanto a nivel interno como mediante la cooperación internacional, especialmente económica y técnica, para lograr progresivamente la plena efectividad de los derechos que se derivan de las normas económicas, sociales y sobre educación, ciencia y cultura, contenidas en la Carta de la Organización de los Estados Americanos, reformada por el Protocolo de Buenos Aires, en la medida de los recursos disponibles, por vía legislativa u otros medios apropiados.

Capítulo IV. Suspensión de garantías, interpretación y aplicación

Art. 27. Suspensión de garantías.— 1. En caso de guerra, de peligro público o de otra emergencia que amenace la independencia o seguridad del Estado parte, éste podrá adoptar disposiciones que, en la medida y por el tiempo estrictamente limitados a las exigencias de la situación, suspendan las obligaciones contraídas en virtud de esta Convención, siempre que tales disposiciones no sean incompatibles con las demás obligaciones que les impone el derecho internacional y no entrañen discriminación alguna fundada en motivos de raza, color, sexo, idioma, religión u origen social.

2. La disposición precedente no autoriza la suspensión de los derechos determinados en los siguientes artículos: 3 (Derecho al Reconocimiento de la Personalidad Jurídica); 4 (Derecho a la Vida); 5 (Derecho a la Integridad Personal); 6 (Prohibición de la Esclavitud y Servidumbre); 9 (Principio de Legalidad y de Retroactividad); 12 (Libertad de Conciencia y de Religión); 17 (Protección a la Familia); 18 (Derecho al Nombre); 19 (Derechos del Niño); 20 (Derecho a la Nacionalidad), y 23 (Derechos Políticos), ni de las garantías judiciales indispensables para la protección de tales derechos.

3. Todo Estado parte que haga uso del derecho de suspensión deberá informar inmediatamente a los demás Estados Partes en la presente Convención, por conducto del Secretario General de la Organización de los Estados Americanos, de las disposiciones cuya aplicación haya suspendido, de los motivos que hayan suscitado la suspensión y de la fecha en que haya dado por terminada tal suspensión.

Art. 28. Cláusula federal.— 1. Cuando se trate de un Estado parte constituido como Estado federal, el gobierno nacional de dicho Estado parte cumplirá todas las disposiciones de la presente Convención relacionadas con las materias sobre las que ejerce jurisdicción legislativa y judicial.

2. Con respecto a las disposiciones relativas a las materias que corresponden a la jurisdicción de las entidades componentes de la federación, el gobierno nacional debe tomar de inmediato las medidas pertinentes, conforme a su constitución y sus leyes, a fin de que las autoridades competentes de dichas entidades puedan adoptar las disposiciones del caso para el cumplimiento de esta Convención.

3. Cuando dos o más Estados partes acuerden integrar entre sí una federación u otra clase de asociación, cuidarán de que el pacto comunitario correspondiente contenga las disposiciones necesarias para que continúen haciéndose efectivas en el nuevo Estado así organizado, las normas de la presente Convención.

Art. 29. Normas de interpretación.— Ninguna disposición de la presente Convención puede ser interpretada en el sentido de:

a)   permitir a alguno de los Estados partes, grupo o persona, suprimir el goce y ejercicio de los derechos y libertades reconocidos en la Convención o limitarlos en mayor medida que la prevista en ella;

b)   limitar el goce y ejercicio de cualquier derecho o libertad que pueda estar reconocido de acuerdo con las leyes de cualquiera de los Estados Partes o de acuerdo con otra convención en que sea parte uno de dichos Estados;

c)   excluir otros derechos y garantías que son inherentes al ser humano o que se derivan de la forma democrática representativa de gobierno, y

d)   excluir o limitar el efecto que puedan producir la Declaración Americana de Derechos y Deberes del Hombre y otros actos internacionales de la misma naturaleza.

Art. 30. Alcance de las restricciones.— Las restricciones permitidas, de acuerdo con esta Convención, al goce y ejercicio de los derechos y libertades reconocidas en la misma, no pueden ser aplicadas sino conforme a leyes que se dictaren por razones de interés general y con el propósito para el cual han sido establecidas.

Art. 31. Reconocimiento de otros derechos.— Podrán ser incluidos en el régimen de protección de esta Convención otros derechos y libertades que sean reconocidos de acuerdo con los procedimientos establecidos en los artículos 76 y 77.

Capítulo V. Deberes de las personas

Art. 32. Correlación entre deberes y derechos.— 1. Toda persona tiene deberes para con la familia, la comunidad y la humanidad.

2. Los derechos de cada persona están limitados por los derechos de los demás, por la seguridad de todos y por las justas exigencias del bien común, en una sociedad democrática.

PARTE II
MEDIOS DE LA PROTECCIÓN

Capítulo VI. De los órganos competentes

Art. 33.— Son competentes para conocer de los asuntos relacionados con el cumplimiento de los compromisos contraídos por los Estados partes en esta Convención:

a)   la Comisión Interamericana de Derechos Humanos, llamada en adelante la Comisión, y

b)   la Corte Interamericana de Derechos Humanos, llamada en adelante la Corte.

Capítulo VII. La Comisión Interamericana de Derechos Humanos

Sección 1. Organización

Art. 34.— La Comisión Interamericana de Derechos Humanos se compondrá de siete miembros, que deberán ser personas de alta autoridad moral y reconocida versación en materia de derechos humanos.

Art. 35.— La Comisión representa a todos los miembros que integran la Organización de los Estados americanos.

Art. 36.— 1. Los miembros de la Comisión serán elegidos a título personal por la Asamblea General de la Organización de una lista de candidatos propuestos por los gobiernos de los Estados miembros.

2. Cada uno de dichos gobiernos puede proponer hasta tres candidatos, nacionales del Estado que los proponga o de cualquier otro Estado miembro de la Organización de los Estados Americanos. Cuando se proponga una terna, por lo menos uno de los candidatos deberá ser nacional de un Estado distinto del proponente.

Art. 37.— 1. Los miembros de la Comisión serán elegidos por cuatro años y sólo podrán ser reelegidos una vez, pero el mandato de tres de los miembros designados en la primera elección expirará al cabo de dos años. Inmediatamente después de dicha elección se determinarán por sorteo en la Asamblea General los nombres de estos tres miembros.

2. No puede formar parte de la Comisión más de un nacional de un mismo Estado.

Art. 38.— Las vacantes que ocurrieren en la Comisión, que no se deban a expiración normal del mandato, se llenarán por el Consejo Permanente de la Organización de acuerdo con lo que disponga el Estatuto de la Comisión.

Art. 39.— La Comisión preparará su Estatuto, lo someterá a la aprobación de la Asamblea General y dictará su propio Reglamento.

Art. 40.— Los servicios de Secretaría de la Comisión deben ser desempeñados por la unidad funcional especializada que forma parte de la Secretaría General de la Organización y debe disponer de los recursos necesarios para cumplir las tareas que le sean encomendadas por la Comisión.

Sección 2. Funciones

Art. 41.— La Comisión tiene la función principal de promover la observancia y la defensa de los derechos humanos, y en el ejercicio de su mandato tiene las siguientes funciones y atribuciones:

a)   estimular la conciencia de los derechos humanos en los pueblos de América;

b)   formular recomendaciones, cuando lo estime conveniente, a los gobiernos de los Estados miembros para que adopten medidas progresivas en favor de los derechos humanos dentro del marco de sus leyes internas y sus preceptos constitucionales, al igual que disposiciones apropiadas para fomentar el debido respeto a esos derechos;

c)   preparar los estudios e informes que considere convenientes para el desempeño de sus funciones;

d)   solicitar de los gobiernos de los Estados miembros que le proporcionen informes sobre las medidas que adopten en materia de derechos humanos;

e)   atender las consultas que, por medio de la Secretaría General de la Organización de los Estados Americanos, le formulen los Estados miembros en cuestiones relacionadas con los derechos humanos y, dentro de sus posibilidades, les prestará el asesoramiento que éstos le soliciten;

f)   actuar respecto de las peticiones y otras comunicaciones en ejercicio de su autoridad de conformidad con lo dispuesto en los artículos 44 al 51 de esta Convención, y

g)   rendir un informe anual a la Asamblea General de la Organización de los Estados Americanos.

Art. 42.— Los Estados partes deben remitir a la Comisión copia de los informes y estudios que en sus respectivos campos someten anualmente a las Comisiones Ejecutivas del Consejo Interamericano Económico y Social y del Consejo Interamericano para la Educación, la Ciencia y la Cultura, a fin de que aquélla vele porque se promuevan los derechos derivados de las normas económicas, sociales y sobre educación, ciencia y cultura, contenidas en la Carta de la Organización de los Estados Americanos, reformada por el Protocolo de Buenos Aires.

Art. 43.— Los Estados partes se obligan a proporcionar a la Comisión las informaciones que ésta les solicite sobre la manera en que su derecho interno asegura la aplicación efectiva de cualesquiera disposiciones de esta Convención.

Sección 3. Competencia

Art. 44.— Cualquier persona o grupo de personas, o entidad no gubernamental legalmente reconocida en uno o más Estados miembros de la Organización, puede presentar a la Comisión peticiones que contengan denuncias o quejas de violación de esta Convención por un Estado parte.

Art. 45.— 1. Todo Estado parte puede, en el momento del depósito de su instrumento de ratificación o adhesión de esta Convención, o en cualquier momento posterior, declarar que reconoce la competencia de la Comisión para recibir y examinar las comunicaciones en que un Estado parte alegue que otro Estado parte ha incurrido en violaciones de los derechos humanos establecidos en esta Convención.

2. Las comunicaciones hechas en virtud del presente artículo sólo se pueden admitir y examinar si son presentadas por un Estado parte que haya hecho una declaración por la cual reconozca la referida competencia de la Comisión. La Comisión no admitirá ninguna comunicación contra un Estado parte que no haya hecho tal declaración.

3. Las declaraciones sobre reconocimiento de competencia pueden hacerse para que ésta rija por tiempo indefinido, por un período determinado o para casos específicos.

4. Las declaraciones se depositarán en la Secretaría General de la Organización de los Estados Americanos, la que transmitirá copia de las mismas a los Estados miembros de dicha Organización.

Art. 46.— 1. Para que una petición o comunicación presentada conforme a los artículos 44 o 45 sea admitida por la Comisión, se requerirá:

a)   que se hayan interpuesto y agotado los recursos de jurisdicción interna, conforme a los principios del Derecho Internacional generalmente reconocidos;

b)   que sea presentada dentro del plazo de seis meses, a partir de la fecha en que el presunto lesionado en sus derechos haya sido notificado de la decisión definitiva;

c)   que la materia de la petición o comunicación no esté pendiente de otro procedimiento de arreglo internacional, y

d)   que en el caso del artículo 44 la petición contenga el nombre, la nacionalidad, la profesión, el domicilio y la firma de la persona o personas o del representante legal de la entidad que somete la petición.

2. Las disposiciones de los incisos 1. a) y 1. b) del presente artículo no se aplicarán cuando:

a)   no exista en la legislación interna del Estado de que se trata el debido proceso legal para la protección del derecho o derechos que se alega han sido violados;

b)   no se haya permitido al presunto lesionado en sus derechos el acceso a los recursos de la jurisdicción interna, o haya sido impedido de agotarlos, y

c)   haya retardo injustificado en la decisión sobre los mencionados recursos.

Art. 47.— La Comisión declarará inadmisible toda petición o comunicación presentada de acuerdo con los artículos 44 o 45 cuando:

a)   falte alguno de los requisitos indicados en el artículo 46;

b)   no exponga hechos que caractericen una violación de los derechos garantizados por esta Convención;

c)   resulte de la exposición del propio peticionario o del Estado manifiestamente infundada la petición o comunicación o sea evidente su total improcedencia, y

d)   sea sustancialmente la reproducción de petición o comunicación anterior ya examinada por la Comisión u otro organismo internacional.

Sección 4. Procedimiento

Art. 48.— 1. La Comisión, al recibir una petición o comunicación en la que se alegue la violación de cualquiera de los derechos que consagra esta Convención, procederá en los siguientes términos:

a)   si reconoce la admisibilidad de la petición o comunicación solicitará informaciones al Gobierno del Estado al cual pertenezca la autoridad señalada como responsable de la violación alegada, transcribiendo las partes pertinentes de la petición o comunicación. Dichas informaciones deben ser enviadas dentro de un plazo razonable, fijado por la Comisión al considerar las circunstancias de cada caso;

b)   recibidas las informaciones o transcurrido el plazo fijado sin que sean recibidas, verificará si existen o subsisten los motivos de la petición o comunicación. De no existir o subsistir, mandará archivar el expediente;

c)   podrá también declarar la inadmisibilidad o la improcedencia de la petición o comunicación, sobre la base de una información o prueba sobrevinientes;

d)   si el expediente no se ha archivado y con el fin de comprobar los hechos, la Comisión realizará, con conocimiento de las partes, un examen del asunto planteado en la petición o comunicación. Si fuere necesario y conveniente, la Comisión realizará una investigación para cuyo eficaz cumplimiento solicitará, y los Estados interesados le proporcionarán, todas las facilidades necesarias;

e)   podrá pedir a los Estados interesados cualquier información pertinente y recibirá, si así se le solicita, las exposiciones verbales o escritas que presenten los interesados;

f)   se pondrá a disposición de las partes interesadas, a fin de llegar a una solución amistosa del asunto fundada en el respeto a los derechos humanos reconocidos en esta Convención.

2. Sin embargo, en casos graves y urgentes, puede realizarse una investigación previo consentimiento del Estado en cuyo territorio se alegue haberse cometido la violación, tan sólo con la presentación de una petición o comunicación que reúna todos los requisitos formales de admisibilidad.

Art. 49.— Si se ha llegado a una solución amistosa con arreglo a las disposiciones del inciso 1. f) del artículo 48 la Comisión redactará un informe que será transmitido al peticionario y a los Estados partes en esta Convención y comunicado después, para su publicación, al Secretario General de la Organización de los Estados Americanos. Este informe contendrá una breve exposición de los hechos y de la solución lograda. Si cualquiera de las partes en el caso lo solicitan, se les suministrará la más amplia información posible.

Art. 50.— 1. De no llegarse a una solución, y dentro del plazo que fije el Estatuto de la Comisión, ésta redactará un informe en el que expondrá los hechos y sus conclusiones. Si el informe no representa, en todo o en parte, la opinión unánime de los miembros de la Comisión, cualquiera de ellos podrá agregar a dicho informe su opinión por separado. También se agregarán al informe las exposiciones verbales o escritas que hayan hecho los interesados en virtud del inciso 1. e) del artículo 48.

2. El informe será transmitido a los Estados interesados, quienes no estarán facultados para publicarlo.

3. Al transmitir el informe, la Comisión puede formular las proposiciones y recomendaciones que juzgue adecuadas.

Art. 51.— 1. Si en el plazo de tres meses, a partir de la remisión a los Estados interesados del informe de la Comisión, el asunto no ha sido solucionado o sometido a la decisión de la Corte por la Comisión o por el Estado interesado, aceptando su competencia, la Comisión podrá emitir, por mayoría absoluta de votos de sus miembros, su opinión y conclusiones sobre la cuestión sometida a su consideración.

2. La Comisión hará las recomendaciones pertinentes y fijará un plazo dentro del cual el Estado debe tomar las medidas que le competan para remediar la situación examinada.

3. Transcurrido el período fijado, la Comisión decidirá, por la mayoría absoluta de votos de sus miembros, si el Estado ha tomado o no medidas adecuadas y si publica o no su informe.

Capítulo VIII. La Corte Interamericana de Derechos Humanos
Sección 1. Organización

Art. 52.— 1. La Corte se compondrá de siete jueces, nacionales de los Estados miembros de la Organización, elegidos a título personal entre juristas de la más alta autoridad moral, de reconocida competencia en materia de derechos humanos, que reúnan las condiciones requeridas para el ejercicio de las más elevadas funciones judiciales conforme a la ley del país del cual sean nacionales o del Estado que los proponga como candidatos.

2. No debe haber dos jueces de la misma nacionalidad.

Art. 53.— 1. Los jueces de la Corte serán elegidos, en votación secreta y por mayoría absoluta de votos de los Estados partes en la Convención, en la Asamblea General de la Organización, de una lista de candidatos propuestos por esos mismos Estados.

2. Cada uno de los Estados partes puede proponer hasta tres candidatos, nacionales del Estado que los propone o de cualquier otro Estado miembro de la Organización de los Estados Americanos. Cuando se proponga una tema, por lo menos uno de los candidatos deberá ser nacional de un Estado distinto del proponente.

Art. 54.— 1. Los jueces de la Corte serán elegidos para un período de seis años y sólo podrán ser reelegidos una vez. El mandato de tres de los jueces designados en la primera elección, expirará al cabo de tres años. Inmediatamente después de dicha elección, se determinarán por sorteo en la Asamblea General los nombres de estos tres jueces.

2. El juez elegido para reemplazar a otro cuyo mandato no ha expirado, completará el período de éste.

3. Los jueces permanecerán en funciones hasta el término de su mandato. Sin embargo, seguirán conociendo de los casos a que ya se hubieran abocado y que se encuentren en estado de sentencia, a cuyos efectos no serán sustituidos por los nuevos jueces elegidos.

Art. 55.— 1. El juez que sea nacional de alguno de los Estados partes en el caso sometido a la Corte, conservará su derecho a conocer del mismo.

2. Si uno de los jueces llamados a conocer del caso fuere de la nacionalidad de uno de los Estados partes, otro Estado parte en el caso podrá designar a una persona de su elección para que integre la Corte en calidad de juez ad hoc.

3. Si entre los jueces llamados a conocer del caso ninguno fuere de la nacionalidad de los Estados partes, cada uno de éstos podrá designar un juez ad hoc.

4. El juez ad hoc debe reunir las calidades señaladas en el artículo 52.

5. Si varios Estados partes en la Convención tuvieren un mismo interés en el caso, se considerarán como una sola parte para los fines de las disposiciones precedentes. En caso de duda, la Corte decidirá.

Art. 56.— El quórum para las deliberaciones de la Corte es de cinco jueces.

Art. 57.— La Comisión comparecerá en todos los casos ante la Corte.

Art. 58.— 1. La Corte tendrá su sede en el lugar que determinen, en la Asamblea General de la Organización, los Estados partes en la Convención, pero podrá celebrar reuniones en el territorio de cualquier Estado miembro de la Organización de los Estados Americanos en que lo considere conveniente por mayoría de sus miembros y previa aquiescencia del Estado respectivo. Los Estados partes en la Convención pueden, en la Asamblea General por dos tercios de sus votos, cambiar la sede de la Corte.

2. La Corte designará a su Secretario.

3. El Secretario residirá en la sede de la Corte y deberá asistir a las reuniones que ella celebre fuera de la misma.

Art. 59.— La Secretaría de la Corte será establecida por ésta y funcionará bajo la dirección del Secretario de la Corte, de acuerdo con las normas administrativas de la Secretaría General de la Organización en todo lo que no sea incompatible con la independencia de la Corte. Sus funcionarios serán nombrados por el Secretario General de la Organización, en consulta con el Secretario de la Corte.

Art. 60.— La Corte preparará su Estatuto y lo someterá a la aprobación de la Asamblea General, y dictará su Reglamento.

Sección 2. Competencia y funciones

Art. 61.— 1. Sólo los Estados partes y la Comisión tienen derecho a someter un caso a la decisión de la Corte.

2. Para que la Corte pueda conocer de cualquier caso, es necesario que sean agotados los procedimientos previstos en los artículos 48 a 50.

Art. 62.— 1. Todo Estado parte puede, en el momento del depósito de su instrumento de ratificación o adhesión de esta Convención, o en cualquier momento posterior, declarar que reconoce como obligatoria de pleno derecho y sin convención especial, la competencia de la Corte sobre todos los casos relativos a la interpretación o aplicación de esta Convención.

2. La declaración puede ser hecha incondicionalmente, o bajo condición de reciprocidad, por un plazo determinado o para casos específicos. Deberá ser presentada al Secretario General de la Organización, quien transmitirá copias de la misma a los otros Estados miembros de la Organización y al Secretario de la Corte.

3. La Corte tiene competencia para conocer de cualquier caso relativo a la interpretación y aplicación de las disposiciones de esta Convención que le sea sometido, siempre que los Estados partes en el caso hayan reconocido o reconozcan dicha competencia, ora por declaración especial, como se indica en los incisos anteriores, ora por convención especial.

Art. 63.— 1. Cuando decida que hubo violación de un derecho o libertad protegidos en esta Convención, la Corte dispondrá que se garantice al lesionado en el goce de su derecho o libertad conculcados. Dispondrá asimismo, si ello fuera procedente, que se reparen las consecuencias de la medida o situación que ha configurado la vulneración de esos derechos y el pago de una justa indemnización a la parte lesionada.

2. En casos de extrema gravedad y urgencia, y cuando se haga necesario evitar daños irreparables a las personas, la Corte, en los asuntos que esté conociendo, podrá tomar las medidas provisionales que considere pertinentes. Si se tratare de asuntos que aún no estén sometidos a su conocimiento, podrá actuar a solicitud de la Comisión.

Art. 64.— 1. Los Estados miembros de la Organización podrán consultar a la Corte acerca de la interpretación de esta Convención o de otros tratados concernientes a la protección de los derechos humanos en los Estados americanos. Asimismo, podrán consultarla, en los que les compete, los órganos enumerados en el capítulo X de la Carta de la Organización de los Estados Americanos, reformada por el Protocolo de Buenos Aires.

2. La Corte, a solicitud de un Estado miembro de la Organización, podrá darle opiniones acerca de la compatibilidad entre cualquiera de sus leyes internas y los mencionados instrumentos internacionales.

Art. 65.— La Corte someterá a la consideración de la Asamblea General de la Organización en cada período ordinario de sesiones un informe sobre su labor en el año anterior. De manera especial y con las recomendaciones pertinentes, señalará los casos en que un Estado no haya dado cumplimiento a sus fallos.

Sección 3. Procedimiento

Art. 66.— 1. El fallo de la Corte será motivado.

2. Si el fallo no expresare en todo o en parte la opinión unánime de los jueces, cualquiera de éstos tendrá derecho a que se agregue al fallo su opinión disidente o individual.

Art. 67.— El fallo de la Corte será definitivo e inapelable. En caso de desacuerdo sobre el sentido o alcance del fallo, la Corte lo interpretará a solicitud de cualquiera de las partes, siempre que dicha solicitud se presente dentro de los noventa días a partir de la fecha de la notificación del fallo.

Art. 68.— 1. Los Estados partes en la Convención se comprometen a cumplir la decisión de la Corte en todo caso en que sean partes.

2. La parte del fallo que disponga indemnización compensatoria se podrá ejecutar en el respectivo país por el procedimiento interno vigente para la ejecución de sentencias contra el Estado.

Art. 69.— El fallo de la Corte será notificado a las partes en el caso y transmitido a los Estados partes en la Convención.

CAPÍTULO IX. DISPOSICIONES COMUNES

Art. 70.— 1. Los jueces de la Corte y los miembros de la Comisión gozan, desde el momento de su elección y mientras dure su mandato, de las inmunidades reconocidas a los agentes diplomáticos por el derecho internacional. Durante el ejercicio de sus cargos gozan, además, de los privilegios diplomáticos necesarios para el desempeño de sus funciones.

2. No podrá exigirse responsabilidad en ningún tiempo a los jueces de la Corte ni a los miembros de la Comisión por votos y opiniones emitidos en el ejercicio de sus funciones.

Art. 71.— Son incompatibles los cargos de juez de la Corte o miembros de la Comisión con otras actividades que pudieren afectar su independencia o imparcialidad conforme a lo que se determine en los respectivos estatutos.

Art. 72.— Los jueces de la Corte y los miembros de la Comisión percibirán emolumentos y gastos de viaje en la forma y condiciones que determinen sus estatutos, teniendo en cuenta la importancia e independencia de sus funciones. Tales emolumentos y gastos de viaje será fijados en el programa-presupuesto de la Organización de los Estados Americanos, el que debe incluir, además, los gastos de la Corte y de su Secretaría. A estos efectos, la Corte elaborará su propio proyecto de presupuesto y lo someterá a la aprobación de la Asamblea General, por conducto de la Secretaría General. Esta última no podrá introducirle modificaciones.

Art. 73.— Solamente a solicitud de la Comisión o de la Corte, según el caso, corresponde a la Asamblea General de la Organización resolver sobre las sanciones aplicables a los miembros de la Comisión o jueces de la Corte que hubiesen incurrido en las causales previstas en los respectivos estatutos. Para dictar una resolución se requerirá una mayoría de los dos tercios de los votos de los Estados miembros de la Organización en el caso de los miembros de la Comisión y, además, de los dos tercios de los votos de los Estados partes en la Convención, si se tratare de jueces de la Corte.

PARTE III
DISPOSICIONES GENERALES Y TRANSITORIAS

CAPÍTULO X. FIRMA, RATIFICACIÓN, RESERVA, ENMIENDA, PROTOCOLO Y DE-NUNCIA

Art. 74.— 1. Esta Convención queda abierta a la firma y a la ratificación o adhesión de todo Estado miembro de la Organización de los Estados Americanos.

2. La ratificación de esta Convención o la adhesión a la misma se efectuará mediante el depósito de un instrumento de ratificación o de adhesión en la Secretaría General de la Organización de los Estados Americanos. Tan pronto como once Estados hayan depositado sus respectivos instrumentos de ratificación o de adhesión, la Convención entrará en vigor. Respecto a todo otro Estado que la ratifique o adhiera a ella ulteriormente, la Convención entrará en vigor en la fecha del depósito de su instrumento de ratificación o de adhesión.

3. El Secretario General informará a todos los Estados miembros de la Organización de la entrada en vigor de la Convención.

Art. 75.— Esta Convención sólo puede ser objeto de reservas conforme a las disposiciones de la Convención de Viena sobre Derecho de los Tratados, suscrita el 23 de mayo de 1969.

Art. 76.— 1. Cualquier Estado parte directamente y la Comisión o la Corte por conducto del Secretario General, pueden someter a la Asamblea General, para lo que estime conveniente, una propuesta de enmienda a esta Convención.

2. Las enmiendas entrarán en vigor para los Estados ratificantes de las mismas en la fecha en que se haya depositado el respectivo instrumento de ratificación que corresponda al número de los dos tercios de los Estados partes en esta Convención. En cuanto al resto de los Estados partes, entrarán en vigor en la fecha en que depositen sus respectivos instrumentos de ratificación.

Art. 77.— 1. De acuerdo con la facultad establecida en el artículo 31, cualquier Estado parte y la Comisión podrán someter a la consideración de los Estados partes reunidos con ocasión de la Asamblea General, proyectos de protocolos adicionales a esta Convención, con la finalidad de incluir progresivamente en el régimen de protección de la misma otros derechos y libertades.

2. Cada protocolo debe fijar las modalidades de su entrada en vigor, y se aplicará sólo entre los Estados partes en el mismo.

Art. 78.— 1. Los Estados partes podrán denunciar esta Convención después de la expiración de un plazo de cinco años a partir de la fecha de entrada en vigor de la misma y mediante un preaviso de un año, notificando al Secretario General de la Organización, quien debe informar a las otras partes.

2. Dicha denuncia no tendrá por efecto desligar al Estado parte interesado de las obligaciones contenidas en esta Convención en lo que concierne a todo hecho que, pudiendo constituir una violación de esas obligaciones, haya sido cumplido por él anteriormente a la fecha en la cual la denuncia produce efecto.

CAPÍTULO XI. DISPOSICIONES TRANSITORIAS

Sección 1. Comisión Interamericana de Derechos Humanos

Art. 79.— Al entrar en vigor esta Convención, el Secretario General pedirá por escrito a cada Estado Miembro de la Organización que presente, dentro de un plazo de noventa días, sus candidatos para miembros de la Comisión Interamericana de Derechos Humanos. El Secretario General preparará una lista por orden alfabético de los candidatos presentados y la comunicará a los Estados miembros de la Organización al menos treinta días antes de la próxima Asamblea General.

Art. 80.— La elección de miembros de la Comisión se hará de entre los candidatos que figuren en la lista a que se refiere el artículo 79, por votación secreta de la Asamblea General y se declararán elegidos los candidatos que obtengan mayor número de votos y la mayoría absoluta de los votos de los representantes de los Estados miembros. Si para elegir a todos los miembros de la Comisión resultare necesario efectuar varias votaciones, se eliminará sucesivamente, en la forma que determine la Asamblea General, a los candidatos que reciban menor número de votos.

Sección 2. Corte Interamericana de Derechos Humanos

Art. 81.— Al entrar en vigor esta Convención, el Secretario General pedirá por escrito a cada Estado parte que presente, dentro de un plazo de noventa días, sus candidatos para jueces de la Corte Interamericana de Derechos Humanos. El Secretario General preparará una lista por orden alfabético de los candidatos presentados y la comunicará a los Estados partes por lo menos treinta días antes de la próxima Asamblea General.

Art. 82.— La elección de jueces de la Corte se hará de entre los candidatos que figuren en la lista a que se refiere el artículo 81, por votación secreta de los Estados partes en la Asamblea General y se declararán elegidos los candidatos que obtengan mayor número de votos y la mayoría absoluta de los votos de los representantes de los Estados partes. Si para elegir a todos los jueces de la Corte resultare necesario efectuar varias votaciones, se eliminarán sucesivamente, en la forma que determinen los Estados partes, a los candidatos que reciban menor número de votos.

DECLARACIONES Y RESERVAS

Declaración de Chile.– La delegación de Chile pone su firma en esta Convención, sujeta a su posterior aprobación parlamentaria y ratificación, conforme a las normas constitucionales vigentes.

Declaración de Ecuador.– La delegación del Ecuador tiene el honor de suscribir la Convención Americana de Derechos Humanos. No cree necesario puntualizar reserva alguna, dejando a salvo, tan sólo, la facultad general contenida en la misma Convención, que deja a los gobiernos la libertad de ratificarla.

Reserva del Uruguay.– El artículo 80, numeral 2, de la Constitución de la República Oriental del Uruguay establece que la ciudadanía se suspende "por la condición de legalmente procesado en causa criminal de que pueda resultar pena de penitenciaría". Esta limitación al ejercicio de los derechos reconocidos en el artículo 23 de la Convención no está contemplada entre las circunstancias que al respecto prevé el parágrafo 2 de dicho artículo 23, por lo que la delegación del Uruguay formula la reserva pertinente.

En fe de lo cual los plenipotenciarios infrascritos, cuyos plenos poderes fueron hallados de buena y debida forma, firman esta Convención, que se llamará "Pacto de San José de Costa Rica", en la ciudad de San José, Costa Rica, el 22 de noviembre de 1969.

LOS DERECHOS DEL NIÑO

La Asamblea General de las Naciones Unidas después de diez años de preparación aprobó el 20 de noviembre de 1989 una "Convención sobre los Derechos del Niño", siendo el tratado más amplio y profundo aprobado hasta el presente por el mencionado organismo. En él se reconocen los derechos del niño a ser protegido contra la explotación económica y detenciones arbitrarias y a recibir una alimentación y educación adecuadas. También se establece el derecho a la protección contra los malos tratos, abusos sexuales y separación arbitraria y considera los casos particulares de niños minusválidos, drogados, refugiados y adoptados. Sin duda, en el documento se ha plasmado un avance notorio en la consideración de los derechos del hombre y en la aceptación de éstos por los gobiernos.

Es indudable, que más allá de la letra de los tratados o acuerdos, deben materializarse en forma rápida la situación en la cual se encuentran inmersos millones de niños en todo el mundo.

"La pobreza es la enfermedad más mortífera del mundo", aseguró el presidente de la Organización Mundial de la Salud, Hiroshi Nakajima. El resultado es que en los países menos desarrollados, la esperanza de vida al nacer es de cuarenta y tres años, mientras que en los industrializados alcanza los setenta y ocho, una diferencia de un tercio de siglo.

Si bien la mortalidad infantil ha disminuido un 25 por ciento desde 1980 –en buena medida gracias a que ocho de cada diez niños han sido vacunados contra las cinco enfermedades más mortíferas–, en 1993 murieron en el mundo más de 12,2 millones de chicos menores de cinco años, cifra que equivale a la población de Suecia y Noruega juntas. Uno de cada tres niños está desnutrido, y la lactancia evitaría cada año la muerte de un millón de recién nacidos.

La miseria atenta contra la educación y la preservación de derechos como el de no trabajar a temprana edad. La ONU convoca a resolver los problemas, pero faltan la voluntad y, muchas veces, los recursos económicos para emprender la tarea. Es imprescindible tener presente que los derechos de la infancia son parte primordial y esencial de los derechos humanos.

En la Argentina, se sancionó la ley 23.849 que ratifica la Convención sobre los Derechos del Niño. Hoy con rango constitucional este instrumento, ubica a todos los jóvenes y adolescentes menores de dieciocho años como sujetos plenos de derecho, y compromete al Estado a garantizar a las familias y a sus niños la alimentación, la educación y el bienestar general.

Como corolario, reproducimos el pensamiento de Juan Pablo II:

"No puede ni debe haber chicos abandonados ni chicos sin hogar. Ni chicas ni chicos de la calle. No puede ni debe haber chicos utilizados por los adultos para la inmoralidad, el tráfico de drogas, para la práctica del vicio. No puede ni debe haber chicos amontonados en orfanatos y correccionales donde no consiguen recibir una verdadera educación. No puede ni debe haber, y es el Papa quien pide y exige en nombre de Dios y de su Hijo que fue niño también, no puede haber chicos asesinados, eliminados con el pretexto de prevenir el crimen. Chicos marcados para morir".

DECLARACIÓN DE LOS DERECHOS DEL NIÑO

**PROCLAMADA POR LA ASAMBLEA GENERAL
DE LAS NACIONES UNIDAS EN SU RESOLUCIÓN 1386,
EL 20 DE NOVIEMBRE DE 1989**

PREÁMBULO

Considerando que los pueblos de las Naciones Unidas han reafirmado en la Carta su fe en los derechos fundamentales del hombre y en la dignidad y el valor de la persona humana, y su determinación de promover el progreso social y elevar el nivel de vida dentro de un concepto más amplio de la libertad.

Considerando que las Naciones Unidas han proclamado en la Declaración Universal de Derechos Humanos que toda persona tiene todos los derechos y libertades enunciados en ella, sin distinción alguna de raza, color, sexo, idioma, opinión política o de cualquiera otra índole, origen nacional o social, posición económica, nacimiento o cualquier otra condición.

Considerando que el niño, por su falta de madurez física y mental, necesita protección y cuidado especiales, incluso la debida protección legal, tanto antes como después del nacimiento.

Considerando que la necesidad de esa protección especial ha sido enunciada en la Declaración de Ginebra de 1924 sobre los Derechos del Niño y reconocida en la Declaración Universal de Derechos Humanos y en los convenios constitutivos de los organismos especializados y de las organizaciones internacionales que se interesan en el bienestar del niño.

Considerando que la humanidad debe al niño lo mejor que puede darle.

La Asamblea General

Proclama la presente Declaración de los Derechos del Niño a fin de que éste pueda tener una infancia feliz y gozar, en su propio bien y en bien de la sociedad, de los derechos y libertades que en ella se enuncian e insta a los padres, a los hombres y mujeres individualmente y a las organizaciones particulares, autoridades locales y gobiernos nacionales a que reconozcan esos derechos y luchen por su observancia con medidas legislativas y de otra índole adoptadas progresivamente en conformidad con los siguientes principios:

Principio 1

El niño disfrutará de todos los derechos enunciados en esta Declaración. Estos derechos serán reconocidos a todos los niños sin excepción alguna ni distinción o discriminación por motivos de raza, color, sexo, idioma, religión, opiniones políticas o de otra índole, origen nacional o social, posición económica, nacimiento u otra condición, ya sea del propio niño o de su familia.

Principio 2

El niño gozará de una protección especial y dispondrá de oportunidades y servicios, dispensado todo ello por la ley y por otros medios, para que pueda desarrollarse física, mental, moral, espiritual y socialmente en forma saludable y normal, así como en condiciones de libertad y dignidad. Al promulgar leyes con este fin, la consideración fundamental a que se atenderá será el interés superior del niño.

Principio 3

El niño tiene derecho desde su nacimiento a un nombre y a una nacionalidad.

Principio 4

El niño debe gozar de los beneficios de la seguridad social. Tendrá derecho a crecer y desarrollarse en buena salud; con este fin deberán proporcionarse, tanto a él como a su madre, cuidados especiales, incluso atención prenatal y postnatal. El niño tendrá derecho a disfrutar de alimentación, vivienda, recreo y servicios médicos adecuados.

Principio 5

El niño física o mentalmente impedido o que sufra algún impedimento social debe recibir el tratamiento, la educación y el cuidado especiales que requiere su caso particular.

Principio 6

El niño, para el pleno y armonioso desarrollo de su personalidad, necesita amor y comprensión. Siempre que sea posible, deberá crecer al amparo y bajo la responsabilidad de sus padres y, en todo caso, en un ambiente de afecto y de seguridad moral y material; salvo circunstancias excepcionales, no deberá separarse al niño de corta edad de su madre. La sociedad y las autoridades públicas tendrán la obligación de cuidar especialmente a los niños sin familia o que carezcan de medios adecuados de subsistencia. Para el mantenimiento de los hijos de familias numerosas conviene conceder subsidios estatales o de otra índole.

Principio 7

El niño tiene derecho a recibir educación, que será gratuita y obligatoria por lo menos en las etapas elementales. Se le dará una educación que favorezca su cultura general y le permita, en condiciones de igualdad de oportunidades, desarrollar sus aptitudes y su juicio individual, su sentido de responsabilidad moral y social, y llegar a ser un miembro útil de la sociedad.

El interés superior del niño debe ser el principio rector de quienes tienen la responsabilidad de su educación y orientación; dicha responsabilidad incumbe, en primer término, a sus padres.

El niño debe disfrutar plenamente de juegos y recreaciones, los cuales deben estar orientados hacia los fines perseguidos por la educación; la sociedad y las autoridades públicas se esforzarán por promover el goce de este derecho.

Principio 8

El niño debe, en todas las circunstancias, figurar entre los primeros que reciban protección y socorro.

Principio 9

El niño debe ser protegido contra toda forma de abandono, crueldad y explotación. No será objeto de ningún tipo de trata.

No deberá permitirse al niño trabajar antes de una edad mínima adecuada; en ningún caso se le dedicará ni se le permitirá que se dedique a ocupación o empleo alguno que pueda perjudicar su salud o su educación o impedir su desarrollo físico, mental o moral.

Principio 10

El niño debe ser protegido contra las prácticas que puedan fomentar la discriminación racial, religiosa o de cualquier otra índole.

Debe ser educado en un espíritu de comprensión, tolerancia, amistad entre los pueblos, paz y fraternidad universal, y con plena conciencia de que debe consagrar sus energías y aptitudes al servicio de sus semejantes.

DECLARACIÓN AMERICANA
DE LOS DERECHOS Y DEBERES DEL HOMBRE
Aprobada en la Novena Conferencia

Internacional Americana

(Bogotá, Colombia, 1948)

Considerando:

Que los pueblos americanos han dignificado la persona humana y que sus constituciones nacionales reconocen que las instituciones jurídicas y políticas, rectoras de la vida en sociedad, tienen como fin principal la protección de los derechos esenciales del hombre y la creación de circunstancias que le permitan progresar espiritual y materialmente y alcanzar la felicidad.

Que, en repetidas ocasiones, los Estados americanos han reconocido que los derechos esenciales del hombre no nacen del hecho de ser nacional de determinado Estado sino que tienen como fundamento los atributos de la persona humana.

Que la protección internacional de los derechos del hombre debe ser guía principalísima del derecho americano en evolución.

Que la consagración americana de los derechos esenciales del hombre unida a las garantías ofrecidas por el régimen interno de los Estados, establece el sistema inicial de protección que los Estados americanos consideran adecuado a las actuales circunstancias sociales y jurídicas, no sin reconocer que deberán fortalecerlo cada vez más en el campo internacional, a medida que esas circunstancias vayan siendo más propicias.

Acuerda:

Adoptar la siguiente Declaración Americana de los Derechos y Deberes del Hombre.

PREÁMBULO

Todos los hombres nacen libres e iguales en dignidad y derechos y, dotados como están por naturaleza de razón y conciencia, deben conducirse fraternalmente los unos con los otros.

El cumplimiento del deber de cada uno es exigencia del derecho de todos. Derechos y deberes se integran correlativamente en toda actividad social y política del hombre. Si los derechos exaltan la libertad individual, los deberes expresan la dignidad de esa libertad.

Los deberes de orden jurídico presuponen otros, de orden moral, que los apoyan conceptualmente y los fundamentan.

Es deber del hombre servir al espíritu con todas sus potencias y recursos porque el espíritu es la finalidad suprema de la existencia humana y su máxima categoría.

Es deber del hombre ejercer, mantener y estimular por todos los medios a su alcance la cultura, porque la cultura es la máxima expresión social e histórica del espíritu.

Y puesto que la moral y buenas maneras constituyen la floración más noble de la cultura, es deber de todo hombre acatarlas siempre.

CAPÍTULO I

DERECHOS

Art. I.– Todo ser humano tiene derecho a la vida, a la libertad y a la seguridad de su persona.

Derecho a la vida, a la libertad, a la seguridad e integridad de la persona.

Art. II.– Todas las personas son iguales ante la ley y tienen los derechos y deberes consagrados en esta declaración sin distinción de raza, sexo, idioma, credo ni otra alguna.

Derecho de igualdad ante la ley.

Art. III.– Toda persona tiene el derecho de profesar libremente una creencia religiosa y de manifestarla y practicarla en público y en privado.

Derecho de libertad religiosa y de culto.

Art. IV.– Toda persona tiene derecho a la libertad de investigación, de opinión y de expresión y difusión del pensamiento por cualquier medio.

Derecho de libertad de investigación, opinión, expresión y difusión.

Art. V.– Toda persona tiene derecho a la protección de la ley contra los ataques abusivos a su honra, a su reputación y a su vida privada y familiar.

Derecho a la protección, a la honra, la reputación personal y la vida privada y familiar.

Art. VI.– Toda persona tiene derecho a constituir familia, elemento fundamental de la sociedad, y a recibir protección para ello.

Derecho a la constitución y a la protección de la familia.

Art. VII.– Toda mujer en estado de gravidez o en época de lactancia, así como todo niño, tienen derecho a protección, cuidado y ayuda especiales.

Derecho de protección a la maternidad y a la infancia.

Art. VIII.– Toda persona tiene el derecho de fijar su residencia en el territorio del Estado de que es nacional, de transitar por él libremente y no abandonarlo sino por su voluntad.

Derecho de residencia y tránsito.

Art. IX.– Toda persona tiene el derecho a la inviolabilidad de su domicilio.

Derecho a la inviolabilidad del domicilio.

Art. X.– Toda persona tiene el derecho a la inviolabilidad y circulación de su correspondencia.

Derecho a la inviolabilidad y circulación de la correspondencia.

Art. XI.– Toda persona tiene derecho a que su salud sea preservada por medidas sanitarias y sociales, relativas a la alimentación, el vestido, la vivienda y la asistencia médica, correspondientes al nivel que permitan los recursos públicos y los de la comunidad.

Derecho a la preservación de la salud y al bienestar.

Art. XII.– Toda persona tiene derecho a la educación, la que debe estar inspirada en los principios de libertad, moralidad y solidaridad humanas.

Asimismo tiene el derecho de que, mediante esta educación, se le capacite para lograr una digna subsistencia, en mejoramiento del nivel de vida y para ser útil a la sociedad.

El derecho de educación comprende el de igualdad de oportunidades en todos los casos, de acuerdo con las dotes naturales, los méritos y el deseo de aprovechar los recursos que puedan proporcionar la comunidad y el Estado.

Toda persona tiene derecho a recibir gratuitamente la educación primaria, por lo menos.

Art. XIII.– Toda persona tiene el derecho de participar en la vida cultural de la comunidad, gozar de las artes y disfrutar de los beneficios que resulten de los progresos intelectuales y especialmente de los descubrimientos científicos.

Tiene asimismo derecho a la protección de los intereses morales y materiales que le correspondan por razón de los inventos, obras literarias, científicas y artísticas de que sea autor.

Art. XIV.– Toda persona tiene derecho al trabajo en condiciones dignas y a seguir libremente su vocación, en cuanto lo permitan las oportunidades existentes de empleo.

Toda persona que trabaja tiene derecho de recibir una remuneración que, en relación con su capacidad y destreza le asegure un nivel de vida conveniente para sí misma y su familia.

Art. XV.– Toda persona tiene derecho a descanso, a honesta recreación y a la oportunidad de emplear útilmente el tiempo libre en beneficio de su mejoramiento espiritual, cultural y físico.

Art. XVI.– Toda persona tiene derecho a la seguridad social que le proteja contra las consecuencias de la desocupación, de la vejez y de la incapacidad que, proveniente de cualquier otra causa ajena a su voluntad, la imposibilite física o mentalmente para obtener los medios de subsistencia.

Derecho a la educación.

Derecho a los beneficios de la cultura.

Derecho al trabajo y a una justa retribución.

Derecho al descanso y a su aprovechamiento.

Derecho a la seguridad social.

Art. XVII.– Toda persona tiene derecho a que se le reconozca en cualquier parte como sujeto de derechos y obligaciones, y a gozar de los derechos civiles fundamentales.

Derecho de reconocimiento de la personalidad jurídica y de los derechos civiles.

Art. XVIII.– Toda persona puede concurrir a los tribunales para hacer valer sus derechos. Asimismo debe disponer de un procedimiento sencillo y breve por el cual la justicia lo ampare contra actos de la autoridad que violen, en perjuicio suyo, alguno de los derechos fundamentales consagrados constitucionalmente.

Derecho de justicia.

Art. XIX.– Toda persona tiene derecho a la nacionalidad que legalmente le corresponda y el de cambiarla, si así lo desea, por la de cualquier otro país que esté dispuesto a otorgársela.

Derecho de nacionalidad.

Art. XX.– Toda persona, legalmente capacitada, tiene el derecho de tomar parte en el gobierno de su país, directamente o por medio de sus representantes, y de participar en las elecciones populares, que serán de voto secreto, genuinas, periódicas y libres.

Derecho de sufragio y de participación en el gobierno.

Art. XXI.– Toda persona tiene el derecho de reunirse pacíficamente con otras, en manifestación pública o en asamblea transitoria, en relación con sus intereses comunes de cualquier índole.

Derecho de reunión.

Art. XXII.– Toda persona tiene el derecho de asociarse con otras para promover, ejercer y proteger sus intereses legítimos de orden político, económico, religioso, social, cultural, profesional, sindical o de cualquier otro orden.

Derecho de asociación.

Art. XXIII.– Toda persona tiene derecho a la propiedad privada correspondiente a las necesidades esenciales de una vida decorosa, que contribuya a mantener la dignidad de la persona y del hogar.

Derecho de propiedad.

Art. XXIV.– Toda persona tiene derecho de presentar peticiones respetuosas a cualquiera autoridad competente, ya sea por motivo de interés general, ya de interés particular, y el de obtener pronta resolución.

Derecho de petición.

Art. XXV.– Nadie puede ser privado de su libertad sino en los casos y según las formas establecidas por leyes preexistentes.

Derecho de protección contra la detención arbitraria.

Nadie puede ser detenido por incumplimiento de obligaciones de carácter netamente civil.

Todo individuo que haya sido privado de su libertad tiene derecho a que el juez verifique sin demora la legalidad de la medida y a ser juzgado sin dilación injustificada, o, de lo contrario, a ser puesto en libertad. Tiene derecho también a un tratamiento humano durante la privación de su libertad.

Art. XXVI.– Se presume que todo acusado es inocente, hasta que se pruebe que es culpable.

Toda persona acusada de delito tiene derecho a ser oída en forma imparcial y pública, a ser juzgada por tribunales anteriormente establecidos de acuerdo con leyes preexistentes y a que no se le impongan penas crueles, infamantes o inusitadas.

Derecho a proceso regular.

Art. XXVII.– Toda persona tiene el derecho de buscar y recibir asilo en territorio extranjero, en caso de persecución que no sea motivada por delitos de derecho común y de acuerdo con la legislación de cada país y con los convenios internacionales.

Derecho de asilo.

Art. XXVIII.– Los derechos de cada hombre están limitados por los derechos de los demás, por la seguridad de todos y por las justas exigencias del bienestar general y del desenvolvimiento democrático.

Alcance de los derechos del hombre.

Capítulo II

DEBERES

Art. XXIX.– Toda persona tiene el deber de convivir con las demás de manera que todas y cada una puedan formar y desenvolver integralmente su personalidad.

Deberes ante la sociedad.

Art. XXX.– Toda persona tiene el deber de asistir, alimentar, educar y amparar a sus hijos menores de edad, y los hijos tienen el deber de honrar siempre a sus padres y el de asistirlos, alimentarlos y ampararlos cuando éstos lo necesiten.

Deberes para con los hijos y los padres.

Art. XXXI.– Toda persona tiene el deber de adquirir a lo menos la instrucción primaria.

Deberes de instrucción.

Art. XXXII.– Toda persona tiene el deber de votar en las elecciones populares del país de que sea nacional, cuando esté legalmente capacitada para ello.

Deber de sufragio.

Art. XXXIII.– Toda persona tiene el deber de obedecer a la ley y demás mandamientos legítimos de las autoridades de su país y de aquel en que se encuentre.

Deber de obediencia a la ley.

Art. XXXIV.– Toda persona hábil tiene el deber de prestar los servicios civiles y militares que la Patria requiera para su defensa y conservación, y en caso de calamidad pública, los servicios de que sea capaz.

Asimismo tiene el deber de desempeñar los cargos de elección popular que le correspondan en el Estado en que sea nacional.

Deber de servir a la comunidad y a la nación.

Art. XXXV.– Toda persona tiene el deber de cooperar con el Estado y con la comunidad en la asistencia y seguridad sociales de acuerdo con sus posibilidades y con las circunstancias.

Deberes de asistencia y seguridad sociales.

Art. XXXVI.– Toda persona tiene el deber de pagar los impuestos establecidos por la ley para el sostenimiento de los servicios públicos.

Deber de pagar impuestos.

Art. XXXVII.– Toda persona tiene el deber de trabajar, dentro de su capacidad y posibilidades, a fin de obtener los recursos para su subsistencia o en beneficio de la comunidad.

Deber de trabajo.

Art. XXXVIII.– Toda persona tiene el deber de no intervenir en las actividades políticas que, de conformidad con la ley, sean privativas de los ciudadanos del Estado en que sea extranjero.

Deber de abstenerse de actividades políticas en país extranjero.

PACTO INTERNACIONAL DE DERECHOS ECONÓMICOS, SOCIALES Y CULTURALES

Adoptado y abierto a la firma en Nueva York,
ratificación y adhesión por la Asamblea General
en resolución 2200 A (XXI), del 19 de diciembre de 1966.
Entrada en vigor: 3 de enero de 1976,
de conformidad con el artículo 27

PREÁMBULO

Los Estados Partes en el presente Pacto,

Considerando que, conforme a los principios enunciados en la Carta de las Naciones Unidas, la libertad, la justicia y la paz en el mundo tienen por base el reconocimiento de la dignidad inherente a todos los miembros de la familia humana y de sus derechos iguales e inalienables;

Reconociendo que estos derechos se desprenden de la dignidad inherente a la persona humana;

Reconociendo que, con arreglo a la Declaración Universal de Derechos Humanos, no puede realizarse el ideal del ser humano libre, liberado del temor y de la miseria, a menos que se creen condiciones que permitan a cada persona gozar de sus derechos económicos, sociales y culturales, tanto como de sus derechos civiles y políticos;

Considerando que la Carta de las Naciones Unidas impone a los Estados la obligación de promover el respeto universal y efectivo de los derechos y libertades humanos;

Comprendiendo que el individuo, por tener deberes respecto de otros individuos y de la comunidad a que pertenece, está obligado a procurar la vigencia y observancia de los derechos reconocidos en este Pacto;

Convienen en los artículos siguientes:

PARTE I

Art. 1.– 1. Todos los pueblos tienen el derecho de libre determinación. En virtud de este derecho establecen libremente su condición política y proveen asimismo a su desarrollo económico, social y cultural.

2. Para el logro de sus fines, todos los pueblos pueden disponer libremente de sus riquezas y recursos naturales, sin perjuicio de las obligaciones que derivan de la cooperación económica internacional basada en el principio de beneficio recíproco, así como del derecho internacional. En ningún caso podrá privarse a un pueblo de sus propios medios de subsistencia.

3. Los Estados Partes en el presente Pacto, incluso los que tienen la responsabilidad de administrar territorios no autónomos y territorios en fideicomiso, promoverán el ejercicio del derecho de libre determinación, y respetarán este derecho de conformidad con las disposiciones de la Carta de las Naciones Unidas.

PARTE II

Art. 2.– 1. Cada uno de los Estados Partes en el presente Pacto se compromete a adoptar medidas, tanto por separado como mediante la asistencia y la cooperación internacionales, especialmente económicas y técnicas, hasta el máximo de los recursos de que disponga, para lograr progresivamente, por todos los medios apropiados, inclusive en particular la adopción de medidas legislativas, la plena efectividad de los derechos aquí reconocidos.

2. Los Estados Partes en el presente Pacto se comprometen a garantizar el ejercicio de los derechos que en él se enuncian, sin discriminación alguna por motivos de raza, color, sexo, idioma, religión, opinión política o de otra índole, origen nacional o social, posición económica, nacimiento o cualquier otra condición social.

3. Los países en vías de desarrollo, teniendo debidamente en cuenta los derechos humanos y su economía nacional, podrán determinar en qué medida garantizarán los derechos económicos reconocidos en el presente Pacto a personas que no sean nacionales suyos.

Art. 3.– Los Estados Partes en el presente Pacto se comprometen a asegurar a los hombres y a las mujeres igual título a gozar de todos los derechos económicos, sociales y culturales enunciados en el presente Pacto.

Art. 4.– Los Estados Partes en el presente Pacto reconocen que, en ejercicio de los derechos garantizados conforme al presente Pacto por el Estado, éste podrá someter tales derechos únicamente a limitaciones determinadas por ley, sólo en la medida compatible con la naturaleza de esos derechos y con el exclusivo objeto de promover el bienestar general en una sociedad democrática.

Art. 5.– 1. Ninguna disposición del presente Pacto podrá ser interpretada en el sentido de reconocer derecho alguno a un Estado, grupo o individuo para emprender actividades o realizar actos encaminados a la destrucción de cualquiera de los derechos o libertades reconocidos en el Pacto, o a su limitación en medida mayor que la prevista en él.

2. No podrá admitirse restricción o menoscabo de ninguno de los derechos humanos fundamentales reconocidos o vigentes en un país en virtud de leyes, convenciones, reglamentos o costumbres, a pretexto de que el presente Pacto no los reconoce o los reconoce en menor grado.

PARTE III

Art. 6.– 1. Los Estados Partes en el presente Pacto reconocen el derecho a trabajar, que comprende el derecho de toda persona a tener la oportunidad de ganarse la vida mediante un trabajo libremente escogido o aceptado, y tomarán medidas adecuadas para garantizar este derecho.

2. Entre las medidas que habrá de adoptar cada uno de los Estados Partes en el presente Pacto para lograr la plena efectividad de este derecho deberá figurar la orientación y formación técnico-profesional, la preparación de programas, normas y técnicas encaminadas a conseguir un desarrollo económico, social y cultural constante y la ocupación plena y productiva, en condiciones que garanticen las libertades políticas y económicas fundamentales de la persona humana.

Art. 7.– Los Estados Partes en el presente Pacto reconocen el derecho de toda persona al goce de condiciones de trabajo equitativas y satisfactorias que le aseguren en especial:

a) Una remuneración que proporcione como mínimo a todos los trabajadores:

i) Un salario equitativo e igual por trabajo de igual valor, sin distinciones de ninguna especie; en particular, debe asegurarse a las mujeres condiciones de trabajo no inferiores a las de los hombres, con salario igual por trabajo igual;

ii) Condiciones de existencia dignas para ellos y para sus familias conforme a las disposiciones del presente Pacto;

b) La seguridad y la higiene en el trabajo;

c) Igual oportunidad para todos de ser promovidos, dentro de su trabajo, a la categoría superior que les corresponda, sin más consideraciones que los factores de tiempo de servicio y capacidad;

d) El descanso, el disfrute del tiempo libre, la limitación razonable de las horas de trabajo y las vacaciones periódicas pagadas, así como la remuneración de los días festivos.

Art. 8.– 1. Los Estados Partes en el presente Pacto se comprometen a garantizar:

a) El derecho de toda persona a fundar sindicatos y a afiliarse al de su elección, con sujeción únicamente a los estatutos de la organización correspondiente, para promover y proteger sus intereses económicos y sociales. No podrán imponerse otras restricciones al ejercicio de este derecho que las que prescriba la ley y que sean necesarias en una sociedad democrática en interés de la seguridad nacional o del orden público, o para la protección de los derechos y libertades ajenos;

b) El derecho de los sindicatos a formar federaciones o confederaciones nacionales y el de éstas a fundar organizaciones sindicales internacionales o a afiliarse a las mismas;

c) El derecho de los sindicatos a funcionar sin obstáculos y sin otras limitaciones que las que prescriba la ley y que sean necesarias en una sociedad democrática en interés de la seguridad nacional o del orden público, o para la protección de los derechos y libertades ajenos;

d) El derecho de huelga, ejercido de conformidad con las leyes de cada país.

2. El presente artículo no impedirá someter a restricciones legales el ejercicio de tales derechos por los miembros de las fuerzas armadas, de la policía o de la administración del Estado.

3. Nada de lo dispuesto en este artículo autorizará a los Estados Partes en el Convenio de la Organización Internacional del Trabajo de 1948 relativo a la libertad sindical y a la protección del derecho de sindicación a adoptar medidas legislativas que menoscaben las garantías previstas en dicho Convenio o a aplicar la ley en forma que menoscabe dichas garantías.

Art. 9.– Los Estados Partes en el presente Pacto reconocen el derecho de toda persona a la seguridad social, incluso al seguro social.

Art. 10.– Los Estados Partes en el presente Pacto reconocen que:

1. Se debe conceder a la familia, que es el elemento natural y fundamental de la sociedad, la más amplia protección y asistencia posibles, especialmente para su constitución y mientras sea responsable del cuidado y la educación de los hijos a su cargo. El matrimonio debe contraerse con el libre consentimiento de los futuros cónyuges.

2. Se debe conceder especial protección a las madres durante un período de tiempo razonable antes y después del parto. Durante dicho período, a las madres que trabajen se les debe conceder licencia con remuneración o con prestaciones adecuadas de seguridad social.

3. Se deben adoptar medidas especiales de protección y asistencia en favor de todos los niños y adolescentes, sin discriminación alguna por razón de filiación o cualquier otra condición. Debe protegerse a los niños y adolescentes contra la explotación económica y social. Su empleo en trabajos nocivos para su moral y salud, o en los cuales peligre su vida o se corra el riesgo de perjudicar su desarrollo normal, será sancionado por la ley. Los Estados deben establecer también límites de edad por debajo de los cuales quede prohibido y sancionado por la ley el empleo a sueldo de mano de obra infantil.

Art. 11.– 1. Los Estados Partes en el presente Pacto reconocen el derecho de toda persona a un nivel de vida adecuado para sí y su familia, incluso alimentación, vestido y vivienda adecuados, y a una mejora continua de las condiciones de existencia. Los Estados Partes tomarán medidas apropiadas para asegurar la efectividad de este derecho, reconociendo a este efecto la importancia esencial de la cooperación internacional fundada en el libre consentimiento.

2. Los Estados Partes en el presente Pacto, reconociendo el derecho fundamental de toda persona a estar protegida contra el hambre, adoptarán, individualmente y mediante la cooperación internacional, las medidas, incluidos los programas concretos, que se necesitan para:

a) Mejorar los métodos de producción, conservación y distribución de alimentos mediante la plena utilización de los conocimientos técnicos y científicos, la divulgación de principios sobre nutrición y el perfeccionamiento o la reforma de los regímenes agrarios de modo que se logren la explotación y la utilización más eficaces de las riquezas naturales;

b) Asegurar una distribución equitativa de los alimentos mundiales en relación con las necesidades, teniendo en cuenta los problemas que se plantean tanto a los países que importan productos alimenticios como a los que los exportan.

Art. 12.– 1. Los Estados Partes en el presente Pacto reconocen el derecho de toda persona al disfrute del más alto nivel posible de salud física y mental.

2. Entre las medidas que deberán adoptar los Estados Partes en el Pacto a fin de asegurar la plena efectividad de este derecho, figurarán las necesarias para:

a) La reducción de la mortinatalidad y de la mortalidad infantil, y el sano desarrollo de los niños;

b) El mejoramiento en todos sus aspectos de la higiene del trabajo y del medio ambiente;

c) La prevención y el tratamiento de las enfermedades epidémicas, endémicas, profesionales y de otra índole, y la lucha contra ellas;

d) La creación de condiciones que aseguren a todos asistencia médica y servicios médicos en caso de enfermedad.

Art. 13.– 1. Los Estados Partes en el presente Pacto reconocen el derecho de toda persona a la educación. Convienen en que la educación debe orientarse hacia el pleno desarrollo de la personalidad humana y del sentido de su dignidad, y debe fortalecer el respeto por los derechos humanos y las libertades fundamentales. Convienen asimismo en que la educación debe capacitar a todas las personas para participar efectivamente en una sociedad libre, favorecer la comprensión, la tolerancia y la amistad entre todas las naciones y entre todos los grupos raciales, étnicos o religiosos, y promover las actividades de las Naciones Unidas en pro del mantenimiento de la paz.

2. Los Estados Partes en el presente Pacto reconocen que, con objeto de lograr el pleno ejercicio de este derecho:

a) La enseñanza primaria debe ser obligatoria y asequible a todos gratuitamente;

b) La enseñanza secundaria, en sus diferentes formas, incluso la enseñanza secundaria técnica y profesional, debe ser generalizada y hacerse accesible a todos, por cuantos medios sean apropiados, y en particular por la implantación progresiva de la enseñanza gratuita;

c) La enseñanza superior debe hacerse igualmente accesible a todos, sobre la base de la capacidad de cada uno, por cuantos medios sean apropiados, y en particular por la implantación progresiva de la enseñanza gratuita;

d) Debe fomentarse o intensificarse, en la medida de lo posible, la educación fundamental para aquellas personas que no hayan recibido o terminado el ciclo completo de instrucción primaria;

e) Se debe proseguir activamente el desarrollo del sistema escolar en todos los ciclos de la enseñanza, implantar un sistema adecuado de becas, y mejorar continuamente las condiciones materiales del cuerpo docente.

3. Los Estados Partes en el presente Pacto se comprometen a respetar la libertad de los padres y, en su caso, de los tutores legales, de escoger para sus hijos o pupilos escuelas distintas de las creadas por las autoridades públicas, siempre que aquéllas satisfagan las normas mínimas que el Estado prescriba o apruebe en materia de enseñanza, y de hacer que sus hijos o pupilos reciban la educación religiosa o moral que esté de acuerdo con sus propias convicciones.

4. Nada de lo dispuesto en este artículo se interpretará como una restricción de la libertad de los particulares y entidades para establecer y dirigir instituciones de enseñanza, a condición de

que se respeten los principios enunciados en el párrafo 1 y de que la educación dada en esas instituciones se ajuste a las normas mínimas que prescriba el Estado.

Art. 14.– Todo Estado Parte en el presente Pacto que, en el momento de hacerse parte en él, aún no haya podido instituir en su territorio metropolitano o en otros territorios sometidos a su jurisdicción la obligatoriedad y la gratuidad de la enseñanza primaria, se compromete a elaborar y adoptar, dentro de un plazo de dos años, un plan detallado de acción para la aplicación progresiva, dentro de un número razonable de años fijado en el plan, del principio de la enseñanza obligatoria y gratuita para todos.

Art. 15.– 1. Los Estados Partes en el presente Pacto reconocen el derecho de toda persona a:

a) Participar en la vida cultural;

b) Gozar de los beneficios del progreso científico y de sus aplicaciones;

c) Beneficiarse de la protección de los intereses morales y materiales que le correspondan por razón de las producciones científicas, literarias o artísticas de que sea autora.

2. Entre las medidas que los Estados Partes en el presente Pacto deberán adoptar para asegurar el pleno ejercicio de este derecho, figurarán las necesarias para la conservación, el desarrollo y la difusión de la ciencia y de la cultura.

3. Los Estados Partes en el presente Pacto se comprometen a respetar la indispensable libertad para la investigación científica y para la actividad creadora.

4. Los Estados Partes en el presente Pacto reconocen los beneficios que derivan del fomento y desarrollo de la cooperación y de las relaciones internacionales en cuestiones científicas y culturales.

PARTE IV

Art. 16.– 1. Los Estados Partes en el presente Pacto se comprometen a presentar, en conformidad con esta parte del Pacto, informes sobre las medidas que hayan adoptado, y los progresos realizados, con el fin de asegurar el respeto a los derechos reconocidos en el mismo.

2. a) Todos los informes serán presentados al Secretario General de las Naciones Unidas, quien transmitirá copias al Consejo Económico y Social para que las examine conforme a lo dispuesto en el presente Pacto;

b) El Secretario General de las Naciones Unidas transmitirá también a los organismos especializados copias de los informes, o de las partes pertinentes de éstos, enviados por los Estados Partes en el presente Pacto que además sean miembros de estos organismos especializados, en la medida en que tales informes o partes de ellos tengan relación con materias que sean de la competencia de dichos organismos conforme a sus instrumentos constitutivos.

Art. 17.– 1. Los Estados Partes en el presente Pacto presentarán sus informes por etapas, con arreglo al programa que establecerá el Consejo Económico y Social en el plazo de un año desde la entrada en vigor del presente Pacto, previa consulta con los Estados Partes y con los organismos especializados interesados.

2. Los informes podrán señalar las circunstancias y dificultades que afecten el grado de cumplimiento de las obligaciones previstas en este Pacto.

3. Cuando la información pertinente hubiera sido ya proporcionada a las Naciones Unidas o a algún organismo especializado por un Estado Parte, no será necesario repetir dicha información, sino que bastará hacer referencia concreta a la misma.

Art. 18.– En virtud de las atribuciones que la Carta de las Naciones Unidas le confiere en materia de derechos humanos y libertades fundamentales, el Consejo Económico y Social podrá concluir acuerdos con los organismos especializados sobre la presentación por tales organismos de informes relativos al cumplimiento de las disposiciones de este Pacto que corresponden a su campo de actividades. Estos informes podrán contener detalles sobre las decisiones y recomendaciones que en relación con ese cumplimiento hayan aprobado los órganos competentes de dichos organismos.

Art. 19.– El Consejo Económico y Social podrá transmitir a la Comisión de Derechos Humanos, para su estudio y recomendación de carácter general, o para información, según proceda, los informes sobre derechos humanos que presenten a los Estados conforme a los artículos 16 y 17, y los informes relativos a los derechos humanos que presenten los organismos especializados conforme al artículo 18.

Art. 20.– Los Estados Partes en el presente Pacto y los organismos especializados interesados podrán presentar al Consejo Económico y Social observaciones sobre toda recomendación de carácter general hecha en virtud del artículo 19 o toda referencia a tal recomendación general que conste en un informe de la Comisión de Derechos Humanos o en un documento allí mencionado.

Art. 21.– El Consejo Económico y Social podrá presentar de vez en cuando a la Asamblea General informes que contengan recomendaciones de carácter general, así como un resumen de la información recibida de los Estados Partes en el presente Pacto y de los organismos especializados acerca de las medidas adoptadas y los progresos realizados para lograr el respeto general de los derechos reconocidos en el presente Pacto.

Art. 22.– El Consejo Económico y Social podrá señalar a la atención de otros órganos de las Naciones Unidas, sus órganos subsidiarios y los organismos especializados interesados que se ocupen de prestar asistencia técnica, toda cuestión surgida de los informes a que se refiere esta parte del Pacto que pueda servir para que dichas entidades se pronuncien, cada una dentro de su esfera de competencia, sobre la conveniencia de las medidas internacionales que puedan contribuir a la aplicación efectiva y progresiva del presente Pacto.

Art. 23.– Los Estados Partes en el presente Pacto convienen en que las medidas de orden internacional destinadas a asegurar el respeto de los derechos que se reconocen en el presente Pacto comprenden procedimientos tales como la conclusión de convenciones, la aprobación de recomendaciones, la prestación de asistencia técnica y la celebración de reuniones regionales y técnicas, para efectuar consultas y realizar estudios, organizadas en cooperación con los gobiernos interesados.

Art. 24.– Ninguna disposición del presente Pacto deberá interpretarse en menoscabo de las disposiciones de la Carta de las Naciones Unidas o de las constituciones de los organismos especializados que definen las atribuciones de los diversos órganos de las Naciones Unidas y de los organismos especializados en cuanto a las materias a que se refiere el Pacto.

Art. 25.– Ninguna disposición del presente Pacto deberá interpretarse en menoscabo del derecho inherente de todos los pueblos a disfrutar y utilizar plena y libremente sus riquezas y recursos naturales.

PARTE V

Art. 26.– 1. El presente Pacto estará abierto a la firma de todos los Estados Miembros de las Naciones Unidas o miembros de algún organismo especializado, así como de todo Estado Parte en el Estatuto de la Corte Internacional de Justicia y de cualquier otro Estado invitado por la Asamblea General de las Naciones Unidas a ser parte en el presente Pacto.

2. El presente Pacto está sujeto a ratificación. Los instrumentos de ratificación se depositarán en poder del Secretario General de las Naciones Unidas.

3. El presente Pacto quedará abierto a la adhesión de cualquiera de los Estados mencionados en el párrafo 1 del presente artículo.

4. La adhesión se efectuará mediante el depósito de un instrumento de adhesión en poder del Secretario General de las Naciones Unidas.

5. El Secretario General de las Naciones Unidas informará a todos los Estados que hayan firmado el presente Pacto, o se hayan adherido a él, del depósito de cada uno de los instrumentos de ratificación o de adhesión.

Art. 27.– 1. El presente Pacto entrará en vigor transcurridos tres meses a partir de la fecha en que haya sido depositado el trigésimo quinto instrumento de ratificación o de adhesión en poder del Secretario General de las Naciones Unidas.

2. Para cada Estado que ratifique el presente Pacto o se adhiera a él después de haber sido depositado el trigésimo quinto instrumento de ratificación o de adhesión, el Pacto entrará en vigor transcurridos tres meses a partir de la fecha en que tal Estado haya depositado su instrumento de ratificación o de adhesión.

Art. 28.– Las disposiciones del presente Pacto serán aplicables a todas las partes componentes de los Estados federales, sin limitación ni excepción alguna.

Art. 29.– 1. Todo Estado Parte en el presente Pacto podrá proponer enmiendas y depositarlas en poder del Secretario General de las Naciones Unidas. El Secretario General comunicará las enmiendas propuestas a los Estados Partes en el presente Pacto, pidiéndoles que le notifiquen si desean que se convoque una conferencia de Estados Partes con el fin de examinar las propuestas y someterlas a votación. Si un tercio al menos de los Estados se declara en favor de tal convocatoria, el Secretario General convocará una conferencia bajo los auspicios de las Naciones Unidas. Toda enmienda adoptada por la mayoría de Estados presentes y votantes en la conferencia se someterá a la aprobación de la Asamblea General de las Naciones Unidas.

2. Tales enmiendas entrarán en vigor cuando hayan sido aprobadas por la Asamblea General de las Naciones Unidas y aceptadas por una mayoría de dos tercios de los Estados Partes en el presente Pacto, de conformidad con sus respectivos procedimientos constitucionales.

3. Cuando tales enmiendas entren en vigor serán obligatorias para los Estados Partes que las hayan aceptado, en tanto que los demás Estados Partes seguirán obligados por las disposiciones del presente Pacto y por toda enmienda anterior que hayan aceptado.

Art. 30.– Independientemente de las notificaciones previstas en el párrafo 5 del artículo 26, el Secretario General de las Naciones Unidas comunicará a todos los Estados mencionados en el párrafo 1 del mismo artículo:

a) Las firmas, ratificaciones y adhesiones conformes con lo dispuesto en el artículo 26;

b) La fecha en que entre en vigor el presente Pacto conforme a lo dispuesto en el artículo 27, y la fecha en que entren en vigor las enmiendas a que hace referencia el artículo 29.

Art. 31.– 1. El presente Pacto, cuyos textos en chino, español, francés, inglés y ruso son igualmente auténticos, será depositado en los archivos de las Naciones Unidas.

2. El Secretario General de las Naciones Unidas enviará copias certificadas del presente Pacto a todos los Estados mencionados en el artículo 26.

En fe de lo cual, los infrascriptos, debidamente autorizados para ello por sus respectivos gobiernos, han firmado el presente Pacto, el cual ha sido abierto a la firma en Nueva York, el decimonoveno día del mes de diciembre de mil novecientos sesenta y seis.

CONVENIO SOBRE LOS ASPECTOS CIVILES

DE LA SUSTRACCIÓN INTERNACIONAL DE MENORES

Los Estados signatarios del presente Convenio.

Profundamente convencidos de que los intereses del menor son de una importancia primordial para todas las cuestiones relativas a su custodia.

Deseosa de proteger al menor en el plano internacional, de los efectos perjudiciales que podría ocasionarle un traslado o una retención ilícita, y de establecer los procedimientos que permitan garantizar la restitución inmediata del menor al Estado en que tenga su residencia habitual, así como de asegurar la protección del derecho de visita.

Han acordado concluir un Convenio a estos efectos, y convienen en las siguientes disposiciones:

CAPÍTULO I
ÁMBITO DE APLICACIÓN DEL CONVENIO

Art. 1.— La finalidad del presente Convenio será la siguiente:

a) Garantizar la restitución inmediata de los menores trasladados o retenidos de manera ilícita en cualquier Estado contratante;

b) Velar porque los derechos de custodia y de visita vigentes en uno de los Estados contratantes se respeten en los demás Estados contratantes.

Art. 2.— Los Estados contratantes adoptarán todas las medidas apropiadas para garantizar que se cumplan en sus territorios respectivos los objetivos del Convenio. Para ello deberán recurrir a los procedimientos de urgencia de que dispongan.

Art. 3.— El traslado o la retención de un menor se considerarán ilícitos

a) Cuando se hayan producido con infracción de un derecho de custodia atribuido, separada o conjuntamente, a una persona, a una institución, o a cualquier otro organismo, con arreglo al derecho vigente en el Estado en que el menor tenía su residencia habitual inmediatamente antes de su traslado o retención; y

b) Cuando este derecho se ejercía en forma efectiva, separada o conjuntamente, en el momento del traslado o de la retención, o se habría ejercido de no haberse producido dicho traslado o retención.

El derecho de custodia mencionado en a) puede resultar, en particular, de una atribución de pleno derecho, de una decisión judicial o administrativa, o de un acuerdo vigente según el derecho de dicho Estado.

Art. 4.— El Convenio se aplicará a todo menor que haya tenido su residencia habitual en un Estado contratante inmediatamente antes de la infracción de los derechos de custodia o de visita. El Convenio dejará de aplicarse cuando el menor alcance la edad de dieciséis (16) años.

Art. 5.— A los efectos del presente Convenio:

a) El derecho de custodia comprenderá el derecho relativo al cuidado de la persona del menor y, en particular, el de decidir sobre su lugar de residencia;

b) El derecho de visita comprenderá el derecho de llevar al menor, por un período de tiempo limitado, a otro lugar diferente a aquel en que tiene su residencia habitual.

CAPÍTULO II
AUTORIDADES CENTRALES

Art. 6.— Cada uno de los Estados contratantes designará una autoridad central encargada del cumplimiento de las obligaciones que le impone el Convenio.

Los Estados federales, los Estados en que están vigentes más de un sistema de derecho, o los Estados que cuenten con más, tendrán libertad para designar más de una autoridad central y especificar la extensión territorial de los poderes de cada una de estas autoridades. El Estado que haga uso de esta facultad designará la autoridad central a la que deban dirigirse las solicitudes, con el fin de que las transmita a la autoridad central competente en dicho Estado.

Art. 7.— Las autoridades centrales deberán colaborar entre sí y promover la colaboración ente las autoridades competentes en sus respectivos Estados, con el fin de garantizar la restitución inmediata de los menores y para conseguir el resto de los objetivos del presente Convenio.

Deberán adoptar, en particular, ya sea directamente o a través de un intermediario, todas las medidas apropiadas que permitan:

a) Localizar a los menores trasladados o retenidos de manera ilícita;

b) Prevenir que el menor sufra mayores daños o que resulten perjudicadas las partes interesadas para lo cual adoptarán o harán que se adopten medidas provisionales;

c) Garantizar la restitución voluntaria del menor o facilitar una solución amigable.

d) Intercambiar información relativa a la situación social del menor, si se estima conveniente;

e) Facilitar información general sobre la legislación de su país relativa a la aplicación del Convenio;

f)   Invocar o facilitar la apertura de un procedimiento judicial o administrativo, con el objeto de conseguir la restitución del menor y, en su caso, permitir que se organice o se ejerza de manera efectiva el derecho de visita;

g) Conceder o facilitar, según el caso, la obtención de asistencia judicial y jurídica, incluida la participación de un abogado;

h) Garantizar, desde el punto de vista administrativo, la restitución del menor sin peligro, si ello fuese necesario y apropiado;

i) Mantenerse mutuamente informadas sobre la aplicación del presente Convenio y eliminar, en la medida de lo posible, los obstáculos que puedan oponerse a dicha aplicación.

CAPÍTULO III
RESTITUCIÓN DEL MENOR

Art. 8.— Toda persona, institución u organismo que sostenga que un menor ha sido objeto de traslado o retención con infracción del derecho de custodia, podrá dirigirse a la autoridad central de la residencia habitual del menor, o a la de cualquier otro Estado contratante, para que con su asistencia quede garantizada la restitución del menor.

La solicitud incluirá:

a) Información relativa a la identidad del demandante, del menor y de la persona que se alega que ha sustraído o retenido al menor.

b) La fecha de nacimiento del menor, cuando sea posible obtenerla;

c) Los motivos en que se basa el demandante para reclamar la restitución del menor:

d) Toda la información disponible a la localización del menor y la identidad de las personas con las que se supone que está el menor.

e) Una copia legalizada de toda decisión o acuerdo pertinentes;

f) Una certificación o declaración jurada expedida por una autoridad central o por otra autoridad competente del Estado donde el menor tenga su residencia habitual o por una persona calificada con respecto al derecho vigente en esta materia de dicho Estado.

g) Cualquier otro documento pertinente.

Art. 9.— Si la autoridad central que recibe una demanda en virtud de lo dispuesto en el artículo 8 tiene razones para creer que el menor se encuentra en otro Estado contratante, transmitirá la demanda directamente y sin demora a la autoridad central de ese Estado contratante e informará a la autoridad central requeriente, o en su caso al demandante.

Art. 10.— La autoridad central del Estado donde se encuentre el menor adoptará o hará que se adopten todas las medidas adecuadas tendientes a conseguir la restitución voluntaria del menor.

Art. 11.— Las autoridades judiciales o administrativas de los Estados contratantes actuarán con urgencia en los procedimientos para la restitución de los menores.

Si la autoridad judicial o administrativa competente no hubiera llegado a una decisión en el plazo de seis (6) semanas a partir de la fecha de iniciación de los procedimientos, el demandante o la autoridad central del Estado requerido por iniciativa propia o a instancias de la autoridad central del Estado requeriente tendrá derecho a pedir una declaración sobre las razones de la demora.

Si la autoridad central del Estado requerido recibiera una respuesta, dicha autoridad la transmitirá a la autoridad central del Estado requeriente o, en su caso, al demandante.

Art. 12.— Cuando un menor haya sido trasladado o retenido ilícitamente en el sentido previsto en el artículo 3 y, en la fecha de la iniciación del procedimiento ante la autoridad judicial o administrativa del Estado contratante donde se halle el menor, hubiera transcurrido un período inferior a un (1) año desde el momento en que se produjo el traslado o retención ilícitos, la autoridad competente ordenará la restitución inmediata del menor.

La autoridad judicial o administrativa, aun en el caso de que se hubieran iniciado los procedimientos después de la expiración del plazo de un (1) año a que se hace referencia en el párrafo precedente, ordenará asimismo la restitución del menor salvo que quede demostrado que el menor ha quedado integrado en su nuevo medio.

Cuando la autoridad judicial o administrativa del Estado requerido tenga razones para creer que el menor ha sido trasladado a otro Estado, podrá suspender el procedimiento o rechazar la demanda de restitución del menor.

Art. 13.— No obstante lo dispuesto en el artículo precedente, la autoridad judicial o administrativa del Estado requerido no está, obligada a ordenar la restitución del menor si la persona, institución u otro organismo que se opone a su restitución demuestre que:

a) La persona, institución u organismo que se hubiera hecho cargo de la persona del menor no ejerciera de modo efectivo el derecho de custodia en el momento en que fue trasladado o retenido había consentido o posteriormente aceptado el traslado o retención; o

b) Existe un grave riesgo de que la restitución del menor lo exponga a un peligro físico o psíquico o que de cualquier otra manera ponga al menor en una situación intolerable.

La autoridad judicial o administrativa podrá asimismo negarse a otorgar la restitución si comprueba que el propio menor se opone a su restitución, cuando el menor haya alcanzado una edad y un grado de madurez en que resulta apropiado tener en cuenta sus opiniones.

Al examinar las circunstancias a que se hace referencia en el presente artículo, las autoridades judiciales o administrativas tendrán en cuenta la información que sobre la situación social del menor, proporcione la autoridad central u otra autoridad competente del lugar de residencia habitual del menor.

Art. 14.— Para determinar la existencia de un traslado o de una retención ilícitos en el sentido del artículo 3, las autoridades judiciales o administrativas del Estado requerido podrán tener en cuenta directamente la legislación y las decisiones judiciales o administrativas, ya sean reconocidas formalmente o no en el Estado de la residencia habitual del menor, sin tener que recurrir a procedimientos concretos para probar la vigencia de esa legislación o para el reconocimiento de las decisiones extranjeras que de lo contrario serían aplicables.

Art. 15.— Las autoridades judiciales o administrativas de un Estado contratante, antes de emitir una orden para la restitución del menor, podrán pedir que el demandante obtenga de las autoridades del Estado de residencia habitual del menor una decisión o una certificación que acredite que el traslado o retención del menor era lícito en el sentido previsto en el artículo 3 del Convenio, siempre que la mencionada decisión o certificación pueda obtenerse en dicho Estado.

Las autoridades centrales de los Estados contratantes harán todo lo posible por prestar asistencia a los demandantes para que obtengan una decisión o certificación de esa clase.

Art. 16.— Después de haber sido informadas de un traslado o retención ilícitos de un menor en el sentido previsto en el artículo 3, las autoridades judiciales o administrativas del Estado contratante adonde haya sido trasladado el menor o donde está retenido ilícitamente, no decidirán sobre la cuestión de fondo de los derechos de custodia hasta que se haya determinado que no se reúnen las condiciones del presente Convenio para la restitución del menor o hasta que haya transcurrido un período de tiempo razonable sin que se haya presentado una demanda en virtud de este Convenio.

Art. 17.— El solo hecho de que se haya dictado una decisión relativa a la custodia del menor o que esa decisión pueda ser reconocida en el Estado requerido no podrá justificar la negativa para restituir a un menor conforme a lo dispuesto en el presente Convenio, pero las autoridades judiciales o administrativas del Estado requerido podrán tener en cuenta los motivos de dicha decisión al aplicar el presente Convenio.

Art. 18.— Las disposiciones del presente Capítulo no limitarán las facultades de una autoridad judicial o administrativa para ordenar la restitución del menor en cualquier momento.

Art. 19.— Una decisión adoptada en virtud del presente Convenio sobre la restitución del menor no afectará la cuestión de fondo del derecho de custodia.

Art. 20.— La restitución del menor conforme a lo dispuesto en el artículo 12 podrá denegarse cuando no lo permitan los principios fundamentales del Estado requerido en materia de protección de los derechos humanos y de las libertades fundamentales.

CAPÍTULO IV
DERECHO DE VISITA

Art. 21.— Una demanda que tenga como fin la organización o la garantía del ejercicio efectivo de los derechos de visita podrá presentarse a las autoridades centrales de los Estados contratantes, en la misma forma que la demanda para la restitución del menor.

Las autoridades centrales estarán sujetas a las obligaciones de cooperación establecidas en el artículo 7 para asegurar el ejercicio pacífico de los derechos de visita y el cumplimiento de todas las condiciones a que pueda estar sujeto el ejercicio de esos derechos. Las autoridades centrales adoptarán las medidas necesarias para eliminar, en la medida de lo posible, todos los obstáculos para el ejercicio de esos derechos.

Las autoridades centrales, directamente o por vía de intermediarios, podrán incoar procedimientos o favorecer su incoación con el fin de organizar o proteger dichos derechos y asegurar el cumplimiento de las condiciones a que pudiera estar sujeto el ejercido de los mismos.

CAPÍTULO V
DISPOSICIONES GENERALES

Art. 22.— No podrá exigirse ninguna fianza ni depósito, cualquiera que sea la designación que se le dé, para garantizar el pago de las costas y gastos de los procedimientos judiciales o administrativos previstos en el Convenio.

Art. 23.— No se exigirá, en el contexto del presente Convenio, ninguna legalización ni otras formalidades análogas.

Art. 24.— Toda demanda, comunicación u otro documento que se envíe a la autoridad central del Estado requerido se remitirá en el idioma de origen e irá acompañado de una traducción al idioma oficial o a uno de los idiomas oficiales del Estado requerido o, cuando esto no sea factible, de una traducción al francés o al inglés.

No obstante, un Estado contratante, mediante la formulación de una reserva conforme a lo dispuesto en el artículo 42, podrá oponerse a la utilización del inglés o el francés, pero no de ambos idiomas, en toda demanda, comunicación u otros documentos que se envíen a su autoridad central.

Art. 25.— Los nacionales de los Estados contratantes y las personas que residen habitualmente en esos Estados tendrán derecho en todo lo referente a la aplicación del presente Convenio, a la asistencia judicial y al asesoramiento jurídico en cualquier otro Estado contratante en las mismas condiciones que si fueran nacionales y residieran habitualmente en ese otro Estado.

Art. 26.— Cada autoridad central sufragará sus propios gastos en la aplicación del presente Convenio.

Las autoridades centrales y otros servicios públicos de los Estados contratantes no impondrán cantidad alguna en relación con las demandas presentadas en virtud de lo dispuesto en el presente Convenio ni exigirán al demandante ningún pago por las costas y gastos del proceso ni, dado el caso, por los gastos derivados de la participación de un abogado o asesor jurídico. No obstante, se les podrá exigir el pago de los gastos originados o que vayan a originarse por la restitución del menor.

Sin embargo, un Estado contratante, mediante la formulación de una reserva conforme a lo dispuesto en el artículo 42, podrá declarar que no estará obligado a asumir ningún gasto de los mencionados en el párrafo precedente que se deriven de la participación de un abogado o asesores jurídicos o del proceso judicial, excepto en la medida que dichos gastos puedan quedar cubiertos por su sistema de asistencia judicial y asesoramiento jurídico.

Al ordenar la restitución de un menor o al expedir una orden relativa a los derechos de visita conforme a lo dispuesto en el presente Convenio, las autoridades judiciales o administrativas podrán disponer, dado el caso, que la persona que trasladó o que retuvo al menor o que impidió el ejercicio del derecho de visita, pague los gastos necesarios en que haya incurrido el demandante o en que se haya incurrido en su nombre, incluidos los gastos de viajes, todos los costos o pagos efectuados para localizar al menor, las costas de la representación judicial del demandante y los gastos de la restitución del menor.

Art. 27.— Cuando se ponga de manifiesto que no se han cumplido las condiciones requeridas en el presente Convenio o que la demanda carece de fundamento, una autoridad central no estará obligada a aceptar la demanda. En este caso, la autoridad central informará inmediatamente sus motivos al demandante o a la autoridad central por cuyo conducto se haya presentado la demanda, según el caso.

Art. 28.— Una autoridad central podrá exigir que la demanda vaya acompañada de una autorización por escrito que le confiera poderes para actuar por cuenta del demandante, o para designar un representante habilitado para actuar en su nombre.

Art. 29.— El presente Convenio no excluirá que cualquier persona, institución u organismo que pretenda que ha habido una violación del derecho de custodia o de los derechos de visita en el sentido previsto en los artículos 3 o 21, reclame directamente ante las autoridades judiciales o administrativas de un Estado contratante, conforme o no a las disposiciones del presente Convenio.

Art. 30.— Toda demanda presentada a las autoridades centrales o directamente a las autoridades judiciales o administrativas de un Estado contratante de conformidad con los términos del presente Convenio, junto con los documentos o cualquier otra información que la acompañen o que haya proporcionado una autoridad central será admisible ante los tribunales o ante las autoridades administrativas de los Estados contratantes.

Art. 31.— Cuando se trate de un Estado que en materia de custodia de menores tenga dos o más sistemas de derecho aplicables en unidades territoriales diferentes:

a) Toda referencia a la residencia habitual en dicho Estado se interpretará que se refiere a la residencia habitual en una unidad territorial de ese Estado;

b) Toda referencia a la ley del Estado de residencia habitual se interpretará que se refiere a la ley de la unidad territorial del Estado donde resida habitualmente el menor.

Art. 32.— Cuando se trate de un Estado que en materia de custodia de menores tenga dos o más sistemas de derecho aplicables a diferentes categorías de personas, toda referencia a la ley de ese Estado se interpretará que se refiere al sistema de derecho especificado por la ley de dicho Estado.

Art. 33.— Un Estado en el que las diferentes unidades territoriales tengan sus propias normas jurídicas respecto a la custodia de menores, no estará obligado a aplicar el presente Convenio cuando no esté obligado a aplicarlo un Estado que tenga un sistema unificado de derecho.

Art. 34.— El presente Convenio tendrá prioridad en las cuestiones incluidas en su ámbito de aplicación sobre el Convenio del 5 de octubre de 1961 relativo a la competencia de las autoridades y a la ley aplicable en materia de protección de menores, entre los Estados partes en ambos Convenios.

Por lo demás, el presente Convenio no restringirá la aplicación de un instrumento internacional en vigor entre el Estado de origen y el Estado requerido ni la invocación de otras normas jurídicas del Estado requerido, para obtener la restitución de un menor que haya sido trasladado o retenido ilícitamente o para organizar el derecho de visita.

Art. 35.— El presente Convenio sólo se aplicará entre los Estados contratantes en los casos de traslados o retenciones ilícitos ocurridos después de su entrada en vigor en esos Estados.

Si se hubiera formulado una declaración conforme a lo dispuesto en los artículos 39 o 40, la referencia a un Estado contratante que figura en el párrafo precedente se entenderá que se refiere a la unidad o unidades territoriales a las que se aplica el presente Convenio.

Art. 36.— Nada de lo dispuesto en el presente Convenio impedirá que dos o más Estados contratantes, con el fin de limitar las restricciones a las que podría estar sometida la restitución del menor, acuerden mutuamente la derogación de algunas de las disposiciones del presente Convenio que podrían implicar esas restricciones.

CAPÍTULO VI
CLÁUSULAS FINALES

Art. 37.— El Convenio estará abierto a la firma de los Estados que fueron Miembros de la Conferencia de La Haya sobre el Derecho Internacional Privado en su decimocuarto período de sesiones. Será ratificado, aceptado o aprobado, y los instrumentos de ratificación, aceptación o aprobación se depositarán ante el Ministerio de Asuntos Exteriores del Reino de los Países Bajos.

Art. 38.— Cualquier otro Estado podrá adherir al Convenio.

El instrumento de adhesión será depositado ante el Ministerio de Asuntos Exteriores del Reino de los Países Bajos.

Para el Estado que adhiera al Convenio, éste entrará en vigor el primer día del tercer mes calendario después del depósito de su instrumento de adhesión.

La adhesión tendrá efecto sólo para las relaciones entre el Estado que adhiera y aquellos Estados contratantes que hayan declarado aceptar esta adhesión. Esta declaración habrá de ser formulada asimismo por cualquier Estado miembro que ratifique, acepte o apruebe el Convenio después de una adhesión. Dicha declaración será depositada ante el Ministerio de Asuntos Exteriores del Reino de los Países Bajos; este Ministerio enviará por vía diplomática una copia certificada a cada uno de los Estados contratantes.

El Convenio entrará en vigor entre el Estado que adhiere y el Estado que haya declarado que acepta esa adhesión el primer día del tercer mes calendario después del depósito de la declaración de aceptación.

Art. 39.— Todo Estado, en el momento de la firma, ratificación, aceptación, aprobación o adhesión, podrá declarar que el Convenio extenderá al conjunto de los territorios que representa en el plano internacional, o sólo a uno o varios de esos territorios. Esta declaración tendrá efecto en el momento en que el Convenio entre en vigor para dicho Estado.

Esa declaración, así como toda extensión posterior, será notificada al Ministerio de Asuntos Exteriores de los Países Bajos.

Art. 40.— Si un Estado contratante tiene dos o más unidades territoriales en las que se aplican sistemas de derecho distintos en relación con las materias de que trata el presente Convenio podrá declarar, en el momento de la firma, ratificación, aceptación, aprobación o adhesión, que el presente Convenio se aplicará a todas sus unidades territoriales o sólo a una o varias de ellas y podrá modificar esta declaración en cualquier momento, para lo que habrá de formular una nueva declaración.

Estas declaraciones se notificarán al Ministerio de Relaciones Exteriores de los Países Bajos y se indicará en ellas expresamente, las unidades territoriales a las que se aplica el presente Convenio.

Art. 41.— Cuando un Estado contratante tenga un sistema de gobierno en el cual los Poderes Ejecutivo, Judicial y Legislativo estén distribuidos entre las autoridades centrales y otras autoridades dentro de dicho Estado, la firma, ratificación, aceptación, aprobación o adhesión del presente Convenio, o la formulación de cualquier declaración conforme a lo dispuesto en el artículo 40, no implicará consecuencia alguna en cuanto a la distribución interna de los poderes en dicho Estado.

Art. 42.— Cualquier Estado podrá formular una o las dos reservas previstas en el artículo 24 y en el tercer párrafo del artículo 26, a más tardar en el momento de la ratificación, aceptación, aprobación o adhesión o en el momento de formular una declaración conforme a lo dispuesto en los artículos 39 o 40. No se permitirá ninguna otra reserva.

Cualquier Estado podrá retirar en cualquier momento una reserva que hubiera formulado. El retiro será notificado al Ministerio de Relaciones Exteriores del Reino de los Países Bajos.

La reserva dejará de tener efecto el primer día del tercer mes calendario después de las notificaciones a que se hace referencia en el párrafo precedente.

Art. 43.— El Convenio entrará en vigor el primer día del tercer mes calendario después del depósito del tercer instrumento de ratificación, aceptación, aprobación o adhesión a que se hace referencia en los artículos 37 y 38.

En adelante el Convenio entrará en vigor:

1. Para cada Estado que lo ratifique, acepte, apruebe o adhiera con posterioridad, el primer día del tercer mes calendario después del depósito de su instrumento de ratificación, aceptación, aprobación o adhesión;

2. Para los territorios o unidades territoriales a los que se haya extendido el Convenio de conformidad con el artículo 39 o 40, el primer día del tercer mes calendario después de la notificación a que se hace referencia en esos artículos.

Art. 44.— El Convenio permanecerá en vigor durante cinco (5) años a partir de la fecha de su entrada en vigor de conformidad con lo dispuesto en el primer párrafo del artículo 43, incluso para los Estados que con posterioridad lo hubieran ratificado, aceptado, aprobado o adherido. Si no hubiera denuncia se renovará tácitamente cada cinco (5) años.

Toda denuncia será notificada al Ministerio de Asuntos Exteriores del Reino de los Países Bajos, por lo menos, seis (6) meses antes de la expiración del plazo de cinco (5) años. La denuncia podrá limitarse a determinados territorios o unidades territoriales a los que se aplica el Convenio.

La denuncia tendrá efectos sólo respecto al Estado que la hubiera notificado. El Convenio permanecerá en vigor para los demás Estados contratantes.

Art. 45.— El Ministerio de Asuntos Exteriores del Reino de los Países Bajos notificará a los Estados Miembros de la Conferencia y a los Estados que hayan adherido de conformidad con lo dispuesto en el artículo 33 lo siguiente:

1. Las firmas y ratificaciones, aceptaciones y aprobaciones a que hace referencia el artículo 37;

2. Las adhesiones a que hace referencia el artículo 33;

3. La fecha en que el Convenio entró en vigor conforme a lo dispuesto en el artículo 43;

4. Las extensiones a que hace referencia el artículo 39;

5. Las declaraciones mencionadas en los artículos 38 y 40;

6. Las reservas previstas en el artículo 24 y en el tercer párrafo del artículo 26, y los retiros previstos en el artículo 42;

7. Las denuncias previstas en el artículo 44.

En fe de lo cual, los inscriptos, debidamente autorizados para ello, han firmado el presente Convenio.

Hecho en la Haya, el 25 de octubre de 1930, en francés e inglés, siendo ambos textos igualmente fehacientes, en un solo ejemplar se depositará en los archivos del Gobierno del Reino de los Países Bajos y del cual se enviará copia certificada por vía diplomática, a cada uno de los estados miembros de la Conferencia de La Haya sobre Derecho Internacional Privado en la fecha de su decimocuarto período de sesiones.

CARTA DE LA ORGANIZACIÓN DE LOS ESTADOS AMERICANOS*
EN NOMBRE DE SUS PUEBLOS LOS ESTADOS REPRESENTADOS EN LA IX CONFE-
RENCIA INTERNACIONAL AMERICANA,

Convencidos de que la misión histórica de América es ofrecer al hombre una tierra de libertad y un ámbito favorable para el desarrollo de su personalidad y la realización de sus justas aspiraciones;

Conscientes de que esa misión ha inspirado ya numerosos convenios y acuerdos cuya virtud esencial radica en el anhelo de convivir en paz y de propiciar, mediante su mutua comprensión y su respeto por la soberanía de cada uno, el mejoramiento de todos en la independencia, en la igualdad y en el derecho;

Ciertos de que la democracia representativa es condición indispensable para la estabilidad, la paz y el desarrollo de la región;

Seguros de que el sentido genuino de la solidaridad americana y de la buena vecindad no puede ser otro que el de consolidar en este Continente, dentro del marco de las instituciones democráticas, un régimen de libertad individual y de justicia social, fundado en el respeto de los derechos esenciales del hombre;

Persuadidos de que el bienestar de todos ellos, así como su contribución al progreso y la civilización del mundo, habrá de requerir, cada día más, una intensa cooperación continental;

Determinados a perseverar en la noble empresa que la Humanidad ha confiado a las Naciones Unidas, cuyos principios y propósitos reafirman solemnemente;

Convencidos de que la organización jurídica es una condición necesaria para la seguridad y la paz, fundadas en el orden moral y en la justicia, y

De acuerdo con la Resolución IX de la Conferencia sobre Problemas de la Guerra y de la Paz, reunida en la Ciudad de México,

HAN CONVENIDO

en suscribir la siguiente

CARTA DE LA ORGANIZACION DE LOS ESTADOS AMERICANOS

PRIMERA PARTE
CAPÍTULO I
NATURALEZA Y PROPOSITOS

Art. 1.– Los Estados americanos consagran en esta Carta la organización internacional que han desarrollado para lograr un orden de paz y de justicia, fomentar su solidaridad, robustecer su colaboración y defender su soberanía, su integridad territorial y su independencia. Dentro de las Naciones Unidas, la Organización de los Estados Americanos constituye un organismo regional.

La Organización de los Estados Americanos no tiene más facultades que aquellas que expresamente le confiere la presente Carta, ninguna de cuyas disposiciones la autoriza a intervenir en asuntos de la jurisdicción interna de los Estados miembros.

---

* Suscrita en Bogotá en 1948 y reformada por el Protocolo de Buenos Aires en 1967, por el Protocolo de Cartagena de Indias en 1985, por el Protocolo de Washington en 1992 y por el Protocolo de Managua en 1993.

Art. 2.– La Organización de los Estados Americanos, para realizar los principios en que se funda y cumplir sus obligaciones regionales de acuerdo con la Carta de las Naciones Unidas, establece los siguientes propósitos esenciales:

a) Afianzar la paz y la seguridad del Continente;

b) Promover y consolidar la democracia representativa dentro del respeto al principio de no intervención;

c) Prevenir las posibles causas de dificultades y asegurar la solución pacífica de controversias que surjan entre los Estados miembros;

d) Organizar la acción solidaria de éstos en caso de agresión;

e) Procurar la solución de los problemas políticos, jurídicos y económicos que se susciten entre ellos;

f) Promover, por medio de la acción cooperativa, su desarrollo económico, social y cultural;

g) Erradicar la pobreza crítica, que constituye un obstáculo al pleno desarrollo democrático de los pueblos del hemisferio, y

h) Alcanzar una efectiva limitación de armamentos convencionales que permita dedicar el mayor número de recursos al desarrollo económico y social de los Estados miembros.

CAPÍTULO II
PRINCIPIOS

Art. 3.– Los Estados americanos reafirman los siguientes principios:

a) El derecho internacional es norma de conducta de los Estados en sus relaciones recíprocas.

b) El orden internacional está esencialmente constituido por el respeto a la personalidad, soberanía e independencia de los Estados y por el fiel cumplimiento de las obligaciones emanadas de los tratados y de otras fuentes del derecho internacional.

c) La buena fe debe regir las relaciones de los Estados entre sí.

d) La solidaridad de los Estados americanos y los altos fines que con ella se persiguen, requieren la organización política de los mismos sobre la base del ejercicio efectivo de la democracia representativa.

e) Todo Estado tiene derecho a elegir, sin injerencias externas, su sistema político, económico y social, y a organizarse en la forma que más le convenga, y tiene el deber de no intervenir en los asuntos de otro Estado. Con sujeción a lo arriba dispuesto, los Estados americanos cooperarán ampliamente entre sí y con independencia de la naturaleza de sus sistemas políticos, económicos y sociales.

f) La eliminación de la pobreza crítica es parte esencial de la promoción y consolidación de la democracia representativa y constituye responsabilidad común y compartida de los Estados americanos.

g) Los Estados americanos condenan la guerra de agresión: la victoria no da derechos.

h) La agresión a un Estado americano constituye una agresión a todos los demás Estados americanos.

i) Las controversias de carácter internacional que surjan entre dos o más Estados americanos deben ser resueltas por medio de procedimientos pacíficos.

j) La justicia y la seguridad sociales son bases de una paz duradera.

k) La cooperación económica es esencial para el bienestar y la prosperidad comunes de los pueblos del Continente.

l) Los Estados americanos proclaman los derechos fundamentales de la persona humana sin hacer distinción de raza, nacionalidad, credo o sexo.

m) La unidad espiritual del Continente se basa en el respeto de la personalidad cultural de los países americanos y demanda su estrecha cooperación en las altas finalidades de la cultura humana.

n) La educación de los pueblos debe orientarse hacia la justicia, la libertad y la paz.

CAPÍTULO III
MIEMBROS

Art. 4.– Son miembros de la Organización todos los Estados americanos que ratifiquen la presente Carta.

Art. 5.– En la Organización tendrá su lugar toda nueva entidad política que nazca de la unión de varios de sus Estados miembros y que como tal ratifique esta Carta. El ingreso de la nueva entidad política en la Organización producirá, para cada uno de los Estados que la constituyen, la pérdida de la calidad de miembro de la Organización.

Art. 6.– Cualquier otro Estado americano independiente que quiera ser miembro de la Organización, deberá manifestarlo mediante nota dirigida al Secretario General, en la cual indique que está dispuesto a firmar y ratificar la Carta de la Organización así como a aceptar todas las obligaciones que entraña la condición de miembro, en especial las referentes a la seguridad colectiva, mencionadas expresamente en los artículos 28 y 29 de la Carta.

Art. 7.– La Asamblea General, previa recomendación del Consejo Permanente de la Organización, determinará si es procedente autorizar al Secretario General para que permita al Estado solicitante firmar la Carta y para que acepte el depósito del instrumento de ratificación correspondiente. Tanto la recomendación del Consejo Permanente, como la decisión de la Asamblea General, requerirán el voto afirmativo de los dos tercios de los Estados miembros.

Art. 8.– La condición de miembro de la Organización estará restringida a los Estados independientes del Continente que al 10 de diciembre de 1985 fueran miembros de las Naciones Unidas y a los territorios no autónomos mencionados en el documento OEA/Ser.P, AG/doc.1939/85, del 5 de noviembre de 1985, cuando alcancen su independencia.

Art. 9.– Un miembro de la Organización cuyo gobierno democráticamente constituido sea derrocado por la fuerza podrá ser suspendido del ejercicio del derecho de participación en las sesiones de la Asamblea General, de la Reunión de Consulta, de los Consejos de la Organización y de las Conferencias Especializadas, así como de las comisiones, grupos de trabajo y demás cuerpos que se hayan creado.

a) La facultad de suspensión solamente será ejercida cuando hayan sido infructuosas las gestiones diplomáticas que la Organización hubiera emprendido con el objeto de propiciar el restablecimiento de la democracia representativa en el Estado miembro afectado.

b) La decisión sobre la suspensión deberá ser adoptada en un período extraordinario de sesiones de la Asamblea General, por el voto afirmativo de los dos tercios de los Estados miembros.

c) La suspensión entrará en vigor inmediatamente después de su aprobación por la Asamblea General.

d) La Organización procurará, no obstante la medida de suspensión, emprender nuevas gestiones diplomáticas tendientes a coadyuvar al restablecimiento de la democracia representativa en el Estado miembro afectado.

e) El miembro que hubiere sido objeto de suspensión deberá continuar observando el cumplimiento de sus obligaciones con la Organización.

f) La Asamblea General podrá levantar la suspensión por decisión adoptada con la aprobación de dos tercios de los Estados miembros.

g) Las atribuciones a que se refiere este artículo se ejercerán de conformidad con la presente Carta.

CAPÍTULO IV
DERECHOS Y DEBERES FUNDAMENTALES DE LOS ESTADOS

Art. 10.– Los Estados son jurídicamente iguales, disfrutan de iguales derechos e igual capacidad para ejercerlos, y tienen iguales deberes. Los derechos de cada uno no dependen del poder de que disponga para asegurar su ejercicio, sino del simple hecho de su existencia como persona de derecho internacional.

Art. 11.– Todo Estado americano tiene el deber de respetar los derechos de que disfrutan los demás Estados de acuerdo con el derecho internacional.

Art. 12.– Los derechos fundamentales de los Estados no son susceptibles de menoscabo en forma alguna.

Art. 13.– La existencia política del Estado es independiente de su reconocimiento por los demás Estados. Aun antes de ser reconocido, el Estado tiene el derecho de defender su integridad e independencia, proveer a su conservación y prosperidad y, por consiguiente, de organizarse como mejor lo entendiere, legislar sobre sus intereses, administrar sus servicios y determinar la jurisdicción y competencia de sus tribunales. El ejercicio de estos derechos no tiene otros límites que el ejercicio de los derechos de otros Estados conforme al derecho internacional.

Art. 14.– El reconocimiento implica que el Estado que lo otorga acepta la personalidad del nuevo Estado con todos los derechos y deberes que, para uno y otro, determina el derecho internacional.

Art. 15.– El derecho que tiene el Estado de proteger y desarrollar su existencia no lo autoriza a ejecutar actos injustos contra otro Estado.

Art. 16.– La jurisdicción de los Estados en los límites del territorio nacional se ejerce igualmente sobre todos los habitantes, sean nacionales o extranjeros.

Art. 17.– Cada Estado tiene el derecho a desenvolver libre y espontáneamente su vida cultural, política y económica. En este libre desenvolvimiento el Estado respetará los derechos de la persona humana y los principios de la moral universal.

Art. 18.– El respeto y la fiel observancia de los tratados constituyen normas para el desarrollo de las relaciones pacíficas entre los Estados. Los tratados y acuerdos internacionales deben ser públicos.

Art. 19.– Ningún Estado o grupo de Estados tiene derecho de intervenir, directa o indirectamente, y sea cual fuere el motivo, en los asuntos internos o externos de cualquier otro. El principio anterior excluye no solamente la fuerza armada, sino también cualquier otra forma de injerencia o de tendencia atentatoria de la personalidad del Estado, de los elementos políticos, económicos y culturales que lo constituyen.

Art. 20.– Ningún Estado podrá aplicar o estimular medidas coercitivas de carácter económico y político para forzar la voluntad soberana de otro Estado y obtener de éste ventajas de cualquier naturaleza.

Art. 21.– El territorio de un Estado es inviolable; no puede ser objeto de ocupación militar ni de otras medidas de fuerza tomadas por otro Estado, directa o indirectamente, cualquiera que fuere el motivo, aun de manera temporal. No se reconocerán las adquisiciones territoriales o las ventajas especiales que se obtengan por la fuerza o por cualquier otro medio de coacción.

Art. 22.– Los Estados americanos se obligan en sus relaciones internacionales a no recurrir al uso de la fuerza, salvo el caso de legítima defensa, de conformidad con los tratados vigentes o en cumplimiento de dichos tratados.

Art. 23.– Las medidas que, de acuerdo con los tratados vigentes, se adopten para el mantenimiento de la paz y la seguridad, no constituyen violación de los principios enunciados en los artículos 19 y 21.

CAPÍTULO V
SOLUCIÓN PACÍFICA DE CONTROVERSIAS

Art. 24.– Las controversias internacionales entre los Estados miembros deben ser sometidas a los procedimientos de solución pacífica señalados en esta Carta.

Esta disposición no se interpretará en el sentido de menoscabar los derechos y obligaciones de los Estados miembros de acuerdo con los artículos 34 y 35 de la Carta de las Naciones Unidas.

Art. 25.– Son procedimientos pacíficos: la negociación directa, los buenos oficios, la mediación, la investigación y conciliación, el procedimiento judicial, el arbitraje y los que especialmente acuerden, en cualquier momento, las Partes.

Art. 26.– Cuando entre dos o más Estados americanos se suscite una controversia que, en opinión de uno de ellos, no pueda ser resuelta por los medios diplomáticos usuales, las Partes deberán convenir en cualquier otro procedimiento pacífico que les permita llegar a una solución.

Art. 27.– Un tratado especial establecerá los medios adecuados para resolver las controversias y determinará los procedimientos pertinentes a cada uno de los medios pacíficos, en forma de no dejar que controversia alguna entre los Estados americanos pueda quedar sin solución definitiva dentro de un plazo razonable.

CAPÍTULO VI
SEGURIDAD COLECTIVA

Art. 28.– Toda agresión de un Estado contra la integridad o la inviolabilidad del territorio o contra la soberanía o la independencia política de un Estado americano, será considerada como un acto de agresión contra los demás Estados americanos.

Art. 29.– Si la inviolabilidad o la integridad del territorio o la soberanía o la independencia política de cualquier Estado americano fueren afectadas por un ataque armado o por una agresión que no sea ataque armado, o por un conflicto extracontinental o por un conflicto entre dos o más Estados americanos o por cualquier otro hecho o situación que pueda poner en peligro la paz de América, los Estados americanos en desarrollo de los principios de la solidaridad continental o de la legítima defensa colectiva, aplicarán las medidas y procedimientos establecidos en los tratados especiales, existentes en la materia.

CAPÍTULO VII
DESARROLLO INTEGRAL

Art. 30.– Los Estados miembros, inspirados en los principios de solidaridad y cooperación interamericanas, se comprometen a aunar esfuerzos para lograr que impere la justicia social internacional en sus relaciones y para que sus pueblos alcancen un desarrollo integral, condiciones indispensables para la paz y la seguridad. El desarrollo integral abarca los campos económico, social, educacional, cultural, científico y tecnológico, en los cuales deben obtenerse las metas que cada país defina para lograrlo.

Art. 31.– La cooperación interamericana para el desarrollo integral es responsabilidad común y solidaria de los Estados miembros en el marco de los principios democráticos y de las instituciones del sistema interamericano. Ella debe comprender los campos económico, social, educacional, cultural, científico y tecnológico, apoyar el logro de los objetivos nacionales de los Estados miembros y respetar las prioridades que se fije cada país en sus planes de desarrollo, sin ataduras ni condiciones de carácter político.

Art. 32.– La cooperación interamericana para el desarrollo integral debe ser continua y encauzarse preferentemente a través de organismos multilaterales, sin perjuicio de la cooperación bilateral convenida entre Estados miembros.

Los Estados miembros contribuirán a la cooperación interamericana para el desarrollo integral de acuerdo con sus recursos y posibilidades, y de conformidad con sus leyes.

Art. 33.– El desarrollo es responsabilidad primordial de cada país y debe constituir un proceso integral y continuo para la creación de un orden económico y social justo que permita y contribuya a la plena realización de la persona humana.

Art. 34.– Los Estados miembros convienen en que la igualdad de oportunidades, la eliminación de la pobreza crítica y la distribución equitativa de la riqueza y del ingreso, así como la plena participación de sus pueblos en las decisiones relativas a su propio desarrollo, son, entre otros, objetivos básicos del desarrollo integral. Para lograrlos, convienen asimismo en dedicar sus máximos esfuerzos a la consecución de las siguientes metas básicas:

a) Incremento sustancial y autosostenido del producto nacional per cápita;

b) Distribución equitativa del ingreso nacional;

c) Sistemas impositivos adecuados y equitativos;

d) Modernización de la vida rural y reformas que conduzcan a regímenes equitativos y eficaces de tenencia de la tierra, mayor productividad agrícola, expansión del uso de la tierra, diversificación de la producción y mejores sistemas para la industrialización y comercialización de productos agrícolas, y fortalecimiento y ampliación de los medios para alcanzar estos fines;

e) Industrialización acelerada y diversificada, especialmente de bienes de capital e intermedios;

f) Estabilidad del nivel de precios internos en armonía con el desarrollo económico sostenido y el logro de la justicia social;

g) Salarios justos, oportunidades de empleo y condiciones de trabajo aceptables para todos;

h) Erradicación rápida del analfabetismo y ampliación, para todos, de las oportunidades en el campo de la educación;

i) Defensa del potencial humano mediante la extensión y aplicación de los modernos conocimientos de la ciencia médica;

j) Nutrición adecuada, particularmente por medio de la aceleración de los esfuerzos nacionales para incrementar la producción y disponibilidad de alimentos;

k) Vivienda adecuada para todos los sectores de la población;

l) Condiciones urbanas que hagan posible una vida sana, productiva y digna;

m) Promoción de la iniciativa y la inversión privadas en armonía con la acción del sector público, y

n) Expansión y diversificación de las exportaciones.

Art. 35.– Los Estados miembros deben abstenerse de ejercer políticas, acciones o medidas que tengan serios efectos adversos sobre el desarrollo de otros Estados miembros.

Art. 36.– Las empresas transnacionales y la inversión privada extranjera están sometidas a la legislación y a la jurisdicción de los tribunales nacionales competentes de los países receptores y a los tratados y convenios internacionales en los cuales éstos sean Parte y, además, deben ajustarse a la política de desarrollo de los países receptores.

Art. 37.– Los Estados miembros convienen en buscar, colectivamente, solución a los problemas urgentes o graves que pudieren presentarse cuando el desarrollo o estabilidad económicos, de cualquier Estado miembro, se vieren seriamente afectados por situaciones que no pudieren ser resueltas por el esfuerzo de dicho Estado.

Art. 38.– Los Estados miembros difundirán entre sí los beneficios de la ciencia y de la tecnología, promoviendo, de acuerdo con los tratados vigentes y leyes nacionales, el intercambio y el aprovechamiento de los conocimientos científicos y técnicos.

Art. 39.– Los Estados miembros, reconociendo la estrecha interdependencia que hay entre el comercio exterior y el desarrollo económico y social, deben realizar esfuerzos, individuales y colectivos, con el fin de conseguir:

a) Condiciones favorables de acceso a los mercados mundiales para los productos de los países en desarrollo de la región, especialmente por medio de la reducción o eliminación, por parte de los países importadores, de barreras arancelarias y no arancelarias que afectan las exportaciones de los Estados miembros de la Organización, salvo cuando dichas barreras se apliquen para diversificar la estructura económica, acelerar el desarrollo de los Estados miembros menos desarrollados e intensificar su proceso de integración económica, o cuando se relacionen con la seguridad nacional o las necesidades del equilibrio económico;

b) La continuidad de su desarrollo económico y social mediante:

i. Mejores condiciones para el comercio de productos básicos por medio de convenios internacionales, cuando fueren adecuados; procedimientos ordenados de comercialización que eviten la perturbación de los mercados, y otras medidas destinadas a promover la expansión de mercados y a obtener ingresos seguros para los productores, suministros adecuados y seguros para los consumidores, y precios estables que sean a la vez remunerativos para los productores y equitativos para los consumidores;

ii. Mejor cooperación internacional en el campo financiero y adopción de otros medios para aminorar los efectos adversos de las fluctuaciones acentuadas de los ingresos por concepto de exportaciones que experimenten los países exportadores de productos básicos;

iii. Diversificación de las exportaciones y ampliación de las oportunidades para exportar productos manufacturados y semimanufacturados de países en desarrollo, y

iv. Condiciones favorables al incremento de los ingresos reales provenientes de las exportaciones de los Estados miembros, especialmente de los países en desarrollo de la región, y al aumento de su participación en el comercio internacional.

Art. 40.– Los Estados miembros reafirman el principio de que los países de mayor desarrollo económico que en acuerdos internacionales de comercio efectúen concesiones en beneficio de los países de menor desarrollo económico en materia de reducción y eliminación de tarifas u otras barreras al comercio exterior, no deben solicitar de esos países concesiones recíprocas que sean incompatibles con su desarrollo económico y sus necesidades financieras y comerciales.

Art. 41.– Los Estados miembros, con el objeto de acelerar el desarrollo económico, la integración regional, la expansión y el mejoramiento de las condiciones de su comercio, promoverán la modernización y la coordinación de los transportes y de las comunicaciones en los países en desarrollo y entre los Estados miembros.

Art. 42.– Los Estados miembros reconocen que la integración de los países en desarrollo del Continente es uno de los objetivos del sistema interamericano y, por consiguiente, orientarán sus esfuerzos y tomarán las medidas necesarias para acelerar el proceso de integración, con miras al logro, en el más corto plazo, de un mercado común latinoamericano.

Art. 43.– Con el fin de fortalecer y acelerar la integración en todos sus aspectos, los Estados miembros se comprometen a dar adecuada prioridad a la preparación y ejecución de proyectos multinacionales y a su financiamiento, así como a estimular a las instituciones económicas y financieras del sistema interamericano para que continúen dando su más amplio respaldo a las instituciones y a los programas de integración regional.

Art. 44.– Los Estados miembros convienen en que la cooperación técnica y financiera, tendiente a fomentar los procesos de integración económica regional, debe fundarse en el principio del desarrollo armónico, equilibrado y eficiente, asignando especial atención a los países de menor desarrollo relativo, de manera que constituya un factor decisivo que los habilite a promover, con sus propios esfuerzos, el mejor desarrollo de sus programas de infraestructura, nuevas líneas de producción y la diversificación de sus exportaciones.

Art. 45.– Los Estados miembros, convencidos de que el hombre sólo puede alcanzar la plena realización de sus aspiraciones dentro de un orden social justo, acompañado de desarrollo económico y verdadera paz, convienen en dedicar sus máximos esfuerzos a la aplicación de los siguientes principios y mecanismos:

a) Todos los seres humanos, sin distinción de raza, sexo, nacionalidad, credo o condición social, tienen derecho al bienestar material y a su desarrollo espiritual, en condiciones de libertad, dignidad, igualdad de oportunidades y seguridad económica;

b) El trabajo es un derecho y un deber social, otorga dignidad a quien lo realiza y debe prestarse en condiciones que, incluyendo un régimen de salarios justos, aseguren la vida, la salud y un nivel económico decoroso para el trabajador y su familia, tanto en sus años de trabajo como en su vejez, o cuando cualquier circunstancia lo prive de la posibilidad de trabajar;

c) Los empleadores y los trabajadores, tanto rurales como urbanos, tienen el derecho de asociarse libremente para la defensa y promoción de sus intereses, incluyendo el derecho de negociación colectiva y el de huelga por parte de los trabajadores, el reconocimiento de la personería jurídica de las asociaciones y la protección de su libertad e independencia, todo de conformidad con la legislación respectiva;

d) Justos y eficientes sistemas y procedimientos de consulta y colaboración entre los sectores de la producción, tomando en cuenta la protección de los intereses de toda la sociedad;

e) El funcionamiento de los sistemas de administración pública, banca y crédito, empresa, distribución y ventas, en forma que, en armonía con el sector privado, responda a los requerimientos e intereses de la comunidad;

f) La incorporación y creciente participación de los sectores marginales de la población, tanto del campo como de la ciudad, en la vida económica, social, cívica, cultural y política de la nación, a fin de lograr la plena integración de la comunidad nacional, el aceleramiento del proceso de movilidad social y la consolidación del régimen democrático. El estímulo a todo esfuerzo de promoción y cooperación populares que tenga por fin el desarrollo y progreso de la comunidad;

g) El reconocimiento de la importancia de la contribución de las organizaciones, tales como los sindicatos, las cooperativas y asociaciones culturales, profesionales, de negocios, vecinales y comunales, a la vida de la sociedad y al proceso de desarrollo;

h) Desarrollo de una política eficiente de seguridad social, e

i) Disposiciones adecuadas para que todas las personas tengan la debida asistencia legal para hacer valer sus derechos.

Art. 46.– Los Estados miembros reconocen que, para facilitar el proceso de la integración regional latinoamericana, es necesario armonizar la legislación social de los países en desarrollo, especialmente en el campo laboral y de la seguridad social, a fin de que los derechos de los trabajadores sean igualmente protegidos, y convienen en realizar los máximos esfuerzos para alcanzar esta finalidad.

Art. 47.– Los Estados miembros darán importancia primordial, dentro de sus planes de desarrollo, al estímulo de la educación, la ciencia, la tecnología y la cultura orientadas hacia el mejoramiento integral de la persona humana y como fundamento de la democracia, la justicia social y el progreso.

Art. 48.– Los Estados miembros cooperarán entre sí para satisfacer sus necesidades educacionales, promover la investigación científica e impulsar el adelanto tecnológico para su desarrollo integral, y se considerarán individual y solidariamente comprometidos a preservar y enriquecer el patrimonio cultural de los pueblos americanos.

Art. 49.– Los Estados miembros llevarán a cabo los mayores esfuerzos para asegurar, de acuerdo con sus normas constitucionales, el ejercicio efectivo del derecho a la educación, sobre las siguientes bases:

a) La educación primaria será obligatoria para la población en edad escolar, y se ofrecerá también a todas las otras personas que puedan beneficiarse de ella. Cuando la imparta el Estado, será gratuita;

b) La educación media deberá extenderse progresivamente a la mayor parte posible de la población, con un criterio de promoción social. Se diversificará de manera que, sin perjuicio de la formación general de los educandos, satisfaga las necesidades del desarrollo de cada país, y

c) La educación superior estará abierta a todos, siempre que, para mantener su alto nivel, se cumplan las normas reglamentarias o académicas correspondientes.

Art. 50.– Los Estados miembros prestarán especial atención a la erradicación del analfabetismo; fortalecerán los sistemas de educación de adultos y habilitación para el trabajo; asegurarán el goce de los bienes de la cultura a la totalidad de la población, y promoverán el empleo de todos los medios de difusión para el cumplimiento de estos propósitos.

Art. 51.– Los Estados miembros fomentarán la ciencia y la tecnología mediante actividades de enseñanza, investigación y desarrollo tecnológico y programas de difusión y divulgación, estimularán las actividades en el campo de la tecnología con el propósito de adecuarla a las necesidades de su desarrollo integral, concertarán eficazmente su cooperación en estas materias, y ampliarán sustancialmente el intercambio de conocimientos, de acuerdo con los objetivos y leyes nacionales y los tratados vigentes.

Art. 52.– Los Estados miembros acuerdan promover, dentro del respeto debido a la personalidad de cada uno de ellos, el intercambio cultural como medio eficaz para consolidar la comprensión interamericana y reconocen que los programas de integración regional deben fortalecerse con una estrecha vinculación en los campos de la educación, la ciencia y la cultura.

SEGUNDA PARTE
CAPÍTULO VIII
DE LOS ÓRGANOS

Art. 53.– La Organización de los Estados Americanos realiza sus fines por medio de:

a) La Asamblea General;

b) La Reunión de Consulta de Ministros de Relaciones Exteriores;

c) Los Consejos;

d) El Comité Jurídico Interamericano;

e) La Comisión Interamericana de Derechos Humanos;

f) La Secretaría General;

g) Las Conferencias Especializadas, y

h) Los Organismos Especializados.

Se podrán establecer, además de los previstos en la Carta y de acuerdo con sus disposiciones, los órganos subsidiarios, organismos y las otras entidades que se estimen necesarios.

Capítulo IX
LA ASAMBLEA GENERAL

Art. 54.– La Asamblea General es el órgano supremo de la Organización de los Estados Americanos. Tiene como atribuciones principales, además de las otras que le señala la Carta, las siguientes:

a) Decidir la acción y la política generales de la Organización, determinar la estructura y funciones de sus órganos y considerar cualquier asunto relativo a la convivencia de los Estados americanos;

b) Dictar disposiciones para la coordinación de las actividades de los órganos, organismos y entidades de la Organización entre sí, y de estas actividades con las de las otras instituciones del sistema interamericano;

c) Robustecer y armonizar la cooperación con las Naciones Unidas y sus organismos especializados;

d) Propiciar la colaboración, especialmente en los campos económico, social y cultural, con otras organizaciones internacionales que persigan propósitos análogos a los de la Organización de los Estados Americanos;

e) Aprobar el programa-presupuesto de la Organización y fijar las cuotas de los Estados miembros;

f) Considerar los informes de la Reunión de Consulta de Ministros de Relaciones Exteriores y las observaciones y recomendaciones que, con respecto a los informes que deben presentar los demás órganos y entidades, le eleve el Consejo Permanente, de conformidad con lo establecido en el párrafo f) del artículo 91, así como los informes de cualquier órgano que la propia Asamblea General requiera;

g) Adoptar las normas generales que deben regir el funcionamiento de la Secretaría General, y

h) Aprobar su reglamento y, por dos tercios de los votos, su temario.

La Asamblea General ejercerá sus atribuciones de acuerdo con lo dispuesto en la Carta y en otros tratados interamericanos.

Art. 55.– La Asamblea General establece las bases para fijar la cuota con que debe contribuir cada uno de los Gobiernos al sostenimiento de la Organización, tomando en cuenta la capacidad de pago de los respectivos países y la determinación de éstos de contribuir en forma equitativa. Para tomar decisiones en asuntos presupuestarios, se necesita la aprobación de los dos tercios de los Estados miembros.

Art. 56.– Todos los Estados miembros tienen derecho a hacerse representar en la Asamblea General. Cada Estado tiene derecho a un voto.

Art. 57.– La Asamblea General se reunirá anualmente en la época que determine el reglamento y en la sede seleccionada conforme al principio de rotación. En cada período ordinario de sesiones se determinará, de acuerdo con el reglamento, la fecha y sede del siguiente período ordinario.

Si por cualquier motivo la Asamblea General no pudiere celebrarse en la sede escogida, se reunirá en la Secretaría General, sin perjuicio de que si alguno de los Estados miembros ofreciere oportunamente sede en su territorio, el Consejo Permanente de la Organización pueda acordar que la Asamblea General se reúna en dicha sede.

Art. 58.– En circunstancias especiales y con la aprobación de los dos tercios de los Estados miembros, el Consejo Permanente convocará a un período extraordinario de sesiones de la Asamblea General.

Art. 59.– Las decisiones de la Asamblea General se adoptarán por el voto de la mayoría absoluta de los Estados miembros, salvo los casos en que se requiere el voto de los dos tercios, conforme a lo dispuesto en la Carta, y aquellos que llegare a determinar la Asamblea General, por la vía reglamentaria.

Art. 60.– Habrá una Comisión Preparatoria de la Asamblea General, compuesta por representantes de todos los Estados miembros, que tendrá las siguientes funciones:

a) Formular el proyecto de temario de cada período de sesiones de la Asamblea General;

b) Examinar el proyecto de programa-presupuesto y el de resolución sobre cuotas, y presentar a la Asamblea General un informe sobre los mismos, con las recomendaciones que estime pertinentes, y

c) Las demás que le asigne la Asamblea General.

El proyecto de temario y el informe serán transmitidos oportunamente a los Gobiernos de los Estados miembros.

CAPÍTULO X
LA REUNIÓN DE CONSULTA DE MINISTROS DE RELACIONES EXTERIORES

Art. 61.– La Reunión de Consulta de Ministros de Relaciones Exteriores deberá celebrarse con el fin de considerar problemas de carácter urgente y de interés común para los Estados americanos, y para servir de Órgano de Consulta.

Art. 62.– Cualquier Estado miembro puede pedir que se convoque la Reunión de Consulta. La solicitud debe dirigirse al Consejo Permanente de la Organización, el cual decidirá por mayoría absoluta de votos si es procedente la Reunión.

Art. 63.– El temario y el reglamento de la Reunión de Consulta serán preparados por el Consejo Permanente de la Organización y sometidos a la consideración de los Estados miembros.

Art. 64.– Si excepcionalmente el Ministro de Relaciones Exteriores de cualquier país no pudiere concurrir a la Reunión, se hará representar por un Delegado Especial.

Art. 65.– En caso de ataque armado al territorio de un Estado americano o dentro de la región de seguridad que delimita el tratado vigente, el Presidente del Consejo Permanente reunirá al Consejo sin demora para determinar la convocatoria de la Reunión de Consulta, sin perjuicio de lo dispuesto en el Tratado Interamericano de Asistencia Recíproca por lo que atañe a los Estados Partes en dicho instrumento.

Art. 66.– Se establece un Comité Consultivo de Defensa para asesorar al Órgano de Consulta en los problemas de colaboración militar que puedan suscitarse con motivo de la aplicación de los tratados especiales existentes en materia de seguridad colectiva.

Art. 67.– El Comité Consultivo de Defensa se integrará con las más altas autoridades militares de los Estados americanos que participen en la Reunión de Consulta. Excepcionalmente los Gobiernos podrán designar sustitutos. Cada Estado tendrá derecho a un voto.

Art. 66.– El Comité Consultivo de Defensa será convocado en los mismos términos que el Órgano de Consulta, cuando éste haya de tratar asuntos relativos a la defensa contra la agresión.

Art. 69.– Cuando la Asamblea General o la Reunión de Consulta o los Gobiernos, por mayoría de dos terceras partes de los Estados miembros, le encomienden estudios técnicos o informes sobre temas específicos, el Comité se reunirá también para ese fin.

CAPÍTULO XI
LOS CONSEJOS DE LA ORGANIZACIÓN

DISPOSICIONES COMUNES

Art. 70.– El Consejo Permanente de la Organización y el Consejo Interamericano para el Desarrollo Integral, dependen directamente de la Asamblea General y tienen la competencia que a cada uno de ellos asignan la Carta y otros instrumentos interamericanos, así como las funciones que les encomienden la Asamblea General y la Reunión de Consulta de Ministros de Relaciones Exteriores.

Art. 71.– Todos los Estados miembros tienen derecho a hacerse representar en cada uno de los consejos. Cada Estado tiene derecho a un voto.

Art. 72.– Dentro de los límites de la Carta y demás instrumentos interamericanos, los consejos podrán hacer recomendaciones en el ámbito de sus atribuciones.

Art. 73.– Los consejos, en asuntos de su respectiva competencia, podrán presentar estudios y propuestas a la Asamblea General, someterle proyectos de instrumentos internacionales y proposiciones referentes a la celebración de Conferencias Especializadas, a la creación, modificación, o supresión de organismos especializados y otras entidades interamericanas, así como sobre la coordinacion de sus actividades. Igualmente los consejos podrán presentar estudios, propuestas y proyectos de instrumentos internacionales a las Conferencias Especializadas.

Art. 74.– Cada consejo, en casos urgentes, podrá convocar, en materias de su competencia, Conferencias Especializadas, previa consulta con los Estados miembros y sin tener que recurrir al procedimiento previsto en el artículo 122.

Art. 75.– Los consejos, en la medida de sus posibilidades y con la cooperación de la Secretaría General, prestarán a los Gobiernos los servicios especializados que éstos soliciten.

Art. 76.– Cada consejo está facultado para requerir del otro, así como de los órganos subsidiarios y de los organismos que de ellos dependen, que le presten, en los campos de sus respectivas competencias, información y asesoramiento. Los consejos podrán igualmente solicitar los mismos servicios de las demás entidades del sistema interamericano.

Art. 77.– Con la aprobación previa de la Asamblea General, los consejos podrán crear los órganos subsidiarios y los organismos que consideren convenientes para el mejor ejercicio de sus funciones. Si la Asamblea General no estuviere reunida, dichos órganos y organismos podrán ser establecidos provisionalmente por el consejo respectivo. Al integrar estas entidades, los consejos observarán, en lo posible, los principios de rotación y de equitativa representación geográfica.

Art. 78.– Los consejos podrán celebrar reuniones en el territorio de cualquier Estado miembro, cuando así lo estimen conveniente y previa aquiescencia del respectivo Gobierno.

Art. 79.– Cada consejo redactará su estatuto, lo someterá a la aprobación de la Asamblea General y aprobará su reglamento y los de sus órganos subsidiarios, organismos y comisiones.

CAPÍTULO XII
EL CONSEJO PERMANENTE DE LA ORGANIZACIÓN

Art. 80.– El Consejo Permanente de la Organización se compone de un representante por cada Estado miembro, nombrado especialmente por el Gobierno respectivo con la categoría de embajador. Cada Gobierno podrá acreditar un representante interino, así como los representantes suplentes y asesores que juzgue conveniente.

Art. 81.– La presidencia del Consejo Permanente será ejercida sucesivamente por los representantes en el orden alfabético de los nombres en español de sus respectivos países y la vicepresidencia en idéntica forma, siguiendo el orden alfabético inverso.

El presidente y el vicepresidente desempeñarán sus funciones por un período no mayor de seis meses, que será determinado por el estatuto.

Art. 82.– El Consejo Permanente conoce, dentro de los límites de la Carta y de los tratados y acuerdos interamericanos, de cualquier asunto que le encomienden la Asamblea General o la Reunión de Consulta de Ministros de Relaciones Exteriores.

Art. 83.– El Consejo Permanente actuará provisionalmente como Órgano de Consulta de conformidad con lo establecido en el tratado especial sobre la materia.

Art. 84.– El Consejo Permanente velará por el mantenimiento de las relaciones de amistad entre los Estados miembros y, con tal fin, les ayudará de una manera efectiva en la solución pacífica de sus controversias, de acuerdo con las disposiciones siguientes.

Art. 85.– Con arreglo a las disposiciones de la Carta, cualquier Parte en una controversia en la que no se encuentre en trámite ninguno de los procedimientos pacíficos previstos en la Carta, podrá recurrir al Consejo Permanente para obtener sus buenos oficios. El Consejo, de acuerdo con lo establecido en el artículo anterior, asistirá a las Partes y recomendará los procedimientos que considere adecuados para el arreglo pacífico de la controversia.

Art. 86.– El Consejo Permanente, en el ejercicio de sus funciones, con la anuencia de las Partes en la controversia, podrá establecer comisiones ad hoc.

Las comisiones ad hoc tendrán la integración y el mandato que en cada caso acuerde el Consejo Permanente con el consentimiento de las Partes en la controversia.

Art. 87.– El Consejo Permanente podrá, asimismo, por el medio que estime conveniente, investigar los hechos relacionados con la controversia, inclusive en el territorio de cualquiera de las Partes, previo consentimiento del Gobierno respectivo.

Art. 88.– Si el procedimiento de solución pacífica de controversias recomendado por el Consejo Permanente, o sugerido por la respectiva comisión ad hoc dentro de los términos de su mandato, no fuere aceptado por alguna de las Partes, o cualquiera de éstas declarare que el procedimiento no ha resuelto la controversia, el Consejo Permanente informará a la Asamblea General, sin perjuicio de llevar a cabo gestiones para el avenimiento entre las Partes o para la reanudación de las relaciones entre ellas.

Art. 89.– El Consejo Permanente, en el ejercicio de estas funciones, adoptará sus decisiones por el voto afirmativo de los dos tercios de sus miembros, excluidas las Partes, salvo aquellas decisiones cuya aprobación por simple mayoría autorice el reglamento.

Art. 90.– En el desempeño de sus funciones relativas al arreglo pacífico de controversias, el Consejo Permanente y la comisión ad hoc respectiva deberán observar las disposiciones de la Carta y los principios y normas de derecho internacional, así como tener en cuenta la existencia de los tratados vigentes entre las Partes.

Art. 91.– Corresponde también al Consejo Permanente:

a) Ejecutar aquellas decisiones de la Asamblea General o de la Reunión de Consulta de Ministros de Relaciones Exteriores cuyo cumplimiento no haya sido encomendado a ninguna otra entidad;

b) Velar por la observancia de las normas que regulan el funcionamiento de la Secretaría General y, cuando la Asamblea General no estuviere reunida, adoptar las disposiciones de índole reglamentaria que habiliten a la Secretaría General para cumplir sus funciones administrativas;

c) Actuar como Comisión Preparatoria de la Asamblea General en las condiciones determinadas por el artículo 60 de la Carta, a menos que la Asamblea General lo decida en forma distinta;

d) Preparar, a petición de los Estados miembros, y con la cooperación de los órganos apropiados de la Organización, proyectos de acuerdos para promover y facilitar la colaboración entre la Organización de los Estados Americanos y las Naciones Unidas o entre la Organización y otros organismos americanos de reconocida autoridad internacional. Estos proyectos serán sometidos a la aprobación de la Asamblea General;

e) Formular recomendaciones a la Asamblea General sobre el funcionamiento de la Organización y la coordinacion de sus órganos subsidiarios, organismos y comisiones;

f) Considerar los informes del Consejo Interamericano para el Desarrollo Integral, del Comité Jurídico Interamericano, de la Comisión Interamericana de Derechos Humanos, de la Secretaría General, de los organismos y conferencias especializados y de los demás órganos y entidades, y presentar a la Asamblea General las observaciones y recomendaciones que estime del caso, y

g) Ejercer las demás atribuciones que le señala la Carta.

Art. 92.– El Consejo Permanente y la Secretaría General tendrán la misma sede.

CAPÍTULO XIII
EL CONSEJO INTERAMERICANO PARA EL DESARROLLO INTEGRAL

Art. 93.– El Consejo Interamericano para el Desarrollo Integral se compone de un representante titular, a nivel ministerial o su equivalente, por cada Estado miembro, nombrado especialmente por el Gobierno respectivo.

Conforme lo previsto en la Carta, el Consejo Interamericano para el Desarrollo Integral podrá crear los órganos subsidiarios y los organismos que considere convenientes para el mejor ejercicio de sus funciones.

Art. 94.– El Consejo Interamericano para el Desarrollo Integral tiene como finalidad promover la cooperación entre los Estados americanos con el propósito de lograr su desarrollo integral, y en particular para contribuir a la eliminación de la pobreza crítica, de conformidad con las normas de la Carta y en especial las consignadas en el Capítulo VII de la misma, en los campos económico, social, educacional, cultural, científico y tecnológico.

Art. 95.– Para realizar sus diversos fines, particularmente en el área específica de la cooperación técnica, el Consejo Interamericano para el Desarrollo Integral deberá:

a) Formular y recomendar a la Asamblea General el plan estratégico que articule las políticas, los programas y las medidas de acción en materia de cooperación para el desarrollo integral, en el marco de la política general y las prioridades definidas por la Asamblea General.

b) Formular directrices para elaborar el programa-presupuesto de cooperación técnica, así como para las demás actividades del Consejo.

c) Promover, coordinar y responsabilizar de la ejecución de programas y proyectos de desarrollo a los órganos subsidiarios y organismos correspondientes, con base en las prioridades determinadas por los Estados miembros, en áreas tales como:

1) Desarrollo económico y social, incluyendo el comercio, el turismo, la integración y el medio ambiente;

2) Mejoramiento y extensión de la educación a todos los niveles y la promoción de la investigación científica y tecnológica, a través de la cooperación técnica, así como el apoyo a las actividades del área cultural, y

3) Fortalecimiento de la conciencia cívica de los pueblos americanos, como uno de los fundamentos del ejercicio efectivo de la democracia y la observancia de los derechos y deberes de la persona humana.

Para estos efectos se contará con el concurso de mecanismos de participación sectorial y de otros órganos subsidiarios y organismos previstos en la Carta y en otras disposiciones de la Asamblea General.

d) Establecer relaciones de cooperación con los órganos correspondientes de las Naciones Unidas y con otras entidades nacionales e internacionales, especialmente en lo referente a la coordinación de los programas interamericanos de cooperación técnica.

e) Evaluar periódicamente las actividades de cooperación para el desarrollo integral, en cuanto a su desempeño en la consecución de las políticas, los programas y proyectos, en términos de su impacto, eficacia, eficiencia, aplicación de recursos, y de la calidad, entre otros, de los servicios de cooperación técnica prestados, e informar a la Asamblea General.

Art. 96.– El Consejo Interamericano para el Desarrollo Integral celebrará, por lo menos, una reunión cada año a nivel ministerial o su equivalente, y podrá convocar la celebración de reuniones al mismo nivel para los temas especializados o sectoriales que estime pertinentes, en áreas de su competencia. Se reunirá, además, cuando lo convoque la Asamblea General, la Reunión de Consulta de Ministros de Relaciones Exteriores o por propia iniciativa, o para los casos previstos en el artículo 37 de la Carta.

Art. 97.– El Consejo Interamericano para el Desarrollo Integral tendrá las Comisiones Especializadas No Permanentes que decida establecer y que se requieran para el mejor desempeño de sus funciones. Dichas comisiones tendrán la competencia, funcionarán y se integrarán conforme a lo que se establezca en el estatuto del Consejo.

Art. 98.– La ejecución y, en su caso, la coordinación de los proyectos aprobados se encargará a la Secretaría Ejecutiva para el Desarrollo Integral, la cual informará sobre los resultados de ejecución de los mismos al Consejo.

CAPÍTULO XIV
EL COMITÉ JURÍDICO INTERAMERICANO

Art. 99.– El Comité Jurídico Interamericano tiene como finalidad servir de cuerpo consultivo de la Organización en asuntos jurídicos; promover el desarrollo progresivo y la codificación del derecho internacional, y estudiar los problemas jurídicos referentes a la integración de los países en desarrollo del Continente y la posibilidad de uniformar sus legislaciones en cuanto parezca conveniente.

Art. 100.– El Comité Jurídico Interamericano emprenderá los estudios y trabajos preparatorios que le encomienden la Asamblea General, la Reunión de Consulta de Ministros de Relaciones Exteriores o los consejos de la Organización. Además, puede realizar, a iniciativa propia, los que considere conveniente, y sugerir la celebración de conferencias jurídicas especializadas.

Art. 101.– El Comité Jurídico Interamericano estará integrado por once juristas nacionales de los Estados miembros, elegidos por un período de cuatro años, de ternas presentadas por dichos Estados. La Asamblea General hará la elección mediante un régimen que tenga en cuenta la renovación parcial y procure, en lo posible, una equitativa representación geográfica. En el Comité no podrá haber más de un miembro de la misma nacionalidad.

Las vacantes producidas por causas distintas de la expiración normal de los mandatos de los miembros del Comité se llenarán por el Consejo Permanente de la Organización siguiendo los mismos criterios establecidos en el párrafo anterior.

Art. 102.– El Comité Jurídico Interamericano representa al conjunto de los Estados miembros de la Organización, y tiene la más amplia autonomía técnica.

Art. 103.– El Comité Jurídico Interamericano establecerá relaciones de cooperación con las universidades, institutos y otros centros docentes, así como con las comisiones y entidades nacionales e internacionales dedicadas al estudio, investigación, enseñanza o divulgación de los asuntos jurídicos de interés internacional.

Art. 104.– El Comité Jurídico Interamericano redactará su estatuto, el cual será sometido a la aprobación de la Asamblea General.

El Comité adoptará su propio reglamento.

Art. 105.– El Comité Jurídico Interamericano tendrá su sede en la ciudad de Río de Janeiro, pero en casos especiales podrá celebrar reuniones en cualquier otro lugar que oportunamente se designe, previa consulta con el Estado miembro correspondiente.

CAPÍTULO XV
LA COMISIÓN INTERAMERICANA DE DERECHOS HUMANOS

Art. 106.– Habrá una Comisión Interamericana de Derechos Humanos que tendrá, como función principal, la de promover la observancia y la defensa de los derechos humanos y de servir como órgano consultivo de la Organización en esta materia.

Una convención interamericana sobre derechos humanos determinará la estructura, competencia y procedimiento de dicha Comisión, así como los de los otros órganos encargados de esa materia.

CAPÍTULO XVI
LA SECRETARÍA GENERAL

Art. 107.– La Secretaría General es el órgano central y permanente de la Organización de los Estados Americanos. Ejercerá las funciones que le atribuyan la Carta, otros tratados y acuerdos interamericanos y la Asamblea General, y cumplirá los encargos que le encomienden la Asamblea General, la Reunión de Consulta de Ministros de Relaciones Exteriores y los consejos.

Art. 108.– El Secretario General de la Organización será elegido por la Asamblea General para un período de cinco años y no podrá ser reelegido más de una vez ni sucedido por una persona de la misma nacionalidad. En caso de que quedare vacante el cargo de Secretario General, el Secretario General Adjunto asumirá las funciones de aquél hasta que la Asamblea General elija un nuevo titular para un período completo.

Art. 109.– El Secretario General dirige la Secretaría General, tiene la representación legal de la misma y, sin perjuicio de lo establecido en el artículo 91, inciso b), es responsable ante la Asamblea General del cumplimiento adecuado de las obligaciones y funciones de la Secretaría General.

Art. 110.– El Secretario General, o su representante, podrá participar con voz pero sin voto en todas las reuniones de la Organización.

El Secretario General podrá llevar a la atención de la Asamblea General o del Consejo Permanente cualquier asunto que, en su opinión, pudiese afectar la paz y la seguridad del Continente o el desarrollo de los Estados miembros.

Las atribuciones a que se refiere el párrafo anterior se ejercerán de conformidad con la presente Carta.

Art. 111.– En concordancia con la acción y la política decididas por la Asamblea General y con las resoluciones pertinentes de los Consejos, la Secretaría General promoverá las relaciones económicas, sociales, jurídicas, educativas, científicas y culturales entre todos los Estados miembros de la Organización, con especial énfasis en la cooperación para la eliminación de la pobreza crítica.

Art. 112.– La Secretaría General desempeña además las siguientes funciones:

a) Transmitir ex officio a los Estados miembros la convocatoria de la Asamblea General, de la Reunión de Consulta de Ministros de Relaciones Exteriores, del Consejo Interamericano para el Desarrollo Integral y de las Conferencias Especializadas;

b) Asesorar a los otros órganos, según corresponda, en la preparación de los temarios y reglamentos;

c) Preparar el proyecto de programa-presupuesto de la Organización, sobre la base de los programas adoptados por los consejos, organismos y entidades cuyos gastos deban ser incluidos en el programa-presupuesto y, previa consulta con esos consejos o sus comisiones permanentes, someterlo a la Comisión Preparatoria de la Asamblea General y después a la Asamblea misma;

d) Proporcionar a la Asamblea General y a los demás órganos servicios permanentes y adecuados de secretaría y cumplir sus mandatos y encargos. Dentro de sus posibilidades, atender a las otras reuniones de la Organización;

e) Custodiar los documentos y archivos de las Conferencias Interamericanas, de la Asamblea General, de las Reuniones de Consulta de Ministros de Relaciones Exteriores, de los consejos y de las Conferencias Especializadas;

f) Servir de depositaria de los tratados y acuerdos interamericanos, así como de los instrumentos de ratificación de los mismos;

g) Presentar a la Asamblea General, en cada período ordinario de sesiones, un informe anual sobre las actividades y el estado financiero de la Organización, y

h) Establecer relaciones de cooperación, de acuerdo con lo que resuelva la Asamblea General o los consejos, con los Organismos Especializados y otros organismos nacionales e internacionales.

Art. 113.– Corresponde al Secretario General:

a) Establecer las dependencias de la Secretaría General que sean necesarias para la realización de sus fines, y

b) Determinar el número de funcionarios y empleados de la Secretaría General, nombrarlos, reglamentar sus atribuciones y deberes y fijar sus emolumentos.

El Secretario General ejercerá estas atribuciones de acuerdo con las normas generales y las disposiciones presupuestarias que establezca la Asamblea General.

Art. 114.– El Secretario General Adjunto será elegido por la Asamblea General para un período de cinco años y no podrá ser reelegido más de una vez ni sucedido por una persona de la misma nacionalidad. En caso de que quedare vacante el cargo de Secretario General Adjunto, el Consejo Permanente elegirá un sustituto que ejercerá dicho cargo hasta que la Asamblea General elija un nuevo titular para un período completo.

Art. 115.– El Secretario General Adjunto es el Secretario del Consejo Permanente. Tiene el carácter de funcionario consultivo del Secretario General y actuará como delegado suyo en todo aquello que le encomendare. Durante la ausencia temporal o impedimento del Secretario General, desempeñará las funciones de éste.

El Secretario General y el Secretario General Adjunto deberán ser de distinta nacionalidad.

Art. 116.– La Asamblea General, con el voto de los dos tercios de los Estados miembros, puede remover al Secretario General o al Secretario General Adjunto, o a ambos, cuando así lo exija el buen funcionamiento de la Organización.

Art. 117.– El Secretario General designará, con la aprobación del Consejo Interamericano para el Desarrollo Integral, un Secretario Ejecutivo para el Desarrollo Integral.

Art. 118.– En el cumplimiento de sus deberes, el Secretario General y el personal de la Secretaría no solicitarán ni recibirán instrucciones de ningún Gobierno ni de ninguna autoridad ajena a la Organización, y se abstendrán de actuar en forma alguna que sea incompatible con su condición de funcionarios internacionales responsables únicamente ante la Organización.

Art. 119.– Los Estados miembros se comprometen a respetar la naturaleza exclusivamente internacional de las responsabilidades del Secretario General y del personal de la Secretaría General y a no tratar de influir sobre ellos en el desempeño de sus funciones.

Art. 120.– Para integrar el personal de la Secretaría General se tendrá en cuenta, en primer término, la eficiencia, competencia y probidad; pero se dará importancia, al propio tiempo, a la necesidad de que el personal sea escogido, en todas las jerarquías, con un criterio de representación geográfica tan amplio como sea posible.

Art. 121.– La sede de la Secretaría General es la ciudad de Washington, D.C.

CAPÍTULO XVII
LAS CONFERENCIAS ESPECIALIZADAS

Art. 122.– Las Conferencias Especializadas son reuniones intergubernamentales para tratar asuntos técnicos especiales o para desarrollar determinados aspectos de la cooperación interamericana, y se celebran cuando lo resuelva la Asamblea General o la Reunión de Consulta de Ministros de Relaciones Exteriores, por iniciativa propia o a instancia de alguno de los consejos u Organismos Especializados.

Art. 123.– El temario y el reglamento de las Conferencias Especializadas serán preparados por los consejos correspondientes o por los Organismos Especializados interesados, y sometidos a la consideración de los Gobiernos de los Estados miembros.

CAPÍTULO XVIII
LOS ORGANISMOS ESPECIALIZADOS

Art. 124.– Se consideran como Organismos Especializados Interamericanos, para los efectos de esta Carta, los organismos intergubernamentales establecidos por acuerdos multilaterales que tengan determinadas funciones en materias técnicas de interés común para los Estados americanos.

Art. 125.– La Secretaría General mantendrá un registro de los organismos que llenen las condiciones del artículo anterior, según la determinación de la Asamblea General, previo informe del respectivo consejo.

Art. 126.– Los Organismos Especializados disfrutan de la más amplia autonomía técnica, pero deberán tener en cuenta las recomendaciones de la Asamblea General y de los consejos, de conformidad con las disposiciones de la Carta.

Art. 127.– Los Organismos Especializados enviarán a la Asamblea General informes anuales sobre el desarrollo de sus actividades y acerca de sus presupuestos y cuentas anuales.

Art. 128.– Las relaciones que deben existir entre los Organismos Especializados y la Organización serán determinadas mediante acuerdos celebrados entre cada Organismo y el Secretario General, con la autorización de la Asamblea General.

Art. 129.– Los Organismos Especializados deben establecer relaciones de cooperación con organismos mundiales de la misma índole, a fin de coordinar sus actividades. Al concertar acuerdos con organismos internacionales de carácter mundial, los Organismos Especializados Interamericanos deben mantener su identidad y posición como parte integrante de la Organización de los Estados Americanos, aun cuando desempeñen funciones regionales de los Organismos Internacionales.

Art. 130.– En la ubicación de los Organismos Especializados se tendrán en cuenta los intereses de todos los Estados miembros y la conveniencia de que las sedes de los mismos sean escogidas con un criterio de distribución geográfica tan equitativa como sea posible.

TERCERA PARTE
CAPÍTULO XIX
NACIONES UNIDAS

Art. 131.– Ninguna de las estipulaciones de esta Carta se interpretará en el sentido de menoscabar los derechos y obligaciones de los Estados miembros de acuerdo con la Carta de las Naciones Unidas.

CAPÍTULO XX
DISPOSICIONES VARIAS

Art. 132.– La asistencia a las reuniones de los órganos permanentes de la Organización de los Estados Americanos o a las conferencias y reuniones previstas en la Carta, o celebradas bajo los auspicios de la Organización, se verificará de acuerdo con el carácter multilateral de los órganos, conferencias y reuniones precitados y no depende de las relaciones bilaterales entre el Gobierno de cualquier Estado miembro y el Gobierno del país sede.

Art. 133.– La Organización de los Estados Americanos gozará en el territorio de cada uno de sus miembros de la capacidad jurídica, privilegios e inmunidades que sean necesarios para el ejercicio de sus funciones y la realización de sus propósitos.

Art. 134.– Los representantes de los Estados miembros en los órganos de la Organización, el personal de las representaciones, el Secretario General y el Secretario General Adjunto, gozarán de los privilegios e inmunidades correspondientes a sus cargos y necesarios para desempeñar con independencia sus funciones.

Art. 135.– La situación jurídica de los Organismos Especializados y los privilegios e inmunidades que deben otorgarse a ellos y a su personal, así como a los funcionarios de la Secretaría General, serán determinados en un acuerdo multilateral. Lo anterior no impide que se celebren acuerdos bilaterales cuando se estime necesario.

Art. 136.– La correspondencia de la Organización de los Estados Americanos, incluso impresos y paquetes, cuando lleve su sello de franquicia, circulará exenta de porte por los correos de los Estados miembros.

Art. 137.– La Organización de los Estados Americanos no admite restricción alguna por cuestión de raza, credo o sexo en la capacidad para desempeñar cargos en la Organización y participar en sus actividades.

Art. 138.– Los órganos competentes procurarán, dentro de las disposiciones de la presente Carta, una mayor colaboración de los países no miembros de la Organización en materia de cooperación para el desarrollo.

CAPÍTULO XXI
RATIFICACIÓN Y VIGENCIA

Art. 139.– La presente Carta queda abierta a la firma de los Estados americanos, y será ratificada de conformidad con sus respectivos procedimientos constitucionales. El instrumento original, cuyos textos en español, inglés, portugués y francés son igualmente auténticos, será depositado en la Secretaría General, la cual enviará copias certificadas a los Gobiernos para los fines de su ratificación. Los instrumentos de ratificación serán depositados en la Secretaría General y ésta notificará dicho depósito a los Gobiernos signatarios.

Art. 140.– La presente Carta entrará en vigor, entre los Estados que la ratifiquen, cuando los dos tercios de los Estados signatarios hayan depositado sus ratificaciones. En cuanto a los Estados restantes, entrará en vigor en el orden en que depositen sus ratificaciones.

Art. 141.– La presente Carta será registrada en la Secretaría de las Naciones Unidas por medio de la Secretaría General.

Art. 142.– Las reformas a la presente Carta sólo podrán ser adoptadas en una Asamblea General convocada para tal objeto. Las reformas entrarán en vigor en los mismos términos y según el procedimiento establecido en el artículo 140.

Art. 143.– Esta Carta regirá indefinidamente, pero podrá ser denunciada por cualquiera de los Estados miembros, mediante comunicación escrita a la Secretaría General, la cual comunicará en cada caso a los demás las notificaciones de denuncia que reciba. Transcurridos dos años a partir de la fecha en que la Secretaría General reciba una notificación de denuncia, la presente Carta cesará en sus efectos respecto del Estado denunciante, y éste quedará desligado de la Organización después de haber cumplido con las obligaciones emanadas de la presente Carta.

CAPÍTULO XXII
DISPOSICIONES TRANSITORIAS

Art. 144.– El Comité Interamericano de la Alianza para el Progreso actuará como comisión ejecutiva permanente del Consejo Interamericano Económico y Social mientras esté en vigencia dicha Alianza.

Art. 145.– Mientras no entre en vigor la convención interamericana sobre derechos humanos a que se refiere el capítulo XV, la actual Comisión Interamericana de Derechos Humanos velará por la observancia de tales derechos.

Art. 146.– El Consejo Permanente no formulará ninguna recomendación ni la Asamblea General tomará decisión alguna sobre la solicitud de admisión presentada por una entidad política cuyo territorio esté sujeto, total o parcialmente y con anterioridad a la fecha del 18 de diciembre de 1964, fijada por la Primera Conferencia Interamericana Extraordinaria, a litigio o reclamación entre un país extracontinental y uno o más Estados miembros de la Organización, mientras no se haya puesto fin a la controversia mediante procedimiento pacífico. El presente artículo regirá hasta el 10 de diciembre de 1990.

CARTA DE LAS NACIONES UNIDAS
firmada en la ciudad de San Francisco
(Estados Unidos de América)
el 26 de junio de 1945

Nosotros los pueblos de las Naciones Unidas, resueltos

A preservar a las generaciones venideras del flagelo de la guerra que dos veces durante nuestra vida ha infligido a la humanidad sufrimientos indecibles;

A reafirmar la fe en los derechos fundamentales del hombre, en la dignidad y el valor de la persona humana, en la igualdad de derechos de hombres y mujeres y de las naciones grandes y pequeñas;

A crear condiciones bajo las cuales puedan mantenerse la justicia y el respeto a las obligaciones emanadas de los tratados y de otras fuentes del derecho internacional;

A promover el progreso social y a elevar el nivel de vida dentro de un concepto más amplio de la libertad.

Y con tales finalidades

A practicar la tolerancia y a convivir en paz como buenos vecinos;

A unir nuestras fuerzas para el mantenimiento de la paz y la seguridad internacionales;

A asegurar, mediante la aceptación de principios y la adopción de métodos, que no se usará la fuerza armada sino en servicio del interés común, y

A emplear un mecanismo internacional para promover el progreso económico y social de todos los pueblos.

Hemos decidido aunar nuestros esfuerzos para realizar estos designios.

Por lo tanto, nuestros respectivos gobiernos, por medio de representantes reunidos en la ciudad de San Francisco que han exhibido sus plenos poderes, encontrados en buena y debida forma, han convenido en la presente Carta de las Naciones Unidas, y por este acto establecen una organización internacional que se denominará las Naciones Unidas.

CAPÍTULO I
PROPÓSITOS Y PRINCIPIOS

Art. 1.– Los Propósitos de las Naciones Unidas son:

1. Mantener la paz y la seguridad internacionales, y con tal fin: tomar medias colectivas eficaces para prevenir y eliminar amenazas a la paz, y para suprimir actos de agresión u otros quebrantamientos de la paz; y lograr por medios pacíficos, y de conformidad con los principios de la justicia y del derecho internacional, el ajuste o arreglo de controversias o situaciones internacionales susceptibles de conducir a quebrantamientos de la paz.

2. Fomentar entre las naciones relaciones de amistad basadas en el respeto al principio de la igualdad de derechos y al de la libre determinación de los pueblos, y tomar otras medidas adecuadas para fortalecer la paz universal.

3. Realizar la cooperación internacional en la solución de problemas internacionales de carácter económico, social, cultural o humanitario, y en el desarrollo y estímulo del respeto a los derechos humanos y a las libertades fundamentales de todos, sin hacer distinción por motivos de raza, sexo, idioma o religión.

4. Servir de centro que armonice los esfuerzos de las naciones por alcanzar estos propósitos comunes.

Art. 2.– Para la realización de los Propósitos consignados en el artículo 1, la Organización y sus Miembros procederán de acuerdo con los siguientes Principios:

1. La Organización está basada en el principio de la igualdad soberana de todos sus Miembros.

2. Los Miembros de la Organización, a fin de asegurarse los derechos y beneficios inherentes a su condición de tales, cumplirán de buena fe las obligaciones contraídas por ellos de conformidad con esta Carta.

3. Los Miembros de la Organización arreglarán sus controversias internacionales por medios pacíficos, de tal manera que no se pongan en peligro ni la paz y la seguridad internacionales ni la justicia.

4. los Miembros de la Organización, en sus relaciones internacionales, se abstendrán de recurrir a la amenaza o al uso de la fuerza contra la integridad territorial o la independencia política de cualquier Estado, o en cualquier otra forma incompatible con los Propósitos de las Naciones Unidas.

5. Los Miembros de la Organización prestarán a ésta toda clase de ayuda en cualquier acción que ejerza de conformidad con esta Carta, y se abstendrán de dar ayuda a Estado alguno contra el cual la Organización estuviere ejerciendo acción preventiva o coercitiva.

6. La Organización hará que los Estados que no son Miembros de las Naciones Unidas se conduzcan de acuerdo con estos Principios en la media que sea necesaria para mantener la paz y la seguridad internacionales.

7. Ninguna disposición de esta Carta autorizará a las Naciones Unidas a intervenir en los asuntos que son esencialmente de la jurisdicción interna de los Estados, ni obligará a los Miembros a someter dichos asuntos a procedimientos de arreglo conforme a la presente Carta; pero este principio no se opone a la aplicación de las medidas coercitivas prescritas en el Capítulo VII.

CAPÍTULO II
MIEMBROS

Art. 3.– Son Miembros originarios de las Naciones Unidas los Estados que habiendo participado en la Conferencia de las Naciones Unidas sobre Organización Internacional celebrada en San Francisco, o que habiendo firmado previamente la Declaración de las Naciones Unidas del 1 de enero de 1942, suscriban esta Carta y la ratifiquen de conformidad con el artículo 110.

Art. 4.– 1. Podrán ser Miembros de las Naciones Unidas todos los demás Estados amantes de la paz que acepten las obligaciones consignadas en esta Carta, y que, a juicio de la Organización, estén capacitados para cumplir dichas obligaciones y se hallen dispuestos a hacerlo.

2. La admisión de tales Estados como Miembros de las Naciones Unidas se efectuará por decisión de la Asamblea General a recomendación del Consejo de Seguridad.

Art. 5.– Todo Miembro de las Naciones Unidas que haya sido objeto de acción preventiva o coercitiva por parte del Consejo de Seguridad podrá ser suspendido por la Asamblea General, a recomendación del Consejo de Seguridad, del ejercicio de los derechos y privilegios inherentes a su calidad de Miembro. El ejercicio de tales derechos y privilegios podrá ser restituido por el Consejo de Seguridad.

Art. 6.– Todo Miembro de las Naciones Unidas que haya violado repetidamente los Principios contenidos en esta Carta podrá ser expulsado de la Organización por la Asamblea General a recomendación del Consejo de Seguridad.

CAPÍTULO III
ÓRGANOS

Art. 7.– 1. Se establecen como órganos principales de las Naciones Unidas: una Asamblea General, un Consejo de Seguridad, un Consejo Económico y Social, un Consejo de Administración Fiduciaria, una Corte Internacional de Justicia y una Secretaría.

2. Se podrán establecer, de acuerdo con las disposiciones de la presente Carta, los órganos subsidiarios que se estimen necesarios.

Art. 8.– La Organización no establecerá restricciones en cuanto a la elegibilidad de hombres y mujeres para participar en condiciones de igualdad y en cualquier carácter en las funciones de sus órganos principales y subsidiarios.

CAPÍTULO IV
LA ASAMBLEA GENERAL
COMPOSICIÓN

Art. 9.– 1. La Asamblea General estará integrada por todos los Miembros de las Naciones Unidas.

2. Ningún Miembro podrá tener más de cinco representantes en la Asamblea General.

FUNCIONES Y PODERES

Art. 10.– La Asamblea General podrá discutir cualesquier asuntos o cuestiones dentro de los límites de esta Carta o que se refieran a los poderes y funciones de cualquiera de los órganos creados por esta Carta, y salvo lo dispuesto en el artículo 12 podrá hacer recomendaciones sobre tales asuntos o cuestiones a los Miembros de las Naciones Unidas o al Consejo de Seguridad o a éste y a aquéllos.

Art. 11.– 1. La Asamblea General podrá considerar los principios generales de la cooperación en el mantenimiento de la paz y la seguridad internacionales, incluso los principios que rigen el desarme y la regulación de los armamentos, y podrá también hacer recomendaciones respecto de tales principios a los Miembros o al Consejo de Seguridad o a éste y a aquéllos.

2. La Asamblea General podrá discutir toda cuestión relativa al mantenimiento de la paz y la seguridad internacionales que presente a su consideración cualquier Miembro de las Naciones Unidas o el Consejo de Seguridad, o que un Estado que no es Miembro de las Naciones Unidas presente de conformidad con el artículo 35, párrafo 2, y salvo lo dispuesto en el artículo 12, podrá hacer recomendaciones acerca de tales cuestiones al Estado o Estados interesados o al Consejo de Seguridad o a éste y a aquéllos. Toda cuestión de esta naturaleza con respecto a la cual se requiera acción será referida al Consejo de Seguridad por la Asamblea General antes o después de discurtirla.

3. La Asamblea General podrá llamar la atención del Consejo de Seguridad hacia situaciones susceptibles de poner en peligro la paz y la seguridad internacionales.

4. Los poderes de la Asamblea General enumerados en este artículo no limitarán el alcance general del artículo 10.

Art. 12.– 1. Mientras el Consejo de Seguridad esté desempeñando las funciones que le asigna esta Carta con respecto a una controversia o situación, la Asamblea General no hará recomendación alguna sobre tal controversia o situación, a no ser que lo solicite el Consejo de Seguridad.

2. El Secretario General, con el consentimiento del Consejo de Seguridad, informará a la Asamblea General, en cada período de sesiones, sobre todo asunto relativo al mantenimiento de la paz y la seguridad internacionales que estuviere tratando el Consejo de Seguridad, e informará asimismo a la Asamblea General, o a los Miembros de las Naciones unidas si la Asamblea no estuviere reunida, tan pronto como el Consejo de Seguridad cese de tratar dichos asuntos.

Art. 13.– 1. La Asamblea General promoverá estudios y hará recomendaciones para los fines siguientes:

a) fomentar la cooperación internacional en el campo político e impulsar el desarrollo progresivo del derecho internacional y su codificación;

b) fomentar la cooperación internacional en materias de carácter económico, social, cultural, educativo y sanitario y ayudar a hacer efectivos los derechos humanos y las libertades fundamentales de todos, sin hacer distinción por motivos de raza, sexo, idioma o religión.

2. Los demás poderes, responsabilidades y funciones de la Asamblea General con relación a los asuntos que se mencionan en el inciso b) del párrafo 1 precedente quedan enumerados en los Capítulos IX y X.

Art. 14.– Salvo lo dispuesto en el artículo 12, la Asamblea General podrá recomendar medidas para el arreglo pacífico de cualesquiera situaciones, sea cual fuere su origen, que a juicio de la Asamblea puedan perjudicar el bienestar general o las relaciones amistosas entre naciones, incluso las situaciones resultantes de una violación de las disposiciones de esta Carta que enuncien los Propósitos y Principios de las Naciones Unidas.

Art. 15.– 1. La Asamblea General recibirá y considerará informes anuales y especiales del Consejo de Seguridad. Estos informes comprenderán una relación de las medidas que el Consejo de Seguridad haya decidido aplicar o haya aplicado para mantener la paz y la seguridad internacionales.

2. La Asamblea General recibirá y considerará informes de los demás órganos de las Naciones Unidas.

Art. 16.– La Asamblea General desempeñará, con respecto al régimen internacional de administración fiduciaria, las funciones que se le atribuyen conforme a los Capítulos XII y XIII, incluso la aprobación de los acuerdos de administración fiduciaria de zonas no designadas como estratégicas.

Art. 17.– 1. La Asamblea General examinará y aprobará el presupuesto de la organización.

2. Los Miembros sufragarán los gastos de la Organización en la proporción que determine la Asamblea General.

3. La Asamblea General considerará y aprobará los arreglos financieros y presupuestarios que se celebren con los organismos especializados de que trata el artículo 57 y examinará los

presupuestos administrativos de tales organismos especializados con el fin de hacer recomendación a los organismos correspondientes.

VOTACIÓN

Art. 18.– 1. Cada Miembro de la Asamblea General tendrá un voto.

2. Las decisiones de la Asamblea General en cuestiones importantes se tomarán por el voto de una mayoría de dos tercios de los Miembros presentes y votantes. Estas cuestiones comprenderán: las recomendaciones relativas al mantenimiento de la paz y la seguridad internacionales, la elección de los Miembros no permanentes del Consejo de Seguridad, la elección de los Miembros del Consejo Económico y Social, la elección de los Miembros del Consejo de Administración Fiduciaria de conformidad con el inciso c), párrafo 1, del artículo 86, la admisión de nuevos Miembros a las Naciones Unidas, las suspensión de los derechos y privilegios de los Miembros, la expulsión de Miembros, las cuestiones relativas al funcionamiento del régimen de administración fiduciaria y las cuestiones presupuestarias.

3. Las decisiones sobre otras cuestiones, incluso la determinación de categorías adicionales de cuestiones que deban resolverse por mayoría de dos tercios, se tomarán por la mayoría de los Miembros presentes y votantes.

Art. 19.– El Miembro de las Naciones Unidas que esté en mora en el pago de sus cuotas financieras para los gastos de la Organización no tendrá voto en la Asamblea General cuando la suma adeudada sea igual o superior al total de las cuotas adeudadas por los dos años anteriores completos. La Asamblea General podrá, sin embargo, permitir que dicho Miembro vote si llegare a la conclusión de que la mora se debe a circunstancias ajenas a la voluntad de dicho Miembro.

PROCEDIMIENTO

Art. 20.– La Asamblea General se reunirá anualmente en sesiones ordinarias y, cada vez que las circunstancias lo exijan, en sesiones extraordinarias. El secretario general convocará a sesiones extraordinarias a solicitud del Consejo de Seguridad o de la mayoría de los Miembros de las Naciones Unidas.

Art. 21.– La Asamblea General dictará su propio reglamento y elegirá su Presidente para cada período de sesiones.

Art. 22.– La Asamblea General podrá establecer los organismos subsidiarios que estime necesarios para el desempeño de sus funciones.

CAPÍTULO V
EL CONSEJO DE SEGURIDAD

COMPOSICIÓN

Art. 23.– 1. El Consejo de Seguridad se compondrá de quince Miembros de las Naciones Unidas. La República de China, Francia, La Unión de Repúblicas Socialistas Soviéticas, El reino Unido de la Gran Bretaña e Irlanda del Norte y los Estados Unidos de América, serán Miembros permanentes del Consejo de Seguridad. La Asamblea general elegirá otros diez Miembros de las Naciones Unidas que serán Miembros no permanentes del Consejo de Seguridad, prestando especial atención, en primer término, a la contribución de los Miembros de las Naciones Unidas al mantenimiento de la paz y la seguridad internacionales y a los demás propósitos de la Organización, como también a una distribución geográfica equitativa.

2. Los Miembros no permanentes del Consejo de Seguridad serán elegidos por un período de dos años. En la primera elección de los Miembros no permanentes que se celebre después de haber aumentado de once a quince el número de Miembros del Consejo de Seguridad, dos de los cuatro Miembros nuevos serán elegidos por un período de un año. Los Miembros salientes no serán reelegibles para el período subsiguiente.

3. Cada Miembro del consejo de Seguridad tendrá un representante.

FUNCIONES Y PODERES

Art. 24.– 1. A fin de asegurar acción rápida y eficaz por parte de las Naciones Unidas, sus Miembros confieren al Consejo de Seguridad la responsabilidad primordial de mantener la paz y la seguridad internacionales, y reconocen que el Consejo de Seguridad actúa a nombre de ellos al desempeñar las funciones que le impone aquella responsabilidad.

2. En el desempeño de estas funciones, el Consejo de Seguridad procederá de acuerdo con los Propósitos y Principios de las Naciones Unidas. Los poderes otorgados al Consejo de Seguridad para el desempeño de dichas funciones quedan definidos en los Capítulos VI, VII, VIII y XII.

3. El Consejo de Seguridad presentará a la Asamblea General para su consideración informes anuales y, cuando fuere necesario, informes especiales.

Art. 25.– Los Miembros de las Naciones Unidas convienen en aceptar y cumplir las decisiones del Consejo de Seguridad de acuerdo con esta carta.

Art. 26.– A fin de promover el establecimiento y mantenimiento de la paz y la seguridad internacionales con la menor desviación posible de los recursos humanos y económicos del mundo hacia los armamentos, el Consejo de Seguridad tendrá a su cargo, con la ayuda del Comité de Estado Mayor a que se refiere el artículo 47, la elaboración de planes que se someterán a los Miembros de las Naciones Unidas para el establecimiento de un sistema de regulación de los armamentos.

VOTACIÓN

Art. 27.– 1. Cada Miembro del consejo de Seguridad tendrá un voto.

2. Las decisiones del Consejo de Seguridad sobre cuestiones de procedimiento serán tomadas por el voto afirmativo de nueve Miembros.

3. Las decisiones del Consejo de Seguridad sobre todas las demás cuestiones serán tomadas por el voto afirmativo de nueve Miembros, incluso los votos afirmativos de todos los Miembros permanentes; pero en las decisiones tomadas en virtud del capítulo VI y del párrafo 3 del artículo 52, la parte en una controversia se abstendrá de votar.

PROCEDIMIENTO

Art. 28.– 1. El Consejo de Seguridad será organizado de modo que pueda funcionar continuamente. Con tal fin, cada Miembro del Consejo de Seguridad tendrá en todo momento su representante en la sede de la organización.

2. El Consejo de Seguridad celebrará reuniones periódicas en las cuales cada uno de sus Miembros podrá, si lo desea, hacerse representar por un Miembro de su Gobierno o por otro representante especialmente designado.

3. El Consejo de Seguridad podrá celebrar reuniones en cualesquiera lugares, fuera de la sede de la Organización, que juzgue más apropiados para facilitar sus labores.

Art. 29.– El Consejo de Seguridad podrá establecer los organismos subsidiarios que estime necesarios para el desempeño de sus funciones.

Art. 30.– El Consejo de Seguridad dictará su propio reglamento, el cual establecerá el método de elegir su presidente.

Art. 31.– Cualquier Miembro de las Naciones Unidas que no sea Miembro del Consejo de Seguridad podrá participar sin derecho a voto en la discusión de toda cuestión llevada ante el Consejo de Seguridad cuando éste considere que los intereses de ese Miembro están afectados de manera especial.

Art. 32.– El Miembro de las Naciones Unidas que no tenga asiento en el Consejo de Seguridad o el Estado que no sea Miembro de las Naciones Unidas, si fuere parte de una controversia que esté considerando el Consejo de Seguridad, será invitado a participar sin derecho a voto en las discusiones relativas a dicha controversia. El Consejo de Seguridad establecerá las condiciones que estime justas para la participación de los Estados que no sean Miembros de las Naciones Unidas.

CAPÍTULO VI
ARREGLO PACÍFICO DE CONTROVERSIAS

Art. 33.– 1. Las partes en una controversia cuya continuación sea susceptible de poner en peligro el mantenimiento de la paz y la seguridad internacionales tratarán de buscarle solución, ante todo, mediante la negociación, la investigación, la mediación, la conciliación, el arbitraje, el arreglo judicial, el recurso a organismos o acuerdos regionales u otros medios pacíficos de su elección.

2. El Consejo de Seguridad, si lo estimare necesario, instará a las partes a que arreglen sus controversias por dichos medios.

Art. 34.– El Consejo de Seguridad podrá investigar toda controversia, o toda situación susceptible de conducir a fricción internacional o dar origen a una controversia, a fin de determinar si la prolongación de tal controversia o situación puede poner en peligro el mantenimiento de la paz y la seguridad internacionales.

Art. 35.– 1. Todo Miembro de las Naciones Unidas podrá llevar cualquier controversia, o cualquier situación de la naturaleza expresada en el artículo 34, a la atención del Consejo de Seguridad o de la Asamblea General.

2. Un Estado que no es Miembro de las Naciones Unidas podrá llevar a la atención del Consejo de Seguridad o de la Asamblea General toda controversia en que sea parte, si acepta de antemano, en lo relativo a la controversia, las obligaciones de arreglo pacífico establecidas en esta Carta.

3. El procedimiento que siga la Asamblea General con respecto a asuntos que le sean presentados de acuerdo con este artículo quedará sujeto a las disposiciones de los artículos 11 y 12.

Art. 36.– 1. El Consejo de Seguridad podrá, en cualquier estado en que se encuentre una controversia de la naturaleza de que trata el artículo 33 o una situación de índole semejante, recomendar los procedimientos o métodos de ajuste que sean apropiados.

2. El Consejo de Seguridad deberá tomar en consideración todo procedimiento que las partes hayan adoptado para el arreglo de la controversia.

3. Al hacer recomendaciones de acuerdo con este artículo, el Consejo de Seguridad deberá tomar también en consideración que las controversias de orden jurídico, por regla general, deben ser sometidas por las partes a la Corte Internacional de Justicia, de conformidad con las disposiciones del Estatuto de la Corte.

Art. 37.– 1. Si las partes en una controversia de la naturaleza definida en el artículo 33 no lograren arreglarla por los medios indicados en dicho artículo, la someterán al Consejo de Seguridad.

2. Si el Consejo de Seguridad estimare que la continuación de la controversia es realmente susceptible de poner en peligro el mantenimiento de la paz y la seguridad internacionales, el Consejo decidirá si ha de proceder de conformidad con el artículo 36 o si ha de recomendar los términos de arreglo que considere apropiados.

Art. 38.– Sin perjuicio de lo dispuesto en los artículos 33 a 37, el Consejo de Seguridad podrá, si así lo solicitan todas las partes en una controversia, hacerles recomendaciones a efecto de que se llegue a un arreglo pacífico.

CAPÍTULO VII
ACCIÓN EN CASO DE AMENAZAS A LA PAZ, QUEBRANTAMIENTOS DE LA PAZ O ACTOS DE AGRESIÓN

Art. 39.– El Consejo de Seguridad determinará la existencia de toda amenaza a la paz, quebrantamiento de la paz o acto de agresión y hará recomendaciones o decidirá qué medidas serán tomadas de conformidad con los artículos 41 y 42 para mantener o restablecer la paz y la seguridad internacionales.

Art. 40.– A fin de evitar que la situación se agrave, el Consejo de Seguridad, antes de hacer las recomendaciones o decidir las medidas de que trata el art. 39, podrá instar a las partes interesadas a que cumplan con las medidas provisionales que juzgue necesarias o aconsejables. Dichas medidas provisionales no perjudicarán los derechos, las reclamaciones o la posición de las partes interesadas. El Consejo de Seguridad tomará debida nota del incumplimiento de dichas medidas provisionales.

Art. 41.– El Consejo de Seguridad podrá decidir qué medidas que no impliquen el uso de la fuerza armada han de emplearse para hacer efectivas sus decisiones, y podrá instar a los Miembros de las Naciones Unidas a que apliquen dichas medidas, que podrán comprender la interrupción total o parcial de las relaciones económicas y de las comunicaciones ferroviarias, marítimas, aéreas, postales, telegráficas, radioeléctricas y otros medios de comunicación, así como la ruptura de relaciones diplomáticas.

Art. 42.– Si el Consejo de Seguridad estimare que las medidas de que trata el artículo 41 pueden ser inadecuadas o han demostrado serlo, podrá ejercer, por medio de fuerzas aéreas, navales o terrestres, la acción que sea necesaria para mantener o restablecer la paz y la seguridad internacionales. Tal acción podrá comprender demostraciones, bloqueos y otras operaciones ejecutadas por fuerzas aéreas, navales o terrestres de miembros de las naciones unidas.

Art. 43.– 1. Todos los Miembros de las Naciones Unidas, con el fin de contribuir al mantenimiento de la paz y la seguridad internacionales, se comprometen a poner a disposición del Consejo de Seguridad, cuando éste lo solicite, y de conformidad con un convenio especial o con convenios especiales, las fuerzas armadas, la ayuda y las facilidades, incluso el derecho de paso, que sean necesarias para el propósito de mantener la paz y la seguridad internacionales.

2. Dicho convenio o convenios fijarán el número y clase de las fuerzas, su grado de preparación y su ubicación general, como también la naturaleza de las facilidades y de la ayuda que habrán de darse.

3. El convenio o convenios serán negociados a iniciativa del Consejo de Seguridad tan pronto como sea posible; serán concertados entre el Consejo de Seguridad y Miembros individuales o entre el Consejo de Seguridad y grupos de Miembros, y estarán sujetos a ratificación por los Estados signatarios de acuerdo con sus respectivos procedimientos constitucionales.

Art. 44.– Cuando el Consejo de Seguridad haya decidido hacer uso de la fuerza, antes de requerir a un Miembro que no esté representado en él a que provea fuerzas armadas en cumplimiento de las obligaciones contraídas en virtud del artículo 43, invitará a dicho Miembro, si éste así lo deseare, a participar en las decisiones del Consejo de Seguridad relativas al empleo de contingentes de fuerzas armadas de dicho Miembro.

Art. 45.– A fin de que la Organización pueda tomar medidas militares urgentes, sus Miembros mantendrán contingentes de fuerzas aéreas nacionales inmediatamente disponibles para la ejecución combinada de una acción coercitiva internacional. La potencia y el grado de preparación de estos contingentes y los planes para su acción combinada serán determinados, dentro de los límites establecidos en el convenio o convenios especiales de que trata el artículo 43, por el Consejo de Seguridad con la ayuda del Comité de Estado Mayor.

Art. 46.– Los planes para el empleo de la fuerza armada serán hechos por el Consejo de Seguridad con la ayuda del Comité de Estado Mayor.

Art. 47.– 1. Se establecerá un Comité de Estado Mayor para asesorar y asistir al Consejo de Seguridad en todas las cuestiones relativas a las necesidades militares del Consejo para el mantenimiento de la paz y la seguridad internacionales, al empleo y comando de las fuerzas puestas a su disposición, a la regulación de los armamentos y al posible desarme.

2. El Comité de Estado mayor estará integrado por los Jefes de Estado Mayor de los Miembros permanentes del Consejo de Seguridad o sus representantes. Todo Miembro de las Naciones Unidas que no esté permanentemente representado en el Comité será invitado por éste a asociarse a sus labores cuando el desempeño eficiente de las funciones del Comité requiera la participación de dicho Miembro.

3. El Comité de Estado Mayor tendrá a su cargo, bajo la autoridad del Consejo de Seguridad, la dirección estratégica de todas las fuerzas armadas puestas a disposición del Consejo. Las cuestiones relativas al comando de dichas fuerzas serán resueltas posteriormente.

4. El comité de Estado Mayor, con autorización del Consejo de Seguridad y después de consultar con los organismos regionales apropiados, podrá establecer subcomités regionales.

Art. 48.– 1. La acción requerida para llevar a cabo las decisiones del Consejo de Seguridad para el mantenimiento de la paz y la seguridad internacionales será ejercida por todos los Miembros de las Naciones Unidas o por algunos de ellos, según lo determine el Consejo de Seguridad.

2. Dichas decisiones serán llevadas a cabo por los Miembros de las Naciones Unidas directamente y mediante su acción en los organismos internacionales apropiados de que formen parte.

Art. 49.– Los Miembros de las Naciones Unidas deberán prestarse ayuda mutua para llevar a cabo las medidas dispuestas por el Consejo de Seguridad.

Art. 50.– Si el Consejo de Seguridad tomare medidas preventivas o coercitivas contra un Estado, cualquier otro Estado, sea o no Miembro de las Naciones Unidas, que confrontare problemas económicos especiales originados por la ejecución de dichas medidas, tendrá el derecho de consultar al Consejo de Seguridad acerca de la solución de esos problemas.

Art. 51.– Ninguna disposición de esta Carta menoscabará el derecho inmanente de legítima defensa, individual o colectiva, en caso de ataque armado contra un Miembro de las Naciones Unidas, hasta tanto que el Consejo de Seguridad haya tomado las medidas necesarias para mantener la paz y la seguridad internacionales. Las medidas tomadas por los Miembros en ejercicio del derecho de legítima defensa serán comunicadas inmediatamente al Consejo de Seguridad, y no afectarán en manera alguna la autoridad y responsabilidad del Consejo conforme a la presente Carta para ejercer en cualquier momento la acción que estime necesaria con el fin de mantener o restablecer la paz y la seguridad internacionales.

CAPÍTULO VIII
ACUERDOS REGIONALES

Art. 52.– 1. Ninguna disposición de esta Carta se opone a la existencia de acuerdos u organismos regionales cuyo fin sea entender en los asuntos relativos al mantenimiento de la paz y la seguridad internacionales y susceptibles de acción regional, siempre que dichos acuerdos u organismos, y sus actividades, sean compatibles con los Propósitos y Principios de las Naciones Unidas.

2. Los Miembros de las Naciones Unidas que sean partes en dichos acuerdos o que constituyan dichos organismos harán todos los esfuerzos posibles para lograr el arreglo pacífico de las controversias de carácter local por medio de tales acuerdos u organismos regionales antes de someterlas al Consejo de Seguridad.

3. El Consejo de Seguridad promoverá el desarrollo del arreglo pacífico de las controversias de carácter local por medio de dichos acuerdos u organismos regionales, procediendo, bien a iniativa de los Estados interesados, bien a instancias del Consejo de Seguridad.

4. Este artículo no afecta en manera alguna la aplicación de los artículos 34 y 35.

Art. 53.– 1. El Consejo de Seguridad utilizará dichos acuerdos u organismos regionales, si a ello hubiere lugar, para aplicar medidas coercitivas bajo su autoridad. Sin embargo, no se aplicarán medidas coercitivas en virtud de acuerdos regionales o por organismos regionales sin autorización del Consejo de Seguridad, salvo que contra Estados enemigos, según se los define en el párrafo 2 de este artículo, se tomen las medidas dispuestas en virtud del artículo 107 o en acuerdos regionales dirigidos contra la renovación de una política de agresión de parte de dichos Estados, hasta tanto que a solicitud de los gobiernos interesados quede a cargo de la Organización la responsabilidad de prevenir nuevas agresiones de parte de aquellos Estados.

2. El término "Estados enemigos" empleado en el párrafo 1 de este artículo se aplica a todo Estado que durante la Segunda Guerra Mundial haya sido enemigo de cualquiera de los signatarios de esta Carta.

Art. 54.– Se deberá mantener en todo tiempo al Consejo de Seguridad plenamente informado de las actividades emprendidas o proyectadas de conformidad con acuerdos regionales o por organismos regionales con el propósito de mantener la paz y la seguridad internacionales.

CAPÍTULO IX
COOPERACIÓN INTERNACIONAL ECONÓMICA Y SOCIAL

Art. 55.– Con el propósito de crear las condiciones de estabilidad y bienestar necesarias para las relaciones pacíficas y amistosas entre las naciones, basadas en el respeto al principio de la igualdad de derechos y de la libre determinación de los pueblos, la Organización promoverá:

a) Niveles de vida más elevados, trabajo permanente para todos, y condiciones de progreso y desarrollo económico y social;

b) la solución de problemas internacionales de carácter económico, social y sanitario, y de otros problemas conexos; y la cooperación internacional en el orden cultural y educativo; y

c) el respeto universal a los derechos humanos y a las libertades fundamentales de todos, sin hacer distinción por motivos de raza, sexo, idioma o religión, y la efectividad de tales derechos y libertades.

Art. 56.– Todos los Miembros se comprometen a tomar medidas conjunta o separadamente, en cooperación con la Organización, para la realización de los propósitos consignados en el artículo 55.

Art. 57.– 1. Los distintos organismos especializados establecidos por acuerdos intergubernamentales que tengan amplias atribuciones internacionales definidas en sus estatutos y relativas a materias de carácter económico, social, cultural, educativo, sanitario y otras conexas, serán vinculados con la organización de acuerdo con las disposiciones del artículo 63.

2. Tales organismos especializados así vinculados con la Organización se denominarán en adelante "los organismos especializados".

Art. 58.– La Organización hará recomendaciones con el objeto de coordinar las normas de acción y las actividades de los organismos especializados.

Art. 59.– La Organización iniciará, cuando hubiere lugar, negociaciones entre los Estados interesados para crear los nuevos organismos especializados que fueren necesarios para la realización de los propósitos enunciados en el artículo 55.

Art. 60.– La responsabilidad por el desempeño de las funciones de la Organización señaladas en este capítulo corresponderá a la Asamblea General y, bajo la autoridad de ésta, al consejo Económico y Social, que dispondrá a este efecto de las facultades expresadas en el Capítulo X.

CAPÍTULO X
EL CONSEJO ECONÓMICO Y SOCIAL

COMPOSICIÓN

Art. 61.– 1. El Consejo Económico y Social estará integrado por cincuenta y cuatro Miembros de las Naciones Unidas elegidos por la Asamblea General.

2. Salvo lo prescrito en el párrafo 3, dieciocho Miembros del Consejo Económico y Social serán elegidos cada año por un período de tres años. Los Miembros salientes será reelegibles para el período subsiguiente.

3. en la primera elección que se celebre después de haberse aumentado de veintisiete a cincuenta y cuatro el número de Miembros del Consejo Económico y Social, además de los Miembros que se elijan para sustituir a los nueve Miembros cuyo mandato expira al final de ese año, se elegirán veintisiete Miembros más. El mandato de nueve de estos veintisiete Miembros adicionales así elegidos expirará al cabo de un año y el de otros nueve miembros una vez trans- curridos dos años, conforme a las disposiciones que dicte la Asamblea General.

4. Cada Miembro del Consejo Económico y Social tendrá un representante.

FUNCIONES Y PODERES

Art. 62.– 1. El Consejo Económico y Social podrá hacer o iniciar estudios e informes con respecto a asuntos internacionales de carácter económico, social, cultural, educativo y sanitario, y otros asuntos conexos, y hacer recomendaciones sobre tales asuntos a la Asamblea General, a los Miembros de las Naciones Unidas y a los organismos especializados interesados.

2. El Consejo Económico y Social podrá hacer recomendaciones con el objeto de promover el respeto a los derechos humanos y a las libertades fundamentales de todos, y la efectividad de tales derechos y libertades.

3. El Consejo Económico y Social podrá formular proyectos de convención con respecto a cuestiones de su competencia para someterlos a la Asamblea General.

4. El Consejo Económico y Social podrá convocar, conforme a las reglas que prescriba la Organización, conferencias internacionales sobre asuntos de su competencia.

Art. 63.– 1. El Consejo Económico y Social podrá concertar con cualquiera de los organismos especializados de que trata el artículo 57, acuerdos por medio de los cuales se establezcan las condiciones en que dichos organismos habrán de vincularse con la Organización. Tales acuer- dos estarán sujetos a la aprobación de la Asamblea General.

2. El Consejo Económico y Social podrá coordinar las actividades de los organismos espe- cializados mediante consultas con ellos y haciéndoles recomendaciones, como también median- te recomendaciones a la Asamblea General y a los Miembros de las Naciones Unidas.

Art. 64.– 1. El Consejo Económico y Social podrá tomar las medidas apropiadas para obtener informes periódicos de los organismos especializados. También podrá hacer arreglos con los Miembros de las Naciones Unidas y con los organismos especializados para obtener informes con respecto a las medidas tomadas para hacer efectivas sus propias recomendaciones y las que haga la Asamblea General acerca de materias de la competencia del Consejo.

2. El Consejo Económico y Social podrá comunicar a la Asamblea General sus observacio- nes sobre dichos informes.

Art. 65.– El Consejo Económico y Social podrá suministrar información al consejo de Seguridad y deberá darle la ayuda que éste le solicite.

Art. 66.– 1. El Consejo Económico y Social desempeñará las funciones que caigan dentro de su competencia en relación con el cumplimiento de las recomendaciones de la Asamblea General.

2. El Consejo Económico y Social podrá prestar, con aprobación de la Asamblea General, los servicios que le soliciten los Miembros de las Naciones Unidas y los organismos especializados.

3. El Consejo Económico y Social desempeñará las demás funciones prescritas en otras partes de esta Carta o que le asignare la Asamblea General.

VOTACIÓN

Art. 67.– 1. Cada Miembro del Consejo Económico y Social tendrá un voto.

2. Las decisiones del Consejo Económico y Social se tomarán por la mayoría de los Miembros presentes y votantes.

PROCEDIMIENTO

Art. 68.– El Consejo Económico y Social establecerá comisiones de orden económico y social para la promoción de los derechos humanos, así como las demás comisiones necesarias para el desempeño de sus funciones.

Art. 69.– El Consejo Económico y Social invitará a cualquier Miembro de las Naciones Unidas a participar, sin derecho a voto, en sus deliberaciones sobre cualquier asunto de particular interés para dicho Miembro.

Art. 70.– El Consejo Económico y Social podrá hacer arreglos para que representantes de los organismos especializados participen, sin derecho a voto, en sus deliberaciones y en las de las comisiones que establezca, y para que sus propios representantes participen en las deliberaciones de aquellos organismos.

Art. 71.– El Consejo Económico y Social podrá hacer arreglos adecuados para celebrar consultas con organizaciones no gubernamentales que se ocupen en asuntos de la competencia del Consejo. Podrán hacer dichos arreglos con organizaciones internacionales y, si a ello hubiere lugar, con organizaciones nacionales, previa consulta con el respectivo Miembro de las Naciones Unidas.

Art. 72.– 1. El Consejo Económico y Social dictará su propio reglamento, el cual establecerá el método de elegir su Presidente.

2. El Consejo Económico y Social se reunirá cuando sea necesario de acuerdo con su reglamento, el cual incluirá disposiciones para la convocación a sesiones cuando lo solicite una mayoría de sus Miembros.

CAPÍTULO XI
DECLARACIÓN RELATIVA A TERRITORIOS NO AUTÓNOMOS

Art. 73.– Los Miembros de las Naciones Unidas que tengan o asuman la responsabilidad de administrar territorios cuyos pueblos no hayan alcanzado todavía la plenitud del gobierno propio, reconocen el principio de que los intereses de los habitantes de esos territorios están por encima de todo, aceptan como un encargo sagrado la obligación de promover en todo lo posible, dentro del sistema de paz y de seguridad internacionales establecido por esta Carta, el bienestar de los habitantes de esos territorios, y asimismo se obligan:

a) A asegurar, con el debido respeto a la cultura de los pueblos respectivos, su adelanto político, económico, social y educativo, el justo tratamiento de dichos pueblos y su protección contra todo abuso.

b) a desarrollar el gobierno propio, a tener debidamente en cuenta las aspiraciones políticas de los pueblos y a ayudarlos en el desenvolvimiento progresivo de sus libres instituciones políticas, de acuerdo con las circunstancias especiales de cada territorio, de sus pueblos y de sus distintos grados de adelanto.

c) a promover la paz y la seguridad internacionales.

d) a promover medidas constructivas de desarrollo, estimular la investigación y cooperar unos con otros y, cuando y donde fuere el caso, con organismos internacionales especializados, para conseguir la realización práctica de los propósitos de carácter social, económico y científico expresados en este artículo.

e) a transmitir regularmente al Secretario General, a título informativo y dentro de los límites que la seguridad y consideraciones de orden constitucional requieran, la información estadística y de cualquier otra naturaleza técnica que verse sobre las condiciones económicas, sociales y educativas de los territorios por los cuales son respectivamente responsables, que no sean de los territorios a que se refieren los Capítulos XII y XIII de esta Carta.

Art. 74.– Los Miembros de las Naciones Unidas convienen igualmente en que su política con respecto a los territorios a que se refiere este Capítulo, no menos que con respecto a sus territorios metropolitanos, deberá fundarse en el principio general de la buena vecindad, teniendo debidamente en cuenta los intereses y el bienestar del resto del mundo en cuestiones de carácter social, económico y comercial.

CAPÍTULO XII
RÉGIMEN INTERNACIONAL DE ADMINISTRACIÓN FIDUCIARIA

Art. 75.– La Organización establecerá bajo su autoridad un régimen internacional de administración fiduciaria para la administración y vigilancia de los territorios que puedan colocarse bajo dicho régimen en virtud de acuerdos especiales posteriores. A dichos territorios se los denominará "territorios fideicometidos".

Art. 76.– Los objetivos básicos del régimen de administración fiduciaria, de acuerdo con los Propósitos de las Naciones Unidas enunciados en el artículo 1 de esta Carta, serán:

a) Fomentar la paz y la seguridad internacionales;

b) promover el adelanto político, económico, social y educativo de los habitantes de los territorios fideicometidos, y su desarrollo progresivo hacia el gobierno propio o la independencia, teniéndose en cuenta las circunstancias particulares de cada territorio y de sus pueblos y los deseos libremente expresados de los pueblos interesados, y según se dispusiere en cada acuerdo sobre administración fiduciaria;

c) promover el respeto a los derechos humanos y a las libertades fundamentales de todos, sin hacer distinción por motivos de raza, sexo, idioma o religión, así como el reconocimiento de la interdependencia de los pueblos del mundo; y

d) asegurar tratamiento igual para todos los Miembros de las Naciones Unidas y sus nacionales en materias de carácter social, económico y comercial, así como tratamiento igual para dichos nacionales en la administración de la justicia, sin perjuicio de la realización de los objetivos arriba expuestos con sujeción a las disposiciones del artículo 80.

Art. 77.– 1. El régimen de administración fiduciaria se aplicará a los territorios de las siguientes categorías que se colocaren bajo dicho régimen por medio de los correspondientes acuerdos:

a) Territorios actualmente bajo mandato;

b) territorios que, como resultado de la Segunda Guerra Mundial, fueron segregados de Estados enemigos; y

c) territorios voluntariamente colocados bajo este régimen por los Estados responsables de su administración.

2. Será objeto de acuerdo posterior el determinar cuáles territorios de las categorías anteriormente mencionadas serán colocados bajo el régimen de administración fiduciaria y en qué condiciones.

Art. 78.– El régimen de administración fiduciaria no se aplicará a territorios que hayan adquirido la calidad de Miembros de las Naciones Unidas, cuyas relaciones entre sí se basarán en el respeto al principio de la igualdad soberana.

Art. 79.– Los términos de la administración fiduciaria para cada territorio que haya de colocarse bajo el régimen expresado, y cualquier modificación o reforma, deberán ser acordados por los Estados directamente interesados, incluso la potencia mandataria en el caso de territorios bajo mandato de un Miembro de las Naciones Unidas, y serán aprobados según se dispone en los artículos 83 y 85.

Art. 80.– 1. Salvo lo que se conviniere en los acuerdos especiales sobre administración fiduciaria concertados de conformidad con los artículos 77, 79 y 81 y mediante los cuales se coloque cada territorio bajo el régimen de administración fiduciaria, y hasta tanto se concierten tales acuerdos, ninguna disposición de este Capítulo será interpretada en el sentido de que modifica en manera alguna los derechos de cualesquiera Estados o pueblos, o los términos de los instrumentos internacionales vigentes en que sean partes Miembros de las Naciones Unidas.

2. El párrafo 1 de este artículo no será interpretado en el sentido que da motivo para demorar o diferir la negociación y celebración de acuerdos para aplicar el régimen de administración fiduciaria a territorios bajo mandato y otros territorios, conforme al artículo 77.

Art. 81.– El acuerdo sobre administración fiduciaria contendrá en cada caso las condiciones en que se administrará el territorio fideicometido y designará la autoridad que ha de ejercer la administración. Dicha autoridad, que en lo sucesivo se denominará la "autoridad administradora", podrá ser uno o más Estados o la misma Organización.

Art. 82.– Podrán designarse, en cualquier acuerdo sobre administración fiduciaria, una o varias zonas estratégicas que comprendan parte o la totalidad del territorio fideicometido a que se refiere el acuerdo, sin perjuicio de los acuerdos especiales celebrados con arreglo al artículo 43.

Art. 83.– 1. Todas las funciones de las Naciones Unidas relativas a zonas estratégicas, incluso la de aprobar los términos de los acuerdos sobre administración fiduciaria y de las modificaciones o reformas de los mismos, serán ejercidas por el Consejo de Seguridad.

2. Los objetivos básicos enunciados en el artículo 76 serán aplicables a la población de cada zona estratégica.

3. Salvo las disposiciones de los acuerdos sobre administración fiduciaria y sin perjuicio de las exigencias de la seguridad, el Consejo de Seguridad aprovechará la ayuda del Consejo de Administración Fiduciaria para desempeñar, en las zonas estratégicas, aquellas funciones de la Organización relativas a materias políticas, económicas, sociales y educativas que correspondan al régimen de administración fiduciaria.

Art. 84.– La autoridad administradora tendrá el deber de velar por que el territorio fideicometido contribuya al mantenimiento de la paz y la seguridad internacionales. Con tal fin, la autoridad administradora podrá hacer uso de las fuerzas voluntarias, de las facilidades y de la ayuda del citado territorio, a efecto de cumplir con las obligaciones por ella contraídas a este respecto ante el Consejo de Seguridad, como también para la defensa local y el mantenimiento de la ley y del orden dentro del territorio fideicometido.

Art. 85.– 1. Las funciones de la Organización, en lo que respecta a los acuerdos sobre administración fiduciaria relativos a todas las zonas no designadas como estratégicas, incluso la de aprobar los términos de los acuerdos y las modificaciones o reformas de los mismos, serán ejercidas por la Asamblea General.

2. El Consejo de Administración Fiduciaria, bajo la autoridad de la Asamblea General, ayudará a ésta en el desempeño de las funciones aquí enumeradas.

CAPÍTULO XIII
EL CONSEJO DE ADMINISTRACIÓN FIDUCIARIA
COMPOSICIÓN

Art. 86.– 1. El Consejo de Administración Fiduciaria estará integrado por los siguientes Miembros de las Naciones Unidas:

a) Los Miembros que administren territorios fideicometidos;

b) los Miembros mencionados por su nombre en el artículo 23 que no estén administrando territorios fideicometidos; y

c) tanto otros Miembros elegidos por períodos de tres años por la Asamblea General cuantos sean necesarios para asegurar que el número total de Miembros del Consejo de Administración Fiduciaria, se divida por igual entre los Miembros de las Naciones Unidas administradores de tales territorios y los no administradores.

2. Cada Miembro del Consejo de Administración Fiduciaria designará a una persona especialmente calificada para que lo represente en el Consejo.

FUNCIONES Y PODERES

Art. 87.– En el desempeño de sus funciones, la Asamblea General y, bajo su autoridad, el Consejo de Administración Fiduciaria, podrán:

a) Considerar informes que les haya rendido la autoridad administradora;

b) aceptar peticiones y examinarlas en consulta con la autoridad administradora;

c) disponer visitas periódicas a los territorios fideicometidos en fechas convenidas con la autoridad administradora; y

d) tomar éstas y otras medidas de conformidad con los términos de los acuerdos sobre administración fiduciaria.

Art. 88.– El Consejo de Administración Fiduciaria formulará un cuestionario sobre el adelanto político, económico, social y educativo de los habitantes de cada territorio fideicometido; y la autoridad administradora de cada territorio fideicometido dentro de la competencia de la Asamblea General, rendirá a ésta un informe anual sobre la base de dicho cuestionario.

VOTACIÓN

Art. 89.– 1. Cada Miembro del Consejo de Administración Fiduciaria tendrá un voto.

2. Las decisiones del Consejo de Administración Fiduciaria serán tomadas por el voto de la mayoría de los Miembros presentes y votantes.

PROCEDIMIENTO

Art. 90.– 1. El Consejo de Administración Fiduciaria dictará su propio reglamento, el cual establecerá el método de elegir su Presidente.

2. El Consejo de Administración Fiduciaria se reunirá cuando sea necesario, según su reglamento. Éste contendrá disposiciones sobre convocación del Consejo a solicitud de la mayoría de sus Miembros.

Art. 91.– El Consejo de Administración Fiduciaria, cuando lo estime conveniente, se valdrá de la ayuda del Consejo Económico y Social y de la de los organismos especializados con respecto a los asuntos de la respectiva competencia de los mismos.

CAPÍTULO XIV
LA CORTE INTERNACIONAL DE JUSTICIA

Art. 92.– La Corte Internacional de Justicia será el órgano judicial principal de las Naciones Unidas; funcionará de conformidad con el Estatuto anexo, que está basado en el de la Corte Permanente de Justicia Internacional, y que forma parte integrante de esta Carta.

Art. 93.– 1. Todos los Miembros de las Naciones Unidas son ipso facto partes en el Estatuto de la Corte Internacional de Justicia.

2. Un Estado que no sea Miembro de las Naciones Unidas podrá llegar a ser parte en el Estatuto de la Corte Internacional de Justicia, de acuerdo con las condiciones que determine en cada caso la Asamblea General a recomendación del Consejo de Seguridad.

Art. 94.– 1. Cada Miembro de las Naciones Unidas se compromete a cumplir la decisión de la Corte Internacional de Justicia en todo litigio en que sea parte.

2. Si una de las partes en un litigio dejare de cumplir las obligaciones que le imponga un fallo de la Corte, la otra parte podrá recurrir al Consejo de Seguridad, el cual podrá, si lo cree necesario, hacer recomendaciones o dictar medidas con el objeto de que se lleve a efecto la ejecución del fallo.

Art. 95.– Ninguna de las disposiciones de esta Carta impedirá a los Miembros de las Naciones Unidas encomendar la solución de sus diferencias a otros tribunales en virtud de acuerdos ya existentes o que puedan concertarse en el futuro.

Art. 96.– 1. La Asamblea General o el Consejo de Seguridad podrán solicitar de la Corte Internacional de Justicia que emita una opinión consultiva sobre cualquier cuestión jurídica.

2. Los otros órganos de las Naciones Unidas y los organismos especializados que en cualquier momento sean autorizados para ello por la Asamblea General, podrán igualmente solicitar de la Corte opiniones consultivas sobre cuestiones jurídicas que surjan dentro de la esfera de sus actividades.

CAPÍTULO XV
LA SECRETARÍA

Art. 97.– La Secretaría se compondrá de un Secretario General y del personal que requiera la Organización. El Secretario General será nombrado por la Asamblea General a recomendación del Consejo de Seguridad. El Secretario General será el más alto funcionario administrativo de la Organización.

Art. 98.– El Secretario General actuará como tal en todas las sesiones de la Asamblea General, del Consejo de Seguridad, del Consejo Económico y Social y del Consejo de Administración Fiduciaria, y desempeñará las demás funciones que le encomienden dichos órganos. El Secretario General rendirá a la Asamblea General un informe anual sobre las actividades de la Organización.

Art. 99.– El Secretario General podrá llamar la atención del Consejo de Seguridad hacia cualquier asunto que en su opinión pueda poner en peligro el mantenimiento de la paz y la seguridad internacionales.

Art. 100.– 1. En el cumplimiento de sus deberes, el Secretario General y el personal de la Secretaría no solicitarán ni recibirán instrucciones de ningún gobierno ni de ninguna autoridad ajena a la Organización, y se abstendrán de actuar en forma alguna que sea incompatible con su condición de funcionarios internacionales responsables únicamente ante la Organización.

2. Cada uno de los Miembros de las Naciones Unidas se compromete a respetar el carácter exclusivamente internacional de las funciones del Secretario General y del personal de la Secretaría, y a no tratar de influir sobre ellos en el desempeño de sus funciones.

Art. 101.– 1. El personal de la Secretaría será nombrado por el Secretario General de acuerdo con las reglas establecidas por la Asamblea General.

2. Se asignará permanentemente personal adecuado al Consejo Económico y Social, al Consejo de Administración Fiduciaria y, según se requiera, a otros órganos de las Naciones Unidas. Este personal formará parte de la Secretaría.

3. La consideración primordial que se tendrá en cuenta al nombrar el personal de la Secretaría y al determinar las condiciones del servicio es la necesidad de asegurar el más alto grado de eficiencia, competencia e integridad. Se dará debida consideración también a la importancia de contratar el personal en forma de que haya la más amplia representación geográfica posible.

CAPÍTULO XVI
DISPOSICIONES VARIAS

Art. 102.– 1. Todo tratado y todo acuerdo internacional concertados por cualesquiera Miembros de las Naciones Unidas después de entrar en vigor esta Carta, serán registrados en la Secretaría y publicados por ésta a la mayor brevedad posible.

2. Ninguna de las partes en un tratado o acuerdo internacional que no haya sido registrado, conforme con las disposiciones del párrafo 1 de este artículo, podrán invocar dicho tratado o acuerdo ante órgano alguno de las Naciones Unidas.

Art. 103.– En caso de conflicto entre las obligaciones contraídas por los Miembros de las Naciones Unidas en virtud de la presente Carta y sus obligaciones contraídas en virtud de cualquier otro convenio internacional, prevalecerán las obligaciones impuestas por la presente Carta.

Art. 104.– La Organización gozará, en el territorio de cada uno de sus Miembros, de la capacidad jurídica que sea necesaria para el ejercicio de sus funciones y la realización de sus propósitos.

Art. 105.– 1. La Organización gozará, en el territorio de cada uno de sus Miembros, de los privilegios e inmunidades necesarios para la realización de sus propósitos.

2. Los representantes de los Miembros de la Organización y los funcionarios de ésta gozarán asimismo de los privilegios e inmunidades necesarios para desempeñar con independencia sus funciones en relación con la Organización.

3. La Asamblea General podrá hacer recomendaciones con el objeto de determinar los pormenores de la aplicación de los párrafos 1 y 2 de este artículo, o proponer convenciones a los Miembros de las Naciones Unidas con el mismo objeto.

CAPÍTULO XVII
ACUERDOS TRANSITORIOS SOBRE SEGURIDAD

Art. 106.– Mientras entran en vigor los convenios especiales previstos en el artículo 43, que a juicio del Consejo de Seguridad lo capaciten para ejercer las atribuciones a que se refiere el art. 42, las partes en la Declaración de las Cuatro Potencias firmada en Moscú el 30 de octubre de 1943, y Francia, deberán, conforme a las disposiciones del párrafo 5 de esa Declaración, celebrar consultas entre sí, y cuando a ello hubiere lugar, con otros Miembros de la Organización, a fin de acordar en nombre de ésta la acción conjunta que fuere necesaria para mantener la paz y la seguridad internacionales.

Art. 107.– Ninguna de las disposiciones de esta Carta invalidará o impedirá cualquier acción ejercida o autorizada como resultado de la segunda guerra mundial con respecto a un Estado enemigo de cualquiera de los signatarios de esta Carta durante la citada guerra, por los gobiernos responsables de dicha acción.

CAPÍTULO XVIII
REFORMAS

Art. 108.– Las reformas a la presente Carta entrarán en vigor para todos los Miembros de las Naciones Unidas cuando hayan sido adoptadas por el voto de las dos terceras partes de los Miembros de la Asamblea General y ratificadas, de conformidad con sus respectivos procedimientos constitucionales, por las dos terceras partes de los Miembros de las Naciones Unidas, incluyendo a todos los Miembros permanentes del Consejo de Seguridad.

Art. 109.–1. Se podrá celebrar una Conferencia General de los Miembros de las Naciones Unidas con el propósito de revisar esta Carta, en la fecha y lugar que se determinen por el voto de las dos terceras partes de los Miembros de la Asamblea General y por el voto de cualesquiera nueve Miembros del Consejo de Seguridad. Cada Miembro de las Naciones Unidas tendrá un voto en la Conferencia.

2. Toda modificación de esta Carta recomendada por el voto de las dos terceras partes de la Conferencia entrará en vigor al ser ratificada de acuerdo con sus respectivos procedimientos constitucionales por las dos terceras partes de los Miembros de las Naciones Unidas, incluyendo a todos los Miembros permanentes del Consejo de Seguridad.

3. Si no se hubiere celebrado tal Conferencia antes de la décima reunión anual de la Asamblea General después de entrar en vigor esta Carta, la proposición de convocar tal Conferencia será puesta en la agenda de dicha reunión de la Asamblea General, y la Conferencia será celebrada si así lo decidieren la mayoría de los Miembros de la Asamblea General y siete Miembros cualesquiera del Consejo de Seguridad.

CAPÍTULO XIX
RATIFICACIÓN Y FIRMA

Art. 110.– 1. La presente Carta será ratificada por los Estados signatarios de acuerdo con sus respectivos procedimientos constitucionales.

2. Las ratificaciones serán entregadas para su depósito al Gobierno de los Estados Unidos de América, el cual notificará cada depósito a todos los Estados signatarios así como al Secretario General de la Organización cuando haya sido designado.

3. La presente Carta entrará en vigor tan pronto como hayan sido depositadas las ratificaciones de la República de China, Francia, la Unión de Repúblicas Socialistas Soviéticas, el Reino Unido de la Gran Bretaña e Irlanda del Norte y los Estados Unidos de América, y por la mayoría de los demás Estados signatarios. Acto seguido se dejará constancia de las ratificaciones depositadas en un protocolo que extenderá el Gobierno de los Estados Unidos de América, y del cual transmitirá copias a todos los Estados signatarios.

4. Los Estados signatarios de esta Carta que la ratifiquen después que haya entrado en vigor adquirirán la calidad de Miembros originarios de las Naciones Unidas en la fecha del depósito de sus respectivas ratificaciones.

Art. 111.– La presente Carta, cuyos textos en chino, francés, ruso, inglés y español son igualmente auténticos, será depositada en los archivos del Gobierno de los Estados Unidos de América. Dicho Gobierno enviará copias debidamente certificadas de la misma a los Gobiernos de los demás Estados signatarios.

En fe de lo cual los representantes de los Gobiernos de las Naciones Unidas han suscrito esta Carta.

Firmada en la ciudad de San Francisco, a los veintiséis días del mes de junio de mil novecientos cuarenta y cinco.

www.ingramcontent.com/pod-product-compliance
Lightning Source LLC
Chambersburg PA
CBHW060948280326
41935CB00009B/654